es 1521

edition suhrkamp

Neue Folge Band 521

Frankreich und Deutschland standen lange Zeit für zwei alternative Modelle sozialen Wandels: die Revolution auf der einen, die Reform auf der anderen Seite. Neuere Forschungen in beiden Ländern legen es nahe, diesen bisher so scharf herausgestellten Gegensatz zu relativieren. Tatsächlich gab es zwischen der Revolution in Frankreich und den Reformen in Deutschland mannigfache Zusammenhänge und Wechselwirkungen. Mehr noch: Die Revolution selber wies reformerische Züge auf, und ebenso bargen umgekehrt die Reformen revolutionäre Elemente in sich. Es ist deshalb an der Zeit, weniger über die konträren, mehr dagegen über die komplementären Beziehungen zwischen revolutionärem und reformerischem Wandel nachzudenken. Dies geht nur mit Hilfe eines vergleichenden Ansatzes, wie er im vorliegenden Band konsequent durchgeführt wird. Er erlaubt es, den Abstand zwischen Revolution und Reform genauer zu bestimmen sowie nüchterner als bisher, Licht- und Schattenseiten revolutionärer, aber auch Vor- und Nachteile reformerischer Veränderungen zu beurteilen.

Helmut Berding ist Professor für Neuere Geschichte an der Justus-Liebig-Universität Gießen; Etienne François ist Professor für Moderne Geschichte an der Universität Nancy II; Hans-Peter Ullmann ist Professor für Neuere Geschichte an der Freien Universität Berlin.

Deutschland und Frankreich im Zeitalter der Französischen Revolution

Herausgegeben von
Helmut Berding, Etienne François
und Hans-Peter Ullmann

Suhrkamp

Die französischen Beiträge wurden von Julia Lehfeldt-Kirchner übersetzt und von Helmut Berding und Hans-Peter Ullmann überarbeitet.

edition suhrkamp 1521
Neue Folge Band 521
Erste Auflage 1989

Erstausgabe

Satz: Hümmer, Waldbüttelbrunn
Druck: Nomos Verlagsgesellschaft, Baden-Baden
Umschlagentwurf: Willy Fleckhaus
Printed in Germany

1 2 3 4 5 6 – 94 93 92 91 90 89

Inhalt

Vorwort 7
Einleitung 8

I. Bevölkerung und Wirtschaft

Walter G. Rödel
Die demographische Entwicklung in Deutschland 1770–1820 21

Jacques Dupâquier
Die Trendwende in der Geschichte der französischen Bevölkerung 1750–1850 42

Wolfgang Mager
Landwirtschaft und ländliche Gesellschaft auf dem Weg in die Moderne 59

Hans-Ulrich Wehler
Wirtschaftlicher Wandel in Deutschland 1789–1815 100

Louis Bergeron
Die französische Wirtschaft und die Revolution 121

II. Staat und Gesellschaft

Bernd Wunder
Rolle und Struktur staatlicher Bürokratie in Frankreich und Deutschland 139

Elisabeth Fehrenbach
Der Adel in Frankreich und Deutschland im Zeitalter der Französischen Revolution 177

Luise Schorn-Schütte
Die Geistlichen vor der Revolution 216

Bernard Plongeron
Der französische Klerus im ausgehenden 18. Jahrhundert zwischen Reform und Revolution 245

Ute Frevert
»Tatenarm und gedankenvoll«? Bürgertum in Deutschland 1780–1820 263

Roger Dufraisse
Die Französische Revolution und das Bürgertum 293

Josef Mooser
Unterschichten in Deutschland 1770–1820 317

Gérard Gayot
Die städtischen Unterschichten in Frankreich 1770–1820 339

III. Kultur und Mentalitäten

Franklin Kopitzsch
Sozialgeschichte der Aufklärung in Deutschland 373

Daniel Roche
Sozialgeschichte der Aufklärung in Frankreich 391

Etienne François
Alphabetisierung und Lesefähigkeit in Frankreich und Deutschland um 1800 407

Werner K. Blessing
Gedrängte Evolution: Bemerkungen zum Erfahrungs- und Verhaltenswandel in Deutschland um 1800 426

Michel Vovelle
Französische Revolution und Wandel der Mentalitäten 452

Über die Autoren 474

Vorwort

Ziel des vorliegenden Sammelbandes über »Deutschland und Frankreich im Zeitalter der Französischen Revolution« ist ein konsequenter Vergleich des sozialen Wandels in beiden Ländern etwa zwischen 1770 und 1820. Er wirft die Frage auf, ob Revolution und Reform noch zu Recht als zwei konträre Wege in die Moderne begriffen werden oder ob es nicht vielmehr an der Zeit ist, stärker über die komplementären Beziehungen zwischen revolutionärem und reformerischem Wandel nachzudenken. Der Plan, deutsche und französische Historiker aus Anlaß der zweihundertjährigen Wiederkehr des Revolutionsausbruchs für eine komparatistische Untersuchung der Modernisierungsprozesse in Deutschland und Frankreich in einem Band zu vereinen, nahm in vielen Gesprächen zwischen den drei Herausgebern allmählich Gestalt an. Zahlreiche Personen und Institutionen waren daran beteiligt, daß diese Idee verwirklicht werden konnte. Ihnen sind die Herausgeber zu großem Dank verpflichtet. Stellvertretend für viele andere seien hier nur einige wenige genannt. Von Clemens Heller, dem Präsidenten der Maison des Sciences de l'Homme, Paris, stammte die Anregung, diesen Band nicht nur in der Bundesrepublik Deutschland, sondern zur selben Zeit auch in Frankreich zu veröffentlichen. Er schuf zugleich die materiellen Voraussetzungen für dieses Unternehmen. Ebenso tatkräftig half uns Hinnerk Bruhns, Leiter des »Programme franco-allemand« beim Centre National de la Recherche Scientifique, Paris. Unterstützung fanden wir außerdem bei der Ecole des Hautes Etudes en Sciences Sociales, der Commission Nationale de Recherche Historique pour le Bicentenaire de la Révolution Française, beide Paris, und der Mission Historique Française en Allemagne, Göttingen, die wichtige Kontakte vermittelten. Bei der Niederschrift einzelner Manuskriptteile war Bärbel Azimi behilflich. Bei der Redaktion der deutschen Fassung halfen Susanne Cohrs und Ricarda Gilbert, beide Gießen, sowie Regina Roth, Heidelberg.

Gießen, Nancy und Heidelberg,
im September 1988

Helmut Berding
Etienne François
Hans-Peter Ullmann

Einleitung

Im ausgehenden 18. und beginnenden 19. Jahrhundert beschleunigte sich der Wandel von der alteuropäischen zur modernen Welt. Bis heute herrscht die Ansicht vor, Deutschland und Frankreich hätten im Zuge dieses säkularen Transformationsprozesses zwei völlig verschiedene Wege eingeschlagen. In Frankreich, so wird gesagt, beschworen die Veränderungen eine tiefe Krise des Ancien Régime herauf, die sich am Ende in einer Revolution entlud. Sie gestaltete das politische System völlig um. Die revolutionären Erschütterungen führten darüber hinaus in Wirtschaft und Gesellschaft zu Veränderungen von unterschiedlicher Reichweite und Dynamik. Anders in Deutschland: Hier, so heißt es, vollzog sich der Wandel, vorbereitet durch den Aufgeklärten Absolutismus, in weit ruhigeren Bahnen. Nicht durch eine gewaltsame Revolution von unten, sondern durch staatliche Reformen von oben setzte sich in der deutschen Staatenwelt die Moderne durch. Frankreich und Deutschland stehen deshalb oft für zwei alternative Modelle sozialen Wandels: die Revolution auf der einen, die Reform auf der anderen Seite.

So grundverschieden und unabhängig voneinander, wie es ein idealtypisches Denken in diesen beiden Entwicklungsmodellen nahelegt, verlief die Geschichte der beiden Nachbarländer in Wirklichkeit jedoch nicht. Vielmehr gab es zwischen der Revolution in Frankreich und den Reformen in Deutschland mannigfache Zusammenhänge und Wechselwirkungen. Aber nicht nur das: Die Revolution selber wies reformerische Züge auf, und ebenso bargen umgekehrt die Reformen revolutionäre Elemente in sich. Daß Revolution und Reform keineswegs in einem konträren Verhältnis zueinander standen, sondern komplementäre Beziehungen aufwiesen, ist die diesem Band zugrundeliegende These.

Eine solche Sichtweise der Jahre zwischen 1770 und 1820 steht im Schnittpunkt von zwei Interpretationslinien, die sich in der neueren Forschung immer deutlicher abzeichnen. Da ist erstens die Geschichtsschreibung zur Französischen Revolution. Das von ihr entworfene Bild hat sich in den letzten Jahrzehnten erheblich gewandelt. Lange Zeit herrschte eine Deutung vor, die der französischen Nationalgeschichtsschreibung des 19. Jahrhunderts verpflichtet war. Sie betonte die revolutionäre Zäsur des Jahres 1789 und hob auf die welthistorischen Auswirkungen der dramatischen Ereignisse zwischen dem Ballhausschwur und dem Ende der Schreckensherrschaft bzw. dem Staatsstreich Napoleons ab. Unter dem Ansturm der französischen Bourgeoisie und der Volksmassen, die sie unterstützten, brach das morsche Gebäude des Ancien Régime zusammen. Der gewaltsame Umsturz der überkommenen politischen Ordnung machte den Weg frei für den Übergang zu einer bürgerlich-kapitalistischen Gesellschaft. Aus dieser Perspektive gesehen erschien die Revolution als ein epochaler Bruch, der zwei welthistorische Zeitalter voneinander trennte.

Gegen diese Deutung der Französischen Revolution, die vor allem die ereignishaften politischen Geschehnisse der Jahre von 1787/89 bis 1795/99 in den Mittelpunkt rückte, ist eine konkurrierende Interpretation gesetzt worden. Sie griff auf Überlegungen von Alexis de Tocqueville zurück und fragte in erster Linie nach den Kontinuitätslinien, die Ancien Régime und Revolution miteinander verbanden. Auf diese Weise kam der allmähliche Wandel klarer in den Blick, traten die Verläufe der »longue durée« vornehmlich in den Bereichen von Wirtschaft und Gesellschaft deutlicher hervor. Da die langfristigen strukturellen Veränderungen, mit denen sich die Historiker jetzt stärker zu beschäftigen begannen, anderen Zeitrhythmen folgten als die politischen Ereignisse, büßte die Revolution ihre frühere zentrale Bedeutung ein, und ihr bisheriger weltgeschichtlicher Rang wurde relativiert. Für den Aufstieg der modernen industriellen Welt spielte sie nur noch eine Nebenrolle oder erschien sogar als Störfaktor kontinuierlichen Wandels. Aus dieser Sicht wurde die Französische Revolution zu einer Episode, ja, zu einem Mythos.

Lange Zeit standen sich diese zwei Positionen unversöhnlich gegenüber. Erst in den letzten Jahren kam es zu einer Annäherung. Heute sind beide Seiten bestrebt, Ereignis- und Strukturgeschichte miteinander zu verknüpfen, den radikalen Bruch der Revolution mit dem Ancien Régime und die ihr innewohnende Dynamik ebenso zu erfassen wie Kontinuitäten und allmähliche Veränderung. Kurzfristige Revolutionsereignisse werden dadurch in langfristig ablaufende Prozesse sozialen Wandels eingebettet und umgekehrt die revolutionären Geschehnisse zu den strukturellen Veränderungen in Beziehung gesetzt. Der vom historiographischen Ansatz her bedingte Gegensatz von Bruch und Kontinuität oder von Revolution und Reform verliert an Schärfe. Zugleich erhalten die reformerischen Elemente, die im Revolutionsprozeß enthalten waren, ein größeres Gewicht.

Bedeutende Akzentverschiebungen erfuhr aber nicht nur die Deutung der Französischen Revolution; auch die Beurteilung der Reformen in Deutschland, die zweite Interpretationslinie, wandelte sich erheblich. Bis in die fünfziger Jahre unseres Jahrhunderts hinein richtete die deutsche Nationalgeschichtsschreibung ihr Hauptaugenmerk auf Preußen und betonte von einer borussischen Perspektive her die Überlegenheit seiner Reformpolitik. Diese ging aus der militärischen Niederlage von 1806/07 hervor und schuf im Rückgriff auf bewährte preußische Traditionen sowie in Frontstellung gegen das napoleonische Frankreich die Voraussetzungen für den Wiederaufstieg des Landes. Aus dem Kreis der Reformer wurde am stärksten der Freiherr vom Stein herausgehoben. Gerade sein Werk ließ sich als Gegenmodell zur Revolution interpretieren. Was in Frankreich durch gewaltsamen Umsturz des Ancien Régime und Zerstörung der überkommenen Strukturen erreicht worden war, vollzog sich in Preußen, anknüpfend an die Politik des Aufgeklärten Absolutismus, durch eine ebenso kluge wie behutsame Verbesserung der politischen und gesellschaftlichen Verhältnisse. Es war nicht zuletzt diese organische Verbindung von Altem und Neuem, die die klare Überlegenheit des reformerischen gegenüber dem revolutionären Weg in die Moderne ausmachte.

In jüngster Zeit hat sich das Interesse von Preußen mehr auf das Dritte Deutschland verlagert. Damit kamen die Reformen der Rheinbundstaaten stärker in den Blick. Sie waren bisher als Folge der napoleonischen »Fremdherrschaft« abgewertet und entsprechend wenig beachtet worden. Die rheinbündischen Reformer sahen sich anderen Schwierigkeiten gegenüber als die preußischen. Ihre Aufgabe bestand nicht darin, den Staat nach einer katastrophalen Niederlage wieder aus sich selbst heraus zu erneuern und für den Befreiungskampf gegen Napoleon zu rüsten. Statt dessen mußten sie unter dem Protektorat des französischen Kaisers aus einer Vielzahl gerade erst erworbener, bunt zusammengewürfelter Gebiete einen einheitlichen Staats- und Untertanenverband formen. Dieses Integrationsproblem, eine Folge von Säkularisation, Mediatisierung und Auflösung des Heiligen Römischen Reichs, ließ sich nur mit durchgreifenden Reformen lösen, die auf historisch gewachsene Strukturen wenig Rücksicht nahmen. Aus diesem Grund besaß der rationale Staatsaufbau des Empire als Vorbild eine besondere Attraktivität. Außerdem drängte Napoleon, um die französische Hegemonie abzusichern, auf möglichst gleichförmige Verwaltungs- und Rechtsstrukturen im Grand Empire. Die süd- und mitteldeutschen Staaten, die eng mit Frankreich verbunden waren, übernahmen deshalb im Zuge ihrer Reformpolitik viele Errungenschaften der Französischen Revolution. Dieses Ergebnis der neueren Forschung zum Dritten Deutschland hatte Rückwirkungen auf die Beurteilung der preußischen Reformen. Deutlicher als früher sieht man heute auch bei ihnen die Impulse, die sie der Revolution verdankt haben. Die Aufwertung, die Hardenberg gegenüber Stein erfährt, ist dafür ein Indiz.

Stellt man mit der neuesten Forschung rheinbündische und preußische Reformen gleichberechtigt nebeneinander, dann erscheint die Reformzeit insgesamt in einem anderen Licht. Sie läßt sich nicht mehr so ohne weiteres als organischer Übergang von der Alten Welt zur Moderne deuten und mithin in einen scharfen Gegensatz zur Revolution bringen. Gegenüber den Kontinuitäten treten vor allem in den Rheinbundstaaten, aber auch in Preußen, die Brüche des Wandels deutlicher hervor. Ohne die Herausforderung durch die Französische Revolution wäre die deutsche Staatenwelt zu den Umwälzungen des frühen 19. Jahrhunderts wohl kaum in der Lage gewesen, hätten die rheinbündisch-preußischen Reformen sicher nicht so tief in bestehende Verhältnisse eingegriffen und diese derartig weitgehend umgestaltet. Zum Druck von außen kam im Innern der Staaten das Drängen der Reformbürokraten, die sich an den Ideen von 1789 und den Errungenschaften der Revolution orientierten. Beides brachte revolutionäre Elemente in die Reformpolitik hinein.

Sowohl von der Revolutions- wie Reformgeschichtsschreibung werden also die Akzente heute wesentlich anders gesetzt als früher. Der ursprünglich so scharf herausgestellte Gegensatz zwischen den beiden Wegen, die Deutschland und Frankreich in die Moderne führten, schleift sich dadurch ein Stück weit ab, Revolution und Reform rücken näher aneinander. Freilich haben sich die neuen Sichtweisen in der französischen wie in der deutschen Geschichtsschreibung bis heute relativ getrennt voneinander entwickelt. Es ist an der Zeit, die zwei Interpretationslinien zusammenzuführen und für eine nuanciertere Beurteilung des Revolutionszeitalters fruchtbar zu machen. Dazu bedarf es nicht nur eines engeren Kontaktes zwischen deutscher und französischer Forschung; not tut vor allem auch ein konsequenter Vergleich der Entwicklungen in beiden Ländern. Nur mit Hilfe eines komparatistischen Ansatzes, wie ihn Marc Bloch schon 1928 in seinem Aufsatz »Pour une histoire comparée des societés européennes« gefordert hat, ist der tatsächliche Abstand zwischen revolutionärem und reformerischem Wandel präzise zu bestimmen, lassen sich, nüchterner als bisher, Licht- und Schattenseiten revolutionärer, aber auch Vor- und Nachteile reformerischer Veränderungen beurteilen.

Von diesem Grundgedanken geht der vorliegende Band aus. Er wird, was selten vorkommt, gleichzeitig auch in Frankreich veröffentlicht (*La Révolution, la France et l'Allemagne. Deux modèles contraires d'évolution sociale?*, Paris 1989), und enthält ausschließlich Originalbeiträge. Einige Studien sind in sich komparatistisch angelegt, andere, um einen konsequenten Vergleich zu ermöglichen, thematisch eng aufeinander bezogen. Analysiert werden dabei zentrale Wirklichkeitsbereiche, angefangen bei den Themen Bevölkerung und Wirtschaft über Staat und Gesellschaft bis hin zu Kultur und Mentalitäten. Überblickt man die Ergebnisse der komparativen Betrachtungen, so tritt zwar einerseits die Problematik zutage, andererseits und vor allem aber die Fruchtbarkeit eines solchen Unternehmens.

Zu den Problemen, denen ein systematischer Vergleich und damit auch der wissenschaftliche Dialog zwischen deutschen und französischen Historikern gegenübersteht, zählen zunächst einmal die Unterschiede in den politischen Kulturen beider Länder. In Frankreich gehört die Revolution zu den zentralen Bestandteilen des Geschichts- und Selbstbildes der Franzosen. Trotz aller Auseinandersetzungen über die Revolution und ihre Einordnung in die französische Geschichte wurde das Revolutionsereignis selber durchweg positiv bewertet. Es war Bezugspunkt wie Grundlage eines nationalen Konsenses, der sich im Vorfeld des »Bicentenaire« noch verbreiterte. In Deutschland gab es ein solches positives Verhältnis zur Revolution nicht. Hier war ein erfolgreicher politischer Umsturz wie in Frankreich ausgeblieben, und die Französische Revolution wurde eher negativ gesehen. Statt dessen gewannen die Reformen in der deutschen politischen Kultur jenen Stellenwert, den in Frankreich die Revolution einnahm. Erst in den letzten Jahrzehnten denkt man stärker über die Schattenseiten des reformerischen Weges nach. Dennoch bleiben bedeutende Unterschiede in den politischen Kulturen beider Länder bestehen. Sie betreffen sowohl die Interpretation des Revolutionszeitalters als auch generell die Beurteilung von Revolution und Reform als Formen sozialen Wandels. Diese unterschiedlichen Grundeinstellungen und ihre Auswirkungen auf das gegenseitige Verständnis sollte man nicht unterschätzen.

Schwierigkeiten beim Vergleich bereiten sodann die Verschiedenheiten im Umgang mit Geschichte. Einige werden in diesem Band deutlich. Bei deutschen Historikern ist offenbar die Neigung verbreiteter, ein Thema vom Begrifflichen her anzugehen. Die traditionell enge Beziehung der Geschichtswissenschaft zur Philosophie mag hierzu beitragen. Auch macht sich der seit 1945 stark wachsende Einfluß Max Webers bemerkbar. Von daher stammt die Vorliebe für Idealtypen. Dieser oft explizite Theoriebezug tritt bei den Historikern aus Frankreich zurück zugunsten eines weniger deutlich ausgeprägten, oft nur impliziten Umgangs mit Theorie. Dafür zeigt sich bei ihnen ein hochentwickelter Sinn für regionale Vielfalt. Sicher hat dies mit der engen Verbindung von Geschichte und Geographie zu tun, die im französischen Bildungssystem fest institutionalisiert ist. Auffällig sind zudem die starke Betonung der Arbeit mit Quellen und die damit zusammenhängende Vorliebe für das Konkrete. Ferner neigen die französischen Historiker dazu, sich mehr mit dem Gang der Forschung zu beschäftigen und in Auseinandersetzung mit ihr den eigenen Standpunkt zu bestimmen. Der unterschiedliche Umgang deutscher und französischer Wissenschaftler mit der Geschichte schlägt sich nicht zuletzt in Begrifflichkeit und Darstellung nieder. Zahlreiche Begriffe, die auf den ersten Blick dasselbe bedeuten – man denke nur an »Bürger«, »Beamter« oder »Bauer« –, haben bei näherem Hinsehen stark voneinander abweichende Inhalte. Manche Ausdrücke sind kaum übersetzbar wie etwa »roturier«. In der Darstellung führen die vielfältigen Verweise und Anspielungen auf Traditionsbestände, die Lesern aus der jeweils anderen Kultur kaum vertraut sind, zu Verständnisschwierigkeiten. Auch besitzt in der deutschen Geschichtsschreibung die Wissenschaftssprache, in der französischen dagegen die Rhetorik einen höheren Stellenwert.

Den Vergleich erschweren schließlich die in zeitlicher wie sektoraler Hinsicht unterschiedlichen Forschungsschwerpunkte.

Einerseits konzentriert sich das Interesse von deutschen und französischen Historikern nicht auf dieselben historischen Epochen. In Frankreich war die Revolution wegen ihres prägenden Einflusses auf die politische Kultur seit eh und je bevorzugter Gegenstand der Geschichtswissenschaft. Dagegen wurde das Revolutionszeitalter von deutschen Historikern längst nicht so intensiv untersucht. Das mag auf ein gewisses Desinteresse an der Revolution und nationale Voreingenommenheit gegenüber der französischen »Fremdherrschaft« zurückzuführen sein, hängt aber wohl auch mit der institutionalisierten Trennung von Früher und Später Neuzeit zusammen. In der deutschen Nationalgeschichtsschreibung beanspruchten dafür andere Epochen, besonders die Reformation und die Reichsgründung, einen ähnlich zentralen Platz wie in Frankreich die Revolution von 1789. Andererseits legen die Geschichtswissenschaften beider Länder unterschiedlich starkes Gewicht auf die einzelnen Sektoren historischer Wirklichkeit. Dies spiegelt sich auch in den verwendeten Methoden wider. In der deutschen historischen Forschung nahmen neben der politischen Geschichte stets geistesgeschichtliche Themen und mit ihnen die Hermeneutik einen breiten Raum ein. Bei der Frage nach den Auswirkungen der Französischen Revolution auf Deutschland wurden z. B. die Reaktionen der deutschen Gelehrtenrepublik besonders gründlich untersucht. In Frankreich setzte dagegen die sozialgeschichtliche Forschung früher ein und bemühte sich intensiv, entsprechende Methoden zu entwickeln. Die Wende zur Sozial-, später dann zur Mentalitätsgeschichte führte dazu, daß bestimmte Probleme wie die Entwicklung von Preisen und Löhnen oder die Veränderung von Eigentumsstrukturen in Frankreich viel gründlicher und breiter untersucht sind. Obwohl die deutsche Forschung auf diesen und anderen Gebieten in den letzten Jahren erhebliche Anstrengungen unternommen und beachtliche Leistungen aufzuweisen hat, besteht doch nach wie vor ein deutliches Gefälle. Die Gründe für diesen Rückstand liegen zum Teil in der Wissenschaftsgeschichte. Das starke Gewicht des Historismus und die blockierte Entwicklung nach 1933 erschwerten eine Rezeption der in Frankreich und anderen westlichen Ländern aufblühenden sozialgeschichtlichen Forschung. Eine Rolle spielte aber auch der Untersuchungsgegenstand selber. Das bereits stärker zentralisierte Frankreich des ausgehenden 18. und beginnenden 19. Jahrhunderts ließ sich leichter erforschen als das noch territorial zersplitterte und politisch höchst unterschiedlich strukturierte Deutschland.

Trotz aller Probleme, die ein Vergleich zwischen Frankreich und Deutschland aufwirft, überwiegt doch die Fruchtbarkeit des komparatistischen Ansatzes. Er hilft erstens, die noch immer vorherrschende nationalgeschichtliche Perspektive zu relativieren. Die Französische Revolution war mehr als ein bloß nationales Ereignis. Schon ihre Ursachen hatten eine europäische Dimension. Sie standen in unmittelbarem Zusammenhang mit einer Beschleunigung des sozialen Wandels, der weite Teile Europas erfaßte und sich gleichermaßen in Frankreich wie in Deutschland verfolgen läßt. Erinnert sei an das immer raschere Bevölkerungswachstum (vgl. dazu die Beiträge von *Walter G. Rödel* und *Jacques Dupâquier*), die fortschreitende Modernisierung der Landwirtschaft *(Wolfgang Mager)* und der zunehmende Aufschwung von Handel und Gewerbe *(Hans-Ulrich Wehler* und *Louis Bergeron)*, die unaufhaltsame Erosion der Ständegesellschaft *(Elisabeth Fehrenbach)* und der allmähliche Aufstieg des Bürgertums *(Ute Frevert* und *Roger Dufraisse)* sowie nicht zuletzt die wachsende Verbreitung der Aufklärung *(Franklin Kopitzsch* und *Daniel Roche)*. Ebenso wie die Ursachen kann auch der Revolutionsverlauf nicht anders als in einem europäischen Zusammenhang begriffen werden. So beeinflußte die Intervention der Großmächte das Revolutionsgeschehen, lenkte es um und trug maßgeblich zu seiner Radikalisierung bei. Der Übergang zur Terreur bestimmte seinerseits die Politik der anderen Staaten Europas und die Reaktionen der öffentlichen Meinung. Auch die Wirkungen der Revolution hatten einen europäischen Zuschnitt. Erst die Herausforderung der Französischen Revolution und die Machtexpansion Napoleons machten, wie etwa in Deutschland oder Italien, tiefgreifende Reformen möglich. Man wird deshalb sagen können, daß die Veränderungen im Europa des ausgehenden 18. und beginnenden 19. Jahrhunderts ohne die Französische Revolution ebensowenig zu erklären sind, wie sich gleichzeitig die Revolution nicht ohne Einflüsse aus und von anderen europäischen Ländern denken läßt. Diese gesamteuropäische Perspektive öffnet sich indes nur, wenn man den zeitlichen Rahmen weit genug spannt und sich nicht in das Prokrustesbett einer allzu frankreichorientierten Periodisierung zwängen läßt. Wer lediglich die Umwälzungen zwischen dem 5. Mai 1789 und dem 18. Brumaire des Jahres VIII in den Blick nimmt, greift zu kurz. Neben dem dramatischen Revolutionsgeschehen müssen die Krise des Ancien Régime und mehr noch die Periode der napoleonischen Vorherrschaft auf dem Kontinent sowie nicht zuletzt auch die innere Konsolidierung Frankreichs zur Zeit des Empire in die Betrachtung mit einbezogen werden. Dann bettet sich die Französische Revolution, deren einzigartige welthistorische Bedeutung unbestritten bleibt, in einen gesamteuropäischen Wandlungsprozeß ein.

Der Vergleich läßt aber nicht nur die Entwicklungen oberhalb, sondern auch Veränderungen und Besonderheiten unterhalb der nationalen Ebene klarer hervortreten. Konfrontiert man nämlich die Vorgänge in Deutschland und Frankreich miteinander, dann zeigt sich, daß eine Reihe von Wandlungsprozessen unabhängig von nationalen Grenzen ablief. Oft waren die Gemeinsamkeiten zwischen einzelnen deutschen und französischen Regionen größer als zwischen manchen Regionen in Deutschland bzw. in Frankreich. Besonders deutlich wird dies etwa bei der Alphabetisierung *(Etienne François)*; aber auch im Bereich der Wirtschaft läßt sich eine regionale Differenzierung der Entwicklung beobachten. Offensichtlich stellt die nationale Ebene bei einer Reihe von Fragen keinen sinnvollen Rahmen für die Untersuchung sozialen Wandels dar. Besser scheint dagegen in mancherlei Hinsicht die Region als Analyseeinheit geeignet zu sein. Hier lassen sich schärfer, als dies aus nationaler Perspektive möglich ist, die einzelnen Faktoren des Wandels erfassen und ihre jeweilige Bedeutung gewichten.

Eine solche Relativierung der nationalen Betrachtungsweise nach oben hin zur europäischen und nach unten hin zur regionalen Ebene schließt nicht aus, daß die nationalgeschichtliche Dimension auch weiterhin ihre Bedeutung behält. Gerade die Revolution trug in Frankreich dazu bei, den Prozeß der Nationsbildung weiter voranzutreiben, und führte auch in Deutschland als Reaktion auf die französische Machtexpansion zu einer Politisierung des Nationalbewußtseins. Diese und ähnliche Fragen bleiben weiterhin Domäne einer Geschichtsschreibung, die von einer nationalen Perspektive ausgeht. Die Einbeziehung der gesamteuropäischen wie der regionalen Ebene führt jedoch nicht nur zu einem facettenreichen und nuancierteren Bild als bisher, sondern erleichtert darüber hinaus auch, den Wechselwirkungen zwischen den europäischen, nationalen und regionalen Dimensionen des Wandels nachzugehen.

Der Vergleich rückt zweitens Unterschiede wie Gemeinsamkeiten zwischen Deutschland und Frankreich und die Besonderheiten der jeweiligen Entwicklung deutlicher ins Bewußtsein. Bisher sind, und dies nicht zu Unrecht, vor allem die Differenzen gesehen worden. So verdichteten sich in Frankreich wirtschaftliche Probleme, soziale Spannungen und politische Konflikte zu kompakten Krisenfeldern. Ihr zeitliches und räumliches Zusammentreffen löste einen revolutionären Prozeß aus. Seine Dynamik zerstörte das Ancien Régime, und das absolutistische Herrschaftssystem zerbrach an ihr. Wie im politischen kam es auch im mentalen Bereich zu einem Bruch. Die Wucht der Revolutionsereignisse gestaltete für immer Einstellungen, Verhaltensweisen und Bewußtsein der Franzosen um. In der Erinnerung bewahrten sie die Revolution als Trauma und Gründungserlebnis zugleich *(Michel Vovelle)*. In Deutschland fehlte es am Ende des 18. Jahrhunderts keineswegs an Krisenerscheinungen und Protestpotential. Doch verschränkten sich die geistigen Auseinandersetzungen, politischen Gegensätze und sozialen Unruhen nicht miteinander, blieben lokal und regional begrenzt, gewannen keine Dauerhaftigkeit und mündeten somit nicht in eine Revolution ein. Zwar veränderte sich auch hier das politische System der Alten Welt. Dies geschah jedoch durch Druck von außen und Reformen von oben. Das Ausbleiben einer Revolution von unten machte sich in den Mentalitäten bemerkbar: Es gab zwar eine gedrängte Evolution *(Werner K. Blessing)*, aber keinen scharfen Bruch wie in Frankreich.

Wendet man sich vom Feld der Politik und Mentalitäten anderen Bereichen zu, überwiegen, was man bis jetzt weniger gesehen hat, die Gemeinsamkeiten. Dies gilt in erster Linie für die langfristigen demographischen, wirtschaftlichen, sozialen, aber auch staatlichen Transformationsprozesse, die sich seit der zweiten Hälfte des 18. Jahrhunderts beschleunigten. Stellt man die Situation in Deutschland und jene in Frankreich vor Ausbruch und nach dem Ende der Revolution gegenüber, war der Abstand zwischen beiden Ländern nicht so groß, wie gemeinhin angenommen. Oft wird nämlich der Entwicklungsschub, den die Französische Revolution im Bereich von Politik und Mentalitäten bewirkte, vorschnell auf andere Sektoren ausgedehnt. Vergleicht man z. B. das Bevölkerungswachstum, so zeigt sich, daß die demographischen Veränderungen Teil eines gesamteuropäischen Vorganges waren. Er prägte sich zwar unterschiedlich aus, wies aber insgesamt in ein- und dieselbe Richtung. Dies gilt in ähnlicher Weise für die Industrialisierung. In Frankreich wie in Deutschland gab es dieselben krassen Strukturunterschiede zwischen fortgeschrittenen und rückständigen Regionen. Da die größten Abweichungen nicht zwischen, sondern innerhalb der beiden Länder lagen, war das Gefälle von Führungsregion zu Führungsregion recht klein. Auch im gesellschaftlichen Bereich lief die allgemeine Entwicklung nicht auseinander. Hier wie dort löste sich die überkommene Ständegesellschaft auf und machte, wenn auch in Frankreich viel schneller und durchgreifender als in Deutschland, einer bürgerlichen Gesellschaft Platz. Das heißt nicht, daß eine jede soziale Gruppe oder Schicht im Rahmen dieses Wandels denselben Veränderungen unterworfen war. Man denke etwa an die Oberschichten. Das Aufkommen einer Notabelngesellschaft stellt eine Besonderheit der französischen Entwicklung dar, für die es in Deutschland keine Parallele gibt. Größer noch waren die Abweichungen beim Klerus *(Luise Schorn-Schütte* und *Bernard Plongeron)*. Bei den Unterschichten überwogen dagegen wiederum mehr die Gemeinsamkeiten *(Josef Mooser* und *Gérard Gayot)*. Schließlich führten revolutionärer und reformerischer Wandel bei den staatlichen Strukturen zu ähnlichen Resultaten. Es bildeten sich eine leistungsfähige Bürokratie und ein modernes Berufsbeamtentum heraus *(Bernd Wunder)*, so daß Deutschland und Frankreich auf diesem Gebiet 1815 mehr gemein hatten als vor 1789.

Der Vergleich, dies wird man zusammenfassend sagen können, läßt Revolution und Reform nicht mehr so sehr als konträre Wege in die Moderne erscheinen. Überspitzt und paradox formuliert: Die Französische Revolution nimmt reformerische und das Reformzeitalter in Deutschland revolutionäre Züge an. Eine solche dezidierte These, die das Revolutionsgeschehen in die langfristigen Wandlungsprozesse des ausgehenden 18. und beginnenden 19. Jahrhunderts einbettet und zugleich die nationale Betrachtungsweise relativiert, öffnet vergleichenden gesamteuropäischen oder regionalgeschichtlichen Interpretationsansätzen zahlreiche interessante Forschungsperspektiven.

I. Bevölkerung und Wirtschaft

Walter G. Rödel
Die demographische Entwicklung in Deutschland 1770–1820

Die Zeitspanne vom Ende des Ancien Régime bis zur Gründung des Deutschen Bundes birgt eine Fülle von Diskontinuitäten, die einer Betrachtung der Bevölkerungsentwicklung manche Schwierigkeiten bereiten. Von der Besetzung des linken Rheinufers durch Frankreich bis zur Neuordnung des deutschen Raumes durch den Wiener Kongreß vollzogen sich vielfältige politische und territoriale Veränderungen, die auch im Bereich der demographischen Entwicklung ihren Niederschlag fanden. Allerdings sind sie auf diesem Sektor nur sehr schwer nachzuvollziehen, da einerseits in vielen deutschen Territorien die statistische Zeit noch nicht angebrochen war, also Zahlen zur Bevölkerungsentwicklung noch weitgehend fehlen, und andererseits der Stand der deutschen demographischen Forschung insgesamt im Vergleich mit anderen europäischen Ländern sehr zu wünschen übrig läßt.[1]

Es erscheint aber durchaus reizvoll zu untersuchen, ob die politischen Diskontinuitäten Auswirkungen auf die demographische Entwicklung gehabt haben oder ob die Bevölkerungsentwicklung eigenen Gesetzmäßigkeiten von langer Dauer verhaftet ist, die von politischen und anderen Faktoren nicht leicht beeinflußt werden können. Dazu ist – ausgehend von den verfügbaren vitalstatistischen Daten – der Blick auf das generative Verhalten der Menschen an der Wende vom 18. zum 19. Jahrhundert zu richten. Es wird zu analysieren sein, ob in dieser Zeit des Umbruchs die Merkmale der »alten Bevölkerungsweise« (i. e. hohe Sterblichkeit und hohe Fruchtbarkeit) noch uneingeschränkt Geltung besaßen oder ob sich – wie in Frankreich – bereits Elemente der »neuen Bevölkerungsweise« (i. e. Rückgang der Sterblichkeit, gefolgt von einer Verringerung der Fruchtbarkeit) nachweisen lassen. Dies ist gleichbedeutend mit der Frage nach dem Zeitpunkt des Einsetzens der demographischen Transition, also des Übergangs von der alten zur neuen Bevölkerungsweise.[2]

I. Quellen und Methoden

Die wichtigsten Quellen für die vorstatistische Zeit sind naturgemäß die Kirchenbücher, die für manche Orte bis ins 16. Jahrhundert zurückreichen. Auf dem linken Rheinufer wurden sie 1798 durch die Zivilregistrierung der Französischen Republik abgelöst; die anderen europäischen Länder sind dieser Maßnahme erst im Laufe des 19. Jahrhunderts gefolgt. In Deutschland sollte die Frage der kirchlichen und zivilen Registrierung zu einem der Streitpunkte des Kulturkampfes werden (Gesetz über die Zivilehe 1875). Die Schwierigkeiten bei der Auswertung der Kirchenbücher zu den Fragestellungen der historischen Demographie bestehen vor allem in ihrer Lückenhaftigkeit, der sehr unterschiedlichen Qualität der Eintragungen und der vielfach zu beobachtenden Unter-Registrierung bei gestorbenen Säuglingen und Kleinkindern. Trotz dieser und anderer Mängel wird man auf die kirchlichen Register für die Zeit bis zum Einsetzen von Volkszählungen nicht verzichten können.

Neben den für manche Orte erstellten Ortssippenbüchern, die für die frühe Zeit auf den Kirchenbüchern basieren, sind als weitere Quellen, aus denen Erkenntnisse über die Bevölkerung in der Frühen Neuzeit gewonnen werden können, Steuerlisten, Listen von Wehrpflichtigen, Kommunikanten, Hausbesitzern, Huldigungslisten und die Bürgerbücher der Städte zu nennen. Allen diesen Quellen unterschiedlichster Provenienz ist aber der Mangel gemeinsam, daß sich mit ihren Angaben die Gesamtheit einer städtischen oder dörflichen Einwohnerschaft nicht rekonstruieren läßt. Auch die kompliziertesten Umrechnungen, z. B. von der Anzahl der Haushalte über die angenommene durchschnittliche Haushaltsgröße zur Gesamtzahl der Einwohner, haben ohne Rückkoppelung mit einer vorhandenen Bevölkerungszahl nicht zu befriedigenden Ergebnissen geführt.[3]

Seit der Mitte des 18. Jahrhunderts wurden in einigen deutschen Territorien erste Volkszählungen durchgeführt[4], doch erst mit dem Beginn des 19. Jahrhunderts brach dann in Westeuropa das statistische Zeitalter an; die Durchführung von Volkszählungen wurde allgemein üblich. Für unseren Untersuchungsraum sind zunächst die Erhebungen zur Bevölkerungszahl zu nennen, die die französischen Behörden in den neu erworbenen linksrheinischen Gebieten anstellten. Bereits 1799 wurde z. B. im Departement Mont-Tonnerre eine derartige Zählung vorgenommen.[5] Nach der vom Wiener Kongreß herbeigeführten territorialen Neugliederung hatten naturgemäß die Staaten des Deutschen Bundes ein großes Interesse daran, die jeweilige Anzahl der Einwohner festzustellen. In vielen Staaten wurden Volkszählungen in bestimmten zeitlichen Abständen durch Gesetze angeordnet; so wurden z.B. im Großherzogtum Hessen die 1816 einsetzenden Volkszählungen im dreijährigen Rhythmus durchgeführt.[6] Im Jahre 1834 fand eine erste Erhebung für die Mitglieder des Zollvereins statt. Wenn sich auch auf diese Weise die statistischen Unterlagen beträchtlich vermehrten, so waren sie doch zunächst noch zu disparat, um daraus für die heutigen Erfordernisse der Forschung brauchbare Gesamtzahlen abzuleiten. Erst für die Zeit ab 1841 kann A. Kraus in ihrer Sammlung *Quellen zur Bevölkerungsstatistik Deutschlands 1815–1875*[7] Gesamtzahlen für das Gebiet des späteren Deutschen Reiches ermitteln. Insgesamt verbleibt also der Untersuchungszeitraum in einer Epoche, die statistisch noch nicht erfaßbar ist.

Was die Methoden angeht, die von der historischen Demographie zur Erhellung der Bevölkerungsentwicklung angewendet werden, so sei hier nur kurz angemerkt, daß sich mit der nichtnominativen Erfassung der Daten aller Taufen, Heiraten und Begräbnisse einer Pfarrei – also zunächst im mikroregionalen Bereich – allgemeine Aussagen zur Vitalstatistik erzielen lassen. Erst die Zusammenführung der Daten aller Pfarreien eines Territoriums oder einer Region kann dann Aufschlüsse über die Bevölkerungsbewegung im größeren Rahmen geben. Im Gegensatz zu Frankreich sind in Deutschland solche übergreifenden Untersuchungen noch kaum durchgeführt worden, so daß man hier auf die vergleichende Betrachtung von Einzelergebnissen angewiesen ist. Die bei weitem arbeitsintensiveren Erhebungen zur nominativen Auswertung des Materials aus den kirchlichen Registern, die die Rekonstitution von Familien ermöglichen, lassen sich nur im begrenzten Rahmen durchführen, vermitteln aber einen guten Überblick über das durchschnittliche Heiratsalter, die innereheliche Fruchtbarkeit, das Alter der Ehefrau bei der letzten Geburt etc. Nur mit Hilfe dieser Methode lassen sich die Fragen nach dem Zeitpunkt des Einsetzens der demographischen Transition sowie nach dem Praktizieren einer Familienplanung für die vorstatistische Epoche beantworten.

II. Angaben und Schätzungen zur Bevölkerungszahl

Im europäischen Rahmen läßt sich für das 18. Jahrhundert ein allgemein zu beobachtendes Anwachsen der Bevölkerung konstatieren; R. Mols schätzt global für 1700 etwa 120 Millionen und für 1800 etwa 180 bis 190 Millionen Bewohner in Europa.[8] Was das Heilige Römische Reich Deutscher Nation betrifft, so war seine Bevölkerung durch die Ereignisse des Dreißigjährigen Krieges stark in Mitleidenschaft gezogen worden. In manchen Gebieten betrugen die Ausfälle bis zu 80% der Bevölkerung, während andere Regionen kaum oder überhaupt nicht tangiert worden waren. Insgesamt läßt sich der Schwund etwa auf ein Drittel der Bevölkerung beziffern.[9] Das Aufholen dieser Verluste dauerte – je nach ihrer Höhe – in den einzelnen Territorien unterschiedlich lange. Die Hansestadt Hamburg hatte überhaupt keine Einbußen ihrer Bevölkerung erlitten und konnte sich ungestört weiterentwickeln; das Herzogtum Württemberg dagegen, das 1623 etwa 450000, aber 1639 nur noch 97000 Einwohner zählte, wies um 1730 wieder eine Bevölkerung von etwa 425000 auf und erreichte um 1800 660000, was für den Verlauf des 18. Jahrhunderts einen Zuwachs von 94% bedeutet. In Pommern dagegen betrug die Steigerungsrate für den gleichen Zeitraum 316% (von 120000 auf 500000).[10] Aussagen zur Gesamtentwicklung sind sehr problematisch wegen dieser regionalen Unterschiede, hervorgerufen und gekennzeichnet durch die jeweilige politische Entwicklung, durch das wiederholte Auftreten von Kriegen – für den Südwesten und Süden kann man geradezu von einer Traumatisierung der Bevölkerung durch die zahlreichen Kriege sprechen –, durch die konfessionellen Unterschiede und die stark differenzierenden bevölkerungspolitischen Maßnahmen der Regierungen (Friedrich II. von Preußen hat z. B. in seiner Regierungszeit 284000 Neusiedler in sein Land geholt, während viele Territorien im Südwesten beträchtliche Bevölkerungsverluste durch Auswanderungen erlitten).

Die vorhandenen Angaben und Schätzungen zur Gesamtbevölkerung des Reiches in der Frühen Neuzeit schwanken beträchtlich, zumal unterschiedliche Bezugsgrößen zugrunde gelegt wurden. M. Erbe geht von einer Fläche von 630000 Quadratkilometern aus und schließt die österreichischen Länder, also auch Böhmen und Mähren, ein. Er nennt für 1650 etwa 13 Millionen Bewohner, für 1700 21 Millionen, für 1750 23 Millionen, für 1790 mehr als 25 Millionen und für 1816 29,6 Millionen Einwohner; die Bevölkerung des Deutschen Bundes unter Ausschluß des Kaiserreichs Österreich habe in diesem Jahr knapp 20 Millionen betragen.[11] Nach R. Vierhaus hatte die Bevölkerung zwischen 1720 und 1750 mit 15 bis 17 Millionen wieder den Stand vom Beginn des 17. Jahrhunderts erreicht[12], während K. Gerteis für die Mitte des 18. Jahrhunderts ebenfalls mit einer Bevölkerung von 16 bis 18 Millionen operiert.[13] Diese Schätzungen, die hier nur als Beispiele angeführt werden, differieren zum Teil beträchtlich und stellen damit unter Beweis, daß angesichts der eingangs skizzierten Problematik der verfügbaren Quellen keine präzisen Aussagen erwartet werden können. Die Forschungslage verbessert sich dann mit der Errichtung des Deutschen Bundes; die Angabe der Bevölkerungszahl des gesamten Deutschen Bundes im Jahr 1816 mit 29,855 Millionen, die Köllmann errechnet hat[14], läßt sich mit der Marschalcks in Einklang bringen, der für dieses Jahr die deutsche Bevölkerung in den Grenzen des deutschen Kaiserreichs mit etwa 23,5 Millionen beziffert und einen Zuwachs von 60% auf 38 Millionen im Jahr 1865 feststellt.[15]

Zusammenfassend läßt sich konstatieren, daß nach den schweren Krisenzeiten des 17. Jahrhunderts, die durch eine Klimaverschlechterung, Hungersnöte, Epidemien und Kriege hervorgerufen worden waren, das 18. Jahrhundert einen Umschwung brachte: Die Bevölkerungsentwicklung verlief, insgesamt gesehen, durchaus positiv; die Verluste des 17. Jahrhunderts konnten ausgeglichen werden; es kam darüber hinaus zu einem deutlichen Aufschwung, der allerdings unterschiedlich kräftig und zeitlich uneinheitlich erfolgte. In der zweiten Hälfte des 18. Jahrhunderts wurden wohl in den meisten deutschen Territorien größere Zuwachsraten der Bevölkerung erzielt als in den vorhergehenden Jahrzehnten. So wuchs die Bevölkerung des Königreichs Preußen von 3,5 Millionen im Jahr 1748 auf 4,2 Millionen im Jahr 1770 und erreichte 1800 6,2 Millionen, wobei man aber die Bevölkerungsgewinne durch die Anteile an den polnischen Teilungen und durch die rege Zuwanderung in Rechnung stellen muß.[16] Allerdings läßt sich, dank der in Preußen sehr früh einsetzenden statistischen Erhebungen, in diesem Fall nachweisen, daß ein Ansteigen der Geburtenrate an diesem Bevölkerungswachstum einen beträchtlichen Anteil gehabt hat: Wurden in dem Zeitraum von 1688 bis 1756 in Brandenburg-Preußen pro 100 Eheschließungen durchschnittlich 394 Kinder geboren, so waren dies in der Zeit von 1750 bis 1800 durchschnittlich 466 Kinder.[17] Auch das Herzogtum Braunschweig hatte von 1760 bis 1803 einen Bevölkerungszuwachs von 30% zu verzeichnen[18], während Bayern als Gegenbeispiel genannt werden kann. Hier hat die Bevölkerung in der zweiten Hälfte des 18. Jahrhunderts abgenommen – von 1,45 Millionen (1771) auf 1,25 Millionen (1794) –, obwohl dank des Gebietszuwachses die Anzahl der Bewohner bis 1820 auf etwas über vier Millionen angestiegen ist.[19]

Mit den Revolutionskriegen und der napoleonischen Herrschaft läßt sich ein Einschnitt zwischen der Bevölkerungsbewegung des 18. und der des 19. Jahrhunderts markieren. Die Auswanderung – vor allem nach Übersee – kam zum Erliegen, dafür strömten französische Emigranten in unbekannter Anzahl über den Rhein, der bald darauf zur französischen Staatsgrenze werden sollte. Die Verluste an Soldaten in den deutschen Kontingenten der napoleonischen Armeen sind ebensowenig zu beziffern, wie die der Zivilbevölkerung oder die der Gefallenen in den Befreiungskriegen. Mit der Formierung des Deutschen Bundes setzte eine zweite Phase des Bevölkerungswachstums ein, das sich immer mehr beschleunigte und in dem letzten Drittel des 19. Jahrhunderts eine Form annahm, die man als Bevölkerungsexplosion bezeichnen kann. Auch hier sind deutliche regionale Unterschiede aufzuzeigen. Betrug der Zuwachs in den Ländern des Deutschen Bundes insgesamt zwischen 1816 und 1855 jährlich im Durchschnitt 1,09%, so schwankten die Raten zwischen 0,26% in Waldeck und 1,38% im Königreich Sachsen; eine Spitzenposition nahm die Metropole Berlin ein (2,2%), während im Königreich Preußen jährlich ein Zuwachs von 1,27% zu verzeichnen war.[20] Allerdings setzte nach 1815 auch wieder die Auswanderung ein. Infolge der Hungerkrise 1816/17 gingen 20000 Personen nach Amerika; 1846/47 sollte mit über 100000 Amerika-Auswanderern ein Rekord erreicht werden. Während die immer vorhandene Binnenwanderung zwischen einzelnen Ländern für die Gesamtentwicklung der deutschen Bevölkerung keine Bedeutung hat und nur als Umverteilung von überbevölkerten Gebieten in schwach besiedelte Regionen zu bewerten ist, so brachte doch die Abwanderung in die habsburgischen Donauländer (von 1749 bis 1803 zwischen 90000 und 100000 Personen vor allem aus Südwestdeutschland), nach Rußland (etwa 25000 Personen im gleichen

Zeitraum) oder nach Amerika (im 18. Jahrhundert etwa 200000 Personen) eine definitive Bevölkerungseinbuße mit sich.

Bevor den Gründen für dieses in zwei Phasen verlaufende Bevölkerungswachstum nachzugehen ist und die dafür in Frage kommenden Faktoren näher betrachtet werden, ist zunächst das Augenmerk auf die Lebensbedingungen zu richten, denen unsere Vorfahren an der Wende vom 18. zum 19. Jahrhundert unterworfen waren. Sie lassen sich nach historisch-demographischen Gesichtspunkten mit den Begriffen Natalität, Nuptialität und Mortalität bezeichnen. Die Gegebenheiten der Geburten, Eheschließungen und Todesfälle bestimmen in ihrer Häufigkeit die natürliche Bevölkerungsbewegung und geben Auskunft über die Bevölkerungsweise, von der in der Folge zu sprechen sein wird.

III. Die Bevölkerungsweise zwischen 1770 und 1820

Die natürliche Bevölkerungsbewegung wird bewirkt durch Geburt und Tod. Sie ist von der räumlichen Bevölkerungsbewegung zu unterscheiden, die durch Wanderungsbewegungen bestimmt wird. Als Einflüsse äußerer Art sind wirtschaftliche Verhältnisse, klimatische Gegebenheiten, epidemische Krankheiten sowie politische und militärische Ereignisse anzuführen. Alle diese Faktoren führen zu einer positiven oder negativen Bevölkerungsbilanz.

Ein Beispiel mag belegen, wie gering letztlich die Möglichkeiten für eine positive Bevölkerungsbilanz, also für ein Anwachsen der Bevölkerung angesichts der hohen Sterblichkeit, des relativ hohen Heiratsalters der Frauen und des beträchtlichen Anteils von Unverheirateten, in dem behandelten Zeitraum gewesen sind: Wenn von 100 Mädchen eines Jahrgangs drei tot geboren werden, 50 bis zur Erreichung des durchschnittlichen Heiratsalters sterben, fünf ledig bleiben oder bleiben müssen und zwei aus physiologischen Gründen keine Kinder bekommen, so bleiben aus dem Jahrgang 40 übrig, die heiraten und die, um sich selber und den männlichen Teil ihres Jahrgangs zu reproduzieren, insgesamt 200 Kinder zur Welt bringen müssen. Dabei ist der Einfachheit halber ein Verhältnis von 1:1 bei den männlichen und weiblichen Geborenen angenommen, obwohl durchschnittlich auf 100 Mädchen 106 Knaben geboren werden. Das Fazit aus diesem Beispiel lautet also, daß jede Frau, gleichgültig, ob sie einmal oder mehrfach verheiratet war, im Durchschnitt fünf Kinder zur Welt bringen mußte, um die Geborenen ihres Jahrgangs zu reproduzieren. Oder anders ausgedrückt: Bei einer Geburtenzahl von fünf Kindern pro fruchtbare Ehe stagnierte das Bevölkerungswachstum.[21]

Dieses Beispiel mit seinen durchaus als realistisch anzusehenden Zahlen, die manchmal noch viel krasser gewesen sein können, beleuchtet eindringlich die Gegebenheiten der alten Bevölkerungsweise mit der sehr hohen Fruchtbarkeit und der sehr hohen Sterblichkeit.

Wenn wir uns zunächst der Natalität zuwenden, so ist eingangs auf die für die alte Bevölkerungsweise typischen saisonalen Schwankungen hinzuweisen, die sich teilweise, wenn auch in abgeschwächter Form, bis in unsere Zeit erhalten haben. Bei der Verteilung der Geburten auf das Jahr ergeben sich zwei Maxima im Frühjahr und Herbst (meist März und Oktober), die durch ein tiefes Absinken im Juni/Juli voneinander getrennt sind.[22] Diese Gegebenheiten waren weitgehend von dem Rhythmus der bäuerlichen Arbeit geprägt. In der Zeit der Ernte, von August bis Oktober, fanden die wenigsten Konzeptionen statt, während sich vor allem im ländlichen Bereich die Maxima in den Monaten Dezember bis Februar, also in der winterlichen Ruhezeit, feststellen lassen. Es kommt noch hinzu, daß im Winter viele Ehen geschlossen wurden. Zu Martini (11. November) erfolgte der Wechsel der Dienstboten, es wurde abgerechnet und der Verkauf landwirtschaftlicher Produkte betrieben. Der November als »mois gras« wurde vor allem in katholischen Gebieten neben dem Januar bevorzugt zum Heiraten genutzt, zumal die kirchlichen Gebote die Eheschließung in der Advents- und Fastenzeit untersagten. Aus der auch durch diese Heiraten mitbewirkten Massierung der Konzeptionen in den Wintermonaten – auf diesem Sektor ist man wohl dem Aufruf der Kirche zu sexueller Enthaltsamkeit in den geschlossenen Zeiten des Kirchenjahres nicht gefolgt[23] – ergab sich dann allerdings, daß zu den Zeiten höchster Arbeitsbelastung viele Frauen hochschwanger waren oder sich um ihre neugeborenen Kinder kümmern mußten. Außerdem wurden diese Kinder im Hochsommer, der Zeit der größten Gefährdung durch Infektionskrankheiten, geboren, was sich wiederum sehr stark auf die Säuglingssterblichkeit auswirkte. In den größeren Städten läßt sich im 18. Jahrhundert ein anderes Verhalten nachweisen; hier war man kaum an den ländlichen Arbeitsrhythmus gebunden. So finden sich denn auch, soweit sich dazu Aussagen machen lassen, die Maxima der Konzeptionen in der Zeit von April bis Juni, während die Minima ebenfalls in den Monaten August bis Oktober liegen. Die Industrialisierung und ihre Folgen sollten dann im 19. Jahrhundert zu einer noch deutlicheren Unterscheidung ländlicher und städtischer Verhaltensformen bei der saisonalen Verteilung der Geburten beitragen.

Die sehr hohe Zahl von Geburten, die vor allem in Gebieten mit katholischer Bevölkerung, mit einigen Abstrichen auch bei den Lutheranern, in weit geringerem Maß aber bei den Calvinisten[24], festzustellen ist, läßt sich darauf zurückführen, daß die biologischen Möglichkeiten der verheirateten Frauen oft bis zum Ende der gebärfähigen Phase ausgenutzt wurden. Im katholischen Mainz lassen sich für das 18. Jahrhundert im Durchschnitt 3,92 Geburten pro Eheschließung berechnen; zieht man dagegen die demographisch vollständigen Familien (d.h., beide Partner einer Erstehe sind beim Eintritt der Menopause der Frau noch am Leben) heran, so ergibt sich der sehr hohe Wert von durchschnittlich 7,95 Geburten pro Ehe. Bei fast der Hälfte der untersuchten Fälle handelte es sich um Familien mit sechs bis neun Kindern, während in dem protestantischen Gießen etwas weniger als sechs Geburten pro Ehe ermittelt wurden.[25] Eine Tendenz zur Abnahme der Geburtenzahl seit dem letzten Drittel des 18. Jahrhunderts scheint sich, nach den wenigen vorliegenden Untersuchungen zu urteilen, abzuzeichnen, doch gibt es auch Gegenbeispiele, wie die bereits genannte Entwicklung im Königreich Preußen unter Beweis stellt. Die weit verbreitete, sehr hohe innereheliche Fruchtbarkeit kam vor allem dadurch zustande, daß die prokreative Phase weitgehend ausgeschöpft wurde, d.h., viele Frauen brachten auch noch im Alter von über 40 Jahren Kinder zur Welt; andererseits wurde diese hohe Fertilität durch das in Westeuropa übliche hohe Heiratsalter bei Frauen und Männern in beträchtlichem Umfang eingeschränkt. Viele Untersuchungen haben übereinstimmend ergeben, daß die Frauen im Durchschnitt mit etwa 25 Jahren und die Männer mit etwa 28 Jahren heirateten; dies besagt, daß die Zeit der höchsten Fruchtbarkeit der Frau, also etwa vom 20. bis zum 25. Lebensjahr, nicht genutzt wurde. Zusammen mit den von den Obrigkeiten verfügten Heiratsbeschränkungen, die viele zu einem unfreiwilligen Zölibat zwangen, ist dieses Faktum als die unbewußt, aber generell eingehaltene Maßnahme für eine Geburtenbeschränkung auszumachen, die von unseren Vorfahren im Ancien Régime befolgt wurde.

Die Untersuchung der natürlichen Fruchtbarkeit ist geeignet, Fragen nach der Verbreitung von Familienplanung und Geburtenkontrolle, wie wir heute sagen[26], zumindest in Ansätzen zu beantworten. Empfängnisverhütende Praktiken, vor allem der Koitus interruptus, waren den Zeitgenossen bekannt.[27] Es erhebt sich allerdings die Frage, in welchem Maß sie angewendet wurden, ob sie in der Ehe oder in höherem Maß bei außerehelichen Beziehungen gebräuchlich waren und ob sich die Menschen den Geboten der Kirche zu widersetzen wagten.[28] Mit Hilfe der Familienrekonstitution kann man sich diesem Problem nähern, indem man die zeitlichen Abstände zwischen den einzelnen Geburten in einer Ehe, die sogenannten intergenetischen Intervalle, erfaßt und quantifizierend verarbeitet. Wenn diese Intervalle den als natürlich anzusehenden Zeitraum von bis zu 31 Monaten oder gar den von 48 Monaten übersteigen, kann man – mit aller Vorsicht – von Praktiken einer Familienplanung sprechen.[29] Ein weiteres Indiz ist naturgemäß die Gesamtzahl der Geburten pro Ehe, wobei sich regional und vor allem konfessionell deutliche Unterschiede verzeichnen lassen.

Das Alter der Ehefrau bei der letzten Geburt ist als ein weiterer Faktor anzusehen, aus dem man auf eine Planung der Familiengröße Schlüsse ziehen kann. Liegt dieses beträchtlich vor dem Ende der gebärfähigen Phase, also dem Eintritt der Menopause bei etwa 45 Jahren, so läßt sich eine Planung vermuten; allerdings können dafür auch andere Gründe, wie Impotenz des Ehemannes oder physiologische Schäden nach mehreren Geburten, ins Feld geführt werden. Die bis jetzt für das 18. Jahrhundert ermittelten Werte liegen im Durchschnitt bei 37 bis 40 Jahren[30], wobei sich die katholischen Gebiete wiederum deutlich durch einen höheren Wert von den evangelischen abheben. Insgesamt gesehen hat sich in unserem Untersuchungszeitraum im Bereich des prokreativen Verhaltens wohl wenig verändert. Ansätze zu Familienplanung und Geburtenkontrolle, wie sie für das calvinistische Genf von A. Perrenoud überzeugend nachgewiesen worden sind[31], lassen sich nur ganz vereinzelt finden. Vor allem in den katholischen Gebieten nahm man die Kinder hin, wie Gott sie gab. Stellvertretend für diese Haltung der Gottesergebenheit mag hier ein Votivbild von 1775 stehen, das ein am Grab von acht Säuglingen knieendes Elternpaar unter der im Himmel thronenden Pietà zeigt. Der Text der Fürbitte lautet: »Lieber Gott, acht Kinder sind bei dir, so schenke das neunte mir.«[32] Das Gedankengut der Aufklärung, das so viele Innovationen mit sich brachte, ist – vor allem in den katholischen Gebieten – kaum bis in den Bereich der Prokreation vorgedrungen.

Abschließend ist noch zu den illegitimen Geburten anzumerken, daß deren Quote im 18. Jahrhundert angesichts des hohen Heiratsalters erstaunlich gering war. Von regionalen Unterschieden abgesehen, verzeichneten die ländlichen Gebiete um 2 % und die großen Städte um 10 % an Geburten, die vor oder außerhalb der Ehe erfolgten. Im Laufe des 18. Jahrhunderts läßt sich zwar eine gewisse Zunahme der Illegitimität konstatieren, doch kann von einer »sexuellen Revolution« durchaus nicht die Rede sein.[33] Erst im 19. Jahrhundert sollten sich diese Werte gravierend ändern.

Auch bei der Nuptialität lassen sich zu den Zeiten der alten Bevölkerungsweise gewisse Regelmäßigkeiten saisonaler Art ausmachen. Im Gegensatz zu den Konzeptionen, die einem natürlichen Rhythmus folgten, wurde die Zeitwahl für die Eheschließung weitgehend durch kirchliche Gebote sowie durch Einflüsse aus dem wirtschaftlichen Bereich und aus dem Brauchtum bestimmt. In den katholischen Gebieten waren die Bestimmungen des kanonischen Rechts für die Wahl des Heiratstermins maßgebend; in den »geschlossenen Zeiten«, also im Advent und in der Fastenzeit, durften Trauungen nur mit Dispens der kirchlichen Behörde vollzogen werden. So finden sich denn auch nur ganz wenige Eheschließungen im Dezember und im März. In den protestantisch gewordenen Regionen hatte dieses Gebot noch lange seine Nachwirkungen; gelegentlich wurde aber auch direkt nach der Einführung der neuen Lehre eine bewußte Änderung herbeigeführt, wie J.-P. Kintz z. B. für Straßburg nachweisen konnte.[34] Der durch das landwirtschaftliche Arbeitsjahr geprägte Lebensrhythmus läßt sich bei den Heiraten sogar bis in die Städte verfolgen. Die Maxima liegen in den Monaten November, Januar und Februar, dann folgen nach der Häufigkeit Juni und Juli, also die Zeit zwischen Aussaat und Ernte. Im April und Mai sowie vor allem in dem Zeitraum von August bis Oktober wurden sehr wenige Ehen geschlossen.

Auch bei der Wahl des Wochentags für die Heirat ergeben sich deutliche Unterschiede zu unseren heutigen Gebräuchen, denn man bevorzugte eindeutig den Wochenanfang. Der Freitag als Fastentag kam bei den Katholiken nicht in Frage, auch der Samstag wurde nur in ganz seltenen Fällen dafür benutzt. In manchen Regionen war der Dienstag, an dem die Hochzeit von Kanaan stattgefunden haben soll, der beliebteste Tag zum Heiraten. In Mainz fanden etwa zwei Drittel aller Eheschließungen an Montagen und Sonntagen statt. Trotz des unterschiedlichen Brauchtums dürfte ein Faktor für die Wahl des Wochenanfangs ausschlaggebend gewesen sein: In einer Zeit, die so wenige Feste kannte, war die Hochzeit ein so herausragendes Ereignis, daß man es mehrere Tage lang gefeiert hat. Daran haben alle Versuche der Obrigkeiten, Aufwand und Zeitdauer zu beschneiden, nichts ändern können. Und bis zum nächsten Fastentag, der ja auch der Mittwoch sein konnte, sollte das Fest zu Ende sein.[35] Dieser Befund läßt sich allerdings noch nicht verallgemeinern, da aus protestantischen Gebieten dazu noch keine Untersuchungen vorliegen.

Das hohe Heiratsalter, von dem im Zusammenhang mit der Fertilität bereits gesprochen wurde, war im 18. Jahrhundert bedingt durch die Tatsache, daß bei der Eheschließung der Nachweis einer hinreichenden »Nahrung«, wie dies die Quellen der Zeit ausdrükken, erbracht werden mußte. Der Bräutigam mußte die Nachfolge auf dem Hof oder in dem Gewerk des Vaters angetreten haben oder im Besitz einer anderen »Vollerwerbsstelle« sein; Mädchen mußten sich oft jahrelang als Dienstboten verdingen, um sich eine Aussteuer zusammenzusparen. Viele Gesellen, Tagelöhner, Knechte und Mägde sowie Geschwister, die nach den Bestimmungen des Anerbenrechts keinen Anteil erhielten, konnten zeitlebens nicht an eine Heirat denken. Mit der Aufhebung der behördlichen Ehebeschränkungen zu Beginn des 19. Jahrhunderts, die allerdings in manchen Territorien später wieder eingeführt wurden, wurde vielen das Schicksal des Zwangszölibats erspart. Das Heiratsalter sank zuerst in den Gebieten, in denen die Heimarbeit ihren Einzug hielt. Hier und dann auch in den Regionen der frühen Industrialisierung waren die Heiratswilligen in der Lage, viel früher einen Hausstand zu gründen und Kinder in die Welt zu setzen, was eine beträchtliche Erhöhung der Geburtenzahlen mit sich brachte. Von diesen Gebieten ging das explosionsartige Anwachsen der Bevölkerung aus, während die im 19. Jahrhundert auch weiterhin landwirtschaftlich orientierten Regionen nur bescheidene Zuwachsraten aufwiesen.

In dem Zeitraum von 1770 bis 1820 wurden die alten Strukturen der Nuptialität vielfach durchlöchert, neue Gegebenheiten kündigten sich an, die allerdings erst im weiteren Verlauf des 19. Jahrhunderts voll zum Tragen kamen.

Die saisonalen Schwankungen der Mortalität wurden vor allem dadurch bewirkt, daß an der Wende vom 18. zum 19. Jahrhundert Krankheit und Tod noch fast durchweg von der Natur bestimmte Gegebenheiten waren, die noch nicht mit Hilfe der damals bekannten Heilmittel und Therapien beeinflußt werden konnten. So finden sich zwei Mortalitätsspitzen unterschiedlicher Höhe im Spätsommer, ausgelöst durch die zu dieser Zeit grassierenden Infektionskrankheiten, denen vor allem Säuglinge und Kleinkinder zum Opfer fielen, und im Frühjahr, hervorgerufen durch Todesfälle bei älteren Menschen (Erkrankungen der Atemwege etc.). Diese Gesetzmäßigkeiten konnten allerdings beeinträchtigt werden durch Hungersnöte, saisonunabhängig auftretende Epidemien (Pest, Pocken) und kriegerische Ereignisse mit all ihren Folgen für die Bevölkerung. In diesen Krisenzeiten konnte sich die an sich schon sehr hohe Sterblichkeit verdoppeln oder vervielfachen.

Diese hohe Mortalitätsrate, die sich für »normale Zeiten« auf 30 bis 40‰ beziffern läßt (heute liegt sie bei etwa 10 bis 12‰), wurde vor allem durch eine – in unseren Augen – ungeheuer hohe Sterblichkeit bei den Säuglingen und Kleinkindern bewirkt. Im ersten Lebensjahr verstarben 22 bis 25% der Geborenen (in der Bundesrepublik waren es 1984 9,6‰), während kaum die Hälfte eines Jahrgangs das zehnte Lebensjahr vollenden konnte. Das bedeutet, daß praktisch nur jeder Zweite überhaupt das Erwachsenenalter erreichte. Natürlich hat es auch im 18. Jahrhundert alte und sehr alte Menschen gegeben, doch war ihre Anzahl bei weitem geringer als in unserer heutigen, stark überalterten Bevölkerung. Der altersmäßige Aufbau der Bevölkerung läßt sich für die damalige Zeit in einer spitz zulaufenden Pyramide darstellen, während unsere heutige Situation sich nach G. Mackenroth[36] am besten mit einer Urne beschreiben läßt, deren schmaler Fuß und stärkere Mitte signalisieren, daß jeder Jahrgang von Neugeborenen kleiner wird und die Bevölkerung insgesamt schrumpft. Mit Pyramide und Urne läßt sich am deutlichsten das Wesen einer Bevölkerung vor Beginn und nach Abschluß der demographischen Transition darstellen.

Angesichts der hohen Säuglingssterblichkeit belief sich die durchschnittliche Lebenserwartung in etwa nur auf die Werte, die wir heute aus den Ländern der Dritten Welt kennen. Angesichts des leichten Rückgangs der Sterblichkeit im Verlauf des 18. Jahrhunderts schätzt P. Marschalck die durchschnittliche Lebenserwartung für die Zeit um 1700 auf knapp 30 Jahre, für 1750 auf 32,5 Jahre und nimmt dann bis 1850 einen Anstieg auf 35 Jahre an; um 1875 waren es dann 37,5 Jahre.[37]

Die Gründe für diesen Beginn des Bevölkerungswachstums, das durch den allmählichen Rückgang der Mortalität ausgelöst wurde, sind oft diskutiert worden; allerdings gibt es bis heute keine schlüssige, umfassende Begründung.[38] Die deutsche Bevölkerung hatte um die Wende vom 15. zum 16. Jahrhundert wohl wieder den Umfang erreicht, den sie vor der großen Pestepidemie von 1346 bis 1349 gehabt hatte. In der Folge wuchs sie langsam, durch zahlreiche Krisen immer wieder zurückgeworfen, an. Nach der Schätzung von Chesnais fand von 1500 bis 1800 eine Verdoppelung der deutschen Bevölkerung statt, während eine weitere Verdoppelung nur den Zeitraum von 1800 bis 1880, also acht Jahrzehnte im Vergleich zu drei Jahrhunderten, beanspruchte.[39] Ein sich über lange Zeiträume selbst regulierendes Bevölkerungssystem war relativ schnell aus den Fugen geraten.

Die Verringerung der Sterblichkeit im 18. Jahrhundert ist zunächst darauf zurückzuführen, daß seit etwa 1750 die großen demographischen Krisen im Stil des 17. Jahrhunderts kaum noch eintraten. Die Pest wütete letztmalig 1709 in Ostpreußen und hat danach Deutschland nicht mehr in Mitleidenschaft gezogen. Es waren wohl vor allem die strengen administrativen Maßnahmen im Bereich strikt eingehaltener Quarantäne und der öffentlichen Sauberkeit, die das weitere Auftreten der Pest verhinderten. Von den Medizinern wird allerdings auch eine Veränderung bei den mit ihren Flöhen als Überträger fungierenden Ratten (Hausratte contra Wanderratte) als Auslöser für das Verschwinden der Pest kontrovers diskutiert.[40]

Die Pocken, die im 18. Jahrhundert epidemisch in regelmäßigen Abständen grassierten, forderten zwar zahlreiche Opfer, doch ihre Letalität war wesentlich geringer als die der Pest. Im Jahre 1796 hatte der englische Arzt Jenner eine erfolgreiche Impfung entwikkelt, die bald danach auf dem Kontinent ebenfalls angewendet und von den Behörden zwingend vorgeschrieben wurde. Damit konnte diese Krankheit bald besiegt werden. Vergleichbares gilt für die Cholera, die im 19. Jahrhundert wiederholt als Epidemie auftrat.

An Kriegen war zwar auch im 18. Jahrhundert kein Mangel, aber sie brachten doch nicht mehr die Verheerungen mit sich, die der Dreißigjährige Krieg oder der Pfälzische Krieg (1688 bis 1697) angerichtet hatten. Der Wandel in der Kriegführung, die bessere Versorgung und Disziplinierung der Truppen hatten ihren Teil zu dieser Entwicklung beigetragen. Auf die kriegerischen Auseinandersetzungen zwischen 1792 und 1814, die wiederum ihr eigenes Gepräge hatten, ist bereits hingewiesen worden.

Insgesamt wurde auch die Basis für die Ernährung der Menschen breiter; Hungerkrisen großen Stils traten nur noch vereinzelt auf. Innovationen im landwirtschaftlichen Bereich, die Einführung neuer Nutzpflanzen, vor allem der Kartoffel, und die erweiterte Viehhaltung hatten dies ermöglicht. Die Verbesserung der Kommunikationssysteme, der Ausbau von Straßen und Wasserwegen, trug zur schnelleren Verteilung von Lebensmitteln in krisenhaften Situationen bei. So konnte z. B. der Mainzer Kurfürst rechtzeitig Getreide aus Danzig über Amsterdam heranschaffen lassen, als Anfang der siebziger Jahre eine Hungersnot in weiten Teilen Westeuropas ausbrach, die in anderen Regionen zahlreiche Opfer forderte.[41] Veränderungen im wirtschaftlichen Bereich, wie die Möglichkeit des Nebenerwerbs durch Heimarbeit oder die dann einsetzende Industrialisierung und die Erweiterung des Einzugsbereiches von Märkten, haben ebenfalls zu einer Minderung des Einflusses von Mißernten beigetragen, weil die Heimarbeiter im Gegensatz zur bäuerlichen Bevölkerung saisonunabhängig über Zahlungsmittel verfügten und länger die überhöhten Preise für Nahrungsmittel bestreiten konnten.

Über die Rolle der Medizin und der auf diesem Gebiet gemachten Fortschritte bei dem Rückgang der Sterblichkeit ist viel diskutiert worden. Es besteht Einigkeit darüber, daß zwar die Pockenschutzimpfung unbestreitbar zur Verringerung der Todesfälle bei Säuglingen und Kindern beigetragen hat, daß aber die medizinische Wissenschaft an sich an der Wende vom 18. zum 19. Jahrhundert noch kaum lebenserhaltend oder lebensverlängernd wirken konnte. Allerdings wurden bereits im 18. Jahrhundert zahlreiche wichtige Verbesserungen vorgenommen: fortschrittliche Ausbildung von Ärzten, Chirurgen und Hebammen, Errichtung von –

für die damalige Zeit – modernen Hospitälern und neuen medizinischen Fakultäten, der Beginn einer Kampagne für eine bessere Gesundheitsfürsorge. Dazu zählten die Verbesserung der öffentlichen Hygiene, die Sauberhaltung von Straßen und Gewässern, wobei auch die Brutstätten der die Malaria und andere Krankheiten übertragenden Insekten eingeschränkt wurden[42], die Anlage von Wasserleitungen und besseren Brunnen etc. T. McKeown hat dazu die Ansicht geäußert, daß der Zustand des Wassers und der Lebensmittel entscheidender für das Risiko einer Infektion sei als die Sauberkeit der Hände und der Eßgeräte[43]; dem ist sicherlich zuzustimmen, doch ist damit nur eine Seite des Problems erfaßt. Es bedurfte langwieriger Anstrengungen, die Menschen aus ihren althergebrachten Verhaltensweisen herauszuführen, ihre Mentalität zu verändern und ihnen die Neuerungen plausibel zu machen. Es mußte das Bewußtsein geweckt werden, eine Krankheit nicht mehr als eine von Gott gesandte Strafe für begangene Sünden anzusehen, sondern als einen körperlichen Defekt, der eventuell medizinisch oder hygienisch behoben werden kann. Es galt vor allem – und besonders für den katholischen Bereich –, den Eltern nach und nach ein neues Gefühl der Verantwortung für ihre Kinder zu geben. Geburt und früher Tod sollten nicht mehr allein Gott anheimgestellt werden. Chesnais spricht in diesem Zusammenhang von einer langsamen Erosion der Dogmen und des tausendjährigen Fatalismus, die zum Erfolg im Kampf gegen den Tod beigetragen hat.[44]

Diese hier skizzierten Faktoren und noch andere mehr haben das Gefüge des traditionellen Bevölkerungssystems des Ancien Régime nach und nach zum Einsturz gebracht und den Weg zur neuen Bevölkerungsweise geebnet. Allerdings sind in dem Untersuchungszeitraum von 1770 bis 1820 nur einige dieser Faktoren zum Tragen gekommen, manche kündigten sich nur an, und weitere traten überhaupt noch nicht in Erscheinung.

IV. Der Weg bis zum Einsetzen der demographischen Transition

Es wurde im Verlauf dieser Darstellung festgehalten, daß mit der Gründung des Deutschen Bundes eine zweite Phase des Bevölkerungswachstums in Deutschland einsetzte, das jetzt viel schneller erfolgte als in der vorhergehenden Periode im 18. Jahrhundert und während des letzten Drittels des 19. Jahrhunderts in eine Bevölkerungsexpansion ausuferte. Tatsächlich zeigen die Kurven der Geburten und Sterbefälle bis zu diesem Zeitpunkt noch das typische Bild der alten Bevölkerungsweise mit den oft wiederkehrenden Spitzen, auch wenn diese nicht mehr das Ausmaß früherer Epochen aufweisen. Die Säuglingssterblichkeit nahm nach 1850 sogar noch einmal zu und erreichte erst nach 1885 wieder die Werte aus der ersten Hälfte des 19. Jahrhunderts, um dann allerdings recht schnell zurückzugehen. Insgesamt gesehen nahm die Mortalität etwas ab, was zusammen mit dem Ansteigen der Geburtenzahlen zum Wachstum der Bevölkerung führte. Allerdings ist diese globale Aussage durch die starken regionalen und auch schichtenspezifischen Unterschiede für die erste Hälfte des 19. Jahrhunderts zu relativieren. Für diesen Zeitraum rechnet Marschalck mit Geburtenziffern zwischen 30 und 45‰ und mit Sterbeziffern zwischen 22 und 35‰.[45] Das Bevölkerungswachstum war am höchsten im rheinisch-westfälischen Raum, in den Regionen östlich der Elbe und im Main-Gebiet; weniger stark war es im Südwesten, in Hessen, Hannover, Oldenburg und im Münsterland (Zunahme etwa um ein Drittel), während die Bevölkerungszahl in manchen Bereichen, vor allem dort, wo das althergebrachte Hofbauerntum etabliert war, stagnierte.[46]

Von einem Rückgang der ehelichen Fruchtbarkeit war in Deutschland vor 1880 kaum etwas zu verspüren. Während in Frankreich in der ersten Hälfte des 19. Jahrhunderts im Durchschnitt 3,5 Kinder pro Frau geboren wurden, wurde dieser Wert in England um 1900 und in Deutschland erst kurz vor dem Ersten Weltkrieg erreicht.[47] In Frankreich begann in einer für Europa atypischen Zeit die demographische Transition bereits in der zweiten Hälfte des 18. Jahrhunderts; um die Mitte des 19. Jahrhunderts setzte sie in Schweden und Norwegen ein, in Deutschland hingegen erst um 1870. Ein Vergleich mag dies verdeutlichen: In Frankreich wurden in dem Zeitraum von 1760 bis 1789 pro Frau im Durchschnitt fünf Kinder geboren, und die Säuglingssterblichkeit lag bei 280 bis 290‰. Für Deutschland läßt sich – bei der gleichen Anzahl von Geburten – eine Säuglingssterblichkeit von etwa 260‰ erst für das Jahrzehnt von 1870 bis 1880 feststellen.[48] Erst zu diesem Zeitpunkt setzte die demographische Transition im eigentlichen Sinne in Deutschland ein, die erst kürzlich, nach einem relativ kurzen Zeitraum von hundert Jahren, mit dem ungefähren Gleichstand von sehr niedrigen Geburten- und Sterbeziffern ihren Abschluß fand.[49] Unser Untersuchungszeitraum von 1770 bis 1820 stellt eine vorbereitende Stufe dieser Entwicklung dar, die durch eine recht beträchtliche Zunahme der Bevölkerung gekennzeichnet ist, aber noch deutlich die Züge der alten Bevölkerungsweise trägt. Dieses halbe Jahrhundert, das politisch einen gewaltigen Umbruch mit sich brachte, hat aus demographischer Sicht noch keine grundlegenden Veränderungen bewirkt.

Anmerkungen

1 Vgl. A. E. Imhof, Einführung in die Historische Demographie, München 1977; W. G. Rödel, Bevölkerungsgeschichte (Sammelbericht), in: Blätter für deutsche Landesgeschichte, Bd. 119, 1983, S. 301–324; M. W. Flinn, The European Demographic System 1500–1820, Brighton 1981; E. A. Wrigley u. R. S. Schofield, The Population History of England 1541–1871, Cambridge/Mass. 1981; N. L. Tranter, Population and Society 1750–1940. Contrasts in Population Growth, London 1985; J. Dupâquier, La population française au XVIIe et XVIIIe siècles, Paris 1979; E. Hofsten u. H. Lundström, Swedish Population History. Main Trends from 1750 to 1970, Stockholm 1976; M. Drake, Population and Society in Norway 1735–1865, Cambridge 1969.

2 Dazu J.-C. Chesnais, La transition démographique. Etapes, formes, implications économiques, Paris 1986.

3 Als Beispiel positiver Art: F.-J. Verscharen, Gesellschaft und Verfassung der Stadt Marburg beim Übergang vom Mittelalter zur Neuzeit, Marburg 1985, S. 20–29.

4 N. Bulst u. J. Hoock, Volkszählungen in der Grafschaft Lippe. Zur Statistik und Demographie in Deutschland im 18. Jahrhundert, in: Familie zwischen Tradition und Moderne. Hg. N. Bulst u.a., Göttingen 1981, S. 57–87; M. Schaab, Die Anfänge der Landesstatistik im Herzogtum Württemberg, in der badischen Markgrafschaft und der Kurpfalz, in: Zeitschrift für württembergische Landesgeschichte, Bd. 26, 1967, S. 89–112.

5 Historisch-statistisches Jahrbuch des Departments Donnersberg für das Jahr 10 der fränkischen Republik. Hg. F. Lehne, Mainz (1801).

6 C. A. Fabricius, Die Bevölkerungsaufnahmen in der Landgrafschaft und im Großherzogtum Hessen bis zum Jahr 1858, in: Beiträge zur Statistik des Großherzogtums Hessen, Bd. 3, Darmstadt 1864, S. 1–84;

vgl. auch: M. Schaab, Die Herausbildung einer Bevölkerungsstatistik in Württemberg und Baden während der ersten Hälfte des 19. Jahrhunderts, in: Zeitschrift für württembergische Landesgeschichte, Bd. 30, 1971, S. 164–200.

7 Boppard 1980.

8 Bevölkerungsgeschichte Europas. Mittelalter bis Neuzeit. Hg. C.M. Cipolla u. K. Borchardt, München 1971, S. 80.

9 Dazu G. Franz, Der Dreißigjährige Krieg und das deutsche Volk, Stuttgart 1979[4]; M. Erbe, Deutsche Geschichte 1713–1790. Dualismus und Aufgeklärter Absolutismus, Stuttgart 1985, S. 12, spricht von 40%.

10 M.A. Reinhard u. A. Armengaud, Histoire générale de la population mondiale, Paris 1961, S. 175.

11 Erbe, S. 12.

12 R. Vierhaus, Deutschland im Zeitalter des Absolutismus, Göttingen 1978, S. 28.

13 K. Gerteis, Die deutschen Städte in der Frühen Neuzeit. Zur Vorgeschichte der »bürgerlichen Welt«, Darmstadt 1986, S. 57.

14 W. Köllmann, Bevölkerungsgeschichte 1800–1970, in: Handbuch der deutschen Wirtschafts- und Sozialgeschichte. Hg. H. Aubin u. W. Zorn, Bd. 2, Stuttgart 1976, S. 9–50, hier S. 10.

15 P. Marschalck, Bevölkerungsgeschichte Deutschlands im 19. und 20. Jahrhundert, Frankfurt 1984, S. 27.

16 Bevölkerungs-Ploetz, Bd. 2, Würzburg 1955[2], S. 157.

17 O. Behre, Geschichte der Statistik in Brandenburg-Preußen, Berlin 1905, S. 140.

18 E.W. Buchholz, Ländliche Bevölkerung an der Schwelle des Industriezeitalters. Der Raum Braunschweig als Beispiel, Stuttgart 1966, S. 4.

19 W.R. Lee, Zur Bevölkerungsgeschichte Bayerns 1750–1850. Britische Forschungsergebnisse, in: VSWG, Bd. 62, 1975, S. 303–338, hier S. 316, Tab. 1.

20 Bevölkerungs-Ploetz, S. 159f.

21 Dieses Beispiel nach G. Pröbsting, Untersuchungen über Stand und Bewegung der Bevölkerung im 17. und 18. Jahrhundert, in: Archiv für Bevölkerungswissenschaft und Bevölkerungspolitik, Bd. 11, 1941, S. 82–98.

22 Vgl. Historische Demographie als Sozialgeschichte. Gießen und Umgebung vom 17. zum 19. Jahrhundert. Hg. A.E. Imhof, Bd. 1.2., Gießen/Marburg 1975, S. 245–253; R. Mols, Introduction à la démographie historique des villes d'Europe du XIVe au XVIIIe siècle, 3 Bde., Louvain 1954–56, hier Bd. 2, S. 296; W.G. Rödel, Mainz und seine Bevölkerung im 17. und 18. Jahrhundert. Demographische Entwicklung, Lebensverhältnisse und soziale Strukturen in einer geistlichen Residenzstadt, Stuttgart 1985, S. 153–164.

23 E. Hinrichs u. W. Norden, Demographische Strukturen in zwei Oldenburger Landgemeinden (1700–1850), in: Regionalgeschichte. Probleme und Beispiele. Hg. E. Hinrichs u. W. Norden, Hildesheim 1980, S. 42–102, hier S. 76; F. Lebrun, Démographie et mentalités. Le mouvement des conceptions sous l'ancien régime, in: Annales de Démographie historique, 1974, S. 45–50.

24 Dazu A. Perrenoud, Malthusianisme et protestantisme: un modèle démographique weberien, in: Annales, Bd. 29, 1974, S. 975–988; P. Zschunke, Konfession und Alltag in Oppenheim. Beiträge zur Geschichte von Bevölkerung und Gesellschaft einer gemischtkonfessionellen Kleinstadt in der frühen Neuzeit, Wiesbaden 1984.

25 Rödel, Mainz, S. 165, 265; Historische Demographie als Sozialgeschichte, S. 353, Tab. 10.1.

26 Der Begriff »birth control« wurde von Margaret Sanger (USA) in unserem Jahrhundert geprägt.

27 Dazu E. Shorter, Der weibliche Körper als Schicksal. Zur Sozialgeschichte der Frau, Zürich/München 1984.

28 J. Th. Noonan, Empfängnisverhütung. Geschichte ihrer Beurteilung in der katholischen Theologie und im kanonischen Recht, Mainz 1969 (Englisch: Cambridge/Mass. 1986^{2}).

29 Ausführlich dargestellt bei Rödel, Mainz, S. 288–294.

30 Zusammenstellung bei Rödel, Mainz, S. 286.

31 Perrenoud, Malthusianisme, S. 980. Vgl. auch U. Pfister, Die Anfänge von Geburtenbeschränkung. Eine Fallstudie, Bern/Frankfurt/New York 1985, S. 256.

32 Original im Österreichischen Museum für Volkskunde, Wien. Abgebildet bei A. E. Imhof, Die gewonnenen Jahre, München 1981, Rücktitel.

33 Vgl. dazu M. Mitterauer, Ledige Mütter. Zur Geschichte unehelicher Geburten in Europa, München 1983.

34 J.-P. Kintz, Aspekte eines städtetypischen Verhaltens im 17. und 18. Jahrhundert. Straßburg als Beispiel, in: Historische Demographie als Sozialgeschichte, S. 1051 f.

35 Vgl. Rödel, Mainz, S. 185–192.

36 G. Mackenroth, Bevölkerungslehre. Theorie, Soziologie und Statistik der Bevölkerung, Berlin/Göttingen/Heidelberg 1953, S. 24.

37 Marschalck, Bevölkerungsgeschichte, S. 26.

38 Zusammenfassend Imhof, Einführung, S. 60f; E. Hinrichs, Einführung in die Geschichte der Frühen Neuzeit, München 1980, S. 25–28; Chesnais, Transition, S. 340.

39 Ebd., S. 336.

40 Dazu als Standardwerk J.-N. Biraben, Les hommes et la peste en France et dans les pays européens et méditerranéens, 2 Bde., Paris 1975/76.

41 Vgl. u.a. M. Mattmüller, Die Hungersnot der Jahre 1770/71 in der Basler Landschaft, in: Gesellschaft und Gesellschaften. Festschrift für U. Im Hof, Bern 1982, S. 271–291.
42 J. C. Riley, Insects and the European Mortality Decline, in: American Historical Review, Bd. 91, 1986, S. 833–858.
43 T. McKeown, The Modern Rise of Population, London 1976, S. 124.
44 Chesnais, Transition, S. 340.
45 Marschalck, Bevölkerungsgeschichte, S. 34. Dazu auch W. R. Lee, The Mechanism of Mortality Change in Germany, 1750–1850, in: Medizinhistorisches Journal, Bd. 15, 1980, S. 244–268.
46 Bevölkerungs-Ploetz, S. 159.
47 Chesnais, Transition, S. 148f.
48 Ebd., S. 150.
49 J. Schmid, Bevölkerung und soziale Entwicklung. Der demographische Übergang als soziologische und politische Konzeption, Boppard 1984, S. 32; A. E. Imhof, From the Old Mortality Pattern to the New: Implications of a Radical Change from the Sixteenth to the Twentieth Century, in: Bulletin of the History of Medicine, Bd. 59, 1985, S. 1–29.

Jacques Dupâquier
Die Trendwende in der Geschichte der französischen Bevölkerung 1750–1850

Die demographische Geschichte Frankreichs ist gut erforscht. Dazu haben vor allem die Arbeiten des »Institut national d'Etudes démographiques« beigetragen.[1] Sie konnten sich bis 1851 nur auf spärliches Material stützen, da es bis zu diesem Zeitpunkt keine Volkszählungen im modernen Sinn gab. Zur Zeit des Ancien Régime verzichtete man ganz auf solche Zählungen und begnügte sich damit, die Bevölkerungszahl zu schätzen. Dies geschah auf der Grundlage des Jahresdurchschnitts von Taufen, der mit einem bestimmten Faktor (25 oder 26) multipliziert wurde. Auch die zahlreichen Erhebungen, die von den Nationalversammlungen oder revolutionären Ausschüssen in den Jahren 1790, 1791, 1793 und 1796 angeordnet wurden, führten nie zu einer vollständigen Erfassung der Bevölkerung im nationalen Rahmen. Selbst die Volkszählung von 1801, die als erste offizielle Erhebung ihrer Art gilt, beruhte zum großen Teil auf unsicheren Schätzungen. Die Zählung von 1806 fiel dagegen solider aus. Aber erst 1831 begannen die regelmäßigen Volkszählungen im Fünfjahresrhythmus. Die ersten vier (1831, 1836, 1841 und 1846) wertete der 1840 gegründete »Service de la Statistique Générale de la France« (SGF) jedoch nur teilweise aus.

Die Zivilregister wurden seit der königlichen Deklaration von 1736 zwar recht gut geführt, doch blieben die Statistiken, die Abbé Terray für die Jahre zwischen 1770 und 1784 auf ihrer Grundlage erstellen ließ, recht summarisch. Diejenigen, die das SGF in den beiden ersten Bänden unter dem Titel *Territoire et Population* veröffentlichte, sind gewiß detaillierter, müssen jedoch ebenfalls mit Vorsicht interpretiert werden.[2] So bleibt als vertrauenswürdigste Quelle die Untersuchung L. Henrys aus dem Jahre 1851. Sie wertet für den Zeitraum von 1670 bis 1829 die Kirchen- und Zivilregister von 382 Dörfern (eine Gemeinde von 100; ein Register von fünf), 15 kleinen Städten (eine Stadt von 20; ein Register von 25), acht mittelgroßen (eine Stadt von 10; ein Register von 50) und acht großen Städten (ein Register von 500) aus.[3] Der Erhebung Henrys verdanken wir vier wichtige statistische Variablen: die jährliche Entwicklung von Geburten, Eheschließungen und Todesfällen im Rahmen der heutigen Grenzen Frankreichs; die Größe der Bevölkerung, aufgegliedert in Altersklassen von jeweils fünf Jahren; die Sterblichkeitsrate für beide Geschlechter in Zehnjahresabständen; und schließlich die Häufigkeit unehelicher Geburten. Das erste, was sich aus diesen Zusammenstellungen ablesen läßt, ist die numerische Stärke der französischen Bevölkerung und ihre Bedeutung im europäischen Maßstab.

Tabelle 1: Die französische Bevölkerung 1750–1850

Jahr	Bevölkerung (in Millionen)	Jahr	Bevölkerung (in Millionen)
1750	24,5	1810	30,0
1760	25,7	1820	31,25
1770	26,6	1830	33,3
1780	27,55	1840	34,9
1790	28,1	1850	36,35
1800	29,1		

Alle diese Zahlen beziehen sich auf Frankreich in den heutigen Grenzen, die von den damaligen etwas abweichen.[4] Sie übersteigen deutlich die Angaben der Zeitgenossen und auch jene der Historiker für das vorrevolutionäre Frankreich.[5]

Gleichwohl gewinnt man den Eindruck, daß selbst die Statistiken des »Institut national d'Etudes démographiques« noch zu niedrig gegriffen sind. Denn für jedes der genannten Jahre wurde die Bevölkerungszahl errechnet, indem man für alle betroffenen Generationen die späteren Todesfälle zusammenzog. Dieser Berechnung lag die Annahme einer geschlossenen Gesellschaft oder doch wenigstens einer ausgeglichenen Ein- und Auswanderungsbilanz zugrunde. Eine solche Prämisse ist jedoch nicht unproblematisch. Zum einen trifft sie nicht einmal für das weibliche Geschlecht zu, auf dessen Analyse sich dieses große statistische Werk gestützt hat. Darüber hinaus stellt sich das mißliche Problem, daß im 18. Jahrhundert keineswegs alle Todesfälle registriert worden sind. Nach Abschluß seiner Erhebungen mußte Henry deshalb feststellen, daß für die Generationen der zwischen 1740 und 1800 Geborenen die Zahl der Todesfälle unter jener der Geburten lag. Die Differenz betrug insgesamt 2,4 Millionen. Wie läßt sich dieser Befund erklären? Wenn man die Differenz auf alle Altersstufen gleichmäßig verteilte, dann würden sich die oben genannten Werte allzusehr aufblähen. Deshalb stellte Henry die These auf, daß es sich hierbei ausschließlich um Sterbefälle von Kindern unter fünf Jahren handle. Bei dieser Altersgruppe wurden in der Tat die Sterbemeldungen von den Priestern häufig vernachlässigt.

Eine genauere Prüfung der Statistik zeigt jedoch, daß das Ausmaß der lückenhaften Erfassung nicht zurückging, wie man erwarten könnte, sondern vielmehr noch zunahm und gerade für jene Generationen eine Rekordhöhe erreichte, die in der Revolutionszeit erwachsen waren. Hinzu kommt, daß man für die Bretagne und den Anjou, die besonders stark unter den Bürgerkriegen gelitten haben, ein merkwürdiges Phänomen beobachten kann. Im Ancien Régime war der Abstand zwischen Geburten und Todesfällen gering, was auf verläßliche Eintragungen schließen läßt. Während des Revolutionsjahrzehnts lag die Geburtenzahl mit 202 000 dagegen deutlich höher als die Zahl der Sterbefälle, obwohl sich durch einen Vergleich der beiden Zählungen von 1791 und 1801 ein Rückgang der Einwohnerzahl von 281 000 errechnet. Man muß also davon ausgehen, daß ein Teil der Todesfälle, die in den Statistiken von Henry fehlen, auf nichtregistrierte Tote entfallen. In der Revolutionszeit dürfte es sich dabei durchweg um gewaltsame Todesfälle gehandelt haben, vor allem in den westlichen Landesteilen. Aus diesem Grund müssen die Statistiken über die Bevölkerungszahl für die vorrevolutionäre Zeit nach oben korrigiert werden.

Tabelle 2: Geschätzte Bevölkerungszahlen für Frankreich 1750–1790

Jahr	Bevölkerung (in Millionen)	Jahr	Bevölkerung (in Millionen)
1750	24,6	1780	28,05
1760	26,15	1790	28,6
1770	27,05		

Unabhängig davon, welche Zahlen man zugrunde legt, war das relative Gewicht der französischen Bevölkerung in Europa vom Atlantik bis zum Ural wesentlich stärker als in der Gegenwart. Während heute der Anteil der französischen Bevölkerung 7,7% beträgt, hat er 1750 bei 17,5%, 1800 bei 16,2% und 1850 bei 13,7% gelegen. Dies erklärt zum großen Teil die militärische Macht und das außenpolitische Gewicht Frankreichs im 18. und zu Beginn des 19. Jahrhunderts. Der Wohlfahrtsausschuß und nach ihm Napoleon Bonaparte konnten über ein »Menschenmaterial« verfügen, das sie auf den Schlachtfeldern im Rahmen einer neuen Militärtaktik – des Frontalangriffs im Sturmschritt – ausgiebig nutzten, ja vergeudeten. Solange das zahlenmäßige Übergewicht ihnen den Sieg sicherte, kümmerten sie sich kaum um die Verluste.

Die Statistiken zeigen, daß sich das demographische Übergewicht Frankreichs in Europa zwischen 1750 und 1850 spürbar verringert hat. Im 19. Jahrhundert waren dafür zum Teil die militärischen Verluste in den Revolutions- und napoleonischen Kriegen verantwortlich. L. Henry und Y. Blayo schätzen sie auf 1,317 Millionen, inklusive derjenigen, die endgültig emigrierten und nicht durch ausländische Soldaten ersetzt worden sind. In den Jahren zwischen 1792 und 1794 dürften die Verluste 203 000 betragen haben; von 1795 bis 1799 waren es 235 000, von 1800 bis 1804 96 000, von 1805 bis 1809 198 000, von 1810 bis 1814 555 000 und im Jahr 1815 30 000. Ein Problem besteht darin, daß diese Zahlen etwa 10% unter jenen liegen, die J. Haudaille aufgrund der napoleonischen Regimentsmatrikel errechnet hat. Außerdem sind in den Statistiken von Henry und Blayo die Toten der Bürgerkriege nicht erfaßt. Die tatsächliche Zahl dürfte sich deshalb auf etwa 1,45 Millionen für die militärischen Verluste im engeren Sinne belaufen und an die zwei Millionen heranreichen, wenn man die Opfer der Bürgerkriege und die Emigranten hinzuzählt.

Die Alterspyramide, die Henry und Blayo konstruiert haben, weist für das Jahr 1815 ein starkes Ungleichgewicht zwischen den Geschlechtern auf. Dies gilt vor allem für die Altersgruppen der 20- bis 59jährigen. Auf 6,817 Millionen Männer kamen 7,957 Millionen Frauen. Daher fand ein nicht unbeträchtlicher Teil der jungen Frauen, die zwischen 1775 und 1794 geboren worden waren, keinen Ehepartner mehr: 13,7% blieben unverheiratet.

Doch erklären der schreckliche Aderlaß und seine Folgen den

relativen Rückgang der französischen Bevölkerung nur zum Teil. Ein anderes Merkmal der Bevölkerung Frankreichs in jener Zeit war ihre Seßhaftigkeit. Sicher wäre es übertrieben, von Abgeschlossenheit zu sprechen. Zu allen Zeiten verließen Franzosen ihr Land, um Handel zu treiben, wie z. B. Kaufleute aus der Auvergne in Spanien, oder um sich in Übersee anzusiedeln, etwa auf den Antillen, in Kanada und in Guyana, oder um im Ausland vor religiösen bzw. politischen Verfolgungen Zuflucht zu suchen, so vor allem nach der Aufhebung des Edikts von Nantes oder zu Beginn der Revolution. Umgekehrt nahm Frankreich immer wieder Italiener, Spanier, Deutsche, Briten (besonders Katholiken) und auch Schweizer auf, die oft als Söldner kamen.

Außerdem lassen sich zu allen Zeiten, aber vor allem zwischen 1750 und 1850, Land-Stadt-Wanderungen beobachten. Junge Leute vom Lande verdingten sich als Dienstboten in der Stadt, um ein wenig Geld zu verdienen. Viele kamen zurück, andere blieben dort. Mit der Stärkung von Staat und Verwaltung schritt die Urbanisierung in Frankreich voran. 1789 lebten etwa 20% der königlichen Untertanen in Agglomerationen, die man nach der Definition des I.N.S.E.E. – im Hauptort der Agglomeration wohnen mehr als 2000 Einwohner – zu den Städten rechnen kann. Dieser Urbanisierungsgrad erhöhte sich während der Revolution vermutlich nicht, da es gerade in den großen Städten Versorgungsschwierigkeiten und wirtschaftliche Probleme gab. 1806 lebten noch immer 19% der Franzosen in Städten.[6] Dagegen erreichte der Anteil der Stadtbevölkerung bei der Erhebung von 1851 schon 25,5%. In 45 Jahren war die Zahl der Landbewohner von 24,1 auf 27,2 Millionen (+12,9%), die der Städter jedoch von 5,6 auf 9,3 Millionen (+66,1%) gestiegen.

Schließlich gab es immer Verschiebungen zwischen ländlicher und städtischer Bevölkerung. Sie vollzogen sich entlang der großen Achsen und hingen mit den Unterschieden im Reproduktionspotential zwischen Gebirgsgegenden und Flachland zusammen. Trotz der schwierigeren Lebensbedingungen lag die Sterblichkeit im Gebirge etwas niedriger als in der Ebene. Vielleicht hing dies damit zusammen, daß die Gewässer in den Bergen nicht so verunreinigt waren oder sich die Krankheitskeime dort weniger rasch vermehren konnten als in der Ebene. Die Lebensumstände in den höher gelegenen Gebieten waren also im allgemeinen günstiger, und der Bevölkerungsüberschuß wanderte ab, wobei er den eingefahrenen Wegen zeitlich begrenzter Migration folgte. Insgesamt gesehen war die Landbevölkerung im alten Frankreich also nicht wirklich immobil. Sie wanderte aber nur dann, wenn es wirklich nicht mehr anders ging. Sonst blieben die französischen Bauern und auch ein großer Teil der Stadtbevölkerung ihrer Kirchengemeinde und Familie treu. Sie heirateten Frauen aus dem engeren Umkreis oder aus dem Nachbardorf, und ihre verwandtschaftlichen Beziehungen erstreckten sich nur auf einen kleinen Raum. Erst in der zweiten Hälfte des 18. Jahrhunderts, als die Mobilität zunahm, erweiterten sich diese Kontakte. Dies hing vermutlich mit dem allgemeinen Bevölkerungsdruck zusammen sowie mit den wachsenden Schwierigkeiten, am Ort ein Auskommen zu finden.

Die Seßhaftigkeit ist ein Charakteristikum der Franzosen und hat weitreichende politische Folgen. Selbst im Falle ländlicher Überbevölkerung zögerten sie, auszuwandern. Anders als den Engländern gelang es den Franzosen nie, Siedlungskolonien zu gründen. Lediglich Quebec und Algerien bildeten hier eine Ausnahme.[7] Wie sich dieses Verhalten erklären läßt, ist strittig.

Wahrscheinlich kann man es auf historische Bedingungen zurückführen. Eine Rolle spielt möglicherweise, daß die Bauernbefreiung schon recht früh eingesetzt hat. Seit dem Mittelalter waren die Bauern de facto Eigentümer der Höfe, die sie bewirtschafteten. Das alte Frankreich war ein Land des Großgrundbesitzes wie der kleinen Eigentümer. Im allgemeinen wurden die Ländereien des Adels und des Klerus in Form großer Höfe verpachtet. Doch stellte die Masse der kleinen Parzellenbauern die notwendigen Saisonarbeiter. Da die Höfe kaum noch geteilt werden konnten, blieb die Anzahl der Familien nahezu konstant. Der Übergang der ländlichen Bevölkerung zur Seßhaftigkeit stellte einen der Faktoren dar, durch den sich die französische Bevölkerung selber regulierte.[8]

Trotz ihrer ausgeprägten Seßhaftigkeit nahmen aber auch die Franzosen an der großen europäischen Auswanderungswelle teil, die in der ersten Hälfte des 19. Jahrhunderts einsetzte. 1861 wurden alle Auslandsfranzosen gezählt. Von den insgesamt 420 000 Emigranten lebten 110 000 in den Vereinigten Staaten und 80 000 in den anderen überseeischen Ländern (ohne Algerien). Zum selben Zeitpunkt wohnten 506 381 Ausländer in Frankreich. Stellt man die lückenhafte Registrierung der Franzosen im Ausland in Rechnung, wird man sagen können, daß sich Aus- und Einwanderer weitgehend die Waage hielten. Durch Bevölkerungswanderungen kann man also das Wachstum der französischen Bevölkerung zwischen 1750 und 1850 nicht erklären. Würde man eine Wanderungsbilanz aufstellen, wäre sie wahrscheinlich leicht negativ. Das Wachstum der Bevölkerung in den hundert Jahren zwischen 1750 und 1850, das etwa 11,85 Millionen betrug, beruhte also ausschließlich auf einem Geburtenüberschuß. Betrachtet man die generative Struktur, so zeigt sich, daß die Geburtenzahlen kaum zugenommen haben. In den heutigen Grenzen Frankreichs lag ihr jährlicher Durchschnitt zwischen 1740 und 1749 bei 975000. Wenn die Geburtenrate konstant geblieben wäre, hätte sich diese Zahl bis zum Jahrzehnt zwischen 1840 und 1849 auf 1,4 Millionen erhöhen müssen. Tatsächlich erreichte sie aber nur 980000. Hierin wird ein starker Rückgang der Fruchtbarkeit sichtbar, der uns noch beschäftigen soll. Dagegen sank im gleichen Zeitraum der Jahresdurchschnitt der Sterbefälle von 985000 auf 833000, so daß die Sterblichkeit von 40,1 auf 23,9‰ zurückging. Die Lebenserwartung bei der Geburt stieg für die Frauen von 26 auf 41 und für die Männer von 24 auf 39,3 Jahre.

Somit erklärt also allein der Rückgang der Sterblichkeit das Wachstum der französischen Bevölkerung. Aber worauf läßt er sich zurückführen? Wenn man argumentiert, die Zeit des großen Sterbens sei vorüber gewesen, so verschiebt sich nur das Problem. Im übrigen war sie auch nicht ganz vorbei, wie das Beispiel der Choleraepidemien von 1832, 1834 und 1849 zeigt. Mit Ausnahme der Pocken, die in der ersten Hälfte des 19. Jahrhunderts dank weit verbreiteter Impfungen abnahmen, forderten die »klassischen« Krankheiten weiterhin ihre Opfer. Einige Krankheiten wie die Tuberkulose entwickelten sich zu wahren Geißeln der Menschheit. In der ersten Hälfte des 19. Jahrhunderts gab es keine entscheidenden Fortschritte in der Hygiene. Erst die revolutionären Entdeckungen Pasteurs machten es möglich, sich durch Antisepsie und Impfungen wirksam vor Infektionen zu schützen. Andererseits war der Rückgang der Sterblichkeit, der sich im ausgehenden 18. und beginnenden 19. Jahrhundert beobachten läßt, keine auf Frankreich beschränkte Erscheinung. Vergleichbare Entwicklungen gab es in allen Ländern Europas und wahrscheinlich sogar in der ganzen gemäßigten Klimazone. Dies legt die Vermutung nahe, daß weniger ökonomische Veränderungen, ja noch nicht einmal der medizinische Fortschritt dafür verantwortlich gewesen sind. Vielmehr dürften externe Ursachen eine Rolle gespielt haben, etwa eine Veränderung in der Umwelt, die die Virulenz und Aggressivität von Mikroben reduziert hat. Vielleicht handelte es sich um eine vorübergehende Abkühlung des Klimas, die unter dem Namen »Kleine Eiszeit«[9] bekannt ist. Sie dauerte von 1550 bis 1870, hatte katastrophale Auswirkungen auf die Ernten in Finnland und Island, nützte aber vielleicht in biologischer Hinsicht den Einwohnern der gemäßigten Zonen.

Kommen wir zurück zum wichtigsten Merkmal der demographischen Entwicklung in Frankreich zwischen 1750 und 1850: dem Rückgang der Fruchtbarkeit. Wir haben gesehen, daß die absolute Geburtenziffer ungefähr konstant geblieben ist, während sich die Bevölkerung innerhalb eines Jahrhunderts um 48% vergrößert hat. Fast gewinnt man den Eindruck, als ob die französische Gesellschaft versucht hätte, ihr Volumen dadurch zu regulieren, daß sie den »Zufluß« konstant hielt. Die Zunahme der Bevölkerungszahl erfolgte allein durch eine verlängerte Lebenserwartung, so daß die Geburtenregulierung über einen Rückgang der Geburtenrate erfolgt sein muß. Diese lag in der Mitte des 18. Jahrhunderts bei 40‰, in der Mitte des 19. Jahrhunderts aber nur noch bei 26,4‰. Die Verlängerung der Lebenserwartung wurde also fast vollständig durch einen Rückgang der Geburtenrate ausgeglichen. Dieses Zusammenspiel charakterisiert auf typische Weise den Ablauf der demographischen Transition in Frankreich.

Gewiß ist bei der Geburtenrate Vorsicht geboten. Sie stellt kein genaues Meßinstrument dar, hängt sie doch weitgehend von der Altersstruktur der Bevölkerung ab. Außerdem stand die Geburtenrate in einer Gesellschaft, in der es nur wenige uneheliche Geburten gab, mit den Eheschließungen in einem engen Zusammenhang. Ein Absinken der Geburtenrate kann also nicht nur eine relative Abnahme der Fruchtbarkeit anzeigen, sondern auch auf einem »Pyramideneffekt«, d.h. einer relativen Verringerung der Anzahl gebärfähiger Frauen, oder einem Rückgang der Eheschließungen beruhen.

Fast alle Untersuchungen zeigen, daß es bereits vor der Revolution eine Abnahme der ehelichen Fruchtbarkeit gegeben hat. Dies geht auch aus den Ergebnissen einer Untersuchung des »Institut national d'Etudes démographiques« hervor. Es handelt sich hierbei um eine Namenserhebung, die in etwa 40 Dörfern Familien rekonstituiert hat, so daß ein repräsentatives Bild der ländlichen Bevölkerung entstanden ist.[10] Allerdings sank die eheliche Fruchtbarkeit nicht so stark wie die Geburtenrate. Bis zur Revolution hielt sich die Abnahme der Fruchtbarkeit in Grenzen, und erst ab 1789 kann man wirklich von einer Verhaltensänderung sprechen. Um diesen Prozeß zu verdeutlichen, sollen drei Phasen unterschieden werden: die Zeit vor der Revolution, das Jahrzehnt zwischen 1790 und 1799 sowie die Zeit von 1800 bis 1850.

In der ersten Phase von 1750 bis 1789 sank die Geburtenrate, wie die berichtigten Daten der Erhebung des »Institut national d'Etudes démographiques« zeigen, von 39,7 auf 37,5‰. Diese Abnahme erklärt sich zum Teil aus einem Rückgang des Heiratsalters sowie einer Zunahme der Ehelosigkeit. Die eheliche Fruchtbarkeit sank in dem sehr begrenzten Kreis der Herzöge und Pairs bereits seit dem frühen 18. Jahrhundert. Nimmt man Rouen als Beispiel, das J. P. Bardet[11] untersucht hat, so zog das Bürgertum rasch nach. Handwerker und Tagelöhner folgten erst ab 1750. Schaut man auf die Landbewohner, die damals mehr als 80% der Gesamtbevölkerung ausmachten, so schloß sich, nach allem, was wir wissen, nur das französische Vexin dieser Entwicklung an. Hier setzte ein Rückgang ehelicher Fruchtbarkeit um 1760 ein, blieb allerdings bis zur Revolution noch recht begrenzt.[12] Die anderen ländlichen Regionen Frankreichs wiesen in der ersten Hälfte des 18. Jahrhunderts zwar erhebliche Unterschiede auf, doch nahm nach 1770 die eheliche Fruchtbarkeit überall ab. Diese Entwicklung war um so ausgeprägter, je höher das Ausgangsniveau lag. Schritt um Schritt näherten sich so alle Provinzen dem Fruchtbarkeitsniveau im Nordwesten an, wo ein deutlicher Rückgang der Fruchtbarkeit von Frauen über 35 zu verzeichnen war. Innerhalb von 50 Jahren verminderte sich die Nachkommenschaft der Familien im Nordosten um 11%, im Südosten um 10%, im Nordwesten um 5,5% und im Südwesten um 3,4%. Freilich waren beim Ausbruch der Revolution noch nicht alle Nachkommen der Paare geboren, die zwischen 1770 und 1789 geheiratet hatten. Dies könnte den Vergleich verfälschen.

Bedienen wir uns eines weniger genauen, für unsere Zwecke aber geeigneteren Indikators: der Relation zwischen Taufen und Eheschließungen. Man errechnet ihn, indem man der Zahl aller Eheschließungen zwischen 1745 und 1749 sowie zwischen 1775 und 1779 mit einem Abstand von sechs Jahren die Anzahl der

Taufen gegenüberstellt. Das Verhältnis Taufen zu Heiraten ging in Paris um mehr als 20%, in den nördlichen Ausläufern des Massif Central (Berry, Poitou, Saintonge) um 17,7%, in der Mitte des Pariser Beckens um 15,5%, in den Gebieten um Saône und Rhône (Bourgogne, Savoie) um 13% und in den mittelgroßen Städten um 12% zurück. Demgegenüber stieg die Relation von Taufen und Eheschließungen im gesamten Süden und im Massif Central. Am Vorabend der Revolution lassen sich im mediterranen Süden Frankreichs sowie in den kleinen Städten fünf Taufen pro Heirat feststellen; in Paris und der Normandie dagegen lag das Verhältnis unter vier zu eins. Diese Werte deuten nicht unbedingt auf eine starke Veränderung in den Verhaltensweisen hin. Man könnte an einen konjunkturbedingten Rückgang denken, hervorgerufen durch den demographischen Druck selber und seine Implikationen, wie das Steigen der Getreidepreise oder die zunehmenden Schwierigkeiten für junge Leute, sich eine Existenz aufzubauen. Gleichwohl lassen andere Indikatoren den Schluß zu, daß sich die Gebräuche langsam zu wandeln begannen. Die französische Gesellschaft fing an, sich von den strengen Moralvorschriften zu befreien, in die sie seit der Gegenreformation eingebunden gewesen war.

So beobachtet man parallel zur Abnahme der ehelichen eine Zunahme der außerehelichen Fruchtbarkeit.[13] Für Frankreich insgesamt erhöhte sich der Prozentsatz illegitimer Geburten von 1,3% (1750–1759) auf 2,1% (1780–1789).[14] Ähnlich verhielt es sich mit der vorehelichen Empfängnis. Zwischen 1720 und 1739 gebaren 5,2‰ der verheirateten Frauen unter 25 Jahren und 7,5‰ der älteren Frauen Kinder acht Monate oder früher nach der Eheschließung. In den 20 Jahren, die der Revolution vorausgingen, waren es dagegen bereits 8,3 bzw. 12,2‰.

In der zweiten Phase, seit 1789, beschleunigte sich die Entwicklung außerordentlich. Der Prozentsatz unehelicher Geburten stieg von 2,7% (1790–1799) auf 4,2% (1800–1809). Ähnlich entwickelte sich die voreheliche Empfängnis. Für die zwischen 1790 und 1819 geschlossenen Ehen erreichte sie einen Anteil von 11,6% bei den Frauen unter 25 Jahren und 13,6% bei den älteren. Die Zahl der jährlichen Geburten blieb dagegen dank der außerordentlich zahlreichen Eheschließungen in den Jahren 1793 und 1794 konstant. Während der Jahresdurchschnitt der Eheschließungen seit 1780 bei 240000 lag, erhöhte er sich 1793 auf 327000 und betrug 1794 325000. Die entsprechende Zahl der Geburten erreichte im Jahrzehnt von 1790 bis 1799 10446000. Sie lag damit etwa auf dem gleichen Niveau wie im Jahrzehnt davor (10618000). Vermutlich muß man diese Ziffer aber noch um 600000 bis 700000 erhöhen, da die Geburtenregister nach ihrer Verstaatlichung 1792 sehr schlecht und in manchen Dörfern überhaupt nicht geführt worden sind.[15] Wenn man die Zahlen entsprechend korrigiert, dann hätte die Geburtenrate, die von 1780 bis 1789 37,5‰ betrug, während des letzten Revolutionsjahrzehnts auf 39‰ ansteigen müssen. Diese mutmaßliche Erhöhung dürfte allein auf die Zunahme der Heiratshäufigkeit zurückzuführen sein. Setzt man die Eheschließungen der Jahre von 1789 bis 1794 mit den Geburten der Jahre von 1795 bis 1800 in Beziehung, so ergibt sich ein Quotient von nur 4,24. Für die Eheschließungen zwischen 1779 und 1784 liegt er dagegen bei 4,47. Es ist nicht leicht, den Rückgang ehelicher Fruchtbarkeit für einen so kurzen Zeitraum zu messen. Immerhin läßt das Beispiel des französischen Vexin vermuten, daß sich die abfallende Tendenz ohne große Beschleunigung fortgesetzt hat. Erst nach 1800 zeichneten sich die demographischen Folgen der Revolution in aller Deutlichkeit ab.

In der dritten Phase von 1800 bis 1850 nahm die Fruchtbarkeit in Frankreich dramatisch ab. Die jährliche Geburtenzahl fiel unter eine Million. Dies geschah zuerst zwischen 1810 und 1813 und wiederholte sich dann mehrfach zur Zeit der Juli-Monarchie. War die Geburtenrate im Zeitraum von 1800 bis 1804 mit 32,9‰ bereits extrem niedrig, so fiel sie nach 1820 noch weiter ab: 31,9‰ (1820–1824), 31,0‰ (1825–1829), 29,4‰ (1830–1834), 28,8‰ (1835–1839), 28,1‰ (1840–1844), 27,0‰ (1845–1849).[16] Die durchschnittliche Zahl von Kindern je verheirateter Frau ohne Berücksichtigung der Kindersterblichkeit war in den Jahren vor der Revolution nur um 5,5% gesunken; jetzt ging sie schlagartig um 13,3% zurück.[17] Vergleicht man das Verhältnis von Geburten und Eheschließungen vor und nach der Revolution[18], so zeigt sich, daß die Abnahme im städtischen Frankreich (−23%) viel stärker ausgefallen ist als im ländlichen (−15%). Sie erreichte 27% in den kleinen Städten, 18% in den großen und 21% in Paris. Das »Institut national d'Etudes démographiques« hat die Entwicklung in zehn Regionen untersucht. In der Pariser Gegend und im Südwesten war der Rückgang erheblich (−22%), stark im Massif Central (−18%), mäßig dagegen in der Normandie, im Norden,

Osten und im Rhône-Gebiet sowie im Mittelmeerraum und mittleren Westen (–12 bis –15%), sehr gering schließlich in der Bretagne und im Anjou (–3%).

Die Brutto-Reproduktionsrate – sie gibt an, in welchem Umfang, unter Ausschluß der Mortalität, eine Generation durch die folgende ersetzt wird – lag in der Mitte des 18. Jahrhunderts bei 2,4. Zwischen 1806 und 1825 betrug sie 1,99; dann sank sie noch weiter ab auf 1,89 (1826–1835), 1,78 (1836–1845) und 1,69 (1846–1850). Zunächst ging die Brutto-Reproduktionsrate langsamer zurück als die Mortalität, so daß der Generationswechsel gesichert war. Bald aber sank die Netto-Reproduktionsrate unter diesen Wert. Sie machte 1,03 für die zwischen 1760 und 1769 Geborenen aus, stieg auf 1,06 (1806–1809) und 1,09 (1810–1819). Dann fiel sie auf 1,06 (1820–1829), 1,04 (1830–1839) und schließlich auf 1,0 (1840–1849).[19]

Die Folge war, daß die französische Bevölkerung alterte. 1750 belief sich der Anteil der Sechzigjährigen auf 8,1%; 1800 lag er bereits bei 8,95% und erreichte 1851 10,2%. Gleichzeitig sank der Prozentsatz junger Leute unter 20 Jahren von 41,6 über 41,0 auf 36,1%. Damit begann ein Prozeß, der sich bis 1940 unaufhaltsam fortsetzte. A. Sauvy hat ihn beschrieben und seine wirtschaftlichen, sozialen und psychologischen Folgen deutlich gemacht[20]: Die Überalterung vergrößert die Lasten für den berufstätigen Teil der Bevölkerung, fördert das Sparen, nicht aber das Investieren, begünstigt in allen Bereichen den Konservativismus, drückt wie ein bleiernes Gewicht auf die jüngere Generation und erstickt jede schöpferische Initiative.

Fest steht also: Frankreich nimmt in Europa aufgrund des recht frühen Absinkens der Fruchtbarkeit eine Sonderstellung ein. Dieser Rückgang hat erhebliche direkte wie indirekte Auswirkungen auf die allgemeine Geschichte gehabt. Zu untersuchen bleibt, ob die Französische Revolution für diese Entwicklung verantwortlich gewesen ist, ob sie sie lediglich beschleunigt hat oder ob es sich um einen säkularen Wandel handelte, der mit strukturellen und konjunkturellen Faktoren zusammenhing, um eine Art Grundströmung also, die unabhängig von allen Stürmen und Unruhen an der Oberfläche ablief. Man kann sich sogar fragen, ob nicht demographischer Wandel und politische Revolution nur zwei Begleiterscheinungen von noch tiefer liegenden Veränderungen gewesen sind, nämlich eines Wandels der Mentalitäten und des Wertesystems. Letztlich münden aber alle Überlegungen in eine einzige Frage ein: Warum geschah dies in Frankreich? Auf globaler oder europäischer Ebene läßt sich hierauf keine Antwort finden. Weder die wirtschaftlichen Veränderungen noch der Fortschritt in Hygiene oder Medizin und auch nicht die Frauenemanzipation vollzogen sich ausschließlich in Frankreich.

Dennoch ist seit dem 18. Jahrhundert eine Vielzahl begründeter Antworten gegeben worden. Mehr als 100 unterschiedliche Thesen hat H. Bergues gesammelt und in einer Zeitschrift des »Institut national d'Etudes démographiques« veröffentlicht.[21] Fast alle weisen in die gleiche Richtung. Frankreich, so wird argumentiert, entvölkert sich wegen des Niedergangs der Landwirtschaft, weil die einen im Luxus, die anderen im Elend leben, wegen der Verbreitung des kirchlichen Zölibats oder einer Lockerung der Sitten. »Der Überfluß zerrüttet den Menschen, und das Elend entmutigt ihn. Der eine heiratet nicht, weil er kaum etwas zum Leben hat, der andere geht keine Ehe ein, weil er nach seinen Bedürfnissen leben will. Der eine fürchtet, seine Kinder nicht ernähren zu können, der andere bangt um seinen Reichtum.«[22]

Im 19. Jahrhundert führte F. Le Play die demographische Transition in Frankreich auf die Auflösung der Familie zurück. Verantwortlich dafür waren nach seiner Ansicht die revolutionären Gesetze und der Code civil. »Ein großer Teil unserer Bevölkerung, die ehemals so fruchtbar war, bleibt heute in der Ehe kinderlos. Der alte Zustand des Wohlbefindens und der Harmonie wird durch die Fabriken zerstört, und zu Hause bei den Familien zeigt sich, durch alle Gesellschaftsschichten hindurch, die gleiche Unruhe.« Für Le Play und die meisten Anhänger der vorrevolutionären Welt zerstörte die Erbteilung, die sich in der Revolution allgemein durchsetzte, den Zusammenhalt der Familien und veranlaßte die französischen Bauern, ganz besonders jene im Süden, zum System des Alleinerben überzugehen.[23] Andere Autoren gehen von der Beobachtung aus, daß die katholischen Familien durchweg größer sind als die nichtkatholischen. Sie ziehen hieraus den Schluß, daß der Rückgang der Bevölkerung mit der Dechristianisierung zusammenhängen müsse und diese Entwicklung, so ihre stillschweigende Annahme, von der Französischen Revolution verursacht worden sei. Der Demograph E. Levasseur hält Le Play und seinen konservativen Freunden entgegen, »daß die Statistik keineswegs die Meinung bestätigt, nach welcher die französische Fruchtbarkeit genau in dem Maße abgenommen hat wie der Respekt vor der Religion. Ist Frankreich im übrigen das einzige Land, wo der religiöse Glauben durch die neuen Ideen des Jahrhunderts erschüttert worden ist? Und warum sollte man die niedrige französische Geburtenrate einem Faktor anlasten, der andere Völker nicht davon abgehalten hat, viele Kinder zu bekommen?«[24]

Dieses Argument überzeugt nicht, denn es ist offensichtlich, daß die Dechristianisierung im Frankreich des 19. Jahrhunderts schneller voranschritt als in anderen katholischen Ländern wie Spanien oder Italien. Außerdem verfällt Levasseur, indem er seine eigenen, auf der Entwicklung von Wohlstand und Reichtum beruhenden Erklärungen vorträgt, selbst jenem prinzipiellen Einwand, den er der Argumentation der Traditionalisten entgegenhält: der französischen Sonderstellung. Diesem Dilemma entgeht J. Bertillon. Er hebt die Bedeutung des »revolutionären Schocks« hervor. »Die Französische Revolution pflanzte dem Franzosen drei Grundeinstellungen ein, die sich im Laufe der Zeit fortbildeten: die Schwächung des religiösen Glaubens, den demokratischen Geist und den Individualismus.«[25]

Im 20. Jahrhundert wurde diese These von A. Landry[26] und J. Spengler[27] aufgenommen und fortentwickelt. Für Landry führt die Revolution zu »einer veränderten Geisteshaltung, die die Menschen von jahrhundertelanger Unmündigkeit befreit... Das Bestreben geht dahin, die Gesellschaft zu reformieren und sie nach rationalen Gesichtspunkten umzugestalten. In ganz analoger Weise gibt es Versuche, die Wertvorstellungen zu ändern, nach denen das individuelle und familiäre Leben abläuft.«

Für Spengler tritt »der Rationalismus des Diesseits nach und nach an die Stelle transzendentaler Einstellungen. Damit lösen sich die individuellen moralischen Bedenken gegen eine Geburtenregelung auf.« Landry und Spengler gaben mithin der Interpretation Bertillons eine andere Richtung und ebneten damit neuen Forschungen den Weg, vor allen denjenigen von Ph. Ariès.[28] Diese neuen Ansätze entwickelten sich aber in eine nicht ganz unproblematische Richtung. So widerspricht die Hypothese, das wiedererwachte Interesse am Kind habe vom 18. Jahrhundert an zu einer Beschränkung der Geburten geführt, den Befunden der historischen Demographie. Dies gilt zumindest für die unteren Volksschichten. Hier stiegen der Anteil kinderloser Paare und nicht zuletzt auch die Häufigkeit von Kindesaussetzungen.[29]

Zwei Probleme gilt es in der Zukunft vor allem zu lösen. Zum einen müßte geklärt werden, ob die freiwillige Geburtenbeschränkung, die sich seit dem Ende des 17. Jahrhunderts bei Herzögen und Pairs beobachten läßt, auch von anderen Bevölkerungskreisen nachgeahmt worden ist und, wenn ja, auf welche Weise. Zum anderen müßte man fragen, ob die revolutionären Veränderungen in den Verhaltensweisen um 1800 logische Konsequenz oder nur chronologische Folge der nachlassenden Fruchtbarkeit bei den nach 1740 geschlossenen Ehen gewesen sind.

Anmerkungen

1 Diese Analyse zerfällt in zwei Teile: Der eine untersucht die Fruchtbarkeit der ländlichen Bevölkerung, indem er die Familien in 40 ausgesuchten Dörfern von 1670 bis 1829 rekonstituiert. Der andere stellt statistische Daten über die Bevölkerungsentwicklung, die Altersverteilung und die Mortalität auf, wobei er eine Zufallsauswahl von 1:500 aus den Zivilregistern der verschiedenen Gemeindetypen vornimmt.

2 E. Van de Walle, The female population of France in the 19th Century, Princeton 1974; zu den unvollständigen Geburtenzahlen J. Fourastié, Note sur l'histoire démographique de Douelle, in: Population, Bd. 41, 1986, S. 493 f.

3 Die Ergebnisse für die Zeit von 1740–1829 sind im November 1975 in einer Sondernummer der Zeitschrift »Population« mit dem Titel »Démographie historique« erschienen.

4 Lothringen wurde 1766 mit dem Königreich vereinigt; es hatte am Ende des Ancien Régime etwa 790 000 Einwohner. Korsika, das 1786 zu Frankreich kam, zählte im Jahre 1789 etwa 150 000 Einwohner. Mühlhausen, Avignon, Nizza und Savoyen fielen während der Revolution an Frankreich. Nach der Volkszählung von 1806 hatten sie etwa 700 000 Einwohner.

5 Für die letzten Jahre des Ancien Régime liegen die Werte zwischen 23,825 Millionen (Messance, 1788) und 26,363 Millionen (Young, 1790). Unter den Historikern des 19. Jahrhunderts, die sich über die Bevölkerungsentwicklung im Rahmen der Grenzen von 1871 Gedanken machten, sind A. des Cilleuls und E. Levasseur zu nennen. Der eine gibt für das Jahr 1789 27,6 Millionen und der andere 26 Millionen Einwohner an.

6 Vgl. die Städtestatistik bei E. Le Mée, Population aggloméré, population éparse au début du XIXe siècle, in: Annales de Démographie historique, 1971, S. 455–510.

7 Es gibt heute wahrscheinlich mehr als zehn Millionen Frankokanadier, aber sie stammen nur zu einem geringen Teil (7000) von französischen Emigranten ab. Was die eine Million »Pieds noirs«, die Algerienfranzosen, betrifft, die nach dem Abkommen von Evian nach Frankreich zurückgekehrt sind, so ist festzustellen, daß sie wenigstens zur Hälfte italienischen oder spanischen Ursprungs waren. Der Widerwille der Franzosen, ihren Geburtsort zu verlassen, behindert in der letzten Zeit die industrielle Entwicklung Frankreichs. Die Unternehmen sind mobil, die Arbeitskräfte nicht.

8 J. Dupâquier, La population rurale du Bassin parisien à l'époque de Louis XIV, Paris 1979.

9 E. Le Roy Ladurie, Histoire du climat depuis l'an mil, Paris 1967.

10 Die Ergebnisse sind gesondert für jedes Viertel des nationalen Territoriums und für Heiratskohorten veröffentlicht worden. Läßt man die Mortalität beiseite, dann müßte jede verheiratete Frau im Durchschnitt folgende Anzahl Kinder gehabt haben: für die Eheschließungen in der Zeit von 1740 bis 1769 5,96, von 1770 bis 1789 5,63 und von 1790 bis 1819 4,88.

11 J.P. Bardet, Rouen aux XVIIe et XVIIIe siècles. Les mutations d'un espace social, Paris 1983.

12 Die theoretische Nachkommenschaft (unter Ausschluß der Mortalität) je verheirateter Frau lag bei 5,25 (1750–1769); sie sank auf 4,75 (1770–1789).

13 Das eine kompensiert keineswegs das andere. Wenn die weiblichen Untertanen Ludwigs XVI. genauso fruchtbar gewesen wären wie ihre Großmütter, so hätten sie in den zehn Jahren vor der Revolution etwa 11,7 statt 10,4 Millionen ehelicher Kinder gebären müssen, ein Unterschied von 1,3 Millionen. Zur gleichen Zeit stieg die Zahl der unehelichen Kinder von etwa 100000 auf 300000. Im übrigen muß der überdurchschnittlichen Sterblichkeit illegitimer Kinder Rechnung getragen werden, da diese vielfach ausgesetzt wurden.

14 Y. Blayo, La proportion des naissances illégitimes en France de 1740 à 1829, in: Démographie, S. 65–69.

15 J. Dupâquier u. C. Berg-Hamon, Voies nouvelles pour l'histoire démographique de la Révolution française: le mouvement de la population de 1785 à 1800, in: Commission d'Histoire économique et sociale de la Révolution française. Mémoires et Documents, Bd. 35, Paris 1978, S. 15–50.

16 Die Zahlen für 1830 bis 1849 beziehen sich auf Frankreich in seinen damaligen Grenzen.

17 Vgl. Anmerkung 10.

18 Geburten von 1779 bis 1786 verglichen mit den von 1773 bis 1780 gefeierten Hochzeiten einerseits, Geburten von 1796 bis 1803 im Vergleich zu den Hochzeiten von 1790 bis 1797 andererseits.

19 0,96 für die Jahre 1846 bis 1849.

20 A. Sauvy, Théorie générale de la population, 2 Bde., Paris 1963/66.

21 H. Bergues u.a., La prévention des naissances dans la famille, Paris 1961.

22 Abbé Novi de Caveyrac, Paradoxes interessans sur la cause et les effets de la révocation de l'édit de Nantes sur la dépopulation et repopulation du royaume, l'intolérance civile et rigoreuse d'un gouvernment; pour servir de réponse à la Lettre d'un patriote (Antoine Court) sur la tolérance civile des protéstants de France..., o. O. 1785.

23 F. Le Play, L'organisation de la famille selon le vrai modèle signalé par l'histoire de toutes les races et de tous les temps, Paris 1871.

24 E. Levasseur, La population française, Bd. 1, Paris 1889.

25 J. Bertillon, La dépopulation de la France, Paris 1911.

26 A. Landry, La révolution démographique, Paris 1934.

27 J. Spengler, France faces depopulation, Durham 1938.

28 Ph. Ariès, Histoire des populations françaises et de leur attitude devant la vie, Paris 1971.

29 In Paris betrug die Zahl der Findelkinder im Jahresdurchschnitt zwischen 1640 und 1649 305, von 1680 bis 1689 1027, von 1710 bis 1719 1675, von 1740 bis 1749 3292, und von 1770 bis 1779 6703. Davon stammte beinahe ein Drittel aus der Provinz.

Wolfgang Mager

Landwirtschaft und ländliche Gesellschaft auf dem Weg in die Moderne

Umwälzungen und Reformen im Zeitalter der Französischen Revolution[1]

I. Frankreich

Frankreich war am Vorabend der Großen Revolution trotz des seit dem zweiten Drittel des 18. Jahrhunderts anhaltenden Aufschwungs von Handel und Gewerbe im wesentlichen ein »royaume agricole« (Quesnay). 85% der Bevölkerung lebten auf dem flachen Land. Die agrarische Wertschöpfung übertraf die gewerbliche bei weitem. 1786 wurde das »Sozialprodukt« von Tolozan, einem Beamten der obersten Finanzbehörde (Contrôle Général des Finances), auf 2550 Millionen livres tournois (l. t.) geschätzt, wobei der Löwenanteil mit 1826 Millionen l. t. auf die Landwirtschaft entfiel; dagegen entstammten nur 526 Millionen l. t. dem gewerblichen Bereich. Landwirtschaft und Gewerbe bildeten im übrigen keine scharf voneinander abgegrenzten Wirtschaftssektoren. Die exportorientierte ländliche Protoindustrie mit ihrer familienwirtschaftlichen Verknüpfung von Heimgewerbe und kleiner Landwirtschaft entfaltete in vielen französischen Regionen eine große Dynamik, von der nicht nur die gewerbliche Wertschöpfung profitierte, sondern zugleich auch starke Impulse auf die Agrarwirtschaft ausgingen. Insbesondere gilt das für die textilerzeugenden Gebiete Nordwestfrankreichs zwischen Flandern und der Bretagne.

Die französische Landwirtschaft vermochte im 18. Jahrhundert die seit den zwanziger Jahren anwachsende Bevölkerung des im europäischen Vergleich dicht besiedelten Landes aus eigener Produktion mit Brotgetreide, Wein, Fleisch und sonstigen Nahrungsmitteln des täglichen Bedarfs zu versorgen. Dabei spielten der Mitte des 18. Jahrhunderts beginnende Bau von Chausseen und der weitere Ausbau der Binnenschiffahrt eine weit bedeutsamere Rolle als die insgesamt nur zögernde Steigerung der Getreideerträge. Die Beschleunigung und Verbilligung des Transports auf den verbesserten Verkehrswegen ermöglichte zunehmend einen

Ausgleich zwischen den einzelnen französischen Gebieten. An die Stelle der regionalen Selbstversorgung und einer straffen Absatzregulierung im Interesse der städtischen Verbraucher trat mit der Liberalisierung des Getreidehandels seit 1763 der gesamtfranzösische freie Markt. Die Mißernten der frühen siebziger Jahre, von denen ganz Europa heimgesucht wurde, stellten diese Politik freilich auf eine harte Bewährungsprobe.

Die Nutzung der dörflichen Gemarkung erfolgte teils individuell, teils kollektiv in Gestalt der gemeinen Markennutzung, der Hut- und Triftrechte, des Rechts auf Ährenlese u.ä. Die Physiokraten traten für die Beseitigung dieser kollektiven Rechte zugunsten des »Agrarindividualismus« (M. Bloch) ein.

Bestimmend für die Ausgestaltung der agrarischen Verhältnisse in Frankreich war neben den von Region zu Region unterschiedlichen Anbauarten und Bodennutzungssystemen zum einen die Entgegensetzung zwischen seigneurialem Herrengut (»domaine proche«, »réserve«) und dem der Botmäßigkeit eines Herrn unterstehenden Bauernland (»tenure«, »mouvance«). Zwar gab es bäuerliches Volleigentum (»alleu«), überwiegend hatte jedoch das Bauernland den Charakter des dem seigneurialen Obereigentum (»dominium directum«, »la directe«) unterliegenden Untereigentums (»dominium utile«, »domaine utile«) in der Rechtsqualität des Lehens (»tenure noble«, »fief«) oder Zinslandes (»tenure roturière«, »censive«). Neben der Unterscheidung von »réserve« und »tenure« spielte die Differenzierung der Untereigentümer (»tenanciers«) in Freie – dies war der Normalfall – und Unfreie, die sogenannten »mainmortables«, Inhaber von »mainmortes«, nur eine geringe Rolle. Faktisch reduzierte sich im späten Ancien Régime die Unfreiheit auf die Begrenzung der Verfügungsgewalt des »mainmortable« über seinen Besitz. Dessen Vererbung war nur in direkter Linie statthaft. Hatte der »mainmortable« keine mit ihm zusammen lebenden Kinder, so fiel die Stätte an den »Seigneur« zurück. Auf den königlichen Domänen wurde 1779 die Unfreiheit aufgehoben. Sie bestand seitdem nur noch bei einem begrenzten Personenkreis insbesondere Ostfrankreichs.

Für die Agrarverfassung war neben der feudalrechtlichen Differenzierung der Besitzungen in Herren- und Bauernland zweitens die sozialökonomische Differenzierung der Dorfbewohner nach dem Umfang ihrer Ländereien grundlegend. Zu unterscheiden ist zwischen den Überschüsse erwirtschaftenden Vollbauern (»laboureurs«) und den auf gewerbliche Füllarbeit und sonstige Zusatzeinkommen angewiesenen Kleinbauern (»manouvriers«). Von diesen beiden Gruppen hoben sich die unterbäuerlichen Einlieger oder Katenbesitzer (»brassiers«) ab, die von Heimgewerbe, Tagelöhnerdiensten oder auch Wanderarbeit lebten, bestenfalls einige Parzellen Land bewirtschafteten und ganz wesentlich von den kollektiven Nutzungsrechten auf der Dorfflur und in den gemeinen Marken abhingen.

Ein dritter Punkt verdient Beachtung. Herren- und Bauernland wurden vielfach nicht in Eigenwirtschaften genutzt, sondern in Pacht ausgetan. Nach diesem Kriterium differenzierten sich die französischen Agrarbetriebe in Eigenwirtschaft und Pachtbetriebe. Bei letzteren ist zwischen Vollpacht (»ferme«) und Halbpacht (»métayage«) zu unterscheiden.

Die »seigneurie«

Die »seigneuries« befanden sich überwiegend in der Hand von Adligen und von kirchlichen Institutionen wie Klöstern, Stifts- und Domkapiteln, Hospizen und sonstigen geistlichen Stiftungen. Da sie wie Immobilien auf dem Markt gehandelt wurden, gelangten auch Angehörige des Dritten Standes in ihren Besitz.

Die »seigneurie« erschöpfte sich nicht in der Polarität von Herrengut und »tenure«. Vielmehr stellte sie eine umfassende gerichtliche, zugleich polizeiliche und administrative Obrigkeit dar, zu deren Befugnissen häufig auch das Kirchenpatronat sowie die Aufsicht über das Schul- und Armenwesen gehörten. Sie griff, kontrollierend und regulierend, tief in die dorfgenossenschaftliche Selbstverwaltung ein. Als Gerichtsobrigkeit fielen ihr vielfach höchst einträgliche nutzbare Rechte zu, darunter Bannrechte wie Weinbann, Backbann und Mühlenbann; sie hatte zusammen mit den Dorfbewohnern Anteil an den kollektiven Nutzungsrechten auf der Feldflur und in den gemeinen Marken. Meist behielt sich der »Seigneur« die alleinige Nutzung der Regalien wie des Forst- und Fischregals und das herrschaftliche Recht auf Jagd und auf Taubenhaltung vor. Zahlreiche gerichtliche Auseinandersetzungen und zum Teil gewaltsame Konflikte zwischen »Seigneurs« und Dorfgenossenschaft um die Handhabung der kollektiven Nutzungsrechte im späten 18. Jahrhundert zeugen von den sich verschärfenden Interessengegensätzen zwischen Herrn und Bauern vor dem Hintergrund der zunehmenden Markt- und Erwerbsorientierung der Herrengüter. Daß die seigneurialen Richter, die bei den Klagen der Gemeinden gegen die Herren durchweg die erste Instanz bildeten, dazu neigten, deren Interessen zu begünstigen, versteht sich. Die obrigkeitlichen Machtmittel der »Seigneurs« wurden vielfach schamlos eingesetzt, um ihre Interessen bzw. diejenigen ihrer Pächter gegenüber den Dorfbewohnern abzusichern.

Während die obrigkeitlichen Befugnisse des »Seigneurs« eine umfassende lokale Machtposition begründeten, blieben die aus dem »dominium directum« abgeleiteten Befugnisse sehr begrenzt. Außer bei den »mainmortables« reduzierte sich das Obereigentum des Herrn faktisch auf eine Reallast am abhängigen Lehen oder Zinsgut. Der »Seigneur« beanspruchte von den »tenanciers« regelmäßige Naturalleistungen und Geldzahlungen, bisweilen auch Fronarbeit (»droits fixes«, »redevances annuelles«); es kamen fallweise Besitzwechselabgaben (»droits casuels«) hinzu. Außerdem konnte der »Seigneur« bei Veräußerungen der »tenure« wie bei deren Vererbung in Seitenlinien das Vorkaufsrecht in Anspruch nehmen. Ansonsten waren die »tenanciers« in der Verfügung über ihre Stätte gänzlich frei. Sie konnten ihre Besitzungen oder auch einzelne Parzellen nach Belieben verkaufen, vererben und auch hypothekarisch belasten. Die mit der Mobilität des Untereigentums einhergehende Versachlichung der »tenure« hatte zur Folge, daß städtische und auch ländliche »Bürger« (Kaufleute, Amtsträger, »Rentner«), im Einzelfall sogar adlige Herren Untereigentum ankauften; anders als in Deutschland erwuchs ihnen daraus keine Minderung ihres Status. Erworben wurde Untereigentum vor allem mit dem Ziel, es als Pachtland auszugeben, um Renteneinkommen zu erzielen. Die Pächter hatten in solchen Fällen die den »Seigneurs« geschuldeten Abgaben und Leistungen wie auch den stets in Naturalien eingezogenen Kirchenzehnt zu entrichten. Beim Aushandeln der Pachtsumme wurde diese Belastung in Rechnung gestellt.

Die Gefälle waren in Art und Höhe festgelegt. Anders als in Deutschland wurden sie nicht durch sogenannte ungewisse Gefälle wie Auffahrtsgeld oder Sterbfall erweitert. Es bestand somit für die bessergestellten »tenanciers« der Anreiz, Überschüsse zu erwirtschaften und zur erwerbswirtschaftlichen Betriebsführung überzugehen. Vor dem Hintergrund der seit dem zweiten Drittel des 18. Jahrhunderts zu beobachtenden Nachfrage- und Preiskonjunktur für Nahrungsmittel ist diese Chance zunehmend genutzt worden.

Das Herrengut wurde selten vom »Seigneur« in eigener Regie bewirtschaftet, sondern durchweg in Pacht ausgetan. Dafür lassen sich mehrere Gründe anführen. Kirchliche Körperschaften kamen für die Eigenbewirtschaftung von vornherein nicht in Frage. Die Güter der hochadligen »Seigneurs«, beispielsweise der Prinzen von Geblüt und vieler »Herzöge und Pairs«, waren für die Eigenwirtschaft viel zu umfänglich. Denkbar wäre die Bewirtschaftung durch Verwalter gewesen, bisweilen wurde sie auch praktiziert. Wenn die geistlichen »Seigneurs« durchweg und die weltlichen überwiegend die Verpachtung vorzogen, so geschah dies in dem Bestreben, gesicherte Renteneinkommen zu beziehen, ohne mit Leitungs- und Kontrollfunktionen beschwert zu werden. Die Eigentümer größerer Rittergutskomplexe übertrugen normalerweise deren Verwaltung im Ganzen einem Generalpächter (»fermier général«) und betrauten diesen zugleich mit der Einziehung der seigneurialen Gefälle und der Wahrnehmung der obrigkeitlichen Befugnisse. Der Generalpächter faßte die Gutsländereien zu überschaubaren Wirtschaftseinheiten zusammen, gab sie an Einzelpächter in Voll- und Halbpacht aus und überließ manchen Pächtern auch die Einziehung der lokalen Gefälle.

Die bedeutenderen seigneurialen Pachtbetriebe bildeten im 18. Jahrhundert die Vorhut des französischen Agrarkapitalismus. Die Vollpacht war zeitlich befristet. Der Verpächter stellte Haus, Hof und Land zur Verfügung, der Anpächter brachte Vieh, Ackergerät und Saatgut ein. Die Pachtsumme war in festen Geld- oder Naturalbeträgen oder beidem zu entrichten. Die Betriebsführung zielte darauf ab, innerhalb der Pachtzeit das eingebrachte Kapital zu verwerten und eine Verzinsung zu erwirtschaften, welche die beim Rentenkauf (»rente constituée«) gängigen Kreditzinsen (im 18. Jahrhundert bis 5%) übertraf. Von der Vollpacht gingen starke Impulse für eine Reinvestition der Gewinne mit dem Ziel der erweiterten Reproduktion aus. Die Pächter strebten aus diesem Grunde nach möglichst langen Pachtfristen oder nach der automatischen Verlängerung ihrer Pacht. Sie griffen in großem Umfang auf Tagelöhner zurück und nahmen neben Wanderarbeitern insbesondere lokale »manouvriers« und »brassiers« in Dienst. Vielfach waren die Betriebe der großen »fermiers« mit denjenigen der Parzellenbauern gemeinwirtschaftlich verbunden. Die Kleinbauern stellten den Pächtern der großen Betriebe ihre Arbeitskraft zur Verfügung, sie bezogen von diesen das Gespann zum Beackern ihres Pfluglandes und zum Einholen der Ernten.

Während bei der Vollpacht der Anpächter das Betriebskapital stellte und in eigener Regie unternehmerisch verwertete, waren bei der Halbpacht die Besorgung des Betriebskapitals und in hohem Umfang auch die unternehmerische Funktion Sache des Verpächters. Die Halbpacht wurde vornehmlich im Bereich der »petite culture«, der familientragenden Ackerwirtschaften des Westens und Südens, praktiziert. Als Verpächter traten (meist stadtbürgerliche) Eigentümer von »tenures« und »Seigneurs« als Eigentümer ihrer »réserve« auf. Meist wurden die Verträge für die Dauer eines Anbauzyklus, z. B. bei der Dreifelderwirtschaft auf drei Jahre, abgeschlossen. Der Verpächter stellte dem Halbpächter (»métayer«) neben Haus, Hof und Ländereien zugleich ganz oder teilweise das Gespann, auch Zug- und Zuchtvieh, und wirkte regulierend und kontrollierend auf die Betriebsführung der »métairie« ein. Der Halbpächter unterschied sich nur durch seine teilautonome Wirtschaftsführung von einer abhängigen Arbeitskraft. Ein Anteil – meist die Hälfte – des Ertrages verblieb dem Pächter, der andere Anteil ging an den Eigentümer. Chancen und Risiken der Betriebsführung waren auf beide Vertragspartner verteilt.

Über Zahl und Umfang der Eigentümer- und Pachtbetriebe in Frankreich am Vorabend der Revolution lassen sich keine generellen Aussagen treffen; von Region zu Region waren die Verhältnisse zu unterschiedlich. Die Abgrenzung zwischen Eigentümer- und Pachtbetrieb ist im übrigen oft künstlich, da häufig Parzellenbauern ihren Eigenbesitz durch Zupachtung von Ländereien der »réserve« oder der »tenure« ergänzten und andererseits große »fermiers«, bisweilen auch »métayers«, neben dem Pachtland eigene Parzellen bewirtschafteten. Georges Lefebvre schätzt, daß 1789 die französischen Bauern etwa 30 bis 40% des Bodens zu eigen hatten. Die übrigen 60 bis 70% des Ackerlandes lagen in der Hand des Adels, des Klerus und von (überwiegend stadtbürgerlichen) Angehörigen des Dritten Standes. Da die Bauern die Mehrheit der Landbewohner bildeten, jedoch nur den geringeren Teil des Agrarlandes besaßen, bestand eine große Eigentumszersplitterung. Dies bedeutete nicht unbedingt Besitzzersplitterung. Viele Kleinbauern nahmen, wie bereits erwähnt, zusätzlich zu ihren eigenen Parzellen Ackerland in Pacht und vermochten auf diese Weise familientragende Betriebe zu bilden.

Die Umgestaltung der ländlichen Verhältnisse in der Französischen Revolution

Zum Ausbruch der Französischen Revolution haben die Bauern wenig beigetragen. Dennoch haben die eigenen Zielen folgenden und einen eigenständigen Ablaufrhythmus darbietenden Protest- und Gewaltakte der Landbevölkerung seit 1789 erhebliche Auswirkungen auf den Verlauf und die Ergebnisse der Revolution gezeitigt. Im Sommer 1789 spiegelte die »Große Angst«, die von Lefebvre 1932 in der klassischen Studie *La Grande Peur de 1789* gewürdigt worden ist, den Autoritätszerfall der Zentralgewalt wider. Die Bauern perzipierten den seit Juni 1789 andauernden Konflikt in den Generalständen um die Abstimmung nach Köpfen oder Ständen als Bedrohung von Leib und Leben durch Räuberbanden im Dienste der »Aristokraten«. Auf Angst und Panik folgte sehr rasch der Zusammenschluß zur gemeinsamen Verteidigung und, sobald die Bedrohung überwunden schien, zur »Bestrafung« der »Übeltäter«. In zahlreichen Landstrichen Nordwestfrankreichs überfielen revoltierende Bauern Herrensitze und nötigten die »Seigneurs«, auf ihre Rechte förmlich, bisweilen gar notariell zu verzichten. In Ostfrankreich drangen die Bauern in Herrensitze ein, zerstörten Herrschaftssymbole wie Wetterfahnen, Taubenschläge und Wappen und verbrannten Lagerbücher (»terriers«) und andere Rechtstitel. Im Osten wurden vielfach auch die Herrensitze bürgerlicher »Seigneurs« von den Bauern heimgesucht. Hier ging die blutige Unterdrückung der Jacquerien infolgedessen häufig von städtischen Obrigkeiten aus.

Die Unruhen hatten weitreichende Folgen für den Verlauf der Revolution. Als die Landbewohner im Juli 1789 nicht nur die obrigkeitlichen Rechte der »Seigneurs« in Frage stellten und die Gefälle verweigerten, sondern auch die Herrensitze stürmten, entschlossen sich einsichtige Vertreter des Adels wie der Vicomte von Noailles und der Herzog von Aiguillon zur Flucht nach vorn und paktierten mit dem sogenannten Bretonischen Club der Nationalversammlung. In diesem hatten sich außer führenden Vertretern des Dritten Standes auch adlige Abgeordnete mit dem gemeinsamen Ziel zusammengefunden, das Eigentum zur Grundlage der Gesellschaftsordnung zu erheben und die politische Gewalt den Repräsentanten der (Grund-)Eigentümer zu übertragen. Die Reformer aus den Reihen der »Seigneurs« erkannten, daß ihre gerichtlichen und administrativen Befugnisse sowie ihre steuerlichen Vorrechte nicht länger zu halten waren. Sie waren bereit, auf die Gefälle aus den bäuerlichen »tenures« zu verzichten und diese in Volleigentum umzuwandeln, sofern eine angemessene Entschädigung geleistet würde. Nicht zur Disposition standen bei diesen Reformplänen die Eigentumsrechte am Herrengut. Der Bretonische Club organisierte die denkwürdige Sitzung der Konstituante vom 4. zum 5. August 1789, in der das Ancien Régime zu Grabe getragen und das Fundament der neuen Gesellschafts- und Verfassungsordnung gelegt wurde.

Im Zentrum des Dekrets vom 11. August 1789, welches die Beschlüsse vom 4. zum 5. August in Gesetzesform brachte, stand die Beseitigung des »Feudalregimes«. Artikel 1 wurde mit dem programmatischen Satz eröffnet: »L'Assemblée nationale détruit entièrement le régime féodal.« Es folgte die Bestimmung, daß alle aus dinglicher oder personaler Unfreiheit abgeleiteten Leistungen und Pflichten aufgehoben seien. Alle anderen Gefälle wurden für ablösbar erklärt. Zugleich wurde angekündigt, daß die Nationalversammlung über Höhe und Art der Ablösung befinden werde; bis dahin seien die ablösbaren Gefälle wie bisher zu entrichten. Damit war das Feudalregime als Herrschaftsordnung beseitigt. Zugleich mit ihrer Umwandlung in Privatleute wurden den »Seigneurs« die Steuerprivilegien genommen; es wurde ferner der gleiche Zugang aller Bürger zu den öffentlichen Ämtern verkündet.

Unmittelbar profitierten von der Auflösung des Feudalregimes einzig die »mainmortables«, da sie nun frei über ihre Besitzungen verfügen konnten. Für die übrigen »tenanciers«, die vorerst ihre Gefälle weiterhin zu entrichten hatten, bedeutete die in Aussicht genommene Ablösung nicht die Beseitigung von Leistungsverpflichtungen, sondern deren Umwandlung aus feudalrechtlichen Gefällen in privatrechtlich begründete Reallasten. Sehr bald wurde offenbar, daß die Bauern nicht bereit waren, auf das Spiel der Konstituante einzugehen. Sie drangen auf entschädigungslose Beseitigung ihrer Lasten. Als Vorbild diente die ersatzlose Beseitigung des Kirchenzehnts. Nachdem dieser gemäß Artikel 5 des Dekrets vom 11. August 1789 bereits im Prinzip aufgehoben war, jedoch vorerst noch eingezogen wurde, bis die Versorgung der Geistlichen und die Unterhaltung der kirchlichen Institutionen geregelt waren, schien diese Bedingung mit der Verabschiedung der »Constitution civile du clergé« am 12. Juli 1790 erfüllt. Der Zehnt wurde erstmals 1791 nicht mehr abgeführt. Es profitierten von der Aufhebung des Kirchenzehnts alle Eigentümer, auch und nicht zuletzt die Inhaber von Rittergütern. Anders stand es um die »fermiers« und »métayers«. Sie hatten den Zehnt oder dessen Gegenwert in Geld nun an die Verpächter zu entrichten. Da es sich bei diesen sehr oft um städtische Bürger handelte, sprach man seitdem vom »Bürgerlichen Zehnt« (»dîme bourgeoise«).

Die von der Konstituante am 11. August 1789 vorgenommene Unterscheidung zwischen ersatzlos aufgehobenen und abzulösenden Gefällen bedurfte einer ins einzelne gehenden Spezifizierung. Die Konstituante verabschiedete am 8. Februar 1790 ein entsprechendes Gesetz. Der entscheidende Passus lautet: »Seront simplement rachetables, et continueront d'être payés jusqu'au rachat effectué, tous les droits et devoirs féodaux et censuels utiles, qui sont le prix et la condition d'une concession primitive de fonds.« Alle dinglich begründeten Leistungen, d.h. die überwiegende Mehrzahl der bäuerlichen Gefälle, wurden der Ablösungspflicht unterworfen. Die Ablösung sollte gemäß dem Dekret vom 3. Mai 1790 mittels Kapitalisierung der Gefälle erfolgen. Unterschieden wurde zwischen regelmäßigen Leistungen und Besitzwechselabgaben. Regelmäßige Gefälle in Gestalt von Naturalabgaben waren zum 25fachen Betrag ihres Wertes, in Gestalt von Geldleistungen, Fron und Bannrechten zum 20fachen Betrag ihres Wertes zu kapitalisieren. Für die Ablösung der Besitzwechselabgaben waren spezielle Modalitäten vorgesehen.

Die Enttäuschung der Verpflichteten über die Regelungen, deren Durchführung viele Eigentümerbauern an den Bettelstab gebracht hätte, war außerordentlich. Eine Befriedung trat nicht ein. Die Unruhen setzten sich 1790 verstärkt fort; sie verbreiteten sich nun über das ganze Land und ebbten erst 1792/93 ab. Besonders stark wurden der Südwesten und Süden erfaßt. Die Feudalgefälle wurden durchweg verweigert, Ablösungen nur vereinzelt eingeleitet. In den Gebieten der »petite culture« überlagerten sich die antifeudalen Unruhen mit den gegen bürgerliche oder adlige Verpächter von »métairien« gerichteten Protesthandlungen der Halbpächter. Der 1791 rapide einsetzende Wertverlust der Assignaten veranlaßte viele Agrarproduzenten, ihre Überschüsse vom Markt zurückzuhalten. Als daraufhin die Preise rasch anzogen und die gute Ernte von 1792, die auf die mäßige Ernte des Vorjahres folgte, keinen Umschwung brachte, flammten allenthalben in Stadt und Land zusätzlich zu den bäuerlichen Jacquerien Teuerungsunruhen auf. Sie richteten sich teils gegen die größeren Pächter und Bauern, teils gegen Händler und Transporteure, bisweilen auch gegen Bäkker.

Nachdem die Legislative angesichts der das ganze Land erfassenden Unruhen bereits Abstriche von der bäuerlichen Ablösungspflicht gemacht hatte, tat schließlich der Nationalkonvent den letzten Schritt, als die »Montagne« an die Macht gekommen war. Er erklärte durch Dekret vom 17. Juli 1793 alle Feudalverpflichtungen ausnahmslos für erloschen. Die Annullierung der Ablösungsverpflichtung ging nicht auf eine Koalition von Bauern und Jakobinern gegen die »Seigneurs« zurück; vielmehr setzte sich die bäuerliche Jacquerie gegen die widerstrebende Zentralgewalt durch. Diese hat freilich die Interessen der ehemaligen »Seigneurs« nur halbherzig verteidigt, da sie in ihnen Feinde der neuen Ordnung witterte. Soweit Bürger Eigentümer von »tenures« waren, profitierten, wie bei der Aufhebung des Zehnts, nicht etwa die Pächter, sondern die Bürger als Verpächter von der ersatzlosen Beseitigung der Gefälle. Auch das mochte eine Rolle bei der Entscheidung des Nationalkonvents gespielt haben.

Die ersatzlose Beseitigung der grundherrlichen Gefälle bedeutete für die Eigentümerbauern fraglos eine Entlastung. Für die »Seigneurs« stellte die Aufhebung der Gefälle sehr oft eine empfindliche Einbuße dar. Die Leistungen der »tenanciers« machten in den Haushaltsbudgets der kleineren »Seigneurs« häufig einen erheblichen, wenn nicht sogar überwiegenden Anteil aus. Im Gesamteinkommen der größeren Herren spielten sie eine bescheidenere, wenn auch fast nie marginale Rolle. Solche Verluste wurden nur teilweise durch die Aufhebung des Kirchenzehnts ausgeglichen. Von der Beseitigung des Feudalregimes blieb das seigneuriale Herrengut unberührt. Selbst während der radikalen Phase der Jakobinerherrschaft im Jahre II ist das Eigentum der ehemaligen »Seigneurs« an der »réserve« nie in Frage gestellt worden. Die Ausnahme bildeten die kirchlichen Besitzungen und die königlichen Domänen.

Die Verstaatlichung des Kirchenguts und damit auch der in

geistlicher Hand befindlichen Rittergüter wurde am 2. November 1789 von der Konstituante beschlossen. Die Veräußerung der sogenannten »biens nationaux de première origine«, zu denen auch die verstaatlichten königlichen Domänen zählten, wurde am 19. Dezember 1789 durch die Ausgabe von Assignaten im Werte von 400 Millionen l.t. eingeleitet, welche durch die Veräußerung der Nationalgüter wieder eingelöst werden sollten. Deren Verkauf nahm nach der Bildung der damit betrauten Departemental- und Distriktbehörden (Dekret vom 14. Mai 1790) und nach der Festlegung der Zahlungsmodalitäten (Dekret vom 3. Dezember 1790) alsbald einen raschen Verlauf. Die ursprünglich von der Verstaatlichung ausgenommenen Besitzungen der Kirchengemeinden, des Malteserordens, der kirchlichen Colleges und der kirchlichen Armenfürsorge wurden zwischen 1792 und 1794 ebenfalls eingezogen. Da von diesen Enteignungen nicht zuletzt die Pfründeninhaber aus dem hohen Klerus betroffen waren und dieser 1789 nahezu ausnahmslos aus Adligen bestand, brachte die Einziehung des Kirchenguts zahlreichen Familien der »noblesse« nicht nur schmerzliche Einbußen an Prestige und Macht, sondern zugleich auch an Einkünften.

Anders als die Kirche vermochten die »Seigneurs« aus den Reihen des Adels und des Dritten Standes ihre Güter in erheblichem Umfang über die Revolution hinwegzuretten, sofern sie nicht emigrierten. In letzterem Fall wurden ihre Besitzungen sequestriert (Dekrete der Legislative vom 9. Februar und 30. März 1792) und als »biens nationaux de seconde origine« (Dekret vom 27. Juli 1792) zum Verkauf gestellt. Die Verkäufe setzten 1793 (Gesetz vom 3. Juni 1793) ein. Die Ventôse-Dekrete des Jahres II (Februar-März 1794) verfügten schließlich auch die Einziehung und Veräußerung der Besitzungen der »Verdächtigen«. Hierzu ist es freilich nicht gekommen; diese Dekrete wurden nach dem 9. Thermidor alsbald annulliert. Demgegenüber hielt der Verkauf der Nationalgüter »erster Herkunft« und »zweiter Herkunft« nach Robespierres Sturz unvermindert an und wurde auch unter Napoleon fortgeführt. Der Restbestand, der bis zum Sturz des Kaisers nicht hatte veräußert werden können, fiel an die ehemaligen Eigentümer zurück.

Die ehemaligen »Seigneurs« vermochten während der Revolution im großen und ganzen im Besitz ihrer Güter zu bleiben. Bisweilen erwarben Strohmänner oder Verwandte die zur Versteigerung anstehenden Güter und gaben sie später wieder zurück. Manche »Seigneurs«, denen Napoleon die Heimkehr ins Land ermöglichte, setzten die Ankäufer ihrer Besitzungen unter Druck und brachten sie – oft zu Spottpreisen – wieder an sich. Anderen gelang der Rückkauf ihrer Besitzungen oder der Ankauf von Ländereien während der Restauration. Welche Einbußen an Besitz und Einkommen die Revolution den »Seigneurs« zugefügt hat, läßt sich nur schwer beziffern. Nach plausiblen Schätzungen haben adlige »Seigneurs« aus der Provinz durchschnittlich etwa ein Fünftel an Land und ein Drittel an Einkommen eingebüßt. Die Verluste des Hofadels waren wesentlich größer. Viele ehemalige »Seigneurs« behielten trotz aller Vermögens- und Einkommensverluste einen so einträglichen Grundbesitz, daß ihnen weiterhin ein arbeitsfreies Leben im Sinne des »vivre noblement« möglich war.

Die Enteignung und Veräußerung der Nationalgüter stand unter dem leitenden Gesichtspunkt, dem Fiskus rasch Geldmittel zur Sanierung der zerrütteten Finanzen zuzuführen. Der Verkauf der Güter erfolgte deshalb überwiegend in großen Anteilen. Zu den Ankäufern zählten außer Kaufleuten, Großhändlern, Großpächtern auch ehemalige »Seigneurs«. »Manouvriers« konnten in den seltensten Fällen zugreifen, »laboureurs« nur in begrenztem Umfang, »brassiers« fast nie. Zwar stieg der Anteil bäuerlichen Eigentums etwas an, der Löwenanteil der verkauften Nationalgüter ging indes an städtische Bürger, die ihre Erwerbungen überwiegend zur Pacht ausgaben. Es fand eine massive Plazierung von bürgerlichen Kapitalien in Agrarland statt, die zumindest vorerst zu Lasten von Investitionen in Handel und Gewerbe ging. Diese Vorgänge beschleunigten die bereits im 18. Jahrhundert sich abzeichnende Entstehung der Notabeln, die ihre Einkommen vornehmlich aus der Grundrente bezogen und als Nutznießer des agrarischen »produit net« (Quesnay) die politisch-kulturelle Führung des Landes antraten. Zu den Notabeln gehörten neben den wohlsituierten bürgerlichen Eigentümern auch die oft üppig dotierten Parvenüs des Kaiserlichen Adels, die hochbesoldeten leitenden Staatsbeamten (»fonctionnaires«) und vermögende Grundeigentümer aus dem Kreis des ehemaligen Adels. Kennzeichnend für die Entwicklung der französischen Notabeln seit dem »Directoire« war die Verschmelzung dieser Gruppen zu einer vergleichsweise homogenen Schicht, deren Führungsanspruch durch ein spezifisches Leistungsethos (Bekenntnis zur »capacité«) legitimiert wurde.

In den Jahren zwischen 1792 und 1794 versuchten »manouvriers« und kleine »laboureurs«, die Eigentumsverhältnisse auf dem Lande in Richtung eines Agraregalitarismus umzuwandeln. Zahlreiche Petitionen, die beim Nationalkonvent eingingen, zeugen von der Massenbasis dieser Wünsche. Die Zeitgenossen sprachen von der Forderung nach der »loi agraire«. Das Verlangen nach Bodenreform reichte unterschiedlich weit. Pachten sollten auf familientragende Stellen begrenzt werden. Auf überschüssigem Land sollten mit mäßigem Pachtzins und langer Pachtdauer kleine familientragende Stellen neu geschaffen werden. In diesem Zusammenhang wurde seit 1790, als der Verkauf der Kirchengüter einsetzte, und seit 1793, als sich der Verkauf der Emigrantengüter anschloß, die Forderung erhoben, diese Ländereien in kleinen Losen zu veräußern oder zu günstigen Bedingungen als Pachtland auszugeben, um darauf kleine Familienbetriebe zu gründen. Nur ganz vereinzelt wurde im Sinne eines radikalen Agraregalitarismus gefordert, das gesamte Ackerland aufzuteilen.

Die Jakobiner, die nie die Grundlagen der Eigentümergesellschaft in Frage stellten, lehnten solche Forderungen schroff ab. Bereits in der Eröffnungssitzung des Nationalkonvents vom 21. September 1792 wurde die Unantastbarkeit des Eigentums bekräftigt. Durch das Dekret vom 18. März 1793 drohte der Nationalkonvent jedermann die Todesstrafe an, der sich unterfange, auch nur den Antrag auf Verkündigung des »Agrargesetzes« zu stellen. Wenn sich der Konvent durch die Ventôse-Dekrete des Jahres II dafür aussprach, die eingezogenen Besitzungen von »Verdächtigen« an bedürftige Patrioten auszugeben, wurde nicht eine Bodenreform ins Auge gefaßt, sondern war lediglich eine karitative Maßnahme beabsichtigt. Wie ausgeführt, ist es zu deren Durchführung nicht einmal gekommen.

Die Politisierung der klein- und unterbäuerlichen Landbewohner während der Französischen Revolution bewirkte, daß die bereits im späten Ancien Régime eingeleiteten Schritte, die kollektiven Nutzungsrechte der Dorfinsassen an der Gemarkung zu beseitigen und dem Agrarindividualismus zum Durchbruch zu verhelfen, blockiert wurden. Der Widerstand gegen Gemeinheitsteilungen (»partage des communaux«) ging in manchen Regionen von »manouvriers« aus, die ihr Hornvieh in die Marken trieben, in anderen Regionen von den größeren Bauern, welche die Gemeinheiten als Weideflächen für ihre Schafherden nutzten. Die Beibehaltung der kollektiven Rechte der Dorfbewohner an der Ackerflur kam dem Wunsch der »manouvriers« entgegen, im Anschluß an die Getreideernte das Recht auf Ährenlesen (»droit de glanage«) und Strohlese (»droit de chaume«) wahrzunehmen. In vielen Regionen waren auch die größeren Bauern an der Beibehaltung der Hut- und Triftrechte (»vaine pâture«, »droit de parcours«) auf der Feldflur interessiert, da sie ihre Schafherden auf die offengelegten Felder und Brachen zu treiben pflegten.

Es gelang den Anführern der Revolution nicht, den Widerstand der Landbewohner gegen die Aufhebung der kollektiven Markennutzung zu brechen. Zwar dekretierte die Legislative am 14. August 1792 die obligatorische Markenteilung, erließ jedoch keine Durchführungsbestimmungen. Der Nationalkonvent entschied durch Dekret vom 10. Juni 1793, daß die Aufteilungen der Gemeinheiten oder eines Teils derselben »par tête d'habitant domicilié, de tout âge et de tout sexe, absent ou présent«, also als egalitäre Teilung, stattfinden sollten. Zugleich verfügte er jedoch, daß ein Teilungsverfahren nur dann zu eröffnen sei, wenn sich mindestens ein Drittel der Dorfbewohner hierfür aussprach. Es wurden infolgedessen nur wenige Markenteilungen durchgeführt. Durch die Gesetze vom 21. Prairial IV (9. Juni 1796), 2. Prairial V (21. Mai 1797) und 9. Ventôse XII (29. Februar 1804) wurden die Teilungen dann faktisch unterbunden. Napoleon begünstigte nicht zuletzt aus fiskalischen Gründen statt der Markenteilung deren Verpachtung oder auch Verkauf. Gewinner der Beibehaltung der Gemeinheiten bis weit ins 19. Jahrhundert waren offenbar in vielen Regionen in erster Linie die größeren Bauern, die ihre Viehherden auf die Markengründe trieben.

Die Hut- und Triftrechte blieben während der Revolution prinzipiell unangetastet. Lediglich für Wiesen (»prairies artificielles«) wurde durch das Gesetz vom 28. September 1791, den sogenannten »Code rurale«, das Hutungsrecht unterbunden. Das Gesetz proklamierte die Freiheit des Ackerbaues (»liberté de culture«), stellte die Einfriedung (»clôture«) des Ackerlandes frei und sah die Beseitigung des Flurzwangs (»contrainte des soles«, »assolement obligatoire«) vor. Da die Einfriedung eine Flurbereinigung (»remembrement des terroirs«) voraussetzt, diese jedoch kaum durchsetzbar war, kam es in den wenigsten Fällen zu Einfriedungen.

Die Nationalisierung und Aufteilung des Kirchengutes, die Zerschlagung vieler Rittergüter, auch der Widerstand der Landbewohner gegen die Durchsetzung des Agrarindividualismus boten der im 18. Jahrhundert zu beobachtenden Ausbildung kapitalistischer Agrarverhältnisse analog dem englischen Modell Einhalt. Der Löwenanteil der privatisierten Nationalgüter ging an die bürgerlichen »propriétaires-rentiers«, die ihre Erwerbungen überwiegend in Pacht ausgaben. Nicht wenige »laboureurs«, welche Pachtland beackerten, zugleich oftmals auch Ackerparzellen zu eigen besaßen, erwarben bei der Privatisierung der Nationalgüter weitere Parzellen. Als Eigentümer profitierten sie von der Beseitigung des Kirchenzehnten und der Feudalgefälle. Insofern führte die Französische Revolution nicht nur die Notabelngesellschaft herbei und verschärfte die Spannung zwischen städtischen »propriétaires-rentiers« und Pächtern, sondern stützte zugleich das Parzellenbauerntum.

Die Enttäuschung vieler kleiner Eigentümer und Pächter, die von der Revolution ihren sozialen Aufstieg zu Vollerwerbsbauern auf eigenem Grund und Boden erhofft hatten, bildete einen Hauptgrund für die seit 1792/93 zu beobachtende Distanzierung der Landbewohner in der Vendée und zahlreichen weiteren Landstrichen Frankreichs von der neuen Ordnung. Als Verkörperung der Republik erschienen den Landbewohnern die neureichen Verpächter, die unerbittlichen Steuereinnehmer, die Nahrungsmittel requirierenden revolutionären Armeen und auch die ihre ländliche Kultur auslöschende De-Christianisierung. Daraus erklärt sich die Hinwendung zahlreicher Bauern zur Gegenrevolution und später zu Napoleon Bonaparte. Napoleon III. hat an diese Tradition anknüpfen können.

II. Deutschland

Deutschland läßt sich wie Frankreich an der Wende vom 18. zum 19. Jahrhundert als »agrikoles Reich« charakterisieren. Auf dem flachen Lande oder in kleinen Ackerbürgerstädten lebten um 1800 etwa 90% der Bevölkerung; 75 bis 85% aller Beschäftigten waren in der Landwirtschaft tätig. Im 18. und in der ersten Hälfte des 19. Jahrhunderts entfaltete die exportorientierte Protoindustrie in vielen deutschen Regionen eine nicht minder starke Dynamik wie in den Heimgewerbelandschaften Frankreichs. Hervorzuheben sind die Textil- und Eisenverarbeitung in West-, Mittel- und Oberdeutschland, Sachsen und Schlesien. In vielen Regionen war das mit kleiner Landwirtschaft und Tagelöhnertätigkeit verbundene Landhandwerk verbreitet. Es war besonders stark in West- und Süddeutschland vertreten und produzierte nicht zuletzt Werkzeuge und Ackergerät für bäuerliche Abnehmer. Eine solche Arbeitsteilung zwischen agrarischer und handwerklicher Produktion bestand in Nord- und Ostdeutschland in weit geringerem Maße. Hier blieb das platte Land im wesentlichen agrarisch geprägt.

West-, Mittel- und Süddeutschland zeichneten sich im Vergleich mit Nord- und Ostdeutschland durch einen hohen Grad der Verstädterung sowie eine hohe Bevölkerungsdichte aus. Die Bevölkerung in Deutschland westlich der Elbe ernährte sich im wesentlichen aus der eigenen Nahrungsmittelproduktion; das ostelbische Deutschland – insbesondere Ost- und Westpreußen, auch Schleswig und Holstein – erzeugte Überschüsse, die in den Westen, auch nach England, ausgeführt wurden. Der steigende Bedarf der anwachsenden Bevölkerung nach Brotgetreide wie auch die Zunahme der Exporte schlugen sich seit dem zweiten Drittel des 18. Jahrhunderts in steigenden Getreidepreisen nieder. Diese Entwicklung hielt bis 1805/17 an und setzte sich nach den Preiseinbrüchen der zwanziger Jahre seit den dreißiger Jahren für fast ein halbes Jahrhundert fort. Von dieser Preisentwicklung gingen anhaltende Impulse auf die Landwirtschaft aus. Die guten Marktchancen veranlaßten viele Produzenten zur erwerbsorientierten Intensivierung und Spezialisierung der Produktion. Die agrarischen Nutzflächen wurden durch Meliorationen erweitert, künstliche Wiesen angelegt. Die vorherrschende Zwei- und Dreifelderwirtschaft wurde zunehmend von intensiveren Bodennutzungssystemen abgelöst, die Bodenbearbeitung durch verbesserte Ackergeräte, vermehrte Pfluggänge und sorgfältigere Düngung intensiviert. Neben Getreide und Hülsenfrüchte traten weitere Kulturpflanzen wie Kartoffeln und Saatklee, die bis dahin nur in Gartenwirtschaft angebaut worden waren. Die Viehzucht, insbesondere die Wollschafzucht, wurde verbessert.

Meliorationen, Errichtung von Viehställen, Anschaffung von verbessertem Ackergerät, Vermehrung des Saatgutes und Erweiterung des Viehbesatzes bedingten erhebliche Kapitalinvestitionen. Die Entstehung kapitalistischer Betriebsführung war schwerlich mit den überkommenen genossenschaftlichen und herrschaftlichen Bindungen der Landwirtschaft vereinbar. Die dorfgenossenschaftliche Feld- und Flurnutzung trug in Deutschland ähnliche Züge wie in Frankreich. Ihre wichtigsten Ausprägungen waren die Zelgenwirtschaft mit Flurzwang, die Viehwirtschaft in Gemeindeherden, die kollektiven Hütungsberechtigungen auf den Stoppelfeldern und der Brache sowie die gemeine Markennutzung. Die herrschaftliche Einfassung der deutschen Bauernwirtschaft in Gestalt der westelbischen Grund- und der ostelbischen Gutsherrschaft unterschied sich demgegenüber grundlegend von der »Seigneurie«. Die Grundherrschaft war als Rentengrundherrschaft vor allem auf die Erzielung bäuerlicher Natural- und Geldleistungen gerichtet. Im allgemeinen verfügte der Grundherr über keine oder nur unbedeutende eigene Wirtschaft. Eine Ausnahme machten umfangreichere grundherrliche Güter in Nordwestdeutschland, Thüringen und Kursachsen, teilweise auch in Bayern. Die Gutsherrschaft zielte dagegen auf die Bewirtschaftung von Rittergütern durch fronpflichtige Bauern und unfreies Gesinde. Die Mehrzahl der deutschen Bauern war grund- oder gutsherrschaftlich gebunden sowie unfrei. Es gab jedoch auch freie Bauern auf Volleigentum, wie z. B. die ostfriesischen Freibauern und die ostpreußischen Kölmer.

Nach dem Umfang des Landbesitzes ist zwischen den Vollbauern auf familientragenden Stellen und den Kleinbauern, die auf Füllarbeit angewiesen waren, zu unterscheiden. Im 18. Jahrhundert nahm die Zahl der unterbäuerlichen Gruppen rasch zu, die von Tagelöhnerdienst, Heimgewerbe, Wanderarbeit oder Markennutzung lebten und bestenfalls auf die Anpachtung einiger Parzellen Land hoffen durften.

Seit der Jahrhundertmitte wurde in Deutschland ähnlich wie in Frankreich die Einführung der kapitalistischen Landwirtschaft propagiert. Gelehrte Gesellschaften und staatliche Akademien der Wissenschaften befaßten sich mit der Vervollkommnung der Agrartechnik, traten für die Beseitigung der genossenschaftlichen und herrschaftlichen Bindungen der Bauern ein und entfalteten, wie die Physiokraten, eine große publizistische Aktivität. Getragen wurde diese Bewegung in erster Linie von bürgerlichen Rittergutsbesitzern und Domänenpächtern, von Beamten und Pfarrern, weniger von adligen Gutsbesitzern. Anders als in Frankreich wurde in Deutschland nicht der Pachtbetrieb, sondern der Eigentümerbetrieb zum Träger des landwirtschaftlichen Fortschritts erkoren. Diese bemerkenswerte Abweichung vom physiokratischen Programm und von dem englischen Modell spiegelt die deutschen Zustände der Zeit.

In Deutschland hat sich für Bauernland eine Voll- oder Halbpacht des französischen Typs nicht ausgebildet. Im Westen blieben die bäuerlichen Wirtschaften durchweg Eigentümerbetriebe. Besitz und Eigentum traten nicht auseinander, (stadt-)bürgerliches Kapital drang bestenfalls in Form von Darlehen in die Bauernwirtschaft ein, nicht indes durch Erwerb von Bauernland. Im westelbischen Deutschland lagen die agrarischen Nutzflächen zu 90% und mehr im (grundherrschaftlich gebundenen Unter-)Eigentum der Bauern; die übrigen 10% entfielen im wesentlichen auf Rittergüter. Ebensowenig wie im Westen erwarben in Ostdeutschland Bürger Agrarland. Soweit im Osten Bauernwirtschaften in Pacht ausgegeben wurden, diente dies nicht dem Zweck, Grundrente einzubringen. Vielmehr wurden Pachtbetriebe von den Gutsherrn mit dem Ziel geschaffen, fronpflichtige Bauern an sich zu ketten. Begreiflicherweise wurden sie meist sehr nachlässig bewirtschaftet und von den Zeitgenossen als abschreckendes Beispiel gutsherrlicher Willkürherrschaft angeprangert. Solche Verhältnisse trugen wesentlich dazu bei, in Deutschland den bäuerlichen Pachtbetrieb zu diskreditieren. Ein günstigeres Bild boten die Pachtverhältnisse bei der Bewirtschaftung grund- und gutsherrlicher Eigengüter, soweit sie an Zeitpächter ausgetan wurden. Anders als in Frankreich ist die Verpachtung der Rittergüter in Deutschland freilich nicht der Normalfall geworden. Die Option der deutschen Agrartheoretiker zugunsten des Eigentümerbetriebs spiegelt die im Vergleich zu Frankreich oder England archaischeren Produktionsverhältnisse Deutschlands wider; in der Befürwortung des Hofbauerntums und der junkerlichen Eigenwirtschaft lag zugleich eine sozialkonservative Note.

Das westelbische Deutschland: Grundherrschaft

Die Grundherrschaft beruhte auf der Obergewalt (»dominium directum«) des Herrn über bäuerliche Stellen. Das bäuerliche (Unter-)Eigentum (»dominium utile«) war im 18. Jahrhundert überwiegend als erbliches Zins- oder Erbzinsgut (in Süddeutschland Erblehen, in Nordwestdeutschland Kolonat nach Meierrecht) ausgebildet. Bisweilen reduzierte sich das Recht des Bauern an seiner Stelle auf die lebenslange Nutzung, wie z.B. bei den Schupflehen (Fallehen) in Württemberg und Baden und den Leibrecht-, Neustift- und Freistiftgütern in Bayern. Grundherrschaft war meist mit Leibherrschaft verknüpft, wie z. B. bei der süddeutschen Leibherrschaft oder der westfälischen Eigenbehörigkeit, d.h. das »dominium« des Herrn erstreckte sich nicht nur auf den Besitz, sondern auch auf die Person des Bauern. Häufig haben Grundherrn kirchliche Zehntrechte erworben. Sie traten dann ihren Bauern gegenüber zugleich als Zehntherrn auf.

Die Nutzung seines grundherrlich gebundenen Eigentums verpflichtete den Bauern zur jährlichen Leistung fixierter (sogenannter gewisser) Gefälle in Naturalien oder Geld sowie zur fallweisen Leistung ungewisser Gefälle; die wichtigste dieser fallweisen Leistungen war das Auffahrtsgeld bei der Hofübernahme (»laudemium«, Handlohn, Weinkauf). Aus der bäuerlichen Unfreiheit resultierten der Anerkennungszins (Leibzins, Leibhuhn) sowie Abgaben beim Tode (»mortuarium«, Leibfall, Todfall, Sterbfall, Besthaupt), bei der Heirat und beim Wegzug aus der Grundherrschaft (Abzugsgeld, Loskauf, Freikauf). Die Höhe der Abgaben, die aus der Grundherrschaft resultierten, differierten dabei in sehr starkem Umfang selbst innerhalb kleiner, ansonsten einheitlich strukturierter Regionen, ja selbst innerhalb einzelner Dörfer.

Der Grundherr übte ein allgemeines Aufsichtsrecht über die Wirtschaftsführung des Bauern aus und nahm die Befugnis in Anspruch, ihn bei schwerwiegenden Verfehlungen aus der Stätte zu entfernen (Abmeierung). Der Herr beanspruchte ein Konsensrecht bei der Bestimmung des Erben, bei dessen Verehelichung und auch bei der Aussteuerung weichender Erben. Diese Befugnisse dienten dem Zweck, im Interesse des Herrn die Leistungskraft der bäuerlichen Stätte zu erhalten. Der Bauer seinerseits konnte bei unverschuldeter Not, z. B. bei Mißernten, Krieg und Krankheit, eine Verringerung oder gar den Erlaß (Remission) seiner Gefälle verlangen.

Insbesondere in Süd- und Mitteldeutschland war die Grundherrschaft mit der Gerichtsherrschaft verbunden, beispielsweise bei den bayerischen Hofmarken oder in Kursachsen. In Norddeutschland wurde die grundherrliche Gerichtsbarkeit häufiger von der landesherrlichen verdrängt. Da sich im Süden die Zuständigkeit der Niedergerichte meist auf Dorfgemeinden insgesamt erstreckte, erlangten die Inhaber solcher Gerichte die Ortsherrschaft und damit die Mitwirkung oder gar alleinige Entscheidung bei der Besetzung der Gemeindeämter, die Oberaufsicht über die Gemeindeverwaltung und die Handhabung der »Polizei« im Sinne einer allgemeinen Regulierungsgewalt über die dörflichen Angelegenheiten. Hierzu zählte auch die Aufsicht über die Nutzung der gemeinen Marken und die Handhabung der Hut- und Triftrechte. Aus den gerichtsherrlichen Befugnissen ergaben sich ähnlich wie in Frankreich Bannrechte sowie der Anspruch auf Herrschaftsfronen für Wege- und Brückenbau, Vorspann, Boten- und Jagddienste, auch für Bauarbeiten an herrschaftlichen Burgen und Schlössern.

Die Grundherrschaft ermöglichte es dem Adel, seinen ständischen Rang als lokale Ordnungsmacht und als geborener Inhaber von Führungspositionen in Militär, Verwaltung und Regierung zu behaupten. Viele Grundherrschaften lagen in kirchlicher Hand, Gefälle und Herrschaftsbefugnisse kamen somit nicht zuletzt kirchlichen Institutionen und Pfründnern zugute.

Das Verhältnis von Grundherr und Bauer war vom Kampf um die Rente bestimmt. Die Ergänzung der »gewissen Gefälle« durch die »ungewissen« hatte zur Folge, daß Wertzuwächse, welche die Bauern über ihren Eigenbedarf hinaus erwirtschafteten, abgeschöpft wurden. Die Rentengrundherrschaft war deshalb mit einer auf erweiterte Reproduktion zielenden bäuerlichen Betriebsführung unvereinbar. Richteten sich die Protest- und Widerstandshandlungen der französischen Bauern im 18. Jahrhundert vornehmlich gegen das expansive Wirtschaftsgebaren der kapitalistischen Pächter seigneurialer Eigengüter, so blieben im westelbischen Deutschland die Konflikte zwischen Bauern und Herrn vom Kampf um Art und Höhe der Gefälle bestimmt. Sie lassen sich vor allem in solchen kleineren Territorien beobachten, in denen Grundherr und Landesherr identisch waren. Die Bauern konnten hier vor dem landesherrlichen Gericht schwerlich Gehör für ihre Forderungen finden. Sie nutzten die im Deutschen Reich gegebene Chance, ihre Klagen vor die obersten Reichsgerichte zu bringen und damit ihre Widerstandshandlungen zu legitimieren.

Eine Abweichung vom skizzierten Bild bietet während der Frühen Neuzeit das linksrheinische Deutschland. Ähnlich wie in Frankreich wurde hier die Verpachtung des Herrenlandes üblich; man begann hier auch mit der Verpachtung von Bauernland.

Die Agrarreformen setzten im westelbischen Deutschland in der zweiten Hälfte des 18. Jahrhunderts ein; sie zielten zuerst auf die Verwirklichung des Agrarindividualismus. Bisweilen gingen Bauern mit der Beseitigung der Feldgemeinschaften voran wie bei den Vereinödungen im Alpenvorland oder bei zahlreichen Verkoppelungen in (dem überwiegend gutsherrlichen) Schleswig-Holstein. In vielen Territorien erließen die Regierungen gesetzliche Regelungen zum Schutz der besömmerten Brachen und künstlichen Wiesen vor Überweidung. Sie förderten die Flurbereinigung und leiteten Gemeinheitsteilungen ein. Im Zuge dieser tiefgreifenden und folgenreichen Reformen waren die vielfältigsten Ansprüche und Anrechte auszugleichen. Bei den Gemeinheitsteilungen bestanden beträchtliche Interessengegensätze zwischen Großbauern, Kleinbauern, landarmen und landlosen Dorfbewohnern sowie zwischen Dorfgenossenschaft und Grundherrn. Die Reformen vollzogen sich als ein über Jahrzehnte hinwegreichender Prozeß. Anders als in Frankreich kamen sie bis zur Mitte des 19. Jahrhunderts im wesentlichen zum Abschluß. Sie konnten relativ rasch vollendet werden, da es den Regierungen meist gelang, die großen Bauern durch günstige Regelungen auf ihre Seite zu ziehen. Das Reformwerk hatte einen erheblichen Anteil an der Leistungssteigerung der Landwirtschaft im 19. Jahrhundert.

Während die Beseitigung der kollektiven Nutzungsformen in Feld und Flur bereits in der zweiten Hälfte des 18. Jahrhunderts einsetzte, wurde die Loslösung der Bauern aus grundherrlichen Bindungen erst nach der Jahrhundertwende in Angriff genommen, als das Alte Reich unter den Schlägen Napoleons zerbrochen war. Die meisten Rheinbundfürsten leiteten diese Reformpolitik um so bereitwilliger ein, als die Schwächung der Grundherrn die Chance erhöhte, die ihren Territorien zugeschlagenen Reichsritter und Reichsstände zu entmachten und die innere Staatsbildung bis hinab zum letzten Untertanen voranzutreiben. Der Widerstand der Grundherrn gegen die Reformen gründete sich einerseits auf das Bestreben, ständische Herrenpositionen aufrechtzuerhalten, andererseits auf die Besorgnis vor materiellen Einbußen. Die Fürsten setzten die Privatisierung der Grundherrn kompromißlos durch, zugleich kamen sie dem Adel in der Entschädigungsfrage weit entgegen, um ihn als soziale Gruppe zu erhalten. Bei der für die Berechtigten günstigen Regelung der Ablösung spielten freilich auch fiskalische Gesichtspunkte eine Rolle. Die meisten Fürsten verfügten über umfängliche Domänen. Nachdem bereits während der Reformation zahlreiche kirchliche Grundherrschaften in die Hände protestantischer Landesherren geraten waren, brachte die Vermögenssäkularisation der katholischen Besitzungen nach 1803 den meisten katholischen und auch zahlreichen protestantischen Fürsten einen weiteren erheblichen Zugewinn an Domanialbesitz. In manchen deutschen Staaten war seitdem der Landesherr zugleich Grundherr von mehr als der Hälfte der Bauern. In Altbayern beispielsweise stieg der Anteil der landesherrlichen Bauern durch die Säkularisation von 44 auf 71% an. Die grundherrlichen Gefälle der Domanialbauern machten einen erheblichen Anteil der Staatseinnahmen aus. Die deutschen Fürsten waren in der Rheinbundzeit wie im Vormärz um so weniger geneigt, darauf bzw. auf Ablösungszahlungen zu verzichten, als diese Leistungen den Kammereinnahmen zugerechnet wurden und insofern nicht der Kontrolle durch konstitutionelle Institutionen unterlagen.

Bei den Reformen stand eine Übernahme des französischen Modells entsprechend den Regelungen von 1793 nicht zur Debatte. Hatten die Bauern in Frankreich die entschädigungslose Beseitigung der Feudalgefälle erzwungen, so traten in Deutschland die Bauern nicht in nennenswertem Ausmaß als revolutionäre Akteure auf. Zwar forderten in den neunziger Jahren Bauern unter dem Einfluß der französischen Unruhen in manchen deutschen Gebieten lautstark Reformen. Die Parolen lauteten: Beseitigung der herrschaftlichen Jagd, Abschaffung der Herrschaftsfronen, ja Aufhebung aller Dienste und Abgaben. Im Südwesten, am Mittelrhein und vor allem in Kursachsen steigerte sich der Protest sogar zu gewaltsamen Aktionen. Ein Erfolg blieb jedoch aus, da die Regierungen stark genug waren, alle Unruhen zu ersticken.

Die französische Gesetzgebung von 1793 wurde einzig in den linksrheinischen Gebieten Deutschlands übernommen, die in den neunziger Jahren dem französischen Staatsgebiet einverleibt wurden. Mit Ausnahme der sogenannten reinen Grundrenten, die abzulösen waren, wurden die grundherrlichen Gefälle ersatzlos gestrichen. Da die Grundherrn im Rheinland einen beträchtlichen Teil ihres Einkommens aus der Verpachtung ihrer Eigengüter und des ehemals grunduntertänigen Bauernlandes bezogen, diese

Pachtverhältnisse von der Reform aber nicht berührt wurden, blieben ihre Verluste begrenzt. Es kam freilich zu erheblichen Enteignungen emigrierter Adliger.

Anders lagen die Verhältnisse östlich des Rheins. Hier bezogen die Grundherrn ihr Einkommen im wesentlichen aus bäuerlichen Gefällen. Deren entschädigungslose Beseitigung hätte sie ruiniert und damit eine politisch-soziale Führungsschicht ausgelöscht, aus deren Reihen die Rheinbundfürsten alle bedeutenderen Ämter in Regierung, Verwaltung und Militär besetzten. Zugleich hätte eine solche Maßnahme die Staatsfinanzen zerrüttet. Eine Reformgesetzgebung nach dem Vorbild von 1793 wurde deshalb nicht einmal in den napoleonischen Satellitenstaaten Berg und Westfalen in Erwägung gezogen, geschweige denn in den anderen Rheinbundstaaten.

Im Großherzogtum Berg und im Königreich Westfalen wurden 1808/09 die persönliche Unfreiheit der Bauern und mit ihr der Sterbfall, der Gesindezwangsdienst, das Freilassungsrecht sowie die aus der personalen Hörigkeit abgeleiteten Hand- und Spanndienste entschädigungslos aufgehoben. Für die Bauern bedeutete dies eine gewisse Entlastung, für die Herren vielfach eine nicht unerhebliche Einbuße. Die als Entgelt für das bäuerliche Untereigentum angesehenen Gefälle wurden als Reallast umdefiniert, deren Ablösung mittels Kapitalisierung erfolgen sollte. Damit blieb ein Gutteil der grundherrlichen Einnahmen und bäuerlichen Belastungen in umgewandelter Form beibehalten. Zur Ablösung ist es bis zum Einmarsch der Alliierten (1813) nur in den wenigsten Fällen gekommen, zumal über deren Modalitäten eine große Rechtsunsicherheit bestand. Braunschweig, Hannover und Kurhessen, deren Territorien während der Franzosenzeit zu Westfalen geschlagen worden waren, annullierten nach der Restauration alle Reformen. Preußen ersetzte sie durch das Gesetz über die gutsherrlich-bäuerlichen Verhältnisse von 1825 und die Ablösungsordnung von 1829.

In den nicht von Napoleoniden beherrschten westelbischen Rheinbundstaaten kam die Beseitigung der Grundherrschaft noch zögerlicher in Gang als in Berg und Westfalen. Lediglich in einigen von ihnen wurde die persönliche Unfreiheit, meist gegen Ablösung, aufgehoben, nachdem Kaiser Josef II. 1782 im Breisgau und Markgraf Karl Friedrich von Baden 1783 in seinen Territorien hiermit bereits vorangegangen waren. Die Ablösung der Reallasten wurde nur vereinzelt vorgesehen und machte kaum Fortschritte. Den größten Nachdruck legten die westelbischen Rheinbundstaaten auf die Beseitigung oder doch Einschränkung der obrigkeitlichen Befugnisse der Grundherrn. In den meisten dieser Staaten kamen freilich erst durch die Revolution von 1848 die patrimoniale Gerichtsbarkeit und das grundherrliche Jagdrecht zu Fall.

Im westelbischen Deutschland wurde die Entflechtung der grundherrlich-bäuerlichen Beziehungen in den zwanziger Jahren und vor allem nach der Julirevolution von 1830 – in Hessen und Sachsen unter dem Druck der Bauern – wieder in Angriff genommen. Die Leibeigenschaft wurde meist entschädigungslos aufgehoben, die dinglichen Lasten waren (meist mittels Kapitalisierung) abzulösen. Soweit das Reformwerk bis zur Revolution von 1848 nicht eingeleitet worden war, wurden nun unter dem Druck der Bauern, die in weiten Teilen Deutschlands gegen die Rittergutsbesitzer vorgingen, entsprechende Gesetze verabschiedet. Nach dem Vorbild Sachsens, das bereits seit 1832 mit gutem Beispiel vorangegangen war, wurden Ablösungsbanken eingerichtet, in welche die Pflichtigen Renten einzahlten, während die Berechtigten in Kapitalien (bzw. Staatsschuldscheinen) abgefunden wurden. Die Durchführung der Ablösungen erstreckte sich bis weit ins 19. Jahrhundert und zum Teil bis ins frühe 20. Jahrhundert. Es war dies ein langwieriger Prozeß, der hier nicht im einzelnen verfolgt werden kann.

Im westelbischen Deutschland flossen während des ganzen 19. Jahrhunderts Ablösungskapitalien in die Hände der Grundherrn. Diese Geldmittel trugen dazu bei, die nach den Wirrungen und Umwälzungen der Rheinbundzeit zerrütteten Vermögensverhältnisse nicht weniger Adelsfamilien zu verbessern. Viele Empfänger von Ablösungszahlungen erwarben in erheblichem Maße Grund und Boden – insbesondere auch zur forstwirtschaftlichen Nutzung. Manche adlige Gutswirtschaften im westelbischen Deutschland entstanden hierdurch erst während des 19. Jahrhunderts. Ansonsten kauften viele ehemalige Grundherrn Staatsobligationen und sonstige Wertpapiere und schufen sich dadurch eine neue Quelle arbeitsfreien Einkommens. Anders als die ostelbischen Junker büßten sie das sozialökonomische Profil eines Herrenstandes ein.

Die Bauern wurden durch die Reformen persönlich frei. Faktisch bedeutete dies eine (überwiegend entschädigungslose) Entlastung von meist nicht allzu drückenden Gefällen. Folgenreicher war die Steigerung des Untereigentums in Volleigentum, verbunden mit der Umwandlung der gewissen und ungewissen Gefälle in eine ablösbare Reallast. Mochte diese Last bzw. deren Ablösung vielfach auch drückend sein, entscheidend war, daß der Bauer nun Gewinne erwirtschaften konnte, ohne die Gefahr gewärtigen zu müssen, daß sie ihm durch Einforderung der ungewissen Gefälle wieder entwunden wurden. Eine erwerbsorientierte bäuerliche Betriebsführung im Sinne der »rationellen Landwirtschaft« wurde erstmals möglich. Hierzu trug auch bei, daß der zum Volleigentümer aufgestiegene Bauer nun Hypotheken aufnehmen konnte und in den Stand versetzt wurde, größere Investitionen zu tätigen. Die durch die Reform eingeleitete Mobilisierung von Grund und Boden bot die Möglichkeit, den Betrieb auf das zweckmäßige Maß zu arrondieren. Offenbar sind solche Chancen zur Entfaltung der kapitalistischen Landwirtschaft nur sehr selten genutzt worden. Es scheint aber sicher, daß die Ablösungszahlungen in den meisten Fällen keinen schwerwiegenden finanziellen Aderlaß bedeutet haben. In großem Stil setzten sie erst seit den dreißiger Jahren ein, als die Getreidepreise nach der Depression der zwanziger Jahre wieder kräftig und nachhaltig anzogen. Dadurch wurde es den Bauern, soweit sie den Markt belieferten, erleichtert, die Zahlungen aufzubringen.

Die Beseitigung der Grundherrschaft wandelte die Bauern von Nutzeigentümern in freie Volleigentümer um; anders als im Osten wurde im westelbischen Deutschland die Ausstattung der Betriebe mit Grund und Boden von der Reform nicht berührt, insofern darf ihre Tragweite nicht überschätzt werden. Demgegenüber lassen sich die Auswirkungen, die von den Gemeinheitsteilungen und Hütungsauflösungen ausgingen, kaum überschätzen. Die Hütungsauflösungen schufen die Voraussetzung für die Beseitigung des Flurzwangs, für Separationen (Flurbereinigung) und Einfriedungen; sie eröffneten somit die Chance des Übergangs vom extensiven Feldbau zur intensiven Acker- und Wiesenwirtschaft. Anders als in Frankreich wurde im westelbischen Deutschland der Agrarindividualismus im frühen 19. Jahrhundert bereits im wesentlichen verwirklicht. Diese tiefgreifende Reform führte eine nachhaltige Stärkung des Hofbauerntums herbei.

Die erwerbsorientierte »rationelle Landwirtschaft« hat sich am ehesten dort entwickeln können, wo – wie in Nordwestdeutschland – das Anerbenrecht den Fortbestand großbetrieblicher Hofbauernwirtschaft ermöglichte und zugleich billige Arbeitskräfte in Gestalt von Heuerlingen oder sonstigen kleinbäuerlichen Produzenten zur Verfügung standen.

Das ostelbische Deutschland: Gutsherrschaft

Kennzeichnend für die Gutsherrschaft im ostelbischen Deutschland – überwiegend gutsherrschaftlich verfaßt waren Schleswig und Holstein (mit Ausnahme der westlichen Marschgebiete), Mecklenburg, Schwedisch-Pommern, die östlichen Provinzen Preußens und die Lausitz – war die Bewirtschaftung der landesherrlichen Domänen und der gutsherrlichen Eigenbetriebe durch fronpflichtige Bauern, gesindedienstpflichtige Bauernkinder und gesindedienstpflichtige oder auch in freiem Tagelohn stehende Einlieger (Mieter). Die Fronpflicht resultierte aus dem Besitz einer entsprechenden Stelle, war also dinglich begründet, die Gesindedienstpflicht aus persönlicher Unfreiheit. Bauern und Einlieger waren häufig, in bestimmten Gebieten durchweg unfrei (guts-, erbuntertänig). Nach dem Besitztitel untergliederten sich die Bauern in drei Hauptgruppen: Erbpächter und Erbzinsleute mit Quasieigentum, erbliche oder unerbliche Lassiten mit eingeschränktem Nutzungsrecht und schließlich Zeitpächter. Die Hufner und Kätner in Schleswig und Holstein waren gar nur »Wirte bis auf weiteres«, ihnen konnte jederzeit gekündigt werden. Nach der Ausstattung mit Grund und Boden hoben sich die Inhaber spannfähiger Stellen, die Vollbauern (mit Besitzungen auf der Feldflur) und Kossäten (mit Besitzungen nur außerhalb der Feldflur), von den nichtspannfähigen Büdnern, Häuslern und (schlesischen) Gärtnern ab. Die Vollbauern und Kossäten waren zu Spanndiensten, die Büdner, Häusler und Gärtner zu Handdiensten verpflichtet.

Die Gutsuntertänigkeit (Erbuntertänigkeit) hatte den Charakter eines Herr–Knecht–Verhältnisses. Der Untertan schuldete dem Herrn Treue und Gehorsam, dieser dem in Not geratenen Untertan Unterstützung und auch die Altersversorgung. Der Gutsuntertan war schollenpflichtig, sein Wegzug wurde nur gegen Entrichtung einer Gebühr gestattet und konnte verweigert werden. Der Gutsherr übte den Ehekonsens aus, er gewährte oder verbot die berufliche Betätigung des Erbuntertanen außerhalb der Landwirtschaft, etwa als Landhandwerker. Aus der Gutsuntertänigkeit erwuchs die Gesindedienstpflicht, die meist die Gestalt des Vormietrechtes annahm, d.h., der Erbuntertan hatte seine Arbeitskraft zuerst dem Herrn anzubieten. Aus der Hörigkeit und der damit verbundenen Schuldigkeit zu dienen resultierte die Pflicht zur Übernahme gutsabhängiger Stellen mit allen daraus erwachsenden Fronleistungen. Die Kontroll- und Regulierungsgewalt des Herrn reichte bis zum Züchtigungsrecht. Dieses wurde nicht selten erbarmungslos ausgeübt.

Abgesichert wurde die Gewaltenfülle des Gutsherrn durch seine Befugnisse als richterliche und polizeilich-administrative Obrigkeit über alle Einwohner des Gutsbezirks einschließlich der nicht der Gutsuntertänigkeit unterworfenen Personen freien Standes, flankiert durch das Kirchenpatronat mitsamt der Schulaufsicht und Sittenkontrolle. Während im westelbischen Deutschland die Zersplitterung der grundherrlichen Rechte dem Bauern Spielraum zur Verteidigung seiner Interessen bot, vereinigte im Osten der Gutsherr in seinem Bezirk die gesamten grund-, leib- und gerichtsherrlichen Befugnisse in einer Hand. Der Bauer war zur Ohnmacht verurteilt. In den preußischen Landen war die lokale Macht des Gutsherrn um so erdrückender, als die Rekrutenaushebung und die Militärgerichtsbarkeit den Junkern übertragen war und auch die Landräte durchweg aus dem Kreis der örtlichen Rittergutsbesitzer berufen wurden.

Neben die herrschaftliche Unterstellung der Gutsuntertanen unter die gutsherrliche Gewalt trat die ökonomische Abhängigkeit. Während im Westen die Bauern mit eigenem Sachkapital (Saatgut, Hofwehr) wirtschafteten, war dies im Osten lediglich bei den Eigentümern (Erbpächtern, Erbzinsern) der Fall, während die Zeitpächter und vielfach auch die Lassiten nur über ihre Arbeitskraft verfügten. Die Gutsherrn erbauten und unterhielten die Wohn- und Wirtschaftsgebäude dieser Bauern; meist übergaben sie ihnen das Gespann, mit dem die Felder des Herrn zu beackern waren; häufig schossen sie ihnen auch das sonstige Inventar und das Saatgut vor.

Wirtschafteten viele Bauern mit Betriebsmitteln, die ihnen vom Herrn gestellt wurden, so verfügte das Rittergut meist weder über nennenswerte Wirtschaftsgebäude noch über ein größeres lebendes und totes Inventar. Die Feldbestellung und die sonstigen Arbeiten auf dem Rittergut wurden von den fron- und gesindedienstpflichtigen Gutsuntertanen durchgeführt. Die Zahl der wöchentlichen Spanndienste betrug im 18. Jahrhundert oftmals mehr als sieben Tage. Der Bauer hatte außer dem Gespann, das er zur Bestellung seiner eigenen Felder benötigte, ein oder zwei zusätzliche Gespanne mitsamt Arbeitskräften ausschließlich zu dem Zweck zu unterhalten, seiner Dienstpflicht zu genügen. Die gutsherrliche Eigenwirtschaft hatte einen Teilbetriebscharakter (G. Heitz). Das Verhältnis von Gutsherr und dienstpflichtigem Bauern wies Analogien zum gewerblichen Verlagssystem auf.

Der gutsherrliche Bedarf an bäuerlichen Arbeitsleistungen setzte dem Bauernlegen eine Grenze. Dies war freilich nur so lange der Fall, wie nicht auf freie Tagelöhner zurückgegriffen werden konnte. Solche Tagelöhner standen seit der Mitte des 18. Jahrhunderts in Gestalt der Insten bereit. Es handelte sich um Arbeiterfamilien, die in Katen und Hütten des Gutsherrn zur Miete logierten, von diesem etwas Pachtland oder auch einen Nutzanteil am gutsherrlichen Felde erhielten, meist gegen Naturalentlöhnung – oft in Form eines Dreschanteils – die anfallenden Arbeiten verrichteten und, anders als Wanderarbeiter, stets einsetzbar waren.

Die Verknechtung der Landbevölkerung und das erbarmungslose Bauernlegen wurden im 18. Jahrhundert am hemmungslosesten in Schleswig, Holstein, Mecklenburg und Schwedisch-Pommern praktiziert. Demgegenüber bot die preußische Regierung seit der Mitte des 18. Jahrhunderts dem Bauernlegen gesetzlich Einhalt. Sie ließ sich hierbei von dem Ziel leiten, die bäuerliche Steuerkraft zu erhalten und auch weiterhin über Rekruten verfügen zu können. Bauernschutz bedeutete lediglich, daß die Stellen gesichert blieben; deren Inhaber konnten weiterhin nach Belieben verjagt werden.

Die Unterwerfung breiter Schichten der ostelbischen Landbevölkerung unter das Joch der Gutsherrschaft hing mit der geringen Entfaltung des Städtewesens zusammen. Im Osten bewahrten die Städte noch ausgeprägter als im Westen den Charakter von Ackerbürgerstädten. Es ging von ihnen nur eine geringe Nachfrage nach Nahrungsmitteln aus. Außerdem war ihr Netz im Osten so weitmaschig, daß wegen der hohen Transportkosten für Getreide die Ernten der abseits gelegenen Landstriche nicht leicht in den Städten absetzbar waren. Von den Fernmärkten Westeuropas waren die bäuerlichen Produzenten meist abgeschnitten, beliefert wurden diese Märkte aus den Überschüssen der Gutswirtschaften.

Trotz ihrer Marktorientierung wurden die Junkerbetriebe in den seltensten Fällen mit der Perspektive erweiterter kapitalistischer Reproduktion bewirtschaftet. Die Rittergutsbesitzer finanzierten meist mit den Gewinnen aus dem Getreideverkauf ihre standesgemäße Lebensführung sowie ihre Karriere im Offiziers- und Verwaltungsdienst. Die Rittergüter wurden wie Apanagen geführt und als Beleihungsobjekte genutzt. In den preußischen Staaten erleichterte die Allodifizierung der Lehen (seit 1717) und die Bildung der ritterschaftlichen Kreditinstitute (seit 1769) dieses Vorgehen. Der Anstieg der Agrarpreise seit der Mitte des 18. Jahrhunderts begünstigte spekulative An- und Verkäufe von Rittergütern. Der häufige Besitzwechsel war schwerlich mit den paternalistischen Bindungen zwischen Gutsherrn und Gutsuntertan vereinbar, auf welche sich die Junker beriefen, um ihre Privilegien zu rechtfertigen. Andererseits hatte diese Plusmacherei wenig mit dem »Geist des Kapitalismus« (Max Weber) und agrarkapitalistischer Betriebsführung zu tun. Immerhin gelangten im Zuge der Mobilisierung Rittergüter vermehrt in die Hand von Angehörigen des Bürgerstandes. Hatte sich Friedrich II. noch erfolgreich gegen einen solchen Ausverkauf gestemmt, so stieg die Zahl der bürgerlichen Rittergutsbesitzer im späten 18. Jahrhundert rasch an; um 1800 gehörten bereits 745 Adelsbesitzungen bürgerlichen Eigentümern, die damit mindestens 10% der preußischen Gutsbesitzer ausmachten. Viele von ihnen nahmen junkerliche Lebensweise an. Seit der zweiten Hälfte des 18. Jahrhunderts wuchs auch die Zahl bürgerlicher (bisweilen auch bäuerlicher) Pächter adliger Güter.

Während sich in Frankreich der Agrarkapitalismus wesentlich aus der pachtweisen Nutzung seigneurialer Eigengüter entwikkelte, hatte er im ostelbischen Deutschland seine Ursprünge vor allem in der Domänenpacht. Im späten 18. Jahrhundert gab es in den preußischen Territorien (in den Grenzen von 1772) neben 4000 von Junkern bewirtschafteten Rittergütern und 500 bürgerlichen Rittergutsbesitzern nicht weniger als 2000 Generalpächter und Domänenbeamte. Es waren ausnahmslos Zeitpächter aus dem Bürgerstand. Das bemerkenswerte Interesse des preußischen Staates an einschneidenden Agrarreformen erklärt sich nicht zuletzt aus diesem Sachverhalt. Der Fiskus versprach sich von dem Reformwerk zu Recht die Steigerung seiner Einnahmen.

Zu Unrecht haben die Agrarreformen in den von Kopenhagen aus regierten Herzogtümern Schleswig und Holstein im Schatten der preußischen Reformen gestanden. Sie gingen den preußischen zeitlich voraus, wurden in gesetzgeberischer Hinsicht bereits im ersten Jahrzehnt des 19. Jahrhunderts vollendet und waren außerordentlich erfolgreich.

Die Aufhebung der Leibeigenschaft wurde auf den Domänen 1785 zum Abschluß gebracht, auf den Gütern erfolgte sie mit Wirkung vom 1. Januar 1805. Die entscheidende Maßnahme der Agrarreform in Schleswig und Holstein war die Parzellierung der Domänen und vieler Rittergüter. Diese Aufteilung erfaßte bei den Domänen alle Ländereien, bei den Rittergütern blieb eine »Stammparzelle« (ein »Stammhof«) von der Aufteilung ausgenommen, d.h. ein Kernbestand von zwei bis vier Bauernhufen. Aus den parzellierten Domanial- und Rittergütern wurden Bauernstellen geschaffen. Zugleich mit der Parzellierung der Domänen und Rittergüter wurde das Verhältnis von Guts- und Domanialherr zum Bauern bzw. Kätner umgestaltet. Durch die vollständige Aufteilung der Domänen und die weitgehende Verkleinerung der Rittergüter war die Fronpflicht überflüssig geworden. Die dienstpflichtigen Hufner und Kätner wurden deshalb von ihren Arbeitsverpflichtungen befreit. Den Hufnern und Kätnern der Domänen wurde gegen Bezahlung einer Kaufsumme die Möglichkeit verschafft, von »Wirten bis auf weiteres« zu Volleigentümern aufzusteigen. Die Hufner und Kätner der Privatgutsherrn rückten zu Erbpächtern oder auch Zeitpächtern auf, manche auch zu Volleigentümern. Durch einen Erlaß von 1771 wurden die bereits in Gang befindlichen Verkoppelungen der Dorffluren und die Gemeinheitsteilungen weiter vorangetrieben. Die Umlegungen und Privatisierungen erleichterten es, bäuerliche Stellen zu lebensfähigen Vollerwerbsbetrieben zu arrondieren. Soweit die Gutsherrn nach der Agrarreform noch Eigenbetriebe führten, waren sie nun auf Tagelöhnerarbeit angewiesen. Hierfür stand in Gestalt der Insten ein hinreichendes Arbeitskräftepotential zur Verfügung, Arbeitskräftemangel trat nicht ein.

Die rasche Zunahme der Agrarproduktion in Schleswig und Holstein während des 19. Jahrhunderts, getragen von leistungsfähigen Bauernbetrieben und Gutswirtschaften, zeugt von dem bemerkenswerten Erfolg der Reformen. Herbeigeführt wurden sie von einer weitsichtigen und über einen weitreichenden Handlungsspielraum verfügenden Regierung. Zum Erfolg trug wesentlich die hohe Marktverflechtung der Betriebe in Schleswig und Holstein bei. Bereits im 18. Jahrhundert belieferten nicht wenige Bauern städtische Märkte. Als Vermittler zwischen Produzent und Konsument traten die Insten hervor. In Holstein machte während des 18. Jahrhunderts die Monetarisierung der Bauernwirtschaften rasche Fortschritte; ähnlich werden die Verhältnisse in Schleswig gewesen sein. Somit verfügten viele Agrarproduzenten über Geldmittel, um die im Zuge der Parzellierung und Verkoppelung zu betrieblichen Einheiten arrondierten und zum Verkauf angebotenen Bauerngüter zu erwerben sowie die in bar geforderten Dienstgelder und Pachtsummen zu entrichten. Die Bareinkünfte erleichterten es den Gutsherrn ihrerseits, die Umstellung ihrer Betriebe von der Gutsherrschaft zur Gutswirtschaft zu finanzieren.

Führen die Entwicklungen in Schleswig und Holstein eine Agrarreform vor Augen, die den Interessen des Fiskus wie denjenigen der Privatgutsherrn Rechnung trug und zugleich die Ausbildung leistungsfähiger Bauernbetriebe begünstigte, so wurden im angrenzenden Mecklenburg zur gleichen Zeit die Entrechtung und Enteignung der Bauern – insbesondere der gutsherrlichen – auf die Spitze getrieben. Da der Landesgrundgesetzliche Erbvergleich von 1755 die Bauern auf Gedeih und Verderb den Gutsherrn ausgeliefert hatte, vermochten sich die auf Reform drängenden Regierungen der Landesteile Schwerin und Strelitz gegenüber den Ständeversammlungen, welche die Interessen der Rittergutsbesitzer vertraten, nicht durchzusetzen. Seit der zweiten Hälfte des 18. Jahrhunderts wurde das Bauernlegen hemmungslos vorangetrieben. In Mecklenburg dominierte seitdem der gutsherrliche Großbetrieb, der mit leibeigenen Tagelöhnern bewirtschaftet wurde. Einzig auf den landesherrlichen Domänen kamen zögerlich Reformen in Gang. Seit 1763 wurde hier nach und nach der Hofdienst durch jährliche Geldzahlungen ersetzt; zugleich wurden die jederzeit kündbaren Dienstbauern in den Rang von Zeitpächtern erhoben. Seit 1822 wurden vereinzelt solche domanialen Zeitpächter in Erbpächter umgewandelt, in größerem Umfang geschah dies freilich erst nach 1867.

Die Leibeigenschaft wurde erst durch das Gesetz vom 18. Januar 1820 aufgehoben. Dieses Gesetz beseitigte freilich zugleich die gutsherrliche Fürsorgepflicht für die Untertanen und nahm den Junkern die letzten Hemmungen vor dem Bauernlegen. Soweit gutsherrliche Bauernstellen überhaupt fortbestanden, wurden sie in Mecklenburg-Strelitz seit 1824, in Mecklenburg-Schwerin seit 1862 unter drückenden Bedingungen zögerlich in Erbpachtstellen umgewandelt. Die gutsherrliche Polizei und Gerichtsbarkeit blieb beibehalten; damit war die Landbevölkerung weiterhin der junkerlichen Willkür ausgeliefert. In unheilvollem Kontrast zu Schleswig und Holstein hemmte im 19. und 20. Jahrhundert der gutsherrliche Großbetrieb in Mecklenburg die Entfaltung der Landwirtschaft.

Die preußischen Agrarreformen kamen nach der Niederlage von Jena und Auerstedt (1807) und dem Zusammenbruch des friederizianischen Staates rasch in Gang. Getragen wurden sie in erster Linie von hohen Beamten, welche sich die Lehren von Adam Smith zu eigen gemacht hatten, dessen Wirtschaftsliberalismus an der Königsberger Universität von Christian Jacob Kraus propagiert wurde. Zielte die Reform primär auf die Entfesselung der wirtschaftlichen Kräfte, wurde sie, ähnlich wie in den Rheinbundstaaten, zugleich in der Absicht vorangetrieben, die innere Staatsbildung zu vollenden. Außerdem diente sie dem Zweck, die Landbewohner zu befrieden, die seit dem späten 18. Jahrhundert vielerorts in Protest- und Gewaltaktionen gegen ihre unerträgliche Lage aufbegehrten. In Schlesien und Ostpreußen verfolgten die Bauern aufmerksam die Aktionen der französischen Bauern; sie übernahmen die Parolen der Freiheit und Gleichheit und forderten die Beseitigung der Leibeigenschaft sowie die Aufhebung der junkerlichen Privilegien. Zeitweilig hatte die preußische Regierung den Eindruck, daß nur rasche und einschneidende Reformen das Land vor der Anarchie bewahren könnten.

Die Aufhebung der Gutsherrschaft griff im Unterschied zur Beseitigung der Grundherrschaft tief in die agrarische Betriebsorganisation ein. Aufhebung der Gutsherrschaft bedeutete Entflechtung von Gutsbetrieb und Bauernbetrieb. Für den Gutsherrn ergab sich daraus die Notwendigkeit, Stallungen und Wirtschaftsgebäude zu errichten, Ackergerät anzuschaffen, Zugvieh zu unterhalten, Arbeitskräfte anzuwerben und stärker als bisher unternehmerische Aufgaben wahrzunehmen oder durch Verwalter wahrnehmen zu lassen. Für viele Bauern bedeutete die Reform nicht nur die Freistellung vom Fron- und Gesindedienst und damit die Chance zur eigenverantwortlichen Betriebsführung, sondern zugleich erstmals die Notwendigkeit, Hof und Hofwehr mit eigenen Mitteln zu unterhalten, ohne in Notfällen auf Unterstützung durch den Herrn rechnen zu können.

Die Reformen schlossen an entsprechende Maßnahmen der preußischen Regierung zugunsten ihrer Domanialbauern an. Deren Status war bereits seit dem letzten Drittel des 18. Jahrhunderts verbessert worden. Zwischen 1763 und 1807 wurde in den einzelnen preußischen Provinzen nach und nach die Erbuntertänigkeit der Domäneninsassen beseitigt. 1777 wurde den nichterblichen Lassiten die erbliche Nutznießung ihrer Ländereien zuerkannt, 1799 den Lassiten der Kurmark, der Neumark und Pommerns gegen ein sogenanntes Einkaufsgeld von 100 bis 200 Talern das volle Hofeigentum zu Erbzinsrecht verliehen. Es war ihnen nunmehr möglich, ihre Ländereien hypothekarisch zu belasten, frei zu vererben und geschlossen zu verkaufen; freilich gingen sie auch der üblichen Unterstützung in Notfällen verlustig. 1808 wurde die Verleihung dieses vollen Eigentums für Ostpreußen, Litauen und Westpreußen unter gleichzeitigem Verzicht auf das Einkaufsgeld nachgeholt. Als dritte Reformmaßnahme nach der Beseitigung der Leibeigenschaft und der Verleihung des vollen Eigentums wurde seit 1799 schrittweise der Frondienst der Domanialbauern in ein Dienstgeld umgewandelt. Es fand bei diesen Reformen keine Landabtretung statt.

Den Untertanen der Privatgutsherren wurde durch das berühmte Edikt vom 9. Oktober 1807 mit sofortiger Wirkung die persönliche Freiheit verliehen, soweit es sich um Eigentümer, Erbzinser und Erbpächter handelte. Die übrigen Gutsuntertanen sollten zum Martinitag 1810 die Freiheit erhalten. »Nach dem Martini-Tage 1810. giebt es nur freie Leute, so wie solches auf den Domainen in allen Unsern Provinzen schon der Fall ist.« Unberührt hiervon blieben »alle Verbindlichkeiten, die ihnen als freien Leuten vermöge des Besitzes eines Grundstücks, oder vermöge eines besondern Vertrages obliegen«. Damit waren die aus persönlicher Unfreiheit herrührenden Bindungen und Verpflichtungen, insbesondere die Schollenpflichtigkeit und die Gesindedienstpflicht, beseitigt, nicht hingegen die dinglich begründeten Lasten, wie z. B. die Hand- und Spanndienste, die den Inhabern fronpflichtiger Stellen auferlegt waren.

Das »Edikt die Regulirung der gutsherrlichen und bäuerlichen Verhältnisse betreffend« vom 14. September 1811 sah die Umwandlung der »nicht eigenthümlich verliehenen bäuerlichen Besitzungen« in Eigentum vor. Unterschieden wurde zwischen den »bisher ohne Eigenthum erblichen bäuerlichen Besitzungen«, d. h. erblichem Laßbesitz, und den »bisher nicht erblichen bäuerlichen Besitzungen«, d. h. unerblichem Laßbesitz und Zeitpachtbesitz. Lassiten wie Zeitpächtern wurde das erbliche Volleigentum der Höfe übertragen und zugleich die Frondienstverpflichtung erlassen. Als Entschädigung hatten die erblichen Lassiten dem Gutsherrn ein Drittel ihrer Ländereien abzutreten, die unerblichen Lassiten und Zeitpächter die Hälfte.

Das Regulierungsedikt verwandelte Lassiten und Pächter, deren sozialökonomische Lage kaum wesentlich besser als die von Arbeitssklaven war, in selbständige Volleigentümer. Das war eine kühne Entscheidung. Von den Gutsherren, die nicht selten die Stellen geschaffen und mit Gebäuden und Hofwehr ausgestattet hatten, wurde die Regulierung, speziell die Zuweisung der Hälfte oder von zwei Dritteln der Ländereien an die Bauern, als »der beispielloseste Eingriff in das Eigenthum des Grundbesitzers« beklagt. Besonders schmerzlich wurde von den Gutsherrn registriert, daß das Edikt ihnen die Verfügung über Fronarbeit nahm. Zweifelsohne hatten viele eine empfindliche Einbuße an kostengünstigen Arbeitskräften zu gewärtigen. In Verbindung mit dem Gendarmerieedikt vom 30. Juli 1812, welches auf die Einschränkung der gutsherrlichen Befugnisse als lokaler Obrigkeiten abzielte, schienen Einkommen und Macht des gutsbesitzenden Adels erschüttert. Das Edikt hat freilich nicht die große Zahl der zur Arbeitsleistung verpflichteten gutsherrlichen Erbpächter und Erbzinser erfaßt. Insofern traf das Edikt die Gutsherrn weniger hart, als sie in ihren Protesten behaupteten. Da Fronarbeit nachlässig und mit minderwertigen Arbeitsgeräten durchgeführt wurde, hatten seit der zweiten Hälfte des 18. Jahrhunderts manche Rittergutsbesitzer zumindest für bestimmte Tätigkeiten Lohnarbeiter in Dienst genommen und gutseigene Betriebsmittel eingesetzt. Die Chancen der freien Tagelöhnerarbeit waren also bekannt. Der Übergang von der Fron- zur Lohnarbeit bedingte freilich erhebliche Investitionen, die über die Kräfte vieler Gutsherrn gingen.

Der frondierende Widerstand der Gutsherrn gegen die Reformgesetze blieb nicht ohne Wirkung. Die Junker ertrotzten die Zurücknahme des Gendarmerieedikts; die Rittergutsbesitzer blieben darauf bis weit ins 19. Jahrhundert hinein die lokale Gerichts-, Polizei- und Verwaltungsobrigkeit mit eximiertem Gerichtsstand, einige ihrer Privilegien wurden gar erst im 20. Jahrhundert beseitigt. Nach einer heftigen Agitation erreichten sie sodann in der am 29. Mai 1816 erlassenen Deklaration zum Regulierungsedikt von 1811, daß nur diejenigen Laß- und Pachtbauern zu Eigentümern emporrücken durften, die spannfähige Ackernahrungen besaßen. Selbst in diesem Fall sollte eine Regulierung nur unter dem dreifachen Vorbehalt stattfinden, daß die betreffenden Laß- und Pachtbesitzungen in den Steueranschlägen als bäuerliche Besitzungen katastriert waren, daß es sich um sogenannte Güter »alten Bestandes« handelte (als Normaljahr wurde für die Marken und Pommern 1763, Schlesien 1749, Ostpreußen 1752, Westpreußen und Ermland 1764 angesetzt) und daß diese 1811 dem Besetzungszwang unterlegen hatten. Damit war ein beträchtlicher Teil der Laß- und Pachtstätten von der Regulierung ausgeschlossen, und die Gutsherren erweiterten ihr Potential an billigen Lohnarbeitern. Die Deklaration von 1816 erleichterte ihnen außerdem die Einziehung der nichtregulierbaren Bauernstellen. Bis 1838 waren bereits 88 774 Hektar nichtregulierfähigen Landes eingezogen, daneben 377 837 Hektar auf Grund des Regulierungsedikts von 1811 und der Deklaration von 1816 sowie 61 786 Hektar auf Grund der Ablösungsordnung von 1821. Die am 7. Juni 1821 erlassene Ablösungsordnung bezog sich auf die spannfähigen Erbzinsleute und Erbpächter der Privatgutsherrn und des Landesherrn. Die Ordnung sah die Umwandlung der bäuerlichen Dienste, Natural- und Geldleistungen in Renten, ausnahmsweise auch eine Landabtretung vor. H. Harnisch hat den Nachweis erbracht, daß von der Ablösungsordnung »die weitaus größere Hälfte aller Bauern« betroffen war.

Die gutsherrlich-bäuerliche »Auseinandersetzung« wurde von Maßnahmen zur Verwirklichung des Agrarindividualismus begleitet; die wichtigsten Gesetze waren in dieser Hinsicht das Landeskulturedikt vom 14. September 1811 und die Gemeinheitsteilungsordnung vom 7. Juni 1821. Mittels »Separation« wurde die Gemengelage der gutsherrlichen und bäuerlichen Parzellen beseitigt. Zugleich wurden der Flurzwang aufgehoben, die Hütungsrechte auf den Stoppelfeldern und der Brache abgeschafft und

Gemeinheitsteilungen vorangetrieben, nachdem diese in manchen preußischen Provinzen bereits unter Friedrich II. eingeleitet worden waren.

Die Ausführung der zwischen 1807 und 1821 erlassenen Reformgesetze erstreckte sich bis in die zweite Hälfte des 19. Jahrhunderts. Der Hauptschub der Regulierungs- und Ablösungsmaßnahmen fiel in die zwanziger und dreißiger Jahre. Durch Gesetz vom 2. März 1850, »betreffend die Ablösung der Reallasten und die Regulirung der gutsherrlichen und bäuerlichen Verhältnisse«, wurde ein Schlußstrich unter das Reformwerk gezogen. Entschädigungslos wurden die Obereigentumsrechte der Erbzinsherren aufgehoben. Die Ablösung wurde auf die nicht spannfähigen Ackernahrungen ausgeweitet, die Regulierung auf lassitische Stellen jedweder Art ausgedehnt; ausgenommen von der Regulierungsfähigkeit blieben die reinen Zeitpachtstellen.

Im Zuge der Regulierungen und Ablösungen erfolgten außerordentlich umfängliche Land- und Geldübertragungen von den Pflichtigen an die Berechtigten. Den Forschungen Harnischs verdankt man die Einsicht, daß ungeachtet der von den Gutsherrn durchgeführten Einziehung insbesondere nichtregulierbarer Stellen die »Bauernschaft als Klasse« »im wesentlichen ihre zahlenmäßige Substanz behaupten« konnte, »trotz des riesigen Landverlustes und der gewaltigen Geldzahlungen an die Junker«.

Die preußischen Agrarreformen wurden in erster Linie von dem Bestreben geleitet, einer leistungsfähigen marktorientierten Landwirtschaft zum Durchbruch zu verhelfen. Diese Erwartung ist weitgehend in Erfüllung gegangen. Zu beachten ist, daß die Separationen, Hütungsauflösungen, Gemeinheitsteilungen und die daran anschließende Kultivierung von Ödland, die parallel zur Regulierung und Ablösung erfolgten, eine noch größere Rolle für den Erfolg des Reformwerkes gespielt haben als die Entflechtung von Gutsherrschaft und Bauernwirtschaft. Dies soll nachdrücklich hervorgehoben werden. In den preußischen Ostprovinzen nahm zwischen 1801/05 und 1864 das Ackerland von 7,25 auf 10,53 Millionen Hektar zu, sein Anteil an der Gesamtfläche stieg von 35,9 auf 51,1%. Ungeachtet der erheblichen Einbußen an Landbesitz und der empfindlichen Belastungen durch Ablösungszahlungen, von denen die Bauern betroffen waren, gab es Harnisch zufolge in Preußen »keine Massenexpropriation der bäuerlichen Bevölkerung«, »es gab keine Verdünnung des selbstwirtschaftenden Landvolkes«, es »nahm die Zahl neuer Klein- und Mittelbauernwirtschaften stark zu«, zugleich bildete sich eine bedeutende marktorientierte Hofbauernschaft. Diese Entwicklung wurde ganz wesentlich durch die Gemeinheitsteilungen und die weiteren Maßnahmen im Zuge der Durchsetzung des Agrarindividualismus ermöglicht. Als weiterer Faktor ist die Verringerung der Brache zu nennen. Um 1800 blieb die Hälfte des Ackerlandes brach, 1878 nur noch knapp ein Fünftel, beackert wurde um 1800 knapp ein Fünftel der Gesamtfläche, 1878 demgegenüber fast die Hälfte. Die Zunahme der landwirtschaftlichen Erzeugung, die im Verlaufe des 19. Jahrhunderts eintrat, beruhte vorrangig auf der Ausweitung der jährlich bebauten Ackerfläche, nicht auf einer nennenswerten Produktivitätssteigerung.

Die Landgewinne der Privatgutsherren durch die Regulierung und noch mehr durch die Separationen und Gemeinheitsteilungen sowie ihre Geldgewinne durch die Ablösung waren außerordentlich hoch. Ähnliches gilt für den Landesherrn. Die Reformen zwangen die Rittergutsbesitzer, ihre Teilbetriebe in volle Eigenbetriebe umzuwandeln. Anders als viele groß- und mittelbäuerliche Eigentümer schlugen freilich zumindest die adligen Gutsherrn nur zögerlich den Weg zur kapitalistischen Betriebsführung ein. Sehr viele unter ihnen führten ihre Güter weiterhin wie Apanagen und stellten ihre Einkommen in den Dienst der standesgemäßen Lebensführung. Bürgerliche Grundherrn leiteten demgegenüber ihre Betriebe häufig nach den Prinzipien der »rationellen Landwirtschaft« und standen sogar manchmal agrarkapitalistischen Mustergütern vor. Im Verlaufe des 19. Jahrhunderts nahm die Zahl bürgerlicher Rittergutsbesitzer ständig zu. Lagen um die Jahrhundertwende 745 Adelsbesitzungen, d. h. etwa 10% der Rittergüter, in bürgerlicher Hand, so stieg die Zahl bürgerlicher Rittergutsbesitzer bis zur Mitte des 19. Jahrhunderts auf 5316 von insgesamt 12339 an, also auf 43%. Diese Entwicklung vollzog sich vor dem Hintergrund eines lebhaften Handels mit Rittergütern. Die größten Güter blieben weiterhin in adligem Besitz.

Anders als in Frankreich ist im ostelbischen Deutschland die Verpachtung der bedeutenderen Rittergüter nicht der Normalfall geworden, offenbar weil der Absentismus dem Anspruch der Magnaten zuwidergelaufen wäre, wie eh und je über Land und Leute zu schalten und zu walten und aus den lokalen Herrschaftsusancen den Anspruch auf Führungspositionen in Militär und

Diplomatie, Verwaltung und Regierung abzuleiten. Der unzureichende Stand der Forschung läßt freilich in diesem Punkt kein endgültiges Urteil zu.

III. Zusammenfassung

Gemeinsam war den Entwicklungen in Frankreich und Deutschland die Beseitigung der herrschaftlichen und gemeindlich-genossenschaftlichen Bindungen der Landwirtschaft und der Agrarproduzenten. Die Freisetzung der Landbewohner aus herrschaftlicher Abhängigkeit und ihre Lösung aus gemeindlich-genossenschaftlichen Verflechtungen erfolgten in Frankreich und Deutschland freilich in unterschiedlichen Rhythmen. Die 1789 von der Konstituante verkündete »Abschaffung des Feudalregimes« war bereits 1793 vollendet. Demgegenüber wurden die im späten Ancien Régime einsetzenden Gemeinheitsteilungen und Hütungsauflösungen in der Revolution blockiert und teilweise sogar rückgängig gemacht. Erst seit dem zweiten Drittel des 19. Jahrhunderts kamen entsprechende Reformen wieder in Gang. In Deutschland erstreckte sich die »Bauernbefreiung« über Jahrzehnte; der Schlußpunkt wurde überwiegend im Zuge der Revolution von 1848 gesetzt; die Durchführung der Reformen zog sich gar bis in die zweite Hälfte des 19. Jahrhunderts hin und kam bisweilen erst im 20. Jahrhundert zum Abschluß. Demgegenüber schritt die Aufhebung der kollektiven Nutzungsrechte in Feld und Flur seit dem späten 18. Jahrhundert zügig voran und wurde um die Mitte des Jahrhunderts bereits im wesentlichen abgeschlossen.

Die Abschaffung des französischen Feudalregimes und der deutschen Grundherrschaft vollendete in Frankreich vollständig, im westelbischen Deutschland weitgehend die innere Staatsbildung. In den preußischen Ostprovinzen und erst recht in Mecklenburg vermochten demgegenüber die Gutsherrn bis ins 20. Jahrhundert hinein einen Teil ihrer obrigkeitlichen Befugnisse zu behaupten. Die Privatisierung der französischen »Seigneurs« ging mit dem entschädigungslosen Verlust der Feudaleinnahmen einher. Ungeachtet ihrer beträchtlichen Einkommensverluste vermochten die ehemaligen »Seigneurs« in dem Maße ihren herausgehobenen sozialen Rang zu bewahren, wie ihre Eigentümer während der Revolution von Enteignungen verschont blieben.

Die deutschen Grundherrn wurden für den Verlust ihrer Gefälle ganz oder teilweise entschädigt. Sie verloren jedoch ein durch Herrschaft über Land und Leute steigerungsfähig gehaltenes Renteneinkommen. Nur wenigen unter ihnen gelang es, Ablösungskapitalien durch den Ankauf von agrarisch und forstwirtschaftlich nutzbarem Landbesitz dergestalt zu plazieren, daß sie ein hinreichendes arbeitsfreies Einkommen erlangten, um den angestammten ständischen Lebensstil fortführen zu können. In den ostelbischen Provinzen Preußens büßten die Gutsherren zwar die Verfügung über billige Arbeitskräfte ein. Sie wurden jedoch üppig mit Land und Geld entschädigt. Viele nutzten die Chance, Gutswirtschaften aufzubauen. Hierbei kamen ihnen die verbliebenen obrigkeitlichen Befugnisse in ihrem Bestreben zugute, formal freie Arbeitskräfte an sich zu binden und dienstbar zu halten. In Schleswig und Holstein entstanden auf anderem Wege leistungsfähige Gutswirtschaften, während die Verhältnisse in Mecklenburg archaisch blieben.

Die Lage der Bauern wurde in Frankreich durch die Beseitigung der seigneurialen Gefälle wie auch des Kirchenzehnts nur in dem Maße verbessert, wie sie eigene Ländereien bewirtschafteten. Hauptgewinner der entschädigungslosen Beseitigung der Seigneurialgefälle und des Kirchenzehnts waren die überwiegend (stadt-)bürgerlichen Verpächter von Bauernland, denen es zudem in der Revolution gelang, den Löwenanteil der zum Verkauf angebotenen Nationalgüter an sich zu bringen; sie vollendeten damit ihren im 18. Jahrhundert einsetzenden sozialen Aufstieg. Die Beibehaltung der kollektiven Nutzungsrechte der Dorfbewohner kam im wesentlichen den klein- und unterbäuerlichen Gruppen zugute und stärkte sie in ihrem Beharrungswillen gegenüber dem von »fermiers« und »propriétaires-rentiers« vorangetriebenen Agrarkapitalismus.

In Deutschland westlich der Elbe hat die »Bauernbefreiung« fraglos die Lage der Bauern verbessert. Sie erlangten (überwiegend ohne Gegenleistung) ihre persönliche Freiheit und wurden (gegen Ablösungsverpflichtung) Volleigentümer ihrer Stellen. Zugleich profitierten sie von den Markenteilungen und der Aufhebung der Hut- und Triftrechte, während die unterbäuerlichen Gruppen meist leer ausgingen. Die Agrarreformen stärkten im Westen das Hofbauerntum. Nun wurde eine Betriebsführung im Sinne der »rationellen Landwirtschaft« möglich. Sie setzte sich vor allem in solchen Gebieten durch, in denen das Anerbenrecht der Eigentumszersplitterung einen Riegel vorschob. Anders als in Frankreich erwarben zwischen Elbe und Rhein vermögende Bürger kaum Agrarland. Es entstand im westelbischen Deutschland keine mit den französischen »propriétaires-rentiers« vergleichbare Notabelnschicht.

In Schleswig und Holstein sowie in den altpreußischen Gebieten führte die Agrarreform die Entflechtung der gutsherrlich-bäuerlichen Teilwirtschaften zu autonomen Betrieben der Rittergutsbesitzer und der Bauern herbei und schuf zugleich den (formal) freien Arbeitsmarkt anstelle der bisherigen Verknechtung der Gutsuntertanen. Das war eine einschneidende Umwälzung in den Produktionsverhältnissen. Neben den Rittergutsbetrieben entstanden große und mittelgroße Bauernwirtschaften, sodann in großer Zahl Kleinstellen und Scharen von Landlosen. Während die Junker ihre Güter nur teilweise agrarkapitalistisch bewirtschafteten, viele hingegen ihre Einkommen nach wie vor in den Dienst der standesgemäßen Lebensführung stellten, gingen viele größere Bauern zur erwerbsorientierten Betriebsführung über. Bauernwirtschaften wurden sowenig von Bürgern erworben wie im westlichen Deutschland. Es entstand im Osten sowenig eine bürgerliche Notabelnschicht wie im Westen. Im Verlauf des 19. Jahrhunderts taten in den ostelbischen Provinzen Preußens die Rittergutsbesitzer immer häufiger ihre Güter in Pacht aus. Es kam in Gestalt der in den Städten residierenden preußischen Junker eine Grundrentnerschicht eigenen Gepräges auf, deren Verhalten von überkommenen obrigkeitlich-militärischen Leitbildern geprägt blieb.

Anmerkung

1 Der Studie kam ein zweimonatiger Aufenthalt an der Maison des Sciences de l'Homme, Paris, im Sommer 1987 zugute. Für diese Unterstützung möchte ich danken.
Zur Einführung: *Ancien Régime und Französische Revolution:* W. Mager, Frankreich vom Ancien Régime zur Moderne. Wirtschafts-, Gesellschafts- und politische Institutionengeschichte 1630–1830, Stuttgart 1980; J. Meuvret, Le problème des subsistances à l'époque de Louis XIV,

3 Bde., Paris 1977–1988; G. van den Heuvel, Grundprobleme der französischen Bauernschaft 1730–1794, München 1982; A. Soboul, La civilisation et la Révolution française, 3 Bde., Paris 1970–1983; D.M.G. Sutherland, France 1789–1815. Revolution and Counterrevolution, London 1985.

Grund- und Gutsherrschaft, Agrarreformen in Deutschland: H.-U. Wehler, Deutsche Gesellschaftsgeschichte, Bd. 1 u. 2, München 1987; F. Lütge, Geschichte der deutschen Agrarverfassung vom frühen Mittelalter bis zum 19. Jahrhundert, Stuttgart 1967[2]; C. Dipper, Die Bauernbefreiung in Deutschland, 1790–1850, Stuttgart 1980; H. Harnisch, Kapitalistische Agrarreform und Industrielle Revolution, Weimar 1984; G. Moll, »Preußischer Weg« und bürgerliche Umwälzung in Deutschland, Weimar 1988.

Hans-Ulrich Wehler
Wirtschaftlicher Wandel in Deutschland 1789–1815

Der traditionellen Politikgeschichte hat man mit guten Gründen vorgeworfen, daß sie ihre Geschichte nur zu oft in den hellen Farben des Siegers gemalt habe. Die systematische Berücksichtigung der Unterlegenen, der ungenutzten Entscheidungssituationen, der verschütteten Handlungschancen ist in der Tat häufig aus dem Auge verloren worden. Ein vergleichendes Phänomen gibt es jedoch auch in der Wirtschaftsgeschichte. Hier haben mehrere Generationen von Fachleuten den Siegeszug der Industriellen Revolution als die Erfolgsgeschichte des »entfesselten Prometheus« voller Zustimmung geschildert. Die Frage nach den »sozialen Kosten«, nach dem Preis für den qualitativen Sprung in der wirtschaftlichen Entwicklung, nach dem Inhalt der »Büchse der Pandora«, wenn man so will, ist dagegen nur selten gestellt worden. Am liebsten überließ man diesen Komplex kritischen Sozialhistorikern. Von der Sache her ergab sich zwanglos, daß England als Mutterland der Industriellen Revolution eine privilegierte und selbstverständlich besonders sorgfältig analysierte Stellung eingeräumt wurde.

In der intensiven Debatte über die Ursachen und Antriebskräfte des industriekapitalistischen Wachstums, wie sie seit den fünfziger Jahren geführt worden ist, hat dann Alexander Gerschenkrons eminent einflußreiche Denkfigur vom »Pionier« der Industrialisierung und dem Aufholrennen der »Nachfolgeländer«, die ihren Zustand »relativer Rückständigkeit« überwinden mußten, wenn sie im unerbittlichen Wettbewerb des Staatensystems nicht untergehen wollten, diese älteren Traditionen machtvoll verstärkt. Die heuristische Fruchtbarkeit seines Interpretationsmodells bleibt unbestritten; seit den siebziger Jahren hat es indes nicht nur eine energische, sondern vor allem auch eine überzeugende Korrektur an einer seiner Grundannahmen gegeben.[1]

An die Stelle von ganzen Staaten, die im Prozeß der Industrialisierung voranrücken, hat die moderne wirtschaftshistorische Forschung die entwicklungsfähigen Wachstumsregionen in den

Brennpunkt gerückt. Von diesen Inseln im Meer traditionalen Wirtschaftens ging, genaugenommen, die Dynamik der industriekapitalistischen Entwicklung aus; sie wirkten als die Impulsspender, von denen allmählich ein immer weiteres Umland, immer entferntere Märkte erreicht wurden. Dieser regionalgeschichtliche Ansatz in der neueren Industrialisierungsforschung bietet den großen Vorzug, daß man von dem Abstraktionsniveau der hochaggregierten statistischen Daten über die angeblich bereits identifizierbare »nationale« Wirtschaft hinuntersteigen kann auf die Ebene ungleich zuverlässigerer, aussagekräftigerer regionaler Daten, welche überdies eine enge Verknüpfung von Wirtschaftsgeschichte, Sozialgeschichte und Historischer Demographie gestatten.[2]

Diese Umorientierung der modernen Industrialisierungsforschung regte unter anderem dazu an, die Ausgangsposition in verschiedenen europäischen, wachstumsfähigen Regionen erneut zu überprüfen, bevor sich England als »Workshop of the World« unzweideutig an die Spitze gesetzt hatte. Um nur einen wichtigen Punkt aus dieser sich zunehmend diversifizierenden Forschung hervorzuheben: Für einige Regionen im deutschsprachigen Mitteleuropa ergab sich der inzwischen empirisch gut abgesicherte Befund, daß sie, als das letzte Drittel des 18. Jahrhunderts begonnen hatte, mit den englischen Wachstumsregionen ungefähr gleichauf lagen. Mit anderen Worten: Die Gewerbezonen und der Bergbau in Sachsen, die Eisenindustrie im Bergischen, die Textilindustrie am Niederrhein, die Gewerbezentren in der Nordschweiz und im Elsaß standen eine Zeitlang ebenfalls dicht vor der Schwelle zur Industriellen Revolution. Sie besaßen im Hinblick auf Unternehmertalente und Facharbeiter, auf materielle Ressourcen und Markterfahrung im Prinzip das Entwicklungspotential, um diese Schwelle zu überschreiten.

So gesehen führt die in den fünfziger und sechziger Jahren gängige Überlegung, eine historische Analogie zur damaligen Entwicklungspolitik herzustellen, indem England als Industrieland, die entwicklungsfähigen deutschen Staaten demgegenüber als »unterentwickelte Länder« stilisiert wurden, in die Irre. Vielmehr lagen die Evolutionschancen der europäischen und englischen Wachstumsregionen relativ eng beieinander, so unleugbar die englischen auch bereits einen gewissen Vorsprung gewonnen hatten. Die Vergleichbarkeit des Entwicklungspotentials vor dem ersten

»Take-off« wird auch dadurch unterstrichen, daß diese englischen und europäischen Regionen durch ein dichtes Netz wechselseitiger Beziehungen verbunden waren. Da herrschte ein lebhafter Transfer von Innovationen, technologischen Ausrüstungen, Expertenkenntnissen in beiden Richtungen. Keineswegs handelte es sich um eine von England bereits eindeutig dominierte Einbahnstraße.[3]

Es gibt überzeugungskräftige Argumente, daß sich die englischen Wachstumszentren dank einer Fülle von günstigen Voraussetzungen auch dann kraftvoll an die Spitze gesetzt hätten, wenn zwischen 1783 und 1820 tiefster Friede geherrscht hätte. Tatsächlich aber fiel in diese wirtschaftshistorisch entscheidende Zeitspanne die Ära der Revolutionskriege und der napoleonischen Feldzüge. Nahezu ein Vierteljahrhundert lang wurde insbesondere die zukunftsträchtige ökonomische Entwicklung in West- und Mitteleuropa schweren Belastungen ausgesetzt. Während eben dieser Zeit steigerte sich dagegen die Aufnahmekapazität des englischen Binnenmarkts. Zugleich gelang es Großbritannien, seine führende Rolle auf dem Weltmarkt endgültig zu etablieren und in Gestalt einer unbestreitbaren Vorherrschaft fast hundert Jahre lang zu konsolidieren. Der immense Nachfragesog der weltweiten Außenmärkte und des mobilisierten Binnenmarkts katapultierte die Führungssektoren der englischen Industriewirtschaft in die Phase des »Take-off«.

Wird diese Veränderung des Interpretationsansatzes und die notwendig plakative Skizze der Ausgangskonstellation akzeptiert, ergibt sich daraus ein unbefangenerer, neuer Blick auf die wirtschaftliche Entwicklung Deutschlands in der Epoche der Französischen Revolution. In der Tat ist in letzter Zeit an die Stelle der Vorstellung von einem meilenweiten Abstand der Gewerbewirtschaft vom englischen Spitzenreiter, von geradezu archaischen Verhältnissen in der Landwirtschaft im Vergleich mit der holländisch-englischen Agrarökonomie ein realistischeres Urteil getreten, welches das Entwicklungsniveau der deutschen Wachstumsregionen insgesamt ungleich positiver sieht als zuvor.

Um jedoch nicht von Anfang an die junge deutsche Industrie übermäßig zu bevorzugen, empfiehlt es sich, zuerst aus der Vogelperspektive einen Blick auf die Landwirtschaft zu werfen, denn im Durchschnitt lebten zu dieser Zeit noch rund 75% der Menschen in den deutschsprachigen Staaten in der ländlichen Gesellschaft, überwiegend auch – im Verein mit dem protoindustriellen Nebengewerbe – von der Agrarwirtschaft. Hier trifft man auf die hinlänglich bekannte und immer wieder ad nauseam beschworene verwirrende Vielfalt von Formen der rechtlichen Agrarverfassung, der Bodenbewirtschaftungssysteme, der Viehzucht oder der Waldnutzung. Die mancherorts noch altertümlichen Verhältnisse haben selbst unlängst westdeutsche Agrarhistoriker zu dem Gedankenspiel verleitet, ein Bauer des Mittelalters habe sich um 1800 noch mühelos in der deutschen Landwirtschaft zurechtfinden können. So unbestreitbar die Stagnation in manchen abgelegenen Zonen der Eifel, des Hunsrücks, des Riesengebirges ist, so überzeugend hat doch die hochentwickelte ostdeutsche Agrargeschichtsschreibung, hat auch das winzige Häuflein jüngerer westdeutscher Agrarhistoriker inzwischen herausgearbeitet, welchen Entwicklungsschub das unaufhaltsame Vordringen des Agrarkapitalismus in manchen Regionen ausgelöst hat.[4]

Das augenfälligste und zur Zeit am besten untersuchte Beispiel dafür bietet die nordostdeutsche, die preußische Landwirtschaft im Bereich der gutsherrschaftlichen Großbetriebe, aber auch der großbäuerlichen Höfe. Bereits im 16. Jahrhundert hatte der Getreideexport nach England und Westeuropa eingesetzt und im Laufe der Zeit durch Marktorientierung und Gewinnsteigerung eine kräftige Kommerzialisierung vorangetrieben, welche mit dazu beitrug, die leistungsfähigen Großlandwirte Schritt für Schritt in Besitzklassen von agrarischen Unternehmern zu überführen. Diese Ausrichtung auf den zunehmend aufnahmefähigen englischen Markt hatte sich im ausgehenden 18. Jahrhundert verstärkt, als im industrialisierenden England der Agrarsektor kontinuierlich schrumpfte, während die marktabhängige Nachfrage nach landwirtschaftlichen Produkten in jener Phase eines vehementen Bevölkerungswachstums stetig zunahm. Auch in dieser Hinsicht wurde England zum Muster eines Industrielands, das sich mit einem Kranz konzentrischer Ringe von weniger entwickelten Agrarprodukt- und Rohstofflieferanten umgab. Die zeitgenössische Standortlehre Johann H. v. Thünens hat den Kernprozeß dieses Vorganges bereits scharfsinnig erfaßt.

Um 1800 hatte die ostelbische Landwirtschaft einen Anteil von nicht weniger als 50% am englischen Agrarimport erobert. Bis 1806 wurden allein aus Danzig, Elbing und Königsberg jährlich etwa 125 000 Tonnen Korn nach London verschifft. Nicht zuletzt dank dieser Exporterfolge mit ihren zahlreichen Anreizen zur Anbauintensivierung konnte die Modernisierung insbesondere der ritterlichen Großbetriebe, aber auch der großbäuerlichen Höfe vorangetrieben werden, wobei der agrarökonomische Fortschritt in den Niederlanden und in England als bewußt imitiertes Vorbild diente. Der Agrarboom trieb auf dem ländlichen Grundstücksmarkt die Güterspekulation in eine ungeahnte Höhe. Großer Landbesitz diente dem Niederadel nicht mehr allein als Symbol jahrhundertealter Bodenständigkeit und prestigeträchtiger Herrenstellung, vielmehr wurde er zusehends zu einer ökonomischen Ressource, deren Wert durch neuartige Anbaumethodik, »rationelle Landwirtschaft« (A. Thaer) und Spekulationserfolg gesteigert wurde. Die überkommene patrimoniale Verfassung war zu Beginn des neuen Jahrhunderts in voller Auflösung begriffen. Zugegeben, die Zertrümmerung des alten Preußen durch Napoleon, die Wirkungen der Kontinentalsperre, ein knappes Jahrzehnt voller Kriege und wirtschaftlicher Belastung unterbrachen diesen steilen Aufwärtstrend. Im Grunde aber handelte es sich nur um eine ziemlich kurzlebige Unterbrechung. Vor allem die produktive Reaktion auf die napoleonische Revolution, die Politik der »defensiven Modernisierung« in Gestalt der Reformgesetze, beseitigte durch das Bündel der Agrarreformen zwischen 1807 und 1821 zahlreiche anachronistische Barrieren, die dem vollen Durchbruch des Agrarkapitalismus im Wege gestanden hatten. Man könnte zugespitzt sagen, daß gerade die preußischen Agrarreformen eine seit langem anlaufende agrarkapitalistische Modernisierung gewissermaßen gesetzlich ratifiziert haben.

Das Lamentieren der Zeitgenossen über den Zusammenbruch der Güterspekulation seit 1806, die zeitweilige Verstopfung der Exportkanäle nach England oder die Requirierung von Lebensmitteln durch Truppen der verschiedenen kriegführenden Parteien sollte einem mithin den Blick darauf nicht verstellen, daß der Säkulartrend des agrarkapitalistischen Fortschritts zwischen 1790 und 1820 steiler denn je zuvor nach oben wies.

Diese positive Gesamtbilanz für den deutschen Nordosten steht, das ist sogleich hinzuzufügen, in deutlichem Kontrast zu der langsameren Entwicklung in Mittel-, West- und Süddeutschland. Zum einen darf aber auch dort die endogene Modernisierungsfähigkeit der Groß- und Mittelbauern nicht unterschätzt werden. Die westfälischen Meierhöfe z. B. mit ihrem großen Besitz und einer günstigen Rechtslage standen den bekannten ostpreußischen »Kölmern«, freien Bauern mit rittergutsähnlichem Grundbesitz, kaum nach. Die bayerischen Bauern waren im Gefolge der außerordentlich früh einsetzenden Säkularisation des kirchlich-klösterlichen Grundbesitzes noch vor den Montgelasschen Reformen zu rund 75% zu Staatsbauern, d. h. zu erbfesten Besitzern konsolidierter Höfe geworden. Zum zweiten kamen in den meisten deutschen Staaten – mit Ausnahme von Österreich und Mecklenburg, bis 1830/32 auch von Sachsen – als »Response« auf den beispiellosen »Challenge« der Französischen Revolution Agrarreformen in Gang. Sie brauchten zwar, wie in Preußen, rund drei Jahrzehnte zu ihrer Verwirklichung. Aber spätestens die Modernisierungsreaktion der Reformbürokratie erleichterte auch außerhalb Preußens in den meisten Staaten jene agrarkapitalistische Entwicklung, der die Zukunft gehören sollte.

In der Gewerbewirtschaft der deutschsprachigen Länder dominierte zu jener Zeit noch immer das Handwerk, von dessen Ertrag rund 17% der Gesamtbevölkerung lebten. Die traditionale Verkrustung des Handwerks, ob in der Stadt oder auf dem Land, war freilich im 18. Jahrhundert immer deutlicher zutage getreten. Das Zunftwesen unterlag einem anhaltenden Erosionsprozeß. Das egalitäre Ideal der auskömmlichen, standesgemäßen »Nahrung« für alle Zunftgenossen konnte immer seltener verwirklicht werden. Zahlreiche Gesellenstreiks verrieten die innere Labilität der Zunftordnung. Das unzünftige Handwerk, insbesondere das in solchen Korporationen nicht organisierte Landhandwerk, hing in hohem Maße von den Konjunkturschwankungen der Agrarwirtschaft ab, zumal die Krisen »alten Typs« in der dritten und vierten Phase ihres regelmäßigen Rhythmus die Kleingewerbetreibenden aufs schwerste in Mitleidenschaft zogen.[5]

Allzuoft wird andrerseits die krisenhafte Situation des Handwerks übertrieben. Nach schweren Anpassungsschwierigkeiten zeigte es sich durchaus imstande, sich auf den Primat der heraufziehenden industriellen Welt umzustellen. Außerdem erwies sich eine grundlegende Veränderung seiner Rechtslage, wie sie die Einführung der Gewerbefreiheit in Preußen bedeutete, bereits auf mittlere Sicht als ein belebender Impuls, mochten auch die Zunftmeister in gewohnter Manier an der Klagemauer stehen, um die schnöde Zerstörung ihrer vertrauten Welt empört anzuprangern. Wenn das Handwerk im Bereich der Gewerbefreiheit also flexibel reagierte, um sowohl mit dem erstaunlichen Bevölkerungswachstum Schritt zu halten als auch den neuen Aufgaben für die Gewerbewirtschaft, vor allem für die industriellen Zulieferanten, gerecht zu werden, stellte das wiederum eine Folge jener Reformen dar, zu der die Französische Revolution die modernisierungsfähigen deutschen Staaten genötigt hat.

Die härteste Konkurrenz des Handwerks bildete nicht etwa die grandios überschätzte Manufaktur, erst recht nicht die frühe Fabrik, sondern das Verlagswesen. Dieses System einer dezentralisierten Produktion, in dessen Mittelpunkt ein kapitalkräftiger Verlagskaufmann die Arbeit von hunderten, ja bis zu 30000 abhängigen Arbeitern samt ihren Familien mit Rohstoffen und Werkzeugen ermöglichte, koordinierte und ihre Produkte auf den Markt brachte, enthüllt jedoch eine eigentümliche Ambivalenz. Auf der einen Seite erlebte das seit dem 13. Jahrhundert zu hoher Blüte aufgestiegene Verlagssystem, das sowohl auf der Fertigkeit zahlloser Menschen in der »Hausindustrie«, im »Heimgewerbe« oder – wie wir heute sagen – in der »Protoindustrie« beruhte als auch ökonomisch wegen der jedes Preiskalkül bestimmenden grandiosen Externalisierung der meisten Unkosten attraktiv blieb, in den Konjunkturjahrzehnten von dem Ende des Siebenjährigen Krieges bis zu der tödlichen Krise seit den dreißiger Jahren des 19. Jahrhunderts einen letzten großen Aufschwung. Noch einmal bewiesen die großen Verleger ihre Fähigkeit, über die regionalen Märkte hinaus die Außenmärkte des Welthandels bis hin zu den abgelegensten Städten Lateinamerikas vor allem mit ihren Textilprodukten zu erreichen. Das mit dem Bevölkerungswachstum ständig ansteigende Arbeitskräftepotential der Unterschichten in der Stadt, vor allem aber auf dem Lande, stellte ihnen ein Heer schnell anzulernender, auf den protoindustriellen Haupt- oder Nebenerwerb vital angewiesener Familien zur Verfügung, deren Löhne den Preisschwankungen nahezu widerstandslos angepaßt werden konnten. Angesichts der extremen Abhängigkeit zahlloser Menschen von der Verlagsarbeit handelte es sich um eine frühe Form jener Produktionsweise, die – insbesondere für Entwicklungsländer konstatiert – das »unlimited supply of labor« voraussetzt.

Auf der anderen Seite stieß das mitteleuropäische Verlagssystem nicht nur auf die Barrieren, welche durch das Kontinentalsystem und die Kontinentalsperre errichtet wurden, sondern es hatte auch mit der anhaltenden Störung der sogenannten »natürlichen« Handelswege und zahlreichen kriegsbedingten Hemmnissen zu kämpfen. Vor allem trat ihm in Gestalt der Textilfabriken mit maschineller Ausrüstung ein – wie alsbald zu erkennen war – weit überlegener Rivale entgegen. Im Grunde dauerte dieser neuartige Wettbewerb nur wenige Jahrzehnte, und selbst dann war er nur durch eine extreme Absenkung der Löhne und Reduzierung der Gewinnspanne auszuhalten. Seit den dreißiger, vollends seit den vierziger Jahren des letzten Jahrhunderts trat das Verlagssystem, unfähig, der Fabrikproduktion länger zu widerstehen, in die Phase seiner Agonie ein.

Daß die rund 600jährige Erfolgsgeschichte des Verlagswesens bereits in dem Vierteljahrhundert der Kriege, der Grundtendenz nach, sich dem Ende zuneigte, war keineswegs das Resultat der angeblich heraufziehenden Vorherrschaft der Manufaktur als zentral organisierter Produktionseinheit. Ein Zeitalter der Manufakturen, wie Marx es etwa behauptet hat, ist weder in Kontinentaleuropa noch in England oder Nordamerika anzutreffen. Ebensowenig ist die Manufaktur die entscheidende Vorform der Fabrik gewesen. Als zentralisierter, vorwiegend auf Handarbeit beruhender und auf Massenproduktion angelegter Betrieb mit geringer Mechanisierung und rudimentärer Arbeitsteilung konstituiert die seit dem 13. Jahrhundert nachweisbare Manufaktur einen eigenen Unternehmenstypus. Gewiß gab es manchmal Mischformen, wenn sich z. B. ein Verleger eine eigene Werkstatt für die Endherstellung von Uniformen, die stückweise von protoindustriellen Arbeiterfamilien hergestellt wurden, zulegte. Im Prinzip sind Verlag und Manufaktur jedoch grundverschieden. Die absolute Dominanz der Verlage gegenüber den Manufakturen läßt sich für alle deutschen Landschaften nicht anzweifeln. Mit dem begriffskosmetischen Kunstgriff, außer der eigentlichen Manufaktur auch den Verlag als »dezentralisierte Manufaktur« zu charakterisieren, um auf diese Weise die Marxsche Manufakturepoche zu retten, werden fundamentale realhistorische Unterschiede nicht beseitigt.

Die letzte Welle der deutschen Manufakturgründungen reichte von den siebziger Jahren des 18. bis in die dreißiger Jahre des 19. Jahrhunderts hinein. Um 1800 mag sich die Gesamtzahl in einer Größenordnung von rund 1000 Manufakturen bewegt haben, von denen mindestens ein Drittel der Textilproduktion nachging. Der

Staatsbesitz an Manufakturen ist lange weit überschätzt worden. Von den eben genannten Betrieben waren höchstens 60 reine Staatsunternehmen. Insgesamt blieben Produktionswert und Produktionsanteil an der gewerblichen Erzeugung gering. Selbst in Regionen mit dichtem Manufakturbestand erreichten diese Unternehmen nur ein Dreizehntel bis maximal ein Zehntel der Verlagsproduktion.

Wegen der enormen Schwierigkeit, die endogenen Probleme einer langfristig erfolgreichen Unternehmensleitung zu meistern und die exogenen Probleme einer ständigen Störung der Marktbeziehungen und Absatzbedingungen zu bewältigen, bedeutete die Revolutionsära eine schwere Belastungsprobe, die sich an der verkürzten Lebensdauer der Manufakturen ablesen läßt. Innerhalb gewisser Grenzen konnten Verlage eine Zeitlang auf veränderte Marktbedingungen elastisch reagieren. Die zentralisierten Produktionsstätten der Manufakturen konnten es wegen der Standortbindung, wegen der Immobilität des stehenden Kapitals, vor allem wegen des Fehlens von Kraft- und Arbeitsmaschinen in sehr viel geringerem Maße. Vielmehr mußten die allermeisten dieser schwerfälligen Ungetüme schließen. Bis zur Mitte der dreißiger Jahre waren fast alle verschwunden. Nur 3 bis 10% – je nach Gewerbegebiet und Glück – gelang die Umwandlung in eine Fabrik.

Wenn auf der anderen Seite auch die großen, lange Zeit erfolgreichen protoindustriellen Verlage ihren Niedergang nicht mehr aufhalten konnten, lag das nach alledem nicht an einem vermeintlichen Siegeszug der Manufakturen, sondern war zum einen ein Ergebnis der englischen Industriellen Revolution, die bekanntlich als einzige eine Zeitlang auf der Zugkraft beruhte, die von dem Führungssektor der Textilproduktion in Maschinenfabriken ausging. Außerdem trugen jedoch spezifische Bedingungen der Revolutionsära dazu bei, das Fabrikwesen im eigenen Land als gefährliche Konkurrenz zu fördern. Das Auftauchen dieses Rivalen lenkt auf die häufig viel zu eng gefaßte Frage nach den Wurzeln der Maschinenfabrik hin, wobei man bei den noch wenig entwickelten Frühformen von »Protofabriken« sprechen kann.

Geht man undogmatisch an diese Frage nach den Ursprungsformen heran, lassen sich fünf genetische Zusammenhänge deutlich erkennen. Aus dem großen Handwerksbetrieb eines Zunftmeisters konnte so eine frühe Fabrik hervorgehen wie aus der unzünftigen Mechanischen Werkstatt. Der Verlagsbetrieb konnte sich als Endstation seiner dezentralisierten Produktion eine Werkstatt angliedern, die sich, wie gelegentlich auch eine Manufaktur, zur Fabrik fortentwickelte. Und schließlich gab es das von Anfang an als Fabrik gegründete Unternehmen. Einen irgendwie von vornherein begünstigten Entwicklungspfad scheint es bis in die dreißiger Jahre für diese verschiedenen Frühformen nicht gegeben zu haben – am wenigsten, wie gesagt, für die Manufaktur. Der Erfolg hing vielmehr von der Ausnutzung derjenigen sozioökonomischen Bedingungen und von der Begünstigung durch diejenigen zeitgebundenen Umstände ab, die es ermöglichten, daß sich die »Protofabrik« dem Idealtypus der vollentwickelten Fabrik möglichst stark annäherte.

Als Fabrik kann man hier jene »kapitalistische Organisationsform« für einen arbeitsteiligen Produktionsprozeß bezeichnen, der durch disziplinierte, technisch »spezialisierte und kombinierte«, an den neuen, physikalisch bestimmten Zeitrhythmus gewöhnte Lohnarbeit in einer Werkstätte unter ständiger rationaler »Nutzung stehenden Kapitals«, insbesondere von allmählich verfeinerten und komplexer werdenden Arbeits- und Kraftmaschinen, und unter der Leitung eines meist privaten Unternehmers ausgeführt wird; ihm gehören alle Produktionsmittel, er lenkt den hierarchisch gegliederten Herrschaftsapparat des Betriebs; ihm obliegen die strategischen Entscheidungen über Investitionen, Umfang und Verlauf des Produktionsprozesses, Erkundung von Marktbeziehungen, Abschätzung der Absatzrisiken, Preisfixierung und Verkaufsstrategie; ihm fällt nach dem Warenabsatz auf einem anonymen Markt der Gewinn zu, der zum größten Teil wieder für Reinvestitionen verwendet wird.

Frühe »Etablissements«, die sich diesem Typus der modernen Maschinenfabrik mit manchmal erstaunlicher Geschwindigkeit annäherten, entstanden während der napoleonischen Revolution in Deutschland in verschiedenen Gewerberegionen.[6] Zu den Gewinnern dieser Krisenjahre gehörte z. B. die Baumwollverarbeitung. In den traditionsreichen sächsischen Textilgebieten um Chemnitz und Leipzig, in der Oberlausitz und im Vogtland erfolgte der Übergang zur frühindustriellen Fabrikproduktion. Eine schnell wachsende Anzahl von Unternehmen ging, begünstigt durch die Kontinentalsperre, zur maschinellen Ausrüstung über. Um 1810 sollen rund 9000 »Jennies«, die berühmten englischen

Handspinnmaschinen, gelaufen sein, ehe sich die viel leistungsfähigeren »Mule«-Maschinen ebenso rasch durchsetzten, wie das die kleine textiltechnische Revolution des »Schnellschützen« tat, von dem bereits 1806 rund 13000 eingesetzt wurden. In diesem Jahr erließ Napoleon bekanntlich sein Verbotsdekret gegen alle englischen Importe. Von dieser unerwarteten Protektion massiv unterstützt, schnellte die maschinelle Ausstattung in einem halben Dutzend Jahre wie von einem Treibhausklima gefördert empor. 1812 bestanden bereits 108 Betriebe mit rund 256000 Spindeln. Der Kausalzusammenhang mit der antienglischen Wirtschaftspolitik ist in diesem Fall klar erkennbar.

Einen erheblichen Entwicklungssprung gab es auch im Bergischen Land, wo insbesondere im Wuppertal mit seinen traditionellen Textilzentren die Spinnmaschinen während des gleichen Zeitraums schnell vordrangen. Große Baumwollspinnereien in Verbindung mit Stoffdruckereien, die komplizierte chemische Prozesse ausnutzten, zeigten zusammen mit der Verwendung moderner Maschinen den Übergang zu Protofabriken an. Freilich trafen die bergischen Produkte auf die Exportbarrieren, die das französische Kontinentalsystem um das Empire errichtet hatte.

Ungleich besser standen sich in dieser Hinsicht die linksrheinischen Textilregionen, die unter französischer Herrschaft einen sprungartigen Aufschwung erlebten. Die Einverleibung in ein Großreich mit 30 Millionen potentieller Kunden gab dem Baumwollgewerbe um Gladbach und Rheydt, wo die maschinellen Spinnkünste bisher so gut wie unbekannt geblieben waren, einen solchen Auftrieb, daß eine ungewöhnliche, nur mit der sächsischen Entwicklung vergleichbare Dynamik in Gang gesetzt wurde.

Weitere Beispiele ließen sich mühelos anführen; sie bestätigen indes alle denselben Tatbestand. Die während der Kontinentalsperre ziemlich wirkungsvoll geschützte Baumwollindustrie wuchs zu einem der Leitsektoren der frühen deutschen Industrialisierung heran. Die Ursachen sind deutlich erkennbar: Der Nachfragesog hielt an; er begünstigte den Übergang zur maschinellen Ausrüstung; innovationsbereite Unternehmer wurden von der expandierenden Branche angezogen, zumal ein relativ geringes Startkapital am Anfang erforderlich war. Zugleich wurde übrigens der Maschinenbau nachhaltig angeregt, da Maschinen im Eigenbau erstaunlich schnell die importierte Technologie zu ergänzen oder sogar zu verdrängen vermochten. Es ist daher alles andere als ein Zufall, daß sich im sächsischen Textilzentrum auch das Kernrevier des deutschen Maschinenbaus rasch herausbildete.

Ähnlich wie die linksrheinischen Gebiete profitierte sowohl die niederrheinische Seidenindustrie als auch die Wollwarenindustrie um Jülich und Aachen von der Aufnahmefähigkeit des französischen Marktes. Im Vergleich mit diesen Wachstumserfolgen der Textilbranche erlebten die Eisenindustrie sowie das Metallverarbeitungsgewerbe nur hier und da eine kriegsbedingte Kurzkonjunktur. Die sporadisch steigende Nachfrage reichte jedoch nicht aus, um technologisch fortschrittliche Verfahren und kostspielige Anlagen von fixem Kapital attraktiv zu machen.

Kurzum: Je nach Region und Branche fällt die Bestandsaufnahme der Frühindustrialisierung und der Konjunktureinflüsse durchaus unterschiedlich aus. Die Baumwollerzeugung eroberte sich vor der Eisenherstellung und -verarbeitung einen unbestreitbaren Spitzenplatz. Die sächsischen und rheinischen Textilreviere erlebten einen beispiellosen Aufschwung, der dem der bergischen Metallbetriebe in mancher Hinsicht vergleichbar ist. Die süddeutschen und preußischen Gewerbebezirke östlich der Elbe bekamen demgegenüber die Nachteile von Kontinentalsperre und Kontinentalsystem zu spüren, obwohl sich auch hier scharfe Disparitäten zwischen dem florierenden Berliner Gewerbe und dem Niedergang des brandenburgischen und schlesischen Textilgeschäfts auftaten.

So unterschiedlich sich daher die deutsche Gewerbewirtschaft in der Revolutionsära entwickelte, so wenig läßt sich im Stile der älteren Geschichtsschreibung von einer anhaltenden Kriegskrise, von Stagnation oder gar Verfall sprechen. Unter dem Strich wuchs der Ausstoß der deutschen Gewerbewirtschaft auch in dieser Zeitspanne ziemlich stetig an. Dieses Ergebnis wirft die Frage auf, ob man im Gegensatz zu jener überlieferten Interpretation, die auf eine kriegsbedingte Depression und einschneidende Wachstumsschwächung hinausläuft, nicht eher von einer Wohlstandssteigerung sprechen kann.

Ungeachtet der Kriegswirren wirkte sich zugunsten der deutschen Gewerberegionen die allgemeine Verschiebung der wichtigsten europäischen Wirtschaftsachse aus, die im 17. Jahrhundert in die Anrainerstaaten des Atlantik verlagert worden war und nunmehr nach dem Zusammenbruch des »atlantischen Systems« recht zügig landeinwärts nach Osten wanderte. Dieser folgenreiche Prozeß wurde dadurch beschleunigt, daß Großbritannien während der Kriegsepoche die Dominanz auf allen Überseemärkten gewann, nachdem die europäischen Konkurrenten, einer nach dem anderen, durch militärische Macht oder ökonomische Überlegenheit ausgeschaltet worden waren. Auch deshalb wurde die europäische Gewerbewirtschaft gezwungen, sich um ihre Binnenmärkte stärker denn zuvor zu bemühen. Ihren dynamischen Zentren gelang denn auch trotz schmerzhafter Anpassungsprobleme diese Umorientierung. Auf diese Weise bildeten sich im Hinblick auf die deutsche Staatenwelt in Mitteleuropa zwei neue frühindustrielle Achsen heraus. Die Nord-Süd-Achse entstand um den Rhein: Sie umfaßte die Gewerbereviere der südlichen Niederlande (des späteren Belgien) und Nordfrankreichs, den Vorläufer des späteren Ruhrgebietes in Westdeutschland, die gewerblichen Verdichtungszonen im Rhein-Main-Gebiet, im Saarrevier, im Elsaß, in Baden, Württemberg und der Nordschweiz. Die zweite, die West-Ost-Achse, verlief von Westdeutschland aus über die thüringischen Textilzentren, das hochentwickelte Sachsen und Oberschlesien bis nach Böhmen. Diesen neuen ökonomischen Magnetfeldern folgte auch der Handel. Leipzig stieg erst jetzt zum Mekka der deutschen Messestädte auf. Deutsche Unternehmer blieben die wichtigsten Zwischenhändler zwischen West- und Ost- sowie Südosteuropa.

Diese strukturelle Begünstigung durch die Verlagerung der wirtschaftlichen Kraftlinien wurde durch die vorteilhafte Kapitalausstattung der deutschen Wachstumsregionen verstärkt. Hier und da war die Kriegsbelastung zeitweilig ernsthaft zu spüren. Man braucht nur an die beträchtliche Verschuldung des preußischen Staates zu denken. Aber die relative Armut der öffentlichen Hand darf nicht mit privater Armut verwechselt werden. Die Liquidität der von privaten Kapitaleignern versorgten deutschen Kapitalmärkte blieb so hoch, daß z. B. Frankreich nach 1815 den Großteil seiner Reparationszahlungen über die deutschen Kapitalmärkte finanzierte. »Vieles spricht daher«, faßt einer der zur Zeit besten Sachkenner der ökonomischen Entwicklung dieser Epoche sein Urteil zusammen, »für die auf den ersten Blick erstaunliche These«, daß die größeren deutschen Staaten »als Kriegsgewinnler der ganzen Epoche anzusehen« sind.[7]

Das seit langem ständig wiederholte Urteil, daß diese insgesamt günstige Konjunkturlage primär der napoleonischen Kontinentalsperre zu verdanken sei, deren Schutzmauern auch das deutsche Gewerbe vor der angeblichen »Vernichtung« durch die überlegene englische Industrie und damit vor dem Schicksal Irlands oder Indiens bewahrt hätten, ist bereits kritisiert worden. Dieses Urteil überschätzt nicht nur die Wirkungen der alles andere als systematisch durchgehaltenen Kontinentalsperre, sondern unterschätzt auch die breit fundierte endogene Leistungskapazität der deutschen Gewerberegionen mit ihrer von den Feldzügen Napoleons zum Teil unbeeinträchtigten Entwicklung. Vor allem aber wogen die Vorzüge des französischen Protektionismus bei weitem nicht die gravierenden Nachteile auf, die mit der abrupten Abkoppelung von der modernisierungsfreudigen englischen Industriewirtschaft verbunden waren. Der lebhafte Austausch von Experten und Ideen wurde unterbrochen. Der stimulierende Import englischer Maschinen wurde abgeschnitten. Neue Produktionsmethoden konnten nicht mehr schnell imitiert werden. Das technische »know how«, die unbezahlbare Sachkenntnis, die Innovationsbereitschaft englischer Unternehmer, Ingenieure und Mechaniker erreichten mehr als zwei Jahrzehnte lang den Kontinent nur mehr in wenigen Ausnahmefällen. Der durch diese Zäsur entstandene Schaden kann natürlich nicht exakt quantifiziert werden. Die Behauptung hat jedoch viel für sich – sie wird zudem von der neuesten vergleichenden Wirtschaftsgeschichte unterstützt –, daß er die Vorteile des nur bestimmten Regionen und Branchen zugute kommenden Schutzsystems bei weitem übertroffen hat.

Anstelle eines gemeineuropäischen industriellen Fortschritts, wie er sich in Friedenszeiten aller Wahrscheinlichkeit nach durchgesetzt hätte, tat sich die Kluft zwischen dem Pionierland der ersten Industriellen Revolution und den kontinentaleuropäischen »Nachzüglern« auf. In eben dem Augenblick, als die wichtigsten wachstumsfähigen deutschen Gewerberegionen an der Schwelle zur Industrialisierung standen, wurden sie fatale 20 Jahre lang vom Technologieimport und Informationsfluß, von Imitation und Lernerfahrung abgeschnitten. Ohne das Vierteljahrhundert jener Kriege, welche die Revolutionsarmeen und Napoleons Heere führten, hätte England kaum eine derart unangefochtene Position als industrieller Spitzenreiter gewinnen können. Nachdem es sie aber einmal innehatte, sollte der Industriekapitalismus in den deutschen Staaten rund 70 Jahre brauchen, bis er mit England erfolgreich konkurrieren konnte. Daß ihm andrerseits innerhalb von nur zwei Generationen diese Aufholjagd gelang, beweist das tief fundierte Entwicklungspotential, das im Verlauf der deutschen Industriellen Revolution von 1845 bis 1873 und in der sich anschließenden Hochindustrialisierung in staunenerregendem Tempo mobilisiert werden konnte.

Mit diesem Ausblick auf die Industrialisierungsgeschichte ist freilich die Frage nach dem Wohlstandsniveau während der Revolutionsepoche, nach sinkenden oder eventuell sogar steigenden Wohlfahrtseffekten der ökonomischen Entwicklung noch nicht zureichend geklärt. Wendet man sich vielmehr noch einmal dem Außenhandel zu, stößt man auf das erst neuerdings ermittelte verblüffende Ergebnis, daß Umfang und Wert der Einfuhr nach Mitteleuropa einen steigenden Wohlstand in den deutschen Staaten und Stadtrepubliken enthüllen, obwohl er natürlich schichten- und klassenspezifisch äußerst ungleich verteilt war. Zwischen 1789 und 1815 ist die Summe aller Importe weder zurückgegangen, noch behielt sie etwa das Volumen von 1789 – obschon beides oft behauptet worden ist –, vielmehr stieg sie dem Trend nach unübersehbar an. Offensichtlich haben mithin weder die britische Blockade noch die französische Kontinentalsperre und das Kontinentalsystem, weder die Vernichtung von Aberhunderten von deutschen Herrschaftsgebilden noch der mühselige Prozeß der Bildung von Neustaaten eine einschneidende Zäsur zu schaffen vermocht.

Es liegt nahe, von den beiden Friedensjahren vor 1789 bzw. nach 1815 auszugehen. Aufgrund der bisher sorgfältig ausgewerteten außenhandelsstatistischen Unterlagen können die relativen Veränderungen (zur Zeit noch nicht die absoluten Werte) im Umfeld von rund 80% des mitteleuropäischen Imports während dieses Vierteljahrhunderts ziemlich genau bestimmt werden. Der seit der weltwirtschaftlichen Konjunkturphase im letzten Drittel des 18. Jahrhunderts ansteigende »deutsche« Import erreichte 1793 ein hohes Niveau (immerhin mehr als 100 Millionen preußische Taler), auf dem er sich, nur kurz von dem Einschnitt zwischen 1803 und 1807 unterbrochen, auch weiterhin bewegte. Da die mitteleuropäische Gesamteinfuhr in den 20 Jahren zwischen 1787 und 1807 dank eines fast kontinuierlich anhaltenden Wachstums um staunenerregende 270% anstieg, hatten auch die deutschen Staaten einen bemerkenswerten Anteil daran. Dagegen ging die relative ökonomische Bedeutung Frankreichs, ungeachtet seiner politischen Hegemonie und seiner englandfeindlichen Handelspolitik unaufhaltsam, wie es scheint, zurück. Das läßt sich am Volumen seiner Außenwirtschaft, eindringlicher noch am Wertrückgang infolge der »Preisrevolution« seit 1800 eindeutig ablesen. Trotz der politischen Umwälzung in Mitteleuropa bewiesen die deutschen Unternehmer, die in dem risikoreichen Aktionsfeld der Außenwirtschaft tätig waren, eine »äußerst flexible Anpassung« an geradezu kaleidoskopartig wechselnde Situationen.

Bis 1807 hatte der Rhein die entscheidende Grenze zwischen den deutschen Staaten und Frankreich gebildet. Das gesamte östlich davon gelegene Gebiet blieb für die Handelsströme weiterhin eine ökonomische »Einheit«. Zwar stieg nach dem Sonderfrieden von Basel (1795) die Einfuhr französischer Waren in dieses Gebiet, während der direkte Export englischer Produkte dorthin stark absank. Gleichzeitig verzehnfachte sich jedoch dieser Export über die dänischen und preußischen Ostseehäfen, so daß im Hinblick auf das quantitative Volumen ein vollständiger Ausgleich erreicht wurde. Trotz des französisch-preußischen Krieges fiel der englische Export in diese Gebiete nicht dramatisch ab und erlitt im Grunde nur eine geringe Einbuße.

»Die ökonomische Sinnlosigkeit der französischen Handelspolitik« erwies sich außerdem, als die vielbeschworene Kontinentalsperre den Export englischer Waren nach Europa verhindern sollte. Allein von 1808 bis 1809 vervierfachte sich die Einfuhr aus England in das deutschsprechende Mitteleuropa. Der französische Export wurde dadurch erheblich übertroffen. Auch noch 1810, als der napoleonische Protektionismus im Trianon-Zolltarif einen neuen Höhepunkt erreichte, blieben die Importe aus England ungleich größer als die aus Frankreich. Insgesamt erwies sich die Kontinentalsperre als wirtschaftspolitische Maßnahme, nicht zuletzt dank des florierenden Schmuggels, als verblüffend uneffektiv, während sich der Einfluß der militärischen Konflikte – der englischen Seeblockade oder des Preußen- und Rußlandfeldzugs – auf den Warenverkehr nach Mitteleuropa weit schmerzhafter auswirkte. Als nach dem kurzlebigen Tiefpunkt von 1813 bereits 1814 eine Normalsituation erreicht wurde, schnellte der mitteleuropäische Importhandel sogleich wieder auf den Höchststand von 1805/06. Wertmäßig lag er sogar weit darüber, seit 1815 auch dem Umfang nach.

In der Rangordnung der Außenwirtschaft hatte sich bis dahin jedoch der Status der Handelspartner entscheidend verändert. Vor dem wirtschaftlichen Zerstörungswerk der Revolution hatte das Verhältnis der englischen und französischen Exporte ins deutschsprachige Mitteleuropa etwa 3:4 betragen. 1815 lautete es jedoch 3:2! Frankreich war der große »Verlierer auf der ganzen Linie«. Das gesamte Importvolumen hatte sich seit 1789 verdoppelt, Frankreichs Anteil daran war jedoch gleich groß geblieben. Die Ergebnisse der französischen Politik haben den eigenen Export mithin halbiert. Umgekehrt hatte England seit 1789 sein Exportvolumen in dieselbe Handelszone exakt vervierfachen können. Nach 1815 kehrte die regionale Verteilung der Warenströme zu dem Muster aus der Zeit vor 1789 zurück: Die sogenannten »natürlichen Handelswege« setzten sich trotz Revolution und Umbruch wieder durch. Unter dem Strich konnten die deutschen Staaten, die bis 1815 diese turbulente Epoche überlebten, mit einem verdoppelten Importvolumen ihre Position im Welthandel nicht nur verbessern, vielmehr gelang es ihnen sogar, ihre Abhängigkeit zuerst von Frankreich, danach von England »erheblich« zu vermindern. Obwohl die Kriegszeit nahezu die Spanne einer Generation umfaßte, haben sie »handelspolitisch und gesamtwirtschaftlich« keinen »bleibenden Schaden erlitten, sondern insgesamt eher profitiert«.

Diese – aufs Ganze gesehen – durchaus positive ökonomische Bilanz, die manchem altertümlichen Negativurteil endlich den Garaus bereitet, muß jedoch sozialhistorisch differenziert werden. Welche sozialen Effekte zeitigte der wirtschaftliche Wandel dieser Jahrzehnte? An zuverlässigen, statistisch abgesicherten Untersuchungen herrscht zwar noch immer Mangel, dennoch dürften einige Resultate kaum ernsthaft zu bestreiten sein. Der zunehmende, jedoch radikal ungleich verteilte Wohlstand, partielle Wachstumsfortschritte, erfolgreiche Handels- und Bankgeschäfte, Staatsverschuldung und Inflation bildeten die Bedingungen für eine Entwicklung, die einen gravierenden Umbau der traditionellen Vermögens- und Einkommenshierarchie auslöste. Solch eine Umschichtung von Vermögen und Einkommen in einem derart hohen Ausmaß setzte voraus, daß dieselben nicht nur erhalten blieben, sondern – wie das z. B. der Importanstieg verrät – sich nicht unbeträchtlich vermehrten.

Überblickt man die deutsche Staatenwelt von der Warte des Jahres 1815, gewinnt man den Eindruck, daß die unterschiedliche Entwicklung der Gewerbebranchen und Regionen, die Kriegsbelastungen, aber auch die Kriegskonjunkturen, die »Windfall Profits« aus der Finanzierung von Feldzügen und Kontributionszahlungen, aus dem lukrativen Fernhandel und erfolgreichen frühindustriellen Betrieben, die Säkularisation, die französische Besatzungs- und Annexionspolitik, die Papiergeldinflation und die Geldersatzscheine, die Steueranhebungen und die Zwangsabgaben, die Wirkungen der Reformgesetze und die schroffe Fluktuation von Konjunktur und Krise in wichtigen Bereichen der Agrar- und Gewerbewirtschaft in eine Besitz- und Einkommensumschichtung großen Stils eingemündet sind.

Im System der sozialen Ungleichheit wurde die Herausbildung der neuen marktbedingten Klassen kraftvoll gefördert. In wichtigen Dimensionen wurden die Klassenunterschiede verschärft, auch qualitativ und quantitativ verändert. Die finanziellen Belastungen zahlreicher Kriege und Truppenbewegungen, der Vernichtung oder anhaltenden Schwächung großer Gewerbezweige mußten von der einkommensschwachen Masse der Bevölkerung getragen werden, von den besitzlosen oder -armen ländlichen und städtischen Unterschichten einschließlich der unteren Mittelschichten. Die aus den gehobenen bürgerlichen und bäuerlichen Mittelschichten stammenden kleinen Gläubiger, die jahrelang anstelle von Barzahlungen mit sogenannten Tresor- oder Lieferscheinen abgefunden worden waren, sahen sich in der Regel außerstande, dieses Ersatzgeld zu horten und auf die Einlösung in besseren Zeiten zu warten. Über kurz oder lang verkauften sie ihre Gutscheine an vermögende Gläubiger, die auf die Einlösung durch den Staat warten konnten. Auf diese Weise wurde, als dann in der Tat die staatliche Schuldentilgung nach 1815 energisch einsetzte, die Umverteilung von Einkommen und Vermögen weiter beschleunigt. Diese Besitzumschichtung ging zu einem erheblichen Teil aus der Staatsschuldenpolitik hervor, die auch auf diese Weise vorher ungeahnte Chancen der Kapitalakkumulation vermehrte.

An der Spitze der Kriegsgewinnler standen die Bankiers. Sie hatten geholfen, die stetig ansteigenden staatlichen Kapitalbedürfnisse zu befriedigen. Wegen ihres neuartigen Ausmaßes waren sie besonders zwischen 1805 und 1815 oft nur mehr durch Bankenkonsortien zu bewältigen gewesen, die mit dem »Pool« ihres Privatkredits den Regierungen weiterhalfen. Auf diese Weise waren sie z. B. auch bei der Abwicklung der hohen preußischen Kontributionszahlungen an Frankreich behilflich gewesen. Allen Risiken zum Trotz blieben vor allem die bedeutenden jüdischen Bankhäuser in Berlin die großen Gewinner. Sie besaßen dank ihrer Substanz den nötigen langen Atem, bis sie die im Laufe der Jahre akkumulierten Staatsobligationen mit außerordentlich lohnender Profitspanne zum Nominalwert bei der Staatskasse einlösen konnten. Noch vor 1815 stieg Berlin zu einem bedeutenden Kapitalmarkt auf, auf dem diese Bankhäuser, die zum Teil an das Netz des Rothschildschen Finanzimperiums angeschlossen waren, ihre Stellung ausbauen konnten.

Außer den Bankiers konnten insbesondere Fernhändler, gewerbliche Unternehmer in prosperierenden Branchen, genau kalkulierende Gutsbesitzer und Pächter, nicht zuletzt aber auch hohe Beamte mit Besitz und wertvollen Verbindungen ihre Situation erheblich verbessern. Als Folge der Säkularisationsgesetze des Reiches und der Einzelstaaten setzte auch auf dem Lande ein weitverzweigter Umverteilungsprozeß ein, in dessen Verlauf ein gewaltiger Immobilienbesitz seinen Eigentümer wechselte. Beträchtliche Vermögensverschiebungen waren auch hier die Folge. Der Aufstieg der Kölner Fernhandelsdynastien, die mit dieser Landspekulation einen großen Sprung nach vorn bis hin zur Errichtung eigener Banken taten, kann als ein bekanntes Beispiel für diese Nutzung neuartiger Chancen gelten. Kamen Innovationsbereitschaft und Risikobelohnung zusammen, konnten in Handel und Gewerbe hohe Kapitalbestände gebildet werden. Nicht selten brachte die Versorgung enormer Truppenkontingente, die Europa durchzogen, Neuvermögen oder Sondergewinne ein.[8]

Dieser aus vielerlei Gründen beschleunigten Kapitalbildung entsprach eine Verstärkung der klassenbildenden Kräfte. Kapital und Arbeit traten in einem Dichotomisierungsprozeß weiter auseinander. Hier vergrößerte sich die Besitzklasse der Kapitaleigner, dort wurde sie von Grund auf neu gebildet. Daß ein Vierteljahrhundert nach dem Wiener Kongreß die deutsche Industrielle Revolution unmittelbar vor dem Durchbruch stand, war nicht zuletzt ein Ergebnis der Konstellation, die sich vor 1815 herausgebildet hatte und das beschleunigte Wachstum seither erst ermöglichte. Gleichzeitig hatten die Agrarreformen in weiten Regionen dem Kapitalismus neue Entfaltungsmöglichkeiten verschafft. Daher wurde sowohl in den Städten als auch auf dem Lande der Prozeß der Klassenbildung, der anstelle der überkommenen, vielerorts schon zerfallenden ständischen Ordnung neuartige sozialökonomische Formationen mit kraß verschiedenartigen politischen Machtchancen und tief voneinander geschiedenen soziokulturellen Lebensstilen hervorbrachte, unaufhaltsam weiter vorangetrieben. Eine der wichtigsten Folgen des wirtschaftlichen Wandels zwischen 1789 und 1815 war daher die Stärkung der modernen kapitalistischen Verkehrs- und Marktwirtschaft, aber auch – aufs engste mit ihr verknüpft – die rapide Beschleunigung eines gesellschaftlichen Transformationsprozesses, der in die neue Welt der marktabhängigen Besitz- und Erwerbsklassen hinüberführte.

Anmerkungen

1 Vgl. A. Gerschenkron, Economic Backwardness in Historical Perspective, New York 1965²; der Leit-Essay dt. in: H.-U. Wehler (Hg.), Geschichte und Ökonomie, Königstein 1985², S. 121–139. Eine brillante Einordnung Gerschenkrons in den russischen Diskussionszusammenhang, aus dem seine Gedanken stammen, findet sich jetzt in: M. Hildermeier, Das Privileg der Rückständigkeit. Anmerkungen zum Wandel einer Interpretationsfigur der Neueren Russischen Geschichte, in: HZ, Bd. 244, 1987, S. 557–603.

2 Vgl. z. B. einen entschiedenen Verfechter dieser Umorientierung: S. Pollard, Peaceful Conquest. The Industrialization of Europe 1760–1930, Oxford 1981. Die Pionierstudie war in mancher Hinsicht: E. A. Wrigley, Industrial Growth and Population Change, Cambridge 1962.

3 Hier muß hinzugefügt werden, daß – unabhängig von diesem Interpretationswechsel in der Industrialisierungsforschung – die ostdeutschen Agrarhistoriker den kapitalistischen Wachstumsprozeß auf dem Lande von ihren ideellen Prämissen her intensiv untersucht haben und zu äußerst aufschlußreichen regionalgeschichtlichen Ergebnissen gelangt sind, die komplementär zu den Industrialisierungsanalysen gelesen werden können. Zu denken ist vor allem an die Studien von Harnisch, H. H. Müller, Berthold, Heitz, Moll, Jatzlauk u.a. (alle nachgewiesen in dem Titel in Anm. 4).

4 Vgl. H.-U. Wehler, Deutsche Gesellschaftsgeschichte, Bd. 1, München 1988², S. 83–90; dort auch die genauen Zahlen und Belege. Zum folgenden finden sich dort ebenfalls die detaillierten Analysen und empirischen Daten.

5 Vgl. ebd., S. 90–118, zur Gewerbewirtschaft; die Definition der Fabrik: S. 115.

6 Zur Frühindustrialisierung bis 1815: ebd., S. 486–505; von 1815 bis 1848: ebd., Bd. 2, 1987, S. 64–119, 589–652. Zu vergleichen ist: F.-G. Dreyfus, Die deutsche Wirtschaft um 1815, in: H. Berding u. H.-P. Ullmann (Hg.), Deutschland zwischen Revolution und Restauration, Königstein 1981, S. 353–382.

7 M. Kutz, Die Entwicklung des Außenhandels Mitteleuropas 1789–1815, in: GG, Bd. 6, 1980, S. 538–558; ders., Deutschlands Außenhandel 1789–1834, Wiesbaden 1974; ders., Die deutsch-britischen Handelsbeziehungen 1791–1834, in: VSWG, Bd. 56, 1969, S. 178–214; ders., Außenhandel und Krieg 1789–1817, in: W. Fischer (Hg.), The Emergence of a World Economy 1500–1914, Stuttgart 1986, S. 199–277. Kutz hat in bahnbrechenden Arbeiten das gängige Bild, vor allem durch mühsame statistische Quellenarbeit, überzeugend revidiert. Vgl. jetzt auch: W. Fischer, Wirtschaft und Wirtschaftspolitik in Deutschland unter den Bedingungen der britisch-französischen Blockade und Gegenblockade 1797–1812, in: K. O. v. Aretin u. G. A. Ritter (Hg.), Historismus und moderne Geschichtswissenschaft, Stuttgart 1987, S. 245–254.

8 Vgl. hierzu B. Brockhage, Zur Entwicklung der preußisch-deutschen Kapitalexporte 1816–1840, Leipzig 1910, S. 52, 59, 142–146, 188; H. Schissler, Preußische Finanzpolitik nach 1807. Die Bedeutung der Staatsverschuldung als Faktor der Modernisierung des preußischen Finanzsystems, in: GG, Bd. 8, 1982, S. 367–385; dies., Einleitung: Preußische Finanzpolitik 1806–1820, in: E. Kehr (Bearb.), Preußische Finanzpolitik 1806–1810, hg. v. H. Schissler u. H.-U. Wehler, Göttingen 1984, S. 13–64.

Louis Bergeron
Die französische Wirtschaft und die Revolution

Am Vorabend des 200. Jahrestags der Revolution von 1789 stellt sich die Frage, ob man aufgrund neuerer Forschungen der letzten 20 Jahre die Auswirkungen der revolutionären Ereignisse auf die französische Wirtschaft anders interpretieren kann und muß als früher. Dies gilt sowohl für die kurz- und mittelfristigen Folgen der Revolution als auch für ihren langfristigen Einfluß auf die wirtschaftliche Entwicklung Frankreichs. Sicher wird sich die Frage nur mit einer gewissen Vorsicht beantworten lassen. Denn der Augenblick scheint noch nicht gekommen, um schon jetzt eine Reihe klassischer Interpretationen ohne jeden Vorbehalt zu revidieren. Die heftigen Auseinandersetzungen auf politischer, aber auch auf ideologischer und philosophischer Ebene über Entstehung und Folgen der Revolution haben die Erforschung mancher wirtschaftshistorischer Themen mehr belastet als gefördert. Dies gilt z. B. für das Problem der positiven oder negativen Auswirkungen der Konjunktur, den Einfluß von Ideen, etwa der der Freiheit, der Reformen oder der Umgestaltung der Eigentumsordnung auf die Aktivitäten der Wirtschaft, insbesondere auf die Voraussetzungen für ein modernes Wirtschaftswachstum seit Beginn des 19. Jahrhunderts. Dabei fehlt es heute keineswegs an guten Argumenten, um die Figuren auf dem Schachbrett, deren Stellung lange Zeit sicher und fest erschien, ein wenig zu verrücken oder um einige scheinbar evidente Kausalzusammenhänge in Frage zu stellen. Kurz, die Wirtschaftsgeschichte beginnt sich aus der Rolle einer Hilfstruppe zu lösen, die allein dazu diente, Befürworter wie Gegner der Revolution mit entsprechenden Argumenten für ihre Thesen zu versorgen.

Die französische Geschichtsschreibung hat sich bis heute vor allem mit den direkten Auswirkungen der Revolution auf die Wirtschaft beschäftigt. Dies liegt zum einen sicher daran, daß es auf den ersten Blick leicht und unproblematisch erscheint, von einigen spektakulären politischen Ereignissen auf katastrophale wirtschaftliche Folgen zu schließen. Auf Rückschlüsse solcher Art verzichteten schon die zeitgenössischen Kritiker und Gegner der Revolution nicht.[1] Zum anderen spielen die Quellen eine wichtige

Rolle. Im Konsulat und Empire nahm die Statistik einen großen Aufschwung und brachte eine ganze Flut von Enqueten und Übersichten hervor.[2] Diese wurden besonders gern, manchmal in geradezu krankhafter Weise herangezogen, um die Zeit vor 1789 mit jener nach dem 18. Brumaire zu vergleichen. Die statistischen Erhebungen, Berechnungen und Daten, aber auch die Schlußfolgerungen, die sich aus diesem Material ziehen ließen, dienten damals der Regierung als Entscheidungshilfe. Heute werden sie von den Historikern ausgewertet und bilden die Grundlage ihrer Untersuchungen. Eine genauere und stärker spezialisierte Forschung würde es erlauben, die Konturen des bisher entworfenen Bildes zu verfeinern und, insgesamt gesehen, seine grellen Tönungen zu mildern. Um dies zu erreichen, wäre es nicht einmal nötig, wie die beiden folgenden Beispiele zeigen, sich einer komplexeren Problematik zuzuwenden.

Zu den neuesten wirtschaftshistorischen Untersuchungen über die Revolutionszeit gehören ohne Zweifel die Arbeiten von D. Woronoff.[3] Sie beschäftigen sich mit dem Zusammenhang von Eisenindustrie und Forstwirtschaft. Die Krise dieser Industrie um 1800 kann nicht unmittelbar auf die Revolution zurückgeführt werden, sondern stand im Zusammenhang mit »einer schweren Störung der Forstwirtschaft«. Zwar brach »die Krise des französischen Waldes« erst mit dem Ende des Ancien Régime herein. Schon vor der Revolution hatten die Wälder jedoch »zu den wichtigsten Streitobjekten in den sozialen Auseinandersetzungen zwischen Gemeinden und Lehnsherren auf dem Land« gehört. »Der Druck der ländlichen Gesellschaft auf den Wald und der Kampf, den Monarchie und große Waldbesitzer darum führten, die Nutzungsrechte einzuschränken, neue Abholzungen zu verhindern und eine rationelle Nutzung des Waldes zu erreichen, durchzogen die lange Geschichte des französischen Forstwesens.« Die Autoritätskrise, die mit der Revolution aufbrach, sowie die Verstaatlichung von Kirchengütern und die Emigration zahlreicher Waldbesitzer gaben die Wälder einer regelrechten Plünderung preis. 1793 nahm ein Pariser Untersuchungskommissar im Departement Aude Erhebungen über die Lage der Gemeindewaldungen vor. Er mußte feststellen, daß »sich jeder Privatmann vom Wald nimmt wie vom Kohl in seinem Garten«. Riesige Forstgebiete wurden von Dorfbewohnern verwüstet, die mit Holz und Holzkohle handelten. Verstaatlichter Waldbesitz wurde anfangs nicht verkauft, wenn die

Forsten größer als 50 Hektar, seit dem Jahre IV größer als 150 Hektar waren. Die Käufer durften den Wald roden, und in einigen Berggegenden begann man sogar, Höhenzüge und Hänge unter den Pflug zu nehmen, obwohl hier kaum hohe Erträge zu erwarten waren. Beklagt wurden nicht zuletzt die Schäden, die Ziegen – die Kühe des armen Mannes – anrichteten: »Der nach einem besseren Leben strebende Bauer ist ein Unglück für die Wälder«, schreibt D. Woronoff. Insgesamt aber scheint es sich nur um eine kurze Phase der Unordnung gehandelt zu haben. Zu Beginn des Konsulats arbeitete die Forstverwaltung wieder streng und effizient, und im 19. Jahrhundert kam es allgemein zu einer verstärkten Aufforstung. Die revolutionäre Anarchie sollte deshalb nicht vorschnell mit der Verantwortung belastet werden, das von Colbert begonnene Werk zerstört zu haben.

Die Untersuchung von Woronoff macht deutlich, wie fragwürdig jede Auflistung von Revolutionsfolgen für die Eisenindustrie Frankreichs bleiben muß. Am Ende seiner hervorragenden Thèse de doctorat d'Etat[4] äußert sich Woronoff sehr nuanciert über die Auswirkungen der sozialen und politischen Veränderungen sowie von Krieg und Kontinentalsperre auf die französische Eisenindustrie. Seiner Ansicht nach sollte man weniger von einer langanhaltenden schlechten Konjunktur sprechen, sondern vielmehr von einer durch die konjunkturellen Schwierigkeiten bedingten Zuspitzung langfristiger Tendenzen und struktureller Besonderheiten ausgehen, die für die französischen Hüttenwerke typisch waren. Woronoff bestreitet, daß technischer Stillstand und Stagnation der Produktion ihre Entwicklung während der revolutionären Zeit gehemmt hätten.

Wie über die Krise der Eisenindustrie ist auch über den Zusammenbruch des Überseehandels, insbesondere des Handels mit den Kolonien viel gearbeitet worden. Dieser fiel zeitlich mit dem Wiederausbruch des Krieges gegen England im Jahre 1793 zusammen. Diese Krise ist um so erstaunlicher, als in den Jahren 1791/92 ein deutlicher Aufwärtstrend eingesetzt hatte. Betrachten wir die Situation von Marseille, die C. Carrière und M. Courdurie gründlich untersucht haben.[5] Ihre Arbeiten lassen die Schwere des Schocks ermessen, den die Stadt erlitten hat. Dieser hatte zum einen politische Ursachen. In den Jahren der Schreckensherrschaft starben die angesehensten Kaufleute Marseilles unter der Guillotine, und zahlreiche Handelshäuser mußten wegen Emigration geschlossen werden. Der Schock hatte zum anderen militärische Ursachen. Die englische Blockade unterbrach den Handel dieses Mittelmeerhafens fast völlig. Doch waren es diese politischen und militärischen Ereignisse nicht allein, auf die man die Störungen zurückführen sollte. Gerade die Forschungen von Carrière und Courdurie lassen deutlich erkennen, daß der Übersee- und Kolonialhandel schon vor 1793 mit wachsenden Schwierigkeiten zu kämpfen gehabt hat: »Die glückliche Zeit des Westindienhandels lag weit zurück. Auch die Plantagengeschäfte büßten an Bedeutung ein. Die Gewinne gingen zurück. Im letzten Drittel des 18. Jahrhunderts wandten sich die dynamischen Reeder stärker dem Osten zu.« Nachdem der Handel liberalisiert und das Privileg der Compagnie des Indes aufgehoben worden war, hatten sich die großen protestantischen Handelshäuser von Marseille besonders stark im Indischen Ozean engagiert. Von dort aus öffnete sich für sie der Zugang zum Roten Meer, zum Malaiischen Archipel sowie nach Ostasien. Hier spielte die Ile de Bourbon eine wichtige Rolle als Plantagenkolonie, die insbesondere Kaffee lieferte. Mauritius mit Port-Louis wurde dagegen zu einem Außenposten Europas, zur Insel der Kaufleute und Spekulanten. Sie glaubten, durch Kommissionshandel, Geschäfte mit Wechseln sowie den Handel mit Sklaven von der afrikanischen Ostküste schnell ein Vermögen erwerben zu können.

Schon in diesen Krisenjahren, und dies ist bis jetzt noch zu wenig beachtet worden, verschoben sich die Handelswege. Viele Kaufleute versuchten, den Handel mit Port-Louis auszuweiten, das enge Familienbeziehungen mit Marseille verbanden. Durch das stärkere Engagement im Indischen Ozean hofften sie, die Verluste im Mittelmeer auszugleichen. Die Marseiller Kaufleute schlugen diesen Weg ein, obwohl England zum Nachteil der neutralen Staaten, vor allem Amerikas, die Meere beherrschte. So ging die Zahl der Schiffe, die Port-Louis anliefen, zwar zunächst zurück: 68 (1792), 30 (1793), 0 (1794) und 4 (1795). 1796 stieg sie dagegen wieder auf 36 an. Dabei glich die große Anzahl von Schiffen, die unter neutraler Flagge fuhren, zumindest teilweise das Verschwinden der französischen Schiffe aus. Port-Louis wurde zum »Algier des Indischen Ozeans« (A. Toussaint) und profitierte, zumal sich die englische Blockade als ineffektiv erwies, beträchtlich vom Kaperkrieg. Obwohl die Zahl der Schiffe, die in Port-Louis vor Anker gingen, von 1798 bis 1801 erneut absank und zwischen acht und 19 pro Jahr schwankte, bildeten sich doch mitten im Krieg neue Vermögen. Im übrigen verstanden es die Kaufleute schon damals, abzuwarten, ihre Gewinne zu konsolidieren und bei den ersten Anzeichen einer Besserung die Geschäfte erneut auszuweiten.

Wie die Arbeiten von P. Butel zeigen, bewies der Handel von Bordeaux ein ganz ähnliches Reaktions- und Anpassungsvermögen wie jener von Marseille.[6] Dies zeigte sich deutlich im Aufschwung des Amerikahandels. Auch was diesen Teil der Erde angeht, lenken die Untersuchungen von Butel die Aufmerksamkeit auf neue Bedingungen, die bereits vor der Revolution entstanden sind. Dazu zählten etwa die wachsende Präsenz des amerikanischen Handels in dem am Atlantik gelegenen Teil der Karibik oder die Abhängigkeit der französischen Kolonialwirtschaft von den neuen amerikanischen Handelspartnern. »Das Netz der Handelsverbindungen war bereits sehr dicht. Französische und amerikanische Handelshäuser arbeiteten eng zusammen, vor allem in Santo Domingo. Dies erleichterte den Handelsverkehr in der Revolutionszeit.« Damit möchte Butel die Bedeutung dieser Beziehung, auf die er ein neues Licht wirft, jedoch nicht überbewerten: »Sie trugen dazu bei, daß Frankreichs Handel mit den Kolonien nicht völlig zusammenbrach, konnten aber den tiefgreifenden Wandel, der sich in diesen Jahren abspielte, nicht aufhalten.« Interessant ist die Zunahme der familiären und geschäftlichen Verflechtungen zwischen den Kaufleuten, die auf den Antillen geblieben waren, und jenen, die sich in New York, Philadelphia, Baltimore oder Charleston niedergelassen hatten. »Das Neue in der Revolutionszeit war zum einen die Systematisierung der Handelsbeziehungen, zum anderen die Tatsache, daß es zahlreichen Kaufleuten und Pflanzern aus Santo Domingo gelang, sich während der Revolte des Jahres 1791 an die amerikanische Ostküste oder nach Kuba abzusetzen.« Nach dieser ersten erfolgte unter dem Direktorium eine zweite Phase der Einwanderung. Damit entstand zweifellos ein Markt für einige französische Exportartikel, zumindest in den anpassungsfähigen Jahren der napoleonischen Zeit.

Zwar reichen alle diese Ergebnisse noch nicht über Retuschen an der wohlbekannten Interpretation hinaus, die im wesentlichen auf die negativen Folgen der Revolution für die französische Wirtschaft abhebt.[7] Aber man muß sich doch zumindest klar machen, daß nicht in den Jahren der Revolution, sondern erst in der Zeit nach 1803 die eigentlich irreparablen Entscheidungen gefallen sind. Wesentlich offener als bei den bisher behandelten Gebieten ist die Forschungsdebatte bei zwei anderen Fragen: zum einen hinsichtlich der Auswirkungen der Französischen Revolution auf die langfristige Entwicklung der Landwirtschaft und zum anderen in bezug auf den Beginn der Mechanisierung der Produktion, die in der Textilindustrie ihren Anfang nahm.

Wie wirkte sich die Französische Revolution auf zentrale Determinanten der Agrarwirtschaft und der ländlichen Gesellschaft, vor allem auf Produktion, Produktivität, Eigentumsverhältnisse und Wirtschaftsführung aus? Vom Ende des 17. bis zur Mitte des 19. Jahrhunderts stiegen Produktion und Produktivität der französischen Landwirtschaft an. Inwieweit die Revolutionsereignisse in diese langfristige Entwicklung eingegriffen haben, läßt sich nur schwer ausmachen. Vergleicht man die Situation in Frankreich am Vorabend der Revolution mit jener am Ende der Regierungszeit Ludwigs XIV., wird eine deutliche Steigerung der Agrarproduktion insgesamt, auf jeden Fall aber der Getreideproduktion erkennbar. Sie soll nach jüngsten Untersuchungen in den einzelnen Provinzen zwischen 25% und 40% betragen haben.[8] Das landwirtschaftliche Wachstum hielt also nicht mit der Bevölkerungsentwicklung Schritt, und noch viel weniger überrundete es sie. Dies änderte sich erst in der Mitte des 19. Jahrhunderts.

»Die Zunahme der Agrarproduktion«, meint J. Goy, »ergab sich als Folge einer großen Anzahl kleinerer Innovationen«.[9] Mit dieser These folgt er einerseits den mittlerweile schon klassischen Interpretationen von J. Meuvret, der die Aufmerksamkeit auf die schrittweisen Verbesserungen bei landwirtschaftlichen Geräten und Anbaumethoden sowie die damit verbundenen positiven Auswirkungen gelenkt hat, von D. Faucher, der die Vermehrung der angebauten Nutzpflanzen hervorgehoben hat, und von M. Daumas, der gegenüber der Plötzlichkeit technologischer Revolutionen den kontinuierlichen Wandel der Technik in den Mittelpunkt gestellt hat. Goy setzt sich damit andererseits von den überkritischen Thesen eines M. Morineau ab, für den es vor der Mitte des 19. Jahrhunderts überhaupt keine Agrarrevolution gegeben hat. Im übrigen bezieht sich der Begriff »Agrarrevolution«, so wie er in der Vergangenheit benutzt wurde, allein auf den Getreideanbau und berücksichtigt die Veränderungen auf anderen Gebieten nicht.

Die angesprochenen kleineren Innovationen bestanden erstens in Trockenlegungen und Rodungen. Sie vermehrten die agrarische Nutzfläche in den letzten 30 Jahren des Ancien Régime um etwa 400 000 Hektar. Die Anstöße hierzu kamen oft von Großgrundbesitzern. Zahlreiche Zeugnisse scheinen zu belegen, daß die Revolution auch Initiativen Minderbemittelter förderte, die zu Lasten von Wäldern und Gemeinheiten gingen. Im 19. Jahrhundert übernahmen dann wieder Landadel und Staat die Führung. Alle diese Maßnahmen hatten, und das muß man sich verdeutlichen, vom ökonomischen Standpunkt her gesehen nur einen geringen Grenznutzen. Die Landgewinnung erstreckte sich meist auf unfruchtbare Böden, die kaum unter den Pflug genommen worden wären, hätte nicht der Zwang bestanden, die Getreideproduktion auszudehnen. Zweitens trug die Reduzierung des Brachlandes dazu bei, die Agrarproduktion zu erhöhen. Sie machte es möglich, mehr Futterpflanzen anzubauen und dadurch den Viehbestand zu vergrößern. Dies hatte wiederum eine bessere Düngung zur Folge, die sich dann in höheren Erträgen beim Getreideanbau niederschlug. Aber dieser Kreislauf deutete sich damals lediglich an; er sollte erst viel später, im 19. Jahrhundert, voll wirksam werden. Ganz andere Bedeutung gewannen drittens die Bemühungen, zusätzliche oder besonders leicht vermarktbare Nutzpflanzen in die traditionelle Fruchtfolge einzubeziehen: Kartoffeln, Mais, industriell nutzbare Pflanzen (Flachs, Hanf, Maulbeerbäume, Ölfrüchte) und natürlich Wein. Mit Hilfe solcher Kulturen ließen sich im Verhältnis zur Fläche relativ hohe Produktionswerte erwirtschaften. Ihr Anbau war deshalb auch für kleine Höfe interessant und erlaubte es ihnen, die verfügbaren Geldmittel zu vergrößern. Weitere Antriebe gingen aus von einer Veränderung der Verbrauchergewohnheiten sowie der steigenden Nachfrage nach Rohmaterialien von seiten der Protoindustrie. Diese wurde durch die Revolution keineswegs behindert, um so weniger als sie Teile der Bevölkerung an die ländlichen Gebiete band. Viertens hebt Goy die Bedeutung exogener Faktoren hervor. Zu ihnen zählten etwa Klimaverbesserungen oder technologische Neuerungen bei der Lagerung und dem Mahlen von Getreide.[10] »So führten die vereinten Bemühungen von ländlicher Bevölkerung, Investoren und Verwaltung zu einer Mobilisierung und Umverteilung vorhandener Ressourcen.«

Die Debatte über positive oder negative Auswirkungen der

Französischen Revolution auf das Fortschreiten der Agrarrevolution erstreckt sich nicht auf den im engeren Sinn technischen Bereich, sondern konzentriert sich vielmehr auf die Folgen der revolutionären Umgestaltung der Eigentumsordnung. Nach Meinung der Kritiker behinderte die Französische Revolution die Bildung oder Vermehrung von Großbetrieben, die ihnen als einziges Vehikel des agrarischen Fortschritts erscheinen. Ehemalige Kirchengüter wurden aufgeteilt oder zerstückelt; eine Reihe kollektiver Nutzungsrechte bestand fort und hemmte die Privatinitiative; die Erbteilung führte im Laufe der Generationen zu einer zunehmenden Zersplitterung des Bodens. Wollte man auf alle diese Argumente genauer eingehen, müßte die Entwicklung der französischen Agrargebiete im ganzen 19. Jahrhundert untersucht werden. Aber es reicht aus, sich einige neuere Forschungsergebnisse ins Gedächtnis zu rufen, die zu völlig anderen, wenn nicht sogar entgegengesetzten Schlußfolgerungen kommen.

Die Verkäufe von Nationalgütern, soviel ist richtig, stoppten die Konzentration des Grundbesitzes, die das ganze 18. Jahrhundert hindurch zugenommen hatte. Besitzer kleiner Höfe oder bis dahin landlose Bauern profitierten insofern von den Verkäufen, als es vielen von ihnen gelang, kleinere Parzellen zu erwerben. Dies versetzte sie in die Lage, weiterhin auf dem Land und von der Landwirtschaft zu leben. Zugleich vergrößerte sich dadurch das relative Gewicht des Kleinbesitzes. R. Hubscher bestreitet, daß dadurch eine Entwicklung eingeleitet worden ist, die zu einer Zersplitterung des Bodens sowie zur Ausbreitung einer für Frankreich typischen Form der Bodennutzung geführt hat.[11] Seiner Meinung nach hemmten die kleinen und mittleren Betriebe weder den agrarischen Fortschritt, noch schwächten sie die Aufnahmefähigkeit des inneren Markts, sondern stellten das ganze 19. Jahrhundert hindurch eine erstaunliche Fähigkeit unter Beweis, sich zu konsolidieren und zu modernisieren. Verantwortlich dafür war zum einen die Bereitschaft der Miterben, auf ihr Erbteil zu verzichten. Eine Rolle spielte zum anderen, daß sich die Familien bereit fanden, Kapital über sehr unterschiedliche Aktivitäten zu akkumulieren und in den Betrieb zu investieren.

Man kann die Auswirkungen der neuen, von der Revolution eingeführten Eigentumsordnung aber auch unter einem anderen Blickwinkel betrachten, etwa dem des adeligen Grundbesitzes. Manche heimgekehrten Emigranten, aber auch viele, die nicht emigriert waren, sahen sich infolge der erlittenen Verluste veranlaßt, die Formen der Bewirtschaftung zu überprüfen sowie durch direkte und stärkere eigene Mitarbeit eine Sanierung ihres Besitzes zu versuchen.[12] Das städtische Bürgertum, und zwar Rentiers wie Kaufleute, das seinen Grundbesitz durch den Kauf von Nationalgütern erweitert hatte, nutzte seine Neuerwerbungen in durchaus kapitalistischem Geist und bemühte sich, die Rentabilität des Bodens durch neue Techniken zu erhöhen. Eine vergleichende regionalgeschichtliche Untersuchung bäuerlicher Pachtverträge würde zu diesem Aspekt interessante Aufschlüsse erbringen.

Der Revolution, dies wird man insgesamt annehmen können, dürfte die Versorgung ihrer Soldaten und Bürger mit den notwendigsten Lebensmitteln viel zu wichtig gewesen sein, als daß sie einer Vergrößerung der landwirtschaftlichen Produktionskapazitäten ablehnend gegenübergestanden hätte. Die Agrarpolitik der revolutionären Zeit sollte deshalb in ihren Auswirkungen viel differenzierter gesehen werden. Eine polemisch, ideologisch oder ökonomisch gefärbte Kritik hat dies bisher nicht wahrhaben wollen.

Bleibt die so oft, vor allem von der amerikanischen Geschichtsschreibung[13] gegen die Revolution vorgebrachte Anklage, sie habe den industriellen Rückstand Frankreichs verschuldet. Noch vor wenigen Jahren meinte ein französischer Technikhistoriker, Revolution und Empire seien die »Totengräber der französischen Industrie« gewesen.[14] Solche Überlegungen deuten vielleicht auch einen Rückstand der französischen Industriegeschichtsschreibung an, der sich erst in letzter Zeit durch neuere Arbeiten wie die von S. Chassagne über die Entstehung der französischen Baumwollproduktion ein wenig verringert hat.[15]

Chassagne ist der Meinung, die Revolution habe den Aufstieg der Baumwollindustrie begünstigt, nicht zuletzt durch die Befreiung der sogenannten Güter der toten Hand, d. h. des Kirchengutes. Im Besitz von Unternehmern stieg ihr Wert augenblicklich an und dies in auffälligem Gegensatz zur früheren Ertragslosigkeit und Immobilität. »Die plötzliche Versteigerung der Kirchengüter konnte allen Unternehmern oder künftigen Unternehmern nur als ein unverhofftes Glück erscheinen.« Dafür gab es eine Reihe von Gründen, die in ihrer ganzen Vielschichtigkeit nicht immer gesehen werden und die Chassagne deutlich herausgearbeitet hat.

Erstens: »Ordens- und Klostergebäude eigneten sich vorzüglich für eine industrielle Nutzung. Sie lagen zum einen entweder in der Stadt oder in ihrer näheren Umgebung. Zum anderen waren die Klöster von Mauern eingefaßt und verfügten in ihrem Inneren über größere Flächen, etwa alte Gärten, die bauliche Erweiterungen erleichterten oder zum Bleichen von Stoffen verwendet werden konnten. Schließlich machten mehrstöckige Bauweise, Aufteilung in große Räume (Dormitorien, Refektorien) sowie Qualität des verwendeten Baumaterials die ehemaligen Klöster zu geeigneten und billigen Produktionsstätten. Dies galt vor allem für Fabriken ohne einen zentralen Antrieb, da Installierung und Betrieb eines Wasserrads oder einer Dampfmaschine größere Umbauten nötig gemacht hätten.« Man sieht, welche Antworten eine Untersuchung, die sich mit der Archäologie industrieller Gebäude auseinandersetzt, auf die Frage nach den Auswirkungen des Verkaufs von Nationalgütern geben kann.

Zweitens: Chassagne schätzt, daß Baumwollindustrielle zwischen 1790 und 1805 Nationalgüter im Wert von 4 Millionen Livres erworben haben. Dabei handelte es sich um Investitionen zu äußerst günstigen Bedingungen. Dies war wichtig in einer Zeit, in der schon »die Installationskosten für eine mit Wasserkraft betriebene mechanische Spinnerei kaum unter 100000 Livres lagen«. Der Kauf von Klostergütern erleichterte es den Unternehmern obendrein, Gelder, die sie für ihren Geschäftsbetrieb dringend benötigten, gegen hypothekarische Sicherheit aufzunehmen. Aber es gab nicht nur die Möglichkeit des Kaufs von Klöstern. Kirchengüter, die noch zum Verkauf standen, wurden gleichfalls zu günstigen Bedingungen Manufakturunternehmern zur Verfügung gestellt. So konnten z. B. Richard und Lenoir-Dufresne im Jahr VIII das ehemalige Kloster Bon Secours im Pariser Vorort Saint-Antoine für 3000 Livres pro Jahr mieten. Später erwarben sie es zusammen mit dem benachbarten Kloster Traisnel überaus günstig zum Schätzwert. Die Regierung übernahm die Differenz zum Versteigerungsgebot und gewährte den Unternehmern darüber hinaus noch eine Reihe weiterer Vergünstigungen.

Drittens: Die Revolution förderte aber nicht nur die Kapitalbildung; sie setzte auch »alle verfügbare, bisher nicht genutzte Arbeitskraft frei, vor allem die der Kinder«. Dies geschah am Ende von zehnjährigen Erfahrungen und Rechtfertigungsversuchen, die mit dem Ende der Monarchie eingesetzt hatten. »Im revolutionären Jahrzehnt wurde die Kinderarbeit in Baumwollfabriken öffentlich zugelassen und bürgerte sich ein. Es brauchte lange Zeit, um diese Entwicklung wieder rückgängig zu machen.« Für Chassagne zeigt sich darin »die ungeheure Rolle, die der Industrieunternehmer künftig bei der sozialen Disziplinierung gespielt hat. Man denke nur an die Arbeitshäuser des 18. sowie die Krankenhäuser und Gefängnisse des 19. Jahrhunderts.«

Chassagne kommt am Ende seiner Untersuchungen über das Verhältnis von politischer und industrieller Revolution zu dem Ergebnis, daß die Zeit der Revolution »entgegen oft geäußerter, hartnäckiger Vorurteile nicht zu einem technologischen Rückstand im Vergleich zu England geführt hat«. Der Krieg mit England veränderte zwar die Art und Weise des Technologietransfers, beendete ihn jedoch nicht. So machte sich Frankreich etwa das Wissen von Kriegsgefangenen zunutze, unter denen sich viele Mechaniker und Facharbeiter aus der Textilindustrie befanden. Sie wollten »lieber, selbst zum Vorteil des Kriegsgegners, in ihrem Beruf weiterarbeiten, als in einem Gefangenenlager untätig verkommen«. Einige heirateten sogar und ließen sich an ihrem Arbeitsort nieder. Die Jury der Industrieausstellung von 1806 konnte deshalb schreiben: »Eine der nützlichsten Errungenschaften der Revolution war die Einführung der Baumwollspinnmaschine bei uns in Frankreich.«

Alles in allem hat nach Meinung von Chassagne »das Jahrzehnt der Revolution die Entstehung von mechanisierten oder nichtmechanisierten Baumwollspinnereien allenfalls verlangsamt, aber keineswegs unterbrochen«. Erinnert sei an den Ausspruch von Saint-Just: »Es fehlt uns an Eisen, nicht aber an Baumwolle.« Er unterstreicht, daß in der Revolutionszeit weder der Verbrauch noch die Produktion von Taschentüchern sowie leichten und bedruckten Baumwollstoffen abgenommen hat. Sie gehörten mittlerweile in Frankreich zu unentbehrlichen Gegenständen. »Die Revolution änderte also nichts an den Verbrauchergewohnheiten, die sich in der zweiten Hälfte des 18. Jahrhunderts herausgebildet hatten. Die starke Binnennachfrage erklärt, warum sich die aufstrebenden Unternehmer angesichts des Fehlens jeder legalen ausländischen Konkurrenz so sehr für neue Methoden der Baumwollverarbeitung interessiert haben.«

Mit diesen Überlegungen haben wir uns mittlerweile weit von jenen Interpretationen entfernt, die davon ausgehen, daß der moderne Kapitalismus in Frankreich nicht wegen, sondern trotz der

Revolution Fuß gefaßt hat.[16] Wir nähern uns damit jedoch keineswegs einer anderen, ebenfalls sehr verbreiteten Interpretation. Karl Marx und die marxistische Geschichtsforschung schreiben der »Französischen Revolution tiefgreifende Auswirkungen auf die Wirtschaft zu, so als hätte diese mit der Aufhebung des Feudalsystems zugleich auch das Übergewicht des Grundbesitzes ein für allemal beseitigt«.[17] Diese Sichtweise stützt sich, wie F. Furet schreibt, auf »das fast völlige Fehlen von Belegen über Wirtschaft und Gesellschaft Frankreichs vor 1789«. »Marx beschäftigte sich viel intensiver mit der Französischen Revolution als mit dem Ancien Régime. Er las über das Frankreich des Ancien Régime nicht so immens viel Literatur wie in den späteren Jahren für seine Studien zur englischen Sozialgeschichte, aus denen das *Kapital* hervorging.« Trotzdem, so stellt man mit Verwunderung fest, gibt es eine riesige Zahl mehr oder weniger solider Arbeiten, die sich mit dem Übergang vom Feudalismus zum Kapitalismus beschäftigen. Am Beispiel des Grundbesitzes und seiner Bedeutung für den wirtschaftlichen und sozialen Wandel während der Revolution sollen einige damit zusammenhängende Probleme verdeutlicht werden.

Die Revolution befreite Grund und Boden von allen feudalen Bindungen. Er wurde damit rechtlich gesehen völlig neu definiert. Der Grundbesitz entwickelte sich so zum Mittelpunkt der neuen sozialen und politischen Ordnung: zum einen, weil er die Funktion einer sozialen Barriere übernahm, die früher die Privilegien besessen hatten; zum anderen, weil über die hohe Bewertung des Grundbesitzes aristokratische Normen fortwirkten und vom Bürgertum übernommen wurden; und schließlich, weil die verstärkte Mobilität von Grund und Boden diesen zu einem äußerst anpassungsfähigen Instrument des wirtschaftlichen Aufschwungs machte, der Grundbesitz also keineswegs automatisch und von vornherein jene unfruchtbare Rolle spielte, die man ihm lange Zeit zugeschrieben hat.[18]

Diese Hypothesen finden ihre Bestätigung in der Haltung, die Kaufleute wie Unternehmer während und nach der Revolution zum Immobilienbesitz eingenommen haben. So stürzten sich Tausende aus der Geschäftswelt auf den Kauf von Nationalgütern und nahmen die einmalige historische Gelegenheit wahr, sich alte Wünsche zu erfüllen. Vielleicht standen zunächst und vor allem soziale wie politische Gründe im Vordergrund. Ausgedehnter

Grundbesitz hatte seit jeher, und zwar sowohl auf der einen wie auf der anderen Seite der durch Privilegien und Geburt entstandenen sozialen Barriere, die Grundlage gesellschaftlicher Respektabilität gebildet. Auch trat das neue Regime, das aus der Versammlung der Generalstände hervorging, mit dem Anspruch an, eine Regierung der Besten und das heißt der Besitzenden zu sein. Unter solchen Bedingungen mußte jedem Geschäftsmann daran gelegen sein, seinen Grundbesitz zu vergrößern, um sich mit dem Bild des wohlhabenden Grundeigentümers identifizieren zu können. Zugleich wollten viele Geschäftsleute aus konjunkturanfälligen Branchen einiges von ihren Gewinnen konsolidieren, was nicht weiter verwunderlich ist. Andere – zahlreiche Fälle aus Südfrankreich belegen dies – profitierten davon, um im Zuge ihrer individuellen Karriere oder des sozialen Aufstiegs der Familie rascher den Sprung vom aktiven Kaufmann zu einem Rentier zu schaffen, der von den Einkünften aus seinem Grundbesitz lebte.[19] Dies schließt jedoch keineswegs aus, daß das Interesse am Kauf von Nationalgütern nicht in erster Linie vom Bedürfnis nach sozialem Ansehen sowie vom Wunsch bestimmt gewesen ist, sich in die herrschenden Eliten jener neuen Ordnung einzureihen, die Gestalt anzunehmen sowie Führungspersonen und Repräsentanten zu rekrutieren begann. Generell trug eine solche Haltung dazu bei, die kaufmännischen Berufe in der Hierarchie sozialer Werte anzuheben, und sie erleichterte es zumindest prinzipiell, die ökonomischen Interessen auf allen Ebenen wirkungsvoll zu vertreten. Wenn später der alte Gegensatz Feudalismus-Kapitalismus wieder mit Schärfe aufbrach, so hing dies nicht zuletzt auch damit zusammen, daß Vertreter des Wirtschaftsbürgertums und Exponenten des alten Adels z. B. während der Restaurationszeit auf politischer Ebene miteinander konkurrierten.

Die hervorragende Bedeutung, welche die meisten Geschäftsleute dem Besitz oder der Schaffung eines soliden Vermögens beimaßen, erklärt sich nicht nur, wie Chassagne betont, aus dem Wunsch, die bestehenden Kreditmöglichkeiten in Anspruch nehmen zu können. Vermögen war auch eine Art Versicherung gegen schlechte Konjunkturen, stellte ein Gleichgewicht zwischen den verschiedenen Einnahmequellen her und schuf Sicherheiten vor einem Konkurs. Man kann der Französischen Revolution, weil sie dieses System in besonderem Maße stärkte, nicht anlasten, sie habe langfristig gesehen das moderne Wirtschaftswachstum behindert.

1 Man denke etwa an F. Crouzet, Les conséquences économiques de la Révolution. A propos d'un inédit de Sir Francis d'Ivernois, in: AHRF, Bd. 39, 1967, S. 182–217, 336–362.

2 Vgl. La Statistique en France à l'époque napoléonienne (journée d'étude; Ecole des Hautes Etudes en Science Sociales, Seminar von Louis Bergeron; Paris, 14. Februar 1980/Bruxelles, Centre Guillaume Jacquemyns, 1981); J.-C. Perrot u. S. J. Woolf, State and Statistics in France 1789–1815, Chur 1984.

3 D. Woronoff, La crise de la forêt française pendant la Révolution et l'Empire: l'indicateur sidérurgique, in: Cahiers d'Historie, Bd. 24, 1979, S. 3–17.

4 Ders., L'Industrie sidérurgique en France pendant la Révolution et l'Empire, Paris 1984.

5 C. Carrière u. M. Courdurie, Heurs et malheurs des frères Couve, colons de l'Ile de France, 1776–1803. Unveröffentlichtes Manuskript, das die Autoren freundlicherweise zur Verfügung gestellt haben.

6 P. Butel, Guerre et commerce sous la Révolution et l'Empire. Les négociants français et le ›refuge‹ américain, in: Revue d'Histoire économique et sociale, Bd. 55, 1977, S. 433–451.

7 Ein ausführlicher Überblick über die negativen Folgen der Französischen Revolution für die Wirtschaft findet sich mit zahlreichen weiteren Literaturangaben bei H. Bonin, La Révolution française a-t-elle brisé l'esprit d'entreprise?, in: L'Information historique, Bd. 47, 1985, S. 193–204.

8 Vgl. z. B. E. Le Roy Ladurie u. J. Goy, Tithe and agrarian history from the fourteenth to the nineteenth century: an essay in comparative history, Cambridge 1982.

9 J. Goy, Effets et limites de l'essor de l'agriculture nouvelle au XVIIIe siècle, in: Septième Congrès International des Lumières, Budapest 1987, Oxford 1987, S. 3–12.

10 Vgl. S. L. Kaplan, Provisioning Paris: merchants and millers in the grain and flour trade during the XVIIIth century, Ithaca 1984. Trotz der Veröffentlichung dieses monumentalen Werks, Ergebnis jahrelanger Arbeit in französischen Archiven, fehlt nach wie vor eine Studie über die Anfänge der technischen Revolution in der französischen Müllerei, insbesondere über die Verbreitung von Mühlen, die nach englischem Vorbild konstruiert und organisiert waren.

11 R. Hubscher, La petite exploitation en France: reproduction et compétivité (fin XIXe siècle-début XXe siècle), in: Annales, Bd. 40, 1985, S. 3–34.

12 Vgl. J. Goergelin, Capitalismo e agricoltura nell'età dell'industrializzazione francese, in: Quaderni Storici, Bd. 5, 1970, S. 339–392.

13 Eine dieser Verurteilungen, die es am meisten an Informationen fehlen läßt, ist die wenig bekannte Arbeit von S. B. Glough u. A. de Vittorio, »Nuove ricerche e nuovi punti di vista sui fattori di ritardo nello sviluppo economico francese durante la Rivoluzione ed il periodo napoleonico«, in: Rassegna Economica, Bd. 35, 1971, S. 281–305. Der Artikel blieb bereits zum Zeitpunkt seines Erscheinens hinter dem Stand der Forschung zurück.

14 Diesen rachsüchtigen Ausdruck verwendet J. Payen, Aspects de l'industrie française à la fin du XVIIIe et au début du XIXe siècle: les frères Perier, la machine à vapeur, la construction mécanique, in: Sciences et Techniques en perspective, Bd. 1, 1982, S. 15/1–15/37.

15 S. Chassagne, La naissance de l'industrie cotonnière en France 1760–1840. Trois générations d'entrepreneurs, Diss. Paris 1986.

16 Vgl. z. B. R. Reichardt u. E. Schmitt, Die Französische Revolution – Umbruch oder Kontinuität?, in: Zeitschrift für historische Forschung, Bd. 7, 1980, S. 257–320.

17 F. Furet, Marx et la Révolution Française, Paris 1986.

18 Vgl. z. B. die Kritik an diesem Konzept bei C. Dipper, Die Bauern in der Französischen Revolution, in: GG, Bd. 7, 1981, S. 119–133. Was die Alternative Feudalismus – Kapitalismus betrifft, spricht der Autor von einem »theoretischen Defizit« des historischen Materialismus. Dieser sei nicht in der Lage zu zeigen, warum der Agrarsektor sich so anders entwickelt hat als der Industriesektor, und zu erklären, wie es der Landwirtschaft durch vielseitige Anstrengungen und Modernisierungen gelungen ist, sich einen Platz in den Industriegesellschaften zu sichern.

19 Wir beziehen uns hier auf Überlegungen, die durch die Untersuchung der Karriere einiger Kaufleute aus dem Departement Aude angeregt wurden. Diese Karrieren lassen sich dank der Informationen über die Notabeln im Kaiserreich rekonstruieren. Vgl. L. Bergeron u. G. Chaussinand-Nogaret, Grands Notables du Premier Empire, 16 Bde., Paris 1978–1987.

II. Staat und Gesellschaft

[illegible]

Rolle und Struktur staatlicher Bürokratie in Frankreich und Deutschland

[illegible]

[illegible]

[illegible]

Bernd Wunder

Rolle und Struktur staatlicher Bürokratie in Frankreich und Deutschland

Obwohl die Französische Revolution im Namen der Menschenrechte gegen Tyrannei und Absolutismus antrat, stand am Ende der Revolution der starke Staat bzw. die napoleonische Bürokratie. Seit Tocqueville darauf hingewiesen hat, daß die Revolution die Zentralisierungstendenz des Absolutismus weitergeführt und vollendet habe, ist es zum Allgemeingut geworden, die Entstehung des modernen Staates mit der Revolution in Verbindung zu setzen. Die historische Forschung datiert diesen Vorgang in Frankreich auf die Verfassung des Jahres VIII bzw. die Machtübernahme Napoleons und in Deutschland auf die Stein-Hardenbergschen und die rheinbündischen Reformen. In beiden Ländern ist der moderne Staat als bürokratischer Staat unmittelbar oder mittelbar ein Ergebnis der Französischen Revolution. Ein Vergleich dieser Entwicklung in zwei Staaten, die von entgegengesetzten Ausgangspunkten herkommend langfristig zu gleichen oder zumindest ähnlichen Ergebnissen geführt hat, muß Gemeinsamkeiten und Unterschiede aufzeigen. Die moderne Verwaltungswissenschaft untersucht Verwaltung unter den Gesichtspunkten Aufgaben, Organisation, Personal, Ressourcen, Methoden und Ergebnisse. In diesem Zusammenhang sollen nur die Faktoren Organisation und Personal behandelt, ihre Entwicklung in Frankreich und Deutschland nachgezeichnet, verglichen und eine Erklärung dieser teils parallelen, teils unterschiedlichen Prozesse versucht werden.

I. Die Reorganisation der Verwaltung in Frankreich

In der Erklärung der Menschenrechte vom 26. August 1789 nimmt der Staat eine zentrale Rolle ein. Dies erscheint nur auf den ersten Blick paradox, denn das Ziel dieser Grundsatzerklärung war die Wahrung der Menschenrechte gegenüber dem absolutistischen Staat, der sie unterdrückt hatte, und gegenüber dem Staat schlechthin, der wegen des ihm eigenen Gewaltmonopols prinzipiell eine Gefährdung der Rechte der Menschen bedeutete. In dem politischen Programm, das die Erklärung vom 26. August darstellte, wurde daher der Staatszweck neu als Sicherung der Menschenrechte definiert (Art. 2)[1] und zugleich der Grundsatz zur Durchführung dieses Zweckes aufgestellt, nämlich die Gewaltenteilung (Art. 16). Das Programm der Menschenrechte, das 1791 durch die Verfassung verwirklicht wurde, repräsentierte eine Art Erneuerung des naturrechtlichen Staatsvertrages, durch die eine nochmalige Entartung der Herrschaft zur Tyrannei vermieden werden sollte.

Die Reorganisation des Staatsapparates[2] während der Französischen Revolution diente also der Sicherung der Menschenrechte, d. h. der Freiheit der Person und dem Schutz des Eigentums sowie der Durchsetzung der rechtlichen Gleichheit. Das Mittel dazu war die Gewaltenteilung, wie sie Montesquieu formuliert hatte. Sein Ziel war vor allem eine Schwächung der Exekutive durch die Übertragung eines Teils der Legislative an die Bürger und durch die Neutralisierung bzw. Unabhängigkeit der Justiz gewesen. Die Nationalversammlung verfolgte dieses Ziel auch nach den revolutionären Ereignissen des Sommers 1789, da weiterhin von der königlichen Exekutive eine Gegenrevolution zu befürchten war. Zugleich konsolidierte sie damit die Gemeinderevolution vom Juli 1789, auf der politisch ihre Machtstellung beruhte. Dieses doppelte Ziel wurde durch zwei Dekrete vom 14. und 22. Dezember 1789 über die Aufteilung Frankreichs in Departements und die Einführung der Gemeindeselbstverwaltung erreicht, durch die die französische Innenverwaltung von Grund auf umgestaltet wurde. Die Aufteilung Frankreichs in 83 gleich große Departements zu je sieben Distrikten (Arrondissements) und ca. 500 Gemeinden zerschlug die alten regionalen Machtstrukturen, die den Adel begünstigt hatten. Diese Neueinteilung des Landes schuf den territorialen Rahmen für alle Behörden, d. h. neben der eigentlichen Verwaltung auch für die Rechtspflege, die Finanzverwaltung, das Bildungswesen, die Militärverwaltung und die kirchliche Organisation.

Die Entmachtung des Königs durch diese neue Verwaltungsorganisation bestand nun darin, daß die Verwaltung dem König bzw. der Regierung zwar unterstellt blieb, aber die Beamten nicht von ihm ernannt wurden oder abgesetzt werden konnten, sondern von den Bürgern bzw. ihren Vertretungskörperschaften (»Conseils généraux«) auf Zeit gewählt wurden. Gegen die Beschlüsse der kollegial organisierten Gemeinde-, Distrikts- und Departementsverwaltungen (»directoires«) konnte der König nur durch einen ebenfalls gewählten Syndikus ein Veto einlegen. Dem König verblieb nur die Zentralverwaltung, die durch die Aufspaltung der alten Finanzverwaltung in Ministerien des Innern und der Finanzen zusätzlich zu dem Justiz-, Kriegs- und Außenministerium ihre klassische Einteilung nach dem Sachprinzip erhielt.[3] Durch die Umwandlung der Intendanten, des absolutistischen Organs in den Provinzen, in gewählte Kollegialorgane wurde dem König das entscheidende Exekutivorgan genommen. Dieser Vorgang ist zu Recht als Munizipalisierung Frankreichs bezeichnet worden.

Nach dem Vorbild der Verwaltung wurde auch die Justiz reorganisiert. Hier war das erklärte Ziel, durch die Unabhängigkeit der Justiz, die nur dem Gesetz untertan sein sollte, jeden Machtmißbrauch zu Lasten des Bürgers zu verhindern. Die Gesetze über die Reform des Justizwesens vom 16. bis 24. August 1790 und über die Strafjustiz vom 7. Februar 1791 schufen eine neue Gerichtsorganisation. Neu waren erstens auf unterster Ebene die Laienämter des Schieds-, des Friedens- und des Familienrichters, die die Masse der kleinen Streitfälle schlichten, d. h. eher einvernehmlich regeln als anhand des Rechtes entscheiden sollten. Zivilgerichte bzw. Strafkammern mit Berufsrichtern wurden nur in einer Instanz auf Distrikts- bzw. Departementsebene eingerichtet. Um ein Übergreifen von Appellationsgerichten auf die Befugnisse der Legislative zu verhindern, wurde jede Appellationsgerichtsbarkeit ausgeschlossen. Nur ein Kassationshof konnte Urteile auf Formfehler hin überprüfen und gegebenenfalls zur Neuverhandlung an ein Untergericht zurückverweisen. Neu an dieser Gerichtsorganisation war neben der Einführung des Laienelementes durch Geschworene im Strafprozeß und der Friedensrichter in zivilen Streitfällen die Wahl aller Richter durch die Wahlkörperschaften, die für die jeweilige Verwaltungsebene zuständig waren. Durch die Vermeidung jeder Gerichtshierarchie und durch die dezentrale Personalpolitik sollte jeder politische Mißbrauch der Justiz auf institutionellem Wege verhindert werden.

Der drohende Staatsbankrott war der Anlaß für den Ausbruch der Französischen Revolution gewesen; die Steuerbefreiung des Adels war eine der zu Beginn der Revolution umstrittensten Fragen. Eine der bleibenden Leistungen der Revolution war neben der Abwendung des Staatsbankrotts die Vereinheitlichung des Steuersystems und der Steuerverwaltung. Zur Ungerechtigkeit des alten Steuersystems hatte neben den sozialen und regionalen Privilegien auch die Uneinheitlichkeit der Steuerverwaltung beigetragen. Im Januar und Februar 1791 reduzierte die Nationalversammlung die direkten Steuern auf eine Grundsteuer (»contribution foncière«), eine Vermögens- und Kapitalsteuer (»contribution mobilière«) sowie eine Patentsteuer für den Handel und hob die verhaßten indirekten Steuern, diese Einfallspforte des Absolutismus in den Ständestaat, bis auf eine Stempelsteuer und Außenzölle weitgehend auf. Der Einzug der direkten Steuern wurde wie bisher dezentral vorgenommen, d. h. kommunalen Wahlbeamten überlassen, und ihre Verwaltung wurde auf den höheren Ebenen eigenen Kassenbeamten übertragen. Nur für den Einzug der verbliebenen indirekten Steuern existierte weiterhin eine eigenständige Finanzverwaltung, die dem Finanzministerium unterstand.

Insgesamt war das Ergebnis der Verwaltungsreformen der Nationalversammlung eine weitgehende Dezentralisierung des Staatsapparates. Diese in der Verfassung von 1791 kodifizierte Organisation sollte in den nächsten zwei Generationen zum Vorbild der Liberalen in ganz Europa werden. In Frankreich wurde dieses System jedoch schon 1792 unter dem Druck von Krieg und Bürgerkrieg verändert. Sondergerichte wurden etabliert, die lokale Selbstverwaltung und die Wahl der Beamten durch Kommissare kontrolliert, d. h., letztlich von Paris entschieden. Doch die Stunde der Exekutive kam erst, als der rechte Flügel des Direktoriums beschloß, die politischen Verhältnisse mit einem Staatsstreich zwar ohne monarchische Restauration, jedoch unter einem General zu stabilisieren. Nicht mehr das Mißtrauen gegen die Exekutive bzw. die Regierung wie 1789, sondern das Mißtrauen gegen die Legislative bzw. das Volk bestimmte die Verwaltungsorganisation des Jahres VIII.

Das Charakteristikum der Verwaltungsreform des Konsulats und kennzeichnend für die napoleonische und die französische Verwaltung des 19. Jahrhunderts insgesamt war die Erneuerung des Intendantenamtes. Ein von der Regierung ernannter und abberufbarer Präfekt wurde nun Leiter der bisher kollegial durch Wahlbeamte betriebenen Departementsverwaltung. In jedem Arrondissement wurde er von einem ihm unterstellten Unterpräfekten unterstützt. Die bisherige Beteiligung der Bürger an der Verwaltung (»conseils généraux«) wurde auf beratende Hilfstätigkeiten reduziert. Gleiches galt für die kommunale Selbstverwaltung, die im organischen Gesetz vom 28 pluviose an VIII (17. November 1800) in die sogenannte Mairieverfassung umgewandelt wurde. Die Bürgermeister auf dem Land wurden vom Präfekten, die der Städte von der Regierung ernannt und abgesetzt; ihre Amtsdauer war seit 1802 auf fünf Jahre begrenzt. Die Wahl der Gemeinderäte erfolgte in den Städten auf der Grundlage einer Kandidatenliste, aus der die Regierung jene schließlich für 20 Jahre ernannte. Ihre Kompetenzen wurden auf beratende Funktionen beschränkt. Die Brumairiens bzw. ihr führender Theoretiker Sieyès wagten es 1799 noch nicht, das Recht der Beamtenwahlen offen aufzuheben, doch reduzierten sie es auf Kandidatenlisten (»listes de confiance«), die ein Zehntel des jeweiligen Wahlkörpers umfaßten und aus dem die Regierung ihre Beamten ernannte.

1802 wurde dieses relativ offene Präsentationsrecht schließlich durch die Reduzierung des passiven Wahlrechtes auf die 600 Höchstbesteuerten des Departements, d. h. auf eine kleine finanzielle Oberschicht eingeschränkt. 1800/02 beruhte die französische Provinz- und Lokalverwaltung also auf den vom Innenministerium ernannten Präfekten, Unterpräfekten und Bürgermeistern. Die verbliebenen rudimentären Mitspracherechte der Bürger waren durch einen hohen Zensus – 600 Notable auf 250000 bis 300000 Einwohner – einer kleinen Minderheit vorbehalten.

Während die politischen Rechte der Bürger bis zur Unkenntlichkeit verstümmelt wurden, blieb ihr Rechtsschutz erhalten. Die Unabhängigkeit der Justiz wurde jedoch auf andere Weise gesichert, allerdings wurden auch hier hierarchische Momente eingefügt. So richtete man durch den Art. 61 der Verfassung des Jahres VIII bzw. durch das organische Gesetz vom 27 ventose an VIII (18. März 1800) eine Appellationsinstanz für jeweils drei Departements, d. h. rund 14 Zivilgerichte 1. Instanz ein. Die zweite Neuerung des Konsulates war die Einführung der Unabsetzbarkeit der Richter, die aber mit Ausnahme der weiterhin auf drei Jahre gewählten Friedensrichter von der Regierung ernannt wurden (Art. 60, 67–68 der Verfassung) und die seit 1807 eine fünfjährige Probezeit absolvieren mußten. Die Wiedereinführung eines gerichtlichen Instanzenzuges und der Lebenslänglichkeit eines fachlich qualifizierten Richterstandes bürokratisierten die Justiz, von deren demokratischer Phase sich nur der Friedensrichter und die Geschworenengerichte der Strafrechtspflege erhielten.

Auch auf dem Gebiet der Finanzverwaltung schuf erst das Konsulat einen eigentlichen Verwaltungsunterbau. Durch das organische Gesetz vom 3 frimaire an VIII (24. November 1799) wurde in jedem Departement eine Finanzdirektion für die Eintreibung der direkten Steuern geschaffen, die somit den lokalen Wahlbeamten entzogen wurde. Die drei Tage später eingeführten Kautionszahlungen für Finanzbeamte in Höhe von 5% der Einnahmen sicherten den prompten Eingang der Steuern und überantworteten die Finanzverwaltung einer finanziell potenten Bevölkerungsgruppe. Nachdem das Direktorium schon die indirekten Steuern wieder erweitert und damit die Steuerverwaltung ausgebaut hatte, bestand seit dem Konsulat eine eigenständige, nun aber straff zentralisierte Finanzverwaltung in Frankreich.

Das Konsulat bzw. das napoleonische Frankreich behielt die in der Revolution nach rationalen Kriterien vorgenommene Verwaltungseinteilung Frankreichs ebenso wie die Gliederung der Verwaltung nach dem Sachprinzip bei. Sie nutzten aber diese rationale Organisation zur Stärkung der Regierungsgewalt, indem sie jede Beteiligung und jedes Mitspracherecht der Bürger an der Verwaltung, wie es selbst im Absolutismus existiert hatte, beseitigten. Die Verwaltung wurde auf allen Ebenen zum unbedingten Exekutivorgan der Regierung. Mit den Reformen des Jahres VIII wurde ein schlagkräftiger Verwaltungsapparat geschaffen, der ohne Rücksicht auf Privilegien erstmals das gesamte Staatsgebiet und jeden Staatsangehörigen erfaßte. Diese in seiner Effizienz bisher unerreichte Organisation wurde zum Vorbild des alten Europas, als sich die Frage der Modernisierung auch jenseits von Rhein und Alpen stellte.

II. Die Reorganisation der Verwaltung in Deutschland

In Deutschland waren die Reformen eine Folge außenpolitischer Ereignisse, nämlich der militärischen Siege der Französischen Revolution und Napoleons.[4] Der Reichsdeputationshauptschluß von 1803, der die Anerkennung der Rheingrenze mit der Säkularisierung des geistlichen Besitzes und der Mediatisierung der Reichsstädte verband, noch mehr aber die Gründung des Rheinbundes 1806, die zur Mediatisierung der Reichsritterschaft und der Reichsgrafen sowie zur Auflösung des Reiches führte, und schließlich die Halbierung Preußens im Tilsiter Frieden 1807 teilten das Gebiet zwischen Rhein und Elbe neu auf. Sie bewirkten von 1803 bis 1811 eine allgemeine Ostverschiebung der mitteleuropäischen Staatenwelt, auf die nach der Niederlage Napoleons zwischen 1814 und 1816 wieder eine Westverschiebung folgte, die alle seit 1792 zugunsten Frankreichs vorgenommenen Veränderungen rückgängig machte. Mit diesen territorialen Veränderungen waren auch innenpolitische Auflagen verbunden. Ferner suchte Napoleon durch einen Ausbau des Rheinbundes und den Export des Code Napoléon die inneren Verhältnisse in seinem Teil Europas zu vereinheitlichen. Dies bedeutete, daß nicht das Frankreich der Französischen Revolution, sondern das Frankreich Napoleons seine innenpolitischen Strukturen den mitteleuropäischen Staaten aufoktroyierte.

Die Regierungen der Rheinbundstaaten und des geschlagenen Preußens ihrerseits sahen in den innenpolitischen Grundsätzen des napoleonischen Empire ein Vorbild, weil die Finanzierung der eigenen Rüstung und damit die außenpolitische Selbstbehauptung bzw. ein Wiederaufstieg nur durch eine die bisherigen Möglichkeiten übersteigende Mobilisierung der eigenen wirtschaftlichen und demographischen Ressourcen möglich erschien. Dafür hatte das revolutionäre Frankreich ein überzeugendes Beispiel geboten. Andererseits machte erst die Bändigung der Revolution durch Napoleon bzw. die Restauration der Monarchie in Frankreich diese revolutionären Mittel für die alteuropäische Fürstenwelt akzeptabel. Die Straffung des Staatsapparates im Konsulat näherte Frankreich wieder den Strukturen an, die ihr Entstehen im Europa rechts des Rheins dem aufgeklärten Absolutismus verdankt hatten. Der Primat der Außenpolitik erforderte eine Verstärkung des staatlichen Zugriffs auf die Bevölkerungen mit revolutionären Mitteln, und die Instrumentalisierung dieser Mittel durch Napoleon erlaubte den aufgeklärten Regierungen eine Fortsetzung ihrer bisherigen Politik. Kern dieser Reformen und der von Napoleon beibehaltenen Errungenschaften der Französischen Revolution war neben einer Straffung des Staatsapparates eine neue Wirtschaftspolitik. Nicht die politische Freiheit des Bürgers, sondern seine wirtschaftlichen Entfaltungsmöglichkeiten und der Schutz des Eigentums bzw. die bürgerliche Gesellschaft waren das Ziel der staatlichen Eingriffe in die Wirtschaft und Gesellschaft. Eine wachsende Wirtschaft sollte eine Erhöhung der Steuereinnahmen ohne Verschärfung des Steuerdruckes ermöglichen. Daher war Rechtsgleichheit nicht Selbstzweck im Sinne eines aufgeklärten Menschenbildes, sondern nur ein Mittel zu Wirtschaftswachstum und zur Steigerung der Staatseinnahmen.

In Deutschland ging die Initiative zu Reformen von den Regierungen aus, und diese Reformen begannen in der Zentralverwaltung.[5] Legitimiert wurde diese Reformpolitik durch die ungebrochene Autorität der angestammten Herrscher. Die erste Aufgabe der Regierungen bestand darin, jeden Widerstand gegen die geplanten Reformen zu brechen. Widerstand leisteten zum einen die Landstände, soweit sie noch existierten, zum andern alle privilegierten Gruppen wie Kirche, Adel und Städte, deren Macht und Reichtum auf ihrer Sonderstellung beruhten. Während in den Großstaaten Österreich und Preußen ein Vorgehen gegen die Privilegierten von den innenpolitischen Machtverhältnissen und damit von politischen Zweckmäßigkeitserwägungen abhing, beruhte ihre Position in den Mittelstaaten auf dem Reich und seinen Eingriffsmöglichkeiten. Doch entweder hob das Reich selbst den Privilegienschutz auf, wie bei der Säkularisation der geistlichen Territorien und der Klöster 1803, oder die Auflösung des Reiches 1806 gab den Regierungen der Mittelstaaten freie Hand gegenüber ihren Untertanen und ihren Landständen.

Während die Auseinandersetzungen zwischen Staat und Kirche in den Konkordaten der Jahre zwischen 1817 und 1827 einen Abschluß fanden, zogen sich die Konflikte um die Sonderstellung des Adels bis 1848, teilweise sogar bis 1918 hin. Hier hatte Napoleon mit dem Adelsschutz für die Mediatisierten in der Rheinbundakte (Art. 27, 30/31), der in der deutschen Bundesakte 1815 (Art. 14) erneuert wurde, eine Barriere gegen die Verwirklichung der Rechtsgleichheit errichtet, die die Existenz der Mittelstaaten zu gefährden drohte. Zum andern verzögerte die politische Stellung des Adels in den einzelnen Staaten durchgreifende Reformen. Die Aufhebung der Privilegien, die im revolutionären Frankreich in einer Nacht, am 4. August 1789, durchgesetzt worden war, zog sich daher in Deutschland über 50 und teilweise über 100 Jahre hin.

Die Reformen begannen in Deutschland wie 1789 in Frankreich mit der Reorganisation des Staatsapparates, der in den Jahren von

1806 bis 1819 zu einem effizienten Werkzeug der Regierungspolitik umgestaltet wurde. Dies geschah zum einen durch die Einführung einer Dreistufigkeit in der Verwaltung, die Ablösung des Kollegialprinzips durch das Büroprinzip und die Gliederung der Verwaltung nach dem Sach- statt Provinzprinzip. Zwar gehörte die Organisation der Zentralverwaltung zu den Reservatrechten des Regenten, doch schon bei der Verwaltung der Provinzen und erst recht der Gemeinden war er an die ständischen und lokalen Privilegien gebunden. Nur in Preußen und nach seinem Vorbild in Österreich waren die Provinzregierungen schon frühzeitig in straffe Mittelbehörden (Kriegs- und Domänenkammern, Gubernien) für die Finanz- und Innenverwaltung umgewandelt worden. Nach dem Vorbild der französischen Departementsverwaltung wurden nun die bestehenden Zwischeninstanzen nach 1806 überall in schlagkräftige Kontrollorgane der Zentrale umgebildet, die in Süddeutschland zumeist Kreise, in Preußen (Bezirks-)Regierungen genannt wurden und mit schließlich rund 300000 Einwohnern dem französischen Vorbild auch in bezug auf den Umfang nahe kamen. Auf der untersten Verwaltungsebene wurde jedoch die staatliche Verwaltung von den Privilegien des Adels durchlöchert. Die Aufteilung der Regierungsbezirke in gleichförmige Ämter (in Preußen und Österreich: Kreise) gelang in Süddeutschland nur, indem die Ämter der Standesherren als staatliche Ämter anerkannt und damit in die Staatsverwaltung eingebaut wurden. So waren z. B. 1809 in Baden von 118 Ämtern fast die Hälfte, nämlich 52, standesherrlich. In Preußen gar scheiterte 1812 Hardenbergs Versuch, die Kreis- (Amts-)Verwaltung zu verstaatlichen. Der Kreis blieb weiterhin in der Hand eines ständischen Vertreters (Landrat). Zwar wurde die Autonomie der Kommunalverwaltungen, soweit sie noch bestand, aufgehoben und in Süddeutschland der scharfen Kontrolle der Ämter unterstellt. Doch auch dies galt nur in den Gemeinden, die nicht der Grundherrschaft des Adels unterworfen waren.

Die Umwandlung dieser dreistufigen Verwaltung in ein effektives Exekutivorgan wurde erst im Zuge der Ersetzung der kollegialen Beschlußfassung innerhalb der Verwaltung durch das Präfekten- oder Büroprinzip erreicht. Auf der Grundlage einer Degradierung der vormals gleichberechtigten Räte zu Referenten konnte eine schnelle Erledigung der anfallenden Aufgaben bei klarer Verantwortlichkeit sichergestellt werden. Dieser Prozeß begann in der Zentralverwaltung, wo die Kollegien in Bayern 1799, in Württemberg 1806, in Preußen und Baden 1808 in Behörden unter einem verantwortlichen Minister umgestaltet wurden. Das Referentensystem innerhalb der Ministerien wurde in Württemberg 1811 und in Preußen nach westfälischem Vorbild zwischen 1813 und 1817 eingeführt. Auf der Ebene der Mittelinstanzen hat man das französische Vorbild nur in den Staaten der Napoleoniden sowie in den süddeutschen Staaten wie Bayern 1804 und 1808 und Baden 1809 ohne Abstriche übernommen, während in Preußen die kollegialen Bezirksregierungen nur allmählich ihre Entscheidungskompetenzen verloren. Die langsame und schrittweise Verwirklichung des Büro- oder Direktorialsystems weist auf einen Widerstand innerhalb der Verwaltung hin, die ja gleichzeitig Reformpartei war, aber durch diese Reform in ihrem Einfluß beschränkt wurde.

Auf kommunaler Ebene setzte sich in Deutschland das französische Mairie-System nie völlig durch bzw. wurde mit der Aufhebung der Napoleonidenstaaten in Deutschland wieder beseitigt. Dazu trug bei, daß die Beteiligung der Bürger an der Lokalverwaltung, die über das – im Vergleich zum französischen Zensus weitgefaßte – Bürgerrecht geregelt war, über die Gemeindeversammlungen und Gemeinderäte auch in Süddeutschland immer gewahrt blieb, wenn auch die Eingriffsrechte der Staatsbehörden in Gemeindeangelegenheiten und bei der Bestellung bzw. Bestätigung des Bürgermeisters und Ortsvorstehers ähnlich weitgehend wie in Frankreich waren. Die Steinsche Städteordnung in Preußen vom 19. November 1808 ging über diese Einengung der kommunalen Freiheiten durch einen Rückgriff auf das französische Munizipalgesetz von 1789 hinaus und erweiterte die Kompetenzen der bisherigen Stadtverordnetenversammlung und des kollegialen Magistrats nach dem Vorbild des französischen »conseil« und »directoire municipal«. Langfristig wurde diese Regelung auch für die Entwicklung in Süddeutschland wegweisend. Allerdings scheiterte im Gegensatz zu Süddeutschland in Preußen die Ausweitung der Gemeindeselbstverwaltung auf das flache Land am Widerstand des Adels.

Wie auf kommunaler Ebene blieben auch auf Regierungsebene gewisse kollegiale Arbeitsformen erhalten. Da in Deutschland im Gegensatz zum napoleonischen Frankreich die Leitung der Regierung durch den Regenten infolge der persönlichen Indolenz fast aller damaligen Herrscher fehlschlug, mußten verschiedene Formen eines Ministerrates zur Koordinierung der Politik eingerichtet werden. Tatsächlich wurden dadurch die Herrscher entmachtet, in der Form aber wurde der Schein einer beratenden und nicht-entscheidenden Behörde gewahrt. Im einzelnen führte dies zu verschiedenen Spielarten von Ministerialkonferenzen und Staatsministerien oder zur Ernennung eines Premierministers oder Staatskanzlers (Preußen 1810), zumeist aber zur Einsetzung eines Staatsrates, dem neben den Ministern leitende Beamte zur Koordination der Gesetzgebungsarbeit angehörten (Bayern 1810/17, Württemberg 1811, Preußen 1817).

Der dritte Reformgrundsatz neben der Dreistufigkeit der Verwaltung und der Etablierung des Büroprinzips war die Einteilung der Behörden nach dem Sach- statt des Provinzialprinzips, das noch dem preußischen Generaldirektorium zugrunde gelegen hatte. Eine Neuerung brachte dieser Grundsatz nur für die Innenverwaltung, da Außenpolitik und Militär schon länger über eigene Verwaltungen verfügten. Wenn es auch schon früher auf der zentralen Ebene eine gewisse Verselbständigung der Justiz- und Finanzverwaltung gegeben hatte, so wurde jetzt die absolutistische Vereinigung der Finanz- und Innenverwaltung wieder aufgehoben und vor allem die Trennung von Justiz und Verwaltung durchgesetzt. Während die Aufgliederung der Zentralbehörden nach – im damaligen Verständnis – Sachprinzipien durch die Zusammenfassung der vorhandenen Kollegien und Deputationen zu neuen Ministerien relativ einfach durchzuführen war, war die Errichtung gesonderter Verwaltungsunterbauten komplizierter und kostspieliger. Nur in Süddeutschland entstand wie in Frankreich eine unabhängige Finanzverwaltung auf Mittel- und Amtsebene, nicht jedoch in Preußen. Noch umstrittener war die Trennung von Justiz und Verwaltung auf Amtsebene, während eigene Appellations- und Oberappellationsgerichte auf Provinz- und gesamtstaatlicher Ebene schon im alten Reich bestanden und 1815 beibehalten wurden. Nur in Württemberg kam es auf Amtsebene schon 1818 unter dem Einfluß des ehemaligen westfälischen Ministers Malchus zur Trennung von Justiz und Verwaltung. Bayern behielt sie in der linksrheinischen Pfalz bei. In den anderen Ländern wurde diese Trennung erst nach 1848 durchgeführt, so in Baden 1857 und in Bayern 1862. Auch hier lag die Ursache im Widerstand des Adels, der seine Patrimonialgerichtsbarkeit mit

Ausnahme eines kurzen Zwischenspiels in Württemberg und Baden von 1809 bzw. von 1813 bis 1815 noch bis 1848 bewahren konnte. Daher unterstand z. B. in Preußen und Baden je ein Drittel der Bevölkerung der Patrimonialjustiz des Adels in 1. Instanz, in Baden sogar teilweise auch in der 2. Instanz.

So wie die Verwaltungsreform im Deutschland der Jahre zwischen 1806 und 1818 Stückwerk blieb, wurde auch der Gleichheitsgrundsatz nur partiell verwirklicht. In Deutschland war er nicht eine gegen den Widerstand der alten Gewalten erfolgreich durchgesetzte, revolutionäre Errungenschaft, sondern nur ein Mittel der Regierung zur Stärkung der Staatsgewalt und zur Belebung der Wirtschaft. Daher wurden bei seiner Realisierung zahlreiche und unterschiedliche Kompromisse geschlossen. In Preußen lag der Nachdruck der Reformen auf der Freisetzung der Wirtschaft bzw. der Durchsetzung der Marktwirtschaft, so im Agrarsektor durch Aufhebung der Erbuntertänigkeit und der feudalen Eigentumsbindung und im Gewerbe durch die Aufhebung der Zünfte. In beiden Bereichen folgte Süddeutschland bis 1848 nur zögernd. Sogar bei der Rezeption des egalitären Code Napoléon in Baden 1810 wurde die Grundherrschaft noch explizit eingebaut. Dagegen gingen die süddeutschen Staaten, insbesondere Württemberg und Baden, rücksichtsloser gegen die in Preußen schonend behandelten Sonderrechte des Adels vor, soweit es Napoleon und der Deutsche Bund zuließen. In Bayern wiederum wurde die Säkularisation mit besonderer Härte betrieben. Ein billiges Zugeständnis an die öffentliche Meinung war die Aufhebung oder Stornierung der Judenemanzipation, die neben den Napoleonidenstaaten Westfalen und Berg besonders weit in Baden (1809), Preußen (1812) und Bayern (1813) vorangetrieben worden war.

Bezeichnend für die mangelhafte Rechtseinheit ist z. B., daß das Preußische Allgemeine Landrecht von 1794 nur subsidiär zu den Provinzialrechten zählte, seine unifizierende Tendenz also nur langfristig wirksam werden konnte. Gleiches zeigt sich im preußischen Steuersystem, wo die aus dem Absolutismus stammende steuerliche Sonderbehandlung von Stadt und Land – Akzise in der Stadt, Kontribution auf dem Land – erst 1873 endgültig aufgehoben wurde. Der Versuch, den adeligen Grundbesitz zu besteuern, scheiterte. In allen deutschen Staaten nahmen die indirekten Steuern weiterhin einen gewichtigen Platz ein. Auch die Binnenzölle wurden nur schrittweise abgebaut.

Der Überblick über die Reformen in Deutschland zu Beginn des 19. Jahrhunderts zeigt, daß hier im Gegensatz zu Frankreich nicht Veränderungen wie 1789/90 oder 1800 kompromißlos und kurzfristig verwirklicht wurden, sondern nur ein Reformprozeß eingeleitet wurde. Selbst wenn die Außenpolitik den Regierungen freie Hand ließ, so bedeutete dies noch nicht, daß gegenüber Adel, Kirche, Bürgern und Bauern die allgemeine Steuer- und Wehrpflicht sowie ein neues Wirtschaftssystem kompromißlos durchsetzbar waren. Erst über parlamentarische Mehrheiten wurden im Verlauf des 19. Jahrhunderts zahlreiche Reformen, die zur Zeit Napoleons begonnen worden waren, vollendet. Aber nicht nur die fehlende Unterstützung der Reformpolitik durch die Bevölkerung war für die lange Dauer des Reformprozesses verantwortlich, sondern auch die politischen Ziele der Regierung, für die aufklärerische Grundsätze wie die Rechtsgleichheit nur ein Mittel einer vom Primat der Außenpolitik bestimmten Politik waren. Daher waren diese Regierungen in der Innenpolitik kompromißbereit. Das Werden des modernen Staates war in Deutschland ein langwieriger Vorgang.

III. Die Entstehung des Berufsbeamtentums in Deutschland

In der Beamtenpolitik der deutschen Regierungen während der Reformzeit läßt sich deutlich ein Bruch gegenüber der vorangegangenen Zeit feststellen.[6] Dieser plötzliche Kurswechsel unterscheidet die Beamtenpolitik auch von der Reform des Staatsapparates, dessen Reorganisation nur in mühseliger und zeitraubender Überwindung verschiedenartiger Widerstände durchgesetzt werden konnte. Der Grund für diese schnelle Umsetzung einer Reformpolitik liegt in der alleinigen Zuständigkeit der Regierung und im Fehlen jeglichen Mitspracherechtes und jeder Widerstandsmöglichkeit ständisch-parlamentarischer Gruppen. Hierin unterscheidet sich die deutsche Entwicklung auch von der in Frankreich. Die Beamtenpolitik war Reservatrecht des Herrschers. Damit dieses auch so blieb, wurde das neue Beamtenrecht als staatliches Grundgesetz kodifiziert und wie alle wichtigen Reformgesetze vor Inkraftsetzung der Verfassungen und vor Einberufung der Kammern erlassen bzw. durch die Verfassungsurkunde bestätigt. Entsprechend bestanden diese Kodifikationen in den deutschen Verfassungsstaaten auch unverändert bis zum Ende des 19. Jahrhunderts. Die Wende in der Beamtenpolitik der deutschen Staaten, die sich bei den deutschen Großmächten schon im aufgeklärten Absolutismus angekündigt hatte, erfolgte jedoch zuerst in den Rheinbundstaaten und wurde von den Großmächten erst im Laufe des 19. Jahrhunderts rezipiert. Dies bedeutet, daß das Berufsbeamtentum deutscher Prägung von Bayern und nicht von Friedrich Wilhelm I. von Preußen geschaffen wurde.

Die Ausgangslage der staatlichen Personalpolitik war in Deutschland nicht anders als in den Nachbarstaaten. Der Beratung des Herrschers und der Wahrnehmung herrschaftlicher Aufgaben mit Befehlsgewalt – und dazu gehörte auch das Amt des Richters – entsprach in der hierarchischen, berufsständischen Gesellschaft des Ancien Régime ein herausgehobener, sozialer Rang: Beratung des Herrschers und Befehlsgewalt waren adelswürdig und wurden daher vom Adel wahrgenommen. Die subalternen Tätigkeiten hingegen, insbesondere die Handhabung der herrschaftlichen Finanzen, waren Angehörigen des Dritten Standes überlassen.

Mit der Rezeption des römischen Rechtes trat hier eine Veränderung ein. Der Nachweis von Fachwissen für die Ausübung herrschaftlicher Ämter galt traditionell als adelsunwürdig. Daher paßte sich der Adel nur langsam diesen Anforderungen an. In der Übergangszeit gelang es Juristen aus dem Dritten Stand – anfangs Klerikern, dann aber Bürgerlichen, zumeist aus der städtischen Oberschicht –, in das dem Adel zugehörige Gerichtswesen und in die gerichtsrelevante Staatsorganisation einzudringen. In einem langwierigen Prozeß erreichten diese nichtadeligen Räte und Amtsinhaber ihre Gleichstellung mit dem Adel. In Deutschland kam es zwar nie wie in Frankreich zu einer institutionellen Ausgestaltung des Amtsadels, aber der gleiche Grundsatz – daß eine kontinuierliche Verwaltung herrschaftlicher Ämter während mehrerer Generationen adele – wurde auf andere Weise verwirklicht, nämlich durch die Verleihung des Briefadels, dem fast die Zwangsläufigkeit eines Rechtsanspruches zukam.[7] Der Gegensatz zwischen Adel und Bürgertum in der Verwaltung der frühen Neuzeit war daher kein mehr oder weniger verhüllter Klassenkampf, sondern ein langsamer Aufstieg einzelner Familien in den Erbadel. Der Unterschied zwischen Adel und bürgerlichen Juristen hatte sich nach den Nobilitierungswellen des 17. und 18. Jahrhunderts auf einen Unterschied innerhalb des Adels zwischen ritterschaftlichem Uradel und Briefadel ohne Grundbesitz verlagert.

Neben dieser zeitweise breiten Rekrutierung des Dienstadels war die Disziplinierung des Herrschaftsapparates im Absolutismus der zweite Grundzug, der die Grundlage der Reformpolitik bildete. Die disziplinarrechtliche Sonderstellung der Beamten war eine Neuerung des 18. Jahrhunderts.[8] Im Ancien Régime stand jedem Vorgesetzten eine Strafgewalt über seine Untergebenen zu, so auch dem Dienstherrn über seine Bediensteten. Materiell unterschieden sich die Delikte der herrschaftlichen Diener nicht von den gemeinrechtlichen Delikten. In dem Maße, wie die Rechtsvereinheitlichung und dann die Rechtsgleichheit sich durchsetzten, wurde jedoch im Gegensatz zu dieser Tendenz die strafrechtliche Sonderstellung der Beamten betont. Das Ergebnis war die Festlegung besonderer Amtsdelikte (Dienstvergehen), besonderer Strafen (Disziplinarstrafen) und eines besonderen Verfahrens (Disziplinargerichtsbarkeit). Die Handhabung des Disziplinarstrafrechtes wurde dabei nicht einem einzigen Vorgesetzten, sondern einem Kollegium zugewiesen, um persönliche Abhängigkeiten innerhalb des Staatsdienstes zu verhindern. Eine derartige Regelung wurde 1787 in Württemberg und 1794 in Preußen eingeführt.[9]

Deutlich faßbar wird die verschärfte Disziplinierung der Staatsdiener bei Friedrich Wilhelm I. von Preußen, der Dienstvergehen als Rebellion und Hochverrat bezeichnete und explizit eine militärische Diziplin von seinen Beamten forderte. Konsequenterweise ahndete er auch Dienstvergehen mit der Todesstrafe. Vorbild für die verschärfte Disziplinierung der Beamtenschaft war das Offizierskorps der stehenden Heere. Das Neue dieses Offizierskorps war die individuelle Disziplinierung. Während bisher der einzelne als Glied einer Familie und mit seiner Familie in den Dienst oder die Klientel eines Mächtigen trat – und gegebenenfalls auch Widerstand leistete –, sollte jetzt der einzelne isoliert und im Dienst ohne Rücksicht auf Herkunft und familiäre Verpflichtungen instrumentalisiert bzw. zu einem bedingungslosen Werkzeug in den Händen des Dienstherrn werden. Die Militarisierung des Staatsapparates ist in Preußen am augenfälligsten, sie ist aber in unterschiedlichen Abstufungen bei allen kontinentalen Großmächten des 18. Jahrhunderts feststellbar.

Am Ende des 18. Jahrhunderts kam es in Deutschland zu einer

Wiederaufnahme des Konfliktes zwischen adeligen Amtsinhabern und bürgerlichen Aufsteigern. In der verschärften Auseinandersetzung der Aufklärung wurde erstmals die Berechtigung des adeligen Ämterprivilegs im Namen individueller Leistung grundsätzlich in Frage gestellt.[10] Den Hintergrund dieses Konfliktes bildeten zum einen das Anwachsen des sogenannten »Gelehrtenstandes« infolge des Bevölkerungswachstums im 18. Jahrhundert und zum anderen der Ausbau der Hoheitsverwaltung nach Effizienzgesichtspunkten. Die unterschiedliche Interessenlage zwischen grundherrschaftlichem Adel und Briefadel sowie ein Überangebot an aufstiegswilligen Juristen und Schreibern verschaffte den Reformregierungen ein Personal, mit dessen Hilfe sie in einer außenpolitisch bedingten Krisensituation den Staatsapparat aus den Händen des ritterschaftlichen Adels, d. h. von seiner bisherigen sozialen Basis, lösen und ihm während der militärischen Vorherrschaft Napoleons eine Handlungsfreiheit sichern konnten, die adelsfeindliche Reformen ermöglichte.

Die Alternative zum adeligen Ämterprivileg, das noch 1794 im Allgemeinen Landrecht bekräftigt wurde (II/9, § 1), war der Grundsatz der Leistung. Darunter verstand man insbesondere die durch Prüfungen gemessene Leistung. Es ging also immer nur um die Anstellungsvoraussetzungen. Zwar erwarb man mit dem Bestehen einer Prüfung keinen Rechtsanspruch auf Anstellung, doch in der Praxis wurde sie zumeist zur entscheidenden Einstellungsbedingung. Das Standes- und Familiendenken des Adels wurde wie der auch in Deutschland bestehende Ämterkauf als dienstwidriger Nepotismus, Korruption und Amtsmißbrauch attackiert, die eine zweckmäßige Erfüllung der Verwaltungsaufgaben gefährdeten. Aus der Tatsache, daß der Konflikt zwischen Adel und Bürgertum in Deutschland nicht durch die Aufhebung des Adels gelöst wurde, erklärt sich die große und fast beherrschende Bedeutung, die der Prüfungsgrundsatz in Deutschland erlangen sollte. Denn auf dieser Ebene konnte sich der Dritte Stand mit dem Adel, der weiterhin die Oberschicht bildete, messen. Über die Prüfung erhielt das Bürgertum Zutritt zu den adelswürdigen Ämtern.

Der Prüfungsgrundsatz[11] stammt aus dem Bereich der Kirche und wurde seit der Reformation im protestantischen Pfarrerstand weiterentwickelt. Hier wurde auch die Prüfung vom Initiationsritus für ein bestimmtes Amt zur objektivierten Überprüfung der

Amtsfähigkeit, die ein Minimum von Fachwissen als Maß der allgemeinen Amtsfähigkeit erforderte, präzisiert. Im Staatsdienst ist der Prüfungsgrundsatz im Zusammenhang mit der Rezeption des römischen Rechts übernommen und zuerst im Gerichtswesen angewandt worden. Preußen führte mit der Einrichtung zentraler Prüfungskommissionen für die Justiz am 12. November 1755 und für den höheren Verwaltungsdienst am 14. Februar 1770 den Prüfungsgrundsatz erstmals in verbindlicher und objektivierter Form für den gesamten höheren Staatsdienst ein.

So wie man den Prüfungsgrundsatz von den höheren Gerichten auf die Untergerichte und von der Justiz auf andere Verwaltungszweige ausdehnte, erfaßte er, ausgehend vom abschließenden Staatsexamen, auch das ganze Bildungswesen. Am Ende dieser Entwicklung stand im Vormärz ein dreistufiges Ausbildungs- und Prüfungssystem, das den Zugang zum (höheren) Staatsdienst regelte. Die Normierung des Staatsexamens bewirkte eine Normierung der Voraussetzungen für dieses Examen, nämlich des Universitätsstudiums; dies verursachte wiederum die Normierung der Zugangsbedingungen zur Universität, d.h. die Etablierung des Abiturs, und damit die Normierung des höheren Schulwesens bzw. die Schaffung des neuhumanistischen Gymnasiums. Preußen war nicht nur bei der Normierung der Staatseintrittsprüfungen 1755/70 wegweisend, sondern es führte zunächst mit Einschränkungen 1788, dann uneingeschränkt am 12. Oktober 1812 auch das Abitur ein. 1834 wurde das Abitur mit den Wiener Beschlüssen für das gesamte Gebiet des Deutschen Bundes verbindlich.

Auf Preußen ging auch die Einrichtung einer dritten Phase der Vorbildung zurück, nämlich die Vorschrift eines praktischen Vorbereitungsdienstes innerhalb der Verwaltung, der mit einer zweiten Prüfung abgeschlossen werden mußte. Dieses Praktikum ging aus der allgemeinen Gepflogenheit hervor, junge Anwärter und Verwandte als »supernumerarii« unentgeltlich bis zu einer Anstellung zu beschäftigen. Im Zuge der Justizreform von 1748/55 wurde das Praktikum mit einer zusätzlichen Abschlußprüfung verbunden und in dieser Form auch 1765/70 auf den Verwaltungsdienst ausgedehnt. Die ganze Ausbildung bestand also aus drei Ausbildungsphasen – Gymnasium, Studium und Praktikum – die durch drei Prüfungen – Abitur, 1. und 2. Staatsexamen – abgeschlossen wurden. Während in Preußen dieses System 1812 schon entwickelt war, wurde es in Süddeutschland erst in den beiden ersten Jahrzehnten des 19. Jahrhunderts eingeführt und die dritte Phase wie in Baden teilweise erst in der Mitte des 19. Jahrhunderts übernommen.

Der Prüfungsgrundsatz richtete sich nicht nur gegen das Anspruchsdenken des Adels, sondern diente auch der Abschottung nach unten bzw. der Ausschaltung von Bewerbern aus der Unterschicht, die zum Teil mit Hilfe von Stipendien oder über die Tätigkeit im Subalterndienst in den höheren Staatsdienst hatten aufsteigen können. In Süddeutschland wurde dies durch Studienverbote für Bewerber aus der Unterschicht in der Rheinbundzeit explizit festgelegt. In Preußen diente diesem Zweck das unentgeltliche Praktikum, während dessen der Kandidat sich selbst versorgen mußte. Im 19. Jahrhundert wurde daher vor Antritt des Referendariates der Nachweis eines Mindestvermögens bzw. eines Mindesteinkommens vorgeschrieben. Das Prüfungssystem schränkte daher das soziale Rekrutierungspotential für den Staatsdienst auf die Oberschicht und Teile der Mittelschichten ein. Die fünfzehnjährige Dauer dieses Ausbildungssystems bedeutete, daß über Berufswahl und Karriere die Familie und nicht die individuelle Leistung entschied. Ferner war ein Aufstieg über Leistung innerhalb der Verwaltung im 19. Jahrhundert nicht mehr möglich. Der Staatsdienst zerfiel nun in die sozial getrennten Laufbahnen des höheren und subalternen Dienstes, so wie er im 18. Jahrhundert in die Bereiche des Adels und des gelehrten Bürgertums zerfallen war. Der Staatsdienst war kein Kanal des sozialen Aufstiegs, sondern allenfalls ein Weg maßvoller Intergenerationenmobilität. In der Realität diente das Prüfungssystem so trotz seiner prinzipiellen Offenheit der Selbstrekrutierung von Adel und Bildungsbürgertum, allerdings unter Wahrung eines Minimums an Fachwissen. Doch dieses Fachwissen war, wie das humanistische Gymnasium und die Vernachlässigung des öffentlichen Rechts im Studium zeigten, eher auf Allgemeinbildung als auf eine spezielle Berufsvorbereitung für die Verwaltung gerichtet. Historisch gesehen ermöglichte das Prüfungssystem die Verschmelzung von Adel und höherem Bürgertum im Staatsdienst. Die Forderungen des aufgeklärten Bürgertums im späten 18. Jahrhundert waren somit erfüllt worden.

Entscheidender als die verschärfte Disziplinierung und die Durchsetzung des Prüfungsgrundsatzes wurde für die deutsche Beamtenschaft jedoch die Unabsetzbarkeit des Beamten bzw.

die Sicherung seines Unterhalts auf Lebenszeit (Alimentationsprinzip). Erst in Verbindung mit diesem Grundsatz erhielten Disziplinierung und Prüfungssystem ihren Stellenwert und ihre tatsächliche Bedeutung. Zusammen begründeten sie das Berufsbeamtentum deutscher Prägung. Dieser Typus wurde erstmals in Bayern mit der »Haupt-Landespragmatik über die Dienstverhältnisse der Staatsdiener« vom 1. Januar 1805 in Kraft gesetzt.

Juristisch bedeutete die bayerische Dienstpragmatik von 1805 den Übergang von einer privatrechtlichen Gestaltung des staatlichen Arbeitsverhältnisses zu seiner öffentlich-rechtlichen Ausprägung.[12] Wesentlicher Kern dieses Verhältnisses war seine einseitige Ausgestaltung durch den Arbeitgeber bzw. Dienstherrn. Aus dem zweiseitigen Vertrag wurde das hoheitliche Gesetz. Mit dem Dienstrecht wurde in der Zeit der Durchsetzung der Rechtsgleichheit ein arbeitsrechtliches Sonderrecht im Staatsdienst eingeführt bzw. beibehalten. Paradoxerweise nutzte man diese juristische Konstruktion, die dem Staat bzw. der Regierung freie Hand bei der Ausgestaltung des Dienstrechtes gab, nicht zu einer Schlechterstellung des nunmehr rechtlosen Beamten, sondern zu einer – insbesondere für die Verhältnisse der vorindustriellen Zeit – einzigartigen Besserstellung. Im Zuge dieser öffentlichrechtlichen Regelung des Dienstrechtes verzichtete der Dienstherr auf sein bisher übliches viertel- oder halbjähriges Kündigungsrecht. Damit wurde – und dies war der eigentliche Zweck dieser Konstruktion – dem Beamten unabhängig von seiner wirklichen Tätigkeit und Leistung eine lebenslängliche Besoldung bzw. Versorgung zugestanden. Dieser Alimentationsgrundsatz bedeutete, daß der Beamte im Fall von – allerdings nur unverschuldeter – Arbeitsunfähigkeit wie Krankheit, Alter, aber auch aus Mangel an Arbeitsanfall (z. B. bei Verwaltungsreorganisationen) weiter versorgt wurde. Ursprünglich umfaßte diese Versorgung das gesamte Gehalt des Beamten ohne Abzüge und nach einigem Schwanken auch die Versorgung seiner Familie nach seinem Tod für die Zeit ihrer wirtschaftlichen Bedürftigkeit (Witwenstand der Frau, Minderjährigkeit der Kinder).

Die Beschäftigungs- bzw. Versorgungsgarantie des Beamten galt jedoch nicht uneingeschränkt. Weiterhin bestand die Möglichkeit einer gerichtlichen, später disziplinarrechtlichen Entlassung. Der Verzicht bezog sich nur auf die strafrechtlich unbegründete (»dimissio honesta«), nicht aber auf die begründete, schimpfliche

Entlassung (»cassatio«). Als Entlassungsgründe galten Dienstpflichtverletzungen. Immer wurde dabei das innerdienstliche wie das außerdienstliche Verhalten herangezogen. Gab es anfangs Versuche, das Disziplinarverfahren unabhängigen Gerichten zu überlassen (so in Bayern 1805/13) oder die Entlassung nur als letzte Strafe nach einem drei- bis fünfstufigen Korrektionsverfahren (so in Baden 1819) zu verhängen, so setzte sich schließlich seit der Mitte des 19. Jahrhunderts die preußische Regelung durch, die diese rechtsstaatliche Normierung des Disziplinarverfahrens zugunsten einer völlig ungebundenen Handhabung des Disziplinarrechtes, d. h. ohne Zuordnung bestimmter Strafen zu bestimmten Vergehen, »unter Berücksichtigung der Gesamtpersönlichkeit« des Angeklagten ersetzte. Tatsächlich bewirkte dieses Disziplinarrecht nicht die mögliche Aufhebung der kurz zuvor zugestandenen Unkündbarkeit. Das Disziplinarrecht wurde faktisch nicht angewandt, da hier Beamte über Beamte urteilten. Die Solidarität der Beamten untereinander überwog, solange nicht Verstöße gegen das Selbstverständnis der Gruppe vorlagen.

Der Verzicht auf Entlaßbarkeit hatte einige historische Vorstufen. Allerdings ging er nicht auf die Unentlaßbarkeit des Richters zurück, wie sie im Rahmen des Rechtsschutzes der Bürger und des Ausbaus des Rechtsstaates in England und Frankreich entwickelt worden war. Zwar hatte es in Deutschland auch einen Entlassungsschutz für Richter gegeben, doch diese Stellengarantie blieb auf die Reichsgerichte beschränkt, die unter dem Einfluß der Reichsstände standen, oder galt z. B. in Preußen 1794 nur für die Patrimonialrichter (ALR II/17, § 99).

Der Entlassungsschutz des Verwaltungsbeamten stellte eine deutsche Besonderheit dar. Unmittelbares Vorbild für den Bestandschutz des Verwaltungsbeamten bildete eine entsprechende Regelung des Reichsdeputationshauptschlusses von 1803 (§ 59). Sie hatte ihr Vorbild in der Versorgung der Insassen aufgehobener Klöster bzw. Orden durch Pensionen, wie sie in der Reformation, sodann bei der Aufhebung des Jesuitenordens 1773, der Klostersäkularisation in Österreich seit 1781 und in der Französischen Revolution 1790 festgelegt worden war. Entscheidend war 1803 jedoch die Übertragung dieses Versorgungsanspruches von Klerikern auf die geistlichen Reichsfürsten und auf die weltlichen Beamten der 1803 säkularisierten und mediatisierten Territorien. Die Empfänger der Entschädigungslande wurden auf das Betreiben von Kurmainz zur Weiterverwendung der ehemaligen Beamten verpflichtet. Bei Nichtverwendung wurde die Pensionierung der Beamten mit einem nach Dienstjahren gestaffelten Gehaltsanteil vorgeschrieben. Diesen Anspruch begründete man mit dem Eigentumsschutz, nämlich damit, daß staatsrechtliche Umwälzungen keine privatrechtlichen Benachteiligungen haben dürften und die Anstellung eines Beamten als ein wohlerworbener Rechtstitel (»ius quaesitum«) auf Versorgung anzusehen sei. Dieser 1803 für den Ausnahmefall eines territorialen Besitzwechsels eingeführte Grundsatz wurde von Bayern aber 1805 zur unbedingten Richtschnur des Dienstrechts erhoben. Dieser Schritt von der Ausnahme zur Regel war ein qualitativer Sprung.

Der Kern dieser Regelung – die Versorgung des Beamten auch bei unverschuldeter Arbeitsunfähigkeit und bei Nichtverwendung – verweist, insbesondere im Zusammenhang mit einer Reduzierung des Gehaltes nach der Zahl der Dienstjahre, auf ein unmittelbares Vorbild, nämlich auf Bayerns übermächtigen Nachbarn Österreich. Hier war der Alimentationsgrundsatz, nämlich ein Quieszenten-Status, d. h. Besoldung auch bei Untätigkeit infolge einer Verwaltungsreorganisation, sowie eine Alters- und Hinterbliebenenversorgung, in bedingter Form schon ein bis zwei Generationen zuvor eingeführt worden.[13] Maria Theresia hatte 1748 nach dem Friedensschluß von Aachen die Einnahmen aus der Besoldungssteuer (Arrha) in Höhe von 1 Million fl. für die Bezahlung von Alters- und Witwenpensionen in Höhe von 50 bzw. 30% des Gehaltes (1762) umgewidmet. Erst Joseph II. hob mit seinem berühmten Pensionsnormale vom 24. Februar 1781 diesen Budgetansatz auf, so daß seitdem jeder arbeitsunfähige Beamte erstmals nach zehn Dienstjahren eine von 33 auf 67% (= 40 Dienstjahre) der Besoldung steigende Alterspension erhielt. Von 1809 bis 1896 wurden die österreichischen Pensionen ohne Gehaltsabzüge gezahlt. Bayern und die süddeutschen Staaten übernahmen und verbesserten teilweise diese Regelungen. Preußen war in seiner Beamtenpolitik deutlich zurückhaltender. Es gab seinen Beamten erst 1872 einen Rechtsanspruch auf Pensionen, setzte aber am 30. April 1825 in einem Normativ Alterspensionen gegen Zahlung von Gehaltsabzügen fest. Ferner wurde der Pensionsetat zwischen 1820 und 1860 auf 1 Million Th. eingefroren. Ebenso zahlte Preußen erst ab 1830 staatliche Zuschüsse in eine finanziell selbständige Beamtenwitwenkasse. Insgesamt setzte sich seit 1805 in den deutschen Staaten die Zahlung staatlicher Alterspensionen durch, für die es erst teilweise eine Altersgrenze von 70 Lebensjahren gab. Ferner wurden während des ganzen Jahrhunderts die aus dem 18. Jahrhundert stammenden und durch Beiträge finanzierten Beamtenwitwenkassen vom Staat bezuschußt. Erst 1888 übernahm der Staat im Deutschen Reich die alleinige Zahlung von Witwenpensionen.

Die Gründe für den kostspieligen Wechsel in der Beamtenpolitik waren politischer Art. Sowohl Montgelas in seinem Ansbacher Reformprogramm für Bayern vom 30. November 1796 wie Altenstein und Hardenberg im Rigaer Programm für Preußen vom 12. September 1807 forderten einen Wechsel in der Beamtenpolitik. Rekrutierung nach Leistung, angemessene Besoldung und Versorgung sowie Schutz vor willkürlicher Behandlung waren die Mittel und Leistungssteigerung das Ziel dieser Politik. Was Leistung im Staatsdienst sei, sprach Joseph II. in seinem berühmten »Hirtenbrief« an seine Beamten 1783 aus: Es war der rückhaltlose Einsatz für den Staat bzw. die völlige Identifikation des Staatsdieners mit den Zielen der Regierung.[14] Der Gehorsam bzw. die Disziplin der Beamten sollten nicht mehr durch Strafen erzwungen werden, sondern ihre Motivation sollte auf Belohnungen beruhen. Durch die Identifikation der privaten Interessen der Beamten mit den Interessen des Staates sollte ein freiwilliges Engagement der Beamten für den Staatsdienst erreicht werden. Die Alters- und auch die Hinterbliebenenversorgung war eine Belohnung für langjährige treue Dienste. Ebenso war jede Beförderung eine Belohnung, d.h. die gesamte Karriere setzte sich aus Belohnungen zusammen. Aus egoistischen, materiellen Gründen identifizierte sich der Beamte mit den Zielen seiner Organisation. Übergeordnete Beweggründe wie Nationalismus, Konfessionalismus, aber auch die Treue zur angestammten Dynastie traten hinter diesen bürokratiespezifischen Mitteln zurück. Allenfalls identifizierte sich der Beamte mit dem Dienstvorgesetzten, der über die Beförderung entschied, d.h. mit seinen Dienstaufgaben und allgemein mit einer Rechtsordnung, die Dienst und Dienstrecht garantierte. Eine Bestrafung bestand jetzt nicht mehr in Haft- oder Leibesstrafen, sondern im Verlust der Privilegien. In ihrem angedrohten Entzug lag die dienstspezifische Disziplinierung.

Von dieser Privilegierung waren immer die manuell tätigen Bediensteten ausgeschlossen. Zur Sicherstellung niederer Dienste galt die Androhung der Entlassungsstrafe weiterhin als ausreichend. Die Subalterndiener, d. h. die nicht akademisch gebildeten, aber geprüften Bediensteten wie Schreiber, Kanzlisten usw., wurden in den einzelnen Staaten hingegen unterschiedlich behandelt. Die drei süddeutschen Staaten Baden, Württemberg und Bayern beschränkten den Staatsdienst im privilegierten Sinne praktisch auf Akademiker. Österreich pensionierte ab dem relativ niedrigen Jahresgehalt von 200 fl. In Preußen bestand das Kanzleipersonal zumeist aus bürgerlichen Juristen ohne Vermögen, war Eingangsstufe für eine höhere Laufbahn oder wurde mit nichtetatmäßigen Bediensteten besetzt, so daß das Problem einer Versorgung quantitativ reduziert war. Insgesamt aber galt die Vorstellung, daß nur die höheren und selbständig handelnden Beamten durch Belohnungen motivierbar seien, während gegenüber untergeordneten, ausführenden Bediensteten weiterhin eine Strafandrohung als Antrieb angebracht erschien. Es war der denkende und selbständig handelnde Beamte, den man gewinnen und motivieren wollte. Er sollte die Organisationsziele des Staates so verinnerlichen, daß ein Zuwiderhandeln gegen Anweisungen der Vorgesetzten und ein Handeln außerhalb der jeweiligen Kompetenzen als ehrenrührig erachtet wurde. Das Beamtenethos hat hier seinen Kern. Numerisch umfaßte diese eigentliche, »pragmatisierte« Beamtenschaft in den süddeutschen Staaten ungefähr 15% der Staatsbediensteten, so z. B. in Württemberg und in Baden 1000 bis 1100 Personen. Erst seit der Mitte des 19. Jahrhunderts wurden die Subaltern- und Unterbeamten schrittweise in die eigentliche Beamtenschaft eingegliedert.

Die Stellung der Beamtenschaft wurde nicht nur im Binnenverhältnis zwischen Dienstherrn und Beamten, sondern auch im Außenverhältnis gegenüber der Gesellschaft angehoben. Diese soziale Auszeichnung diente zugleich der Stärkung der Staatsautorität. Am deutlichsten ist diese Rangerhöhung der höheren Beamtenschaft in der bayerischen Verfassungsurkunde von 1818 (Titel V, § 5) faßbar, die in ein und demselben Kapitel die Ehren- und Vorrechte des Adels bestätigte und sie mit Ausnahme der grundherrschaftlichen Privilegien auf die höhere Beamtenschaft übertrug, so neben dem privilegierten Gerichtsstand einer Sonderbehandlung vor Gericht die Ersetzung einer Zuchthausstrafe durch Festungshaft sowie die Umwandlung der Militärpflicht für Beamtensöhne in ein Kadettenrecht. Während hier die Gleichstellung der höheren Beamtenschaft mit dem Adel ausgesprochen wurde, war eine andere Gruppe von Auszeichnungen stärker mit der Funktion des Beamten verbunden. Diese Gruppe von Sonderrechten wurde bezeichnenderweise aus Frankreich übernommen: Es handelte sich vor allem um Zivil- oder Beamtenuniformen, um Dienst- bzw. Beamtenorden und um die Etablierung eines Personal- oder Beamtenadels.[15] Ziviluniformen führten Bayern 1799, Preußen, Württemberg und Baden 1803/04 und schließlich auch Österreich 1814 ein. Zivilverdienstorden nach dem Vorbild der französischen Ehrenlegion sowie Militärverdienstorden wurden in Württemberg seit 1806 und in Bayern seit 1808 verliehen. Voraussetzung für eine Verleihung war de facto die Einnahme eines höheren Beamtenranges oder eine Mindestzahl von Dienstjahren. Der Amtsadel war zumeist mit den höheren Stufen des Verdienstordens verbunden, so in Württemberg 1806 und Bayern 1812. Nur Württemberg preschte in der Zeit, als Napoleon selbst sich mit dem Gedanken der Errichtung eines Amtsadels trug, vor und verband 1806 als einziger Rheinbundstaat den Personaladel mit allen höheren Stellen im Staatsdienst und im Offizierskorps.

Die hervorstechenden Züge des deutschen Berufsbeamtentums, Prüfungsgrundsatz und Alimentationsprinzip, wurden in den beamtenrechtlichen Kodifikationen des süddeutschen Frühkonstitutionalismus niedergelegt. Die Beschränkung der Prüfungen auf Eingangsprüfungen und ihre Bindung an eine dreistufige, langjährige Ausbildungsphase schränkten den eigentlichen höheren Dienst auf eine weitgehende Selbstrekrutierung ein, auch wenn ein sozialer Numerus clausus nicht mehr explizit festgelegt wurde. Da der Prüfungsgrundsatz den in der Finanzverwaltung des 18. Jahrhunderts möglichen Bewährungsaufstieg unmöglich machte, bedeutete seine Einführung die Beibehaltung einer sozialen Trennlinie, wie sie vor 1800 zwischen Adel und Gelehrtenstand in der Verwaltung existiert hatte, allerdings mit dem Unterschied, daß das Bildungsbürgertum nun auf der Seite des Adels stand. Das Alimentationsprinzip sicherte eine standesgemäße Versorgung, die anfangs nach dem Einkommen des grundherrschaftlichen Adels bemessen wurde. Nur bei standeswidrigem Verhalten – und hierüber entschied die Beamtenschaft relativ unabhängig – konnte diese mit der Anstellung zugesprochene Alimentation entzogen werden. Das deutsche Berufsbeamtentum in seiner im Vormärz auf den höheren Dienst beschränkten Form hatte ausgesprochen aristokratische Züge. Allerdings beruhten Tätigkeit und Stellung dieses Beamtenstandes auf bürokratischen Merkmalen. Im deutschen Beamtenrecht, einer Schöpfung der Rheinbundstaaten, verbanden sich aristokratische Privilegien des Ancien Régime mit modernen bürokratischen Grundsätzen.

IV. Die Entstehung der französischen Beamtenschaft

In Art. 6 der Menschenrechte wie in den von der Verfassung 1791 garantierten Grundsätzen (Tit. I) war bestimmt worden, daß alle öffentlichen Würden, Ämter und Stellen jedem gleichermaßen nach seinen Fähigkeiten, Tugenden und Talenten zugänglich sein sollten. Dies war die grundsätzliche Aufhebung des adeligen Ämterprivilegs und ging in dieser Form in alle europäischen Verfassungen ein. Damit war ein Grundpfeiler der alteuropäischen Adelsgesellschaft, der von dem aufsteigenden Bürgertum in ganz Europa attackiert wurde, nämlich die Besetzung aller Spitzenstellungen im Staat durch den Adel, beseitigt. In Frankreich hatte sich die Opposition besonders gegen den Ausschluß Bürgerlicher und Neuadeliger aus den Kadettenschulen und von den Offiziersstellen der Armee, wie er am 22. Mai 1781 bekräftigt und als »réaction aristocratique« bekannt geworden war, gewandt.

Die Verfassung von 1791 hatte in ihrer Präambel aber auch explizit die Käuflichkeit und Erblichkeit von Ämtern aufgehoben. Damit wurde eine Besonderheit beseitigt, die nur in Frankreich einen beherrschenden Umfang erreicht hatte. Hier war die aus dem Spätmittelalter überkommene Unkündbarkeit der königlichen Ämter unter dem Druck der Geldnot der Krone 1522 in den Verkauf und 1604 in die Erblichkeit der königlichen Ämter umgewandelt worden. Diese erblichen »offices« waren die Grundlage für den im 16./17. Jahrhundert entstandenen erblichen Amtsadel (»noblesse de robe«). Jetzt wurde der Amtsadel im Namen der Gleichheit aufgehoben bzw. – mit Assignaten – entschädigt.

Gegenüber dieser durch den Ämterkauf verselbständigten Gruppe der »officiers« in Justiz, Finanzen, aber auch in der Armee[16] hatte sich der französische Absolutismus mit der Ernennung von Kommissaren ein mit königlichen Vollmachten ausgestattetes Kontrollorgan nach militärischem Vorbild geschaffen, das die Spitze der besonders seit der Jahrhundertmitte stark anwachsenden Gruppe der kündbaren Verwaltungsangestellten (»commis«) bildete. Daneben enstand im 18. Jahrhundert ferner mit den technischen »corps« eine weitere, zahlenmäßig geringe Gruppe von Bediensteten, die aber für die Entwicklung des französischen Beamtentums bedeutsam werden sollte. In dieser Gruppe, die ihre Anfänge bei den Militär- und Zivilingenieuren hatte, wurde das Element der Vorbildung und Prüfung zum entscheidenden Faktor des Dienstverhältnisses: Die geprüfte Fachqualifikation gab Anrecht auf Anstellung, Beförderung, Gehalt und Altersversorgung. Mit der Errichtung der »Ecole des Ponts et Chaussées« 1747 in Paris und der »Ecole du Génie« in Mézières 1748 wurde ihr Ausbildungsgang und in den siebziger Jahren auch ihr beruflicher Status umfassend geregelt.

Neben der Abschaffung des adeligen Ämterprivilegs hatte ein zweiter Punkt im Bereich des Staatsdienstes den Widerstand der Revolutionäre hervorgerufen: die Pensionszahlungen an den Adel.[17] In der Nacht zum 4. August 1789 war die Aufhebung aller ungerechtfertigten Pensionszahlungen beschlossen worden. Im Zusammenhang mit dieser Überprüfung beschloß die Nationalversammlung am 3. August 1790 ein neues Pensionsgesetz. Neben dem Grundsatz der uneingeschränkten Zugänglichkeit zu den Staatsämtern ist dies der einzige Bereich des Beamtenrechts, der von der Revolution geregelt wurde. Nach dem Vorbild der Regelungen von 1776 und 1788 beim Offizierskorps legte man eine Pension zur Belohnung für langjährige Dienste für den Fall der Arbeitsunfähigkeit fest. Sie umfaßte nach 30 Dienstjahren ein Viertel der Besoldung. Da das Militär bisher zwei Drittel aller Pensionen und davon die Generalität (1 100 Personen) wieder mehr als die Hälfte erhalten hatte, wurden nun durch das Pensionsgesetz die höheren Pensionen der Generalität auf das Maß der niederen Offiziere reduziert. Das Pensionsgesetz bezog erstmals die Zivilbediensteten in diese Regelung ein, da aber der Pensionsetat zugleich auf 10 Millionen Franken, d. h. ein Drittel der bisher gezahlten Pensionen, begrenzt wurde, bedeutete dies, daß Pensionen wie schon in Österreich bis 1781 und in Preußen bis 1860 nur in Höhe dieses Etatansatzes ausgezahlt wurden. Die Zivilbediensteten hatten dabei das Nachsehen. Die Adelspensionen des Ancien Régime lebten bis in den Vormärz als Militärpensionen weiter.

Die Revolution hatte sich im Bereich der staatlichen Personalpolitik nur die Beseitigung von Mißständen vorgenommen. Angesichts des allgemeinen Mißtrauens gegenüber Staat und Exekutive wurde jedoch die Neuordnung des öffentlichen Dienstes vernachlässigt. Die Etablierung des Wahlbeamten auf Zeit – eine uralte Forderung der Stände – hatte dazu geführt, daß die Ausübung eines Amtes nicht als Lebensberuf angesehen wurde. Bei diesen Wahlämtern, deren Inhaber »fonctionnaires« genannt wurden, handelte es sich weiterhin nur um die früher erblichen Ämter der »officiers«. Nur ihre Tätigkeit wurde geregelt. Die Stellung der »commis«, jetzt »employés« genannt, blieb weiterhin ungeregelt. Als einziger gesellschaftlichen Gruppe hatten die Menschenrechte (Art. 1) und die Präambel der Verfassung den »fonctionnaires« im Dienst sogar einen sozialen Vorrang zuerkannt. Zur Verwirklichung dieser Sonderstellung kam es in den ersten Jahren der Revolution nur ansatzweise, z. B. durch die Auszeichnung der Beamten mit Insignien. Erst im Direktorium und Konsulat wurde dieser Gedanke mit der Einführung von Beamtenuniformen wieder aufgenommen (Gesetz vom 25. Oktober 1795 in Ausführung des Art. 369 der Verfassung von 1795). Eine weitere Ausprägung dieses Grundsatzes war auch der erst in der Verfassung des Jahres VIII Art. 75 festgelegte Rechtsschutz der Beamten, die wegen ihrer Diensttätigkeit ohne Zustimmung der vorgesetzten Behörden nicht angeklagt werden durften.

Einen deutlichen Bruch in der französischen Verwaltungsgeschichte verursachte die Krise von 1793/94, die u. a. durch einen Bürokratisierungsschub und eine Vervielfachung der Staatsbediensteten gemeistert wurde.[18] Das neue Personal wurde nach Kriterien der politischen Zuverlässigkeit wie Patriotismus und Aktivität in den Jakobinerklubs ausgewählt. Das alte Verwaltungspersonal wurde entsprechend gesäubert, und alle durch einen Eid auf die Verfassung, dann auf die Republik und schließlich durch den »serment de haine à la royauté« (1795) politisch verpflichtet. Die Sparmaßnahmen nach Überwindung der militärischen Krisen waren ab 1795 – wie 1789/90 bei der Regelung der Pensionen – Anlaß für Bemühungen um eine grundsätzliche Regelung der Personalpolitik der Verwaltung. Insbesondere die Pariser Ministerien rückten dabei in den Mittelpunkt der Diskussion, deren Personal die Nationalversammlung schon 1790 über eine Fixierung der Ministerialetats hatte regulieren wollen. Seit dem Direktorium war ihre Stellung für die Entwicklung des französischen Beamtenrechts maßgebend. Die Planungen der Jahre zwischen 1795 und 1806 muten im Vergleich zur späteren Entwicklung in Frankreich sehr modern an und sind mit den deutschen Regelungen dieser Zeit vergleichbar.

Höhepunkt der Reglementierungsversuche waren die ersten Jahre des Konsulats, insbesondere der Sommer 1801, als im Staatsrat eine durchgehende Rang- und Gehaltsordnung aller Ministerialangestellten entworfen wurde. Diese Systematisierung wurde aber nur im Außenministerium eingeführt, für das Talleyrand mit einer beispielgebenden Verordnung vom 3 floréal an VIII (23. April 1800) vorgeprescht war.[19] Außer Rang- und Gehaltsstufen wurden die Bedingungen für Ernennung, Beförderung und Pensionierung sowie Entlassung geregelt. In einem Bericht an Napoleon hatte Talleyrand die Motive dieser Regelung und damit die Gründe für die gesamte Beamtenpolitik bzw. das neue Beamtenrecht dieser Zeit dargelegt: Ziel jeder Personalpolitik sei die Schaffung eines Beamtenethos. Die selbstlose und unermüdliche Hingabe des Beamten an seine Dienstpflichten beruhe nicht auf einer Übereinstimmung mit dem Inhalt seiner Tätigkeit, sondern auf der zugesicherten Belohnung, die ihm seine Tätigkeit einbringe.[20] Schon Mirabeau hatte früher im gleichen Zusammenhang betont, daß nicht Strafen, sondern nur die Aussicht auf Belohnung motivierten.[21] Nur wenn jede Beförderung Belohnung für geleistete Dienste und Prüfung für die nächste Beförderung zugleich sei, würde der Beamte zu kontinuierlicher Arbeit angespornt. Dieses »système graduel« war erstmals von Saint Germain in einer Verordnung vom 25. Februar 1776 für das Offizierskorps fixiert worden, doch er war damit seinerzeit am Hochadel gescheitert. Hauterive, der Verfasser des von Talleyrand signierten Berichtes, bezeichnete es später als Ziel dieser Regelung, daß man den durch die Revolution freigesetzten Ehrgeiz des einzelnen dem Staate nutzbar machen wollte. In der egalitären nachrevolutionären Gesellschaft sollte mit der Beamtenschaft eine Korporation geschaffen werden, deren Stellung und Lebensunterhalt, deren Belohnungen und Strafen allein vom Staat abhingen. Der Staat band die Belohnungen an die Erfüllung der Dienstpflichten. Die Effizienz der Beamtenschaft hing so von ihrer Isolierung in der Gesellschaft ab. Der Beamte wurde durch die Aussicht auf Karriere, nicht durch eine Idee oder ein besonderes Treueverhältnis motiviert.

Talleyrands Konzeption einer neuen Beamtenschaft, die über

das bayerische Beamtengesetz 1805 in das deutsche Beamtenrecht einging, scheiterte in Frankreich. Die Gründe für dieses Scheitern sind bislang nicht befriedigend geklärt. Neben dem Widerstand des Tribunats war die Ursache dafür trotz einiger Ausnahmen (Crétet 1809) wohl die Haltung der Minister und Napoleons selbst, die sich in ihrer Personalpolitik durch eine derartige Kodifizierung eingeengt fühlten. Bezeichnenderweise forderte und erreichte die Deputiertenkammer erst 1844 die 1801 geplante Klassifizierung des Personals der Ministerien.

Talleyrand hatte in seiner Verordnung von 1800 erstmals alle die Bereiche geregelt, die erst in der zweiten Jahrhunderthälfte endgültig normiert wurden, nämlich Einstellung und Prüfungen, Beförderung nach Anciennität, Disziplinierung und Entlassung. Der einzige Bereich, der vor 1814 normiert wurde, waren die Pensionen, die auch schon von der Nationalversammlung in einem Sondergesetz behandelt worden waren. Sie wurden unter Napoleon korporativ nach dem Vorbild der technischen Korps des 18. Jahrhunderts geregelt.

Napoleon behielt die Bevorzugung der Militärs bei der Pensionsvergabe bei. Zivilpensionen wurden praktisch nur an höhere Beamte vergeben und bis auf das Sechsfache angehoben (Lex Portalis 1807). Die benachteiligten Zivilbediensteten griffen daraufhin zur Selbsthilfe. 1795 gründeten die Angestellten der indirekten Steuern eine Pensionskasse, die durch Gehaltsabzüge finanziert wurde und nach 30 Dienstjahren eine Mindestpension von 50% des Gehaltes abwerfen sollte. Mehrere andere Verwaltungen wie die der Steuern oder Techniker folgten. Kammern wie Regierung unterstützten diese Kassenbildung, durch die die Kosten der Alterspensionen auf die Bediensteten abgewälzt wurden. Seit 1806 kam es daher zur Errichtung von separaten Behörden- und Ministerialkassen auf Beitragsbasis, denen Napoleon befristete Zuschüsse gewährte und aus denen erstmals auch Hinterbliebene bedacht wurden. Napoleon hatte anscheinend den bisher verweigerten Staatszuschüssen zugestimmt, da diese Kassen wie bei den Technikern, der Université und anderen Korporationen dem Gruppenzusammenhalt dienten und seiner Vorstellung einer korporativen Restrukturierung der Gesellschaft entsprachen. Die trotz dieser Zuschüsse weiter bestehende Unterkapitalisierung der Pensionskassen wurde seit 1817 durch befristete direkte Staatszuschüsse gedeckt. Erst Napoleon III. setzte 1853 die Übernahme aller Alters- und Witwenpensionen durch den Staat und die Verdoppelung der Zahl der Begünstigten durch. Allerdings wurden die fünfprozentigen Gehaltsabzüge zugunsten der Staatskasse beibehalten.

Vorbildung und Eingangsprüfungen spielten im französischen Staatsdienst zu Beginn des 19. Jahrhunderts eine erstaunlich geringe Rolle.[22] Zwar hatte Frankreich mit seiner staatlichen Ingenieurausbildung des 18. Jahrhunderts in Europa eine Vorreiterrolle beim Prüfungswesen inne, und der Prüfungsgrundsatz galt auch weiterhin für die Aufnahme in die »Hautes Ecoles« wie die »Ecole Polytechnique« (1794ff.) und die »Ecole Normale« (1795/1812ff.). Doch er blieb auf bestimmte, spezialisierte Tätigkeiten wie die des Ingenieurs, Gymnasiallehrers oder auch des Richters (1804/10) beschränkt. Die Angestellten der Verwaltungen wurden hingegen nach Gutdünken der Vorgesetzten eingestellt, ohne daß es verbindliche Regeln für ihre Auswahl gab.[23] Da es ferner in den Ministerien keine unterschiedlichen Laufbahnen zwischen einer Art mittlerem und höherem Dienst (»expéditionnaires« und »rédacteurs«) gab, bedeutete dies, daß z.B.. für einen Abteilungsleiter weder juristische Studien noch das Abitur Eingangsvoraussetzungen waren. Andererseits war aber ein ungeregelter, praktischer Vorbereitungsdienst für sogenannte »surnuméraires« üblich (z.B. 1800 im Außenministerium), der einer Überprüfung der praktischen Fähigkeiten eines Kandidaten diente. Tatsächlich hatte jedes Ministerium und jede Behörde eigene Regeln für die Auswahl und Einstellung von Angestellten, doch waren diese kaum schriftlich fixiert, noch waren sie einklagbar und ließen den Vorgesetzten bzw. den Ministerien freie Hand. Erst als der Staatsrat 1883 die Konkursprüfung zur Eingangsprüfung bestimmte, wurden entsprechende Regelungen in den Ministerien eingeführt. Der anhaltende Widerstand gegen die Übernahme eines Prüfungssystems rührte daher, daß die theoretische Prüfung keine Kenntnis über die praktischen Fähigkeiten und die politische Einstellung des Bewerbers ermöglichte. Das deutsche System, das die theoretische Prüfung mit einer praktischen Tätigkeit koppelte, wurde jedoch trotz wiederholter Erörterungen nicht übernommen.

Die gleiche Offenheit wie bei der Anstellung herrschte bei der Beförderung. Auch hier hatten die Vorgesetzten freie Hand. Eine Regelung nach dem Vorbild des Offizierskorps, wo seit der Revolution Ernennung, Wahl und Anciennität in unterschiedlichen

Anteilen über die Beförderung entschieden, ließ sich in der Verwaltung nicht durchsetzen. Nur im Finanzministerium wurden seit dem 18. Jahrhundert alle Beförderungen von einer Art Verwaltungsrat beschlossen. Praktisch herrschte eine durch Willkür gemäßigte Anciennität vor: Wie 1776 für das Offizierskorps und 1800 für das Außenministerium festgelegt, bestimmte das stufenweise Vorrücken und eine durch Erfahrung geregelte Verweildauer die Karriere der Verwaltungsbediensteten fest. Von der Anciennität wurden nur die ausgenommen, die disziplinarisch reglementiert worden waren. Unter dem Druck der Beamtenvertretungen wurde dieses System seit 1905 vom Staatsrat bestätigt.

Auch das Disziplinarrecht fand bis zum Ende des Jahrhunderts keine bindende Regelung.[24] Trotzdem hatte es unter Napoleon Ansätze zu einem Schutz der »fonctionnaires« vor willkürlicher Entlassung gegeben. In der Verordnung des Außenministeriums vom Jahre 1800 war für die Angehörigen des auswärtigen Dienstes ein disziplinarrechtliches Verfahren bei Gehaltsreduzierung und Entlassung eingeführt worden. Im allgemeinen besaß der Beamte mit Ausnahme des Richters (1789) jedoch keinen disziplinarrechtlichen Schutz. In der Verwaltung scheiterte auch die Übernahme einer seit 1834 für Offiziere geltenden Regelung, die eine Entlassung von der Entscheidung einer Disziplinarkommission abhängig machte. Doch seit den vierziger Jahren wurde eine Entlassung durch den Minister an die Vorlage eines Berichtes einer unabhängigen Untersuchungskommission gebunden. Erst seit 1883 wurden diese Anfänge einer Disziplinargerichtsbarkeit vom Staatsrat verbindlich gemacht. Wie in der Frage der Ernennung waren es auch hier Einzelregelungen der Ministerien, die schrittweise das Beamtenrecht normierten. Grund der Verschleppung jeder generellen Regelung war die weithin bestehende Opposition zwischen Regierung und Deputiertenkammer. Um sich gegenüber der Opposition der Kammer zu behaupten, bestanden Regierung und Minister auf der Einheit von Regierung und Verwaltung, die sie nur durch eine uneingeschränkte Personalpolitik sichern zu können glaubten. Jede rechtliche Besserstellung der Beamten galt damit als unvereinbar.

Mit der Wiedererrichtung der Monarchie (1804) verlor Napoleon sein Interesse an einer bürokratischen Herrschaftsstabilisierung. Statt dessen griff er auf die Mittel des Ancien Régime zur Aufrechterhaltung einer sozialen Hierarchie zurück. Am deutlichsten wird diese Politik in der Wiedereinführung eines Personal- und Amtsadels, d. h. eines Leistungsadels, greifbar, der nur ausnahmsweise in einen erblichen Adel umgewandelt werden konnte.[25] Die erste Stufe auf diesem Wege bildete die Errichtung der Ehrenlegion am 19. Mai 1802, die ursprünglich als Auszeichnung für Militärs gedacht war (Art. 87 der Verfassung vom Jahre VIII), aber nun auch auf Zivilisten ausgedehnt wurde. Entscheidend war, daß die mit einem Ehrensold verbundene Auszeichnung einen Eid zur Verteidigung der neuen Ordnung beinhaltete. Die Legion stellte eine Art Regierungspartei dar. Mit der Einführung eines Personaladels am 1. März 1808 wurde die Ehrenlegion pauschal in die unterste Stufe des neuen Adels, den Ritterstand, überführt und die ranghöheren Stufen des Fürsten, Grafen und Freiherrn mit den Spitzenstellungen in Militär, Verwaltung, Justiz, Kirche und Volksvertretungen verknüpft. Mit der Errichtung dieses Amtsadels wollte Napoleon seine Anhänger belohnen, sie an sich binden und ihre Macht festigen. Die ökonomische Basis verschaffte Napoleon dieser Gruppe seit 1802 aus Nationalgütern und seit 1805 durch Donationen in Europa. Die Regierungspartei des Jahres VIII sollte zur neuen Oberschicht des Empire werden. Zwar bestand die Mehrheit der Nobilitierten aus Militärs, blieb die Armee die Basis der Herrschaft Napoleons, doch widerlegt dies das Ziel der napoleonischen Elitenpolitik nicht, seine Anhänger als Gruppe in der Herrschaft und damit in den Spitzenämtern des Staates zu konsolidieren.

Der eigentliche Grund für die bis zum Ende des 19. Jahrhunderts währende Verzögerung der Entstehung des französischen Berufsbeamtentums, obwohl schon um 1800 alle Grundsätze bürokratischer Personalpolitik entwickelt worden waren, liegt wohl in der Politisierung der französischen Eliten. Nach der Entmachtung und Enteignung des Adels durch die Revolution suchten die Nutznießer der Revolution ihre Macht zu stabilisieren. Die gemäßigten Republikaner der Nationalversammlung und des Konventes festigten als Brumairiens ihre Macht im Jahre VIII und suchten ihre soziale Basis durch die Einbeziehung der Notabeln zu erweitern.[26] So wie sich im Jahre VIII die höhere Beamtenschaft aus der Partei der Brumairiens rekrutierte, wurden auch weiterhin die politischen Spitzenstellungen immer von der herrschenden Partei besetzt. Die politischen Säuberungen, die seit 1815 in fünfzehn- bis zwanzigjährigem Turnus für den Staatsdienst zur Regel werden sollten und in erster Linie Präfekten, Polizeipräsidenten und Richter trafen, machten nur den Umfang der Politisierung der höheren Beamtenschaft deutlich. Eine rechtliche Konsolidierung der Beamtenschaft wäre politisch hinderlich gewesen und unterblieb daher. Rekrutierung, Beförderung und Säuberung der höheren Beamtenschaft wurden von parteipolitischen Gruppenbildungen innerhalb der Notabeln bestimmt. Die politische Kultur Frankreichs begünstigte die Fragmentarisierung der staatlichen Personalpolitik.

Zusammenfassung

Die staatliche Bürokratie ist in Frankreich wie in Deutschland im Gefolge der Französischen Revolution entstanden. Dabei wird unter bürokratischer Organisation eine auf Spezialisierung beruhende Hierarchie verstanden, deren Mitglieder formalistisch bzw. nach formalen Regeln handeln. Die hochgradig formalisierte Erfüllung der Dienstaufgaben setzt eine Distanzierung vom Inhalt der Diensttätigkeit voraus, die sich in einem Motivationsverlust niederschlagen würde, wenn sie nicht sekundär durch eine Belohnung mit Karriere ausgeglichen und dadurch Diensteifer honoriert würde. Die Belohnungen müssen jedoch das Monopol des Dienstherrn oder so umfassend sein, daß damit kein anderer Arbeitgeber konkurrieren kann bzw. darf. Der Verwaltungsstaat und der durch die Karriere motivierte Berufsbeamte wurden in den Jahren zwischen 1800 und 1805 in Frankreich und Deutschland faßbar. Voraussetzung für beide Neuerungen war jedoch die Aufhebung des privilegiengegliederten Ancien Régime.

Die Reorganisation der staatlichen Hoheitsverwaltung nach den Grundsätzen militärischer Effektivität wurde in Frankreich in zwei Stufen 1789/90 und 1800 durchgeführt. In Deutschland waren der Wegfall der Garantie der bestehenden Rechtslage durch das Reich und die existenzgefährdenden Niederlagen gegenüber Napoleon Voraussetzung jeder Reformpolitik. Grundbedingung der gewünschten Effizienz war der Ausschluß des Bürgers aus der Verwaltung, ob dies nun die privilegierten Stände des Ancien Régime oder die Wahlbeamten der französischen Revolution waren. Der Widerstand des Bürgers gegen seine Verdrängung aus der Verwaltung hallte noch lange in der liberalen Bürokratiekritik des

Vormärz nach, die Formalismus und Vielregiererei, Zentralismus und Berufsbeamte sowie Polizeistaat und Bevormundung im Namen von Selbstverwaltung und Freiheit attackierte.

Das typische Merkmal des Berufsbeamten ist seine Karriereorientiertheit, die sein gesamtes Leben dienstlich wie außerdienstlich erfaßt: In einem stufenweisen System werden alle seine materiellen und sozialen Bedürfnisse über Gehaltserhöhungen, Alters- und Hinterbliebenenversorgung, sozialen Rang und Auszeichnungen befriedigt. Dieser Typus ist in Frankreich erstmals in Talleyrands Verordnung für das Außenministerium von 1800 und in Deutschland in der Bayerischen Dienstpragmatik von 1805 faßbar. Zwar ließ sich eine Abhängigkeit beider Regelungen archivalisch nicht feststellen[27], doch weisen neben der chronologischen Abfolge und inhaltlichen Gemeinsamkeiten formale Besonderheiten darauf hin, daß die französische Verordnung der bayerischen Dienstpragmatik zugrunde lag. Während die französische Gesetzgebung die stufenweise Karriere betont, zu der die Pension als ein wesentlicher Bestandteil gehört, liegt der Nachdruck in der deutschen Gesetzgebung auf der Unentlaßbarkeit, die jedoch im Kern nichts anderes als eine Garantie von Pensionszahlungen darstellt. Ihr Zweck ist das Eingehen auf die Forderungen des materiell nicht abgesicherten Bildungsbürgertums. Im Kern geht es also sowohl in Frankreich wie insbesondere im rheinbündischen Deutschland um die Zusicherung von Belohnungen im Staatsdienst.

Die Besonderheit der französischen Entwicklung ist bis 1840 eine Stagnation und ein teilweiser Rückfall hinter die 1800/02 erreichte Entwicklungsstufe, der ein weiteres halbes Jahrhundert heftiger Auseinandersetzungen um die Ausgestaltung des Staatsdienstes folgten. Hierbei werden die deutschen Regelungen seit 1830 zu einem immer wieder angeführten, aber schließlich nicht nachgeahmten Vorbild. Während in Frankreich eine dienstrechtliche Regelung nach 1814 am Gegensatz zwischen Regierung und Parlament scheiterte – 1845 nur an einer Stimme –, entzog die vorkonstitutionelle Regelung des Dienstrechtes in Süddeutschland diese Materie der politischen Auseinandersetzung. Nur in Preußen kam es trotz des Verfassungsauftrages von 1850 bezeichnenderweise ebenfalls nie zu einer Gesamtregelung des Beamtenrechtes.

Das hervorstechende Merkmal der deutschen Entwicklung ist die frühzeitige und ausgedehnte Regelung eines Prüfungssystems für die Aufnahme in den Staatsdienst. Das Prüfungssystem war eine Waffe des Bildungsbürgertums, mit dem es sich die Gleichstellung mit dem Adel im Staatsdienst erzwang, ohne zugleich die Aufhebung jeglicher ständischer Hierarchie zu fordern. Es diente paradoxerweise zugleich der Abschottung gegenüber sozialen Aufsteigern aus der unteren Mittelschicht und den Unterschichten. Durch diese soziale Bedeutung erhielt das deutsche Beamtenrecht einen elitären Charakter, der die Integration des Bildungsbürgertums in die Kontinuität des Obrigkeitsstaates ermöglichte.

Anmerkungen

1 Die französischen Verfassungen sind gedruckt bei J. Godechot, Les constitutions de la France depuis 1789, Paris 1979.

2 Im folgenden nach J. Godechot, Les institutions de la France sous la Révolution et l'Empire, Paris 1985[3]; G. Sautel, Histoire des institutions publiques depuis la Révolution française, Paris 1978[4].

3 Gesetz vom 27. April/25. Mai 1791, Art. 4.

4 E. Weis, Absolute Monarchie und Reform im Deutschland des späten 18. und des frühen 19. Jahrhunderts, in: Geschichte in der Gesellschaft, Festschrift K. Bosl, hg. von F. Prinz u. a., Stuttgart 1974, S. 436–461; ders., Der Einfluß des Empire auf die Reformen in den süddeutschen Staaten, in: Francia, Bd. 1, 1973, S. 569–583; H. Berding u. H.-P. Ullmann, Veränderungen in Deutschland an der Wende vom 18. zum 19. Jahrhundert, in: dies. (Hg.), Deutschland zwischen Revolution und Restauration, Königstein 1981, S. 11–40.

5 Zum folgenden F.-L. Knemeyer, Regierungs- und Verwaltungsreformen in Deutschland zu Beginn des 19. Jahrhunderts, Köln 1970; K. Jeserich u. a. (Hg.), Deutsche Verwaltungsgeschichte, Bd. 2, Stuttgart 1983.

6 B. Wunder, Geschichte der Bürokratie in Deutschland, Frankfurt 1986; ders., Die Reform der Beamtenschaft in den Rheinbundstaaten, in: E. Weis (Hg.), Reformen im rheinbündischen Deutschland, München 1984, S. 181–194.

7 M. D. Sagebiel, Die Problematik der Qualifikation bei den baierischen Standeserhebungen zwischen 1651 und 1799, Diss. Marburg 1964; B. Wunder, Die Sozialstruktur der Geheimratskollegien in den süddeutschen protestantischen Fürstentümern (1660–1720). Zum Verhält-

nis von sozialer Mobilität und Briefadel im Absolutismus, in: VSWG, Bd. 58, 1971, S. 154–220.

8 G. Oestreich, Strukturprobleme des Absolutismus, in: ebd., Bd. 65, 1978, S. 329–347; U. Stock, Entwicklung und Wesen der Amtsverbrechen, Leipzig 1932.

9 B. Wunder, Privilegierung und Disziplinierung. Die Entstehung des Berufsbeamtentums in Bayern und Württemberg (1780–1825), München 1978, S. 44ff.; H. Hattenhauer (Hg.), Allgemeines Landrecht für die preußischen Staaten von 1794, Frankfurt 1970, S. 541 (II/10, §§ 98–101).

10 J. Schultze, Die Auseinandersetzungen zwischen Adel und Bürgertum in den Zeitschriften des letzten Drittels des 19. Jahrhunderts (1783–1806), Berlin 1925.

11 Zum folgenden W. Bleek, Von der Kameralausbildung zum Juristenprivileg, Berlin 1973; R. Wendt, Die bayerische Konkursprüfung der Montgelaszeit, München 1984; R. Meyer, Das Berechtigungswesen in seiner Bedeutung für Schule und Gesellschaft im 19. Jahrhundert, in: Zeitschrift für die gesamte Staatswissenschaft, Bd. 124, 1968, S. 763–776.

12 Wunder, Privilegierung.

13 B. Wunder, Die Institutionalisierung der Invaliden-, Alters- und Hinterbliebenenversorgung der Staatsbediensteten in Österreich (1748–1790), in: Mitteilungen des Instituts für österreichische Geschichtsforschung, Bd. 92, 1984, S. 341–406.

14 E. Weis, Montgelas' innenpolitisches Reformprogramm. Das Ansbacher Memoire für den Herzog vom 30. September 1796, in: Zeitschrift für bayerische Landesgeschichte, Bd. 33, 1970, S. 219–256; G. Winter, Die Reorganisation des preußischen Staates unter Stein und Hardenberg, Bd. 1/1, Leipzig 1931, S. 549–562; F. Walter (Hg.), Die österreichische Zentralverwaltung, Bd. 2/4, Wien 1950, S. 123–132.

15 B. Wunder, Der württembergische Personaladel (1806–1913), in: Zeitschrift für württembergische Landesgeschichte, Bd. 40, 1981, S. 494–518.

16 R. Mousnier, La fonction publique en France du début au 16e siècle à la fin du 18e siècle, in: Revue historique, Bd. 261, 1979, S. 321–335; ders., Les institutions de la France sous la monarchie absolue 1598–1789, Bd. 2, Paris 1980.

17 B. Wunder, Die Einführung des staatlichen Pensionssystems in Frankreich (1760–1850), in: Francia, Bd. 11, 1983, S. 417–474.

18 C.H. Church, Revolution and Red Tape. The French Ministerial Bureaucracy 1770–1850, Oxford 1981.

19 Gedruckt in J.B. Duvergier, Collection complète des lois, décrets, ordonnances, règlements, avis du Conseil d'Etat de 1789 à 1830, Paris 1828ff., Bd. 12, S. 210–212; Wunder, Einführung, S. 448ff.; F. Mas-

son, Le département des affaires étrangères pendant la Révolution française 1787–1804, Paris 1877, S. 447ff.

20 P. L. Roederer, Mémoires d'économie publique, de morale et de politique, Paris An VIII, Bd. 1, H. 8, S. 418–422.

21 J. Mavidal u. E. Lambert, Archives parlementaires de 1787 à 1860, Paris 1867, Bd. 1/10, S. 495–497 (10. Dezember 1789).

22 Wunder, Einführung, S. 439ff.

23 Zum 19. Jahrhundert G. Thuillier, Bureaucratie et bureaucrates en France au 19e siècle, Genf 1980; ders., La vie quotidienne dans les ministères au 19e siècle, Paris 1976; ders., Témoins de l'administration de Saint-Just à Marx, Paris 1967; C. Charle, Les hauts fonctionnaires de France au 19e siècle, Paris 1980; G. Sautel, Le fonctionnaire français au 19e siècle. Quelques traits caractéristiques, in: L'educazione giuridica IV: Il pubblico funzionario, Bd. 2: L'età moderna, Perugia 1981, S. 201–218.

24 Thuillier, Bureaucratie, S. 401ff.; A. Outrey, Un conseil de discipline au ministère des relations extérieures en 1808, in: Revue d'histoire diplomatique, 1954, S. 1–11; J. Bourdon, Le senatus-consulte de 1807. L'épuration de la magistrature en 1807–1808 et ses consequences, in: Revue d'histoire moderne et contemporaine, Bd. 17, 1970, S. 829–836.

25 J. Tulard, Poblèmes sociaux de la France impériale, in: ebd., S. 639–663; R. v. Oer, Talleyrand und die gesellschaftliche Neuordnung des Empire, in: Tijdschrift voor Rechtsgeschiedenis, Bd. 30, 1967, S. 401–428; H. Berding, Napoleonische Herrschafts- und Gesellschaftspolitik im Königreich Westfalen 1807–1813, Göttingen 1973.

26 W. Giesselmann, Die brumairianische Elite, Stuttgart 1977; J. Bourdon, La magistrature sous le Consulat et l'Empire, Rodez 1942; ders., La législation du Consulat et de l'Empire. La réforme judiciaire de l'an VIII, Rodez 1942; L. Bergeron u. G. Chaussinant-Nogaret, Les masses de granit. Cent milles notables au Premier Empire, Paris 1979; P. Gerbod u. a. Les épurations administratives (19e et 20e siècles), Genf 1977.

27 Die Vorakten der bayerischen Dienstpragmatik ließen sich bisher nicht auffinden und müssen als verloren gelten, die der französischen Verordnung gehen nicht wesentlich über die schon von Masson benutzten Quellen hinaus. Eine Durchsicht der diplomatischen Korrespondenzen beider Länder blieb ergebnislos. Die auffallende und nur in Frankreich und Bayern auftretende Gemeinsamkeit ist die Aufteilung des Gehaltes in ein »traitement d'emploi« und ein »traitement de grade« bzw. ein »Dienstgehalt« und ein »Standesgehalt« (in der wörtlich weitgehend mit der bayerischen Dienstpragmatik identischen badischen Dienstpragmatik vom 25. April 1809 »Gehalt des Amtes« und »Gehalt des Standes« genannt), dessen Zweck die juristische Rechtfertigung für nach Dienstjahren gestaffelte Gehaltsabzüge im Falle einer Pensionie-

rung war. Weder vorher noch später taucht diese Hilfskonstruktion in irgendwelchen Pensionsgesetzen auf. Vgl. ferner E. Fehrenbach, Das napoleonische Modell des Beamtentums und sein Einfluß auf die deutsche Geschichte, in: L'educazione giuridica IV: Il pubblico funzionario, Bd. 2: L'età moderna, Perugia 1981, S. 219–237.

Elisabeth Fehrenbach

Der Adel in Frankreich und Deutschland im Zeitalter der Französischen Revolution

Die Dogmatisierung der »bürgerlichen« Revolution versperrte lange Zeit den Zugang zur Adelsgeschichte. Es gehörte zu den gängigen Ansichten, daß 1789 in Frankreich eine erstarrte und reaktionäre »Feudalaristokratie« entmachtet wurde, die mit der Liquidierung des Ancien Régime unterging. Auch die These vom Ausbleiben der »deutschen Revolution«, die von vornherein an der Schwäche des Bürgertums scheiterte, orientierte sich an dieser Lehrmeinung. Gemessen am Triumph des französischen Bürgertums blieben die adelsfeindlichen bürokratischen Reformen »von oben« in Preußen und in den Rheinbundstaaten auf halbem Wege stecken – mit weitreichenden Folgen für den »deutschen Sonderweg« im 19. und 20. Jahrhundert.[1]

Erst im Rahmen der historischen Eliteforschung und der strukturanalytischen Gesellschaftsgeschichte entstand ein anderes Bild der traditionellen französischen Führungsschichten. Zu den Trägern der Revolution zählte noch nicht das vorindustrielle, tendenziell kapitalistische Wirtschaftsbürgertum, sondern die sogenannte »bourgeoisie d'ancien régime«, die größtenteils – wie der Adel – von Grundbesitz, Renten und Ämtern lebte. Die »Feudalaristokratie« war längst vor 1789 sehr raschen gesellschaftlichen und wirtschaftlichen Veränderungen unterworfen, die sich auf die Machtpositionen des reichen Schwert- und Amtsadels keineswegs nur negativ auswirkten. Schon die für den Ausbruch der Revolution mitentscheidende Adelserhebung, die »révolte nobiliaire« von 1787/88, deutet darauf hin, daß der Adel eine Schlüsselstellung einnahm, die auch 1789 nicht völlig und für immer zerstört wurde. Die Notabelngesellschaft der nachrevolutionären Zeit verschmolz den alten Adel mit der neuen bürgerlichen Elite, die ihren Aufstieg der Revolution verdankte.[2]

Verglichen damit erscheint der Kontrast zur gesellschaftlichen Entwicklung in den deutschen Territorien nicht ganz so kraß, wie oft dargestellt wird. Es bleibt die vieldiskutierte Frage, warum der revolutionäre Konflikt zwischen Adel und Bürgertum in Frankreich ausbrach bzw. warum er in Deutschland vermieden werden konnte.

Die andersartige Struktur des deutschen Adels gewinnt in diesem Zusammenhang eine besondere Bedeutung, die im folgenden erläutert werden soll. Im Mittelpunkt der vergleichenden Betrachtung steht das jeweilige Verhältnis des Adels zum absolutistischen Fürstenstaat und zur konkurrierenden Elite des Bürgertums. Damit verknüpft sich die Frage, wie der Adel in beiden Ländern auf den wirtschaftlichen, sozialen und politischen Wandel der Umbruchsepoche reagierte.[3]

In der zersplitterten Territorienlandschaft des Alten Reiches bot die deutsche im Vergleich zur französischen Adelsgesellschaft ein sehr viel bunteres Bild. Der landsässige preußische Junker, der seinem König diente, hatte nicht allzuviel gemeinsam mit dem südwestdeutschen Reichsritter, der dem Kaiser in Wien »reichsunmittelbar« unterstand. Reichsfürsten (darunter viele an der Spitze von relativ kleinen Herrschaften), Reichsgrafen, Reichsbischöfe und Reichsäbte, Reichsritter, reichsstädtische Patrizier, altadelige landsässige Grundherren und neunobilitierte Beamte bildeten eine sehr gemischte politisch-gesellschaftliche Gruppierung mit zahlreichen regionalen Varianten. Eine so breite Skala von rechtlich fixierten Status- und Rangunterschieden war in Frankreich unbekannt, obgleich auch hier der Adelsstand in verschiedene Adelsgruppen – Altadel und Neuadel, Schwertadel und Amtsadel, Hofadel und Landadel – aufgefächert war und von Region zu Region wechselnde Besonderheiten aufwies. Es entfiel jedoch die hohe Rechtsbarriere, die im Reich den Hochadel (mit Reichsstandschaft auf den Reichstagen) vom niederen landsässigen und reichsritterschaftlichen Adel trennte. Auch wenn sich die Fürsten in den größeren Einzelstaaten als »souveräne« Landesherren fühlten und dementsprechend auftraten, so bewahrte doch das Alte Reich mit seiner föderativen Struktur eine bei weitem größere Vielfalt von Adelsherrschaften als das zentralisierte französische Königreich. Dies blieb nicht ohne Auswirkungen auf die ökonomischen und politischen Grundlagen der Adelsmacht.

In sehr viel stärkerem Ausmaß als der deutsche wurde der französische Adel in die Dynamik der wirtschaftlichen Entwicklung hineingerissen. Neben der englischen entstand eine sehr reiche französische Hocharistokratie, die sich durch eine tiefe Einkommens- und Vermögenskluft von der Masse des Kleinadels abhob.

Dies war nicht zuletzt die Folge einer günstigen landwirtschaftlichen Konjunktur. Im Zeitalter der hohen Grundrenten und der steigenden Agrarpreise bot der Großgrundbesitz beste Einkommenschancen – nicht nur dem Adel, sondern auch dem städtischen Bürgertum, das in zunehmendem Maße den Landankauf als sichere und obendrein prestigeträchtige Kapitalanlage betrieb. Am Ende des Ancien Régime scheint das Bürgertum ebensoviel Land, etwa ein Viertel der Nutzfläche, besessen zu haben wie der Adel.

Die Kommerzialisierung der Landwirtschaft veränderte den Charakter der »Seigneurie«. Zahlreiche Bauernhöfe fielen der Bodenkonzentration zum Opfer, so daß die bäuerlichen Grundholden schließlich nur noch über ein Drittel des bebauten Landes in den traditionellen Formen der Grundleihe verfügten. Die Feudalrechte blieben zwar nach wie vor wirksam, mit allem, was dazu gehörte: Abgaben und Dienste der Bauern, Jagd-, Fischerei-, Mühlen- und Braumonopole der Grundherren, Vorkaufsrechte des Adels, seigneuriale Gerichtsbarkeit. Die bei den Bauern besonders verhaßte »seigneuriale Reaktion«, d.h. die Revision der Güterverzeichnisse und das systematische Ausgraben vergessener alter Rechtstitel weist darauf hin, daß die Grundherren (und ihre bürgerlichen Verwalter!) mit allen Mitteln, auch und gerade mit Hilfe der Privilegien, versuchten, die Einnahmen zu steigern. Dennoch stammten die Haupteinkünfte nicht mehr aus den Seigneurialrechten, die im Schnitt je nach Region nur noch ein Zehntel bis ein Drittel des Gesamteinkommens einbrachten, sondern aus der Verpachtung oder der Selbstbewirtschaftung der Eigengüter, die auf Kosten des Bauernlandes und der Gemeindeländereien erweitert wurden.[4]

Die Hausse der Pachtzinsen garantierte ein gesichertes Renteneinkommen und erlaubte eine bequeme Art der Bereicherung, die dem eher passiven Wirtschaftsverhalten der »rentiers« sehr entgegenkam. Nur in einigen Regionen, vor allem in den Getreideanbaugebieten Nordfrankreichs und im Umkreis größerer Städte, entwickelte sich in Ansätzen ein Agrarkapitalismus englischen Stils, der auch in der öffentlichen Diskussion von den Physiokraten propagiert wurde. Die Agrarunternehmer nahmen die Bewirtschaftung ihrer Güter mit Hilfe bürgerlicher Verwalter selbst in die Hand. Sie versuchten, durch rationelle Anbaumethoden und marktorientierte Produktion den Bodenertrag zu verbessern. Mit anderen Worten: Sie verfolgten ein Ziel, das dem »kapitalistischen« Profitinteresse weit mehr entsprach als die bloße Rentengesinnung. Der übliche Weg lief jedoch weiter über die Pachterhöhungen. Es entstand »die Welt der Grundrente«, die noch bis weit ins 19. Jahrhundert hinein das französische Wirtschafts- und Gesellschaftssystem prägte.

Eine nicht unbeträchtliche Anzahl von reichen Adeligen bis hin zu den Verwandten des Königshauses beteiligte sich an Handels-, Gewerbe- und Finanzgeschäften. Schon seit langem waren die Schranken, die einst das Gesetz der Dérogeance aufgerichtet hatte, durchlässig geworden. Es war nicht mehr mit dem Risiko des Privilegienverlusts verbunden, wenn Adelige in kaufmännische oder gewerbliche Tätigkeitsbereiche eindrangen. In der Regel wurden allerdings solche wirtschaftlichen Aktivitäten bevorzugt, die dem Adel schon immer erlaubt waren: Fern- und Überseehandel, Steuerpacht und Bankgeschäfte, Glas- und Metallindustrien als Annex der Seigneurien. Manche Historiker gehen so weit, der »noblesse commerçante« Pionierleistungen auf diesen Gebieten zu bescheinigen.[5] Zum Beispiel waren Adelige führend beteiligt an der Gründung von Handelsgesellschaften mit Aktienkapital. Zukunftsweisende Investitionen, die etwa mit dem Kanalbau-Engagement der englischen Aristokratie verglichen werden können, lassen sich jedoch kaum nachweisen. Dennoch bleibt es bemerkenswert, daß es einem Teil des Adels keineswegs fernlag, sich mit dem Handels- und Manufakturbürgertum zu liieren, das wiederum seinerseits nicht abgeneigt war, mit dem Kauf von Landbesitz in die adelige Lebenswelt aufzusteigen. Insofern schien eine Fusion der wirtschaftlichen Führungsschichten aus Adel und Bürgertum keineswegs von vornherein ausgeschlossen.

Es gab freilich Hindernisse, die eine solche Entwicklung blokkierten. Die wachsende ökonomische Macht des Adels stieß dort an ihre Grenze, wo Verschwendungssucht und Luxuskonsum den vermehrten Reichtum allzu rasch wieder aufzehrten. Ein großer Teil des Adels, insbesondere der Hofadel, lebte über seine Verhältnisse und versank in Schulden.

Vor allem aber sammelte sich im Kleinadelsmilieu ein Konfliktpotential an, das eher den Zusammenstoß mit dem Bürgertum heraufbeschwor. Der niedere Landadel sah sich immer mehr in die Defensive gedrängt und der Verarmung preisgegeben. Etwa 60%

der Adeligen, schätzungsweise 16 000 bis 17 000 Familien, zählten zu den sogenannten »hoberaux«, den Landjunkern, die in relativ bescheidenen bis kärglichen Verhältnissen lebten.[6]

Für eine standesgemäße Existenz war ein Durchschnittseinkommen von 4 000 bis 10 000 livres erforderlich. Etwa 25% der Adelsfamilien erreichten dieses Niveau; 13% kamen auf 10 000 bis 50 000 livres, dazu zählte der reiche Provinzadel. Die meisten »hoberaux«, ca. 40%, verfügten über ein Jahreseinkommen von 1 000 bis 4 000 livres; die übrigen (20%) lagen darunter. Auch ein »verarmter« Krautjunker nahm aber in der Regel noch um 300 livres ein, d.h. ungefähr so viel wie ein Pfarrer oder ein kleiner Beamter.[7] Der Vermögensabstand zu den ca. 200 bis 300 führenden Familien des Schwert- und Amtsadels war jedoch kraß: Jahreseinnahmen von 100 000, 200 000, 500 000 livres und mehr bis zu den Spitzen in Millionenhöhe.

Festzuhalten bleibt, daß der säkulare wirtschaftliche Aufschwung die Entstehung von zweierlei Adel beförderte. Eine Spitzengruppe profitierte sowohl von der landwirtschaftlichen Konjunktur als auch von den guten Verbindungen zur Handels-, Manufaktur- und Finanzwelt. Der gemeinsame Reichtum verwischte den einst traditionellen Gegensatz zwischen dem alten, allein hoffähigen Schwertadel und dem weniger angesehenen, weil erst vor kurzem in den Adelsstand erhobenen Amtsadel, der vor allem im Gerichts- und Finanzwesen seinen Einfluß entfaltete. Durch Heirat und Interessen verschmolzen beide Adelsgruppen völlig. Für den kleinen Landjunker hingegen, obgleich er zum alteingesessenen Schwertadel gehörte, war der Besitz oder Erwerb eines Amtes etwa an den großen Parlamentsgerichtshöfen unerschwinglich: Der Kaufpreis für das Amt eines Parlamentsrats betrug 50 000 livres, für das eines Parlamentspräsidenten 500 000 livres und mehr.

Der Abwehrkampf des Kleinadels griff zu dem einzigen Mittel, das noch blieb: die Verteidigung der Adelsprivilegien. Insbesondere die Steuerprivilegien boten scheinbar die letzte Schutzwehr, um eine einigermaßen standesgemäße Lebensweise aufrechtzuerhalten. 1788/89 sollte die Entscheidung darüber fallen, ob die Durchsetzung der Standessolidarität noch möglich war.

Gab es überhaupt in Deutschland trotz der politischen Enge und der ökonomischen Schwäche des Alten Reiches »vergleichbare« Entwicklungen? Oder blieb die festgefügte Adelshierarchie von wirtschaftlichen Veränderungen und standesinternen Spannungen weitgehend verschont?

Die einzige Adelsgruppe, die sich mit den führenden Adelsfamilien Frankreichs messen konnte, gehörte im Reich bezeichnenderweise zum »regierenden« Hochadel. Die vielen kleinen Reichsfürsten und Reichsgrafen fühlten sich am meisten den höfisch-adeligen Normen verbunden, wie sie in Versailles geprägt und vorgelebt wurden. Auch in wirtschaftlicher Hinsicht ging die Initiative von den Fürsten aus, die fast immer zugleich die größten Grundherren ihres Landes waren. Selbst in Preußen erprobten zuerst die von bürgerlichen Pächtern bewirtschafteten Domänen neue Anbaumethoden. Viele Fürsten bemühten sich um eine aktive Agrarpolitik, die – freilich noch ganz im Rahmen der feudalen Grundherrschaft – die Kommerzialisierung der Landwirtschaft vorantrieb. Dazu gehörte die Modernisierung der Akkerbautechnik, der Übergang zur Fruchtwechselwirtschaft, die Rationalisierung der Vieh- und Forstwirtschaft, aber auch eine wachsende Anzahl von Unternehmungen wie Brauereien, Brennereien, Sägereien, Ziegeleien, Glashütten, Hammerwerke und Kohlegruben. Es fällt auf, daß die deutsche »noblesse commerçante« fast ausschließlich dem reichsständischen Hochadel angehörte.[8] Zu den wenigen Ausnahmen zählten die schlesischen und vor allem die böhmischen Magnaten.

Insgesamt kann jedoch von einer Mobilisierung der Adelsgesellschaft kaum die Rede sein. Viele einschneidende Veränderungen, die sich in Frankreich bereits vor 1789 beobachten lassen – die Kapitalisierung der Grundrenten, die Dynamisierung des Bodenmarktes, die »Verbürgerlichung« der »seigneurie« –, kamen im deutschen Bereich noch gar nicht oder erst langsam in Gang. Dies gilt vor allem für die Gebiete der sogenannten »versteinerten« Grundherrschaft in West- und Süddeutschland.

Im herkömmlichen System der Grundherrschaft waren die Grundrenten fixiert. Nur einzelne, meist unständige Feudalabgaben, z. B. die Sterbfalls- und Besitzwechselgelder, konnten erhöht werden, was nicht selten zu Konflikten mit den Bauern führte bis hin zu Prozessen am Reichskammergericht und Reichshofrat. An der Spitze der Revenüen rangierten nach wie vor die Einkünfte aus grundherrschaftlichen Rechten mit Prozentanteilen, die weit über den französischen lagen: im Schnitt etwa 60 bis 75%.[9] Großflächige Eigengüter fehlten fast ganz, Verpachtungen waren selten.

Ganz anders als in Frankreich, wo sich das Bauernland drastisch verringerte, besaßen die Bauern westlich der Elbe ungefähr 90% des bebauten Bodens zu Nutz- oder Untereigentum mit mehr oder weniger guten Besitzrechten (Erbrecht, Meierrecht, Leibrecht, Fallehen etc.).

In den meisten Territorien behinderten Bauernschutzmaßnahmen das »Bauernlegen« bzw. die Einziehung der Bauernhöfe zum Adelsgut. Auch der Übergang von Rittergütern in bürgerlichen Besitz war oft nur mit Genehmigung der Landesherren möglich. Die Reichsritter besaßen das vom Kaiser garantierte Retraktrecht, das im Falle der Veräußerung eines Ritterguts der reichsritterschaftlichen Korporation das Vorkaufsrecht einräumte. Auf diese Weise sollte vor allem ein Aufkauf bankrotter Rittergüter durch die Reichsfürsten verhindert werden. Die Schutzvorkehrung richtete sich also nur in zweiter Linie gegen bürgerliche Käufer.

Es ist wenig darüber bekannt, wieviel bürgerliches Kapital in Landbesitz investiert wurde. Wir wissen nur, daß sich trotz der Exklusivität adeliger Besitzrechte um 1800 ca. 10% der preußischen und 1785 sogar 32% der sächsischen Rittergüter in bürgerlichen Händen befanden.[10] Anscheinend war jedoch das Wirtschaftsbürgertum viel weniger als die französischen Kaufleute am Landerwerb interessiert. Die meisten Käufer preußischer Rittergüter waren Beamte und ehemalige Domänenpächter. Vor allem dort, wo ein traditionell ständisch orientiertes Handels- und Gewerbebürgertum dominierte (und dies war in den meisten Städten noch der Fall), konnte der Adel ganz unangefochten durch bürgerliche Konkurrenz seinen Besitz behaupten.[11]

Andererseits war die hohe Verschuldung des Adels an das Bürgertum nicht nur in Frankreich üblich. Die Kontinuität der Agrarverfassung und der Besitzverhältnisse kann nicht darüber hinwegtäuschen, daß sich die wirtschaftlichen Bedingungen auch im deutschen Bereich immer mehr veränderten. Die Konjunkturentwicklung ging nicht spurlos an den Einkommensverhältnissen vorüber.

Nicht alle Adeligen profitierten vom landwirtschaftlichen Aufschwung und dem Anstieg der Agrarpreise. Wer keine nennenswerte Eigenwirtschaft betrieb und hauptsächlich von den Geldzinsen der Bauern lebte, erlitt durch die Inflation eher Verluste, zumal der Prestigeaufwand, insbesondere die Verpflichtung zu standesgemäßer Erziehung und Versorgung der Kinder, immer mehr Gelder verschlang. Insofern stand der kleine Reichsritter vor ganz ähnlichen finanziellen Problemen wie der französische Krautjunker.

Der große Unterschied lag vor allem in den viel besseren Aussichten auf ein ehrenvolles und einträgliches Amt. Während dem wenig begüterten französischen Landjunker nur der Dienst mit dem Degen in der Armee des Königs blieb, weil der Ämterkauf seine finanziellen Mittel überstieg, besaß im Reich der nachgeborene Adelssohn die Chance, sich in den Dienst des Kaisers zu stellen, bei einem der zahlreichen Fürsten in den Hof-, Verwaltungs- oder Militärdienst einzutreten oder die besonders lukrative kirchliche Laufbahn in den geistlichen Staaten (die es in Frankreich bekanntlich nicht gab) einzuschlagen. Zwar waren im Fürstendienst keine Reichtümer zu erwerben, aber durch die Möglichkeit der Ämterkumulation war doch ein mehr oder weniger bescheidenes Vermögen gesichert.

Den wichtigsten Rückhalt bot die Reichskirche mit ihren hochdotierten Pfründen und der Vielzahl einflußreicher weltlicher wie geistlicher Ämter. Da sich die Stiftsfähigkeit nach dem Kriterium der Ahnenprobe richtete, wurden vor allem jene (katholischen) Adelsfamilien begünstigt, die sich trotz oder gerade wegen der wachsenden wirtschaftlichen Bedrängnis besonders standesbewußt auf das exklusive Anciennitätsprinzip beriefen. Der einheimische landsässige Ritteradel und vor allem die größtenteils stiftsfähigen 350 Familien der Reichsritterschaft besaßen in den 31 geistlichen Staaten (Erzbistümer, Bistümer, größere reichsfürstliche Prälaturen) den maßgeblichen Einfluß. Im günstigsten Fall bestand sogar die Aussicht, über die Wahl zum Fürstbischof oder Fürstprälaten in den Reichsfürstenstand aufzusteigen.

Einen Ausnahmefall besonderer Art stellt das preußische Junkertum dar, das ökonomisch fraglos am meisten gewann. Unter den Bedingungen der ostelbischen Gutsherrschaft mit ihren ausgedehnten Eigenbetrieben waren die Junker in der Lage, die Getreidepreishausse voll auszunutzen, vor allem dank der Getreideexporte nach England, die im letzten Drittel des 18. Jahrhunderts stark anstiegen.[12] Die preußische Landwirtschaft erfuhr einen kräftigen Kommerzialisierungsschub, der sich in den Bestrebungen der Gutsherren niederschlug, die Produktion zu steigern, die Bodenflächen besser als bisher zu nutzen und das Arbeitskräftereservoir gezielter einzusetzen. Diese Art von Agrarunternehmertum entfaltete sich auf der Basis besonders harter feudaler Abhängigkeitsverhältnisse. Die Fron- und Ackerdienste, die der erbuntertänige Bauer auf dem Gutshof zu leisten hatte, stellten eine billige Arbeitskraft zur Verfügung, die im Zuge der Kommerzialisierung immer stärkeren Belastungen ausgesetzt wurde – eine »feudale Reaktion« spezifisch preußischer Prägung.

Auch und gerade das preußische Beispiel demonstriert jedoch auf seine Weise, bis zu welchem Grad der schleichende wirtschaftliche Wandel die Stellung des Adels veränderte.[13] Es war schon vor der Reformzeit abzusehen, daß die Entwicklung auf die Schaffung eines freien Arbeits- und Bodenmarktes hinauslief. Mehrere Gutsherren und vor allem die bürgerlichen Domänenpächter traten dafür ein, die widerwillig geleisteten bäuerlichen Frondienste durch Geldrenten abzulösen und die Betriebe mit freien Lohnarbeitern erfolgreicher zu bewirtschaften. In dieselbe Richtung wies der zunehmende Güterhandel, an dem der Adel selbst beteiligt war, auch deshalb, weil die Kreditvergabe der »Landschaften« die Bodenspekulation begünstigte. Gleichzeitig wurden jene Fälle immer häufiger, in denen Bürgerliche mit königlicher Genehmigung Rittergüter erwarben. Als die Reformer 1807 die wirtschaftliche Gleichstellung von Adel und Bürgertum durchsetzten, zogen sie die Konsequenz aus schon bestehenden Verhältnissen.

Außerhalb Preußens verdankten die vielen kleinen Adelsherrschaften ihre Existenz nicht mehr der eigenen Wirtschaftskraft. Die oft winzigen und zumeist hochverschuldeten Fürstentümer waren trotz aller Reformanstrengungen letztlich nicht in der Lage, sich gegen die Konkurrenz der größeren Staaten zu behaupten.[14] Zwischen den kleinen weltlichen Reichsständen und der Reichsritterschaft begann ein Wettstreit um einflußreiche Stellen. So beklagten sich beispielsweise die Reichsgrafen in aller Öffentlichkeit über die Benachteiligung der Hocharistokratie im Hinblick auf »die ausschließende Anmaßung der Praebenden der meisten Erz- und Hochstifter für Mitglieder bloß ritterschaftlichen Adels«.[15] Die Adelskirche geriet immer mehr in die Defensive, seitdem in den achtziger Jahren des 18. Jahrhunderts die öffentliche Diskussion über die »Gebrechen der geistlichen Staaten« und die Mittel zur Abhilfe ihrer »eigentlichen Mängel« einsetzte.[16] Wenngleich der Schutz des Reiches den Adel lange Zeit vor dem »Niedergang« bewahren konnte, so traten doch die Ereignisse, die 1803 mit der »territorialen Revolution« eingeleitet wurden, nicht völlig unerwartet ein.

Der Grundbesitz des »einfachen« Landadels reichte nicht mehr aus, um allen Adelsfamilien eine standesgemäße Lebensführung zu gewährleisten, zumal ihre Zahl durch Nobilitierungen anwuchs. Es gab süddeutsche Territorien wie Württemberg und Baden, wo die Reichsritterschaft dominierte und der grundbesitzende, landsässige Adel fast ganz fehlte. In Bayern verfügten nur 8 bis 10% der Adelsfamilien über größeren Grundbesitz, während über die Hälfte kaum noch Grundvermögen besaß.[17] Auch in Preußen überstieg die Zahl der rund 20000 adeligen Familien die Zahl der ca. 12000 ostelbischen Rittergüter, so daß ein großer Teil des Adels auf den Staatsdienst angewiesen war.[18] Der übermäßige Reichtum blieb ein Kennzeichen der französischen (und der englischen) Hocharistokratie.

Die relativ unabhängige Stellung des französischen Hochadels läßt sich nicht nur auf der wirtschaftlichen, sondern auch und vor allem auf der politisch-sozialen Ebene beobachten. Trotz mancher Krisensymptome fehlten im Reich die opponierenden Kräfte innerhalb der Adelsgesellschaft, die von sich aus die Flucht nach vorn angetreten und den Status quo in Frage gestellt hätten. Es gehört zu den Paradoxien der Revolutionsgeschichte, daß in Frankreich der Adel selbst dem Ancien Régime den ersten Stoß versetzte. Ohne es zu wissen, geriet der Adel in die Rolle des Zauberlehrlings, als er – zunächst in gemeinsamer Front mit dem Bürgertum – den Kampf gegen den Despotismus und die Grundlagen der absolutistischen Staatsmacht eröffnete, der am Ende zu seiner eigenen Liquidierung führte. Im Vorfeld dieser Auseinandersetzungen sind vor allem zwei Wandlungsvorgänge wichtig, die im Reich ähnlich wie die wirtschaftliche Entwicklung noch nicht so weit fortgeschritten waren: die soziale Öffnung des Adels gegenüber dem Bürgertum und die zunehmende Politisierung der Gesellschaft im Zeichen der Absolutismuskritik.

Die Probleme des gesellschaftlichen Aufstiegs und der sozialen Mobilität[19] standen am Ursprung des Ständekonflikts zwischen Adel und Bürgertum, der die Französische Revolution einleitete. Den Stein des Anstoßes bildete das Adelsmonopol auf die militärischen, zivilen und kirchlichen Spitzenämter, das neben den Steuerbefreiungen und den seigneurialen Vorrechten zu den besonders verhaßten und heftig kritisierten Privilegien zählte. Da die Erhebung in den Adelsstand eng mit dem Besitz und der Ausübung eines bedeutenden Amtes verbunden war, blockierte das Ämtermonopol den Zugang zur Adelswelt. Freilich verlief die Frontlinie nicht ganz so eindeutig, wie es auf den ersten Blick erscheinen mag. Denn für diejenigen, die im eigenen Interesse die hierarchische Ordnung verteidigten, war die Ständegrenze bereits zu durchlässig geworden.

Der staatlich organisierte und institutionalisierte Ämterverkauf räumte zugleich dem wohlhabenden Bürgertum die Chance ein, über den Erwerb bestimmter Ämter im Justiz- und Finanzwesen, die nicht allein für den Adel reserviert waren, oder über den Kauf eines reinen Ehrenamtes wie das des Sekretärs des Königs die Nobilitierung zu erreichen. Vermögende Kaufleute und bürgerliche Grundbesitzer, die oft gleichzeitig als Großhändler, Reeder, Manufakturbesitzer oder Bankiers an der Spitze der Geschäftswelt standen, benutzten mit Erfolg diese Aufstiegsleiter, um in die elitäre Gesellschaft der Privilegierten einzudringen und das begehrte Sozialprestige des Adels zu teilen. Außerdem wurde der Adelstitel seit der Mitte des 18. Jahrhunderts für besondere Verdienste in der Armee verliehen, manchmal auch für hervorragende Leistungen im Handels-und Maufakturwesen oder im Geistesleben. Damit wurde bis zu einem gewissen Grad das »bürgerliche« Bewährungs- und Leistungsprinzip berücksichtigt.

Die in der älteren Literatur und von vielen französischen Historikern auch heute noch vertretene Ansicht, daß am Ende des Ancien Régime die sogenannte »aristokratische Reaktion« bzw. die Abschließungsbemühungen des Altadels zu einer drastischen Reduktion der sozialen Mobilität geführt hätten, läßt sich nicht mehr aufrechterhalten.[20] Die Ergebnisse verschiedener Fallstudien belegen eher das Gegenteil.

Nicht erst im Verlauf des 18. Jahrhunderts mußten die Aufsteiger manche Hindernisse überwinden. So dauerte es in der Regel ziemlich lange, bis die Neulinge voll respektiert und assimiliert waren. Im Falle der »noblesse graduelle« wurde der erbliche Adel erst anerkannt, wenn dasselbe Amt in der dritten Generation (Großvater, Vater, Sohn) innerhalb der Familie ausgeübt worden war. Gerade erst Geadelte und diejenigen, die erst seit zwei oder drei Generationen dem Adelsstand angehörten, mußten sich zunächst mit weniger wichtigen Ämtern zufriedengeben. Auch einige der 13 großen Parlamentsgerichtshöfe nahmen nur eine geringe Anzahl neuadeliger und bürgerlicher Bewerber auf. Lediglich 10% der Mitglieder des Pariser Parlaments waren 1715 bürgerlicher Herkunft (»roturiers«), eine Anteilsquote, die sich im weiteren Verlauf des Jahrhunderts kaum veränderte.[21] Ähnlich restriktiv verhielten sich die Parlamente von Aix, Toulouse, Nancy und Grenoble. In Rennes wurden seit 1672 fast alle Parlamentsämter nur noch von Adeligen besetzt. Aber an anderen Gerichtshöfen (»Parlements«, »Conseils souverains«) waren die Aufstiegschancen der »roturiers« auch in den letzten 15 Jahren des Ancien Régime bemerkenswert gut, so vor allem in Colmar (nahezu 100% der Neuzugänge), Metz und Perpignan (zwei Drittel), Pau, Rouai und Bordeaux (mehr als die Hälfte). An den obersten Steuer- und Finanzgerichten (»Cours des Aides«, »Chambres des Comptes«) dominierten unter neu aufgenommenen Mitgliedern ganz eindeutig Neuadelige und »roturiers«. Besonders erfolgreich und rasch verlief die Assimilation bei jenen bürgerlichen Emporkömmlingen, die reich genug waren, sich in die sehr kostspieligen königlichen Sekretärsämter einzukaufen.[22]

Auch hohe Staatsämter wie die Intendantenposten wurden im 18. Jahrhundert keineswegs mit rückläufiger Tendenz an den Neuadel vergeben.[23] Neben den Ministerstellen und den hohen Kirchenämtern stellte nur noch die Armee eine Exklusivdomäne des Schwertadels dar, die besonders vom ärmeren Landadel zäh verteidigt wurde. Die Adelsreaktion hatte zur Folge, daß 1781 vom Marschall Ségur das Edikt der »vier Wappenschilder« (d.h. der Vier-Ahnen-Probe) erlassen wurde, das nur noch den »reinblütigen« Adeligen das Recht einräumte, ohne vorherigen Soldatendienst als Offiziere in die Armee einzutreten. Es ist jedoch bezeichnend, daß dieses Edikt bereits aus standesinternen Spannungen hervorging; es richtete sich nicht in erster Linie gegen »roturiers«, die seit 1750 nur noch mit 5% unter den hohen Chargen vertreten waren, sondern vor allem gegen den zunehmenden Verkauf von Offiziersstellen an den reichen jüngeren Amtsadel.[24]

Offensichtlich machte nicht zuletzt die Finanznot des Staates eine wirksame Bekämpfung der Ämterverkäuflichkeit unmöglich. Trotz aller Widerstände zählten 1789 nach Schätzungen ca. 25% der Adelsgeschlechter, d.h. mindestens 6500 Familien, zu dem erst nach 1700 nobilitierten Brief- oder Amtsadel.[25] So vollzog sich eine zwar eng begrenzte, mit vielen Hindernissen blockierte, aber gleichwohl kontinuierlich voranschreitende Integration der oberen Schichten des Dritten Standes in den Adel.

Gleichzeitig wurde die Verwischung der Standesgrenze im sozio-kulturellen Bereich sichtbar. Mit der Aufklärungsbewegung entstand eine neue überständische Elitekultur, die sich nicht einseitig als Emanzipationsideologie des aufsteigenden Bürgertums interpretieren läßt.[26] Die meisten aufklärerischen Sozietäten, in denen nicht mehr die Herkunft, sondern die Vernunft als Ausweis galt, besaßen eine gemischte Mitgliederstruktur. In der »république de lettres«, in den Geselligkeitszirkeln der Aufklärer, in den Akademien und Freimaurerlogen war der Adel keineswegs schwach vertreten. 15% (in Paris 22%) der Freimaurer und 37% der Akademiemitglieder kamen aus dem Adel.[27] Die »Encyclopédie«, das zentrale Werk der Aufklärung, ließ sich nicht nur beim Wirtschaftsbürgertum, sondern auch in Adelskreisen besonders gut verkaufen.[28] Unter den Korrespondenten Voltaires waren 50% adeliger Herkunft; bei Diderot erreichte der Anteil 25%, bei Rousseau 30%. Zu den klangvollen Namen der Aufklärung zählen nicht nur Bürgerliche wie Voltaire, Diderot und Rousseau, sondern auch Adelige wie Montesquieu, Mably, Jaucourt, Condorcet, Condillac oder Vauvenargues. Gewiß blieb auch innerhalb der Aufklärungsbewegung die Beharrungskraft der alten Gesellschaftshierarchie wirksam. Dies zeigt etwa die exklusive Mitgliederbeschränkung der Provinzialakademien; dies zeigt auch die nicht selten anzutreffende Spezialisierung der verschiedenen Logen eines Ortes auf bestimmte Sozial- oder Berufsgruppen. Aber intentional und ihrem Selbstverständnis nach bildete die Aufklärungsgesellschaft eine offene aristokratisch-bürgerliche Elite.

Der Ständekonflikt entzündete sich auf beiden Seiten der komplizierten Scheidelinie zwischen Adel und Bürgertum eher in jenen Schichten, die an der Fusion der Eliten nicht beteiligt waren. Einerseits war angesichts der Zunahme an Wohlstand und Wissen der mit den Adelserhebungen verbundene Mechanismus des sozialen Aufstiegs zu eng, um die wachsende Nachfrage und die Wünsche aller bürgerlichen Aspiranten zu erfüllen. Aus der Sicht jener, die ungeduldig vor der Eintrittspforte warteten, verlief deshalb der Integrationsprozeß viel zu langsam.[29] Vor allem das aufstrebende mittlere Bürgertum befand sich in einer benachteiligten Lage. In der Welt der Justiz wuchs die Adelsfeindschaft der Bürgerlichen, die sich mit den unteren Rängen begnügen mußten, besonders dort, wo der führende Gerichts- und Parlamentsadel zur oligarchischen Exklusivität neigte und die meisten adeligen

Ämter im geschlossenen Kreis der »dynasties de robe« weitervererbt wurden. Von der »Kultur der Notabeln« blieben nicht wenige finanziell unbemittelte Schriftsteller und Journalisten einer radikalen aufklärerischen Unterströmung ausgeschlossen, die erst 1789 das tonangebende Wort ergriffen. Die oberste Schicht des Wirtschaftsbürgertums hingegen, insbesondere die Finanzbourgeoisie, die oft in engem Kontakt zum Adel stand und ihre Töchter nicht selten mit Hocharistokraten verheiratete, hielt sich aus den politischen Auseinandersetzungen möglichst heraus.

Auf der anderen Seite befürchtete die Masse des Kleinadels, der seinen Einfluß unter dem Druck bürgerlicher wie neuadeliger Konkurrenz dahinschwinden sah, den Verlust standesspezifischer Berufspositionen. Aus seiner Sicht war die soziale Öffnung des Adels bzw. die Zersetzung der Ständehierarchie durch die Macht des Geldes längst zu weit fortgeschritten. Teilweise spielte sich der Konflikt bereits innerhalb der Adelsgesellschaft ab. Vom Edikt Ségurs bis hin zu den exklusiven Provinzialstände- und Bailliageversammlungen des Adels, die gleichfalls den Ahnen-Nachweis verlangten und dem Neuadel den Zutritt verweigerten[30], zeigte sich das Bemühen, den wachsenden Einfluß der Geadelten abzuwehren und die Barriere des »blauen Blutes« wieder aufzurichten. Es lag nahe, daß die aristokratische Reaktion den heftigen Widerstand derjenigen provozierte und verstärkte, die sich auf die egalitären Lehren der Aufklärung beriefen. Spätestens mit der berühmten Streitschrift des Abbé Sieyès verbreitete sich eine Adelskritik, die nicht mehr nur die Öffnung, sondern die Abschaffung der privilegierten Stellung des Adels forderte und für den Dritten Stand, der mit Sieyès' Worten alles war und bisher nichts bedeutete, den Anspruch erhob, die Nation zu repräsentieren.

Auf ganz andere Weise etablierte sich im deutschen Bereich die neue Beamten- und Bildungselite eher neben und außerhalb der Ständegesellschaft, die infolgedessen von der Auflösung und Zersetzung viel weniger bedroht schien, als dies in Frankreich der Fall war. In den Staaten des Aufgeklärten Absolutismus, voran in Preußen, entstand die neue Schicht der »Gebildeten«, die ihren Aufstieg der Reformbürokratie und der staatlichen Nachfrage nach einer durch Leistungswissen geschulten Intelligenz verdankte. Der auch in deutschen Territorien nicht unübliche Ämterverkauf, der allerdings nie dasselbe Ausmaß wie in Frankreich erreicht hatte, wich den objektiven Befähigungsnachweisen, die vor allem durch das kameralistische und juristische Universitätsstudium sowie durch staatliche Prüfungen im Justiz- und Verwaltungsdienst erbracht wurden. Die Bildungsqualifikation legitimierte einen eigenen, vom traditionellen Stadtbürgertum abgehobenen, privilegierten Stand: das sogenannte »eximierte Bürgertum«. Professionelle Akademiker wie höhere Beamte, Geistliche, Gymnasiallehrer oder Ärzte unterstanden nicht den städtischen Gerichten, d. h., sie besaßen ein exemtes Forum; sie genossen Steuervergünstigungen und waren vom Militärdienst befreit. Auf diese Weise wurde das Beamten- und Bildungsbürgertum aus der ständischen und lokalen Rechtsordnung herausgelöst. Es bildete sich eine staatsnahe und staatsbewußte Führungsschicht, die der stadtbürgerlichen Gesellschaft und dem Wirtschaftsleben vergleichsweise fernstand.[31] Das bürgerliche Aufstiegsstreben, das wiederum bei den Söhnen aus bürgerlichen Beamtenfamilien und protestantischen Pfarrhäusern besonders stark ausgeprägt war, konzentrierte sich auf die durch Bildung erreichbare Beamtenkarriere, die ein hohes soziales Ansehen und möglicherweise, aber keineswegs automatisch die Nobilitierung eintrug.

Der Dienstadel besaß zwar weiterhin das Ämtermonopol, das bei der Besetzung hoher Verwaltungs- und Militärstellen zumeist eingehalten wurde, aber er war gezwungen, sich dem neuen »bürgerlichen« Leistungs- und Bildungsanspruch anzupassen. Dies beförderte die Akademisierung des Adels und die Teilnahme der Adelssöhne am Universitätsstudium, das in vielen Fällen nicht mehr nur auf einen kurzen Universitäts»besuch« im Rahmen der üblichen Kavalierstour beschränkt blieb. Fast alle namhaften Reformbeamten Preußens, ganz gleich, ob sie adeliger oder bürgerlicher Herkunft waren, hatten ein Universitätsstudium absolviert, die meisten in Göttingen, Halle oder Königsberg. An der vornehmsten Universität, Göttingen, wo auch Stein und Hardenberg studierten, stieg der Anteil der adeligen Studenten bis zum Ende des 18. Jahrhunderts auf 18%.[32] In den achtziger Jahren wurde es üblich, von den »gebildeten Ständen« zu sprechen, in denen – mit den Worten des hannoverschen Juristen und Publizisten Ernst Brandes – »vom ersten Adel an sich meist alles den öffentlichen Bedienungen widmet«.[33]

Auch die Aufklärungsbewegung, die mit der Welle der Sozietätsgründungen (Lesegesellschaften, Freimaurerlogen und Geheimbünde, patriotische und gemeinnützige Gesellschaften) in den siebziger und achtziger Jahren an Breitenwirkung gewann, rekrutierte ihre Anhänger größtenteils aus der neuen Schicht der »Gebildeten«. Der Anteil des Adels, einschließlich des Hochadels und der regierenden Fürsten, war sehr hoch. Vor allem in den Logen und Lesegesellschaften der vielen kleinen und größeren Residenzstädte kamen – soweit dies aufgrund des bisher vorliegenden, leider sehr spärlichen Zahlenmaterials feststellbar ist – 40 bis 50% und manchmal mehr als die Hälfte der Mitglieder aus dem Adel. Die meisten waren hohe Beamte, Offiziere, Diplomaten oder Domherren. Selbst im Geheimbund der Illuminaten zählten 162 Adelige zu den 454 namentlich belegten Mitgliedern (36%), darunter fünf Landesherren: Herzog Ernst von Sachsen-Gotha, Landgraf Karl von Hessen-Kassel, Herzog Ferdinand von Braunschweig, Graf Stolberg-Roßla aus Neuwied sowie der spätere Kurfürst von Mainz, Karl Theodor von Dalberg. In den patriotischen Gesellschaften größerer Fürstenstaaten, z. B. in Sachsen und Bayern, übernahmen nicht wenige Adelige Ehrenmitgliedschaften, die das Prestige der Sozietäten erhöhten. In solchen Fällen überstieg der Anteil des Adels 50% (Leipzig 66%, Altötting-Burghausen 53%).[34] Die publizistischen Aktivitäten der Aufklärer wurden gleichfalls von Adeligen mitgetragen und unterstützt. Immerhin 45 von ca. 300 Autoren eines der führenden Aufklärungsjournale, der *Berlinischen Monatsschrift*, waren adeliger Herkunft (15%). Insgesamt wurde die Hälfte der Beiträger aus der Staatskasse besoldet.[35]

Obgleich die deutschen Aufklärer viel enger als in Frankreich dem Reformstaat verbunden waren, stellt sich doch die Frage, ob nicht auch der deutsche Adel dem Zauberlehrling glich, wenn er eine Bewegung förderte, die hier wie dort die Statik der ständischen Ordnung bekämpfte und für die Niederlegung der Ständeschranken eintrat. Manches spricht dafür. Mit der Herausbildung einer adelig-bürgerlichen Führungsschicht, in der die neuen »Bürgerlichen« mit wachsendem Selbstbewußtsein ihren Platz behaupteten, und der Vitalität des kulturellen Lebens, an dem dieselben Trägerschichten teilnahmen, entwickelte sich eine Eigendynamik, die längerfristig das ständische Gefüge sprengte. Als das Reich im Gefolge der Revolutionskriege zusammenbrach, stand eine Reformbürokratie bereit, die mit viel Energie die Zügel in die Hand nahm und die Neuordnung von Staat und Gesellschaft einleitete.

Aber bis dahin war noch ein weiter Weg zurückzulegen. Vieles deutet eher darauf hin, daß die Entgrenzung der fest strukturierten ständischen Ordnungswelten in der sozialen Realität kaum zu befürchten war. In der Regel führten die ständeungebundenen Sozietäten ein von ihrem gesellschaftlichen Umfeld mehr oder weniger abgehobenes Dasein. Zwar waren in den größeren Handels- und Reichsstädten die wohlhabenden Kaufleute nicht so schwach beteiligt wie in den Residenzstädten, aber nur sehr selten ergriffen sie, wie im Ausnahmefall Hamburgs, die Initiative.[36] Die Kerngruppe der Aufklärungsbewegung entstammte vielmehr der stadtfremden politisch-administrativen Elite. Nahezu überall stellten die Amtsträger die stärkste Gruppe der Mitglieder. Adelige, die in den Logen und Geheimbünden oder auch in Gesprächs- und Freundschaftszirkeln den bürgerlichen Gleichheitsanspruch respektierten, blieben außerhalb dieser Kreise eng in die ständisch-feudale Adelsgesellschaft eingebunden. Sie lebten gleichsam in zwei voneinander getrennten Welten.

Dies war auch deshalb möglich, weil trotz oder gerade wegen der integrierenden Wirkung des Bildungsideals jene konfliktträchtige Durchlässigkeitszone fehlte, die in Frankreich mit dem sozialen und politischen Aufstieg des finanziell starken jüngeren Amtsadels an der Ständegrenze entstand. In Deutschland befand sich der Altadel in keiner vergleichbaren Konkurrenzsituation. Ein institutionalisierter Amtsadel existierte im Reich nicht. Gewiß eröffnete die Nobilitierung den Weg in den Adel, aber sie war, anders als in Frankreich, nicht von vornherein mit dem Erwerb bestimmter Ämter rechtlich verknüpft. Nicht jeder Bürgerliche, der beispielsweise zum Geheimen Rat eines Fürsten aufstieg, erreichte damit zugleich die Standeserhöhung, die in nahezu allen Territorien nicht vom Landesherrn, sondern vom Kaiser bzw. den kaiserlichen Hofpfalzgrafen vorgenommen wurde.[37] Ein eigenes Nobilitierungsrecht, wie es der preußische König ausübte, stand nur jenen Reichsfürsten zu, die souveräne Territorien außerhalb des Reichsgebiets besaßen.

In Preußen fanden zwischen 1713 und 1797 »nur« 864 vom König durchgeführte Adelserhebungen statt, eine Zahl, die bei weitem nicht an die der französischen Nobilitierungen heranreicht.[38] Obgleich sich mit dem Ausbau der Verwaltungsbehörden für bürgerliche Aufsteiger die Möglichkeiten des Zugangs zu den Ämtern erheblich verbesserten, stellte die Erhebung in den Adelsstand doch eher die Ausnahme als die Regel dar. Außerdem kamen die meisten Neuadeligen nicht aus besitzbürgerlichen Schichten, sondern aus dem mittleren Beamtentum oder aus dem Kreis derjenigen, die sich im Militärdienst bewährt hatten. Auch Beamte und Domänenpächter, die ein Rittergut erwarben, erreichten relativ leicht die Nobilitierung. Spannungen zwischen Alt- und Neuadel blieben auch in Preußen nicht aus; aber im Verlauf des 18. Jahrhunderts vermehrten sich die Anzeichen für eine Verschmelzung der Adelsfamilien.[39] Die Zahl der Eheschließungen mit Angehörigen des alten Geburtsadels nahm ebenso zu wie die Rezeption von Nobilitierten durch die landsässigen Ritterschaften, ohne daß eine »aristokratische Reaktion« eintrat.

Andernorts war die soziale Gleichstellung der Geadelten mit erheblich größeren Schwierigkeiten verbunden. Die Nobilitierungstätigkeit der Großen Hofpfalzgrafen wurde nicht selten von Mißbräuchen begleitet, so daß die von ihnen ausgestellten Adelsdiplome nur ein geringes Ansehen besaßen. Weder die Landesherren noch die Ritterschaften waren dazu bereit, solche Adelsverleihungen voll anzuerkennen. In Bayern wurde bezeichnenderweise sofort nach der Reichsauflösung eine »Purifikation« des Adels eingeleitet, die 1808 mit der Anlegung einer Adelsmatrikel ihren vorläufigen Abschluß fand.[40] Aber auch hohe Beamte, die adelswürdige Stellen einnahmen und vom Kaiser nobilitiert wurden, erreichten damit noch lange nicht die Rezeption in die altadeligen Familien oder die Aufnahme in die landsässige Ritterschaft. Erst recht bildete der reichsritterschaftliche und der stiftsfähige Adel eine weitgehend abgeschlossene Kaste. Schon um stiftsfähig zu bleiben, achteten die Familien auf eine strenge Abgrenzung des Heiratskreises. Bei der Vergabe der Domherrenstellen war die Acht-Ahnen-Probe üblich; der westfälische Stiftsadel trat sogar für die 16–Ahnen-Probe ein, um die Ritterschaft vor Überfremdung zu schützen.[41] Die »Reinblütigkeit« wurde also viel strenger definiert als beispielsweise im französischen Militäredikt der »vier Wappenschilder«.

In der österreichischen Bürokratie waren die großen Herren aus Böhmen und Mähren, aber auch die weniger begüterten Adeligen der deutschen Erbländer nicht übermäßig stark vertreten. Viele adelige Beamte, auch führende Politiker bis hin zu Stadion oder Metternich, kamen von »außen«. Vor allem die Reichsritter traten mit Vorliebe in den Dienst des Kaisers. Daneben besetzten nobilitierte Beamte die oberen Ränge. Seit der Nobilitierungspolitik Maria Theresias entwickelte sich die sogenannte »zweite Gesellschaft«, der nicht nur nobilitierte Beamte und Offiziere, sondern auch Neuadelige aus der Hochfinanz und dem Wirtschaftsleben angehörten, eine Adelsgruppe, die allerdings erst im ersten Drittel des 19. Jahrhunderts stärker anwuchs. Die österreichische fand sich jedoch weit weniger als die französische Hocharistokratie dazu bereit, den Beamten- und Finanzadel in die eigenen Reihen aufzunehmen. Die »erste Gesellschaft«, die »wahre haute volée« und »Sozietät«, blieb von der »zweiten Gesellschaft« streng getrennt.[42] Die Isolierung des Neuadels bestätigte auf ihre Weise die Abgeschlossenheit des »eigentlichen« Adelsstandes, der in seinem inneren Zusammenhalt – ganz anders als in Frankreich – durch die Nobilitierungen vorerst nicht gefährdet wurde.[43]

Trotz der regionalen Vielfalt der Adelsgesellschaften im deutschen Reich läßt sich insgesamt feststellen, daß der Grad der sozialen Mobilität nirgendwo eine sprengende Wirkung erreichte, obgleich der Aufstieg der bürgerlichen Beamten längerfristig die Gefahr einer Herrschaftskonkurrenz heraufbeschwor. In Frankreich hingegen hatte nicht nur der heftig umstrittene Öffnungsprozeß der Adelselite, sondern auch der folgenreiche Kampf gegen den bürokratischen Absolutismus schon längst begonnen. Die Adelskrise verknüpfte sich mit der Herrschaftskrise der Monarchie.

Das Verhältnis des Adels zum absolutistischen Fürstenstaat war in Frankreich mit besonders schweren Hypotheken belastet. Im Gefolge der politisch-ständischen Entmachtung, die unter Ludwig XIV. rigoros durchgesetzt worden war, verlor der Adel seine autonomen Herrschaftsrechte an die absolutistische Zentralregierung. Die »Disziplinierung« und »Funktionalisierung« des frondierenden Schwertadels gipfelte in dem Zwang, ständig am Hof des Königs und in Abhängigkeit von der königlichen Gunst zu leben.[44] Dennoch ließ sich der Anspruch auf ständische Mitherrschaft nicht ganz unterdrücken. Im 18. Jahrhundert benutzte der Adel die zunehmende Schwäche der Monarchie, um seine Macht zurückzuerobern.

Dazu boten sich verschiedene Wege an, die trotz der gemeinsamen antiabsolutistischen Frontstellung teilweise in entgegengesetzte Richtungen verliefen, ohne daß dies immer klar erkennbar war. Zunächst einmal lag es nahe, an die Traditionen des regionalpartikularen Ständetums anzuknüpfen, so vor allem in den Randprovinzen Frankreichs, z. B. in der Bretagne, wo es nach wie vor vom Adel beherrschte Provinzialstände gab, oder dort, wo man sie wiederherzustellen wünschte. Das regionale Selbständigkeitsbewußtsein widersetzte sich dem höfischen wie dem bürokratisch-zentralisierten Absolutismus. Der Zorn richtete sich sowohl gegen den »servilen« Hofadel als auch gegen die hohe Versailler Bürokratie und ihre lokalen Vertreter, die Intendanten, die beauftragt waren, den Willen der Zentralgewalt in den Provinzen durchzusetzen. Insbesondere der bretonische Adel verteidigte unbeirrbar seine Provinzialinteressen. 1789 verweigerte er die Teilnahme an den Wahlen zu den Generalständen.

Darüber hinausweisend bot das Programm des aristokratischen Liberalismus die Möglichkeit, ständische Forderungen schärfer zu fassen und sie im liberalen und konstitutionellen Sinne umzudeuten. Das englische Beispiel von 1688/89, die »glorious revolution«, schien zu beweisen, daß die politische Freiheit mit dem Privileg und die »gemäßigte Monarchie« mit der ständischen Adelsverfassung vereinbar waren. Vor allem behielt nach dem englischen Modell die Hocharistokratie ihre maßgebliche Führungsrolle. Die im Anschluß an Boulainvilliers von Montesquieu entwickelte Lehre von den »intermediären Zwischengewalten« wies dem Adel die ausschlaggebende gesellschafts- und verfassungspolitische Aufgabe zu, als gleichberechtigter Partner der Krone »zwischen« Monarch und Volk zu vermitteln und so der Zerreißung des Staates in einen »état populaire ou bien un état despotique« vorzubeugen. Einerseits errichtete der Adel das Bollwerk gegen den Despotismus; andererseits bot er die Garantie für den Bestand der Monarchie: »Kein Adel, kein König«, so lautete die griffige Formel Montesquieus.

Obgleich die Konzeption der aristokratischen Zwischengewalt an der Vergangenheit orientiert blieb, machte die Rezeption der Freiheitsrechte den aristokratischen Liberalismus auch im gehobenen Bürgertum attraktiv. Noch zu Beginn der Revolution zeigte sich diese Übereinstimmung in wichtigen Forderungen, die sowohl in den Beschwerdeheften des Dritten Standes als auch in der Mehrzahl der adeligen »Cahiers« erhoben wurden: Unverletzlichkeit der individuellen Freiheit und des Eigentums, Pressefreiheit, Steuergleichheit, Wahrung der Rechte der Nation, Gesetzgebungs- und Steuerbewilligungsrecht, Ministerverantwortlichkeit.[45] Bis auf das

Zugeständnis der steuerlichen Gleichbehandlung wurden allerdings die egalitären Ansprüche des Bürgertums zurückgewiesen. Nur eine Minderheit einflußreicher Adeliger, voran die Gruppe der sogenannten »Amerikaner« um Lafayette, war auch in dieser Hinsicht zu Konzessionen bereit.

Ausschlaggebend für die Strategie der Adelsopposition war und blieb jene Richtung, die von der Pariser Parlamentsaristokratie angeführt wurde.[46] Im Besitz erkaufter und vererbbarer Ämter konnte der hohe Robenadel eine politische Unabhängigkeit bewahren, die gleichsam die ständische Entmachtung aufwog. Aus diesem Grund hielt auch Montesquieu, der selbst ein Präsidentenamt am Parlament von Bordeaux geerbt hatte, die Ämterkäuflichkeit im Interesse einer unabhängigen Justiz für notwendig. Nach dem Tode Ludwigs XIV. wurden die Parlamente erneut zum Zentrum adeliger Standespolitik, insbesondere das Pariser Parlament, das als höchster Gerichtshof für die juristische Überprüfung und Registrierung der königlichen Verordnungen und Edikte zuständig war. Im Zuge der Anglomanie und der Bewunderung für die englischen Institutionen wurde das Remonstrationsrecht der Richter bzw. die Befugnis, dem König Einwände gegen ein Gesetz vorzutragen, im Sinne einer legislativen Kontrolle ausgelegt, der sich auch die königliche Macht unterwerfen sollte. Im Anschluß an den aristokratischen Liberalismus und eher im Gegensatz zum ständischen Provinzpartikularismus beriefen sich die Parlamente auf ein übergreifendes einheitliches »Recht der Nation«, dessen Vertretung sie für sich in Anspruch nahmen. Im Rahmen der Parlamentsideologie setzte sich die Ansicht durch, daß jedes Gesetz, einschließlich der Steuererlasse, nur mit der »Zustimmung der Nation« rechtsgültig sei.[47] Mit dieser liberal klingenden Argumentation, die bis weit in die Reihen des Dritten Standes auf Beifall stieß, gelang es den Parlamenten, sämtliche Reformgesetze der Regierung zu verhindern und nacheinander den Sturz der Reformminister herbeizuführen. Das Scheitern Turgots 1776 bewies, daß es in Frankreich nicht mehr möglich war, ohne Rücksicht auf die politische Öffentlichkeit im Stile des Aufgeklärten Absolutismus zu regieren. Aber auch das Experiment Calonnes, mit Hilfe einer Notabelnversammlung die öffentliche Meinung zu gewinnen und das Privilegienwesen abzubauen, schlug fehl. Der endgültige Bruch zwischen Krone und Parlament auf dem Höhepunkt der Finanzkrise provozierte schließlich den von Paris auf die übrigen Parlamentsstädte übergreifenden Adelsaufstand, der die Niederlage der absolutistischen Königsherrschaft besiegelte.

Erst im Herbst 1788 wurde es offenkundig, daß die politische Opposition der Parlamente weit eher die Standesinteressen des Adels als die allgemeinen Interessen der Nation vertreten hatte. Mit der Entscheidung des Pariser Parlaments für die sogenannten alten Formen der Einberufung, Zusammensetzung und Beratung der Generalstände wurde die Vormachtstellung der Privilegierten in der Ständeversammlung aufrechterhalten und dem Dritten Stand die gleichberechtigte Einflußnahme verweigert. Die antiabsolutistische verwandelte sich in die antibürgerliche Frontstellung des Ständekampfes, der mit der revolutionären Entmachtung des Adels endete. Viel zu spät wurde der vergebliche Versuch unternommen, sich wieder in den Schutz des Königs zu retten. Aber dieses Verteidigungsbündnis in letzter Stunde machte die Adeligen erst recht zu den Hauptverdächtigen einer gegenrevolutionären »Verschwörung«, die nicht mehr nur die Wortführer des Dritten Standes, sondern auch und vor allem die revolutionäre Volksmenge zum Aufstand gegen die »Aristokraten« mobilisierte. In der berühmten Nachtsitzung vom 4. August 1789 zerschlug die Nationalversammlung endgültig das feudale Privilegienwesen.

Die Frage, warum in Deutschland der Monarchie wie dem Adel eine solche Konstellation erspart blieb, obgleich die Französische Revolution über die Grenzen hinweg eine große Ausstrahlungskraft ausübte, wird vermutlich nie eine definitive Antwort finden, so sehr sie stets aufs neue das historische Interesse zu fesseln vermag. Soviel scheint dennoch gewiß: Die Möglichkeit eines Adelsaufstandes nach Art der »révolte nobiliaire« lag im Reich wie in den Einzelstaaten außerhalb der Realität.

In vieler Hinsicht war der Adel der führende Herrschaftsstand geblieben. Bis zur Reichsauflösung 1803/06 hielt sich im Kern die Vorstellung, daß der reichsfürstliche Teil des hohen Adels ebenso wie die Reichsgrafen, Reichsäbte und Reichsritter eine gestufte große Aristokratie im Lehensverband des Reiches bildeten.[48] Vor allem in jenen Gebieten West- und Süddeutschlands, wo die Kleinstaaterei dominierte, blieb das Rechtsbewußtsein lebendig. Dort waren Kaiser, Ritter, kleine Fürsten und Grafen, Reichsäbte und Fürstbischöfe natürliche Verbündete gegen das Souveränitätsstreben der größeren Landesherren. Die in drei Kreisen und 14 Kantonen organisierte und korporativ verbundene Reichsritterschaft bot das Musterbeispiel einer Adelsgenossenschaft, die im Geiste ständischer Exklusivität die Tradition des gegenseitigen Rechtsschutzes bewahrte.

Der Absolutismus entfaltete sich nicht in den Reichsinstitutionen, sondern mit dem Ausbau der Landesherrschaften in den einzelnen Territorialstaaten, ohne daß es überall gelang, das Ständewesen zu beseitigen. Mit dem Rückhalt am Reich blieb der ständische Widerstand nicht selten erfolgreich, der, wie das spektakuläre württembergische Beispiel zeigt, nicht nur vom Adel (der in Württemberg im 16. Jahrhundert zur Reichsritterschaft übergegangen war), sondern auch vom traditionellen Städtebürgertum getragen wurde. Oft waren die Fürsten schon finanziell gar nicht in der Lage, auf die ständische Mitwirkung zu verzichten. In größeren Territorien, z. B. in Bayern, hing die sogenannte »ständische Renaissance« des ausgehenden 18. Jahrhunderts auch und nicht zuletzt mit dem anwachsenden staatlichen Finanzbedarf zusammen.[49] Zumindest auf der regional-lokalen Ebene konnte der Adel seine »eigenberechtigte Gewalt« weiterhin unangefochten ausüben, schon deshalb, weil die Übernahme der administrativen und gerichtlichen Funktionen die Staatskassen zu sehr belastet hätte.

Auch die Habsburgermonarchie blieb eine »Union von Ständestaaten«. Der »unvollendete Absolutismus« hatte zur Folge, daß in den einzelnen Ländern die Stände umfangreiche Funktionen im Steuerwesen und in der allgemeinen Verwaltung behielten, während sich die absolutistischen Bestrebungen auf den Ausbau der zentralen Behörden konzentrierten.[50] Der Adelswiderstand gegen die bürokratische Überzentralisierung und die Reformgesetze Josefs II. bewirkten den Abbruch des Reformkurses, der dann unter dem Eindruck der französischen Revolutionsereignisse endgültig in die reaktionär-konservative Politik Franz II. umschlug. Die ständische Machtkontinuität sicherte den Fortbestand der Adelsherrschaft.

Anders verlief die Entwicklung in Preußen, wo der Prozeß der Staatsbildung am weitesten vorankam. Dennoch endeten auch hier die Ständekämpfe des 17. Jahrhunderts mit einem »Herrschaftskompromiß«, der auf der Ebene von Kreis- und Gutsbezirk die nahezu unbegrenzten Zuständigkeiten des Adels festschrieb und als Gegenleistung dafür den Eintritt der Adelssöhne in den Militär- und »Civil«-Dienst des Königs verlangte. Die Umsetzung ständischer Herrschaftsrechte in Dienstfunktionen machte den Adel jedoch nicht wie in Frankreich zum bloßen Mitträger der höfischen Gesellschaft, sondern zum ersten und wichtigsten »Staatsstand«, dem »die Verteidigung des Staates sowie die Unterstützung der äußeren Würde und inneren Verfassung desselben« zugewiesen war.[51] Insofern wurde die Herrschaftsorganisation nicht gegen, sondern mit dem Adel verwirklicht, ein Bündnis, das durch die Adelsschutzpolitik Friedrichs II. besiegelt wurde. Im Zeichen des Aufgeklärten Absolutismus war es möglich, das traditionelle Tugendethos des Adels als Verpflichtung für das Gemeinwohl auszulegen. Preußen wurde »zum monarchischen Adelsstaat«.[52] Gleichzeitig zeichnete sich bereits jene Entwicklung vom monarchischen zum bürokratischen Absolutismus ab, auf deren Höhepunkt nicht mehr allein der Adel, sondern das adelig-bürgerliche Beamtentum als der »allgemeine«, von gesellschaftlichen Gruppeninteressen abgehobene Stand den Anspruch geltend machte, das Gemeinwohl zu vertreten.

Es lassen sich viele Belege dafür anführen, daß auch in der deutschen politischen Öffentlichkeit die Absolutismus- und Adelskritik schon vor 1789 einsetzte.[53] Sie kam jedoch bezeichnenderweise sehr häufig aus den eigenen Reihen der adelig-bürgerlichen Beamtenschaft. Der erlahmende Schwung des Aufgeklärten Absolutismus wurde ebenso kritisiert wie die ungenügende Berücksichtigung des Leistungsprinzips. Die Angriffe auf das Privilegienwesen fielen teilweise sehr scharf aus, aber sie wurden fast immer in reformerischer Absicht vorgetragen. Hardenberg, der selbst aus einem alten freiherrlichen Adelsgeschlecht im Hannoverschen stammte, faßte im Kern diese Kritik zusammen, wenn er 1807 zu Beginn der preußischen Reformzeit forderte: »Jede Stelle im Staat, ohne Ausnahme, sei nicht dieser oder jener Kaste, sondern dem Verdienst und der Geschicklichkeit und Fähigkeit aus allen Ständen offen.« Auch konservative Verteidiger des Adels räumten ein, daß eine (dosierte!) Zunahme bürgerlicher Konkurrenz eher nützlich sei, damit sich der Adel auf seine wahren Tugenden besinne. Die Adeligen, so resümierte z. B. schon 1752 der preußische Regierungspräsident von Loen in einer Broschüre zugunsten der Adelsprivilegien, sollten aufhören, überheblich, sittenlos und müßig zu sein; dann könnten sie ohne großen Widerstand die meisten der traditionellen Funktionen in der deutschen Gesellschaft beibehalten, denn der größte Anteil der aufgeklärten Kritik richte sich mehr gegen allgemein verbreitete Laster der Adeligen als gegen das Prinzip des Adels an sich.

Die Bindung an den Staatsdienst, auf den ein großer Teil des Adels (wie des Bildungsbürgertums) auch finanziell angewiesen war, schloß eine kritsche Haltung gegenüber der Staatsgewalt nicht aus, aber sie verhinderte die Emanzipation vom Staat. Wenngleich diese Bindung nicht überall so eng war wie in Preußen, so erreichte doch nirgends der Adel jene eigenständige und politisch wie wirtschaftlich unabhängige Machtstellung, die der reiche französische Amts- und Schwertadel, insbesondere der Parlamentsadel, gegenüber der Krone einnahm. Bezeichnenderweise verlangte die ständisch orientierte Absolutismuskritik noch nicht die Kontrolle über die Regierungsgewalt und die Teilhabe an der Gesetzgebung, sondern eher die »Teilnahme an der Verwaltung«[54] im Rückgriff auf die korporativ-genossenschaftliche Selbst- und Mitverwaltung. Der adelsfreundliche Publizist und Staatsbeamte Ernst Brandes kam 1787 in einem Artikel der *Berlinischen Monatsschrift* zu dem Schluß, daß die besonderen Umstände den deutschen Adel daran hinderten, ein »Bollwerk gegen den Despotismus« zu sein.[55]

Die selbstzufriedene und ungleich stabiler gefügte deutsche Adelswelt wurde von den revolutionären Ereignissen im Nachbarland zunächst wenig erschüttert. Manchenorts wirkte das Beispiel der Generalstände stimulierend auf die Renaissance der ständisch-korporativen Kräfte, ohne daß eine enge Verbindung zur Aufklärung eintrat. Als unter dem Druck der Revolutionskriege und der napoleonischen Herausforderung das Zeitalter des großen Umbruchs begann, ergriffen bezeichnenderweise die Reformbeamten die Initiative. Das Fehlen eines frondierenden Adels in den Staaten des Aufgeklärten Absolutismus schuf hierzu eine wichtige Voraussetzung – einmal ganz abgesehen von der relativen Rückständigkeit des deutschen Bürgertums.

Säkularisation, Mediatisierung und Reichsauflösung beseitigten auch im deutschen Süden und Südwesten die Schranken, die bisher eine volle Durchsetzung der Staatssouveränität nach innen und außen behindert hatten. Auf den Ruinen des Alten Reiches entstanden lebensfähige, arrondierte Mittelstaaten, denen die kleineren weltlichen und geistlichen Herrschaften sowie die landständischen Verfassungen, wo sie noch bestanden, zum Opfer fielen. Erst jetzt wurde die traditionelle Ständegesellschaft mit einem bürokratischen Etatismus konfrontiert, der auch im deutschen Bereich mit den Reformen in Preußen und in den mit Frankreich verbündeten süddeutschen Rheinbundstaaten den Prozeß der Entfeudalisierung und Entprivilegierung in Richtung auf eine rechtlich egalitäre Staatsbürgergesellschaft vorantrieb.

Allerdings setzte die Reformpolitik erst ein, nachdem im revolutionären Frankreich Napoleon mit der Rückkehr zu den monarchischen Formen der Macht seinerseits den Versuch unternommen hatte, anstelle des 1789 radikal beseitigten Erbadels eine neue Aristokratie zu schaffen, die nicht mehr nach Geburt, Stand und Privileg, sondern nach Verdienst und Funktion ausgewählt war. Die jakobinische Republik der allgemeinen Gleichheit ohne Monarchie und ohne Adel stellte zu diesem Zeitpunkt ein bereits gescheitertes, wenn auch unvergeßliches Experiment dar. Offensichtlich hielt Napoleon in einer Gesellschaft, die noch in hohem Maße agrarisch geprägt war, eine verläßliche adelige (und kirchliche!) Führungsschicht zur Absicherung seiner Herrschaft für unentbehrlich. Zugleich sollte der Anschluß an das monarchisch-aristokratische Europa wiederhergestellt werden. Die Entwicklung lief auf die Wiedergeburt eines grundbesitzenden Militär- und Beamtenadels hinaus, der als staatstragende Funktionselite die Konsolidierung der politisch-sozialen Ordnung gewährleisten sollte – eine Konzeption, die an die preußische Adelsvorstellung vom »Staatsstand« erinnert. In mancher Hinsicht weist nach der Jahrhundertwende die französische mehr Parallelen zur deutschen Adelsgeschichte auf als in der Zeit des Ancien Régime.

Im nachrevolutionären Frankreich blieb freilich die Rearistokratiesierung ein Wagnis. Die noch keineswegs überwundene Frontstellung zwischen Revolution und Gegenrevolution machte es von vornherein schwierig, den neuen Adel demokratisch zu »legitimieren« und zugleich mit der Altaristokratie zu versöhnen. Schon die Gründung der Ehrenlegion stieß auf scharfe Kritik im Staatsrat und im Tribunat, weil eine Restauration der Feudalherrschaft befürchtet wurde. Napoleon mußte die revolutionären Errungenschaften von 1789 respektieren. Die Adelsprivilegien wie Steuerbefreiungen, Ämtervorzüge und Feudalrechte blieben unwiderruflich abgeschafft. Der Code Napoléon garantierte die bürgerlich-liberale Eigentumsordnung. Die Adelserhebung galt in erster Linie als Auszeichnung für besondere Leistungen im Staatsdienst. Der Löwenanteil von 59% der Nobilitierungen fiel an die

Armee. Hohe Beamte und Würdenträger erhielten den Adelstitel aufgrund ihrer Amtsfunktion, z. B. Minister, Senatoren, Staatsräte auf Lebenszeit, die Präsidenten des »Corps législatif«, der departementalen Wahlkollegien und der obersten Gerichtshöfe, die Bischöfe sowie die »Maires« der 37 »bonnes villes«. Andere, z. B. die Präfekten, wurden nach freiem Ermessen auf Vorschlag des Kaisers nobilitiert. Die verschiedenen Adelsklassen entsprachen der Ämterhierarchie.[56]

Es gab jedoch störende Aspekte, die sich mit dem demokratischen Gleichheitsrecht kaum vereinbaren ließen. Durch die Hintertür wurde das geburtsständische Prinzip wieder eingeführt. Zwar rekrutierte sich der imperiale Adel größtenteils aus dem Bürgertum, aber die ehemaligen Adeligen des Ancien Régime stellten immerhin einen Anteil von 22,5%, nachdem die Amnestiegesetze die Rückkehr der Emigranten erlaubt hatten. Durch Rückgabe oder Rückkauf ihrer während der Revolutionszeit konfiszierten Güter waren die Altaristokraten schon bald wieder in der Lage, in fast allen Departements die Listen der höchstbesteuerten Eigentümer anzuführen. Man schätzt, daß die Hälfte aller großen Adelsgüter wieder in die Hände ihrer alten Besitzer gelangte. Außerdem war der aufgrund persönlicher Verdienste oder ex officio verliehene Adelstitel nach dem Vorbild des britischen Majoratsadels erblich. Er konnte in Verbindung mit einem fideikommissarisch geschützten Landbesitz an den ältesten Sohn übertragen werden. Zur Führung des Titels war ein Vermögensnachweis erforderlich: 200000 Francs für Herzöge, 30000 für Grafen, 15000 für Barone und 3000 für Ritter. Napoleon war daran interessiert, mit Hilfe des Majoratsrechts das erneute Anwachsen eines unbegüterten Kleinadels zu verhindern, der sich in der Vergangenheit keineswegs als Stütze der Monarchie erwiesen hatte. Aus demselben Grund überhäufte er seine nobilitierten Gefolgsleute mit Landschenkungen aus dem Domänenbesitz der eroberten Länder. Auf diese Weise wurden jedoch die Herzöge, Grafen, Barone und Ritter außerhalb Frankreichs wieder zu feudalen Grundherren.

Die Gefahr lag nahe, daß der imperiale Adel seine bürgerlich-revolutionäre Herkunft sehr rasch vergessen würde, ganz zu schweigen von den ehemaligen Adeligen und den Anhängern der konstitutionellen Monarchie, die in der pseudohöfischen Kulissenwelt des Empire die Legitimationsbasis eines authentischen Königtums vermißten. Mit dem Zusammenbruch des Empire und der Rückkehr der Bourbonen verlor die Adelsimitation vollends ihre Glaubwürdigkeit.

Gleichwohl vollzog sich mehr auf der lokalen und regionalen als auf der nationalen Ebene die Herausbildung einer aus Adel und Bürgertum gemischten Führungsschicht, die unabhängig vom Wechsel der Regime ihren maßgeblichen Einfluß im Wirtschaftsleben sowie in der Bürokratie und Justiz zu entfalten begann. Die Zugehörigkeit zu dieser sogenannten Notabelngesellschaft richtete sich nach Kriterien, die schon vor 1789 ein adelsähnliches Ansehen verschafft hatten: Landbesitz, Amtsautorität und Familienbeziehungen. Trotz aller Positionsverschiebungen zugunsten der »neuen« bürgerlichen Notabeln sicherte die Fortdauer der ehemals standesspezifischen Statusmerkmale dem Adel auch weiterhin einen Spitzenplatz in der sozialen Prestigeskala.

Solange der Landbesitz als Quelle des Reichtums und des gesellschaftlichen Ansehens galt, war die Herrschaft der Notabeln kaum zu erschüttern. Selbst die Julirevolution von 1830 brach nicht überall das Monopol der Grundrente.[57] Der ökonomische Wandel, der allmählich das Fundament der adelig-bürgerlichen Grundbesitzerklasse untergrub, blieb vorerst auf einige städtische Zentren beschränkt. Immer noch war das außeragrarische mit dem agrarischen Kapital eng verflochten. Die Nationalgüterverkäufe aus der großen Verfügungsmasse der konfiszierten Kirchen- und Emigrantengüter hatten der Bodenspekulation Auftrieb gegeben und die Neigung der Geschäfts- und Finanzleute, ihr Geld in Land anzulegen, eher noch verstärkt.

Am schwierigsten war es fraglos für den Mittel- und Kleinadel, die Umbruchserfahrungen zu bewältigen. Er litt am meisten unter dem Wegfall der Privilegien und den ökonomischen Verlusten, die sich für viele Familien ruinös auswirkten. Dennoch war die Lage nicht ganz hoffnungslos. Im anbrechenden Zeitalter der Bürokratie standen eine Vielzahl neuer Staatsämter zur Verfügung, bei deren Besetzung ein erlauchter Stammbaum noch oder wieder von Nutzen sein konnte. Die Abschaffung der Ämterkäuflichkeit, die nicht nur bürgerlichen Aufsteigern, sondern auch finanzschwachen Adeligen zugute kam, wog den Verlust des Ämterprivilegs auf. Außerdem war es gerade für den Kleinadel sehr wichtig, daß er die Unterstützung des katholischen Klerus gewann. Nach den gemeinsam erduldeten Verfolgungen der Revolutionszeit boten die Ortsgeistlichen, die vor 1789 oft mit den Bauern sympathisiert hatten, nunmehr die beste Hilfe zur Rückgewinnung traditionaler Loyalitäten. Sie taten alles, um das Ansehen und die Autorität der ehemaligen Grundherren bei der Landbevölkerung wiederherzustellen. Die Einführung der »Charte constitutionelle« von 1814 sicherte ein gewisses Maß an politischem Einfluß im Rahmen adeliger Repräsentation in der Abgeordneten- und vor allem in der Pairskammer.

Die nachrevolutionäre Notabelngesellschaft zeigt die Diskontinuitäten, aber auch die Kontinuitäten, die den Bruch von 1789 überdauerten. Über die »Niederlage des Adels« und den »Sieg des Bürgertums« hat Louis Bergeron ein stark relativierendes, aber zutreffendes Urteil gefällt: »Insgesamt liegt der soziale Sinn der Revolution darin, daß sie eine Barriere überspringen ließ, daß sie diese weiter vorgeschoben hat, daß sie gewisse Spannungen an der Spitze der Gesellschaft beseitigte, indem sie den Eliten breitere, anpassungsfähigere Konturen, scheinbar überschreitbare Grenzen gab. In der Realität ist dieser Sieg nur der Ausgangspunkt für einen neuen Abschließungsprozeß gewesen, für eine Selbstverteidigung, in deren Verlauf die ‹Bourgeois-Propriétaires› sich sowohl gegen die Bemühungen der aristokratischen Reaktion wie gegen die demokratische und populare Offensive zu verteidigen hatten.«[58]

In den deutschen Reformstaaten konnte weder die staatliche Funktionalisierung noch die »Einbürgerung« des Adels in eine grundbesitzende Gesellschaftsklasse mit vergleichbarem Erfolg durchgesetzt werden, auch wenn die Weichen in dieselbe Richtung gestellt wurden. Die Entwicklung blieb hinter der französischen zurück. Dies lag nicht nur am fehlenden Massendruck »von unten« bzw. daran, daß die Entmachtung des Adels nicht von einer revolutionären Volksbewegung ausging, sondern – infolge äußerer Zwänge – von einer Reformbürokratie eingeleitet wurde, die überwiegend selbst dem Adel entstammte. Es mußten auch Adelsprobleme gelöst werden, die in Frankreich gar nicht vorhanden waren. Dazu zählte die für die deutsche Adelsverfassung eigentümliche Sonderstellung des Stifts- und Hochadels in den zahllosen reichskirchlichen, reichsgräflichen und reichsritterschaftlichen Territorien. Trotz der tiefgreifenden Veränderung durch Säkularisation und Mediatisierung konnten der ehemalige Reichsadel und vor allem die »Standesherren«, d.h. die vor 1806 reichsunmittelbaren Fürsten und Grafen, einen Teil ihrer Privilegien retten. Zwar erlitten sie durch die Abtretung von Hoheitsrechten an die mediatisierenden Staaten und den Untergang der Adelskirche, der das – auch für den landsässigen Ritteradel – so bedeutsame Kriterium der Stiftsfähigkeit entwertete, erhebliche Verluste an Einfluß, Prestige und Einkommen. Aber die Privilegiengarantien der Rheinbundakte, die 1815 in einem ziemlich gleichlautenden Katalog von der deutschen Bundesakte übernommen wurden, gewährten doch eine Reihe von Standesvorrechten, zu denen über die Besitzstandswahrung hinaus auch richterliche und exekutive Befugnisse gehörten, z. B. die Patrimonialjustiz, Polizeirechte sowie das Kirchen- und Schulpatronat. Solche Ausnahmebestimmungen für die »privilegierteste Klasse« (Art. 14 der Bundesakte) begünstigten indirekt auch den landsässigen Adel, weil sie eine rigorose Adelsverneinung von vornherein ausschlossen.

Im Interesse der Staatssouveränität hat die rheinbündische Reformbürokratie dennoch versucht, sich über die Rechtsgarantien der Rheinbundakte hinwegzusetzen. Mit der Aufhebung der Steuerprivilegien, der Ämtervorrechte, der Militärdienstbefreiungen und des privilegierten Gerichtsstandes wurde die Gleichheit vor dem Gesetz prinzipiell anerkannt. Die Patrimonialgerichtsbarkeit wurde in Baden und Württemberg abgeschafft und andernorts zumindest der staatlichen Kontrolle unterstellt.[59] Auch nach 1815, als die Standesherren mit zahlreichen Reklamationen beim Frankfurter Bundestag die Zurückgabe der Gerichtsbarkeit verlangten, blieb die Beamtenschaft darum bemüht, die Anforderungen an das Gerichtspersonal so hoch zu schrauben, daß sich viele Mediatisierte die kostspielige Patrimonialjustiz nicht mehr leisten konnten. In Baden opponierte die liberale Abgeordnetenkammer erfolgreich gegen ein reaktionäres Adelsedikt.[60]

Der entscheidende Schlag gegen die Feudalrechte der Grundherren fiel jedoch nicht: Die Bauernbefreiung blieb in Ansätzen stecken. Die angespannte Finanzsituation während der Kriegszeit machte es unmöglich, die unumgänglichen Entschädigungsansprüche des Adels zu erfüllen. Auch der Fiskus blieb auf die regelmäßigen Abgaben der Domänenbauern angewiesen. Immerhin wurden die grundherrschaftlichen Obereigentumsrechte in privatrechtliche Eigentumstitel umgewandelt, fixiert und für die Ablösung vorbereitet.

Während in Baden und Württemberg wegen des Fehlens eines alteingesessenen Landadels hauptsächlich die heftig umstrittene

Mediatisiertenfrage zur Debatte stand, gab es in Bayern Bestrebungen, mutatis mutandis die napoleonische Adelspolitik nachzuahmen. Der 1808 gegründete bayerische Zivilverdienstorden[61] ähnelte der Ehrenlegion und der Vierklasseneinteilung der französischen Adelsdekrete. Die beiden unteren Ordensränge sollten – wie die Ehrenlegion – allen Staatsbürgern für »vorzügliche Zivilstaatsdienste«, »höhere bürgerliche Tugenden« und Verdienste »zum Nutzen und Ruhm des Vaterlandes« zugänglich sein. Die beiden oberen Klassen wurden vornehmlich für jene reserviert, »die wegen ihrer Nähe zum Thron oder sonst wegen ihrer höheren Vollmacht auf das Ganze zu wirken im Stande seien«, d. h. in erster Linie für die ranghöchsten Staatsbeamten. Zu den potentiellen Ordensempfängern der ersten Klasse zählten »Minister, die höchsten Hof- und Reichsbeamten, Feldherrn, Bischöfe, berühmte Vorsteher der Akademie oder Künstlerinstitute, das erste Glied der Nationalrepräsentation, insofern eine solche existiert«. Für den zweiten Ordensrang waren die »Chefs der Ministerialbüros, die höhere Geistlichkeit, die Stabsoffiziere« und auch »berühmte Akademiker, gelehrte Künstler, Kaufleute und Wechsler des ersten Rangs und die ausgezeichnete Klasse der Eigentümer« vorgesehen. 1812 wurde den Mitgliedern der drei oberen Klassen der auf den ältesten Sohn vererbbare Adelstitel verliehen, falls der Nachweis »eines zu anständiger Führung des Adels erforderlichen eigenen Vermögens« erbracht werden konnte. Ein Vermögensfixum war allerdings nicht vorgeschrieben. Gleichzeitig erlaubte die Adelsreform von 1811/12 dem wirtschaftlich potenten altbayerischen Gutsadel die Stiftung von Majoratsgütern, deren Besitzer mit ähnlichen Vorrechten ausgestattet wurden wie die Standesherren. Unter anderem erhielten die Majoratsherren die 1808 entzogene streitige Gerichtsbarkeit zurück.

Die Adelshierarchie umfaßte demnach drei deutlich voneinander getrennte Adelsgruppen: die Standesherren, den gutsbesitzenden Majoratsadel und die Amtsaristokratie, die sich dem Bürgertum öffnete. Die Verschmelzung der bürgerlichen und adeligen Eliten, die in bisher ungekanntem Ausmaß durch einen Nobilitierungsschub von rund 200 Neuadeligen bewußt gefördert wurde, blieb weitgehend auf die »gebildeten Stände« beschränkt.[62] Die altadelige Bodenaristokratie hingegen bewahrte ihre exklusive Sonderstellung. Obwohl der staatsbürgerliche Gleichheitsgrundsatz 1808 wie 1818 in der bayerischen Verfassung verankert wurde, fand ein weiterer Abbau der Adelsprivilegien nicht mehr statt. Dies hatte zur Folge, daß sich gerade die Beamten bürgerlicher Herkunft daran interessiert zeigten, am Privilegienwesen zu partizipieren. Die Verfassung von 1818 garantierte den höheren Staatsdienern neben den Beamtenprivilegien auch einige traditionelle und im Zuge der Restauration wiederhergestellte Adelsvorrechte wie das Kadettenrecht, den privilegierten Gerichtsstand und die Siegelmäßigkeit. Endgültig verschwanden die feudalen Relikte erst im Revolutionsjahr 1848.

In Reformpreußen konnte der ostelbische Junkeradel seine Führungsposition trotz der Entfeudalisierung eher verfestigen. Die Gleichstellung von Bürgertum und Adel beschränkte sich hauptsächlich auf den wirtschaftlichen Bereich.[63] Das Oktoberedikt über die Bauernbefreiung, das 1807 die Reformära eröffnete, hob die ständischen Berufsschranken auf, beseitigte die Gutsuntertänigkeit der Bauern und gab den Güterverkehr frei. 1811 folgte die Ablösung der feudalen Obereigentumsrechte und der bäuerlichen Frondienste. Dabei mußten die Bauern zur Entschädigung der Gutsherren je nach Besitzrecht die Hälfte oder ein Drittel ihres Landes abtreten. Die preußische Agrarreform gelang im Gegensatz zur rheinbündischen nicht zuletzt deshalb, weil sie zugleich im ökonomischen Interesse der Junker lag, die durch den Erwerb der Entschädigungslande und der aufgeteilten Gemeindeländereien, von denen nur 14% den Bauern zufielen, ihren Gutsbesitz konsolidieren und erheblich erweitern konnten. Die mit dem Rittergut verbundenen Privilegien, die Steuerfreiheiten, die Patrimonialgerichtsbarkeit und Polizeigewalt sowie die Standschaft in den Kreis- und Provinzialvertretungen, wurden nicht abgeschafft. Statt dessen kamen nun auch die bürgerlichen Rittergutsbesitzer in den Genuß dieser Vorrechte. Der adelige Erbstand verwandelte sich in eine Bodenaristokratie beliebig übertragbaren Grundeigentums. So entstand unter den Bedingungen der spezifischen Agrarverfassung Ostelbiens eine mobile Wirtschaftsklasse von Gutsunternehmern.

Gegen die Verstaatlichung und Bürokratisierung ihrer Herrschaftsfunktionen auf dem Lande setzte sich die preußische Adelsopposition erfolgreich zur Wehr. Die zentralistische Regierungs- und Behördenreform endete an den Grenzen der autonomen Kreis- und Gutsherrschaftsbezirke. Das Gendarmerieedikt von 1812, das mit der Einführung einer neuen Kreisverfassung die von den Rittergutsbesitzern gewählten feudalständischen Landräte durch vom König ernannte Kreisdirektoren des bürokratischen Typs zu ersetzen versuchte, scheiterte.

In Preußen wiederholte sich somit der schon im 18. Jahrhundert praktizierte Herrschaftskompromiß, der nach 1815 die politische Reaktion begünstigte. Anders als die süddeutschen Staaten erhielt Preußen bis 1848 keine Verfassung. 1823 wurden lediglich die Provinzialstände restauriert. Dies verhinderte zugleich eine Konstitutionalisierung des Adels bzw. seine Teilnahme an einer Repräsentativverfassung, die im »konstitutionellen Deutschland« auf ihre Weise das Adelsproblem entschärfte.

Auf gesamtstaatlicher Ebene bewahrte der preußische Junkeradel seinen dominierenden Einfluß auf die Armee. Daran änderte auch die Heeresreform nicht viel, obgleich ihre Errungenschaften (Einführung der allgemeinen Wehrpflicht, Errichtung der Landwehr, Abschaffung des Adelsmonopols auf die Offiziersstellen) ursprünglich dazu dienen sollten, »die Absonderung der bürgerlichen, der gebildeten Klasse vom Militär« zu überwinden und »der Nation das Gefühl der Selbständigkeit« einzuflößen.[64] Die vornehmlich nach außen gerichtete »Befreiung« von der Fremdherrschaft und das auch in diesem Zusammenhang folgenreiche Scheitern der Verfassungsbewegung trugen vielmehr dazu bei, daß die Steigerung der militärischen Macht und die Kriegserfolge von 1813 vor allem jenen Führungskräften in der Armee zugute kamen, denen schon das alte Preußen seinen Aufstieg verdankte. Die Einbeziehung der bürgerlichen Elite in das Offizierskorps führte nicht zur Demokratisierung der Armee, sondern eher zur Feudalisierung von Teilen des Bürgertums, die gemeinsam mit dem Adel eine neue offiziersfähige und von der übrigen Gesellschaft abgehobene Führungsschicht bildeten. Die enge Verflechtung von Adel, Armee und Staat blieb ein herausragendes Kennzeichen der preußischen Geschichte.

Nach 1815 wurde auch Preußen durch die Westverlagerung an den Rhein mit Adelstraditionen konfrontiert, die ihm bisher fremd waren. Der rheinische und westfälische Adel[65] kam aus den kleinräumigen Territorialverhältnissen des Alten Reiches, unter denen sich der fürstliche Absolutismus nur unvollkommen entfaltet hatte. Der Anbruch der »Franzosenzeit« zerstörte jäh die bis dahin relativ selbständige und unangefochtene Führungsstellung als Herrschaftsstand. In den von Frankreich annektierten linksrheinischen Gebieten wurde die antifeudale französische Revolutionsgesetzgebung eingeführt – mit dem Ergebnis, daß der Adel in der preußischen Rheinprovinz zu Beginn der zwanziger Jahre von 953 landtagsfähigen Rittergütern nur noch 460 (48,3%) besaß. Rechtsrheinisch verlor der mit quasi-erblichen Ämtern und Pfründen besonders hochdotierte westfälische Stiftsadel seine außerordentlich gesicherten Herrschaftspositionen und Versorgungsstellen im Fürstbistum Münster, dem größten der geistlichen Staaten, auch wenn er seinen Landbesitz weitgehend retten konnte. Nach der Integration in den preußischen Staat, dessen bürokratische und militärische Disziplin eher abschreckend wirkte, bewahrte der rheinische wie der westfälische Adel seine durch die katholische Religion befestigte »traditionale Bindung an Familie, Stand und Territorium«. »Selbstbewußtsein wie Prestige blieben stark vom Wissen um das Alter, den Rang und die Leistung der eigenen Familie, vom ständischen Mitherrschaftsanspruch und der lokalen Herrenstellung geprägt.«[66] So bahnte sich im Westen Preußens die Entwicklung zu einer altständisch orientierten »Adelspartei« an, die mit Unterstützung der Kirche ihren Einfluß als »Regionalelite« aufrechtzuerhalten versuchte.

Das Überleben des Privilegienadels, der auch weiterhin an zahlreichen Fürstenresidenzen den gesellschaftlichen Vorrang genoß, falls er nicht das romantisch verklärte »Stilleben« auf seinen Gütern vorzog[67], hat fraglos die Ausstrahlungskraft der Adelswelt viel stärker nachwirken lassen als in Frankreich. Moderne Vorstellungen von »Klasse« und »Elite« blieben noch lange Zeit von ständischen Orientierungsmustern überlagert.[68] In der politischen Kultur des 19. Jahrhunderts fehlte die radikale republikanische Position, die auch in der Revolution von 1848 nur von einer kleinen Minderheit vertreten wurde. Außerdem war die Solidarität des Adels enger als in der von vielen Spaltungen durchzogenen Adelsgesellschaft Frankreichs, wo nicht selten die »anciens emigrés«, die Anhänger der liberalen Aristokraten von 1789, die Nachfahren des imperialen und die Mitglieder des orléanistischen Adels miteinander in Fehde lagen. Dennoch bildete der Selbstbehauptungskampf des Adels in beiden Ländern ein Thema, das weder mit der Revolutions- noch mit der Reformzeit bereits abgeschlossen war.[69] Die Adelsgeschichte zeigt wohl besonders deutlich die Möglichkeiten, aber auch die Grenzen politischen Handelns, das gesellschaftsverändernd in langwierige Entwicklungsprozesse eingreift.

1 Zur Revision dieser Interpretation vgl. R. Reichardt, Die französische Revolution als Maßstab des deutschen »Sonderweges«?, in: J. Voss (Hg.), Deutschland und die Französische Revolution, München 1983, S. 323–327; K. G. Faber, Mitteleuropäischer Adel im Wandel der Neuzeit, in: GG, Bd. 7, 1981, S. 276–296, bes. S. 283.

2 Forschungsüberblicke: G. Chaussinand-Nogaret, Une histoire des élites 1700–1848. Recueil de textes présentés et commentés, Paris 1975; E. Fehrenbach, Vom Ancien Régime zum Wiener Kongreß, München 1986[2], S. 148–158.

3 Vergleichende Darstellungen der Adelsgeschichte gehören zu den Desideraten der Forschung. Es gibt zwar Überblicksdarstellungen zur Geschichte des »europäischen« Adels, aber sie gliedern sich in der Regel in einzelne Länderabschnitte. Vgl. u. a. A. Goodwin (Hg.), The European nobility in the eighteenth century, London 1953; R. Vierhaus (Hg.), Der Adel vor der Revolution, Göttingen 1971; zuletzt P. Lebatut, Les noblesses européennes de la fin du XVe siècle à la fin du XVIIIe siècle, Paris 1978.

4 Die Bedeutung der Seigneurialrechte blieb in der Forschung umstritten, vgl. hierzu Fehrenbach, Régime, S. 151f. Zusammenfassende Darstellung auf der Basis zahlreicher Regionalstudien: G. van den Heuvel, Grundprobleme der französischen Bauernschaft 1730–1794, München 1982, S. 60ff. Zur Grundbesitzverteilung: E. Weis, Ergebnisse eines Vergleichs der grundherrschaftlichen Strukturen Deutschlands und Frankreichs vom 13. bis zum Ausgang des 18. Jahrhunderts, in: VSWG, Bd. 57, 1970, S. 1–14; ders., Der französische Adel im 18. Jahrhundert, in: Vierhaus, Adel, S. 29–40, hier S. 36f.

5 R. Forster, The nobility of Toulouse in the eighteenth century, Baltimore 1960; G. Richard, La noblesse d'affaires au XVIIIe siècle, Paris 1974; G. Chaussinand-Nogaret, La noblesse au XVIIIe siècle, Paris 1976, S. 119ff.

6 Chaussinand-Nogaret, Noblesse, S. 77f. Genaue Zahlenangaben sind schwierig zu ermitteln. Es bleibt ungewiß, wieviel Personen der Adel insgesamt umfaßt hat. Zeitgenössische Angaben schwanken zwischen 80000 und 400000 Personen. Chaussinand-Nogaret geht von einem Mittelwert aus.

7 Zur Situation des Kleinadels vgl. die Standarddarstellung von J. Meyer, La noblesse bretonne au XVIIIe siècle, 2 Bde., Paris 1985[2].

8 R. Endres, Die wirtschaftlichen Grundlagen des niederen Adels in der frühen Neuzeit, in: Jahrbuch für fränkische Landesforschung, Bd. 36, 1976, S. 215–237, bes. S. 223f.

9 C. Dipper, Die Bauernbefreiung in Deutschland, 1750–1850, Stuttgart 1980, S. 45; W. v. Hippel, Die Bauernbefreiung im Königreich Würt-

temberg, Bd. 1, Boppard 1977, S. 300. Sehr deutlich wird der unterschiedliche ökonomische Stellenwert der grundherrlichen Rechte in einer Grenzregion wie Luxemburg, wo der wallonische anders als der deutsche Adel seine Haupteinkünfte nicht mehr aus den »droits seigneuriaux« bezog. Vgl. C. Hudemann-Simon, La noblesse luxembourgeoise au XVIIIe siècle, Luxemburg 1985, S. 307ff.

10 Endres, S. 281; H. Schissler, Preußische Agrargesellschaft im Wandel, Göttingen 1978, S. 129.

11 Vgl. z.B. H. Reif, Westfälischer Adel 1770–1860, Göttingen 1979, S. 46, 171.

12 Schissler, S. 59ff.

13 Vgl. R. Koselleck, Preußen zwischen Reform und Revolution, Stuttgart 1981³, S. 78ff.

14 Vgl. z.B. die immensen Schuldenlasten, die im Gefolge von Säkularisation und Mediatisierung auf Bayern und Baden übergingen: H.-P. Ullmann, Staatsschulden und Reformpolitik. Die Entstehung moderner öffentlicher Schulden in Bayern und Baden 1780–1820, 2 Bde., Göttingen 1986, Bd. 1, S. 118, 178, 336.

15 Zit. nach C. Dipper, Die Reichsritterschaft in napoleonischer Zeit, in: E. Weis (Hg.), Reformen im rheinbündischen Deutschland, München 1984, S. 53–73, hier S. 57.

16 Preisfrage des Domherrn von Bibra 1786. P. Wende, Die geistlichen Staaten und ihre Auflösung im Urteil der zeitgenössischen Publizistik, Lübeck 1966, S. 9f.

17 W. Demel, Adelsstruktur und Adelspolitik in der ersten Phase des Königreichs Bayern, in: Weis, Reformen, S. 213–228, hier S. 215.

18 Koselleck, S. 80f.

19 Chaussinand-Nogaret, Histoire, S. 116ff.; ders., Noblesse, S. 39ff.; K. Malettke, Ämterkauf und soziale Mobilität. Probleme und Fragestellungen vergleichender Forschung, in: ders. (Hg.), Ämterkäuflichkeit. Aspekte sozialer Mobilität im europäischen Vergleich (17. und 18. Jahrhundert), Berlin 1980, S. 3–30.

20 Nachdrücklich bestreitet F. Furet die These einer Reduktion der sozialen Mobilität, wie sie von A. Soboul und der marxistisch orientierten Forschung vertreten worden ist: Penser la Révolution Française, Paris 1978, S. 116ff.

21 F. Bluche, Les magistrats du Parlement de Paris au XVIIIe siècle (1715–1771), Paris 1960. Vgl. zum folgenden den Überblick mit ausführlichen Literaturangaben bei Chaussinand-Nogaret, Noblesse, S. 44.

22 J.-F. Solnon, 215 bourgeois gentilshommes au XVIIIe siècle. Les secrétaires du roi à Besançon, Paris 1980; C. Favre-Le Senne, Les secrétaires du roi de la grande chancellerie de Paris, Paris 1985.

23 V.R. Gruder, The Royal Provincial Intendants, New York 1968.

24 D.D. Bien, La réaction aristocratique avant 1789. L'exemple de l'armée, in: Annales, Bd. 29, 1974, S. 23–48, 505–534.

25 Chaussinand-Nogaret, Noblesse, S. 48.

26 Ebd., S. 93 ff.; H.U. Gumbrecht (Hg.), Sozialgeschichte der Aufklärung in Frankreich, 2 Bde., München 1981.

27 D. Roche, Le siècle des lumières en province. Académies et académiciens provinciaux, 1680–1789, 2 Bde., Paris 1978; ders., »Sociétés de pensée« und die aufgeklärten Eliten des 18. Jahrhunderts, in: Gumbrecht, Bd. 1, S. 77–115.

28 R. Darnton, The business of enlightenment. A publishing history of the Encyclopédie, 1775–1800, Cambridge/Mass. 1979.

29 Diesen Schluß legt die Untersuchung von Meyer nahe.

30 Vgl. z.B. C. Brelot, La noblesse en Franche-Comté de 1789 à 1808, Paris 1972.

31 Grundlegend hierzu Koselleck, S. 78 ff.

32 Zur Bedeutung der Universitäten zuletzt H. Möller, Vernunft und Kritik. Deutsche Aufklärung im 17. und 18. Jahrhundert, Frankfurt 1986, S. 232 ff.; K.H. Jarausch, Deutsche Studenten 1800–1970, Frankfurt 1984, zur »Aristokratisierung« der Universitäten bes. S. 16 ff.

33 Zit. nach U. Engelhardt, »Bildungsbürgertum«. Begriffs- und Dogmengeschichte eines Etiketts, Stuttgart 1986, S. 69.

34 Tabellen zur Mitgliederstruktur der Sozietäten bei R. van Dülmen, Die Gesellschaft der Aufklärer, Frankfurt 1986, S. 59, 68, 87, 104.

35 Möller, S. 295.

36 F. Kopitzsch, Grundzüge einer Sozialgeschichte der Aufklärung in Hamburg und Altona, 2 Bde., Hamburg 1982. Vgl. die Beiträge von F. Kopitzsch, N. Weppelmann und N. Schindler in: R. Vierhaus (Hg.), Deutsche patriotische und gemeinnützige Gesellschaften, München 1980.

37 B. Wunder, Die Sozialstruktur der Geheimratskollegien in den süddeutschen protestantischen Fürstentümern (1660–1720). Zum Verhältnis von sozialer Mobilität und Briefadel im Absolutismus, in: VSWG, Bd. 58, 1971, S. 145–220.

38 Malettke, S. 28 f.

39 H. Rosenberg, Bureaucracy, Aristocracy and Autocracy. The Prussian Experience 1660–1815, Cambridge/Mass. 1958, S. 116–127.

40 Demel, S. 213.

41 Reif, S. 35 f., 82 ff., 156 ff.

42 H. Stekl, Österreichs Aristokratie im Vormärz. Herrschaftsstil und Lebensformen der Fürstenhäuser Liechtenstein und Schwarzenberg, München 1973, S. 131 ff.

43 Zu den »rassistischen« Ressentiments des deutschen gegenüber dem Adel französischer Herkunft vgl. Hudemann-Simon, S. 228 ff.

44 N. Elias, Die Höfische Gesellschaft, Neuwied 1975^2.

45 Ausführlich hierzu Chaussinand-Nogaret, Noblesse, S. 181 ff.

46 J. Egret, Louis XV et l'opposition parlementaire 1715–1774, Paris 1970; ders., La Pré-Révolution française, 1787–1788, Paris 1962, Neuaufl. 1978.

47 R. Bickart, Les parlements et la notion de souveraineté nationale, Paris 1932; E. Fehrenbach, Art. Nation, in: R. Reichardt u. E. Schmitt (Hg.), Handbuch politisch-sozialer Grundbegriffe in Frankreich 1680–1820, Heft 7, München 1986, S. 72–107, hier S. 88 ff.

48 Vgl. W. Conze, Art. Adel, Aristokratie, in: Geschichtliche Grundbegriffe. Historisches Lexikon zur politisch-sozialen Sprache in Deutschland. Hg. O. Brunner u. a., Bd. 1, Stuttgart 1972, S. 1–48, bes. S. 18 ff.

49 Vgl. Ullmann, Bd. 1, S. 81 f.

50 Zuletzt hierzu E. Hassenpflug-Elzholz, Böhmen und die böhmischen Stände in der Zeit des beginnenden Zentralismus. Eine Strukturanalyse der böhmischen Adelsnation um die Mitte des 18. Jahrhunderts, München 1982.

51 Nach der berühmten Formulierung im »Allgemeinen Landrecht«. Vgl. G. Birtsch, Zur sozialen und politischen Rolle des deutschen, vornehmlich preußischen Adels am Ende des 18. Jahrhunderts, in: Vierhaus, Adel, S. 77–95, bes. S. 82 ff.

52 Conze, S. 23.

53 Vgl. die Belege bei Conze, S. 23 ff. Zur Adelsreformdiskussion K. Epstein, Die Ursprünge des Konservativismus in Deutschland, Frankfurt 1973, S. 215 ff.

54 So auch die bekannte Formel in der Nassauer Denkschrift des Freiherrn vom Stein

55 Ist es in den deutschen Staaten vorteilhaft, daß der Adel die ersten Staatsbedienungen besitzt?, in: Berlinische Monatsschrift, Bd. 10, 1787; vgl. Epstein, S. 225.

56 Zur napoleonischen Adelspolitik J. Tulard, Napoléon ou le mythe du sauveur, Paris 1977², S. 364 ff.; H. Berding, Napoleonische Herrschafts- und Gesellschaftspolitik im Königreich Westfalen 1807–1813, Göttingen 1973, S. 53 ff.

57 Grundlegend erforscht wurde die Welt der Notabeln von A. Jardin u. A. J. Tudesq, La France des notables (1815–1848), 2 Bde., Paris 1973. Vgl. auch Chaussinand-Nogaret, Histoire, S. 213 ff.

58 L. Bergeron, Die französische Gesellschaft von 1750 bis 1820. Kontinuitäten und Diskontinuitäten, in: ZHF, Bd. 4, 1977, S. 131–146, hier S. 144 f.

59 Zu den Reformen in den Rheinbundstaaten vgl. den einschlägigen Sammelband H. Berding u. H.-P. Ullmann (Hg.), Deutschland zwischen Revolution und Restauration, Königstein 1981.

60 Zu den Kämpfen um die Patrimonialjustiz H. H. Hofmann, Adelige

Herrschaft und souveräner Staat. Studien über Staat und Gesellschaft in Franken und Bayern im 18. und 19. Jahrhundert, München 1962; E. Fehrenbach, Das Scheitern der Adelsrestauration in Baden, in: Weis, Reformen, S. 251–264; dies., Das Erbe der Rheinbundzeit. Macht- und Privilegienschwund des badischen Adels zwischen Restauration und Vormärz, in: AfS, Bd. 23, 1983, S. 99–122. Vgl. ferner die Standarddarstellung: H. Gollwitzer, Die Standesherren. Die politische und gesellschaftliche Stellung der Mediatisierten von 1815–1918, Göttingen 1964^2.

61 Zur Einführung des Zivilverdienstordens im Zusammenhang mit der Kodifikation des Beamtenrechts B. Wunder, Privilegierung und Disziplinierung. Die Entstehung des Berufsbeamtentums in Bayern und Württemberg (1780–1825), München 1978, S. 188ff.; E. Fehrenbach, Das napoleonische Modell des Beamtentums und sein Einfluß auf die deutsche Geschichte, in: L'educazione giuridica IV: Il pubblico funzionario, Bd. 2, Perugia 1981, S. 219–237.

62 Vgl. hierzu Demel, S. 223ff.

63 So pointiert Koselleck, S. 60. Vgl. B. Vogel (Hg.), Preußische Reformen 1807–1820, Königstein 1980. Zum Vergleich der preußischen und rheinbündischen Agrarreformen: E. Fehrenbach, Verfassungs- und sozialpolitische Reformen und Reformprojekte in Deutschland unter dem Einfluß des napoleonischen Frankreich, in: HZ, Bd. 228, 1979, S. 288–316, auch in: Berding/Ullmann, S. 65–90. Speziell zum Adel: K. Vetter, Kurmärkischer Adel und preußische Reformen, Weimar 1979. Zur Bedeutung der Reformen für die Transformation der Agrargesellschaft: Schissler, S. 105ff.; H. Harnisch, Kapitalistische Agrarreform und industrielle Revolution. Agrarhistorische Untersuchungen über das ostelbische Preußen zwischen Spätfeudalismus und bürgerlich-demokratischer Revolution von 1848/49 unter besonderer Berücksichtigung der Provinz Brandenburg, Weimar 1984.

64 Zitiert aus Scharnhorsts Denkschriften.

65 A. H. v. Wallthor, Konservativer Adel in den Rheinlanden und in Westfalen nach den Befreiungskriegen, in: K. Düwell u. W. Köllmann (Hg.), Rheinland-Westfalen im Industriezeitalter, Bd. 1, Wuppertal 1983, S. 19–26; R. K. Weitz, Der niederrheinische und westfälische Adel in der Auseinandersetzung um Verfassung und Status, in: ebd., S. 27–38; grundlegend Reif.

66 Ebd., S. 174.

67 Vgl. zum Lebensstil der österreichischen Aristokraten Stekl, S. 128ff.; zum »patriarchalischen Stilleben« süddeutscher Standesherren, Gollwitzer, S. 291ff.

68 Zum Adelsbegriff im Vormärz vgl. Conze, S. 35ff.

69 Zum Selbstbehauptungskampf des Adels in der zweiten Hälfte des 19. Jahrhunderts A. J. Mayer, Adelsmacht und Bürgertum. Die Krise der europäischen Gesellschaft 1848–1914, München 1984.

Luise Schorn-Schütte
Die Geistlichen vor der Revolution

Zur Sozialgeschichte der evangelischen Pfarrer und des katholischen Klerus am Ende des Alten Reiches

I. Einleitung

Leopold von Rankes vielzitierte Charakterisierung der Reformation als »Ursprung der Spaltung in der Nation«[1] verweist auf eine sozialgeschichtliche Dimension, die trotz der unzweifelhaft vorhandenen Tendenz zur Entkonfessionalisierung auch das 18. Jahrhundert nachhaltig prägte.[2] Zwischen dem überwiegend protestantischen Norden und dem katholischen Süden des Alten Reiches gab es spezifische Unterschiede in der Sozialstruktur und im Bildungsstandard, die bis weit ins 20. Jahrhundert bestehen blieben.[3] Besonders anschaulich wird diese Spaltung im Hinblick auf die Amtsträger der drei großen christlichen Glaubensbekenntnisse, die seit 1648 reichsrechtlich anerkannt waren: den katholischen Klerus, die evangelisch-lutherische und die evangelisch-reformierte Geistlichkeit. Während sich in den protestantischen Territorien aufgrund der Beseitigung des Zölibats die Einbindung der neuen Pfarrerschaft in die territoriale bzw. stadtbürgerliche Lebenswelt rasch und intensiv vollzog, so daß der Pfarrerstand als wesentlich prägender Teil des frühneuzeitlichen Bürgertums Bedeutung erhielt, bewahrten die katholischen Territorien die differenzierte Gestalt des geistlichen Standes in Form von Ordens- und Weltklerus sowie hoher und niederer Geistlichkeit. Dieser bildete zwar rechtlich eine Einheit, konnte aber nicht als eine einheitliche soziale Gruppe angesehen werden.

Trotz dieser Unterschiede erfüllten evangelische und katholische Geistlichkeit im Prozeß frühmoderner Staatsbildung vergleichbare Funktionen[4], ebenso wie sie beide Anteil hatten am sozialen Wandel. Ein Vergleich ist lohnend, um zum einen die unterschiedlich intensive Beteiligung beider Gruppen an jenem Staatsbildungsprozeß der Frühneuzeit zu analysieren und um zum anderen zu klären, wieweit der Anteil evangelischer und katholischer Geistlichkeit vergleichbar ist, den beide am Fundamentalvorgang der Ablösung ständischer Gliederung der Gesellschaft hatten, der an der Wende vom 18. zum 19. Jahrhundert ansetzte.[5]

Evangelische Theologen und Pfarrer bildeten zusammen mit den gelehrten Juristen protestantischer Territorien seit dem 17. Jahrhundert jene sogenannten »sekundären Führungsschichten«[6], die für Ausbau und Konsolidierung des frühmodernen Staates nicht zuletzt durch die Entfaltung eines territorialen Einheitsbewußtseins von entscheidender Bedeutung waren.[7] Im späten 17. und im beginnenden 18. Jahrhundert übernahm hier die Konfession noch einmal eine besondere Funktion: Territoriale Geschlossenheit konnte und sollte durch konfessionelle Uniformität erreicht werden.[8] Diese Tendenz kennzeichnete evangelische wie katholische Territorien. Anders aber als in den sich konsolidierenden protestantischen Landeskirchen war z. B. das Recht der Besetzung kirchlicher Stellen und damit die Möglichkeit der Beeinflussung ihrer Inhaber im Sinne der Herrschaftszentrierung und konfessionellen Abschließung in den katholischen Gebieten des Alten Reiches auf verschiedene Herrschaftsträger verteilt.[9] Daß sich diese Vielfalt nicht zugunsten territorialer Geschlossenheit auswirkte, ist einleuchtend. Denkbar ist, daß die sich hier dokumentierenden konfessionsspezifischen Unterschiede, was die Intensität der Einbindung der Geistlichkeit in die territorialstaatlichen Zwecke anbelangt, Folgen hatten für den Grad der Professionalisierung[10] der Amtsträgerschaft beider Konfessionen in der zweiten Hälfte des 18. Jahrhunderts.

Beide Gruppen nahmen innerhalb der ständischen Ordnung eine besondere Stellung ein, da ihr sozialer Ort nicht »ständisch«, also durch zugeschriebene soziale, sondern durch erworbene Merkmale festgelegt war. Ihre formale Charakterisierung als »Funktionselite« ist für das 16. bis 18. Jahrhundert zutreffend.[11] Für den katholischen Klerus galt dies seit der Existenz des Zölibats, für den evangelischen Pfarrerstand gerade umgekehrt aufgrund seiner intensiven Einbindung in die bürgerliche Lebenswelt; er wurde Bildungs- und Berufsstand.

Obgleich evangelische wie katholische Geistlichkeit ein Element des »Nichtständischen« in der ständischen Gesellschaft verkörperten, begegnen beide Gruppen zugleich als Moment der Beharrung. Mit der beschleunigten »Entsakralisierung der Politik« am Ende des 18. Jahrhunderts geriet der soziale Status der Geistlichkeit unter Rechtfertigungsdruck. Hier lag die Wurzel des zu diesem Zeitpunkt zunehmenden Bedeutungsverlustes des katholischen wie des evangelischen geistlichen Amtes. Entsakralisierung der Politik bedeutete zugleich einen Prioritätenwechsel von Religion und Moral.[12] Aufgrund ihres eindeutig festgelegten Amtsethos, das die Vermittlung religiöser als sozialer Normen umfaßte, war die Geistlichkeit aller drei Konfessionen an diesem Wandel nicht mehr beteiligt. Der Vergleich mit den Beamtenjuristen, deren Professionalisierung sich durch die Zurückdrängung des Konfessionsproblems schon seit der Mitte des 17. Jahrhunderts beschleunigte[13], macht das Problem des »Traditionalismus« im Modernisierungsprozeß sichtbar. Bemerkenswert ist die unerwartete Parallelität der Entwicklungen in Protestantismus und Katholizismus.

Die beiden skizzierten Ausgangsfragen strukturieren die folgende Untersuchung. Auf der Grundlage einer vergleichenden Darstellung des Sozialprofils evangelischer und katholischer Geistlichkeit wird es in einem ersten Teil darum gehen, den Grad von Professionalität des geistlichen Amtes in beiden Konfessionen am Ende des 18. Jahrhunderts zu ermitteln. Anschließend soll der These vom traditionalen Charakter des Amtes der Geistlichkeit im Modernisierungsprozeß des ausgehenden 18. Jahrhunderts nachgegangen werden, indem die Grundzüge des Sozialprofils verbunden werden mit einer knappen Skizze des Amtsverständnisses evangelischer und katholischer Geistlichkeit. Ein Ausblick schließlich in die ersten Jahrzehnte des 19. Jahrhunderts verdeutlicht, daß die Problematik des ausgehenden 18. Jahrhunderts bestehen blieb.

II. Sozialprofil und Professionalisierung[14]

Ein ernstzunehmendes Definitionsproblem steht am Anfang jeden Vergleichs von evangelischer und katholischer Geistlichkeit angesichts der rechtlich-sozialen Vielfalt des katholischen Klerus. Neben der bereits erwähnten Unterscheidung von Welt- und Ordensklerus ist diejenige zwischen hoher und niederer Geistlichkeit (»clerus primarius und secundarius«) relevant, die der sozialen Differenzierung zwischen Adel und Bürgertum weitgehend parallel lief. Beides fehlt im Protestantismus. Zu diesem sozialhistorisch bedeutsamen Unterschied trat der Gegensatz in der Auffassung vom geistlichen Amt hinzu, das seit dem Ausgang des 16. Jahrhunderts auch in der katholischen Kirche selbst strittig wurde. In den nach dem Tridentinum einsetzenden Auseinandersetzungen um die Priesterbildung formulierte sich nämlich ein Widerspruch zwischen der Idee des mobilen, unabhängigen Seelsorgegeistlichen, wie sie die Jesuiten vertraten, und der päpstlichen Politik, »zuverlässiges Personal für die Führungspositionen der Reichskirche hervorzubringen, insbesondere für die Domkapitel, von denen alles weitere abhängt«.[15]

Der Vergleichspunkt ergibt sich an eben jenem Amtsverständnis der Jesuiten, das seinerseits an Ideen der Klerusreform des Tridentinums anknüpfte.[16] Ein Verständnis des geistlichen Amtes als Seelsorge und Lehrinstanz sowie als Verwaltung des Sakramentes rückt protestantische und katholische Geistlichkeit durchaus in vergleichbare Nähe, allerdings unter Ausgliederung großer Teile der sogenannten Adelskirche. Für die Darstellung des Sozialprofils des ganzen geistlichen Standes in der zweiten Hälfte des 18. Jahrhunderts wird im folgenden deshalb in bezug auf den katholischen Klerus stets zu differenzieren sein zwischen »allgemeinem Klerus« zur Kennzeichnung der reinen Versorgungsfunktion des geistigen Amtes und »Seelsorgeklerus«.

Für die Analyse des Sozialprofils evangelischer und katholischer Geistlichkeit hat diese Differenzierung innerhalb des katholischen Klerus interessante Konsequenzen. Nicht mehr »Adelskirche« und »Bürgerkirche« stehen sich nunmehr ausschließlich gegenüber; statt dessen wird deutlich, daß die Seelsorgegeistlichkeit der katholischen Kirche des alten Reiches im 17. und 18. Jahrhundert überwiegend dem städtischen bzw. Territorialbürgertum entstammte. Die vergleichende sozialgeschichtliche Analyse der Geistlichkeit im Alten Reich erfaßt mithin einen wichtigen Teil jenes deutschen Bürgertums, das sich zum Ende des 18. Jahrhunderts keineswegs mehr auf altständisches Stadtbürgertum reduzieren ließ, sondern durch das Hinzutreten eines neuen Wirtschafts- und Bildungsbürgertums erhebliche qualitative Veränderungen erfahren hatte. Diese um 1800 noch recht heterogenen, gleichwohl gemeinsam nichtadligen Gruppen wuchsen im 19. Jahrhundert nicht zu »dem« Bürgertum zusammen. Statt dessen grenzten sich »Besitz und Bildung« einerseits, »Kleinbürgertum« oder »alter Mittelstand« andererseits voneinander ab.[17]

Das Auffälligste an der sozialen Rekrutierung evangelischer

Geistlichkeit im 18. Jahrhundert ist eine fast als Erblichkeit zu bezeichnende Tradition in der Weitergabe des geistlichen Amtes vom Vater auf den Sohn bzw. Schwiegersohn.[18] Diese Tendenz läßt sich bereits am Ende des 16. Jahrhunderts beobachten; sie verstärkte sich im 17. Jahrhundert, wurde zum Teil durch die verheerenden Wirkungen des Dreißigjährigen Krieges unterbrochen, lebte aber mit dem ausgehenden 17. Jahrhundert wieder auf und verfestigte sich im 18. Jahrhundert. Statistisch greifbar wird diese Quasi-Berufsvererbung zum einen durch den Anteil der Pfarrer an den Väterberufen der evangelischen Geistlichen (Zustrom) und zum anderen durch den Anteil der Theologen an den studierenden Pfarrerskindern (Abstrom).[19] Die Zahlen aus verschiedenen Regionen entsprechen sich weitgehend: Von den Geistlichen der zweiten Hälfte des 18. Jahrhunderts stammten rund 40% aus einem Pfarrhaus. An zweiter Stelle der Väterberufe folgen die Beamten mit oder ohne akademische Bildung. An dritter Stelle stehen in regionaler Abweichung Kaufleute oder Handwerker.

Der Abstrom war in der zweiten Hälfte des 18. Jahrhunderts äußerst gering. Von den studierenden Pfarrerssöhnen gehörten z.B. in Braunschweig-Wolfenbüttel 83% wiederum zur theologischen Fakultät; 17% wanderten in den Juristenstand ab. Vergleicht man diese Zahlen mit denen des 16. und 17. Jahrhunderts, so wird deutlich, daß sich die Standeskonzeption in Form gleichbleibenden Zustroms bei fallendem Abstrom im letzten Drittel des 18. Jahrhunderts auf einem Höhepunkt befand. Eine der »Berufsvererbung« ähnelnde Erscheinung gab es innerhalb des katholischen Klerus durchaus. E. Hegel nennt die Praxis, mit Hilfe des Turnus zugunsten eines nahen Verwandten die Pfründe zu resignieren, Nepotismus.[20] Für das gemeinständische Stift St. Martin zu Kerpen wurde festgestellt, daß in der Regel ein Neffe des resignierenden Pfründeninhabers vorgeschlagen wurde, den das Kapitel nach Beibringung der notwendigen Zeugnisse (erste Tonsur, eheliche Herkunft) in der Regel problemlos akzeptierte.[21] Innerhalb der Pfarrgeistlichkeit sind parallele Vorgänge zu beobachten.[22] Aussagen zur sozialen Herkunft der katholischen Seelsorgegeistlichkeit sind beim jetzigen Forschungsstand nur für den »clerus primarius« möglich. Aufgrund des materiellen und bildungsmäßigen Notstandes des »clerus secundarius«[23], der einen großen Teil der Seelsorgegeistlichkeit des 18. Jahrhunderts ausmachte, ist dessen soziale Zugehörigkeit bislang im einzelnen kaum greifbar. Ein

Vergleich der katholischen und evangelischen Geistlichkeit Württembergs von 1813 bis 1901 belegt allerdings für die 130 katholischen Pfarrer des Jahres 1825 (die also mehrheitlich noch dem 18. Jahrhundert entstammen) eine auffallend hohe Zahl von Bauern und einfachen Handwerkern als Berufe der Vätergeneration.[24] Sie steht im Gegensatz zu dem Befund für die Seelsorgegeistlichkeit, die im 18. Jahrhundert zum »clerus primarius« zu zählen ist. Auffallend für letztere ist nämlich die fast ausschließliche Zugehörigkeit zum städtischen oder Territorialbürgertum.[25]

Über die soziale Herkunft des Stiftsklerus, der nicht Seelsorgeklerus war, sowie der Domkapitel lassen sich genauere Angaben machen. Traditionsgemäß waren nur die Domstifte der Reichskirche hochadlig. Seit dem Konzil von Trient hatte sich das Ansehen der neben den Adelskanonikern zahlreich vertretenen Priesterkanoniker erheblich erhöht. Sie entstammten den gleichen sozialen Gruppen wie die erwähnten Seelsorgegeistlichen des »clerus primarius« und benötigten zur Aufnahme einen theologischen oder juristischen Grad.[26] Generell aber läßt sich für die Domkapitel vom 16. bis zum 18. Jahrhundert die »Reduktion des bürgerlichen Elements«[27] beobachten, die dem Wiedererstarken des Adels entsprach.

Die für die hochadligen Stifte feststellbare Entwicklung läßt sich bis zu einem gewissen Punkt auch in den gemischtadeligen Stiften nachvollziehen. Bis in das 16. Jahrhundert hinein waren die gelehrten bürgerlichen Akademiker begehrte Kapitelsmitglieder gewesen. Aufgrund ihrer wachsenden Zahl aber versuchte man im 18. Jahrhundert, sie zurückzudrängen, um das soziale Ansehen zu bewahren. Nur in wenigen edelfreien und gemeinständischen Stiften setzten sich die Nichtadligen durch.[28]

Die Beschreibung des Zu- und Abstroms als Charakteristikum der »Fast-Erblichkeit« des evangelischen Pfarrerstandes provoziert die Frage nach der Funktion des evangelischen Pfarramtes als Plattform sozialen Auf- oder Abstiegs. Der Vergleich einiger Territorien des Reiches weist für die zweite Hälfte des 18. Jahrhunderts und das beginnende 19. Jahrhundert interessante Unterschiede auf. Folgt man der oben präzisierten sozialen Differenzierung, so gilt: In Brandenburg-Preußen ist der evangelische Pfarrerstand in der zweiten Hälfte des 18. Jahrhunderts in hohem Maße Sprungbrett für sozialen Aufstieg gewesen. In Braunschweig-Wolfenbüttel und Württemberg wurde diese Funktion dagegen in einem sehr viel geringerem Maße erfüllt. Während für Württemberg aufgrund des recht großen Anteils akademisch gebildeter hoher Territorialbeamter an den Väterberufen festgestellt werden kann, daß auch in der zweiten Hälfte des 18. Jahrhunderts der Pfarrerstand großes soziales Ansehen genoß[29], findet sich eine entsprechende Situation in Braunschweig-Wolfenbüttel nicht. Statt dessen ist hier die mittlere Beamtenschaft (akademisch gebildete Landesbeamte und kommunale Amtsträger) stark vertreten. Auch in dem welfischen Territorium diente das geistliche Amt zwar dem sozialen Aufstieg, es blieb aber im Unterschied zu Württemberg im Mittelfeld der sozialen Rangskala.

Die Gründe dafür sind regionaler Natur. Die ständische Verfassung Alt-Württembergs hatte seit dem 16. Jahrhundert eine andere Entwicklung genommen als diejenige in Braunschweig-Wolfenbüttel oder gar in Brandenburg-Preußen. Nicht der Adel dominierte, sondern eine bürgerliche Honoratiorenschicht, die im sozialen Bündnis von Beamten- und Pfarrerschaft gründete.[30] Diese Dominanz des Bürgertums ist eine Ausnahme in der Sozialgeschichte der Territorien des Alten Reiches. Deshalb blieb auch die sozial hohe Wertigkeit der evangelischen Geistlichkeit eine württembergische Eigenart. Dem Durchschnitt deutscher Territorien entsprechen die Verhältnisse in Braunschweig-Wolfenbüttel viel eher. Dem überwiegend »bürgerlichen« 16. und frühen 17. Jahrhundert folgte das adelig geprägte 18. Jahrhundert, sichtbar an der Verdrängung der bürgerlichen, geistlich oder juristisch geschulten Amtsträger.[31] In Brandenburg-Preußen öffnete sich – eine konfessionell-regionale Eigenart – das geistliche Amt sozial niedrigeren Schichten besonders stark aufgrund des bemerkenswerten sozialen Bedeutungsverlustes der »reformierten Honoratiorenkirche«[32] als Folge von Erweckungsbewegungen und Toleranzpolitik seit dem Ende des 17. Jahrhunderts. Wenn es auch spektakulären sozialen Aufstieg über das Pfarramt im Regelfall nicht gab, so bestand vom 16. bis zum 18. Jahrhundert innerhalb des geistlichen Standes doch eine gewisse Mobilität. 50% der Söhne der höheren Geistlichkeit in Braunschweig-Wolfenbüttel z. B. wurden »schlichte« Pfarrer, immerhin 35,5% erreichten erneut die höhere Funktion der Vätergeneration, und 14,2% wechselten zu den akademisch gebildeten Juristenbeamten (mittlere Landesbeamte). Sie verblieben damit im sozialen Rang der Vätergeneration.

Erweist sich das evangelische Pfarramt im 18. Jahrhundert nur im Ausnahmefall als eine Plattform sozialen Aufstiegs, so lassen sich für die katholische Seelsorgegeistlichkeit generalisierende Aussagen aufgrund der Forschungslage nicht machen. Bemerkenswert ist aber die Tatsache, daß von den bürgerlichen Priesterkanonikern der Domkapitel, die ein Theologiestudium absolviert hatten, 70% der städtisch-bäuerlichen Unterschicht bzw. der nicht akademisch vorgebildeten »Dienerschaft« entstammten. Das Theologiestudium bot im 18. Jahrhundert wie schon in den vorhergehenden Jahrhunderten die Möglichkeit sozialen Aufstiegs, wenn es sich auch nur um wenige Kanonikate handelte und wenn es auch nurmehr um Mobilität innerhalb des bürgerlichen bzw. adligen katholischen Klerus ging.[33]

Für den Prozeß der Standesbildung haben die evangelischen Pfarrfrauen ein seit dem Reformationsjahrhundert stetig wachsendes Gewicht gehabt. Während noch in der Gründungs- und Konsolidierungsphase des geistlichen Standes die Ehefrauen der Pfarrer mehrheitlich nicht aus Pfarrhäusern stammten, stehen wir in der zweiten Hälfte des 18. Jahrhunderts vor einer veränderten Situation. Ebenso wie ihre Ehemänner kamen auch die Pfarrfrauen seit 1750 fast zur Hälfte aus Theologen-Elternhäusern. Deshalb lassen sich immer fester miteinander verbundene Pfarrersippen identifizieren. Diese entwickelten sich zu einem Beamtenpotential für landesherrliche ebenso wie für reichsstädtische Obrigkeit, das nicht nur regionale, sondern auch soziale Geschlossenheit garantierte. Ein Gegensatz zwischen territorialer und reichsstädtischer Pfarrerschaft, wie er für das 16. Jahrhundert noch galt, existierte in der zweiten Hälfte des 18. Jahrhunderts nicht mehr. Die Existenz sozialer Geschlossenheit in Gestalt von Pfarrersippen wird bestätigt durch deren regionale Geschlossenheit. Von den braunschweigisch-wolfenbüttelschen Geistlichen der zweiten Hälfte des 18. Jahrhunderts stammten lediglich 14,4% aus nichtwelfischen Territorien; aus der unmittelbaren Nachbarschaft, nämlich Kurhannover, kamen 8,7%; alle anderen Geistlichen wurden aus dem Fürstentum selbst rekrutiert, wobei die Stadt Braunschweig stark dominierte. Für die Landgeistlichkeit ist ein Zuzug aus nichtwelfischen Territorien kaum feststellbar. Die regionale Herkunft der Ehefrauen entspricht diesem Befund. Unterstrichen wird die Beobachtung schließlich durch die Wahl der Studienorte. Lediglich 20% der führenden Theologen aus Braunschweig-Wolfenbüttel hatten in der zweiten Hälfte des 18. Jahrhunderts an einer außerhalb des Territoriums gelegenen Universität studiert.[34]

Die regionale Mobilität des katholischen Klerus war ähnlich gering. Die dieser Feststellung scheinbar widersprechende, teilweise hohe Beweglichkeit der Angehörigen einiger Domkapitel hatte im späten 18. Jahrhundert ihre Ursache in der ausgeprägten Tendenz, die ständische Exklusivität zu wahren. Katholische Reichsritterschaft gab es etwa in den an der Ostgrenze des Reiches gelegenen Bistümern aufgrund der Konfessionsgrenzen nicht in ausreichendem Maße, so daß Domkapitel wie Hildesheim, Würzburg und Bamberg stets auf einen gewissen Zuzug von außen angewiesen blieben.[35] Grundsätzlich aber galt für die Domkapitel das gleiche Prinzip wie für edelfreie oder gemeinständische Stifte: Die Rekrutierung erfolgte aus der näheren Umgebung. Noch deutlicher wird die regionale Begrenzung im Blick auf den Seelsorgeklerus. Die Bistümer sorgten offensichtlich für ihren Nachwuchs selbst.[36]

Die Ausbildung evangelischer Geistlichkeit war in der zweiten Hälfte des 18. Jahrhunderts in vielen Territorien bereits stark zentralisiert und inhaltlich exakt umrissen. Hier hatte sich einerseits das Interesse evangelischer Landesherrschaft am geistlichen Stand als »Erziehungs- und Disziplinierungsinstrument« durchgesetzt, andererseits aktualisierte sich mit der pietistischen Kritik an orthodox-lehrhafter Erstarrung ein gewandeltes Selbstverständnis des geistlichen Amtes. Das führte dazu, daß von seiten der Geistlichkeit selbst auf vereinheitlichende Reformen gedrängt wurde, die eine Zweiphasigkeit der Ausbildung zum Ziel hatten.[37]

Die strenge Auswahl des württembergischen »Landexamens« als Zugang zu den auf das Theologiestudium an der Universität vorbereitenden Klosterschulen, die ihre Mitglieder mit Stipendien ausstatteten[38], gab es in anderen evangelischen Territorien zwar nicht. Dennoch führte auch in diesen der Weg der angehenden Theologen von der Lateinschule bzw. dem Privatunterricht über das Gymnasium *stets* zum Studium der Theologie an der *Universität*. Zahlreiche in der Reformationszeit gestiftete Stipendien, die dem damaligen Theologenmangel abhelfen sollten, ermöglichten es auch am Ende des 18. Jahrhunderts den Söhnen der äußerst bescheiden lebenden Landgeistlichkeit, ein Theologiestudium aufzunehmen, so daß das Stipendienwesen standesverfestigende Wirkung hatte.

Während die evangelische Geistlichkeit mindestens seit Ende des 16. Jahrhunderts ihre Ausbildung an der *Universität* erhielt, war dies für den katholischen Klerus auch nach dem Tridentinum keineswegs üblich.[39] Neben den Universitäten gab es eine große Anzahl von Gymnasien (auch außerhalb der Bischofsstädte), an denen in speziellen theologischen Klassen Minimalkenntnisse praktischer Moraltheologie und Moralkasuistik vermittelt wurden.[40] Seit dem 17. Jahrhundert waren in diesem Rahmen die Jesuiten qualitätssteigernd tätig geworden. Für den Erhalt eines Kanonikats war ein zweijähriges Studium an einer dieser Ausbildungsstätten, häufig auch der Erwerb eines akademischen Grades Voraussetzung. Der höhere Klerus, der Seelsorgefunktionen seltener selbst übernahm, verfügte also in der Regel, unabhängig von seiner weiteren Einbindung in den geistlichen Stand, über eine solide Ausbildung. Im Gegensatz dazu konnte die angehende niedere Geistlichkeit aus Mangel an Finanzierungsmöglichkeiten die grundsätzliche Offenheit theologischer Fakultäten für alle angehenden Kleriker nicht wahrnehmen. Die Folge war eindeutig: ein niedriger Ausbildungsstand bei großen Teilen des »clerus secundarius« bis ins ausgehende 18. und beginnende 19. Jahrhundert.

Der Zugang zum Pfarramt war für die evangelische Geistlichkeit seit den ersten Kirchenordnungen des Reformationsjahrhunderts festgelegt. Neben dem Patronatsherrn, der den Kandidaten präsentierte[41], war die Mitwirkung der Gemeinde ebenso notwendig wie die der theologischen Fakultät einer Universität oder die des Konsistoriums. Unter dem Einfluß des Pietismus veränderte sich in manchen Territorien an der Wende vom 17. zum 18. Jahrhundert die Berufungspraxis.[42] Es wurde üblich, das Abschlußexamen vor dem Konsistorium als Voraussetzung des Zugangs zum Pfarramt anzusehen.[43] Präsentiert und vociert werden konnten nur noch solche Kandidaten, die ein Examen abgelegt hatten.

Parallel dazu gewann der *Seminargedanke* in den evangelischen Territorien um die Jahrhundertwende an Gewicht. Diese sollten stärker noch als die Abschlußprüfungen vor der Vokation dem Bedürfnis praxisnaher, seelsorgerlicher Ausbildung der angehenden Geistlichen Rechnung tragen. Um die Mitte des 18. Jahrhunderts gab es in zahlreichen Territorien sowie in einigen Reichsstädten Predigerseminare, mit deren Hilfe eine zweite, berufsbezogene Ausbildungsphase konkretisiert wurde. Auch wenn längst nicht alle angehenden Pfarrer ein Predigerseminar besuchen konnten, weil die Kapazitäten beschränkt blieben, so stellte doch die normierte Zweistufigkeit auf dem Wege zum Pfarramt die erste Phase einer geistlichen »Laufbahn« dar. Die erfolgreiche Absolvierung des Predigerseminars eröffnete denn auch neben dem akademischen Grad den Zugang zu besser dotierten Stadtpfarren, Superintendenturen oder gar Positionen im Konsistorium, die zudem mit einem gewissen kirchenpolitischen Einfluß verbunden waren. Ein solcher Aufstieg begann häufig mit der Position eines Hilfsgeistlichen des Generalsuperintendenten bzw. Superintendenten, als Diakon an der Hofkirche oder der Hauptkirche einer größeren Land- bzw. Reichsstadt. Von hier aus gelang der Sprung in ein Superintendentenamt oder das Amt eines Ersten Stadtpfarrers bzw. Seniors des Predigerministeriums recht schnell, zumal wenn verwandtschaftliche Beziehungen nicht fehlten.[44]

Nicht nur die auf unterschiedlichen Qualifikationen beruhenden amtsinternen Aufstiegsmöglichkeiten waren Grundlage der im 18. Jahrhundert scharf ausgeprägten sozialen Gegensätze innerhalb der evangelischen Geistlichkeit. Hinzu kamen die ebenso scharf voneinander geschiedenen Einkommensverhältnisse und ein davon abgeleitetes, je unterschiedliches gesellschaftliches Ansehen der geistlichen Elite einerseits, der Masse der Landpfarrer andererseits. Bezeichnenderweise gelang es im 18. Jahrhundert, anders als noch im 16. und 17. Jahrhundert, weder in Hessen-Kassel noch in Braunschweig-Wolfenbüttel einem Landgeistlichen, zum Generalsuperintendenten bzw. Superintendenten aufzusteigen.

Für die Reichskirche war trotz aller Reformversuche des 16. und 17. Jahrhunderts die Versorgungsfunktion des geistlichen Amtes im 18. Jahrhundert beherrschend geblieben. Deshalb hatte sich die paradoxe Praxis erhalten, »daß nicht die Kirche ihren geistlichen Nachwuchs bestellte und ihm einen Lebensunterhalt anwies, sondern daß die Kandidaten des geistlichen Standes sich aus eigenen Mitteln einen Unterhaltstitel oder durch einen Patron oder sonstigen Verleihungsberechtigten ein Benefiz besorgten«.[45]

Mit der ersten höheren Weihe, dem Subdiakonat, begann die Priesterexistenz. Diese wurde aber nur erteilt, wenn einerseits die Präsentation auf ein Benefiz oder einen anderen Einkommenstitel nachgewiesen werden konnte, andererseits die sittliche Qualifikation des Kandidaten und die Existenz der notwendigsten religiösen und theologischen Kenntnisse durch den Bischof überprüft worden waren.[46]

Das Recht der Besetzung der Pfarreien (Kollationsrecht) war, wie oben erwähnt, auf verschiedenste Instanzen verteilt. Die für den Empfang von Kanonikaten oder anderen Benefizien seit dem Tridentinum vorgeschriebenen besonderen Examina oder Pfarrkonkurse konnten im Erzbistum Köln z. B. deshalb nur bei den Stellen verlangt werden, die der erzbischöflichen Kollation unterlagen. Es ist nicht verwunderlich, daß bei der geringen Zahl solcher Stellen die theologische Qualität des Seelsorgeklerus auch im 18. Jahrhundert keineswegs den Erfordernissen genügte.

Die Jesuiten hatten zur Hebung der praktisch-theologischen und geistlichen Fähigkeiten des Pfarrklerus Exerzitien in den Kirchengemeinden eingeführt, die auch auf die anderen Stände der frühmodernen Gesellschaft zielten.[47] Dem wachsenden Bedürfnis nach intensivierter Einführung in das priesterliche Leben und die seelsorgerliche Praxis, das sich in der zweiten Hälfte des 18. Jahrhunderts artikulierte, entsprachen diese geistlichen Übungen aber nicht in ausreichendem Maße. Deshalb finden sich, vergleichbar der Entwicklung im Protestantismus, seither sogenannte Predigerseminare, Priesterhaus-Institute oder Diözesanseminare. Sie eröffneten mehrheitlich eine zweite, seelsorgerlich-praktische Phase der Ausbildung.[48] Sehr bald tauchte der Gedanke auf, den Besuch des Seminars für alle Ordinanden einer Diözese verpflichtend zu machen, eine Idee, die zwar an die Bestimmungen des Konzils von Trient anknüpfen konnte, vielerorts aber an der Finanzfrage, der Problematik geeigneter Leitung und dem Widerstand der Staatsregierungen scheiterte, die eine Bedrohung ihres Bildungsmonopols befürchteten. In einigen Fällen wurden deshalb von seiten der Landesherren eigene Seminare für die angehenden katholischen Geistlichen errichtet (z. B. in Heidelberg und Ingolstadt). In den Bistümern, in denen Diözesanseminare eingerichtet wurden (Meersburg, Köln, Regensburg, Münster), besuchten alle angehenden Geistlichen zwischen Abschluß des Studiums und Empfang der höheren Weihen für etwa ein Jahr diese Einrichtung zur Vertiefung ihrer praktisch-seelsorgerlichen Kenntnisse sowie derjenigen im Ritus und Choralgesang.[49] Zu Recht kann die Institutionalisierung der Diözesanseminare seit der Mitte des 18. Jahrhunderts als Ausdruck einer gleichbleibenden und geordneten Ausbildung des katholischen Priesternachwuchses bezeichnet werden. Mit ihrer Hilfe konnte schließlich die Zahl der Neupriester einer ganzen Diözese reguliert werden.

Auch im katholischen Bereich des Alten Reiches läßt sich also zum Ende des Jahrhunderts eine Standardisierung der Ausbildung und eine laufbahnähnliche Ordnung des Zugangs zum geistlichen Amt beobachten, allerdings später als in evangelischen Territorien. Zu unterscheiden bleibt zudem, abweichend von der Regelung im Protestantismus, der Besetzungsvorgang von Benefizien höherer und niederer Ordnung. Für erstere war die Nomination für eine Pfründe durch den Pfründengeber notwendig, der die Präsentation an den Bischof folgte. Der Aufenthalt im Predigerseminar schloß sich an, es folgte die bischöfliche Weihe und die Investition in die Pfründe sowie die Einweisung in das entsprechende Landkapitel. Für letztere dagegen lagen Auswahl und Bestellung bis ins 19. Jahrhundert in der Hand der Pfarrer selbst.[50] Es ist offenkundig, daß bei der Anstellung solcher Hilfsgeistlicher verwandtschaftliche Beziehungen starke Berücksichtigung fanden. Bei der Besetzung der Pfründen höherer Ordnung spielten, sofern das Meersburger Beispiel verallgemeinerungsfähig ist, neben der skizzierten laufbahnmäßigen Qualifikation die Beziehungen zum Patronatsherrn die entscheidende Rolle.

Die Einträglichkeit einer Pfarrstelle bzw. eines geistlichen Amtes war ein wesentlicher Grund für die oben benannten gruppeninternen Rangunterschiede innerhalb der evangelischen Geistlichkeit gerade am Ende des 18. Jahrhunderts. Auch hierin blieb ein Stück Traditionalität im Rahmen frühmoderner Professionalisierung der Geistlichkeit erhalten. Da sich das Einkommen der Inhaber geistlicher Ämter bis zum Ende des Alten Reiches anteilig aus Naturalien (als Abgaben der Gemeinde oder als selbst zu erwirtschaftender Ertrag von Pfarrländereien), Gebühren für Amtshandlungen und Geldzuwendungen durch den Patronatsherrn zusammensetzte, wobei in einigen Landpfarreien diese Geldleistungen sogar fehlten, war der evangelische Geistliche in hohem Maße vom Wohlwollen der Gemeinde, von den jährlich schwankenden Ernteergebnissen sowie der Finanzlage des jeweiligen Patronatsherrn abhängig.[51] Lediglich die Inhaber von geistlichen Führungspositionen besaßen auf Grund einer großen Streuung ihrer Naturaleinkünfte sowie der Höhe der Geldzahlungen eine relative materielle Sicherung. Der Widerspruch zwischen modern-standardisierter Ausbildung und der Einbindung in die alteuropäisch-traditionale Ökonomie konnte plastischer kaum zutage treten.

Die Differenzierung des Einkommens innerhalb der evangelischen Geistlichkeit war erheblich. Zahlen zum Gesamteinkommen, die für Württemberg und Braunschweig-Wolfenbüttel vorliegen, belegen die Existenz einer drastisch zugespitzten Pyramide. Circa 50% der Geistlichkeit erhielten eine Besoldung von 500 Gulden jährlich und repräsentierten damit den unteren Durchschnitt der Gehaltsstufung; lediglich rund 5% der Pfarrer erzielten ein Einkommen von 700 bis 1000 Gulden und mehr jährlich, eine Besoldung also, die dem Verdienst bürgerlicher gelehrter Räte entsprach.[52]

Die materielle Grundlage der katholischen Amtsträgerschaft bildete das Pfründenwesen. Allgemeingültige Aussagen zum Umfang der damit verbundenen ökonomischen Ausstattung einzelner Seelsorgegeistlicher sind auf Grund der stark voneinander abweichenden Dotationen solcher Pfründen kaum möglich. Der Inhaber einer Pfarrstelle war zugleich Pfründeninhaber. Die daraus fließenden Dotationen nahmen bis zum Ende des 18. Jahrhunderts stetig zu. Vergleicht man die reinen Pfarreinkünfte mit den um die Einnahmen eines Kanonikats vermehrten, so ergeben sich weitere Steigerungen. Der Seelsorgegeistliche des Stifts St. Lubentius in Dietkirchen (Erzbistum Trier) z. B. erhielt neben seinen Pfarreinkünften u. a. in Gestalt von freier Weide und bestimmten Zehnten am Ende des 18. Jahrhunderts eine jährliche Zahlung, die zwischen 200 und 500 Gulden liegen konnte.[53] Das Amtsgut des Probstes dieses Stiftes erbrachte zum Ende des 18. Jahrhunderts sogar jährlich gut 1.600 Gulden, obgleich das Stift St. Lubentius nicht zu den besonders gut ausgestatteten gehörte. Die Pfründe eines Stiftsprobstes ging allerdings nur an adelige Kanoniker. Diese Unterschiede wurden grundsätzlich beachtet. Bürgerliche Geistliche am Domkapitel zu Münster z. B. erhielten im Durchschnitt 223 Reichstaler (446 Gulden) jährlich an Geldzahlungen; der adelige Dompropst dagegen bekam eine jährliche Zuwendung von 4249 Reichstalern (8496 Gulden).[54]

Wie im Protestantismus gab es auch innerhalb der katholischen Kirche eine große Zahl sehr knapp ausgestatteter Pfarreien, insbesondere auf dem Lande. Für das Erzbistum Köln läßt sich zum Ende des 18. Jahrhunderts eine erhebliche Überbesetzung des geistlichen Standes beobachten[55], eine Tatsache, die im Protestantismus eine überregional etwa seit 1780 feststellbare Parallele hat.[56] Innerhalb der evangelischen Landeskirchen führte dies zu einer über Gebühr langen Wartezeit für die examinierten Theologen, die sie mehrheitlich als Hauslehrer zu verbringen suchten. Innerhalb der katholischen Kirche dagegen versuchte man, durch das Institut der Unterhaltstitel der großen Zahl der Interessenten zu begegnen. Sie waren in der Regel nicht ausreichend für einen dem geistlichen Amt angemessenen Lebensstandard, so daß zumindest im Erzbistum Köln am Ende des 18. Jahrhunderts zu Recht von einem Klerikerproletariat gesprochen werden kann.

III. Traditionalität des geistlichen Amtes?

Fassen wir das bisher Gesagte unter der zu Beginn erwähnten zweifachen Fragestellung zusammen, so wird folgendes deutlich.

Erstens: Evangelische Geistlichkeit ebenso wie wichtige Teile des katholischen Seelsorgeklerus gehörten auf Grund ihrer sozialen Herkunft und ihres Bildungsstandes dem neuen Bildungsbürgertum an. Unterschiedlich stark entwickelte Standardisierung von Ausbildung und Laufbahn führte allerdings zu einem Bildungsgefälle zwischen beiden.

Zweitens: Regionale und soziale Immobilität bei ausgeprägter Binnendifferenzierung sind die Kennzeichen der evangelischen Geistlichkeit am Ende des 18. Jahrhunderts. Auch wenn naturgemäß eine Standesbildung wie diejenige der evangelischen Pfarrerschaft im katholischen Klerus nicht existieren konnte, so war doch auch er durch Nepotismus und Klientelverbindungen personal eng ineinander verzahnt. Obwohl die Professionalisierung des geistlichen Amtes innerhalb beider Konfessionen deutliche Konturen angenommen hatte, blieben evangelische Geistlichkeit ebenso wie katholischer Seelsorgeklerus in die Konstitutionsprinzipien vormoderner Sozialordnung eingebunden. Personale Beziehungen blieben ebenso wichtig für die Besetzung geistlicher Positionen wie funktionale Qualifikation.

Entsprechendes gilt am Ende des 18. Jahrhunderts auch für die Beamtenjuristen, die aber zu dieser Zeit mit mehr Recht als Funktionselite bezeichnet werden können.[57] Der Unterschied zur Geistlichkeit bestand – offensichtlich unabhängig von der Konfession – in dem abweichenden Amtsethos. Am Ende des 18. Jahrhunderts konnten die Juristen dieses endgültig definieren, ohne der Konfession einen überpersonalen Stellenwert zumessen zu müssen: das Sakrale wurde vom Profanen getrennt.[58] Die Geistlichen dagegen hielten am Sinnzusammenhang von Religion und Gesellschaft fest; am Ende des Jahrhunderts zumeist in Gestalt einer »Moralisierung von Religion«. Ein Blick auf das Amtsverständnis evangelischer und katholischer Geistlichkeit soll diese Tatsache in aller Kürze veranschaulichen.

Evangelische und katholische Geistlichkeit waren am Ende des 18. Jahrhunderts konfrontiert mit dem aufklärerischen Anspruch der Entsakralisierung des Gesellschaftlichen, der Forderung nach strikter Trennung von Staat und Kirche, besser noch: der Unterwerfung der Kirche unter den Staat. Der religiösen Indifferenz aufklärerischer Staatsverbesserung entsprechend, verstanden z. B. führende Juristen beider Konfessionen wie v. Justi, Sonnenfels oder v. Martini »Religion als Instrument der Verhaltenssteuerung von Gesellschaft zur Änderung ihrer Wertordnung«.[59] Unter diesem Vorzeichen sollte die Geistlichkeit pädagogische Aufgaben übernehmen, die sie als »Volkslehrer« qualifizierten, abgelöst von spezifisch religiösen Vermittlungsaufgaben, ganz zu schweigen von solchen konfessionsspezifischer Natur. Entsprechende Tendenzen lassen sich in allen Territorien des Alten Reiches unabhängig von deren Konfession beobachten, mit dem entscheidenden Unterschied allerdings, daß sie innerhalb der protestantischen Regionen bereits vorhandene Bestrebungen qualitativ verstärkten, während sie innerhalb der geistlichen wie der katholischen weltlichen Staaten sich erst jetzt zu entfalten begannen.

Die Reaktion evangelischer wie katholischer Geistlichkeit war insofern ähnlich, als sich für beide »Lager« gleichermaßen *zwei* unterschiedliche Haltungen feststellen lassen. Erstens die (sehr kleine) Gruppe der Geistlichen, die der Entsakralisierung des Gesellschaftlichen soweit zustimmten, daß sie eine spezifisch christliche, seelsorgerliche Aufgabe des Predigtamtes nicht mehr akzeptierten. Zweitens die (größere) Gruppe derjenigen Geistlichen, die zwar den aufklärerischen Reformanspruch und damit den Gedanken einer Neuorientierung des geistlichen Amtes anerkannten, diese aber im Unterschied zu der ersten Gruppe und zu den säkularen Aufklärern in einer genuin christlichen Ausrichtung suchten. Eine Negation des seelsorgerlichen Amtes lehnten sie ab.[60] Für die

Geistlichkeit beider Konfessionen ging es also gleichermaßen um ihr Amtsethos und damit um den Stellenwert von Religion in der Gesellschaft, deren Priorität sie bisher vermittelt hatten. Daß damit auch die Frage nach dem sozialen Ort der Geistlichkeit gestellt war, belegt eine der Wirklichkeit der eigenen Zeit vorauseilende Formulierung des Zedlerschen *Universallexikons* von 1741 zum Stichwort »Priester«: »Überhaupt aber kan ein Priester, oder wie wir gegenwärtig dieses Wort in seinem weitläuffigsten Verstande nehmen, ein jeder Geistlicher auf dreierley Art betrachtet werden als ein Mensch, als ein Glied der Republic und als eine zum Lehr-Amt gesetzte Person.«[61] Von der inhaltlichen Bestimmung dessen, was als Lehramt gedacht wurde, hing demnach der soziale Ort ab, angesichts der Einordnung der Geistlichkeit in die antizipierte Gesellschaft sozialer und politischer Gleichheit.

Im Katholizismus wurde die Frage nach dem Wesen des geistlichen Amtes im Zusammenhang der Zölibatsdiskussion des ausgehenden 18. Jahrhunderts virulent.[62] In zahlreichen Schriften zur Reform der Reichskirche wird die Suche nach einem neuen Priesterbild deutlich: »Der Klerikerstand des Feudalismus mit seinem Benefiziatentum und seiner gesellschaftlichen Sonderstellung wird als endgültig überholt empfunden.«[63] An seine Stelle tritt, auch unter dem Eindruck des Vorbildes[64] der protestantischen Aufklärungstheologie, das Ideal des Seelsorgepriesters für die aufgeklärte Gesellschaft. Das Amt dieses neuen Geistlichen aber ist nicht identisch mit dem des Volkslehrers, wie es die aufgeklärten Juristenbeamten im Interesse absoluter zentraler Staatlichkeit definierten. Seine Einbindung in die Gesellschaft der Gleichen und damit der Verlust vormoderner Standesprivilegien ist zwar unbestritten; es bleibt aber der Anspruch geistlicher Sonderstellung auf Grund seelsorgerlicher Aufgaben, die das geistliche Amt aus der bürgerlichen Gleichheit weiterhin herausheben. Auch deshalb wurde die Gleichsetzung des Priesters mit dem Staatsbeamten abgelehnt; der Seelsorger sollte apostolisch-geistlich bleiben.[65]

Im Protestantismus hatte das Nachdenken über die Notwendigkeit einer Einordnung des geistlichen Amtes in sich wandelnde gesellschaftliche Bezüge schon früher eingesetzt. Die Kirchenkritik des Pietismus hatte trotz orthodoxer Apologetik »die Grundlagen selbst ... in Frage gestellt«.[66] Wenn im Protestantismus des ausgehenden 18. Jahrhunderts ebenfalls der Seelsorgegeistliche dem von der säkularen Auffassung geforderten Volkslehrer gegenübergestellt wurde, so geschah dies unter bewußter Anknüpfung an jene frühen Diskussionen. Das Wesen des geistlichen Amtes wurde damit als christliches in den Mittelpunkt gerückt. Die Geistlichkeit stand in der Verpflichtung sozialer Vorbildlichkeit ebenso wie in derjenigen, sichtbar zu machen, daß Religion »Inbegriff des Evangeliums Christi« sei.[67] Religion sollte also nicht, wie es die säkularen Aufklärer anstrebten, auf Moralität reduziert werden. Andererseits ermöglichte die Moralisierung der Religion die soziale Funktionsbestimmung, den Nachweis sozialer Nützlichkeit des Pfarrerstandes. In der Verbindung von Seelsorge und sozialer Vorbildlichkeit sah demnach auch die protestantische Geistlichkeit die Begründung ihres Anspruchs, der sozialen Gleichheit zu Teilen enthoben zu sein. Das allgemeine Priestertum der Gläubigen, das der bürgerlichen Gleichheit des Aufklärungszeitalters entsprochen hätte, paßte deshalb nicht zu der Auffassung vom geistlichen Amt.

Es ist bedenkenswert, daß das für das ausgehende 18. Jahrhundert skizzierte Amtsethos der evangelischen Geistlichkeit ebenso wie das des katholischen Seelsorgeklerus den Keim politischer Kritik in sich trug. Beide Gruppen lehnten damit – innerhalb protestantischer Amtsträgerschaft früher als innerhalb des katholischen Klerus – eine allzu rigide Funktionalisierung des geistlichen Amtes ab. Für den Protestantismus ist also eine in der Tendenz negative Haltung von Teilen der Geistlichkeit gegenüber staatlichem Ordnungshandeln zu konstatieren, die dem gängigen Verständnis vom obrigkeitsgläubigen Pfarrerstand widerspricht. Die Tatsache verliert dadurch nicht an Gewicht, daß diese Haltung im Kern traditional begründet war. Andererseits stoßen wir damit auf einen weiteren Grund für das sinkende soziale Ansehen der Geistlichkeit. Von einer dem Juristenbeamtentum vergleichbaren Funktionselite kann am Ende des 18. Jahrhunderts nicht mehr gesprochen werden.[68]

Für den katholischen Klerus gilt diese Argumentation entsprechend. Der Unterschied zur protestantischen Geistlichkeit besteht allerdings darin, daß die Bestimmung des geistlichen Amtes als Seelsorge den Rückzug aus einer politischen Funktion signalisierte, wie sie im Protestantismus kaum je wahrgenommen worden war. Dadurch, daß der Rückzug auf das geistliche Amt zum Ende des 18. Jahrhunderts von Teilen des katholischen Seelsorgeklerus akzeptiert wurde, wurde zwar die staatskirchlich-aufklärerische Tendenz unterstützt; andererseits setzte die Betonung der neuen Aufgabe jenem Anspruch deutliche Grenzen.

IV. Der Übergang ins 19. Jahrhundert

Der am Ende des 18. Jahrhunderts programmierte Konflikt brach zu Beginn des neuen Jahrhunderts in den von der Säkularisation zentral getroffenen geistlichen Fürstentümern offen aus. Das, was mit dem protestantischen Landeskirchentum seit dem ausgehenden 16. Jahrhundert und in den katholischen weltlichen Staaten spätestens seit dem 18. Jahrhundert weithin Gültigkeit hatte – die staatliche Aufsicht über die Geistlichkeit und das kirchliche Finanzwesen –, wurde nunmehr generelle Wirklichkeit. Der einschneidende staatskirchenrechtliche Wandel zu Beginn des 19. Jahrhunderts betraf in erster Linie den katholischen Klerus in den geistlichen Territorien.[69] Die Frage nach dem Wesen des (katholischen) geistlichen Amtes stellte sich zu Beginn des neuen Jahrhunderts ebenso wie am Ende des 18. Jahrhunderts in aller Schärfe angesichts des Gegensatzes von »Staatstreue« und »Romtreue«, mit dem sich der Klerus konfrontiert sah. Die Folge war eine Verhärtung des Anspruchs auf geistliche Sonderstellung.

Auch im Protestantismus setzte sich die Diskussion um das Amtsethos in den ersten Jahrzehnten des neuen Jahrhunderts fort, allerdings ohne jene Verschärfung durch äußeren Druck. Die Erfahrungen der Französischen Revolution bestärkten große Teile der evangelischen Geistlichkeit in ihrer Auffassung von der Notwendigkeit eines sozial herausgehobenen seelsorgerlichen Amtes, dessen Aufgabe die geistliche Bewahrung der Gemeinde vor religiöser Irrlehre, vor Immoralität und Materialismus sei.[70] Nicht zuletzt unter diesem politisch-aktuellen Eindruck wurde seit den neunziger Jahren des 18. Jahrhunderts bis in die ersten Jahrzehnte des 19. Jahrhunderts in weiten Kreisen protestantischer Theologen die Diskussion um den Charakter des geistlichen Amtes als »Lehramt« oder als »Leitungsamt der Gemeinde« geführt.[71]

Parallel zu dieser Verfestigung des geistlichen Amtsverständnisses in Protestantismus und Katholizismus sank das soziale Ansehen der Geistlichkeit weiter, wie bereits Ende des 18. Jahrhunderts beobachtet werden konnte. Die Tendenz verstärkte sich sogar. Ein wichtiges Indiz hierfür ist die seit den achziger Jahren in beiden

Konfessionen (Reformierte und Lutheraner werden hier zusammen betrachtet) rapide sinkende Zahl des Nachwuchses. Dieser Trend hielt bis in die zwanziger Jahre des 19. Jahrhunderts an.[72] Sicherlich ist der Kandidatenmangel für das geistliche Amt (hierfür liegen derzeit Zahlen nur für den protestantischen Bereich vor) auch Ergebnis der zyklischen Überproduktion von Geistlichen, die seit dem Ende des 18. Jahrhunderts rekonstruierbar ist und sich im 19. Jahrhundert regelmäßig wiederholte. Aber ebenso deutlich ist, daß mit der Mangelphase an der Jahrhundertwende auch die für die Frühneuzeit so charakteristische »Quasi-Berufsvererbung« zunächst einmal endete. Die Sogwirkung des Nachwuchsmangels erstreckte sich in den ersten Jahrzehnten vor allem auf bildungsferne Schichten, wie Bauern, kleine Handwerker und nicht akademisch vorgebildete Beamte, also das Kleinbürgertum. Parallel dazu nahm die Zahl der Pfarrerssöhne, die wiederum Theologie studierten, ab zugunsten eines Wechsels in den sozial höherwertigen Beruf des Juristen.[73] Das Phänomen der sozialen Öffnung in Mangelphasen und des sozialen Abschlusses in Überfüllungsphasen trifft zwar auf alle akademischen Ausbildungsgänge des frühen 19. Jahrhunderts zu. Bezogen auf die evangelische Geistlichkeit aber ist der Wandel gegenüber der relativen Stabilität des 18. Jahrhunderts bemerkenswert. Das evangelische geistliche Amt war in den ersten Jahrzehnten des 19. Jahrhunderts in ausgeprägterer Form als in den letzten Jahrzehnten des 18. Jahrhunderts zum »Plattformberuf«[74] für mittlere Schichten geworden.

Der katholische Klerus erlebte infolge der Säkularisation einen Wandel seiner sozialen Zusammensetzung von bis dahin nicht gekanntem Ausmaß. Erstens verlor die katholische Kirche ihren Charakter als Adelskirche. Bis zur Mitte des 19. Jahrhunderts war die »Verbürgerlichung« des hohen Klerus abgeschlossen, der adelige Bischof wurde zur Ausnahme. Die geistlichen Ämter waren nicht länger Versorgungsmöglichkeiten für die nachgeborenen Söhne (und Töchter) des Adels.[75] Zweitens rekrutierte sich der niedere oder Seelsorgeklerus in stärkerem Umfang als im 18. Jahrhundert aus bäuerlichen und kleinbürgerlichen Schichten.[76] Noch umfassender als das evangelische geistliche Amt bot das katholische Pfarramt die Chance zu sozialer Mobilität. Die ständischen Unterschiede, die den katholischen Klerus bis zum Ende des Alten Reiches gespalten hatten, waren zwar aufgehoben, die strenge

Hierarchie aber blieb. Im Laufe der Auseinandersetzungen zwischen katholischer Kirche und Staat zu Beginn des Jahrhunderts gewann diese durchaus funktionale Züge. Dem Ziel kämpferischer Abwehr staatskirchlicher Bestrebungen dienten auch die Bemühungen um die Hebung des Bildungsstandes des niederen Klerus, die sich in Form intensiverer geistlicher Aufsicht über die praktisch-seelsorgerliche Tätigkeit des einzelnen Geistlichen äußerte.

Vergleichbares findet sich im protestantischen Bereich. Die Intensivierung von Predigersynoden hatte das Ziel, die Effektivität der Landgeistlichkeit im praktischen Amtsvollzug zu steigern. Die schon für das 17. und 18. Jahrhundert als gravierend beschriebene interne Differenzierung evangelischer wie katholischer Geistlichkeit dauerte zu Beginn des 19. Jahrhunderts an. Ihre Ursachen, Bildungsunterschiede und starke Stufungen in der materiellen Ausstattung, waren in den ersten Jahrzehnten des neuen Jahrhunderts keineswegs beseitigt. Die Umwandlung der Naturalabgaben in Geld und eine zentrale Besoldung der Geistlichkeit durch den Staat vollzog sich im protestantischen Bereich mehrheitlich erst nach der Jahrhundertmitte. Die katholische Kirche folgte noch später.

V. Ergebnisse

Unter dem Blickwinkel der beiden Ausgangsfragen lassen sich drei zusammenfassende Aspekte formulieren:

Erstens: Trotz aller Divergenzen im Hinblick auf soziale Herkunft und Amtsverständnis können wichtige Parallelen zwischen evangelischer Geistlichkeit und dem Teil des katholischen Klerus im Deutschland des 18. Jahrhunderts gezogen werden, der dem Bürgertum entstammte und Seelsorgefunktionen wahrnahm. Der Vergleich macht ebenfalls deutlich, daß die Professionalisierung geistlicher Amtsträgerschaft im Protestantismus bereits zu Beginn des 18. Jahrhunderts einen Standard gefunden hatte, der im katholischen Bereich erst im letzten Drittel des Jahrhunderts erreicht wurde. Wesentlicher Grund dafür ist die in den geistlichen wie in den weltlichen katholischen Staaten des Alten Reiches im Vergleich zum protestantischen Deutschland »verspätet« einsetzende Tendenz zur Funktionalisierung des geistlichen Amtes im Interesse zentraler Staatlichkeit.[77] Daß beide Tendenzen wechselseitig voneinander abhängen, ist hier nurmehr zu konstatieren. Die durch säkulare Aufklärer eingeleitete Reformdebatte der letzten Jahrzehnte des 18. Jahrhunderts beschleunigte die Professionalisierung des geistlichen Amtes auch im Katholizismus.

Zweitens: Protestantische Geistlichkeit und große Teile des katholischen Klerus gehörten zu jenem gebildeten Bürgertum, das am Ende des 18. Jahrhunderts sozialen Wandel mitbestimmte. Die darauf verweisende Professionalisierung des Amtes löste aber paradoxerweise beide Gruppen nicht aus ihrer Bindung in die vormoderne Sozialordnung. Das belegt einerseits die standesmäßige Verfestigung bzw. klientelhafte Verflechtung der geistlichen Amtsträger, andererseits wird es sichtbar in dem sich angesichts aufklärerischer Kritik wandelnden Amtsverständnis beider Konfessionen. Auch wenn bürgerliche als soziale Gleichheit nicht vollends abgelehnt wurde, so bleibt doch im Selbstverständnis der Geistlichkeit die wesensmäßige Verbindung von Religion und Gesellschaft bestehen, die die Sonderstellung des geistlichen Amtes begründete. Die Geistlichkeit bleibt ein traditionales Element im Modernisierungsprozeß der Gesellschaft des Alten Reiches am Ende des 18. Jahrhunderts. Dennoch war sie nicht ohne politische Funktion, wie ihre Haltung gegenüber vollendeter Entsakralisierung des seelsorgerlichen Amtes beweist.

Drittens: Die ersten Jahrzehnte des 19. Jahrhunderts brachten für die Sozialgestalt des katholischen Klerus zwar gravierende Veränderungen; der Widerspruch zwischen traditionalem Amtsethos und sozialer Mobilität wurde dadurch aber eher noch verschärft. Auch die evangelische Geistlichkeit blieb in die für das ausgehende 18. Jahrhundert skizzierten Grundbedingungen sozialer Existenz eingebunden. Deshalb ist die Intensivierung der Rolle des geistlichen Amtes beider Konfessionen bemerkenswert, als Ausgangspunkt sozialen Aufstiegs zu dienen. Auch das evangelische Pfarrhaus ist im frühen 19. Jahrhundert deutlicher als Ende des 18. Jahrhunderts zu einer institutionalisierten Brücke zwischen »Klein-« und »Bildungsbürgertum« geworden.

1 L. v. Ranke, Deutsche Geschichte im Zeitalter der Reformation. Historisch-kritische Ausgabe, hg. v. P. Joachimsen, Bd. 2, München 1926, S. 113ff.

2 Zur allgemeinen Einordnung K. O. Frh. v. Aretin, Die Konfessionen als politische Kräfte am Ausgang des Alten Reiches, in: E. Iserloh u. P. Manns (Hg.), Glaube und Geschichte. Festgabe Josef Lortz, Bd. 2, Baden-Baden 1968, S. 181–241, hier S. 237.

3 Vgl. dazu z. B. U. Hoffmann-Lange, Katholiken und Protestanten in der deutschen Führungsschicht, in: Konfession – Nebensache? Redaktion H. G. Wehling, Stuttgart 1984, S. 75–93.

4 So auch die allerdings nur knappe Bewertung bei M. Raeff, The Well-Ordered Police-State. Social and Institutional Change through Law in the Germanies and Russia 1600–1800, Yale 1983, S. 63ff.

5 Vgl. dazu jüngst H.-U. Wehler, Deutsche Gesellschaftsgeschichte, Bd. 1, München 1987, bes. S. 135f.

6 Zum Begriff G. Heinrich, Amtsträgerschaft und Geistlichkeit. Zur Problematik der sekundären Führungsschichten in Brandenburg-Preußen 1450–1786, in: G. Franz (Hg.), Beamtentum und Pfarrerstand 1400–1800, Limburg 1972, S. 179–238, hier S. 179.

7 So die Charakterisierung bei M. Stolleis, Grundzüge der Beamtenethik 1550–1650, in: R. Schnur (Hg.), Die Rolle der Juristen bei der Entstehung des modernen Staates, Berlin 1986, S. 273–302; ebenso V. Press, Soziale Folgen der Reformation in Deutschland, in: M. Biskup u. K. Zernack (Hg.), Schichtung und Entwicklung der Gesellschaft in Polen und Deutschland im 16. und 17. Jahrhundert, Wiesbaden 1983, S. 196–243, bes. S. 214ff.

8 Vgl. dazu zuletzt J. Kunisch, Absolutismus, Göttingen 1987, S. 119f., der auf einen erneuten Konfessionalisierungsschub zu diesem Zeitpunkt ausdrücklich hinweist.

9 Von den rund 1000 Pfarreien des Kölner Erzbistums konnte der Erzbischof (als weltliches und geistliches Oberhaupt) am Ende des 18. Jahrhunderts nur 40 Pfarren frei besetzen. Demgegenüber stand dem Herzog von Braunschweig-Wolfenbüttel von den rund 236 Pfarrstellen des Fürstentums am Ende des Jahrhunderts das Kollationsrecht für 116 Stellen zu. Die übrigen wurden vom Adel, von Stadträten, von Klöstern oder durch auswärtige Herrschaftsträger (19) besetzt.

10 Professionalisierung wird verstanden als Standardisierung von Ausbildung und beruflicher Laufbahn u. a. von P. Rüschmeyer, Professionalisierung. Theoretische Probleme für die vergleichende Geschichtsforschung, in: GG, Bd. 6, 1980, S. 311–325, hier S. 323. Entsprechend formuliert W. Reinhard, Möglichkeiten und Grenzen der Verbindung von Kirchengeschichte mit Sozial- und Wirtschaftsgeschichte, in:

G. Klingenstein u. H. Lutz (Hg.), Spezialforschung und Gesamtgeschichte, München 1981, S. 243–278, hier S. 267. Er benennt »Bildung« und »Laufbahn« als Kriterien für den Wechsel vom »Stand« zum »Beruf«.

11 W. Reinhard, Kirche als Mobilitätskanal der frühneuzeitlichen Gesellschaft, in: W. Schulze (Hg.), Ständische Gesellschaft und soziale Mobilität, München 1988, S. 333–351, spricht von »Leistungselite«. Dort auch die Unterscheidung zwischen »erworbenen« und »zugewiesenen« sozialen Merkmalen.

12 N. Luhmann, Gesellschaftsstruktur und Semantik. Studien zur Wissenssoziologie der modernen Gesellschaft, Bd. 1, Frankfurt 1980, bezieht diesen Wandel (S. 133) bereits auf das 17. Jahrhundert. Demgegenüber ist zu betonen, daß eine »Moralisierung von Religion« ohne parallelen Prioritätenwechsel stattfinden konnte. Dieser ist erst für das späte 18. Jahrhundert zu beobachten.

13 Siehe dazu Stolleis, S. 289. Es erscheint dies als die sozialhistorische Entsprechung des von W. Schulze jüngst als »Zwang zur Anpassung an den Dissens im politischen Gemeinwesen« beschriebenen Grundzuges des konfessionellen Zeitalters: Concordia, Discordia, Tolerantia. Deutsche Politik im konfessionellen Zeitalter, in: J. Kunisch (Hg.), Neue Studien zur frühneuzeitlichen Reichsgeschichte, Berlin 1987, S. 43–80, hier S. 79.

14 Nennenswerte Vorarbeiten, die dem hier angestrebten Vergleich evangelischer und katholischer Geistlichkeit zugute kämen, existieren kaum. Die Klerusforschung ist ein nur unvollständig erschlossener Zweig der Sozialgeschichte geblieben. Es ist bezeichnend, daß in dem von W. Conze und J. Kocka herausgegebenen Band, Bildungsbürgertum im 19. Jahrhundert, Teil 1, Stuttgart 1985, dem katholischen Klerus *kein* Aufsatz gewidmet war. Im Rahmen der Germania Sacra. Historisch-Statistische Beschreibung der Kirche des Alten Reiches, hg. vom Max-Planck-Institut Göttingen, liegen Studien zur Sozialgeschichte des Welt- und Seelsorgeklerus einzelner Pfarreien usw. nicht vor. Eine Gesamtanalyse der sozialen Zusammensetzung aller Domkapitel des Alten Reiches legte jüngst P. Hersche, Die deutschen Domkapitel im 17. und 18. Jahrhundert, 3 Bde., Bern 1984, vor. Demgegenüber ist die Forschungslage zur Sozialgeschichte des evangelischen Pfarrerstandes besser. Statt zahlloser Einzelnachweise sei hier genannt H. Lehmann, »Das ewige Haus«. Das lutherische Pfarrhaus im Wandel der Zeiten, in: H. Look (Hg.), »Gott kumm mir zu hilf«. Martin Luther in der Zeitenwende, Berlin 1985, S. 177–200, mit weiterer Literatur.

15 W. Reinhard, Zur Einführung, in: P. Schmidt, Das Collegium Germanicum in Rom und die Germaniker, Tübingen 1984, S. XIII–XV, hier S. XIII.

16 Vgl. dazu ausführlich M. Arneth, Das Ringen um Geist und Form der Priesterbildung im Säkularklerus des 17. Jahrhunderts, Würzburg 1970, bes. S. XXVI–XXVII.

17 Vgl. dazu die informativ-knappe Zusammenfassung von J. Kocka, Bürgertum und Bürgerlichkeit als Probleme der deutschen Geschichte vom späten 18. bis zum frühen 20. Jahrhundert, in: ders. (Hg.), Bürger und Bürgerlichkeit im 19. Jahrhundert, Göttingen 1987, S. 21–33.

18 Den folgenden Ausführungen liegen, wenn nicht anders angegeben, stets zugrunde: M. Hasselhorn, Der altwürttembergische Pfarrerstand im 18. Jahrhundert, Stuttgart 1958; für Braunschweig-Wolfenbüttel und Hessen-Kassel Erhebungen, die im Rahmen der im Entstehen begriffenen Habilitationsschrift der Verfasserin »Evangelische Geistliche in der Frühneuzeit. Ihr Beitrag zur Entfaltung frühmoderner Staatlichkeit und Gesellschaft« ausgearbeitet wurden; für Brandenburg-Preußen (am Beispiel Halle) S. Bormann-Heischkeil, Die soziale Herkunft der Pfarrer und ihrer Ehefrauen, in: M. Greiffenhagen (Hg.), Das evangelische Pfarrhaus, Stuttgart 1984, S. 149–174. Die folgende Tabelle fußt darüber hinaus auf P. Schmidt, Herkunft und Werdegang der Alumnen des Predigerseminars Meersburg. Ein Beitrag zur Sozialgeschichte der Weltgeistlichkeit im deutschen Anteil des Fürstbistums Konstanz im 18. Jahrhundert, in: Freiburger Diözesanarchiv, Bd. 97, 1977, S. 49–107, und Th. Niederquell, Die Kanoniker des Liebfrauenstiftes in Frankfurt/M. 1519–1802, Frankfurt 1982.
Soziale Differenzierung des frühneuzeitlichen Bürgertums (17. und 18. Jahrhundert)

Oberschicht	1.	Akademisch gebildete Reichs- und Territorialbeamte
Obere Mittelschicht	2.	Landes- und grundherrliche Beamte (z. B. Superintendent)
	3.	Amtsträger im kommunalen Bereich (z. B. Stadtpfarrer, Stadtsuperintendent)
	4.	Unternehmer und Kaufleute (Reichsstadtebene)
untere Mittelschicht	5.	Zünftische Bürger in Landstädten
	6.	»Diener« geistlicher Landesverwaltungen oder anderer Institutionen (z. B. Schulmeister, Landpfarrer, Hilfsgeistliche, Küster)

19 Dazu Bormann-Heischkeil, bes. S. 150f.

20 E. Hegel, Das Erzbistum Köln zwischen Barock und Aufklärung vom Pfälzischen Krieg bis zum Ende der Französischen Zeit 1688–1814, Köln 1979, S. 166.

21 Vgl. dazu I. Joester, Die Besetzung des Stifts St. Martin in Kerpen im 18. Jahrhundert. Ein Beitrag zur Geschichte der Standesverhältnisse in einem kleinen rheinischen Stift, in: Annalen des Historischen Vereins für den Niederrhein, Bd. 175, 1973, S. 153–207, hier S. 168.

22 Einzelfallstudien bei J. Janssen u. F. W. Lohmann, Der Weltklerus in den Kölner Erzbistums-Protokollen. Ein Necrologium Coloniense 1661–1825, Köln 1935/36, S. 39*ff.
23 Hegel, Erzbistum, S. 162f.
24 Siehe dazu die Angaben bei A. Neher, Die katholische und evangelische Geistlichkeit Württembergs 1813–1901, Ravensberg 1904, S. 22f. sowie Tabelle VI, S. 66.
25 Einzelnachweise u. a. bei W. Duhr, Geschichte der Jesuiten in den Ländern deutscher Zunge im 18. Jahrhundert, München 1928, S. 95f. u. ö, sowie K. O. Frh. v. Aretin, Heiliges Römisches Reich 1776–1806. Reichsverfassung und Staatssouveränität, Teil 1, Wiesbaden 1967, S. 81f., und mit Verweis auf diesen J. Kunisch, Die deutschen Führungsschichten im Zeitalter des Absolutismus, in: H. H. Hofmann (Hg.), Deutsche Führungsschichten in der Neuzeit. Eine Zwischenbilanz, Limburg 1980, S. 111–141, hier S. 136 mit Anm. 77.
26 Zur sozialen Zusammensetzung der Domkapitel siehe Hersche sowie ders., Eine geistlich-weltliche Körperschaft im Alten Reich: quantitative Annäherungen an die deutschen Domkapitel, in: W. H. Schröder (Hg.), Lebenslauf und Geschichte, Stuttgart 1985, S. 28–47, hier S. 36.
27 Ebd., S. 42.
28 Vgl. als Beispiel Th. Niederquell, Die Kanoniker des Petersstiftes in Fritzlar 1519–1803, Marburg 1980, S. 215, 232, 254, und Joester, S. 155–182.
29 Vgl. entsprechend Hasselhorn, S. 31f.
30 Ebd., S. 24–26.
31 Dazu knapp unter Bezug auf Braunschweig-Wolfenbüttel und Kurhannover J. Stroup, The Struggle for Identity in the Clerical Estate, Leiden 1984, S. 192–198. Für Brandenburg-Preußen wichtig Heinrich, S. 197f.
32 R. v. Thadden, Die brandenburgisch-preußischen Hofprediger im 17. und 18. Jahrhundert, Berlin 1959, S. 47.
33 Angaben nach Hersche, S. 37. Zu entsprechenden Ergebnissen kommt Reinhard, Kirche.
34 Die sich hier dokumentierende Reduktion des Theologennachwuchses auf die Ressourcen des eigenen Territoriums wurde für die nachfolgenden Generationen der Geistlichkeit dadurch noch schärfer festgeschrieben, daß in der zweiten Hälfte des 18. Jahrhunderts das Studium an einer Landesuniversität vielfach *vorgeschrieben* war.
35 Hersche, S. 38f.
36 Vgl. dazu Joester, S. 181f. Zu entsprechenden Schlußfolgerungen für die Stifte kommt C. Steinbicker, Das Beamtentum in den geistlichen Fürstentümern Nordwestdeutschlands 1430–1740, in: Franz, S. 121–148, hier S. 135f. Für den Seelsorgeklerus vgl. Schmidt, S. 79ff., sowie Janssen/Lohmann.

37 Dieser Aspekt wird z. B. von Raeff nicht gesehen. Zu den diese pietistischen Tendenzen nur mehr verstärkenden Wirkungen der Aufklärung auf den Wandel des protestantischen Amtsverständnisses siehe A. Schlingensiepen-Pogge, Das Sozialethos der lutherischen Aufklärungstheologie am Vorabend der industriellen Revolution, Göttingen 1967, sowie C. Dipper, Volksreligiosität und Obrigkeit im 18. Jahrhundert, in: W. Schieder (Hg.), Volksreligiosität in der modernen Sozialgeschichte, Göttingen 1986, S. 73–96, besonders S. 80ff. Die Bewertung dieses Wandels als lediglich obrigkeitsfunktional stellt Stroup zu Recht in Frage.

38 Ausführlich dazu Hasselhorn, S. 40–46.

39 Vgl. auch die entsprechende Feststellung bei B. Moeller, Johann Lorenz v. Mosheim und die Gründung der Göttinger Universität, in: ders. (Hg.), Theologie in Göttingen, Göttingen 1987, S. 9–40, hier S. 39f.

40 Hierzu und zum folgenden E. Hegel, Die Organisation der deutschen Priesterbildung um die Wende vom 18. zum 19. Jahrhundert, in: G. Schwaiger (Hg.), Kirche und Theologie im 19. Jahrhundert, Göttingen 1975, S. 25–41, hier S. 26ff., sowie ders., Erzbistum, S. 175ff.

41 Zum ius patronalis vgl. auch Anm. 11.

42 Vgl. C. Homrichhausen, Evangelische Pfarrer in Deutschland, in: Conze/Kocka, S. 248–278, hier S. 251.

43 So H. Holze, Zwischen Studium und Pfarramt. Die Entstehung des Predigerseminars in den welfischen Fürstentümern zur Zeit der Aufklärung, Göttingen 1985, S. 25–34. Vgl. zum folgenden ebd., S. 42–48.

44 Entsprechendes betonte B. Wunder, Die Sozialstruktur der Geheimratskollegien in den süddeutschen protestantischen Fürstentümern 1660–1720, in: VSWG, Bd. 58, 1971, S. 145–220, für die von ihm untersuchten juristisch geschulten Beamtengruppen.

45 Hegel, Erzbistum, S. 170.

46 Ebd.

47 Ebd., S. 174.

48 Dazu und zum folgenden Hegel, Organisation, bes. S. 27ff.

49 Für Meersburg ausführlich Schmidt sowie für Köln Hegel, Erzbistum, S. 183–188.

50 Vgl. D. Lindner, Die Anstellung der Hilfspriester, München 1924.

51 Das Gesamteinkommen setzte sich zusammen aus ca. 15% Geldeinnahmen, ca. 35% Zehnten u. ä., ca. 40% Naturalien und ca. 10% Gütergenuß u. ä. Vgl. dazu Hasselhorn S. 4.

52 Zu diesen Angaben Wunder, S. 188f., Hasselhorn und Landeskirchliches Archiv Braunschweig V 498.

53 Angaben nach W. H. Struck (Bearb.), Das Stift St. Lubentius in Dietkirchen, Berlin 1986, S. 226ff.

54 Diese Zahlen bei H. Reif, Westfälischer Adel 1770–1860, Göttingen 1979, Tabelle 1, S. 464.

55 Vgl. dazu Hegel, Erzbistum, S. 170ff.
56 H. Titze, Die zyklische Überproduktion von Akademikern im 19. und 20. Jahrhundert, in: GG, Bd. 10, 1984, S. 92–121, hier S. 99f.
57 Vgl. dazu Kunisch, Absolutismus, S. 138.
58 So auch Dipper, S. 80ff.
59 Ebd., S. 83.
60 Vgl. hierzu im einzelnen für die katholische Seite K. O. Frh. v. Aretin, Katholische Aufklärung im Heiligen Römischen Reich, in: ders., Das Reich. Friedensgarantie und europäisches Gleichgewicht, Stuttgart 1986, S. 403–433, hier bes. S. 413f., und Hegel, Organisation, bes. S. 33. Für die evangelische Seite im Überblick K. Scholder, Grundzüge der theologischen Aufklärung in Deutschland, München 1976, S. 294–318; unter Bezug auf das Amtsverständnis zentral J. Baur, Das kirchliche Amt im Protestantismus, in: ders. (Hg.), Das Amt im ökumenischen Kontext, Stuttgart 1980, S. 103–138, hier S. 133ff., sowie in interessanter Interpretation Stroup.
61 Stichwort »Priester«, in: J. H. Zedler (Hg.), Großes Vollständiges Universallexikon, Bd. 29, Leipzig 1741 (ND Graz 1961), Sp. 409–415, hier Sp. 410.
62 Zum folgenden vgl. P. Picard, Die Zölibatsdiskussion im katholischen Deutschland der Aufklärung. Die Auseinandersetzung mit der kanonischen Vorschrift im Namen der Vernunft und der Menschenrechte, Düsseldorf 1975, bes. S. 192ff.
63 Ebd., S. 200.
64 Hegel, Organisation, S. 36.
65 Siehe dazu Picard, S. 206 und 216, der einerseits auf Schriften des Ex-Jesuiten Stattler (1728–1797), andererseits auf die »letztlich rückwärts gewandten Ziele« des Reichsepiskopalismus verweist. Eine informative Fallstudie gibt A. Hoffmann, Die Stellung der Seelsorgegeistlichkeit (im Rahmen der heutigen Diözese Speyer) während der Französischen Revolution, in: Archiv für mittelrheinische Kirchengeschichte, Bd. 37, 1985, S. 75–81.
66 Baur, S. 132.
67 Ebd., S. 135.
68 Vgl. W. Zorn, Deutsche Führungsschichten des 17. und 18. Jahrhunderts. Forschungsergebnisse seit 1945, in: Internationales Archiv für Sozialgeschichte der deutschen Literatur, Bd. 6, 1981, S. 176–197, hier S. 179.
69 Als Beispiel sei verwiesen auf die Auseinandersetzungen im Bistum Limburg zwischen 1802 und 1848. Vgl. dazu K. Schatz, Geschichte des Bistums Limburg, Mainz 1983, S. 5–128.
70 Vgl. dazu die materialreiche Studie von E. D. Junkin, Religion versus Revolution. The Interpretation of the French Revolution by German Protestant Churchmen 1789–1799, Austin 1974, bes. S. 489ff.

71 Dazu knapp Homrichhausen, S. 259f.
72 Vgl. zum folgenden Titze, bes. S. 94–97.
73 In entsprechender Interpretation Bormann-Heischkeil, S. 161f.
74 Dieser Begriff bei H. Mitgau, Verstädterung und Großstadtschicksal genealogisch gesehen, in: Archiv für Bevölkerungswissenschaft, Bd. 11, 1941, S. 339–364, hier S. 355.
75 Dazu informativ T. Nipperdey, Deutsche Geschichte 1800–1866. Bürgerwelt und starker Staat, München 1985³, S. 406–423.
76 Vgl. für Württemberg die Zahlen bei Neher, S. 21ff. mit Tabelle VIa.
77 Dieses Ergebnis wird bestätigt durch die Untersuchung von N. Hammerstein zur Rolle der Juristen in der zweiten Hälfte des 17. Jahrhunderts im Staatsbildungsprozeß: Universitäten – Territorialstaaten – Gelehrte Räte, in: Schnur, S. 687–735, besonders S. 702ff.

Bernard Plongeron
Der französische Klerus im ausgehenden 18. Jahrhundert zwischen Reform und Revolution

Die Karikatur in Bild und Schrift verglich den patriotischen Priester von 1789 gern mit dem ligistischen Mönch. Beide waren sie Wortführer altüberlieferter Forderungen der kleinen Leute an die Privilegierten und Besitzenden. Dieses Bild gewinnt klarere Konturen, wenn man den geistlichen Stand als einen Mikrokosmos der Gesellschaft des Ancien Régime ansieht. So entsprachen die mit dem Adel verbundenen Bischöfe und mächtigen Klosteräbte den oberen Schichten; Stiftsherren, Pfründeninhaber und wohlhabende Zehntherren waren den mittleren Schichten vergleichbar; der niedere Klerus mit seinen Scharen von kongruistischen Priestern und hungernden Vikaren befand sich auf derselben Ebene wie die unteren Schichten. So gesehen könnte man versucht sein, die soziokulturellen Veränderungen im französischen Klerus vor und während der Revolution in Kategorien des Klassenkampfes zu analysieren und als Revolution zu interpretieren.

Ein solcher Zugriff weist jedoch zwei gravierende Schwächen auf. Zum einen verwechselt er die Forderungen des niederen Klerus, die keineswegs einheitlich waren, dafür aber seit den sechziger Jahren des 18. Jahrhunderts um so bestimmter vorgetragen wurden, mit einem Kampf gegen die bestehenden Strukturen des Klerus. Quellen und Ereignisse stützen eine solche Interpretation nicht. Zum anderen vernachlässigt eine solche Betrachtungsweise die religiösen zugunsten von ökonomischen und sozialen Aspekten. Das aber heißt: Der Klerus wird den gleichen Kriterien unterworfen wie jede beliebige andere gesellschaftliche Gruppe. Tatsächlich jedoch bildete die Welt des Klerus eine Einheit. Sie beruhte auf jenen Institutionen, die das Konkordat von 1516 geschaffen hatte, auf den pastoralen Reformen seit dem Tridentinischen Konzil sowie auf einer geistigen und kulturellen Entwicklung, die sich in der zweiten Hälfte des 18. Jahrhunderts beschleunigte. Nur wenn man die Kräfte herausarbeitet, die den Klerus als Gruppe zusammenhielten, lassen sich drei Fragen beantworten: zum einen, ob es in der Kirche Frankreichs am Ende des Ancien Régime überhaupt einen sozio-kulturellen Wandel gegeben hat; zum anderen, worin genau dieser Wandel bestand; und schließlich, ob die von aktiven Teilen der klerikalen Gesellschaft getragene innere Reformbewegung mehr auf eine Stabilisierung des katholischen Absolutismus oder eher auf eine revolutionäre Veränderung hinauslief.

Eine genaue und detaillierte Analyse der Alternative von Reform oder Revolution, die sich damals stellte, kann in diesem Beitrag nicht geleistet werden. Doch lassen sich immerhin einige zentrale Fragen diskutieren: Wenn eine Gesellschaft selber ihre eigene Entwicklung blockiert, ist dann zu erwarten, daß vom Klerus Veränderungsimpulse ausgehen? Hieran schließt sich eine weitere Frage an: Welche Hoffnungen und Erwartungen sich auch immer mit einer inneren Reform der Kirche in Frankreich verbanden, brachte nicht in jedem Fall erst die Französische Revolution eine endgültige Lösung? Schließlich: Entspricht, wenn man sich den antikirchlichen Umschlag der Revolution vor Augen hält, das Ergebnis den reformerischen Erwartungen des 18. Jahrhunderts? Und muß man nicht Unterstützung und Ablehnung der Revolution durch den patriotischen Klerus in den einzelnen Phasen des Revolutionsprozesses präziser unterscheiden?

I. Funktionsstörungen in der klerikalen Gesellschaft

In der zweiten Hälfte des 18. Jahrhunderts verstärkte sich die Aristokratisierung des Ancien Régime. Der Pariser Gerichtshof hob in einer Beschwerdeschrift vom 2. März 1776 hervor: »Die französische Monarchie ... besteht aus mehreren, deutlich unterschiedenen und voneinander getrennten Ständen. Diese ständische Gliederung geht auf den Ursprung der Nation zurück ... Bei uns herrscht keine Gleichheit.« Traf dies auch für den Klerus zu, der innerhalb der Ständegesellschaft zwar den ersten Stand bildete, sich jedoch aus Mitgliedern zusammensetzte, die als Priester alle gleich waren? Vom Standpunkt der Amtskirche her gesehen, greift dieser Einwand nicht. Aus politischen und religiösen Gründen konnte sich auch die klerikale Gesellschaft einer Verschärfung der sozialen Gegensätze immer weniger entziehen. Da waren zum einen die starken sozialen und geographischen Ungleichheiten und zum anderen die beunruhigenden Schwierigkeiten bei der Vermittlung des Wortes Gottes von der Spitze zur Basis der kirchlichen Hierarchie.

Ungleichheiten bestanden erstens in der geographischen Lage der Diözesen, der Struktur der Pfarrgemeinden, der sozialen Situation der Geistlichen sowie bei den kirchlichen Einkünften. Die Karte des kirchlichen Frankreich zur Zeit des Ancien Régime läßt die extreme territoriale Ungleichheit der 140 Diözesen im Jahre 1789 erkennen[1]: Welten lagen zwischen den großen und reichen Diözesen im Norden sowie den kleinen und bescheidenen im Süden. Einige, wie Antibes, Vences oder Grasse, zählten noch nicht einmal so viele Seelen wie eine große städtische Pfarrgemeinde in Nordfrankreich. Ebenso unausgewogen war die Größe der 18 Kirchenprovinzen. So umfaßte die riesige Kirchenprovinz von Tours die ganze Bretagne mit Nantes, Angers, Vannes, Rennes, Le Mans, Dol, Saint-Malo, Saint-Brieuc, Quimper, Saint-Pol, Tréguier. Wie klein waren dagegen die Erzbistümer Arles, Aix oder Embrun, deren Ansehen allein auf ihrem Alter beruhte. Gerade diese lange Tradition mancher Erzbistümer erschwerte eine Neuordnung der Bistumsgrenzen, die unter Ludwig XV. und Ludwig XVI. mehrfach, wenn auch vergeblich in Angriff genommen worden war. Die Folge dieser gescheiterten Reformen waren wachsende Schwierigkeiten zwischen Erzbischof und Bischöfen, die bis zum Abbruch jeder Kommunikation gehen konnten. So fanden im 18. Jahrhundert immer seltener Provinzkonzile statt.

Der Respekt vor dem Erbe des Mittelalters verhinderte auch eine Anpassung der Pfarreien an die unterschiedliche Bevölkerungsentwicklung in den einzelnen Regionen Frankreichs. Dies zeigt sich besonders kraß am Fall von Paris. Trotz des Städtewachstums behielt die Hauptstadt des Königreichs, von kleineren Verschiebungen abgesehen, die 52 Pfarrbezirke »intra-muros« aus dem 13. und 14. Jahrhundert bei. Nur neun Neugründungen kamen im 17. und 18. Jahrhundert hinzu. Einige Pfarrbezirke wie Saint-Nicolas-des-Champs und Saint-Etienne-du-Mont deckten sich 1789 genau mit den überkommenen weltlichen Grenzen der Abteien Saint-Martin-des-Champs und Sainte-Geneviève. Dies führte zu einer Verschachtelung und Zerstückelung der Gemeinden, die der Rationalität der Aufklärung widersprach. Schwerwiegender als diese geographischen Ungleichheiten waren die Unterschiede in der Pfarrerdichte. In Paris mit seinen 600 000 Einwohnern gab es im Jahr 1789 722 Priester, d. h. einen Priester für

750 Einwohner. Im Vergleich zum Empire, wo auf 2500 Einwohner nur ein Priester kam, war dies gewiß noch eine günstige Relation. Bei genauerer Betrachtung ändert sich jedoch dieser Eindruck, denn die Pfarrer waren in Paris sehr ungleichmäßig verteilt: Die Gemeinde Saint-Josse hatte lediglich drei Priester. In Saint-Sulpice, zweifellos eine größere Gemeinde, gab es dagegen 120 Geistliche, von denen 63% »unterbeschäftigt« waren. Saint-Médard, eine Vorortgemeinde, ebenso ausgedehnt wie personell unterbesetzt, verfügte wiederum nur über sechs Priesterstellen. Von daher erklärt sich das Bestreben der Mönche, ihre Klöster in diesen unterversorgten Gegenden anzusiedeln. Sie nahmen sich während der Revolution bereitwillig der Sache des Volkes an, wenn die Not des sogenannten Vierten Standes auch in den Pfarrgemeinden der Pariser Innenstadt größer war.

Die Ungleichheit der Kirchenbezirke blieb nicht ohne Folgen für die Binnenstruktur des Klerus. Wenn sich die 52 Pfarrer von Paris durchweg wie »kleine Bischöfe« aufführten, dann hing dies gewiß auch mit ihrer sozialen Stellung zusammen; es lag vor allem aber daran, daß nur 32% von ihnen direkt vom Erzbischof, die übrigen dagegen von weltlichen oder anderen kirchlichen Institutionen eingesetzt wurden, darunter dem mächtigen Prior von Saint-Martin-des-Champs. Er besetzte allein 11% der Pfarrstellen im Zentrum und in den Vorstädten. In der ganzen Erzdiözese Paris besaß der Erzbischof nur für 55% der Pfarrer ein Ernennungsrecht. Ähnlich sah die Situation in den anderen großen Diözesen des Nordens aus. Ebenso verschieden wie die Ernennungsrechte und Abhängigkeiten waren auch die Einkünfte in den einzelnen Pfarrgemeinden, wo die Kasualien stark differierten.[2] Vor diesem Hintergrund werden die Forderungen weltlicher wie geistlicher Autoritäten nach einer Reorganisation von Diözesen und Gemeinden verständlich. Nach Einführung der Zivilkonstitution des Klerus wurde pro Departement eine Diözese eingerichtet und die Zahl der städtischen Pfarrgemeinden vermindert.

Anders als auf dem Gebiet der Kirchenorganisation fanden im Bereich des Klerus sehr wohl Veränderungen statt. Diesen Wandel kann man jedoch nur richtig erfassen, wenn man ihn in einen größeren zeitlichen Rahmen stellt. Sonst erliegt man weiterhin der hartnäckigen Legende von der Jagd des Klerus nach Benefizien. Einige besonders spektakuläre Fälle gaben zu der Behauptung Anlaß, der Klerus des 18. Jahrhunderts hätte sich in seiner Habgier

Perversionen jeder Art erlaubt und die Korruption hätte bei hohem wie niederem Klerus auf der Tagesordnung gestanden.

Nicht zuletzt der hohe Klerus, das Episkopat, wurde für alle Mißstände verantwortlich gemacht. Gerade bei ihm wird man aber besonders scharf zwischen sozialem Status einerseits und geistlichen oder pastoralen Funktionen andererseits unterscheiden müssen. Es ist richtig, daß die Mitglieder des Episkopats im 18. Jahrhundert zunehmend aus der Aristokratie kamen.[3] So hätte Jacques-Bénigne Bossuet unter Ludwig XV. keine Chance gehabt, Bischof zu werden. Andere dagegen waren gewissermaßen »geborene Bischöfe«, weil sie aus den ca. 30 Familien stammten, die im 18. Jahrhundert durchweg die Bischofsstühle besetzten. Es waren dies die Rohan, Luynes, Noailles, La Rochefoucauld, Cicé, Fitz-James, Choiseul. Dieser episkopale Nepotismus, der auch die entferntesten Verwandten einschließen konnte, war allerdings keine Besonderheit der Kirche in Frankreich. So rekrutierten sich z. B. in Basel die 13 Fürstbischöfe zwischen 1678 und 1794 aus nur drei miteinander verbundenen Familien. Waren sie deswegen frivol oder unwürdig? Einige Kenner der Materie, wie Monsieur Emery, Superior von Saint-Sulpice und Leiter der dortigen Compagnie de prêtres, gehen so weit zu sagen, daß es vielleicht selten ein so kompetentes und sittenstrenges Episkopat gegeben habe wie gegen Ende des französischen Ancien Régime. Im Gegensatz zu vorangegangenen Epochen hielt sich der Bischof damals zumeist in seiner Diözese auf und nahm sich persönlich der dortigen Probleme an. Auch das Durchschnittsalter der Amtsinhaber war gestiegen. Am Ende des 18. Jahrhunderts erfolgte die Weihe mit etwa 40 Jahren. Das Konkordat von 1516 hatte die Vollendung des 27. Lebensjahres vorgeschrieben. Louis-René de Rohan, bekannt durch die »Halsband-Affäre«, und Pierre-François Loménie de Brienne wurden 1759 bzw. 1789 beide im Alter von 26 Jahren geweiht, weil sie Mitarbeiter ihres Onkels waren, der eine in Straßburg, der andere in Sens. Solche Fälle schockierten jedoch bald eine gallikanisch eingestellte Öffentlichkeit, die höhere Ansprüche an ihre Bischöfe stellte. Es ist ein Zeichen des Wandels, daß sich zwei neue Typen von Bischöfen zunehmend durchsetzten. Die einen, oft »Diözesenarbeiter« genannt, bemühten sich, den zu Beginn des 17. Jahrhunderts eingeleiteten Borromäischen Reformen verstärkt Geltung zu verschaffen. Die anderen, als »Verwaltungsbischöfe« bekannt, waren von den Reformideen der Aufklärung geprägt. Ihnen, wie z.B. Loménie de Brienne in Toulouse, warf man vor, mehr Wert auf den Bau von Kanälen als auf die Ausbildung ihrer Priester zu legen. Ein solcher Vorwurf ist ungerechtfertigt. Denn Brienne zögerte nicht, im Jahr 1787 eine große Diözesansynode einzuberufen. Sie ließ sich zum einen unmittelbar von der Aufklärung inspirieren und übernahm manche ihrer Gedanken zur Förderung von Lehrtätigkeit und Schulbau. Zum anderen diskutierte sie Reformideen, die Carlo Borromeo in Mailand verbreitet hatte und die ihrerseits dem Trienter Konzil verpflichtet waren.

»Aufgeklärte« wie traditionalistische Bischöfe hatten es nicht immer leicht mit dem niederen Klerus, den man vielleicht etwas vorschnell in die beiden Gruppen der reichen Zehntherren und der armen Kongruisten aufteilt. Über das Gesamtvermögen des Klerus in Frankreich fehlt es an genauen Informationen. Für das Jahr 1789 bewegen sich die Schätzungen zwischen 200 bis 240 Millionen Livres. Diese Gesamtzahlen spiegeln aber die ungleiche Verteilung des Kirchenvermögens nicht wider. So entfielen 40,1% auf das Cambrésis, aber nur 3,4% auf das Morbihan. Ebenso ungleichmäßig verteilten sich die Zehnten. Die Kritik in den »Cahiers de doléances« richtete sich nicht gegen den Reichtum der Kirche an sich, sondern nur gegen seine ungleiche Verteilung. Sie forderte deshalb eine einheitliche Bezahlung und eine Ermäßigung der Zehnten. Merkwürdigerweise stellten die »Cahiers« jedoch nicht die Ungereimtheiten innerhalb des Benefizienwesens in Frage. Denn die Zahl der Kongruisten hatte sich vor allem deshalb vergrößert, weil es mehr Kleriker gab als Pfründen. Hinzu kam, daß die Kongrua in der Zeit zwischen dem Edikt von 1690, das sie auf 300 Livres festgesetzt, und dem Edikt von 1768, das sie auf 500 für Priester und 250 Livres für Vikare festgelegt hatte, trotz dieser nominalen Erhöhung real beträchtlich zurückgegangen waren. Konkret heißt das: Innerhalb von 75 Jahren entwerteten sich diese Einkünfte, die gerade zum Leben ausreichten, um etwa 10 bis 15%. Diese Wertminderung beschleunigte sich am Vorabend der Revolution. So mußten im Jahre 1786 die Kongrua der Priester auf 750 und die der Vikare auf 300 Livres angehoben werden. Die Verfassungsgebende Versammlung sollte schließlich 1790 das Existenzminimum eines Klerikers auf 1250 Livres festsetzen.

Um der wachsenden Verarmung zu begegnen, die etwa ein Drittel der ca. 44000 Mitglieder des niederen Klerus betraf, wurden unterschiedliche Lösungsvorschläge entwickelt. Sowohl die Unruhen in Comminges, Faucigny, Chablais als auch die reformistischen Ideen einiger Bischöfe, die sich durch die Reform Josephs II. anregen ließen, brachten keine Lösung. Am weitesten führten noch Vorschläge, die Priester in der Dauphiné entwickelten und die auch in der Bretagne Anklang fanden. Sie forderten eine Bindung der Kongrua an den Getreidepreis. Dieser Plan lief auf eine Reform des Benefizienwesens, nicht aber auf einen Aufstand der Priester hinaus. Der niedere Klerus wollte Veränderungen einleiten, nicht Unruhe in der Kirche stiften. Dies zeigt, daß sich der Bildungsstand des Klerus gehoben hatte. Verantwortlich dafür war sicherlich die obligatorische Ausbildung in Priesterseminaren. Sie hatte zu Beginn des 18. Jahrhunderts noch in den Anfängen gesteckt, erhielt aber in den fünfziger Jahren ihre endgültige Form. Der »gute Priester«, der Voltaire und Rousseau vorschwebte, war nicht nur gebildet, sondern entwickelte auch soziale Verantwortung: Er kümmerte sich um Bedürftige und richtete Spinnereien sowie kleine Manufakturen ein. Die in diesem Geist groß gewordene Priestergeneration litt besonders unter dem Despotismus der Bischöfe.

Die Kritik des niederen Klerus an den Bischöfen war nicht neu. Allerdings verlagerte sie sich von der theologischen Ebene, auf der das Problem in der jansenistischen Zeit angesiedelt gewesen war, in den politisch-sozialen Bereich. Worum ging es bei dieser Auseinandersetzung? Strittig war der absolute Autoritätsanspruch der Bischöfe. Die Kluft zwischen ihnen und dem niederen Klerus wurde paradoxerweise um so größer, je mehr ein Bischof sich seinen pastoralen Aufgaben widmete und Reformen durchsetzte. Denn diese ließen eine kirchliche Bürokratie entstehen, die sich zwischen Bischöfe und niederen Klerus schob. Die Probleme, die daraus erwuchsen, schlugen sich in den Pastoralvisiten nieder.[4] Von Jahrhundert zu Jahrhundert erweiterte sich der Katalog von Fragen, den die Priester zur Vorbereitung des Bischofsbesuches beantworten mußten. Ihre Zahl erhöhte sich von 70 im 17. auf 160 in der Mitte des 18. Jahrhunderts. 1780 waren es zwar nur noch 50 bis 55 Hauptfragen. Aber sie wurden jetzt formalisiert und auf gedrucktem Fragebogen einheitlich allen Priestern präsentiert. Entsprechend lakonisch und lückenhaft fielen die Antworten aus, oder sie wurden sogar verweigert. Statt sich auf diesen bürokratisierten Umgang mit dem Bischof einzulassen, widmeten sich viele

Priester lieber profanen Tätigkeiten. Sie kümmerten sich um Maße und Gewichte, Kirmessen und Märkte, Schule und Ausbildung. Aber nicht nur die Priester klagten über die Ferne des Bischofs, der sich hinter einer Armee von Generalvikaren verschanzte, sondern auch die Mönche. Der niedere Klerus forderte Diözesansynoden, wo er zu Wort kommen konnte. Einer der führenden Kleriker, Mgr. Le Franc de Pompignan, Staatsminister unter Ludwig XVI., schrieb sogar: »Den Bischöfen würde in ihren Diözesen besser gehorcht und ihre Autorität mehr respektiert, wenn sie weitreichende Neuerungen nur mit ausdrücklicher Billigung ihres Provinzialkonzils vornähmen.« Die Synoden sollten sich dann ausschließlich mit »Verordnungen befassen, die vom Konzil gebilligt oder von ihm überprüft worden waren: auf diese Weise könnten beide Versammlungen Hand in Hand arbeiten.»[5] Diese Einsichten kamen freilich zu spät, um die klerikale Gesellschaft noch zu reformieren. Der innere Zusammenhalt des Klerus in Frankreich war bereits zerrissen.[6]

II. Das Scheitern der Reformversuche

Seit Anfang des 18. Jahrhunderts, vor allem aber während der sechziger Jahre waren Priester, Laien, Kanoniker, Historiker und Theologen der Ansicht, daß die innerkirchlichen Probleme auf eine bestimmte Interpretation der Beschlüsse des Tridentinischen Konzils zurückzuführen seien. Hatten diese nicht, so wurde argumentiert, den Dualismus in der westlichen Christenheit sanktioniert, indem sie der von der Staatsmacht losgelösten Kirche Luthers eine durch Rom restaurierte und mit den Mächtigen verbundene Kirche entgegensetzten? Dies hatte politische und kulturelle Folgen: Einerseits entwickelten sich in Gebieten der Reformation demokratische und parlamentarische Gesellschaften; andererseits kam im katholischen Europa ein dogmatischer Zentralismus auf, der die absolute Monarchie stützte. Hat diese Bindung der Kirche an die Monarchie, verstärkt durch die langen und aufreibenden Auseinandersetzungen um den Jansenismus, nicht jeden Dialog zwischen christlicher Offenbarung und aufgeklärtem Rationalismus verhindert?

Die Anhänger der Aufklärung kritisierten jede Form von Despotismus und vor allem den der Bischöfe. Sie glaubten, daß verstärkte theologische Arbeit und philosophische Reflexion im Rahmen eines reformierten christlichen Unterrichts alte kirchliche Traditionen wiederbeleben könnte. An die Stelle der hierarchischen Strukturen sollte wieder, so forderten sie, die »ecclesia antiquior« der Apostelzeit, der Kirchenväter, der ersten ökumenischen Konzile treten. Die »communio fidae« und »communio in fide universalis ecclesiae« erschienen ihnen als höchst wünschenswerte Ziele. Dies zeigt den Pluralismus der Aufklärung, den man zur Kenntnis nehmen muß, bevor man sie wegen ihres scharfen Antiklerikalismus verdammt. Die Kritik der Aufklärung am episkopalen Despotismus stimmt durchaus mit den Reformvorschlägen von Mgr. Le Franc de Pompignan überein. Er war ein glühender Verfechter der Religion als eines sozialen Bindegliedes zwischen den christlichen Nationen und trat am Vorabend der Revolution für die Wiedereinrichtung der Provinzialkonzile und Diözesansynoden ein.

Kann man die katholischen Anhänger der Aufklärung »aufgeklärte« Christen nennen? Eine solche Bezeichnung ist nicht ganz unproblematisch, denn die katholische Aufklärung mit ihren internationalen Verflechtungen war keine rein konfessionelle Angelegenheit. Sie muß vielmehr in einen größeren Zusammenhang eingeordnet werden, dem auch die Reformierten angehörten. Wenn man die Aufklärung sozio-geographisch betrachtet, tritt ihre ganze Vielfalt deutlich hervor.[7] Die katholischen Anhänger der Aufklärung, die für eine Reform der hierarchisch strukturierten Kirche eintraten, bildeten innerhalb dieses Gesamtzusammenhanges eine besondere Gruppe. Dies hat die klassische Historiographie so nicht gesehen. Von Cassirer bis hin zur Frankfurter Schule galt die Aufklärung als Strömung, die durch eine philosophisch-moralische Kritik die Entchristianisierung beförderte. Dies mag für Deutschland zutreffen. Hier mündete die Aufklärung in einen wissenschaftlichen Atheismus ein. Lessing und seine *Sieben Wolfenbütteler Fragmente* (1770–1779) sind ein guter Beleg dafür. In Deutschland verknüpfte sich der Fortschritt menschlicher Vernunft mit der Entmythologisierung Gottes. Ganz anders sah es in Frankreich aus. Hier versuchte die Aufklärung, Vernunft und Glauben zu versöhnen, wobei sie sich auf den Ratschlag des Apostels Paulus in seinem Brief an die Römer berief (Kap. 12). Das dort formulierte Ideal von der Vernünftigkeit der Religion steht in Gegensatz zu der Definition von R. Pomeau: »Das Neue in diesem

Jahrhundert ist, daß die grundlegenden Aktivitäten nicht mehr von der Religion ausgehen und in diese einmünden. Leben, und zwar so gut wie möglich, den Kenntnisstand erweitern, ohne Vorbehalte und ohne sich über das Jenseits zu beunruhigen: diese Philosophie rückt die Heilslehre in den Hintergrund.«[8] Dagegen meint Y. Belaval in einem polemischen Artikel: »Die Aufklärung stand nie im Widerspruch zum Glauben, sondern humanisierte zunehmend die Theologie und befreite sie durch vernünftige Kritik von Schulmeisterlichkeit und manchen Dogmen.«[9]

Man kann heute, dank neuerer Forschungen zur europäischen Kulturgeschichte, sogar noch einen Schritt weiter gehen: Die eigentliche Neuerung bestand nicht in einer Zerstörung der christlichen Zivilisation durch den atheistischen Rationalismus, sondern in ihrer Restaurierung durch das Aufkommen einer »christlichen Philosophie«. Dieser Begriff fand im Laufe der Revolution seine volle Bestätigung. Sie folgte bei der Zivilkonstitution des Klerus aus dem Jahr 1790 dem romanischen Weg des »rationabile obsequium«. Er war bereits im Europa Josephs II. und vor allem in den norditalienischen Staaten vorgezeichnet. Besonders die Synode von Pistoia (1786), auf die sich die Revolution berief, bündelte viele Argumente aus früheren Zeiten. Dies galt etwa für die Lehren der Theologen Tamburini und Zola, die um 1760 die Universität Pavia in eine Experimentierstätte reformistischer Ideen verwandelt hatten. Unter ihnen blühte noch einmal der internationale Ruhm eines Muratori (1672–1754) auf. Ob Jansenisten oder nicht, diese Gelehrten waren sich darin einig, daß sie ein neues Menschheitsideal verwirklichen wollten: den christlichen Bürger. Dieser sollte frei sein sowohl von Aberglauben, den es in allen Ländern gab, als auch von der Tyrannei der Priester (»Pfaffentum« sagt Kant), beides Folgen eines politischen und kirchlichen Despotismus. Mit zunehmender Aufklärung würde, glaubte man, dieser Bürger Verantwortung für den Staat übernehmen. Er war dazu befähigt dank einer Schulbildung, die für alle erreichbar war; einer Alphabetisierung, die besonders den unteren Schichten zugute kam; einer nationalen Kirche, die eng mit Rom verbunden blieb – einem Rom, das in Nächstenliebe den christlichen Gemeinden vorstand wie zur Zeit der Urkirche und nicht eine kuriale Richterfunktion beanspruchte.

Dieses breite Aufklärungsprogramm betraf Eliten wie Massen. Die Eliten sollten ihr Talent und Wissen zu einer historischen Kritik an dem durch barocke Bräuche überladenen Glauben nutzen. Zu ihren Aufgaben gehörte die Reform von Hagiographie und Liturgie; der Versuch, durch Einführung des Französischen die Gläubigen aus bloßen »Anwesenden« zu wirklichen Teilnehmern an der Messe zu machen; die Verbesserung der Katechese, die von den Universitäten überzeugender betrieben und für einfache Leute verständlicher gestaltet werden mußte; die Erneuerung der Theologie, die den Priestern nicht mehr durch Scholastik, sondern durch Quellen der Tradition wie Kirchenväter, Konzile oder Kirchengeschichte zu vermitteln war. Auf diese Weise sollten Priester wie Gläubige, je nach ihrer Stellung in der Kirche und gemeinsam in kanonischen Gremien, mit einem geläuterten, nicht im Namen eines blinden, omnipotenten Moralismus entleerten Glauben die Strukturen der Kirche neu organisieren.

Trotz vereinzelter beachtenswerter Anstrengungen nahm Frankreich mit einer gewissen Verspätung an dieser gesamteuropäischen Reformbewegung teil, nachdem es sich lange Zeit mit seinen berühmten »gallikanischen Freiheiten« von 1682 begnügt hatte. Dann aber, ab etwa 1760, setzte sich Frankreich unter dem Einfluß vor allem italienischer Strömungen an die Spitze einer weit verzweigten Reformbewegung, die es nach dem Vorbild Descartes' zu vereinheitlichen trachtete. Henri Grégoire, treuer Freund von Scipione de Ricci, Bischof von Pistoia, sammelte die Bewegungen, indem er zu großen Taten menschlicher Brüderlichkeit aufrief – Emanzipation der Juden, Befreiung der Farbigen. Diese Reformbestrebungen waren nicht, wie Grégoire als einer der ersten begriff, politischen Ursprungs, sondern wurzelten in einer mit der Aufklärung übereinstimmenden religiösen Anthropologie. Sie gingen in ihren Konsequenzen weit über die bestehende Ständegesellschaft hinaus. Gewiß handelte es sich noch nicht um die Schaffung einer christlichen Demokratie. Dies war erst eine Idee des 19. Jahrhunderts. Aber die Versöhnung von Vernunft und Glauben, das Ende »despotischer Autorität« sowie das Föderationsfest auf dem Marsfeld im Jahre 1790 waren für Grégoire und seine Freunde ein Zeichen dafür, daß ihr Traum von einer nationalen Religion – gegründet auf die Brüderlichkeit des Evangeliums – Wirklichkeit zu werden begann.

III. Übereinstimmung oder Bruch? Die Kirche zur Zeit der Revolution

Grégoire und die »patriotische« Partei sahen in der Zivilkonstitution des Klerus eine Verwirklichung ihrer Vorstellungen von einer strukturell erneuerten Kirche. Das Ideal von 1789 war so gesehen auch ihr Ziel: Auf der Grundlage von Menschenrechten und Nächstenliebe sollten die Mächte des Geldes, der Korruption und der Entfremdung vertrieben werden. So betonte einer der Urheber der Zivilkonstitution, Armand-Gaston Camus, Jurist und später erster Direktor des französischen Nationalarchivs, die Verbindung zwischen dem aufklärerischen Programm sowie der neuen sozialen und politischen Stellung der Gläubigen in Frankreich. In seiner großen Rede vor der Gesetzgebenden Versammlung am 27. November 1790 sprach er ausdrücklich vom »allgemeinen Priestertum der Getauften«. Bereits 175 Jahre vor dem Zweiten Vatikanischen Konzil erklärte er: »Es ist bestimmt eine große Wohltat des Herrn, wenn er bei der Taufe, wo der kindliche Wille sich noch nicht äußern kann, mit dem Versprechen der Eltern zufrieden ist, die Kinder in den Kreis der Gläubigen einzuführen. Aber wenn unsere Vernunft entwickelt ist, dann verlangt er von uns ein anderes Zeichen der Ehrerbietung, einen bewußten Gottesdienst, einen vernünftigen Gehorsam, rationabile obsequium.«

Diese Argumentation läuft auf eine zweckmäßige Verbindung oder, genauer, auf einen engen Zusammenhang hinaus zwischen den sozialen Veränderungen des Staates und jenen der Kirche: Eine konstitutionelle Monarchie verlangt nach einer konstitutionellen Kirche und umgekehrt. Zu diesem Zwecke wurden die Diözesen neu aufgeteilt (eine Diözese pro Departement) und die Grenzen der Pfarr- jenen der Amtsbezirke angeglichen.

Titel II der Zivilkonstitution regelte in allen Einzelheiten die Wahl der Bischöfe durch Departements- und die der Priester durch Distriktsversammlungen. Er sah die Aufstellung von mindestens zwei Kandidaten vor und verlangte absolute im ersten, relative Mehrheit in den folgenden Wahlgängen. Nach dem Dekret vom 22. Dezember 1789 galt bei Stimmengleichheit der ältere Kandidat als gewählt. Kandidieren konnte nur, wer folgenden Anforderungen genügte: zehn Jahre Gemeindedienst bei Bischofs-, fünf bei Priesteranwärtern. Die kanonische Investitur oblag den Metropoliten (ehemals Erzbischof), der sie nur ablehnen konnte, »nachdem er sich zuvor mit dem ganzen Klerus der Kirche beraten hatte« (Art. XVI). Dasselbe galt für den Bischof. Auch er mußte seinen Rat bei der Investitur von Priestern befragen, deren Wahl »für jede freie Pfarrstelle in einem getrennten Wahlgang vor sich zu gehen hat« (Art. XXVIII). »In keinem Fall kann der Bischof ohne Diözesansynode und der Metropolit ohne Metropolitansynode entscheiden« (Titel I, Art. V). Der Bischofsrat hatte lediglich beratende Funktion. Ihm gehörten zwei unterschiedliche Gruppen an: einerseits die vom Bischof eingesetzten Generalvikare, andererseits die durch persönliche Wahl mit absoluter Mehrheit bestimmten Superioren und Seminardirektoren. Nur eine Synode konnte sie auf begründeten Antrag des Bischofs hin wieder absetzen (Titel II, Art. XXIV). Mit diesen Bestimmungen wollte der Gesetzgeber offensichtlich die Unabhängigkeit der gewählten gegenüber den eingesetzten Mitgliedern sicherstellen und auf diese Weise die Meinungsvielfalt bewahren. Dies geschah in weiser Voraussicht, denn es sollte sich zeigen, daß in manchen Diözesen die Generalvikare gegenüber den Bischöfen eine recht servile Haltung einnahmen. Deshalb schaffte die Revolution 1793 das Amt des Generalvikars ganz ab.

Rein theoretisch gesehen entsprach diese konstitutionalisierte Kirche den Wünschen der Aufklärung, verband doch ihre Verfassung geschickt Tradition und Innovation. Dies galt vor allem für das Prinzip der Wahl. Sie verknüpfte kirchlichen mit sozialem Konsens und lehnte sich damit weniger an moderne demokratische Formen als vielmehr an die der Urkirche an, die auch den nicht-jansenistischen Aufklärern ein Vorbild war. Auf allen Ebenen sicherten Räte und Synoden die notwendige Kontrolle, die gegen Ende des Ancien Régime so sehr gefehlt hatte. Die »traditio redivivae« wurde von einer wichtigen Neuerung in der gallikanischen Kirche begleitet: Nach der Abschaffung des Benefizienwesens, das mit dem Konkordat von 1516 wieder zur Geltung gelangt war, setzte sich eine Art Besoldungssystem durch. Die Pfarrer erhielten den Rang von »öffentlichen kirchlichen Beamten«, und ihre Bezüge richteten sich nach denen des öffentlichen Dienstes. Dies machte die Geistlichen zu Staatsbürgern. »Wir sind in erster Linie Bürger, dann erst Priester«, hieß es oft in Kreisen des patriotischen Klerus. Der Sturz des Königtums im Jahr 1792 beeinflußte diese Haltung nicht, denn viele Priester sahen darin in erster Linie ein Ende des Despotismus. In ihren Augen war er von Ludwig

XVI. unfreiwillig wieder zum Leben erweckt worden, indem der König zu oft von seinem Vetorecht Gebrauch gemacht hatte. Der patriotische Klerus begrüßte die Einführung der Republik und unterstützte sie, solange das Gesetz wirklich die Souveränität des Volkes zum Ausdruck brachte.

Das Bekenntnis des Klerus zur Republik wie auch das Ideal des christlichen Bürgers von 1789 waren freilich nicht ohne Widersprüche. Revolution und Republik stand der patriotische Geistliche zwar positiv gegenüber, nicht aber einer Entwicklung hin zum Atheismus. In diesem Spannungsfeld bewegte sich auch die Vorstellung von einer Nationalreligion. Abbé Fauchet brachte die ganze Widersprüchlichkeit dieses Konzeptes in einem sehr erfolgreichen Buch über »Nationalreligion« zum Ausdruck.[10] Fauchet, prominenter patriotischer Priester in Paris und konstitutioneller Bischof von Calvados, der in den Sturz der Girondisten im Jahr 1793 hineingezogen wurde, wies schon im August 1789 in einer Predigt auf die Grenzen der politischen Loyalität des Klerus hin. »Die falschen Interpreten des Wortes Gottes«, rief er aus, »wollten die Völker im Namen des Herrn der Gewalt ihrer politischen Führer aussetzen! Sie berufen sich darauf, daß geschrieben steht: Gebt dem Kaiser, was des Kaisers ist. Aber was nicht des Kaisers ist, muß man ihm dies auch geben? Die Freiheit ist nicht des Kaisers, sie ist ein Teil der menschlichen Natur.«

Es liegt in der Natur dieser Freiheit, daß man sich für Glauben oder Unglauben entscheiden kann. Hiervon handelt Fauchets Schrift *De la Religion nationale*. Man muß nicht befürchten, daß die »Mehrheit der französischen Volksvertreter atheistisch ist und Gesetze erlassen könnte, die der Religion gegenüber gleichgültig sind ... Gute Leute, das ist unmöglich!«[11] Fauchet begründete seine religionspolitische Auffassung folgendermaßen: »Das Gesetz der Toleranz bezieht sich nicht auf Religionen, sondern auf Personen und schließt alle Menschen ein, welcher Religion sie auch angehören oder nicht angehören, ... solange sie die Gesellschaft nicht in Unordnung bringen.«[12] Anders ausgedrückt: Der republikanische Klerus ging unter der konstitutionellen Monarchie wie auch zu Beginn der Republik vom Fortbestand nicht nur der christlichen, sondern auch der katholischen Gesellschaft aus. Da die katholische Konfession weiterhin Grundlage der »nationalen Religion« blieb, konnte man den anderen Meinungen und Bekenntnissen, die sich zwangsläufig in der Minderheit befanden, um so toleranter gegenüberstehen. Diese Ansicht teilte auch Grégoire bis zu dem Augenblick, als die Revolution ihre Haltung gegenüber der christlichen Religion änderte.[13] Dies geschah in einer brutalen und massiven Weise mit dem Gesetz vom 20. September 1792. Es erlaubte die Scheidung sowie die Ehe von Priestern und verletzte damit die Sakramente. Jetzt zeigte sich, daß das Gesetz sehr wohl atheistisch werden konnte. Der Bruch mit dem konstitutionellen Klerus, der auf dieses Gesetz deutlich und mehrheitlich mit einem »non possumus« antwortete, war unvermeidbar. Jetzt entschied er sich für die nachtridentinische Tradition und gegen die Revolution und bezahlte dafür unter der Terreur mit harter Verfolgung.

Muß man deshalb den konstitutionellen Klerus, der erst zu diesem Zeitpunkt mit der Revolution brach, mit der Gruppe der eidverweigernden Priester gleichsetzen? Was die Sakramente angeht, waren beide sicher einer Meinung. Aber hier beginnt auch schon die unaufhebbare Widersprüchlichkeit, der sich kein Priester damals zu entziehen vermochte, wenn er zugleich loyaler Bürger und aufrichtiger Christ sein wollte. Die Trennung von Kirche und Staat im Jahre 1795 wies keinen Ausweg, machte aber gleichwohl nach dem Thermidor eine Neuordnung der konstitutionellen Kirche auf den beiden Nationalkonzilen von 1797 und 1801 möglich. Diese blieb ihren eigenen Prinzipien treu und baute im Rahmen des neuen politischen Systems die kollegiale Struktur aus. Die Reform erstreckte sich von der Spitze, an der jetzt die Vereinigten Bischöfe um Grégoire standen, bis hin zur Basis, wo die Diözesansynoden an Einfluß gewannen. Es bildeten sich regelrechte »Generalstände« in der Diözese, die zuständig waren für kirchliche Lehre und Disziplin. Die Gläubigen bestimmten mit kraft des »Priestertums aller Getauften« und entsprechend ihrer Stellung. Im Jahre 1797 hielten 35 Diözesen eine erste Synode ab, 53 andere beriefen sie zwischen 1799 und 1800 zum erstenmal ein.

Den etwa 25000 konstitutionellen Priestern wurde am Vorabend des Konkordats von 1801 zum Vorwurf gemacht, sie hätten zentrale Grundsätze der katholischen Kirche aufgegeben und nur deshalb überlebt. Das Festhalten an den Prinzipien von Wahl und Kollegialität scheint diesen Einwand zu bestätigen. Sich diesem Vorwurf anzuschließen, hieße aber, den Wandel zu übersehen, den die Kirche nicht mehr rückgängig machen konnte. Um gewissen presbyterianischen Abweichungen zu begegnen, legte das Nationalkonzil fest, daß Bischöfe höher gestellt seien als Priester, wobei man sich aber einig war, daß ein Bischof nicht mehr wie in früheren Zeiten eine monarchenähnliche Stellung innehaben sollte. Wenn sich im übrigen die unter dem Direktorium propagierte Idee einer »Annäherung der Gemeinschaft der Gläubigen« auszubreiten begann, so darf dies keineswegs mit dem Beginn eines Ökumenismus verwechselt werden. Davon war man damals noch weit entfernt.

Generell läßt sich sagen, daß vom 18. Jahrhundert an bis zum Umschlag der Revolution die aufgeklärten Christen für Reform und nicht für Revolution eingetreten sind. Als Teil einer breiten europäischen Strömung waren sie mehr vielleicht als die Enzyklopädisten, die im stillen Kämmerlein über den sozialen Wandel theoretisierten, die ersten Propheten der neuen Zeit. Mit Kant, von dem sie aber nichts wußten, waren die aufgeklärten Christen davon überzeugt, daß mit der Ausbreitung der Aufklärung der Mensch aus seiner Unmündigkeit heraustritt. Im Gegensatz zu Kant wollten sie jedoch nicht akzeptieren – und hierin bestand ein stillschweigendes Einverständnis zwischen Katholiken und Reformierten –, daß der Mensch allein aus sich selbst heraus sein Recht schafft. Deshalb mußten die Kirchen, soweit sie zum Instrument der Unterdrückung geworden waren, reformiert werden. Dann erst konnten sie den Menschen mit Hilfe eines geläuterten und nicht mehr nur nach innen gewendeten Glaubens befreien. Gegen jene kirchlichen Institutionen, die einen sozialen Konservativismus förderten und dadurch die Menschheit im Obskurantismus festhielten, trugen die aufgeklärten Christen zur Erklärung der Menschenrechte bei, für viele der beste Ausdruck von Freiheit und christlicher Brüderlichkeit.[14] Doch konnten diese aufgeklärten Christen den Umschlag der Revolution nicht mitvollziehen. In Reaktion darauf gründete Grégoire im Jahre 1796 seine »Société de Philosophie Chrétienne«. Der lutherische Theologieprofessor Friedrich Munter aus Kopenhagen unterstützte diese Initiative und schrieb an Grégoire: »Es geht augenblicklich nicht so sehr um Glaubensfragen, sondern vielmehr darum, die gemeinsame Sache des Christentums zu verteidigen... Die Anhänger der Religion müssen die sie entzweienden Dispute zurückstellen, um das lebendig zu erhalten, was ihnen allen gemeinsam ist, das Evangelium.« Dem sozialen Christentum geht es darum, das Erbe der Französischen Revolution zu bewahren, das heißt: Offenbarung und Vernunft miteinander zu versöhnen.

Anmerkungen

1 Vgl. die Karten des kirchlichen Frankreich zur Zeit des Ancien Régime und der konstitutionellen Monarchie bei A. Latreille, Art. France, IV, in: Dictionnaire d'Histoire et de Géographie ecclésiastiques, Bd. 18, Paris 1977, S. 102ff.

2 B. Plongeron (Hg.), Paris, une histoire religieuse des origines à la Révolution, Bd. 1, Paris 1987, Kap. XI und XII.

3 M. Peronnet, Les évêques de l'ancienne France, Paris 1977.

4 R. Darricau, Les visites pastorales dans le diocèse de Bordeaux au XVIIIe siècle, in: Revue d'Histoire de l'Eglise de France, Bd. 59, 1973, S. 76–78. Unter den zahlreichen vergleichenden Untersuchungen zur sozialen Situation des Klerus in Frankreich vom 16. bis 18. Jahrhundert vgl. D. Julia, La Réforme posttridentine en France d'après les procès-verbaux de visites pastorales. Ordre et résistances, in: Società religiosa nell'età moderna, Neapel 1973, S. 311–415; M. Venard u. a., Répertoire des visites pastorales de la France, 6 Bde., Paris 1985.

5 J. G. Le Franc de Pompignan, Lettres à un évêque sur divers points de morale et de discipline concernant l'épiscopat, 2 Bde., Paris 1802.

6 Einen Überblick über die lokalen Untersuchungen gibt B. Plongeron, La vie quotidienne des hommes de Dieu. Des lumières à la Révolution, Paris 1982.

7 Ders., Recherches sur l'Aufklärung catholique en Europe occidentale 1770–1830, in: Revue d'Histoire Moderne et Contemporaine, Bd. 16, 1969, S. 555–605; ders., Débats et combats autour d'une Aufklärung catholique dans l'Europe du XVIIIe siècle«, in: Bulletin d'Histoire Moderne et Contemporaine, Bd. 13, Paris 1982.

8 R. Pomeau, L'Europe des Lumières, cosmopolitisme et unité européenne au XVIIIe siècle, Paris 1966, S. 47.

9 Y. Belaval, L'Aufklärung à contre-Lumières, in: Archives de Philosophie, Bd. 42, 1979, S. 631–634.

10 C. Fauchet, De la Religion nationale, Paris 1789.

11 Ebd., S. 185.

12 Ebd., S. 187.

13 B. Plongeron, Permanence d'une idéologie des civilisation chrétienne dans le clergé constitutionnel, in: Studies in Eighteenth-Century Culture, Bd. 7, 1978.

14 Zu dem noch wenig erforschten Thema der Menschenrechtserklärung von 1789 als Ausdruck des Evangeliums vgl. vor allem das Werk des Sizilianers Spedalieri in: B. Plongeron, Théologie et Politique au siècle des Lumières, Genf 1973.

Aufgeklärter Absolutismus
Defensive Modernisierung
Politische Differenzierungen
Vereinswesen
Illusionen
Bürgertum

Ute Frevert
»Tatenarm und gedankenvoll«? Bürgertum in Deutschland 1780–1820*

I. Ein französischer Blick auf den deutschen »Bürgerstand«

Als 1814 Anne Germaine de Staëls berühmtes Buch *De l'Allemagne* in deutscher Übersetzung erschien, reagierte die öffentliche Meinung mit Enttäuschung und Abwehr. Was die französische Schriftstellerin hier aus ihren beiden Deutschland-Reisen an Erfahrungen und Interpretationen zusammentrug, gereichte ihrem deutschen Lesepublikum nur selten zur Freude.[1] Auch wenn Madame de Staël der deutschen Kultur großen Beifall zollte und die Tiefsinnigkeit deutscher Philosophen und Gelehrter über alle Maßen rühmte, wußte sie doch über das eigentliche bürgerliche Leben, über die »gute Gesellschaft«, wenig Positives zu berichten. Aus der Perspektive der Pariserin mußten viele Konventionen und Eigenheiten der deutschen Gesellschaft als zurückgeblieben erscheinen, als minder kultiviert und entwickelt. Dieses Urteil bezog sich vor allem auf die bürgerliche Öffentlichkeit, die Formen und Inhalte des geselligen Umgangs, die Kommunikation zwischen den sozial und kulturell dominierenden Eliten und, eng damit verbunden, die Beziehungen zwischen Frauen und Männern.

Als Tochter eines bürgerlichen Finanzministers und einer hochgebildeten Mutter, deren Pariser Salon als vorrevolutionäres Zentrum politischer und literarischer Aufklärung galt, sowie als Gattin eines adligen Diplomaten repräsentierte Anne Germaine de Staël eine Kultur, der wie keiner anderen in Europa die Symbiose von Vernunft und Ästhetik, von Freiheit und Geschmack gelang. In der bürgerlich-adligen Mischgeselligkeit der französischen Metropole hatte sie eine Atmosphäre offener politischer Diskussion und geistvoller Eleganz kennengelernt und mitgeschaffen, die sie in Deutschland bitter vermißte. Zunächst fehlte es hier an einem politisch-kulturellen Zentrum, das wie Paris alle wichtigen Ideen und Personen anzog und integrierte. Da Deutschland in eine Vielzahl von Einzelstaaten und freien Städten zerfiel, gab es keine Hauptstadt als »Sammelplatz der guten Gesellschaft«. Gewiß,

Madame de Staël hatte Frankfurt, Wien, Weimar und Berlin besucht. Doch fand sie nirgends Verhältnisse vor, die sich mit dem Pariser Leben hätten messen können. Stellte sie den deutschen Lesern ihre Geburtsstadt als lebendig-quirligen Raum dar, in dem Geist und Vergnügen, politischer Verstand und ästhetische Neugierde eine dynamische Synthese eingingen, empfand sie die deutschen Städte als Orte kultureller Öde und gesellschaftlicher Mittelmäßigkeit. Anstelle eines »gemeinschaftlichen Mittelpunkt(s) der Aufklärung und des Gemeingeistes«[2] entdeckte sie isolierte Zirkel, die, in sich bis zur Langeweile homogen, lediglich eng begrenzte und gänzlich unverbundene Ausschnitte gesellschaftlicher Wirklichkeit darstellten. Bemerkte sie in den Handelsstädten nur »schwerkräftiges« Geschäftsinteresse, attestierte sie literarischen Kreisen »allzu große Unwissenheit« in ökonomischen und politischen Angelegenheiten.

Immer wieder hob die Französin die ausgeprägte Spaltung der deutschen Gesellschaft hervor. Vor allem im Vergleich mit ihrem Herkunftsland erschien ihr der »Unterschied der Klassen ... hervorstechender als irgendwo«. Am auffälligsten sei die »Scheidewand« zwischen Adel und »Bürgerstand« und der darauf fußende Gegensatz von Militärs und Zivilisten. Aber auch der »Bürgerstand« für sich genommen zeige keinerlei innere Geschlossenheit. Kaufleute, Unternehmer und Gebildete hätten nichts miteinander gemein, sprächen keine gemeinsame Sprache, teilten keine gemeinsamen Interessen. Nicht nur in Sachsen seien »die Gelehrten und die Geschäftsleute ... zu sehr voneinander geschieden, als daß sich ein Gemeingeist offenbaren könnte«. Scharfe Grenzziehungen nahm die französische Reisende schließlich auch zwischen den Geschlechtern wahr. Frauen und Männer seien in einem Maße voneinander getrennt, wie es dem »gesellschaftlichen Verkehr« höchst nachteilig sei.

Als Folge all solcher Trennungen und Aufsplitterungen fehle es in Deutschland an einem Ferment gesellschaftlicher Bewegung und Innovation, das in Frankreich hochentwickelt und politisch ungemein einflußreich sei: an einer bürgerlichen Öffentlichkeit, in der sich soziale Identität konstituiere und verallgemeinere. Die Ohnmacht des »geselligen Geistes« im deutschen Lokalismus, die Abwesenheit einer vitalen, erfindungsreichen Öffentlichkeit und »öffentlichen Meinung« äußerten sich hauptsächlich darin, daß politisches Denken und Handeln in der deutschen »guten Gesellschaft« weder geübt noch geschätzt würde. Die soziale und geographische Isolation bürgerlicher Gruppen und Individuen verhindere eine Kritik politischer Institutionen und Verhältnisse und fördere die Konzentration auf »Spekulation« oder »Poesie«. Anstelle einer politischen Republik, wie in Frankreich nach 1789, hätten sich die Deutschen folgerichtig »eine lebendige und unabhängige Gelehrten-Republik geschaffen, und das Interesse der Begebenheiten durch das der Ideen ersetzt«.

Bevor sie sich ihrem eigentlichen Betrachtungsgegenstand zuwandte, nämlich den Bewohnern und Erzeugnissen dieser deutschen »Gelehrten-Republik«, entwarf Madame de Staël demnach ein zwar skizzenhaftes, aber klare Fluchtpunkte setzendes Tableau des deutschen Bürgertums. Eher leichthändig als »schwerkräftig« zog sie eine Linie von der sozialen Komposition deutscher Oberschichten zu deren politischen Potentialen und konstruierte hier Zusammenhänge, die uns zu genaueren Nachfragen anregen. War das deutsche Bürgertum um die Wende vom 18. zum 19. Jahrhundert tatsächlich so zerrissen und auseinanderstrebend, wie es der Pariser Bürgertochter erschien? Hatte der deutsche Adel wirklich »so wenig Ideen«, so wenig Vergemeinschaftungstalent und so viel Differenzierungswillen, wie die Ehefrau eines schwedischen Barons monierte? Gab es in Deutschland kein bürgerliches Selbstbewußtsein, sondern lediglich eine Vielzahl gruppenspezifischer Einstellungen und Interessen, sich kommunikativ zu verdichten und politischen Einfluß zu gewinnen? Und was bedeutete es für das Kultur- und Politikverständnis des Bürgertums, wenn, wie die an einen freieren Umgang der Geschlechter gewöhnte Salondame kritiserte, Männer nicht bereit waren, »sich dem Zwang einer Gesellschaft mit Frauen zu unterwerfen«.

II. Soziale Profile des deutschen Bürgertums

Eine schon klassisch zu nennende soziale Positionsbeschreibung des deutschen Bürgertums im ausgehenden 18. Jahrhundert findet sich in einer Schrift des Universitätsprofessors Christian Garve aus dem Jahre 1792.[3] Er setzte »Bürgertum« mit »Mittelstand« gleich, einem Stand, der in der hierarchischen Ordnung ständisch organisierter Gesellschaften zwischen Adel und Bauern angesiedelt war. Zu diesem hochgeachteten und vielgerühmten »Mittelstand« gehörten im wesentlichen drei »Classen der Bürgerlichen«: die »gemeinen Bürger«, die »Gelehrten« und die »Großhändler«. Zu den »gemeinen« Bürgern zählte Garve vor allem »Handwerker, Krämer, und kleine Kaufleute«; unter »Gelehrten« verstand er Pfarrer, Lehrer und Professoren; und »Großhändler« meinte sowohl den reichen Bankier als auch den wohlhabenden Kaufmann, vorwiegend aus dem Exportgeschäft. Unternehmer fehlten in dieser Aufzählung. Sie traten als unterscheidbare Gruppe noch nicht hervor, verschwanden vielmehr hinter der ökonomischen Potenz des Handels- und Verlagskapitals. Vielleicht aber hatte Garve sie schlicht vergessen, ebenso wie die Ärzte und Advokaten, die er nicht eigens nannte, die aber in der Regel zum Bürgertum hinzugerechnet wurden. Ebenfalls keine Erwähnung fanden Beamte außerhalb des Bildungswesens, in der zentralen oder Provinzverwaltung tätige, juristisch oder kameralistisch ausgebildete Verwaltungsexperten, die seit Beginn des 18. Jahrhunderts überwiegend bürgerlicher Herkunft waren.[4]

Obwohl alle Gruppen des »Mittelstandes« innerhalb des dreigliedrigen Ständesystems eine Einheit bildeten, zog Garve, »durch Gewohnheit und Herkommen« legitimiert, eine deutliche Trennlinie zwischen den »gemeinen« und den »höhern Bürgerclassen«. Nicht nur aus der Perspektive des Adels, sondern auch im Selbstverständnis bürgerlicher Schichten sei der »Vorzug eines, durch ausgebreitete Handlungsgeschäfte, oder durch Nachdenken und Wissenschaft, gebildeten Bürgers, vor einem Krämer und Handwerker« unverkennbar. Letztlich könne man sogar darüber nachdenken, ob die »höhern Bürgerclassen« dem Adel nicht näherstünden als den Zunftmeistern und kleinen Kaufleuten.

Garves offene Frage wurde vom preußischen Staat 1794 in der Kodifikation des Allgemeinen Landrechts mehr oder weniger eindeutig entschieden. Er rückte die bürgerliche Oberschicht an den Adel heran und ließ sie zumindest an einem Teil der Exemptionen und Privilegien partizipieren, die der »erste Stand« im Ancien Régime genoß.[5] Damit vollzog er eine Differenzierung des »Bürgerstandes« nach, die sich im sozialen Alltag längst durchgesetzt hatte. Zwischen den alten stadtbürgerlichen Gruppen und dem neuen Bürgertum der gebildeten Amtsträger und aufstrebenden kapitalistischen Agrar- und Gewerbeunternehmern gab es weniger Gemeinsamkeiten als Trennendes. Abgesehen davon, daß alle in

Städten lebten und nicht dem Adel angehörten, einte sie kaum etwas.

Das Stadtbürgertum im engeren Sinne, diese mit Bürgerrechten und -pflichten ausgestattete Schicht städtischer Vollbürger, war in Arbeitsweise, Lebensführung und politischem Verhalten ausgesprochen traditionsbewußt und traditionsverbunden. Das galt in besonderem Maße für die zünftig organisierten Handwerker und Händler. Selbst wenn sich das Arbeitsmarkt-Monopol der Zünfte allmählich lockerte, blieben doch die in ihnen aufgehobenen Normen und Wertorientierungen lebendig und prägten bis weit ins 19. Jahrhundert hinein Mentalität und Lebensformen des »alten Mittelstandes«.[6] Soziale, ökonomische und kulturelle Leitvorstellungen der »gemeinen Bürger« gruppierten sich um die Begriffe »Nahrung« und »Ehrbarkeit«. Ihnen ging es nicht um Risiko und Konkurrenz, nicht um Innovation und Wachstum, sondern um die Sicherung der Subsistenz, des standesgemäßen Auskommens. Wichtig waren nicht der individuelle Ehrgeiz, das Streben nach Verbesserung und Erweiterung eigener Handlungsspielräume. Vielmehr kam es darauf an, sich im Einklang zu fühlen mit den überkommenen Vorgaben einer ständisch definierten Lebenswelt, sich einzurichten in den korporativen Strukturen von Familie und Berufsverband, sich anzupassen an die konservierenden Moral- und Sittlichkeitsgesetze des mit der Geburt erworbenen, durch den Beruf eingelösten Standes.

Beharrlichste Exponenten dieser »alten Ordnung« waren die gutsituierten, alteingesessenen Handwerker, Kaufleute und Gastwirte, die an durchgreifenden ökonomischen oder politischen Veränderungen keinerlei Interesse hatten. Sie strebten danach, ihren Status zu erhalten und gegenüber sozialen Auflösungserscheinungen in Schutz zu nehmen. Massiv setzten sie sich zu Beginn des 19. Jahrhunderts gegen staatliche Versuche zur Wehr, die Privilegien städtischer Vollbürger zugunsten aller Einwohner sukzessive zu reduzieren und letztlich ganz abzuschaffen. Auch die vom Staat oktroyierte Gewerbefreiheit fand nicht ihre Zustimmung, erwarteten sie doch von der Ausdünnung des Zunftprinzips eine ruinöse ökonomische Konkurrenz sowie die Erosion tradierter Lebensformen und Normbindungen. Damit würden zugleich die Grenzen porös, die das privilegierte städtische Bürgertum nach unten abschlossen und soziale Mobilität, in aufsteigender wie in absteigender Linie, erschwerten und unter Kontrolle hielten.

Rein numerisch bildeten diese ständerechtlich eindeutig identifizierbaren städtischen Vollbürger, zu denen darüber hinaus eine schmale Oberschicht von Honoratioren bzw. Patriziern gehörte, um 1800 die bedeutendste »Fraktion« des deutschen Bürgertums, das damals zwischen 13 und 17% der Gesamtbevölkerung umfaßte.[7] An den politischen, ökonomischen und kulturellen Umbrüchen dieser Epoche aber, die sie als »Sattelzeit« (Koselleck) des Übergangs vom Ancien Régime zur bürgerlich-kapitalistischen Gesellschaft charakterisierte, waren sie so gut wie gar nicht beteiligt. Der unruhige »Zeitgeist«, den der hannoveranische Beamte Ernst Brandes geprägt sah von den Erfahrungen der Französischen Revolution, der »Idee von dem steten Fortschreiten der Menschheit« und der schnellen »Verbreitung der Begebenheiten und Ideen des Tages durch Zeitungen, Journale, Flugschriften«[8], fand in den Kreisen des alten Stadtbürgertums kaum Resonanz. Es blieb den Neuerungen gegenüber resistent und repräsentierte, wie Wilhelm Heinrich Riehl noch 1851 konstatierte, das beharrende, konservative, duldende und schweigende Element des »Bürgerstandes«.[9]

Die »Mächte der Bewegung« (Riehl) konzentrierten sich eher in den neuen Gruppen des Bürgertums, bei Akademikern, Staatsbeamten, Großkaufleuten und Manufakturunternehmern. Sie waren nicht nur räumlich mobiler, sondern auch geistig und ökonomisch beweglicher als die traditionellen Stadtbürger.[10] Ihre berufliche Tätigkeit zwang ihnen eine Lebensweise auf, die auf Wechsel, auf Veränderung angelegt war. Beamte wurden versetzt, durchliefen verschiedene Karrierestationen; Professoren nahmen Rufe an andere Universitäten an; Großkaufleute mußten selbstverständlich weltoffen sein, Unternehmer ein Gespür für Marktlücken, für innovative Produkte und Verfahren entwickeln.

Daß diese »höhern Bürgerclassen« (Garve) seit dem ausgehenden 18. Jahrhundert als eigene soziale Kategorie mit ausgeprägtem dynamischen Profil wahrgenommen werden konnten, war nicht zuletzt eine Folge ihres zahlenmäßigen Wachstums. Zwar bildeten sie innerhalb der Gesamtgesellschaft und selbst innerhalb des Bürgertums noch eine verschwindende Minderheit, die ihr Schattendasein lediglich in großen Handels-, Residenz- und Universitätsstädten überwinden konnte. Doch war die Tendenz zur Expansion auch für Zeitgenossen unverkennbar. Dafür zeichnete in erster Linie der absolutistische Staat verantwortlich, der mit der Ausdehnung und Konsolidierung seiner Verwaltung eine starke Nachfrage nach qualifizierten Beamten schuf. Auch wenn sich die Spitzen der königlichen Administration, vor allem in Preußen, bis weit ins 19. Jahrhundert hinein fast ausschließlich aus dem Adel rekrutierten, eroberten sich Angehörige des bürgerlichen »Mittelstandes« im Staatsdienst doch einen festen und seine Grenzen stetig erweiternden Platz.

Die Verbürgerlichung der Beamtenschaft war eng verbunden mit der Ein- und Durchsetzung neuer Rekrutierungs- und Funktionsmechanismen. An die Stelle des adligen Geburtsprivilegs trat sukzessive das »bürgerliche« Leistungsprinzip. Nicht mehr so sehr die Herkunftsfamilie entschied über die Chancen eines Bewerbers, sondern zunehmend auch seine persönliche Qualifikation, die er durch Bildungspatente und Dienstzeugnisse unter Beweis zu stellen hatte. Ein vom Staat finanziertes, kontrolliertes und seit dem frühen 18. Jahrhundert gezielt rationalisiertes Ausbildungs- und Prüfungswesen sicherte diesem allmählich den Nachwuchs, dessen er bedurfte: gebildet, effizienzorientiert, loyal.[11]

Fast alle Absolventen der landesherrlichen Universitäten suchten Arbeit und Brot in staatlichen Diensten, aber nicht alle fanden es. Viele harrten jahrelang auf unbequemen und minimal honorierten Posten als Hauslehrer, Hofmeister, Praktikanten aus, bevor ihnen die ersehnte Anstellung als Beamter winkte. Ein freier akademischer Arbeitsmarkt existierte erst in Ansätzen, so daß sich jeder Medizin- und Jurastudent glücklich schätzte, eine Stelle im staatlichen Medizinal- oder Justizwesen zu ergattern: »Nach der Anstellung im Staatsdienste strebte fast alles in Deutschland, was auf Bildung Anspruch machte, *mußte* es großentheils schon des Unterhalts wegen thun.«[12]

Am Rande dieser »verstaatlichten Intelligenz« der Pfarrer, Ärzte, Juristen, Gymnasial- und Universitätsprofessoren bildete sich eine zunächst kaum wahrnehmbare, an die Expansion eines öffentlichen Literatur- und Kunstmarktes gebundene Gruppe freier, staatsunabhängiger Schriftsteller, Verleger, Journalisten und Künstler heraus, die ihre Autonomie mit einer äußerst prekären ökonomischen Existenz bezahlten.[13] Im Unterschied zu den beamteten Akademikern konnten sie sich nicht auf ein regelmäßiges Einkommen und ein gewisses Maß sozialer Sicherung in Not- und Krankheitsfällen verlassen, sondern waren den Konjunkturen des anonymen Marktes direkt ausgesetzt.

Reichtümer allerdings konnten auch bürgerliche Staatsdiener nicht erwerben. Ihre Gehälter waren knapp bemessen und reichten meist nur bei größter Sparsamkeit zu einer »standesgemäßen« Lebensführung. Ganz andere materielle Verhältnisse herrschten bei Garves »Großkaufleuten« vor, bei den proto- oder frühindustriellen Unternehmern und in den überregional orientierten Handels- und Finanzhäusern. Hier fand sich Wohlstand, zuweilen auch Überfluß, von dem »Gelehrte« nur träumen konnten.[14]

Quantitatives Wachstum, ökonomischer Erfolg und sozialer Aufstieg dieses neuen Wirtschaftsbürgertums waren partiell ebenfalls an die Wirkungen staatlicher Machtpolitik gebunden. Vor allem in den Landeshauptstädten sammelten sich Kaufleute und Unternehmer, die ihre Existenz unmittelbar der merkantilistischen Wirtschaftsförderung absolutistischer Herrscher verdankten. Staatliche Monopole und Absatzprivilegien garantierten ihnen ein weitgehend risikofreies Wirtschaften, so daß gerade konzessionierte Unternehmungen häufig an mangelnder Dynamik und Innovationsbereitschaft krankten und zugrunde gingen. Eine weit größere Durchsetzungs- und Konkurrenzfähigkeit zeichnete dagegen jene Unternehmer aus, die ihre privatkapitalistischen Betriebe ohne direkte staatliche Unterstützung und Kontrolle aufbauten und sich nicht nur geographisch, sondern auch ökonomisch und politisch als Außenseiter begriffen. Diese Unternehmer, die sich im schlesischen, sächsischen und rheinisch-westfälischen Textilgewerbe konzentrierten, verhielten sich in der Regel nicht ganz so obrigkeitsfromm wie ihre staatlich privilegierten Kollegen. Sie unterzogen die protektionistische Wirtschaftspolitik einer scharfen Kritik und drängten auf ökonomische Reformen, die freiere Markt- und Geschäftsbeziehungen herstellen sollten.[15]

Im Gesamtgefüge des deutschen Bürgertums bildeten diese neuen wirtschaftsbürgerlichen Schichten eine verschwindend kleine Minderheit, die der »guten Gesellschaft« lediglich in großen Handelsmetropolen wie Frankfurt, Leipzig oder Hamburg ihren Stempel aufdrückte. Kennzeichnend für die dort anzutreffende ökonomisch potente und gesellschaftlich einflußreiche Handels- und Bankbourgeoisie, die bereits vor Beginn der Industriellen Revolution moderne Unternehmerrollen ausfüllte, war ihre enge Verflechtung mit den Spitzen des traditionellen Stadtbürgertums, den ratsherrlichen Honoratioren, und mit der ländlichen Aristokratie.[16] Weniger Bindungen scheinen zu Akademikern bestanden zu haben, die in einer vorwiegend von ökonomischem Kalkül bestimmten Heirats- und Familienpolitik seltener als akzeptable Partner galten. Aber auch die Gebildeten selber drängten sich nicht gerade nach intensiveren Kontakten mit der neuen Bourgeoisie. Statt dessen kultivierten sie ihr Sonderbewußtsein als geistige Elite gegenüber einer primär an materiellen Gütern interessierten Unternehmerschicht – eine Abgrenzungsstrategie, der angesichts unüberbrückbarer Unterschiede des Lebensstandards und Konsums eine gewisse Logik nicht abzusprechen war.[17]

III. Aufklärungs-Öffentlichkeit im bürgerlichen Verein

Daß das deutsche Bürgertum in den Jahren vor und nach der Wende vom 18. zum 19. Jahrhundert keine homogene soziale Formation darstellte, steht somit außer Frage. Trotzdem wäre es verfehlt, das Bild einer gänzlich fragmentierten, in sich instabilen Gruppierung ohne Zentrum und Peripherie, ohne eigene Identität und Vergemeinschaftungskraft zu zeichnen. Auch wenn sich das Bürgertum in seinen sozialen Grenzen und Kohäsionen nur schwer identifizieren ließ, brachte es doch eine spezifische Kultur, ein Ensemble von Verhaltensformen, Kommunikationsstilen und Wertorientierungen hervor, das seine Träger deutlich sichtbar als »bürgerlich« qualifizierte und nach und nach ein gemeinsames Band zwischen den verschiedenen Bürgertums-Fraktionen knüpfte.

Erfinder und Verbreiter dieser bürgerlichen Kultur waren die »Gebildeten«, die akademisch geschulten und mit einem exklusiven Allgemein- und Spezialwissen ausgestatteten Angehörigen des bürgerlichen »Mittelstandes«. Sie schufen sich mittels Zeitungen, Zeitschriften und Vereinen ein eigenes Forum aufgeklärter Kommunikation, eine »bürgerliche Öffentlichkeit«, aus der unverkennbare Impulse kultureller Innovation und politischer Kritik hervorgingen. Sie verfügten aber auch über die intellektuellen und materiellen Ressourcen, diesen Impulsen eine wie auch immer begrenzte Wirkmächtigkeit zu verleihen. Als Inhaber von Bildungspatenten waren sie in der Lage, Kultur zu definieren, zu produzieren und zu vermitteln, und als staatliche oder städtische Amtsträger besaßen sie eine Nähe zur Macht, die ihnen einen gewissen Einfluß auf die Verwirklichung bürgerlicher Veränderungswünsche einräumte.

Warum es gerade die »gebildeten Stände«, die bürgerlichen Akademiker waren, in denen sich die dynamisierenden Protest- und Reformenergien des Aufklärungszeitalters bündelten, ist unschwer zu entscheiden. Während sich das alte Stadtbürgertum im ständischen Gehäuse des absolutistischen Staates behaglich eingerichtet hatte, befanden sich die neuen, überwiegend beamteten Bildungsschichten gleichsam außerhalb der traditionellen Ordnung. Obgleich es auch hier wieder Tendenzen gab, ständische Bindungen zu reaktivieren (»Professorenstand«) oder neu zu konstituieren (»Beamtenstand«), dominierte doch das Bewußtsein, keinen Platz im überlieferten Gefüge der Ständegesellschaft zu haben. Der Staat verstärkte dieses Ambivalenzgefühl, indem er das neue Bürgertum einerseits an den Adel heranrückte (Konnubium) und bürgerliche Prinzipien an die Stelle feudaler Vorrechte zu setzen begann (Beamtenrekrutierung). Auf der anderen Seite aber sicherte er den Adel als eigentlichen Herrschaftsstand ab, indem er ihm die Offizierslaufbahn sowie die höchsten Repräsentations- und Verwaltungspositionen vorbehielt. Die daraus resultierende Zwitterstellung des gebildeten Bürgertums führte fast zwangsläufig dazu, daß Fragen nach Differenz und Identität, nach Sinnhaftigkeit und Berechtigung ständischer Hierarchien, nach Perspektiven des sozialen und ökonomischen Wandels vermehrt und in größerem Kreis diskutiert wurden.

Wenn wirtschaftsbürgerliche Schichten in diesem Kreis weitgehend fehlten, war dies nicht nur die Folge ihrer faktischen Marginalität, die nur in Zentren überregionaler Aktivität aufgehoben war, sondern auch Ausdruck anders gelagerter Interessen und Bedürfnisse. Immer wieder stellten zeitgenössische Chronisten fest, daß das kaufmännische und gewerbliche Bürgertum in den geselligen bürgerlichen Zirkeln keine tonangebende Rolle spielte.[18] Es schien den Code nicht zu beherrschen, der hier gefragt war, es teilte wohl auch kaum die Erfahrungen und Erwartungen der sozial heimatlosen und materiell eher instabilen Bildungsschichten. 1765 bemerkte der Hamburger Mathematiklehrer Johann Georg Büsch, »daß der Umgang der Nahmensgelehrten und der Ungelehrten [gemeint waren Kaufleute] etwas beynahe eben so unnatürliches und gezwungenes, als der Umgang zwischen Juden und Christen habe, daß ihm das belehrende sowol, als das unterhaltende gewöhnlich ganz fehle und daß sie sich höchstens nur bey dem Spieltische, und beym Schmause zu einander schicken«.[19] Ursache dieser befremdlichen Konstellation sei die unterschiedliche Erziehung beider Gruppen, die der Orientierung an andersartigen beruflichen Anforderungen und ständisch differenzierten Lebensformen entsprach.

Was Büsch als Heilmittel für diese innerbürgerlichen Kommunikationsprobleme vorschwebte, war eine übergreifende bürgerliche Kultur, in der die in der Alltagspraxis auseinanderstrebenden Interessen zusammengebunden und miteinander vermittelt wurden. Nur auf dem Wege einer solchen gemeinsamen »Vergesellschaftung« der verschiedenen Bürgertums-Fraktionen konnte es gelingen, dem Bürgertum als aufstrebender, innovativer Formation einen gesamtgesellschaftlichen Einfluß zu verschaffen, der mit dem der traditionellen Machteliten langfristig erfolgreich zu konkurrieren vermochte.[20]

Der Ort, an dem diese gemeinsame Vergesellschaftung vorzugsweise stattfinden konnte, war die bürgerliche Assoziation, der Verein.[21] Die vom Anspruch her offenen, nicht mehr korporativ strukturierten Institutionen der bürgerlichen Öffentlichkeit stellten ein Forum dar, in dem sich Privatleute ohne Ansehen ihres Standes und Berufs zu einer neuen, freien, selbstbestimmten und -organisierten Gemeinschaft verbanden.[22] In den seit der zweiten Hälfte des 18. Jahrhunderts expandierenden Freimaurerlogen[23], patriotisch-gemeinnützigen Gesellschaften und Lesevereinen konstituierte sich ein bürgerliches Publikum, das seine innere Fragmentierung im Medium eines gemeinsamen Interesses an »Aufklärung« aufzuheben suchte.

Sich in den Dienst der »Aufklärung« zu stellen, hieß in diesem Zusammenhang, den Fortschritt gesellschaftlicher Verhältnisse und individueller Entfaltungsmöglichkeiten aktiv zu fordern und den »bürgerlichen« Prinzipien der Vernunft, Moral und Nützlichkeit allgemeine Geltung zu verschaffen. Alle Typen bürgerlicher Vereinsbildung ließen sich, in unterschiedlichen Variationen und Mischungsverhältnissen, diesem allgemeinen Ziel und Auftrag zuordnen. Bemühten sich die Freimaurerlogen, in einem durch das Geheimnis geschützten Binnenraum bürgerliche Tugendideale zu praktizieren und Aufklärung nicht nur zu lehren, sondern auch zu leben, legten die patriotischen und gemeinnützigen Gesellschaften den Schwerpunkt ihrer Tätigkeit auf konkrete, lebensnahe Reformen und »Volksaufklärung«, auf die Umsetzung theoretischer Kenntnisse in praktische Innovationen.[24] Den Lesegesellschaften wiederum ging es vor allem um Selbstaufklärung, um die theoretische Analyse und Kritik sozialer »Mißverhältnisse« und obrigkeitlicher Herrschaftsstrukturen. Politische Journale, nationalökonomische Abhandlungen, statistische Kompendien machten den Hauptlesestoff aus, schöngeistige Literatur stand demgegenüber eher im Hintergrund.[25] Auch diese Vereine orientierten sich letztlich an praxisrelevanten Bedürfnissen, an der erklärten öffentlichen Mission des Bürgertums, durch allgemeine Aufklärung, Bildung und Erziehung die Transformation der Gesellschaft zu einem selbstorganisierten, freieren und gleicheren Staatsbürgerverband in Gang zu setzen und zu beschleunigen.

Die neue bürgerliche Öffentlichkeit einer aufklärerischen Vereinskultur nahm diese Zielvision partiell vorweg. Hier trafen sich Privatleute zum freien Gespräch, zur autonomen Urteilsfindung und rationalen Kritik. Nicht ihr Stand, ihre durch Geburt und Amt erworbene soziale Position öffnete ihnen den Zugang zu den diversen Institutionen bürgerlicher Öffentlichkeit, sondern ihre Bereitschaft und Fähigkeit, Meinungen und Einstellungen möglichst vorurteilslos zur Diskussion zu stellen sowie ihr Handeln an vernünftigen und damit auch moralischen Grundsätzen auszurichten. Der damit verbundene interne Homogenisierungseffekt war schon den Zeitgenossen bewußt. So äußerte Büsch, der noch 1765 die tiefe Kluft zwischen gebildetem und kaufmännischem Bürgertum in Hamburg beklagt hatte, zwölf Jahre später die Hoffnung, diese Kluft möge sich in Zukunft durch die Existenz einer »aus Gelehrten und Kaufleuten gemischten freundschaftlichen literarischen Gesellschaft in dem besten Einverständnisse«[26] allmählich schließen. Gemeint war wohl die wöchentlich in Büschs Haus zusammenkommende Klopstock-Büschische Lesegesellschaft, seit den späten siebziger Jahren ein Zentrum aufgeklärter Bildung und Kultur in der weltoffenen Handelsmetropole.[27] Auch die seit 1765 bestehende Patriotische Gesellschaft zählte sowohl Angehörige des Wirtschaftsbürgertums als auch Akademiker zu ihren Mitgliedern. Kaufleute, Bankiers, Makler und Manufakturunternehmer waren hier sogar in der Überzahl[28], während sie in Salons und literarischen Zirkeln eher am Rande standen. Offensichtlich entsprachen die praktisch-politischen Intentionen der Patriotischen Gesellschaft, ihr Bemühen um innovative Verbesserungen der städtischen Wirtschaftsstruktur und Sozialpolitik den Bedürfnissen und Zielen des gewerblich-kaufmännischen Bürgertums mehr als die intellektuellen und kulturellen Ansprüche der Bildungsvereinigungen.

Daß das Wirtschaftsbürgertum sich eher zurückhielt, wenn es um die Formulierung einer gesamtbürgerlichen Identität oder um die theoretische Modellierung bürgerlicher Lebensformen und Wertvorstellungen ging, zeigt sich auch daran, daß es unter den Abonnenten und Subskribenten aufklärerischer Bücher und Zeitschriften kaum auftauchte. Weitaus größere Resonanz fanden diese normativen Entwürfe pädagogischer, medizinischer und literarischer Provenienz in den Kreisen des akademischen Bürgertums, unter Beamten, Lehrern, Geistlichen, Ärzten und Studenten.[29] Sie suchten offenbar am beharrlichsten nach neuen, alternativen Handlungs- und Rechtfertigungsmustern, bedurften ihrer wohl auch dringender als die noch stärker in das traditionelle stadtbürgerliche Milieu integrierten Finanz- und Handelskaufleute.

Das neue Publikum bürgerlicher Privatleute gruppierte sich folglich um einen zahlenmäßig und intellektuell dominierenden Kern »gebildeter« Männer, die aus ihrer gesellschaftlich randständigen Position heraus, das ständische Gliederungsprinzip der »alten Ordnung« negierend, neue Kommunikationsformen, Verhaltensmaßstäbe und Wertmuster mit universalem Geltungsanspruch entwickelten. In der Realität des ausgehenden 18. und frühen 19. Jahrhunderts allerdings blieb dieser Anspruch auf Universalität und soziale Offenheit bloße Theorie. Die Mitgliederlisten bürgerlicher Vereine wiesen eine hohe soziale Exklusivität nach, Angehörige unterer Schichten oder auch des »gemeinen« Bürgertums tauchten in ihnen nicht auf. Das neue Bürgertum schloß sich in der ihm eigenen Öffentlichkeit massiv nach unten ab. Hohe Aufnahme- und Mitgliedsbeiträge und ein elitärer Bildungsgestus sorgten dafür, daß die soziale Öffnung nur nach oben, gegenüber dem Adel, stattfand.

IV. Geschlechterverhältnis und Salongeselligkeit

Aber selbst innerhalb des Bürgertums zog man Grenzen. Das bürgerliche Publikum umfaßte ausschließlich männliche Privatpersonen, Frauen gehörten grundsätzlich nicht dazu. Nicht nur in den philanthropischen, mit konkreten Reformprojekten befaßten Gesellschaften blieben Männer unter sich; auch die Geselligkeits- und Bildungsvereine waren beinahe ausnahmslos Räume für Männer. Zwar gab es einzelne Lesegesellschaften, zu denen Frauen Zutritt hatten, und in einigen wenigen Städten existierten spezielle, nur für »Frauenzimmer« reservierte Bildungszirkel.[30] Manche Musikvereine ließen Frauen als Begleiterinnen ihrer Männer zu und rechneten es sich bei öffentlichen Konzerten »zur Ehre« an, wenn »Damen« im Publikum saßen.[31] Als zahlende und selbständig mitwirkende Vereinsmitglieder jedoch waren sie nicht willkommen. Die Karlsruher Lesegesellschaft beispielsweise begrüßte es, wenn ihre männlichen Mitglieder Bräute, Ehefrauen und Töchter zu Bällen und musikalischen Unterhaltungen mitbrachten; weibliche »Hausgenossen« durften auch Bücher und Zeitschriften entleihen und zu Hause lesen. Den eigentlichen »Zweck« des Vereins aber, »das Vergnügen der gesellschaftlichen Unterhaltung oder Erholung nach den Arbeitsstunden im trauten Zirkel gebildeter Männer«, ohne »Etiquette und steifes Ceremoniel«, wollte man nicht mit Frauen teilen. Antiständisches Denken, soziale Offenheit bewies man lediglich dadurch, daß Rang- und Geburtsunterschiede offiziell keine Geltung besaßen. Eine Mischung der Geschlechter lag dagegen nicht in der Absicht der männlichen Gründer und Mitglieder.[32]

Wären »literarische Bildung« und »höhere soziale Herkunft« zentrale Zulassungskriterien zu den bürgerlichen Lesegesellschaften gewesen[33], hätten Frauen gleichfalls aufgenommen werden müssen. Schließlich teilten sie den sozialen Status ihrer Väter oder Ehemänner ebenso wie sie »schöne Literatur« konsumierten und sich eine breite Allgemeinbildung mit Grundkenntnissen in Geschichte, Literatur, Sprachen und Naturkunde aneigneten.[34] Wenn sie trotzdem nicht an den Bildungsgesellschaften teilnehmen durften, deutet das darauf hin, daß sich die bürgerliche Aufklärungskultur bewußt als männliche Kultur konstituierte. In ihrem Zentrum stand der Austausch des männlichen Individuums mit der Welt, vermittelt durch seinen Beruf, seine Erwerbsarbeit, sein Amt. Die hierbei gewonnenen Erfahrungen und Bildungsprozesse formten seine persönliche Identität, die er im geselligen Zirkel weiter entwickeln und perfektionieren wollte, um sie sodann zum Nutzen des Gemeinwohls wirksam werden zu lassen.

An diesen nach außen gewendeten Bildungs- und Aufklärungsambitionen hatten Frauen, die, wie Hegel 1820 formulierte, ihre »substantielle Bestimmung« in der Familie fanden, nur begrenzten Anteil. Zwar sollten auch sie, in ihrer Eigenschaft als bürgerliche Hausherrinnen, an der Erziehung und »Veredlung« der Unterschichten mitwirken, indem sie ihre weiblichen Dienstboten an einen wirtschaftlich rationalen und moralisch integren Lebensstil heranführten. Wichtiger waren jedoch ihr Bildungseinfluß in der eigenen Familie, ihre Sozialisationsleistungen an den Kindern und ihre »Beziehungsarbeit« am Ehemann. Hier wurde die andere, komplementäre Seite des bürgerlichen Lebens- und Gesellschaftsentwurfs praktiziert: eine Häuslichkeit, in der sich die Tugendideale des neuen Bürgertums im einzelnen Menschen entfalten und ausprägen konnten, ohne von den äußeren Zwängen der »bürgerlichen Verhältnisse« durchkreuzt zu werden. Empfindsamkeit, Innerlichkeit, Gefühlsbetontheit – diese für die Entwicklung bürgerlicher Individualität eminent wichtigen Charakterzüge wurden in der Familie gelernt und eingeübt, und die wichtigste Vermittlerfigur war die Mutter und Ehefrau. Sie wandte sich Mann und Kindern mit selbstloser Liebe und Hingabe zu und gestattete es ihnen auf diese Weise, eine stabile Ich-Identität auszubilden, die in dem Bewußtsein gründete, als ganzer Mensch akzeptiert zu werden.[35] Mit diesem emotionalen, in der Familie institutionalisierten Rückhalt konnte es bürgerlichen Männern gelingen, sich erfolgreich in ihrem »wirklichen substantiellen Leben im Staate, der Wissenschaft und dergleichen, und sonst im Kampfe und der Arbeit mit der Außenwelt und mit sich selbst« zu behaupten. Während Männer die »selbständige Einigkeit mit sich« in der »Entzweiung« von Individualität und Allgemeinheit erkämpften, durften Frauen diese Entzweiung nicht erleben, sondern mußten die »ruhige Anschauung« ihrer »Einigkeit« vermitteln, in der das männliche Subjekt in Identifikation und Distanzierung zu sich selbst finden konnte.[36]

Dieses seit den letzten Jahrzehnten des 18. Jahrhunderts ausgearbeitete Geschlechtermodell präsentierte die vormoderne Trennung weiblich-männlicher Handlungssphären in einer modernen, auf bürgerliche Interessen zugeschnittenen Fassung und stattete sie mit neuen Rechtfertigungen aus. Die systematische Unterscheidung zwischen einem familialen Binnenraum, in dem die Herrschaftsverhältnisse zwischen Mann und Frau, zwischen Vater und Kindern durch Liebe überdeckt und kulturalisiert wurden, und einer nach außen orientierten Öffentlichkeit war demnach gleichbedeutend mit einer Differenzierung geschlechtsspezifischer Tätigkeits- und Eigenschaftsprofile. Während Männer ihren Platz sowohl in der Familie als auch in der Öffentlichkeit fanden, blieben Frauen aus der Welt des Berufs und des Vereins ausgeschlossen.

Ihre Charakterisierung als »unentzweite Individualität« (Hegel) konnte jedoch auch zu anderen praktischen Konsequenzen führen. Indem Frauen nicht in die Sphäre des Warenverkehrs, der marktmäßigen Konkurrenz und Arbeitsteilung einbezogen waren, konnten sie in sich und um sich herum Talente und Daseinsformen ausbilden, die den Bedürfnissen des »allgemein Menschlichen« stärker entgegenkamen als die »bürgerlichen Verhältnisse«, in die Männer kraft ihres Berufs eingebunden waren. Damit verkörperten Frauen einen Begriff individueller Humanität, der von den ständisch gebundenen Glückserwartungen der »alten« Gesellschaft ebensoweit enfernt war wie von dem Nützlichkeitsstreben der aufgeklärten bürgerlichen Vereinskultur. »Die Weiber«, schrieb Wilhelm von Humboldt 1792, seien »eigentlich dem Ideale der Menschheit *näher,* als der Mann«.[37] Eben dieses Ideal aber war es, das den bürgerlichen Selbstverständigungsdiskurs gegen Ende des 18. Jahrhunderts zunehmend prägte und ein neues Konzept bürgerlicher Kultur aus der Taufe hob, das im 19. Jahrhundert zum zentralen Medium bürgerlicher Vergesellschaftung werden sollte.[38]

Im Mittelpunkt dieser Kultur stand Bildung, allerdings keine in Schulabschlüssen und Amtskarrieren meßbare Bildung, sondern ein zweckfreier Prozeß stetiger Selbstvervollkommnung, der idealiter in der Entfaltung aller Anlagen und Talente eines Individuums gipfelte. Soziale Konturen gewann dieser neuhumanistische Bildungsbegriff, dessen aktivster und politisch einflußreichster Vertreter Humboldt war, in den Salons. Entstanden im letzten Jahrzehnt des 18. Jahrhunderts, lokalisiert in den geistig-gesellschaftlichen Zentren der deutschen Staaten, gaben sie einer neuen Kultur sozialer Kommunikation Ausdruck, deren Definition der Theologe Friedrich Daniel Ernst Schleiermacher 1799 unter dem Titel *Versuch einer Theorie des geselligen Betragens* veröffentlichte. »Freie, durch keinen äußeren Zweck gebundene und bestimmte Geselligkeit« gehörte laut Schleiermacher zu den »ersten und edelsten Bedürfnissen« gebildeter Menschen. Jenseits aller »Beschränkungen der häuslichen und bürgerlichen Verhältnisse« wollten und sollten sich Männer und Frauen in einer »intellektuellen Welt« treffen, die sich durch das »freie Spiel der Gedanken und Empfindungen« zum Zweck gegenseitiger »Aufregung« und »Belehrung« auszeichnete. Die Sphäre der Häuslichkeit und des Berufs sollte aus dieser Welt ausgegrenzt bleiben oder aber nur insoweit thematisiert werden, als sie von allgemeinem Interesse war. Auf diese Weise könnten alle Teilnehmer der Geselligkeit ihre »allgemeine Bildung« vervollkommnen und jene Dimensionen ihrer »Individualität« kultivieren, die in ihren »bürgerlichen Verhältnissen« zwangsläufig unterbelichtet und unterdrückt werden mußten.[39]

Diese theoretischen Ausführungen lesen sich wie die Zusammenfassung von Erfahrungen, die Schleiermacher in den Berliner Salons der neunziger Jahre hatte sammeln können. Salons waren abgeschlossene Räume, in denen Personen, die sich sonst kaum je begegnet wären, als autonome Individuen aufeinandertrafen. Kaufleute, Literaten, Offiziere, Mediziner, Beamte fanden sich hier zusammen, wo jeder von ihnen, nach Beobachtungen des schwedischen Diplomaten von Brinckmann, »nicht *mehr* Werth, aber auch nie *weniger* hatte, als er selbst durch seine gebildete Persönlichkeit geltend zu machen vermochte«.[40] Ein solches Bildungs- und Geselligkeitskonzept tendierte dazu, ständische Grenzen zu sprengen, den »Bürger« des Dritten Standes zum Staats- und Weltbürger zu formen. Selbst Juden und Frauen konnten sich diese emanzipatorische Kraft der Bildung zunutze machen, und sie spielten denn auch in den Salons eine prominente Rolle.

Frauen nahmen nicht etwa als passive Begleiterinnen von Männern an der Salon-Geselligkeit teil, sie waren zumeist Initiatorinnen, Gastgeberinnen, »Stifter der besseren Gesellschaft«, wie Schleiermacher zu berichten wußte.[41] »Von sehr vielen äusseren Beschäftigungen gänzlich frei; fast nur mit solchen umgeben, welche das innere Wesen beinah ungestört sich selbst überlassen« (Humboldt), kamen sie dem Ideal menschlicher Ganzheitlichkeit und Bildungsfähigkeit prinzipiell näher als Männer.

In den Salons fanden bürgerliche Frauen demnach eine Arena persönlicher Selbstdarstellung und kultureller Kommunikation, die ihnen weder in der Familie noch in den anderen Formen bürgerlicher Öffentlichkeit möglich und erlaubt waren. Hochgebildet, mit der Kunst des Gesprächs, des geselligen Umgangs vertraut und an intellektuellem Austausch interessiert, verkörperten sie hier ein Weiblichkeitsmodell, das weit über das im bürgerlichen Geschlechterdiskurs stilisierte Bild der Gattin, Mutter und Hausfrau hinausging. Eher entsprach es dem im Adel kultivierten Frauentypus, wie denn auch die in den Salons praktizierten gemischten Umgangsformen adligen Gepflogenheiten näher standen als »den Gesellschaften des Bürgerstandes«, in denen »sich die Geschlechter voneinander mehr absondern, als unter Adligen geschieht«.[42]

V. Neue Bürgerlichkeit zwischen Adelskultur und Ehrbarkeit

Zeichnete sich der Salon durch eine unverkennbare Nähe zu adligen Vorbildern aus, unterschied er sich doch, darin seinen bürgerlichen Charakter betonend, von den Soiréen der Aristokratie durch seine prinzipielle soziale Offenheit. So besuchten Adlige bürgerliche Salons, in denen ihnen »ihr Stand eher *verziehen*, als zu gute gerechnet wurde«[43], während der umgekehrte Fall nur selten vorkam.

Adlige fanden sich ebenfalls unter den Autoren und Abonnenten bürgerlicher Zeitschriften. Selbst wenn die Aufklärung sozialgeschichtlich eine vor allem von Mitgliedern des Dritten Standes getragene Bewegung war[44], wirkte sie doch in Teile des Adels hinein. Reformideen und politische Veränderungswünsche faßten in adligen Kreisen Fuß, wie denn auch adlige Beamte in den Reorganisationsbemühungen des preußischen Staates nach der Niederlage gegen Napoleon eine zentrale Rolle spielten. Alle 14 Minister, die die Reformpolitik des Staatskanzlers Hardenberg zwischen 1810 und 1820 mittrugen und exekutierten, gehörten dem Adel an[45], was sie nicht daran hinderte, den ökonomischen, sozialen und politischen Interessen des Bürgertums bereitwillig entgegenzukommen.

Andererseits war auch die bürgerliche Oberschicht durchaus nicht so adelsfeindlich eingestellt, wie das in theoretischen oder ästhetischen Texten zuweilen aufgebaute Feindbild vermuten ließe. Zwar hatte gerade die bürgerliche Literatur des ausgehenden

18. Jahrhunderts den gesellschaftlichen Konflikt zwischen Adel und Bürgertum ausnehmend häufig zum Thema gemacht. Viele Romane und Theaterstücke lebten geradezu von der Kontrastierung bürgerlicher und adliger Helden, allen voran die neue Gattung des bürgerlichen Trauerspiels, in dem sich der tugendhafte Bürger oder vielmehr die tugendhafte Bürgerin mit der überwältigenden Macht des korrupten, rücksichtslosen, lüsternen Adels konfrontiert sah und ihre allgemein-menschliche Ehre nur im Tod retten konnte. Scharfe Adelskritik wurde auch in den populärwissenschaftlichen Zeitschriften, in den pädagogischen Journalen und moralischen Wochenschriften geübt. Man warf der Aristokratie Stolz vor, Unbildung, Müßiggang, ständischen Egoismus und Verschwendungssucht und setzte die Bürgertugenden Fleiß, Bildung, Sittlichkeit, Leistungswillen, Wohltätigkeit und Gemeinsinn dagegen. Zugleich aber ließen die bürgerlichen Autoren deutlich erkennen, daß sich ihre oft bis zur Karikatur überzeichnete Kritik nicht gegen den Adel insgesamt richtete, sondern hauptsächlich die Gruppe der Höflinge tangierte. Dagegen fielen weite Teile des Landadels aus diesem Feindbild heraus; sie übernahmen geradezu die Rolle von Bündnisgenossen bei der Durchsetzung und Verallgemeinerung gemeinsamer Tugendideale.[46]

Ob diese Ideale allerdings »bürgerlich« zu nennen wären, ist mehr als zweifelhaft. Zumindest repräsentierten sie eine andere Bürgerlichkeit als die des frühbürgerlichen Wertekanons, in dem die »moralische Ökonomie« des traditionellen Stadtbürgertums aufgezeichnet stand. Gegen eben diese ständisch eingebundene Bürgerlichkeit aber setzte sich die bürgerliche Literatur des ausgehenden 18. Jahrhunderts massiv zur Wehr. Ihr ging es nicht mehr um bürgerliche Ehrbarkeit, um Mäßigung, Rechtschaffenheit und wirtschaftliche Tüchtigkeit. Sie wollte den Menschen in seiner Totalität erfassen und kultivieren. Geradezu klassisch ist dieser Anspruch und die darin enthaltene Distanzierung von älteren Bürgerlichkeits-Konzepten in Goethes 1795 erschienenen Bildungsroman *Wilhelm Meisters Lehrjahre* formuliert. Der jugendliche Held beharrt gegenüber seinem Schwager, einem Kaufmann, auf seiner Absicht, »mich selbst, ganz wie ich dabin, auszubilden«. Er will kein Bürger werden, der nur »leisten und schaffen« soll, sondern wünscht, »eine öffentliche Person zu sein und in einem weiteren Kreise zu gefallen und zu wirken«. Bewundernd und neidvoll blickt er auf den Adel: »In Deutschland ist nur dem Edelmann eine gewisse allgemeine, wenn ich sagen darf personelle Ausbildung möglich. Ein Bürger kann sich Verdienst erwerben und zur höchsten Not seinen Geist ausbilden, seine Persönlichkeit geht aber verloren.« Der Edelmann dagegen »darf überall vorwärts dringen, anstatt daß dem Bürger nichts besser ansteht, als das reine, stille Gefühl der Grenzlinie, die ihm gezogen ist. Er darf nicht fragen: Was bist du? Sondern nur: Was hast du? ... Er soll einzelne Fähigkeiten ausbilden, um brauchbar zu werden, und es wird schon vorausgesetzt, daß in seinem Wesen keine Harmonie sei, noch sein dürfe, weil er, um sich auf Eine Weise brauchbar zu machen, alles übrige vernachlässigen muß.«[47]

Ganz ähnliche Betrachtungen stellte Garve an, als er sich 1792 mit den Defiziten des »bürgerlichen Airs«, verglichen mit Kultur und Habitus des Adels, auseinandersetzte. Obwohl er sich selber, nicht ohne Stolz, als Mann des »Bürgerstandes« bezeichnete, geizte er doch nicht mit Kritik an dem unvollkommenen, linkischen, gezwungenen und alles andere als selbstsicheren Auftreten und Benehmen seiner Standesgenossen. Auch er strich die Vorzüge des aristokratischen Ambientes heraus, in dem »die größte Feinheit der Sitten, die vollkommenste Politur des gesellschaftlichen Umgangs, der wahrhaft gute Ton« herrschten.[48] Selbst wenn sich manches Künstliche, Übertriebene und Gestelzte eingeschlichen hätte, seien doch Frauen und Männer der adligen Gesellschaftsschicht, daran ließ Garve keinen Zweifel, dem Ideal menschlicher Vollkommenheit und kosmopolitischen Weltbürgertums wesentlich näher als die Angehörigen des Dritten Standes, eingeschlossen die herausgehobene bürgerliche Oberschicht aus Gelehrten und reichen Kaufleuten.

Gemessen an diesem Ideal, sanken die traditionellen Leitbilder des Stadtbürgertums zu bloßen Sekundärtugenden herab. Zwar verloren sie ihre Bedeutung im bürgerlichen Alltag keineswegs. Vor allem die mit einem äußerst knappen Budget wirtschaftenden »Gelehrten«, die Professoren und Pfarrer, Lehrer und Juristen im alles andere als üppigen staatlichen Sold, konnten tagtäglich nachvollziehen, wie wichtig Fleiß, Sparsamkeit und Selbstdisziplin waren. Doch erschöpften sich ihre Zukunftsvorstellungen und Reformutopien nicht darin, diese dem Reich des Notwendigen entsprungenen Verhaltensnormen zur zentralen Botschaft bürgerlichen Emanzipationsstrebens hochzustilisieren. Der alternative Entwurf einer neuen Bürgerlichkeit setzte sich statt dessen über die als einengend und demütigend erfahrenen (real)»bürgerlichen Verhältnisse« hinweg und konzipierte eine – in bestimmten Geselligkeitsformen vorweggenommene – Lebenspraxis, in der, wie es bei Schiller hieß, »Menschen nur Menschen sind«, Menschen, die ihren »wahren Zweck« in sich selber tragen, nämlich »die höchste und proportionirlichste Bildung (ihrer) Kräfte zu einem Ganzen« (Humboldt).[49]

Der betonte Individualismus dieser Bildungs-Idee paßte einerseits perfekt in eine Leistung, Talent und Innovation honorierende bürgerliche Gesellschaft; andererseits aber ließ sich der radikale Anspruch auf Totalität auch als fundamentale Kritik dieser Gesellschaft lesen, die auf dem Prinzip strikter Arbeitsteilung und Spezialisierung beruhte. Reale Gegenentwürfe, von diesem Anspruch inspiriert, existierten in Gestalt des Salons und der neuhumanistischen Universität, wie sie nach den Plänen Humboldts 1810 in Berlin eingerichtet wurde.[50] Im Gegensatz zum halböffentlichen Salon jedoch, der das Ideal allgemeiner Bildung beiden Geschlechtern gleichermaßen zugestand, Frauen sogar eine kulturell dominierende Position einräumte, begriff sich die Universität, öffentliches Zentrum intellektueller Auseinandersetzung, reiner Wissenschaft und akademischer (Berufs-)Bildung, ausschließlich als Ort von und für Männer. In ihrer doppelten Bindung an die Bedürfnisse des Staates an fähigen Beamten des höheren Staats- und Kirchendienstes und die Interessen der Studierenden an einer berufsqualifizierenden Ausbildung verengte die Universität ihren allgemeinen Bildungsanspruch so weit, daß er Frauen prinzipiell ausschloß. Auch die neuhumanistisch reorganisierten Gymnasien, die auf das Studium vorbereiteten, waren nur für männliche Schüler gedacht.

Der Allgemeinheitsanspruch der neuen Bildungs-Idee blieb aber nicht nur für Frauen uneingelöst, sondern auch für soziale Unterschichten. Das städtische Gymnasium war eine Bürger-Schule. Es rekrutierte seine Schüler vor allem aus dem gebildeten Bürgertum, und schon das gewerblich-kaufmännische Bürgertum schickte seine Söhne, wenn möglich, lieber auf Realschulen, in denen der klassisch-humanistische Kanon zugunsten von mathematischem und naturwissenschaftlichem Unterricht etwas zurücktrat.[51] Trotzdem hat gerade das Gymnasium die Integration der verschiedenen Bürgertumsgruppen über regionale, konfessionelle und soziale Grenzen hinweg ungemein positiv beeinflußt.

Die hier aufgesogene »Bildungs-Religion« prägte langfristig nicht nur den evangelischen Pfarrerssohn aus Norddeutschland, sondern auch den Sprößling einer katholischen Kaufmannsfamilie in Bayern. Sie trat zwar nicht immer an die Stelle religiöser Glaubensvorstellungen, trug jedoch dazu bei, diese zu individualisieren und zu säkularisieren.[52]

Homogenisierung nach innen, Distinktion nach außen – das neuhumanistische Bildungskonzept vermittelte dem Bürgertum beides. Es reflektierte die Aufstiegserfahrung von Akademikern, die durch Bildungspatente und ein daran gebundenes, vom Staat geprägtes Karriereprofil hohe gesellschaftliche und politische Wertschätzung erworben hatten.

Gerade die Verknüpfung von allgemeiner Bildung und akademischer Berufsbildung aber setzte dem in der Theorie durchaus vorhandenen Generalisierungsinteresse enge soziale und geschlechterbezogene Grenzen. Emanzipation durch Bildung, diese von Madame de Staël etwas abschätzig als »Gelehrten-Republik« klassifizierte bürgerliche Utopie, gab keine gesamtgesellschaftlichen Veränderungsimpulse, sondern blieb das exklusive Privileg einer schmalen Elite.[53]

Dennoch steckte auch in dieser Utopie ein kritisches Potential, ein politisches Gegenmodell, das sich im Begriff der Freiheit kristallisierte. Freiheit war die »nothwendige Bedingung zu einer höheren und vielseitigeren Ausbildung«, die Voraussetzung ökonomischen, künstlerischen und wissenschaftlichen Fortschritts.[54] Dazu bedurfte es der Aufhebung ständischer Schranken und einer weitgehend staatsfreien Sphäre, in der männliche Bürger, getragen und motiviert von einem in Familie, Schule und Geselligkeit entwickelten Humanitätsideal, ihre Talente und Leistungen zu ihrem eigenen Nutzen und dem der Allgemeinheit entfalten konnten.

Im Gegensatz zu Frankreich jedoch war dieses dem bildungsbürgerlichen Emanzipationsstreben inhärente Freiheitsverlangen nicht prinzipiell anti-etatistisch. Da man den eigenen Aufstieg hauptsächlich dem absolutistischen Staat verdankte, nahm man jenen nicht – oder nur höchst selten – als Kontrahenten, als Gegenpol wahr, sondern eher als potentiellen Spender, Garanten und Vollender bürgerlicher Freiheit und Humanität.

Besonders deutlich wurde dies in der Reaktion der deu bildeten« auf die Französische Revolution. Der anfä thusiasmus entsprang einer stark idealisierten, philosophischen Sicht der Vorgänge in Paris.[55] Der Augenzeuge und aufklärerische Pädagoge Joachim Heinrich Campe berichtete begeistert, wie »alle Geister dieses Volkes, bis in die niedrigsten Stände hinab ... sich zu einer Höhe der Empfindung und der Begriffe erhoben haben, zu welcher das blinzende Auge des Ausländers sie kaum begleiten kann«.[56] Je mehr sich die 1789 konstituierte »große Bürgerfamilie« fraktionierte und die ehemals einheitlichen Begriffe von Freiheit und Gleichheit verschiedenartigen Auslegungen unterworfen wurden, desto entschiedener distanzierten sich die deutschen Beobachter, abgesehen von einer verschwindend kleinen Jakobinergruppe um den Mainzer Arzt und Schriftsteller Georg Forster[57], von dem französischen Experiment. Schon Campe hatte davor gewarnt, einen »unzeitigen Freiheitsenthusiasmus« in anderen Nationen zu entfachen, die auf eine »so gänzliche Umwälzung ihrer Verfassung« nicht hinreichend vorbereitet seien.[58] 1792 berief sich Humboldt auf einen eigenen, preußisch-deutschen Weg zur Freiheit, der nicht durch »das gezükte Schwerdt«, sondern durch »Aufklärung und Kultur« geebnet würde: »Wenn es nun schon ein schöner, seelenerhebender Anblik ist, ein Volk zu sehen, das im vollen Gefühl seiner Menschen und Bürgerrechte seine Fesseln zerbricht; so muss ... der Anblik eines Fürsten ungleich schöner und erhebender sein, welcher selbst die Fesseln löst und Freiheit gewährt, und diess Geschäft nicht als Frucht seiner wohlthätigen Güte, sondern als Erfüllung seiner ersten, unerlasslichen Pflicht betrachtet.«[59]

Hinter diesem Appell an den aufgeklärten Herrscher, notwendige politische Reformen aus eigenem Antrieb zu veranlassen, stand eine doppelte Erfahrung: Zum einen waren sich die deutschen Gebildeten der Andersartigkeit ihrer Situation bewußt. Geographisch zersplittert, sozial relativ isoliert und zahlenmäßig schwach, wäre ihnen eine revolutionäre, gewaltsame Erhebung gar nicht möglich gewesen. Schwerer wog jedoch die Einsicht, daß eine solche Erhebung angesichts der besonderen deutschen Verhältnisse weder sinnvoll noch notwendig sei. Selbst wenn man unter Einschränkungen einer ständischen Ordnung, obrigkeitner Reglementierung und einer noch unvollkommenen Rechtsstaatlichkeit litt, nährten doch die Entwicklungen der letzten Jahrzehnte die Hoffnung, weitergehende Verbesserungen und »Aufklärung« auf dem Wege der Reform durchsetzen zu können. Der Staat erschien in dieser Optik nicht als ferner, unzugänglicher Apparat feudaler Machtpolitik, sondern als eine zunehmend bürgerlich beeinflußte Institution, die das Allgemeinwohl gegen auseinanderstrebende Einzelinteressen vertrat und sicherte.[60]

Daß dieses Allgemeinwohl als mit den Leistungen und Bedürfnissen des neuen Bürgertums identisch gedacht wurde, zeigte sich spätestens in dem Moment, als die Fernwirkungen der Französischen Revolution in Gestalt der Napoleonischen Eroberungskriege auch Deutschland erreichten und seine politischen Strukturen in ihren Grundfesten erschütterten. Die von aufgeklärten adligen Ministern und ihren überwiegend bürgerlichen Räten zunächst in Preußen in Gang gesetzten Reformen erfüllten wesentliche Forderungen bürgerlicher Kritik. Das Oktoberedikt von 1807 führte die Freiheit der Berufswahl und des Grunderwerbs ein; die Städteordnung von 1808 etablierte eine weitgehende kommunale Autonomie und Selbstverwaltung; das Gewerbeedikt von 1810 verkündete die Aufhebung von wirtschaftlichen Monopolen und Privilegien; die Heeresreform öffnete die Offizierslaufbahn auch für Bürgerliche und verband mit der Institution des »Einjährigen« und dem daran gekoppelten Status des Landwehr- oder Reserveoffiziers Bildungs- und Militärschicht; die Reorganisation des Schul- und Hochschulwesens verlieh der neuhumanistischen Bildungsidee höchste staatliche Weihen.

Insgesamt war das Modell einer bürgerlichen Gesellschaft, wie es in den Diskursen des neuen Bürgertums entworfen worden war, durch die preußische Reformgesetzgebung zwischen 1807 und 1820 in wichtigen Ansätzen verwirklicht worden, wenngleich ständische Strukturen infolge adliger Widerstände eine zähe Beharrungskraft entfalteten. Auch das alte Stadtbürgertum widersetzte sich noch lange der Entwicklung einer bürgerlichen Marktgesellschaft, indem es an zünftlerischen Traditionen und den Privilegien einer exklusiven Bürgergemeinde festzuhalten suchte. Eindeutige Gewinner waren die wirtschaftsbürgerlichen Oberschichten, die Bourgeoisie, wie sie in Anlehnung an Frankreich immer häufiger genannt wurde. Dennoch dauerte es noch mehrere Jahrzehnte, bis sie politisch und sozial zur einflußreichsten bürgerlichen Fraktion aufgestiegen war. Bis dahin stand das deutsche Bürgertum unter der unangefochtenen Prädominanz der »verstaatlichten Intelligenz«, der beamteten Elite-Bürger, deren Werte und Leitvorstellungen, deren Lebensstil, Familienstrukturen und Geselligkeitsformen sich an einem vom Staat verallgemeinerten Ideal humanistischer Bildung orientierten, welches sowohl zu den »Nahrungs«- und »Ehrbarkeitsansprüchen« des alten Stadtbürgertums als auch zu den Leistungs- und Effizienznormen des sich herausbildenden Industrie-Bürgertums in einem spannungsreichen Widerspruchsverhältnis stand.

Anmerkungen

* Ich danke Jürgen Kocka für anregende Kritik.

1 Das von der Autorin gezeichnete Bild entsprach vor allem nicht dem Selbstbild einer kulturellen Elite, die gerade eben und erstmalig zu einem politischen Nationalbewußtsein gefunden hatte. Daß die Französin, von Napoleon immerhin zur Staatsfeindin erklärt, beim Nachbarvolk einen Mangel an militärischem Geist, an Patriotismus und Freiheitsliebe zu erkennen glaubte, beleidigte diejenigen, die solche Tugenden in den jüngst erfolgreich beendeten Kämpfen gegen die französische Fremdherrschaft unter Beweis gestellt hatten. S. dazu M. Bosse, Nachwort: Madame de Staël und der deutsche Geist, in: Anne Germaine de Staël, Über Deutschland, hg. v. M. Bosse, Frankfurt 1985, S. 801 ff.

2 Dieses und alle folgenden Zitate nach der in Anm. 1 genannten Ausgabe: S. 26; 91, 758 f.; 97; 28, 33; 33; 97; 108 f.; 26; 65, 98; 93; 109.

3 C. Garve, Ueber die Maxime Rochefaucaults: das bürgerliche Air verliehrt sich zuweilen bey der Armee, niemahls am Hofe, in: ders., Versuche über verschiedene Gegenstände aus der Moral, der Litteratur und dem gesellschaftlichen Leben, Teil 1, Breslau 1792, S. 295–452. Zitate v. a. S. 303–306.

4 H. Rosenberg, Bureaucracy, Aristocracy and Autocracy: The Prussian Experience 1660–1815, Cambridge/Mass. 1968[3], S. 142. Nach B. Vogel, Allgemeine Gewerbefreiheit, Göttingen 1983, S. 60 f., lag der Adelsanteil in der höheren preußischen Verwaltung zwischen 1794 und 1806 nur noch bei ca. 25%.

5 R. Koselleck, Preußen zwischen Reform und Revolution, Stuttgart 1981[3], S. 90 ff.

6 Zum alten Stadtbürgertum vgl. M. Walker, German Home Towns,

Ithaca 1971; M. Stürmer (Hg.), Herbst des Alten Handwerks, München 1979; R. Koch, Grundlagen bürgerlicher Herrschaft. Verfassungs- und sozialgeschichtliche Studien zur bürgerlichen Gesellschaft in Frankfurt am Main (1612–1866), Wiesbaden 1983; E. François, Koblenz im 18. Jahrhundert, Göttingen 1982; K. Gerteis, Die deutschen Städte in der frühen Neuzeit, Darmstadt 1986.

7 Berechnet nach: D. Saalfeld, Die ständische Gliederung der Gesellschaft Deutschlands im Zeitalter des Absolutismus, in: VSWG, Bd. 67, 1980, S. 457–83, v.a. S. 478; H.-W. Hahn, Von der »Kultur der Bürger« zur »bürgerlichen Kultur«. Veränderungen in der Lebenswelt des Wetzlarer Bürgertums zwischen 1700 und 1900, in: R. van Dülmen (Hg.), Armut, Liebe, Ehre, Frankfurt 1988, S. 144–185.

8 E. Brandes, Betrachtungen über den Zeitgeist in Deutschland in den letzten Decennien des vorigen Jahrhunderts, Hannover 1808 (ND Kronberg 1977), S. 180.

9 W. H. Riehl, Die bürgerliche Gesellschaft, hg. v. P. Steinbach, Frankfurt 1976, S. 158, 194.

10 Walker, S. 119ff., nennt diese neuen bürgerlichen Gruppen folgerichtig »movers and doers«, die in den auf Stabilität und Konstanz bedachten Stadtbürgergesellschaften als Störelemente und Fremdkörper wirkten. Siehe auch Hahn zur Konfrontation traditionaler und »neuer« Bürgerschichten am Beispiel Wetzlars.

11 S. dazu W. Fischer u. P. Lundgreen, Recruitment and Training of Administrative and Technical Personnel, in: R. Tilly (Hg.), The Formation of National States in Western Europe, Princeton 1975, S. 456–561; W. Bleek, Von der Kameralausbildung zum Juristenprivileg, Berlin 1972; B. Wunder, Privilegierung und Disziplinierung. Die Entstehung des Berufsbeamtentums in Bayern und Württemberg (1780–1825), München 1978; ders., Geschichte der Bürokratie in Deutschland, Frankfurt 1986, Kap. I; H. Henning, Die deutsche Beamtenschaft im 19. Jahrhundert, Wiesbaden 1984. Zu den älteren Mißständen in der Rekrutierungs- und Ausbildungspraxis vgl. Rosenberg, S. 75ff.

12 Brandes, Betrachtungen, S. 167. Vgl. dazu H. H. Gerth, Bürgerliche Intelligenz um 1800, hg. v. U. Herrmann, Göttingen 1976; R. S. Turner, The Bildungsbürgertum and the Learned Professions in Prussia, 1770–1830. The Origins of a Class, in: Histoire sociale – Social History, Bd. 13, 1980, S. 105–135; K. Schwieger, Das Bürgertum in Preußen vor der Französischen Revolution, Diss. Kiel 1971, S. 317ff.

13 H. J. Haferkorn, Zur Entstehung der bürgerlich-literarischen Intelligenz und des Schriftstellers in Deutschland zwischen 1750 und 1800, in: B. Lutz (Hg.), Deutsches Bürgertum und literarische Intelligenz 1750–1800, Stuttgart 1974, S. 113–275; H. Möller, Aufklärung in Preußen. Der Verleger, Publizist und Geschichtsschreiber Friedrich Nicolai, Berlin 1974.

14 H. Rachel u. P. Wallich, Berliner Großkaufleute und Kapitalisten, Bd. 2 u. 3, Berlin 1967[2]; H. Krüger, Zur Geschichte der Manufakturen und der Manufakturarbeiter in Preußen, Berlin 1958.

15 H. Kisch, Die hausindustriellen Textilgewerbe am Niederrhein vor der industriellen Revolution, Göttingen 1981; I. Mittenzwei, Zur Klassenentwicklung des Handels- und Manufakturbürgertums in den deutschen Territorialstaaten, in: ZfG, Bd. 23, 1975, S. 179–190; dies., Preußen nach dem Siebenjährigen Krieg. Auseinandersetzungen zwischen Bürgertum und Staat um die Wirtschaftspolitik, Berlin 1979; Schwieger, S. 240ff.

16 H. Zwahr, Zur Klassenkonstituierung der deutschen Bourgeoisie, in: ders., Proletariat und Bourgeoisie in Deutschland, Köln 1980, S. 86–145, v. a. S. 92ff., 114ff.; H.-U. Wehler, Bürger, Arbeiter und das Problem der Klassenbildung 1800–1870, in: J. Kocka (Hg.), Arbeiter und Bürger im 19. Jahrhundert, München 1986, S. 1–27, v. a. S. 7f.

17 Neben dem relativ geringen Grad sozialer Verflechtung ist auch das negative Unternehmerbild in der schönen Literatur des frühen 19. Jahrhunderts ein Indiz für diese oft betonte Distanz zwischen »Gebildeten« und Bourgeoisie. Vgl. dazu E. K. Bramsted, Aristocracy and the Middle Classes in Germany. Social Types in German Literature 1830–1900, London 1937 (ND Chicago 1964); I. Rarisch, Das Unternehmerbild in der deutschen Erzählliteratur der ersten Hälfte des 19. Jahrhunderts, Berlin 1977.

18 Vgl. z. B. E. Brandes, Über den Einfluß und die Wirkungen des Zeitgeistes auf die höheren Stände Deutschlands, Teil 2, Hannover 1810, S. 250: »Der große Kaufmannsstand fand sich nur in wenigen Städten Deutschlands zahlreich und gebildet.« S. auch A. Frhr. von Knigge, Über den Umgang mit Menschen (1788), hg. v. G. Ueding, Frankfurt 1982[3], S. 25.

19 J. G. Büsch, Von dem Unnatürlichen in dem Umgange der Gelehrten und Ungelehrten, in: ders., Vermischte Abhandlungen, Teil 2, Hamburg 1777, S. 509–524, hier S. 511.

20 Vgl. dazu M. R. Lepsius, Zur Soziologie des Bürgertums und der Bürgerlichkeit, in: J. Kocka (Hg.), Bürger und Bürgerlichkeit im 19. Jahrhundert, Göttingen 1987, S. 79–100, v. a. S. 88ff.

21 Grundlegend: T. Nipperdey, Verein als soziale Struktur in Deutschland im späten 18. und frühen 19. Jahrhundert, in: ders., Gesellschaft, Kultur, Theorie, Göttingen 1976, S. 174–205; W. Hardtwig, Strukturmerkmale und Entwicklungstendenzen des Vereinswesens in Deutschland 1789–1848, in: O. Dann (Hg.), Vereinswesen und bürgerliche Gesellschaft in Deutschland, München 1984, S. 11–50.

22 J. Habermas, Strukturwandel der Öffentlichkeit, Neuwied 1971[5], S. 46ff.; W. Ruppert, Bürgerlicher Wandel, Frankfurt 1981, S. 130ff.

23 Die Logen können allerdings nur bedingt in die Kategorie »bürgerliche Öffentlichkeit« eingeordnet werden, da ihre Arkanrituale zu den Grundsätzen einer freien, subjektiv nachvollziehbaren und kontrollierbaren Kommunikation in Widerspruch standen. N. Schindler, Freimaurerkultur im 18. Jahrhundert, in: R. M. Berdahl u. a., Klassen und Kultur, Frankfurt 1982, S. 205–262, lokalisiert sie denn auch »im Niemandsland zwischen Öffentlichkeit und Privatsphäre« (S. 245). Nichtsdestotrotz können sie als eine der wichtigsten bürgerlichen Vereinigungsformen im 18. Jahrhundert gelten. S. auch R. van Dülmen, Die Gesellschaft der Aufklärer. Zur bürgerlichen Emanzipation und aufklärerischen Kultur in Deutschland, Frankfurt 1986, S. 55 ff.

24 Vgl. R. Vierhaus (Hg.), Deutsche patriotische und gemeinnützige Gesellschaften, München 1980; U. Im Hof, Das gesellige Jahrhundert. Gesellschaft und Gesellschaften im Zeitalter der Aufklärung, München 1982; van Dülmen, S. 66 ff.

25 O. Dann, Die Lesegesellschaften des 18. Jahrhunderts und der gesellschaftliche Aufbruch des deutschen Bürgertums, in: U. Herrmann (Hg.), »Die Bildung des Bürgers«. Die Formierung der bürgerlichen Gesellschaft und die Gebildeten im 18. Jahrhundert, Weinheim 1982, S. 100–118.

26 Büsch, S. 510.

27 Van Dülmen, S. 94.

28 F. Kopitzsch, Die Hamburgische Gesellschaft zur Beförderung der Künste und nützlichen Gewerbe (Patriotische Gesellschaft von 1765) im Zeitalter der Aufklärung, in: Vierhaus, Gesellschaften, S. 71–118, v. a. S. 78.

29 Vgl. die Auswertung von Subskribentenlisten in: B. Hurrelmann, Erziehung zur Bürgerlichkeit in der Jugendliteratur der Aufklärung. Am Beispiel von Christian Felix Weißes »Kinderfreund« (1776–1782) gezeigt, in: Herrmann, Bildung, S. 194–223, v. a. S. 195–199; U. Dzwonek u.a., Bürgerliche Oppositionsliteratur zwischen Revolution und Reformismus, in: Lutz, S. 277–328, v. a. S. 280, 314 f.

30 Van Dülmen, S. 94, 165 ff.

31 P. Schleuning, Das 18. Jahrhundert: Der Bürger erhebt sich, Reinbek 1984, S. 216 ff.

32 Generallandesarchiv Karlsruhe 357/3003.

33 So van Dülmen, S. 86.

34 Zur weiblichen Bildung vgl. W. Martens, Die Botschaft der Tugend, Stuttgart 1968, S. 520 ff.; P. Nasse, Die Frauenzimmer-Bibliothek des Hamburger »Patrioten« von 1724. Zur weiblichen Bildung der Frühaufklärung, 2 Bde., Stuttgart 1976.

35 Vgl. dazu U. Frevert, Zwischen Traum und Trauma – Aufklärung, Geschichte und Geschlechterverhältnis, in: J. Rüsen u. a. (Hg.), Die Zukunft der Aufklärung, Frankfurt 1988, S. 132–147, v. a. S. 139 f.

36 G. W. F. Hegel, Grundlinien der Philosophie des Rechts, Frankfurt 1973, S. 318f. Zum bürgerlichen Geschlechterverhältnis des ausgehenden 18. und frühen 19. Jahrhunderts vgl. U. Frevert, Frauen-Geschichte. Zwischen Bürgerlicher Verbesserung und Neuer Weiblichkeit, Frankfurt 1986, S. 15ff.; dies., Bürgerliche Meisterdenker und das Geschlechterverhältnis. Konzepte, Erfahrungen, Visionen an der Wende vom 18. zum 19. Jahrhundert, in: dies. (Hg.), Bürgerinnen und Bürger. Geschlechterverhältnisse im 19. Jahrhundert, Göttingen 1988, S. 17–48.

37 W. von Humboldt, Schriften zur Anthropologie und Geschichte, Darmstadt 1980[3], S. 80.

38 F. H. Tenbruck, Bürgerliche Kultur, in: F. Neidhardt u. a. (Hg.), Kultur und Gesellschaft, Opladen 1986, S. 263–285.

39 F. D. E. Schleiermacher, Philosophische Schriften, Berlin 1984, S. 39–64.

40 G. v. Brinckmann, Rahel. Brief an Varnhagen von Ense, nach dem Tode seiner Gattin, in: K. A. Varnhagen von Ense, Vermischte Schriften, Teil 3, Leipzig 1876[3], S. 226.

41 Schleiermacher, S. 57. S. auch P. Schmid, Zeit des Lesens, Zeit des Fühlens. Anfänge des deutschen Bildungsbürgertums, Berlin 1985, S. 189ff.

42 Garve, S. 391.

43 Brinckmann, S. 226f.

44 H. Möller, Vernunft und Kritik. Deutsche Aufklärung im 17. und 18. Jahrhundert, Frankfurt 1986, S. 290ff.

45 Vogel, S. 61.

46 B. Hurrelmann, Jugendliteratur und Bürgerlichkeit, Paderborn 1974, S. 100ff.; J. Schultze, Die Auseinandersetzung zwischen Adel und Bürgertum in den deutschen Zeitschriften der letzten drei Jahrzehnte des 18. Jahrhunderts (1773–1806), Berlin 1925 (ND Vaduz 1965); Ruppert, S. 33ff.

47 J. W. v. Goethe, Wilhelm Meisters Lehrjahre, Frankfurt 1980, S. 300f. Zum anti-bürgerlichen Impuls »bürgerlicher« Literatur vgl. H. Schlaffer, Der Bürger als Held, Frankfurt 1973, sowie L. Pikulik, Leistungsethik contra Gefühlskult. Über das Verhältnis von Bürgerlichkeit und Empfindsamkeit in Deutschland, Göttingen 1984.

48 Garve, S. 308.

49 F. Schiller, Kabale und Liebe, in: Schillers Werke (BDK), Bd. 2, Berlin 1967, S. 300; Humboldt, S. 64.

50 K. H. Jarausch, Die neuhumanistische Universität und die bürgerliche Gesellschaft 1800–1870, in: Darstellungen und Quellen zur Geschichte der deutschen Einheitsbewegung im neunzehnten und zwanzigsten Jahrhundert, Bd. 11, Heidelberg 1981, S. 11–57.

51 M. Kraul, Das deutsche Gymnasium 1780–1980, Frankfurt 1984,

S. 30ff., 66ff.; dies., Bildung und Bürgerlichkeit, in: J. Kocka (Hg.), Bürgertum im 19. Jahrhundert, Bd. 3, München 1988, S. 45–73.

52 T. Nipperdey, Deutsche Geschichte 1800–1866. Bürgerwelt und starker Staat, München 1985^{3}, S. 440ff.

53 Wie trügerisch dieses Emanzipations- und Aufstiegsversprechen angesichts wechselnder Bildungskonjunkturen überdies war, zeigt R. Vierhaus, Der Aufstieg des Bürgertums vom späten 18. Jahrhundert bis 1848/49, in: Kocka, Bürger, v. a. S. 64–78, v. a. S. 73ff.

54 Humboldt, S. 61f., 69, 106, 108. Diesen politischen Impuls unterschätzt m. E. Riedel, wenn er die Humanitätsidee des späten 18. Jahrhunderts als Entpolitisierung interpretiert, als »Absinken« von Bürgerlichkeit »in den familialen Binnenraum und privatisierte Räume der Innerlichkeit«. M. Riedel, Bürgerlichkeit und Humanität, in: R. Vierhaus (Hg.), Bürger und Bürgerlichkeit im Zeitalter der Aufklärung, Heidelberg 1981, v. a. S. 13–34, v. a. S. 29f.

55 R. Vierhaus, »Sie und nicht wir« – Deutsche Urteile über den Ausbruch der Französischen Revolution, in: J. Voss (Hg.), Deutschland und die Französische Revolution, München 1983, S. 1–15.

56 J. H. Campe, Briefe aus Paris zur Zeit der Revolution geschrieben, in: H. Günther (Hg.), Die Französische Revolution. Berichte und Deutungen deutscher Schriftsteller und Historiker, Frankfurt 1985, S. 11.

57 Vgl. Forsters Werke in zwei Bänden, hg. v. G. Steiner, Weimar 1979^{2}, hier Bd. 1, S. 85ff.; W. Grab, Ein Volk muß seine Freiheit selbst erobern. Zur Geschichte der deutschen Jakobiner, Frankfurt 1984.

58 Campe, S. 15.

59 Humboldt, S. 59.

60 Vierhaus, Urteile, S. 8; U. A. J. Becher, Politische Gesellschaft. Studien zur Genese bürgerlicher Öffentlichkeit in Deutschland, Göttingen 1978, S. 153.

Roger Dufraisse
Die Französische Revolution und das Bürgertum[1]

Nur wenige Historiker sind der Ansicht, daß es keine wesentlichen Unterschiede zwischen der französischen Gesellschaft zur Zeit Ludwigs XVI. und jener unter Louis Philippe gegeben habe.[2] Im allgemeinen ist die Tatsache unbestritten, daß es in dieser Zeitspanne zu gesellschaftlichen Veränderungen gekommen ist. Diskutiert wird lediglich über das Ausmaß des sozialen Wandels. Die meisten Untersuchungen zu diesem Thema beschäftigen sich mit Klerus, Adel, Bauern und städtischen Unterschichten. Dagegen ist das Bürgertum weit weniger gut erforscht. Dieser Stand der Forschung hat zu der gewiß übertriebenen Bemerkung Anlaß gegeben, es fehle an soliden Arbeiten gerade über jene soziale Gruppe, die mit der Revolution am engsten verbunden gewesen ist: das Bürgertum.[3]

Ein Großteil der Schwierigkeiten dürfte damit zusammenhängen, daß es unter Historikern keine einheitliche Vorstellung vom Bürgertum im Ancien Régime gibt. Aus diesem Grund weiß man sehr viel weniger über die zahlenmäßige Stärke dieser sozialen Gruppe im Frankreich des ausgehenden 18. Jahrhunderts als über Klerus oder Adel. P. Léon hat geschätzt, daß das Bürgertum zu Beginn des 18. Jahrhunderts 700 000 bis 800 000 Personen und am Ende des Jahrhunderts rund 2,3 Millionen Menschen umfaßte. Dies waren etwa 8% der französischen Bevölkerung. Zehnmal höher lag der Anteil der Landbevölkerung. Der Klerus kam auf 0,5%, der Adel auf 1,5% und die städtische Arbeiterschaft auf 4,6%. In den wirtschaftlich entwickeltsten Städten machte jedoch das Bürgertum in einem weiteren Sinne, die »groupe bourgeois« (P. Léon), wenigstens 30%, vielleicht sogar 40% der städtischen Bevölkerung aus.[4] Wir haben es also beim Bürgertum mit einer sozialen Gruppe zu tun, deren Umfang im Laufe des 18. Jahrhunderts stark zunahm und die, wie R. Johannet zu Recht schreibt, die einzige französische Klasse ist, die niemals einen Niedergang erlebt hat.[5]

Die Schwierigkeit, »Bürger« und »Bürgertum« zu definieren

und den Umfang dieser sozialen Gruppe anzugeben, hängt damit zusammen, daß es sehr unterschiedliche Arten von Bürgern und Bürgertum gibt. Es erscheint deshalb unmöglich, einen Begriff zu finden, der dieser Komplexität Rechnung trägt. Dabei handelt es sich bei den Diskussionen über die Begriffe »Bürger« und »Bürgertum« um alles andere als um bloße Haarspaltereien. Dies geht allein schon daraus hervor, daß ernsthaft die Frage aufgeworfen worden ist, ob es im Jahr 1789 in Frankreich überhaupt ein Bürgertum gegeben habe. Damit erhob sich auf einmal die Frage, ob die Französische Revolution überhaupt eine bürgerliche Revolution gewesen sei. Dieser Streit, der vor nunmehr bald 30 Jahren entbrannte, stand an Heftigkeit der Kontroverse in nichts nach, die von den Revolutionshistorikern A. Aulard und H. Taine sowie später von A. Cochin ausgefochten worden war.[6]

Das Bürgertum des ausgehenden Ancien Régime läßt sich sowohl mit Hilfe rechtlicher als auch anhand sozialer Kriterien definieren, wobei diese beiden Gesichtspunkte einander keineswegs ausschließen müssen. Deshalb kann das Bürgertum der damaligen Zeit zugleich als ein Stand und als eine in sich vielfältig gegliederte soziale Klasse gesehen werden.[7] Als Stand besaß es eine bestimmte rechtliche Stellung in der alten Gesellschaft und verfügte über eine Anzahl von Rechten und Pflichten. Sie unterschieden einen Bürger von den Angehörigen anderer Stände, den Klerikern, Adeligen oder Bauern. So ausgeprägt waren die Standesunterschiede, daß ein Bürger seine Rechte und Pflichten als Angehöriger des Bürgerstands einbüßte, wenn er geadelt wurde. Johann von Dietrich z. B., der 1761 von Ludwig XV. in den Adels- und ein Jahr später von Kaiser Franz I. in den Reichsfreiherrnstand erhoben wurde, mußte kurz darauf alle Ämter aufgeben, die er im bürgerlichen Rat der Stadt Straßburg innehatte.[8]

Viele, die die Lebendigkeit der Ständegesellschaft am Ende des Ancien Régime verkennen, vernachlässigen diesen rechtlichen Aspekt des Bürgertums. Doch muß man sehen, daß sich die Gesellschaft damals nach wie vor als Stände- und eben noch nicht als Klassengesellschaft begriff. Rechtliche Standesunterschiede überdeckten häufig die starken sozialen Ungleichheiten, die es in der Realität gab. Die Bedeutung der ständischen Gesellschaftsstruktur leugnen, hieße ganz einfach vergessen, daß die Französische Revolution gegen die Ständegesellschaft und ihre Privilegien gerichtet gewesen ist.[9]

In der ständischen Gesellschaft unterschieden sich die Bürger grundsätzlich von den Adeligen. Selbst wenn man auf das Bürgertum des Ancien Régime den modernen Klassenbegriff anwendet, darf man nicht vergessen, daß seine rechtliche Position entscheidend dadurch gekennzeichnet war, daß es nicht dem Adel angehörte. Aus diesem Grund blieben einem Bürger Ämter an der Spitze von Provinzen, Städten und Festungen ebenso verschlossen wie am Hof. Wollte ein reicher Bürger ein Lehen erwerben, mußte er eine Abgabe entrichten, das »franc-fief«. Ein Adeliger war davon befreit. Strebte ein Bürgerssohn eine Offiziersstelle an oder wollte, wenn er schon Offizier war, in die höheren Ränge aufsteigen, dann mußte er seit 1781 vier Generationen adeliger Vorfahren nachweisen.[10]

Wenn E. Labrousse den Bürger des Jahres 1788 sehr treffend als einen »sozial Zurückgesetzten«[11] bezeichnet, meint er damit folgendes: Viele Bürger wollten nicht länger hinnehmen, daß sie aufgrund ihrer rechtlichen Stellung nicht dieselben Privilegien erwerben konnten, die der Adel genoß. Die Eifersucht auf den Adelsstand brachte viele junge Bürgerliche dazu, sich das adelige »von« einfach anzueignen; angefangen von Pétion, der sich Pétion de Villeneuve nannte, bis hin zu Brissot, der den Namen Brissot de Warville führte; vor 1790 unterschrieb auch Danton mit »d'Anton«; und es gibt zahlreiche Aktenstücke, die mit Maximilien »de« Robespierre unterzeichnet sind.[12]

Grundlegend für das Bürgertum als Stand war das Bürgerrecht. Die wichtigste Voraussetzung für seinen Erwerb war, in einem Ort mit Stadtrecht zu wohnen. Freilich kannten nicht alle Städte ein bürgerliches Stadtregiment. Im Herzogtum Lothringen z. B. verliehen von 2500 Ortschaften mit Stadtrecht nur 200 Kommunen, »villes de bourgeoisie« genannt, auch tatsächlich das Bürgerrecht.[13] Somit gab es zwar kein Bürgerrecht außerhalb der Stadt, aber Städte ohne Bürgerrecht. Während ein Adeliger überall im Königreich ein Adeliger blieb, ganz unabhängig davon, wo er seinen Wohnsitz hatte, war der Bürger nur in jener Stadt ein Bürger, in der er wohnte. Wollte sich ein Bürger in einer anderen Stadt niederlassen, erwarb er dort nicht automatisch das Bürgerrecht. Dies erinnert in mancher Hinsicht an das antike griechische Bürgerrecht. Neben der Ansässigkeit wurde es im Laufe der Jahrhunderte üblich, ein bestimmtes Vermögen zu verlangen. Dieses mußte durch den Besitz eines oder mehrerer Häuser bzw. durch

Zahlung einer bestimmten Summe Geldes nachgewiesen werden. In Verdun z. B. hatte derjenige, der das Bürgerrecht erwerben wollte, ein Aufnahmegeld in Höhe von 30 Livres zu entrichten.[14] Wenn ein Angehöriger des Adels oder des Klerus die erforderlichen Bedingungen erfüllte, d. h. in der Stadt wohnte, dort eines oder mehrere Häuser besaß oder eine entsprechende Summe zahlte, dann konnte er in das Bürgertum aufgenommen werden. Bei den Wahlen zu den Generalständen warfen gerade solche Fälle erhebliche rechtliche Schwierigkeiten auf. Mit dem Argument, sie seien Bürger von Paris, beantragten die Adligen der Hauptstadt, in den Dritten Stand aufgenommen zu werden, um Beschwerden abfassen und Abgeordnete aufstellen zu können. Dieses Ansinnen wurde ihnen aber verweigert.[15]

Zu den Voraussetzungen für den Erwerb des Bürgerrechts trat oft die Vorschrift, Mitglied einer Zunft zu sein. Diese Bedingung gewann seit 1764/65 wieder an Bedeutung, als für alle munizipalen Ämter die freie Wahl eingeführt wurde. Das Amt des Bürgermeisters und Schöffen war seitdem also nicht mehr käuflich. Solange es die Ämterkäuflichkeit gegeben hatte, waren die Käufer in der Lage gewesen, sich allein aufgrund ihres Geldes gegenüber ihren Mitbürgern durchzusetzen.[16] Die politische Bedeutung der Zünfte sollte nicht unterschätzt werden. Bei den Wahlen zu den Generalständen wurde festgelegt, daß sich in den Städten die Wähler des Dritten Standes nach Zünften zu versammeln hätten und nur dann nach Stadtvierteln, wenn sie keiner Zunft angehörten.

Mit dem Bürgerrecht verbanden sich wirtschaftliche und politische Privilegien. Von den wirtschaftlichen Privilegien, die eng mit der Mitgliedschaft in einer Zunft zusammenhingen, soll hier nicht die Rede sein.[17] Die politischen Vorrechte bestanden vor allem in der Ausübung des Wahlrechts für die städtischen Ämter. Hinzu kamen jene Vorteile, die die Stadt ausschließlich ihren Bürgern einräumte. Wenn die Stadtherrschaft allein in den Händen des Bürgertums lag, wurden die Magistrate von denen gewählt, die das Bürgerrecht besaßen. Waren hingegen, wie in Lyon, Reims, im Languedoc und Artois, alle Stände am Stadtregiment beteiligt, bestimmten die Inhaber des Bürgerrechts die Abgeordneten der nichtprivilegierten Stände.[18] P. Sagnac hat davor gewarnt, die königlichen Edikte, etwa das von 1764, allzu wörtlich zu nehmen, und darauf hingewiesen, daß am Ende des 18. Jahrhunderts die Verwaltung der munizipalen Angelegenheiten in den Händen des gehobenen Bürgertums lag.[19] Darüber hinaus gewährte das Bürgerrecht eine Reihe finanzieller Privilegien, vor allem Steuerfreiheiten. So brauchten die Bürger von Paris, Beauvais, Etampes, Orléans, Tours, Poitiers und Bourges die Staatssteuer nicht zu entrichten, und in Paris entfielen außerdem die »aides«.

Das Bürgertum war am Ende des Ancien Régime nicht nur ein Stand, sondern es stellte auch eine soziale Gruppe dar. Ihr gehörten alle Nichtprivilegierten an, mit Ausnahme der Bauern und der städtischen Unterschichten. Ein Bürgertum gab es deshalb nicht nur in den Städten. Auch auf dem Land lebten Nichtprivilegierte, die sich kaum mit dem einfachen Volk vermischten und von den Bauern als Bürger angesehen wurden. Dabei handelte es sich zum einen um Grundbesitzer, die ihr Land nicht selber bewirtschafteten, sondern nur von den Einkünften lebten, zum anderen um Vögte, Notare und Verwalter adliger Güter. Nach oben hin war diese Gruppe von Bürgerlichen scharf, da rechtlich abgegrenzt. Nach unten hin blieb sie dagegen offen. Handwerker oder Kleinhändler, die aus dem bäuerlichen Milieu stammten, konnten durch Arbeit und Sparsamkeit mit etwas Zeit sowie einem bißchen Glück mehr oder minder schnell in das Handel treibende Bürgertum aufsteigen.[20] Am Anfang jeden bürgerlichen Vermögens, ob erworben oder ererbt, stand immer die Arbeit. Dies unterschied es vom adeligen Besitz. Nur die Selbständigen zum Bürgertum zu rechnen ist wenig sinnvoll. Denn es gab am Ende des Ancien Régime manchen Bürger, der von gehaltsähnlichen Einnahmen lebte. Man denke nur an die Staats- und Finanzbeamten. Die Generaleinnehmer erhielten z. B. feste Gehälter, die zwischen 4500 und 6000 Livres pro Jahr schwankten; darüber hinaus bekamen sie eine Prämie von 2‰ für die eingetriebenen Abgaben.[21]

Das Bürgertum als eine soziale Gruppe läßt sich nicht genau abgrenzen. In dem Augenblick, in dem man versucht, entweder die Grenzen zwischen ihm und den anderen sozialen Klassen zu ziehen oder die verschiedenen sozialen Gruppen, aus denen sich das Bürgertum zusammensetzte, näher zu umreißen oder gar die materiellen Lebensbedingungen und Werthaltungen zu beschreiben, die das Bürgertum als Ganzes kennzeichneten, »drängt sich schnell der Eindruck auf, daß der Begriff ›Bürgertum‹, so vielschichtig, fließend und wenig greifbar wie er ist, keine faßbare Realität besitzt. Auch die Unterscheidung von Groß- und Kleinbürgertum sowie vielleicht bei Bedarf noch die Einfügung eines mittleren Bürgertums kann diese Schwierigkeit nicht aus dem Weg räumen.«[22] Tatsächlich verbirgt sich hinter den Begriffen »Bürger« und »Bürgertum« eine Vielfalt individueller (Bildung, Lebensart und Werthaltungen), familiärer (Erwerb, Erbe und wirtschaftliche Lage) und schließlich sozialer Verhältnisse (Besitz und persönlicher Verdienst). Erst Verteilung und Kombination dieser verschiedenen Merkmale erlauben es, im Bürgertum als Ganzem eine gewisse Anzahl von Gruppen auszumachen, die sich in ihrem Besitzstand, ihren Gewohnheiten, ihrer Mentalität, teilweise auch in ihren Berufen voneinander unterschieden. Innerhalb dieser Gruppen gab es in Ansätzen so etwas wie ein Bewußtsein von Gemeinsamkeit, das eine soziale Klasse konstituiert, zwischen den Gruppen hingegen fehlte es.[23]

Die Revolution beseitigte das Bürgertum als Stand und veränderte zugleich radikal die Gewichtsverteilung innerhalb des Bürgertums als einer sozialen Gruppe. Indem die Revolution alle Stände abschaffte, hob sie auch den Bürgerstand auf. Vor dem Gesetz gab es künftig nur noch die französische Staatsbürgerschaft. Das Bürgertum büßte also alle Privilegien ein, die es aufgrund des Bürgerrechts genossen hatte. Seine finanziellen Vorrechte wurden ebenso abgeschafft wie jene des Adels oder Klerus. Mit der Aufhebung aller Zünfte am 2. März 1791 verloren die Meister ihre Monopolrechte und sonstigen Privilegien. Künftig konnte das städtische Bürgertum nicht mehr allein die städtischen Magistrate besetzen oder die Vertreter der Nichtprivilegierten bestellen. Durch die Einführung des Zensuswahlrechts sahen sich sogar Bürger von den Gemeindewahlen ausgeschlossen. Ein gutes Beispiel hierfür ist Johann Jung. Er gehörte der Schusterzunft in Straßburg an und übte über sie seine politischen Rechte aus. Da Jung jedoch nicht mehr als vier Livres und fünf Sous an Steuern zahlte, wurde er zwar Aktivbürger, gehörte aber nicht einer der höheren Zensusklassen an. Deshalb konnte er weder wählen, noch war er wählbar.[24] Von der Aufhebung des Bürgerstandes profitierte dagegen sein politischer Gegenspieler, Franz von Dietrich. Er hatte wegen der Anobilitierung seines Vaters nicht zur städtischen Bürgerschaft gehört. Jetzt erhielt er die Möglichkeit, sich zum Bürgermeister von Straßburg wählen zu lassen.

Mit Abschaffung der Stände erlangte das Bürgertum Zugang zur politischen Macht, die ihm bis dahin verschlossen gewesen war. Durch die Revolution konstituierte sich also das Bürgertum als politische Elite. Darunter verstehen wir ein Bürgertum, das seine gesamte Zeit oder doch zumindest einen Teil den öffentlichen Angelegenheiten widmete. Die Arbeit von W. Giesselmann macht den erstaunlichen politischen Aufstieg des Bürgertums deutlich.[25] Er tritt klar hervor, wenn man die politische Führungsschicht (Konsuln, Minister, Staatsräte, Senatoren, Mitglieder von Tribunat und Gesetzgebender Körperschaft) zu Beginn des Konsulats mit den Mitgliedern der Notabelnversammlung von 1787 vergleicht.

Tabelle 1: Politische Führungsschichten 1787, 1792 und 1800[26]

Notabelnversammlung (1787)	Klerus und Adel	141 (98,0%)
	Dritter Stand	3 (2,0%)
Nationalkonvent (1792)	Bürger	747 (99,7%)
	Nichtbürger	2 (0,3%)
Politische Führungsschicht (1800)	Ehemalige Kleriker	29 (5,8%)
	Adelige des Ancien Régime	66 (13,2%)
	Angehörige der gehobenen Schichten aus dem Bürgertum von 1789	405 (81,0%)

Der Aufstieg des Bürgertums wird noch offensichtlicher, wenn man sich klar macht, daß die Mehrheit der 29 ehemaligen Kleriker aus einer bürgerlichen Familie stammte. Alle Bürger von 1789, die im Jahre 1800 der politischen Elite zuzurechnen sind, verdankten ihre Karriere der Revolution: 417 von ihnen hatten zu irgendeinem Zeitpunkt der einen oder anderen, oft auch mehreren Revolutionsversammlungen angehört. 53 waren 1789 ins politische Leben eingetreten, 41 im Jahre 1791 (Legislative), 64 im Jahre 1798 (Konvent) und schließlich 222 nach 1792 (Direktorium). Demgegenüber scheint sich die Zusammensetzung der bürgerlichen politischen Elite zwischen 1789 und 1800 nicht verändert zu haben.[27]

Die Revolution ermöglichte allen Bürgern den freien Zugang zum öffentlichen Dienst in der Gemeinde-, Distrikts-, Departements- und Staatsverwaltung. Sämtliche Bürgerliche, die um 1800 zur politischen Elite zählten, hatten ihre Karriere mit einem Amt auf einer dieser vier Ebenen begonnen.[28] Die Revolution öffnete

Tabelle 2: Zusammensetzung der politischen bürgerlichen Elite 1798 und 1800[29]

	Bürgerliche in den Generalständen	Bürgerliche politische Elite von 1800
Juristen	50%	50%
(darunter Rechtsanwälte)	(39%)	(35%)
Geschäftsleute	13%	17%
Rentiers, Eigentümer	2%	9%
Angehörige des öffentlichen Dienstes	29%	?
Intellektuelle	6%	?

dem Bürgertum also neue Aufstiegswege. Über öffentliche Ämter und Funktionen auf kommunaler Ebene gelang es ihm am häufigsten, in die herrschende politische Elite aufzusteigen.

Parallel zum politischen vollzog sich ein sozialer Aufstieg. Allerdings veränderte sich das Bürgertum dabei. Denn alle Gruppen, aus denen es sich zusammensetzte, waren auf irgendeine Weise von der Revolution betroffen. Fast alle Bürger litten, wenn auch unterschiedlich stark, unter der Inflation, dem Staatsbankrott und den Zwangsanleihen.[30] Wie immer in Zeiten von Krieg, Versorgungsknappheit und Währungszerrüttung, bildete sich eine Schicht von Neureichen heraus. Andere Bürger dagegen verarmten.

Am Ende des Ancien Régime stand eine Gruppe von Rentiers an der Spitze des Bürgertums. Sie lebten wie Adelige, ohne jedoch dem Adel anzugehören. Die bürgerlichen Rentiers bildeten eine soziale Schicht, die man als »Notabeln« bezeichnete – ein Begriff, der 1789 noch neu war. Er spiegelte eine soziale Realität wider und verwies eindeutig auf das Bürgertum.[31] Zu den Notabeln zählten, einerlei ob sie in der Stadt oder auf dem Lande wohnten, alle diejenigen, die keinen Beruf ausübten, auf großem Fuße lebten und eine zahlreiche Dienerschaft unterhielten. Die wichtigsten Einkünfte der Notabeln stammten aus Besitztümern und Vermögen. Land und Gebäude zählten ebenso dazu wie Staatspapiere oder Zinsen von Kapitalien, die zumeist an Bauern ausgeliehen worden waren. Da viele Autoren nicht zwischen adeligen und bürgerlichen Rentiers unterscheiden, ist es schwer, die Zahl der Notabeln zu schätzen. In Lyon gab es nur sehr wenige, während sie in Chartres und Semur-en-Auxois mindestens 13% der Bevölkerung ausmachten.[32]

Alle Historiker stimmen darin überein, daß die Rentiers besonders stark unter der Revolution gelitten haben. Als Anhänger der konstitutionellen Monarchie gerieten viele von ihnen unter Verdacht und mußten emigrieren. Nicht anders als die Adeligen litten auch die bürgerlichen Besitzer von Gütern und Herrensitzen unter der Abschaffung der Feudalabgaben. Zugleich erhielten sie ihre Pacht in Assignaten gezahlt, die zunehmend an Wert verloren. Dies galt zumindest bis zum 25. Juli 1795, danach mußte die Hälfte des Pachtgeldes in Getreide entrichtet werden. Wie alle Wohlhabenden wurden die Rentiers von der Geldentwertung, den Steuern, den Zwangsanleihen und nicht zuletzt auch vom Staatsbankrott hart getroffen. Aber sie mußten noch weitere Schläge hinnehmen. Soweit sie Hypotheken- oder Staatsgläubiger waren, erhielten sie Zinsen und Kapital in wertlosem Papiergeld, zumindest bis zum Jahre 1796, als die Assignatenwirtschaft zusammenbrach. Um dieser Unsitte entgegenzuwirken, untersagte das Gesetz vom 11. Juli 1795 die Rückzahlung aller Schulden, die vor dem 1. Januar 1792 gemacht worden waren sowie die vorzeitige Rückzahlung aller anderen Verbindlichkeiten. Dies hatte zur Folge, daß die Gläubiger jetzt überhaupt nichts mehr erhielten. 1793 »republikanisierte« das Konventsmitglied Joseph Cambon alle Staatsschulden. Sie wurden nicht dem Kapitalbetrag nach in das große Schuldenbuch eingetragen, sondern nur mit der Rente, die sie abwarfen. Dies brachte Cambon den Spitznamen »Henker der Rentiers« ein. 1794 wurden diese Maßnahmen weiter verschärft und auch auf die Leibrenten ausgedehnt.[33] Am 30. September 1797 erfolgte dann der »banqueroute des deux-tiers«. Die Staatsgläubiger erhielten nur ein Drittel ihrer Zinsen in Bargeld, zwei Drittel dagegen in Papieren, für die sie Nationalgüter kaufen konnten. So wurden die Rentiers jedes Jahr um 160 Millionen Francs (mehr als vier Milliarden heutiger Francs) gebracht. Ein Jahr später verfuhr man in gleicher Weise mit Leibrenten, Pensionen sowie kurzfristig fälligen bzw. schon verfallenen Schulden. Der Höhepunkt war erreicht, als das Direktorium im Oktober 1798 beschloß, Nationalgüter nur noch gegen bares Geld zu verkaufen. Damit waren die Papiere, die die Rentiers erhalten hatten, wertlos geworden.[34]

Allerdings sollte man die Lage auch nicht zu düster schildern. Denn viele Staatsgläubiger hatten weitere Einkünfte, nicht zuletzt aus Grundbesitz. Wer über Grund und Boden verfügte, erlitt, von den Emigranten einmal abgesehen, keine Einbußen. Einige konnten sogar ihr Vermögen durch den Kauf von Nationalgütern vergrößern. Wenn es am Ende der Revolution eine Schicht wohlhabender bürgerlicher Rentiers gab, so beruhte ihr Wohlstand mehr auf Einkünften aus Immobilien, weniger dagegen auf Guthaben bei öffentlichen oder privaten Schuldnern. Rein zahlenmäßig betrachtet dürfte sich diese soziale Gruppe sogar durch Leute vergrößert haben, die vor der Revolution einen niedrigeren sozialen Status besessen hatten. Balzac zeigte, als er den sozialen Aufstieg von Père Grandet beschrieb, einige Möglichkeiten auf, wie man sich in den Kreis der bürgerlichen Rentiers hinaufschwingen konnte. Diese soziale Schicht bildete das Rückgrat der napoleonischen Notabeln. Sie verdankten ihren Aufstieg dem günstigen Kauf von Nationalgütern, dem Eintritt in den Staatsdienst oder lukrativen Lieferungen an die Armee.[35] Man könnte einwenden, Père Grandet sei nur eine literarische Figur, doch sie weist viele Parallelen zu einer wirklichen Person auf: Jean-Baptiste Paulée, der unter Napoleon als einer der reichsten Männer von Paris galt. Geboren wurde Paulée in Douai. Er war zunächst Laufbursche, dann Kellermeister in einem Gasthaus seiner Heimatstadt. Später heiratete er die Kassiererin. Obwohl weitgehend Analphabet, nahm er einerseits Verbindung auf mit Offizieren und Kriegskommissaren der Nordarmee, andererseits mit Bauern und Kornhändlern, die auf dem Markt in Douai ihre Geschäfte machten. Am Anfang stellte er nur Geschäftsbeziehungen zwischen beiden Parteien her, dann belieferte er selber die Armee. Seine Geschäfte brachten ihm ein ungeheures Vermögen ein, das er in Nationalgütern anlegte. So erwarb Paulée auf recht fragwürdige Weise in Belgien mehr als 20 000 Hektar für 18 Millionen Francs. Den einen Teil der erworbenen Besitzungen behielt er, der andere wurde verkauft, zweifellos mit gutem Gewinn. Zu Beginn des Konsulats stellte Paulée alle seine Handelsgeschäfte ein und konzentrierte sich ganz auf die Verwaltung seines Vermögens. In weniger als 12 Jahren war er damit vom einfachen Arbeiter zum großen Rentier aufgestiegen.[36]

Man könnte vermuten, daß die Bürgerlichen, die 1789 in der Verwaltung tätig waren, also die nichtnobilitierten Diener des

Königs, unter der Revolution gelitten haben. Denn zahlreiche königliche Ämter wurden beseitigt, und viele Beamte mußten hohe Vermögensverluste hinnehmen. Gewiß hatte das beamtete Bürgertum nicht anders als der Amtsadel Nachteile davon, daß die Ämterkäuflichkeit im Justiz- und Finanzbereich fortfiel. Dies gilt um so mehr, als der frühere Kaufpreis in Assignaten erstattet wurde. Sicher hat auch die Aufhebung zahlloser Ämter in der Justiz-, Forst- und Finanzverwaltung viele Personen ihre Anstellung gekostet. Man darf demgegenüber aber nicht vergessen, daß die »Vervielfältigung von Schreiberposten ein Charakteristikum der Revolutionsregierung gewesen ist«.[37] Die Revolution schuf eine große Zahl neuer Funktionen, Verwaltungsstellen sowie Gerichtshöfe aller Art. Manche der ehemaligen königlichen Diener erhielten hier aufgrund ihres Sachverstandes eine Anstellung. So finden wir die Mehrheit der hohen Beamten der »Ferme générale«, ausgenommen lediglich die »fermiers généraux«, die unter der Guillotine starben, in der Zollverwaltung der Revolutionszeit wieder.

Dies wirft die Frage auf, ob das Bürgertum im öffentlichen Dienst 1799 zahlreicher vertreten war als 1789. Darauf läßt sich nur schwer eine Antwort geben. Von den 24 500 Angestellten der »Ferme générale« können etwa 2240 zum Bürgertum gezählt werden. Es handelt sich um alle jene, die bei der Übernahme des Amts eine Kaution von mehr als 1000 Livres (27 000 Francs heutiger Währung) zu zahlen hatten. 1791 war die Zahl der Angestellten, die in der neuen Zollverwaltung eine vergleichbare Position einnahmen, auf weniger als 760 gesunken und lag auch 1800 nicht wesentlich höher.[38] Man sollte sich jedoch davor hüten, aufgrund dieses einen Beispiels anzunehmen, die Zahl der höheren Verwaltungsbeamten sei im Jahre 1800 niedriger gewesen als 1789. Nur eines steht fest: Betrachtet man nicht die Zahl, sondern die einzelnen Personen, so zeigt sich im öffentlichen Dienst eine bemerkenswerte Kontinuität vom Ancien Régime zur Revolution.

Von 156 Personen, die zwischen 1789 und 1799 315 hohe Posten in der Finanzverwaltung bekleideten, kamen, wie M. Bruguière zeigen konnte, 95, d.h. 61%, aus den verschiedenen Zweigen der Verwaltung des Ancien Régime. Die Revolution hatte also nur 61 Personen (39%) neu rekrutiert. Dabei ist noch zu berücksichtigen, daß ein Drittel dieser Neulinge juristische Berufe innegehabt hatte: Richter, Rechtsanwälte, Notare und Staatsanwälte.[39]

Da es keine Vorstudien gibt, weiß man nicht genau, in welchem Ausmaß sich die hohe Verwaltung während der Revolutionszeit Menschen von einfachem Herkommen öffnete. Auffällig ist nur, daß Personen aus bescheidenen Verhältnissen selten hohe Verwaltungsposten innehatten. Der Fall Lenoble stellt deshalb eine Ausnahme dar. Lenoble war 1789 Geigenlehrer und bekleidete von 1797 bis 1799 das Amt eines Abteilungsleiters im Finanzministerium.[40] Unter den Aufsteigern finden sich zahlreiche Angehörige des niederen Klerus, die aus ihren Orden ausgetreten waren. So wurde Pierre Denis, Priester in der Diözese von Châlons, nachdem er 1789 sein Priesteramt aufgegeben hatte, 1791 Generalinspekteur im Wasser- und Forstwesen.[41] Auch einer gewissen Anzahl von niederen und mittleren Beamten bot die Revolution Aufstiegsmöglichkeiten. Jean Ducasse z.B., der zwischen 1771 und 1791 als einfacher Verwaltungsangestellter beschäftigt gewesen war, arbeitete von 1796 bis 1801 als Abteilungsleiter in der Rechnungsabteilung des Finanzministeriums. Martin Michèle Charles Gaudin, vor 1789 einfacher Steuerbeamter, stieg 1791 zum Kommissar des Schatzamtes auf und war von 1796 bis 1814 Finanzminister.[42] Vergleichbare Beispiele finden sich in der Zollverwaltung. Gorsas und Turc, Angestellte der »Ferme générale«, wurden 1798 Bezirksdirektoren der Zollverwaltung, der eine in Köln, der andere in Kleve.[43] Häufig begünstigten familiäre oder politische Beziehungen die Karriere, und oft spielten sie eine größere Rolle als Sachkenntnis oder Eignung. F.-X.Dumonceau, Advokat beim Parlament von Flandern, stieg zum Direktor der neuen Wasser- und Forstverwaltung in Valenciennes auf. Dank seines Schwagers, Merlin de Douai, Mitglied des Direktoriums, wurde er 1798 Generalinspektor dieses Verwaltungszweiges in den neuen linksrheinischen Departements. Zahlreiche Beschwerden über seine Unehrlichkeit und seinen Mangel an Kompetenz führten dazu, daß er nach drei Monaten aller Ämter enthoben wurde. Trotzdem schickte ihn das Nord-Departement 1799 in den Rat der Fünfhundert.[44]

Die Revolution ließ ein beamtetes Großbürgertum entstehen, das zwar quantitativ nicht sehr umfangreich war, sich aber zum großen Teil aus Leuten zusammensetzte, die bereits im Ancien Régime, sei es in der Verwaltung, sei es im Justizwesen, Positionen bekleidet hatten. Wenn man bedenkt, daß dieses Bürgertum Zugang zur politischen Macht erlangte, an der Spitze der Revolution stand und den größten Teil der politischen Führungskräfte stellte, die auch später in der Zeit des Konsulats leitende Posten besetzten, so wird verständlich, in welchem Umfang das beamtete Bürgertum des Ancien Régime seine Stellung festigen konnte.

Das Wirtschaftsbürgertum rückte an die Spitze der Gesellschaft. Gewiß mußte es bestimmte tradierte Tätigkeitsbereiche räumen. So beseitigte z. B. die Revolution das überkommene Finanzsystem. Die Aufhebung der »ferme des impôts indirects«, das Verbot der Finanzierungsgesellschaften sowie die Schließung der Börse am 27. Juni 1793 trafen die Finanzwelt mit voller Wucht. Sie litt obendrein unter der Aufhebung der »Caisse d'Escompte« und, wie alle vermögenden Personen, unter Revolutionssteuern und Zwangsanleihen. Viele der Steuereinnehmer, Kassenverwalter und hohen Finanzbeamten, die nicht nur die königlichen Finanzen verwaltet hatten, sondern auch, wie etwa die »fermiers généraux«, darüber hinaus im Handel, in der Industrie oder in der Schiffsausrüstung auf eigene Rechnung tätig gewesen waren, wurden finanziell ruiniert und manchmal auch physisch ausgeschaltet. Andere, die lediglich eingesperrt wurden, tauchten später wieder auf. Schließlich gab es Mitglieder des Wirtschaftsbürgertums, die unter dem Zusammenbruch eines ehemals sehr dynamischen Wirtschaftszweiges, des Überseehandels, besonders mit den Kolonien, zu leiden hatten.

Dagegen bereitete die Revolution den Aktivitäten derjenigen kein Ende, die in der öffentlichen Finanzverwaltung tätig gewesen waren und parallel dazu ihre eigenen geschäftlichen Interessen verfolgt hatten. Ebensowenig wie die Monarchie war die Republik in der Lage, die öffentlichen Finanzen ordentlich zu verwalten. Sie mußte daher privaten Financiers nicht nur erheblichen Einfluß einräumen, sondern öffnete ihnen sogar noch weitergehende lukrative Geschäftsmöglichkeiten: die Spekulation mit Metall- und Papiergeld sowie Nationalgütern, die Durchführung von Kriegslieferungen oder die finanzielle bzw. wirtschaftliche Ausbeutung der eroberten Länder. Das Auftauchen nicht einer neuen Schicht, sondern eines besonderen Milieus[45], das der Neureichen – von Leuten also, die rasch und mehr oder weniger ehrlich zu Vermögen gekommen waren –, hat zu der Annahme geführt, mit der Revolution habe sich die Möglichkeit geboten, gewissermaßen aus dem Nichts große Vermögen zu erwerben. Wenn es jedoch darum geht, Beweise für diese These zu finden, wird man nur auf wenige Fälle stoßen wie den des schon erwähnten Paulée. Seine geschäftlichen Anfänge liegen bezeichnenderweise im dunkeln[46], denn es war natürlich nicht möglich, sich auf größere Spekulationen einzulassen, ohne über ein gewisses Anfangskapital zu verfügen. Vielleicht sollte man deshalb lieber sagen, daß dank der Revolution Personen mit bescheidenem Vermögen zu großem Reichtum gelangen konnten. Ein gutes Beispiel hierfür ist Pierre-François Paravey. Er erwarb sich bei der Besetzung des linken Rheinufers durch Lieferungen an die Armee ein beträchtliches Vermögen und war auch in betrügerische Ausrüstungsgeschäfte verwickelt. So wurden etwa 4000 Paar Schuhe mit Pappsohlen geliefert. Paravey, Sohn eines Kaufmanns aus Gray, ging 1794, noch während er bei seinem Vater tätig war, als Offizier zur Rhein-Mosel-Armee. 1799 ließ er sich als Kaufmann in Koblenz nieder, wo sein Schwager Mitglied der Zentralverwaltung des Rhein-Mosel-Departements war. Dort vergrößerte Paravey sein bereits durch Armeelieferungen erworbenes Vermögen. In den Jahren der Restauration gründete er in Paris eine berühmte Bank. Paravey dient als gutes Exempel für jene Gruppe von Neureichen, die ihre zunächst noch bescheidenen Mittel während der Revolutionszeit oft auf zweifelhafte Art und Weise anlegten, dadurch ein riesiges Vermögen erwarben und zur Zeit des Direktoriums an der Spitze der Gesellschaft standen.[47]

Unter den Geschäftsleuten aus dem Bürgertum, die von der Revolution nach ganz oben getragen wurden, übten viele dieselbe Tätigkeit aus wie im Ancien Régime. Dazu zählten das Bankgeschäft, häufig in Verbindung mit dem Großhandel, sowie industrielle Engagements, zu denen sich in vielen Fällen gewinnbringende Spekulationen mit Assignaten und Nationalgütern sowie Lieferungen an die Armee gesellten. Etienne Delessert, ein Pariser Bankier und Industrieller, der zugleich die »Compagnie royale d'Assurances« und die »Caisse d'Escompte« verwaltete, ist ein gutes Beispiel. Er wurde 1791 für einige Monate unter dem Vorwurf in Haft genommen, Gelder ins Ausland transferiert und mit Assignaten spekuliert zu haben. Nach seiner Freilassung importierte Delessert landwirtschaftliche Geräte und Merinoschafe, handelte mit Nationalgütern und behielt von den erworbenen Immobilien zwischen 1791 und 1796 mehr als 1200 Hektar. Zum Schluß lebte er hauptsächlich von den Pachtgeldern, die ihm jährlich 36 000 Francs (1,7 Millionen Francs nach heutiger Währung) einbrachten. Delessert führte »das Leben eines reichen bürgerlichen Rentiers, der sich wie ein Adeliger verhielt«.[48]

Die Revolution erlaubte es auch zahlreichen Personen, die im industriellen Bereich tätig und schon 1789 recht vermögend gewesen waren, ihren Reichtum weiter zu vermehren. Typisch ist der Aufstieg von Claude Périer, der am Rande des Ancien Régime an der Spitze verschiedener Unternehmen stand. Er handelte mit Tuchen, stellte bedruckte Baumwollstoffe her, importierte Zucker aus Santo Domingo und betrieb Bankgeschäfte. Périer zählte damit zu den Geschäftsleuten, die »über das Stadium des Handelskapitalismus bereits hinausgewachsen waren, indem sie dem Handel zunächst Bankgeschäfte hinzugefügt und sich dann auf die industrielle Produktion konzentriert hatten«.[49] Gewiß stießen seine Unternehmungen während der Revolutionszeit immer wieder auf Schwierigkeiten. Probleme ergaben sich 1790 mit der Assignatenwirtschaft, und auch die Ereignisse von 1792 bis 1794 blieben nicht ohne Folgen. Damals verlor Périer endgültig alle Feudalrenten, die er aus seinen Besitzungen in Vizille bezog. Es handelte sich immerhin um Beträge von mehr als 30 000 Livres pro Jahr, also 880 000 Francs nach heutiger Währung. Verluste erlitt Périer außerdem durch die Einführung des allgemeinen Maximums. Ferner traf ihn der Aufstand in Santo Domingo schwer. Schließlich wurden ihm Forderungen in Höhe von 2,5 Millionen Livres von seinen Schuldnern in Assignaten erstattet. Er selber verhielt sich seinen Gläubigern gegenüber freilich nicht anders und zahlte, als er 1793 seine Bank liquidierte, die Einlagen ebenfalls in Assignaten zurück. Seitdem beschäftigte sich Périer mit der Herstellung von Baumwollwaren und ging wahrscheinlich noch anderen Geschäften nach, von denen wir aber nichts wissen. 1791 begann er, in größerem Ausmaß Nationalgüter zu erwerben. Über welche finanziellen Möglichkeiten Périer verfügte, machte seine Beteiligung an den Minen von Anzin deutlich, die im Besitz von Emigranten gewesen waren. Für 2 Millionen Livres, d. h. 54 Millionen Francs nach heutigem Geld, erwarb er einen Anteil von 10%. Bei der Zwangsanleihe von 1796 wurde sein Vermögen auf 800 000 Francs (19 Millionen heutige Francs) geschätzt. Sicher entsprach dies nicht dem realen Wert seines Besitzes. Périer beteiligte sich als einer der ersten an der Gründung der »Banque de France« und entwarf auch ihre Statuten.[50]

Die Revolution bot eine Vielzahl von Möglichkeiten, sich zu bereichern, und diese wurden von den Neureichen am intensivsten genutzt. Beim Handel mit Nationalgütern tat sich besonders Pierre Laurant Hainguerlot hervor. Dieser Sohn eines Steuereinnehmers aus dem Calvados begann 1791, mit Nationalgütern zu spekulieren. Die hohen Gewinne erlaubten es ihm, umfangreichen Grundbesitz zu erwerben. Sein Wert betrug zu Beginn des Konsulats 846 369 Francs. 68% der Immobilien lagen im annektierten Belgien. Mit den Gewinnen aus dem Verkauf dieser Güter beteiligte sich Hainguerlot 1796 an der »Caisse des Comptes courants«, im November 1797 an der»Caisse d'escompte du commerce« und im Dezember 1796 an der »Compagnie Dijon«, die der Staatskasse mit kurzfristigen Krediten aushalf. 1800 wurde Hainguerlot mit 250 000 Francs Teilhaber eines Handelshauses. Zur Zeit der Konsulats zahlte er 50 000 Francs Grundsteuer (nach heutigem Geld 1,35 Millionen Francs). Dies vermittelt einen Eindruck von der Größe seines Vermögens. Hainguerlot war das Beispiel eines Nationalgüterspekulanten, der selber ausgedehnten Grundbesitz erwarb, sich anschließend in Handels- und Bankgeschäften umtat, diese aber bald aufgab, um sich schließlich ganz der Verwaltung seines Vermögens zu widmen.[51]

Ein Beispiel für die Kaufleute, die es in der Revolutionszeit zu großem Reichtum brachten, ist Gabriel Julien Ouvrard.[52] Seine lukrativsten Geschäfte bestanden in Lieferungen an Armee und Marine. Bis heute ist über die Armeelieferanten nicht genügend geforscht worden, und man weiß deshalb noch zu wenig über sie. Selbst über Ignace Vanlerberghe, dessen Name häufig von Historikern genannt wird, sind die Kenntnisse unzureichend. Bereits im Ancien Régime handelte er in großem Umfange mit Getreide. Viel Geld verdiente er mit Lieferungen an die republikanischen Armeen. Später wurden seine Aktivitäten vielfältiger. Vanlerberghe verband sich mit Paulée, um Nationalgüter zu kaufen, und 1798 mit Ouvrard, um Ausrüstungen für die Marine zu liefern. Als er seine Tochter mit General Rapp verheiratete, erhielt sie als Mitgift zwei Güter in der Region von Cambrai sowie 450 000 Francs (heute 12 Millionen Francs) in bar. Unter dem Konsulat beglich die Regierung seine Forderungen mit Nationalgütern, die in den neuen linksrheinischen Departements lagen.[53]

Neben dem Großbürgertum, das ein Leben wie der Adel führte, und dem Wirtschaftsbürgertum stand ein mittleres Bürgertum, das sich aus Rechtsanwälten, Notaren, Ärzten, Schriftstellern sowie Staatsdienern zusammensetzte. Außerdem gab es das Kleinbürgertum der Handwerksmeister und kleinen Ladenbesitzer, die häufig das Bürgerrecht besessen hatten. Dieses Kleinbürgertum litt in mancherlei Hinsicht unter der Revolution. Die Zünfte wurden am 2. März 1791 aufgelöst. Damit verloren die Meister ihre Privilegien und Monopole. Durch die Einführung der Gewerbefreiheit erhöhte sich die Zahl der selbständigen Gewerbetreibenden. Diese stiegen teils aus der Arbeiterschaft, teils aus bäuerlichen Kreisen auf. Sicher ist auch, daß die durch die Währungskrise hervorgerufene Warenknappheit sowie die Schwierigkeiten in Produktion und Handel alle jene begünstigten, die etwas zu verkaufen hatten. Dazu zählten eben auch Kaufleute und Handwerker. Dies zeigt sich deutlich daran, daß einige von ihnen Opfer der Maßnahmen gegen Hamsterer wurden. Eine nicht geringe Zahl von Gewerbetreibenden zog aus der wirtschaftlichen Situation sowie aus dem Krieg Nutzen und weitete die Geschäfte aus. Dies gilt z. B. für Getreidehändler, Müller und viele Zwischenhändler. Auf diese Weise kam es zu zwei Formen sozialen Aufstiegs. Einerseits, und das war rein numerisch gesehen die wichtigste Entwicklung, konnte man aus dem einfachen Volk in das Kleinbürgertum aufsteigen. Andererseits, und dies war wesentlich seltener, gelang der Aufstieg vom Klein- ins Großbürgertum. Dabei erwies sich die »Spekulation als wichtigster Faktor des sozialen Aufstiegs und der Verbürgerlichung«.[54] Als sich die soziale Situation stabilisiert hatte, begannen die gerade aus dem einfachen Volk aufgestiegenen Kleinbürger für eine bessere Ausbildung ihrer Söhne zu sorgen und ihnen über den öffentlichen Dienst, die freien Berufe oder die Wirtschaft weitere Aufstiegsmöglichkeiten zu öffnen.

Am Ende dieses Überblicks sollen einige Schlußfolgerungen über den Einfluß der Französischen Revolution auf das Bürgertum in Frankreich stehen. Wie alle Teile der Bevölkerung litt auch das Bürgertum unter der Terreur. Man schätzt, daß 20% der Opfer Kaufleute und Spekulanten waren. Sie dürften jedoch nicht die einzigen gewesen sein, die dem Bürgertum entstammten. Man kann deshalb annehmen, daß die bürgerlichen Schichten einen höheren Preis zahlten, als er ihrer zahlenmäßigen Stärke entsprochen hätte. Bei alledem darf man aber nicht vergessen, daß die Mehrheit des Bürgertums eine erstaunliche Fähigkeit besaß, sich den neuen

Verhältnissen anzupassen. So war Jean Frédéric Perrégaux schon am Ende des Ancien Régime ein sehr angesehener Bürger. Man schätzt, daß sich sein Anteil an der von ihm geleiteten Bank 1786 bereits auf 300 000 Livres belaufen hat. Perrégaux nahm auf seine Weise an der Revolution teil. Er finanzierte die Sektionen, stieg zum Bankier des Wohlfahrtsausschusses auf und gewann das Vertrauen von Robespierre. So konnte der Bankier ungehindert seinen Spekulationsgeschäften mit Devisen über Hamburg, London und Amsterdam nachgehen sowie sein Vermögen nach England transferieren. Ein Haftbefehl, der im Dezember 1793 gegen ihn erlassen wurde, kam nicht zur Ausführung. Zur Zwangsanleihe von 1796 trug Perrégaux mit 600 000 Francs bei. Er verheiratete seine Tochter mit Auguste Frédéric Louis Marmont, den Adjutanten von Bonaparte. Die Mitgift betrug 362 500 Francs (10 Millionen nach heutiger Rechnung). Perrégaux finanzierte den Staatsstreich vom 18. Brumaire, wurde Mitglied des Senats und Präsident des Rats der »Banque de France«.[55]

Es stellt sich die Frage, ob die Zahl der Bürgerlichen mit der Revolution zugenommen hat oder nicht. Genaue Angaben sind schwer zu machen. Am unteren Ende der sozialen Pyramide blieben die Grenzen zwischen Kleinbürgertum und einfachem Volk genauso fließend wie schon zur Zeit des Ancien Régime. Dafür wurden an der Spitze die rechtlichen Beschränkungen beseitigt, die das Großbürgertum bis dahin vom grundbesitzendem Adel getrennt hatten. Innerhalb des Bürgertums führten berufliche und wirtschaftliche Erfolge sowie die zunehmenden Unterschiede in der Größe des Grundbesitzes zu einer wachsenden Differenzierung. Gleiches gilt für die einzelnen Gruppen des Bürgertums, wie z.B. Handwerker und Kleinhändler, die zusammen den Mittelstand bildeten, große Industrielle, Kaufleute und Bankiers, Geschäftsleute und hohe Beamte, politische Führungskräfte und Rentiers.[56]

Sicher begünstigte die Revolution das Handelsbürgertum, vor allem Bankiers, Heereslieferanten und Großkaufleute, mit Ausnahme jener in den Küstenstädten. Gleichwohl verschaffte doch erst der Besitz von Grund und Boden wirkliches soziales Ansehen. Und der Begriff des Eigentümers blieb von größter sozialer Bedeutung. Deshalb erwarben alle Schichten des Bürgertums Grund und Boden. Die Währungskrise erlaubte es den Käufern von Nationalgütern, ihre Schulden zu günstigen Bedingungen zu tilgen. Denn der Staat nahm die Assignaten zum Nennwert an, während sie im freien Handel nur 2 bis 3% ihres Nominalwerts erreichten. Dieser Umstand erlaubte es sogar den weniger begüterten Bürgern, wie Handwerkern oder kleinen Beamten, Grundbesitz zu erwerben, und den anderen, reicheren Bürgern, sich Grundeigentum in großem Ausmaß zu verschaffen. Mancher Gewinn aus mehr oder weniger ehrlichen Geschäften, aus den verschiedensten Spekulationen wurde in städtischen Immobilien oder in ländlichem Besitz angelegt. Man konnte auch Grundeigentümer werden, ohne viel eigenes Kapital zu investieren. Dies gelang z. B. Armeelieferanten wie Vanlerberghe oder Olry, die von der Regierung häufig mit Staatsgütern bezahlt wurden. Der Erwerb von Land konnte aber auch wirtschaftliche Gründe haben. Industrielle kauften Klostergebäude, um dort Manufakturen zu errichten.[57] Andere erwarben Grundbesitz als Sicherheit für Kredite. Grund und Boden waren also in mehr als einer Hinsicht attraktiv.

Größere Einkünfte aus Ländereien sowie Heiraten erleichterten eine Annäherung zwischen dem grundbesitzenden Adel, der die Revolution überlebt hatte, einerseits und großbürgerlichen Grundbesitzern andererseits, ob sie nun zu den Rentiers, Geschäftsleuten oder der höheren Beamtenschaft gehörten. Das Bürgertum, jetzt zur herrschenden Elite aufgestiegen, zog den Adel an sich, der trotz Aufhebung aller Feudalrechte Grundbesitz und Grundeinkünfte behalten hatte. Es waren die Adeligen, die aufgrund ihrer Einkünfte sowie ihres Lebensstils und trotz ihrer Mentalität damit begannen, sich an das Bürgertum anzunähern. So förderte die Revolution durch die Aufhebung der rechtlichen Unterschiede, den Verkauf der Kirchengüter sowie die Möglichkeit für wohlhabende Bürger, noch mehr Reichtum zu erwerben, die Herausbildung der Notabeln. Sie sollten Frankreich während des ganzen 19. Jahrhunderts beherrschen. Innerhalb der führenden Schichten bestanden keine rechtlichen Unterschiede mehr. Es gab weniger tatsächliche Ungleichheit als vielmehr Unterschiede des Milieus.

Vier Merkmale kennzeichneten die bürgerliche Welt am Ende des Direktoriums:

Erstens: die geringe Zahl der neuen Bürger. Nur wenige stiegen aus dem einfachen Volk in das höhere Bürgertum auf. Dies gelang lediglich jenen Leuten, die schon zu Beginn der Revolution über ein gewisses Vermögen, eine gute Ausbildung und oft auch politische Beziehungen verfügt hatten. Selbst die Spekulanten, die binnen kurzer Zeit an die Spitze der Gesellschaft rückten, hatten alle in besseren Verhältnissen gelebt, also bereits zum kleineren oder mittleren Bürgertum gehört.

Zweitens: der soziale Aufstieg des mittleren, aus Handwerks- und Kaufmannskreisen stammenden Bürgertums. Die Aufhebung der Zunftprivilegien sowie die Einführung der Gewerbefreiheit ermöglichten es Leuten aus dem einfachen Volk, in das Kleinbürgertum aufzusteigen, dem auch mittlere Beamte aus Verwaltung und Justiz angehörten. Zusammen mit dem ländlichen Bürgertum und den Angehörigen der freien Berufe aus den kleinen Städten unterstützten sie das Großbürgertum. Wenn Unterschichtsangehörigen der soziale Aufstieg gelang, so fand man sie in diesem mittleren Bürgertum.

Drittens: die Entstehung der Beamtenschaft. Sie umfaßte Personen aus dem einfachen Volk ebenso wie aus den verschiedenen Gruppen des Bürgertums. Innerhalb der Beamtenschaft entstand eine soziale Hierarchie, die auf der Bedeutung des Amts und der Höhe der damit verbundenen Besoldung beruhte. Bezüge und Pensionen schufen Sicherheit. Sie unterschied den kleinen Beamten vom Arbeiter, ohne ihn jedoch zum Bürger zu machen.

Viertens: das Auftauchen der Neureichen. Es handelt sich um jene, die in kürzester Zeit durch mehr oder weniger ehrliche Spekulationen große Vermögen erworben haben. Diese Abenteurer gaben durch ihren Unternehmungsgeist und ihren Mut zum Risiko den führenden Schichten neue Dynamik. In dem Maße, in dem sie sich später von den Spekulationsgeschäften zurückzogen und in der Produktion zu investieren begannen, wurden sie zu Initiatoren der modernen Industriegesellschaft.[58] Die Gewissenlosigkeit, die man der Epoche des Direktoriums nachsagt, ist zum großen Teil auf das Verhalten dieser Neureichen und ihrer politischen Beschützer zurückzuführen, die selber durch Spekulation und Korruption zu Reichtum gekommen waren. Insgesamt handelt es sich aber mehr um ein Oberflächenphänomen, und es wäre ungerecht, das gesamte Bürgertum von 1799 mit diesen Praktiken in Verbindung zu bringen.[59]

Fleiß, Sparsamkeit und Sittenstrenge blieben auch nach der Revolution für die Mehrheit der bürgerlichen Familien sowohl in der

Provinz wie in Paris die wichtigsten sozialen Werte. Die Revolution brachte dem Bürgertum sicherlich nicht mehr Respekt ein, aber sie öffnete ihm den Weg zur politischen Macht und gab ihm die Möglichkeit, die Gesellschaft wirtschaftlich zu beherrschen. Die Revolution erlaubte es dem Bürgertum, während des ganzen 19. Jahrhunderts und selbst noch bis 1945 die Führungskräfte der französischen Nation zu stellen.

Anmerkungen

1 Anmerkung der Übersetzerin: Der französische Begriff »Bourgeoisie« wurde generell mit »Bürgertum« übersetzt.

2 Die Formulierung stammt von F. Furet, Penser la Révolution Française, Paris 1975, S. 41.

3 V. Furet u. D. Richet, La Révolution Française, Verviers 1979, S. 5–27. Ein Überblick über den Forschungsstand zur Geschichte des französischen Bürgertums findet sich bei R. Reichardt, Bevölkerung und Gesellschaft Frankreichs im 18. Jahrhundert. Neue Wege und Ergebnisse der sozialhistorischen Forschung 1950–1976, in: ZhF, Bd. 4, 1977, S. 181–221. Unter der seither erschienenen Literatur sei besonders hingewiesen auf die einschlägigen Artikel in der Encyclopaedia Universalis und im Dictionnaire des Sciences Historiques. Genannt sei ferner G. Dupeux, La société française 1789–1860, Paris 1964.

4 P. Leon, Les nouvelles élites, in: Histoire économique et sociale de la France. Hg. F. Braudel u. E. Labrousse, Bd. 2, Paris 1970, S. 606ff.

5 R. Johannet, Eloge du bourgeois français, Paris 1979, S. 95.

6 Besonders die angelsächsischen Historiker haben diesen Punkt aufgegriffen. A. Cobban, The Myth of the French Revolution, London 1954; ders., The social Interpretation of the French Revolution, Cambridge 1964; ders., Aspects of the French Revolution, New York 1968; G. V. Taylor, Non capitalist wealth at the origins of the French Revolution, in: AHR, Bd. 72, 1966/67, S. 468–496; R. R. Palmer, Sur le rôle de la bourgeoisie dans la Revolution française, in: AHRF, Bd. 46, 1976; E. Eisenstein, Who intervened in 1788?, in: AHR, Bd. 71, 1965/66, S. 77–103. Diese Infragestellung der bürgerlichen Revolution fand in Frankreich leidenschaftliche Anhänger. Vgl. Furet/Richet. C. Mazauric und A. Soboul widersprachen heftig. Die besten Zusammenfassungen der verschiedenen Standpunkte stammen von den Kontrahenten selber. C. Mazauric, Jacobinisme et Révolution. Autour du bi-centenaire de Quatrevingtneuf, Paris 1984, bes. S. 54–59, 115–128; A. Soboul, La civilisation et la Révolution Française, 3 Bde., Paris 1970–

1983, hier Bd. 2, S. 35–60, 493; Furet, Penser. Um diese Kontroverse richtig in die Historiographie der Französischen Revolution einzuordnen, vgl. die Untersuchungen von J.-P. Bertaud, Les origines de la Révolution française, Paris 1976, und J. R. Suratteau, La Révolution française. Certitudes et Controverses, Paris 1973.

7 Die Formulierungen stammen von Soboul, Bd. 2, S. 44.

8 J. de Dietrich, Les évènements de ma vie, in: Saisons d'Alsace, Nr. 91, 1986, S. 40–44. Dietrich war Kaufmann und Bankier. Außerdem besaß er eine Schmiedewerkstatt. Er war der Vater von Philipp Friedrich von Dietrich, 1790–1793 Bürgermeister von Straßburg. Im Elsaß, wo die alten Traditionen noch lebendiger waren, gab es ausgedehntere Bürgerprivilegien als anderenorts.

9 Die Arbeiten von R. Mousnier und seinen Schülern haben diese soziale Schichtung sehr deutlich gemacht, die sich auf »die Wertschätzung, die Ehre, die Würde gründete, die die Gesellschaft sozialen Funktionen beimißt und die in keinerlei Bezug zur materiellen Produktion zu stehen braucht«. R. Mousnier, Les hiérarchies sociales de 1450 à nos jours, Paris 1969, S. 60. Zur Ständegesellschaft vgl. auch P. Goubert, L'Ancien Régime, Paris 1969. Zum Streit über Stände- oder Klassengesellschaft M. Vovelle, La chute de la monarchie 1787–1792, in: Nouvelle Histoire de la France contemporaine, Bd. 1, Paris 1972, S. 22 ff.

10 P. Sagnac, La formation de la société française moderne, Bd. 2, Paris 1964, S. 234–285.

11 Vgl. Histoire générale des Civilisations. Hg. M. Crouzet, Bd. 5, Paris 1953, S. 348.

12 S. d'Huart, Brissot, la Gironde au pouvoir, Paris 1986, S. 22.

13 J. Imbert, La bourgeoisie lorraine, in: La Bourgeoisie alsacienne. Etudes d'histoire sociale. Hg. P. Dollinger, Strasbourg 1954, S. 497.

14 Ebd.

15 M. Reinhard, Nouvelle Histoire de Paris. La Révolution 1789–1799, Paris 1971, S. 18.

16 Sagnac, S. 177.

17 Man weiß, daß die Kompetenzen dieser Zünfte nicht über die Stadtgrenzen hinausreichten. Um diesen Bestimmungen zu entgehen, siedelten sich viele Betriebe in den Vororten oder auf dem Lande an. Innerhalb der Stadt gab es außer den Zünften »eine Menge freier, meist recht bescheidener Gewerbe, daneben Heimarbeiter, die sogenannten ›chambrelans‹, die das Zunftmonopol zu umgehen suchten sowie die Zulieferer...«. (Vovelle, S. 72). Alle diese Leute besaßen kein Bürgerrecht.

18 Sagnac, S. 179–182.

19 Ebd., S. 181, 224–226.

20 Zum Aufstieg des Bürgertums vgl. Soboul, Bd. 1, S. 275.

21 J.-C. Boy, L'administration des douanes en France sous l'Ancien Régime, Neuilly-sur-Seine 1976, S. 81.
22 Bourgeoisie, S. 486.
23 Johannet, S. 95.
24 R. Jacquel, Un terroriste alsacien: le cordonnier Jung (1760–1794). Contribution à l'histoire strasbourgeoise sous la Révolution, in: Bourgeoisie, S. 233–254.
25 W. Giesselmann, Die brumairische Elite, Stuttgart 1977.
26 Ebd., S. 42–72, 611–633.
27 Ebd.
28 G. Lefebvre, La Révolution française, Paris 1951, S. 559.
29 Giesselmann, S. 49, 611–633.
30 R. Szramkiewicz, Les régents et censeurs de la Banque de France nommés sous le Consulat et l'Empire, Genf 1974, S. 302, 316; M. Bouloiseau, La République jacobine, 10 août 1792 – 9 Thermidor an II (= Nouvelle Histoire de la France contemporaine, Bd. 2), Paris 1972, S. 123; D. Woronoff, La république bourgeoise de Thermidor à Brumaire 1794–1799 (ebd., Bd. 3), Paris 1972, S. 110.
31 Soboul, Bd. 3, S. 416.
32 Ein Gesamtüberblick findet sich bei M. Vovelle u. D. Roche, Bourgeois, rentiers, propriétaires: éléments pour la définition d'une catégorie sociale à la fin du XVIIIè siècle, in: Actes du 84è Congrès national des Sociétés savantes, Paris 1960, S. 421–440; Lyon: M. Garden, Lyon et les Lyonnais au XVIIIè siècle, Paris 1970, S. 360; Semur-en-Auxois: R. Robin, La Société française en 1789. Semur-en-Auxois, Paris 1970, S. 213; Chartres: M. Vovelle, Formes de dépendance d'un milieu urbain, Chartres, à l'égard du monde rural, de la fin de l'Ancien Régime à la Restauration, in: Actes du 83è Congrès national des Sociétés savantes, Paris 1959, S. 483–512.
33 Über den Mechanismus dieser Operationen Lefebvre, S. 355.
34 Ebd., S. 490. Woronoff, S. 112.
35 H. de Balzac, Eugénie Grandet, Paris 1964, S. 20.
36 L. Bergeron, Banquiers, négociants et manufacturiers parisien du Directoire à l'Empire, Paris 1978, S. 26, 58, 161 f.
37 Lefebvre, S. 561.
38 Berechnet nach Boy, S. 84–87, und J. Clinquart, L'administration des douanes en France sous la Révolution, Neuilly-sur-Seine 1978, S. 93 f., 103.
39 Berechnet nach M. Bruguière, Gestionnaires et profiteurs de la Révolution, Paris 1987, S. 227–293. Für 26% der Neuzugänge fehlen Angaben über die frühere Berufstätigkeit.
40 Ebd., S. 270.
41 R. Dufraisse, Grand notables du Premier Empire. Sarre, Mont-Tonnerre, Roër, Rhin-et-Moselle, Paris 1978, S. 69 f.

42 Bruguière, S. 249, 255.
43 Dufraisse, S. 130, 149; Bruguière, S. 272.
44 D. Schattner, Das Forstwesen im Departement Donnersberg während der Franzosenherrschaft (1792–1814), Diss. Mainz 1954, S. 165; G. Pangenstert, Forstliche Beziehungen zwischen Frankreich und Deutschland im XIX. Jahrhundert, Diss. Freiburg 1961, S. 167–169.
45 Der Begriff stammt von M. Eude, Art. Directoire, in: Encyclopedia Universalis, Bd. 5, Paris 1978, S. 679.
46 Das Wichtigste über ihn findet sich bei Bergeron und Bruguière.
47 Vgl. Dufraisse, S. 84; K.-G., Faber, Andreas Van Recum 1765–1828. Ein rheinischer Kosmopolit, Bonn 1969, S. 212–215, 267 (Paravey war der Schwager Van Recums).
48 Bergeron, S. 71.
49 Szramkiewicz, S. 295–304; Soboul, Bd. 3, S. 327–329.
50 Ebd.
51 Bruguière, S. 122ff; Bergeron, S. 163f.
52 Bruguière, S. 130–133; Bergeron, S. 156, 165f.
53 Ebd., S. 344; Bruguière, S. 131.
54 Soboul, Bd. 3, S. 329.
55 Szramkiewicz, S. 311–317.
56 L. Bergeron, Die französische Gesellschaft von 1750–1830. Kontinuitäten und Diskontinuitäten, in: ZHF, Bd. 4, 1977, S. 131–146.
57 Z.B. Richard und Lenoir für ihre Baumwollspinnerei. Soboul, Bd. 3, S. 327.
58 Ebd., S. 329.
59 Eude, S. 679.

Josef Mooser
Unterschichten in Deutschland 1770–1820
Existenzformen im sozialen Wandel – Emanzipation und Pauperismus

Im Jahre 1804 veröffentlichte ein Anonymus, wahrscheinlich ein thüringischer Verwaltungsbeamter, seine zwanzigjährigen Beobachtungen über die Vergnügungen der Landleute. Den Fall eines »armen, aber stolzen Tagelöhners«, der auf einem öffentlichen Fest wie die Honoratioren aß und trank und dafür zwei Wochenlöhne ausgab, generalisierte er so: »Auch der minder Wohlhabende, ja sogar der Arme macht sich jetzt immer mehr Bedürfnisse und glaubt sogar, vermöge seiner schiefen Vorstellung von einer allgemeinen Gleichheit der Menschen, sich auch im Aufwand und in der Lebensweise an seine wohlhabenden Mitbürger, oder an die höheren Stände anschließen zu müssen, um seine angeborenen Menschenrechte geltend zu machen. Dieß übersteigt aber sehr oft in ökonomischer Hinsicht seine Kräfte...«[1] Bieten diese Sätze Ansatzpunkte für eine Geschichte der Unterschichten im Zeitalter der Revolution, die über die konträren und abstrakten Feststellungen hinausführt, daß diese Gruppen entweder in Passivität verharrten oder in historisch folgenloser Weise in lokal-partikularen Revolten aufbegehrten?

Die vagen Umschreibungen der mehr oder minder »Wohlhabenden« in jenem Zitat verweisen auf die Schwierigkeiten der politisch-sozialen Sprache im späten 18. Jahrhundert, Struktur und Entwicklungstendenzen der sozialen Schichtung in präzisen Begriffen einzufangen. Das gilt vor allem für diejenigen Gruppen, die heute in dem Kunstwort »Unterschichten« zusammengefaßt werden. Der traditionelle Begriff »Pöbel« wurde infolge einer verstärkten moralisierenden und politisierenden Verwendung unbrauchbar, auch wenn wohl die meisten Zeitgenossen die Unterschichten zu dem dürftig lebenden »Pöbel« ohne jede »Tugend« gerechnet haben dürften.[2] Andere Ausdrücke wie »niedere Stände«, »arbeitende« oder »untere Volksklassen« umfaßten damals jedoch auch die bäuerliche und zünftig-handwerkliche Bevölkerung, die nicht selbstverständlich zu den Unterschichten zählen.

Die historische Forschung begegnet diesem Problem des sprachlich-sozialen Wandels mit einer Definition, die zeitspezifische und darüber hinausreichende wirtschaftliche und soziale Kriterien verbindet. Als Unterschichten des 18. und frühen 19. Jahrhunderts gelten diejenigen Gruppen, »die weder eine selbständige mittelständische Familienexistenz, noch Aussicht auf eine solche hatten, die also zu einer unterbürgerlichen oder unterbäuerlichen Schicht rechneten«.[3] Das Merkmal der ökonomisch selbständigen Familienexistenz – z. B. als Vollbauer oder Handwerker – verweist noch auf die altständische Gesellschaft der »Hausväter«, einschließlich ihrer grundherrschaftlichen, stadtrechtlichen und zünftischen Bindungen; aber ebenso zielt es schon auf die »mittelständische« Selbständigkeit in der »bürgerlichen Gesellschaft« mit Rechtsgleichheit der Untertanen bzw. Staatsbürger und liberaler Wirtschaftsverfassung, der durch die antiständischen Gesellschaftsreformen der Weg gebahnt wurde. Gegenüber jenen im 18. Jahrhundert noch ständischen Gruppen kann man die Unterschichten auch als unter- oder außerständische Schichten charakterisieren, obwohl einzelne ihrer Teile durchaus ständischen Rechten und Pflichten unterworfen waren, wie z. B. Kleinbauern, Gesellen oder arme Zunfthandwerker.

Diese Überlegungen sollen andeuten, daß ein historisch gehaltvolles Studium der Unterschichten im hier interessierenden Zeitraum sich im Rahmen der säkularen Transformation von der »feudalen«, altständischen zur »bürgerlichen Gesellschaft« bewegen muß. Ihre Kennzeichen sind der langfristige Wandel der Sozialstruktur etwa zwischen 1770 und 1850/70, die Expansion der Marktwirtschaft, der kommerziellen und kapitalistischen Entwicklung in Landwirtschaft und Gewerbe sowie die konfliktreiche Durchsetzung der staatsbürgerlichen Gleichheit. Nicht selten findet sich in dieser langfristigen Perspektive eine Eingrenzung der Geschichte der Unterschichten auf die Vorgeschichte bzw. Rekrutierung der gewerblichen Lohnarbeiterschaft in der modernen Industrie oder auf den Wandel vom »Stand zur Klasse«.

Ohne jenen zeitlich übergreifenden Prozeß des sozialen Wandels aus den Augen zu verlieren, wäre es jedoch gewissermaßen zu weitsichtig, eine Darstellung der Unterschichten zwischen 1770 und 1820 allein an den langfristigen Strukturwandlungen zu orientieren. Eine sozusagen kurzsichtigere historische Perspektive muß auch das für jene Phase der gesellschaftlichen Transformation am meisten Charakteristische an der Geschichte der Unterschichten aufblenden, nämlich das Politische. Der Wandel von Staaten wie Verfassungen und schubweise, partielle oder »revolutionäre«, staatlich induzierte Reformen und damit verbundene politische Ideologien bildeten tiefergreifende Einschnitte als der häufig noch amorphe und begrenzte strukturelle Wandel von Wirtschaft und Gesellschaft. Mit anderen Worten: Die politische Revolution ist das Schicksal des sozialen Wandels in dieser Epoche auch in Deutschland. Die Unterschichten als Objekt und Subjekt in diesem Kontext vorzustellen, ist das Ziel der folgenden Skizze.

Unterbäuerliche und unterbürgerliche Schichten waren im späten 18. Jahrhundert keine neue Erscheinung, wohl aber war ihre Zahl bedeutend gewachsen. Während sich die Bevölkerung »Deutschlands« (in den Grenzen von 1914) zwischen 1500 und 1800 schätzungsweise von 12 auf 24 Millionen verdoppelte, vergrößerte sich der Anteil jener Schichten von 30 auf mehr als 50%. Entsprechend dem Überwiegen der Landbevölkerung im allgemeinen (75%), stellten die ländlichen Unterschichten davon den größten Teil.[4] Welche Existenzformen verbargen sich hinter diesen Zahlen, welche Gemeinsamkeiten teilten und welche Unterschiede trennten die Unterschichten?

Die unterbäuerlichen Schichten hatten zunächst eine negative Gemeinsamkeit: Sie besaßen keine vollbäuerliche Ackernahrung, die groß genug war, um neben den grundherrlichen und steuerlichen Lasten eine Familie allein auf der Grundlage der Landwirtschaft zu ernähren und unter Umständen darüber hinaus eine mehr oder weniger große Marktquote zu erwirtschaften, d. h. Lebensmittel zum Verkauf. Diesen eigentlichen »spannfähigen«, weil Pferde haltenden Bauern gegenüber umfaßten die Unterschichten Kleinbauern ohne genügend Land für die ausschließlich agrarische Subsistenz, bloße Hausbesitzer und schließlich die land- und hausbesitzlosen Familien, die bei Bauern oder Gutsherren zur Miete wohnten und häufig noch gepachtete Garten- oder Ackerparzellen nutzten. Die Bezeichnungen für diese Gruppen variierten regional, z. B. Kötter, Brinksitzer, Heuerlinge in Westfalen, Gärtner und Einlieger in Schlesien, Seldner, Häusler und Inwohner in Bayern. Ihre Lebensgrundlage bildete die kleine Acker- und Viehwirtschaft in Verbindung mit der mehr oder weniger legalen Nutzung der genossenschaftlichen Ländereien (Gemeinheiten, Marken, Allmende) und den kollektiven Nutzungsrechten des gesamten Landes vor und nach der Ernte. Diese kommunalen Wirtschaftsformen in der Landwirtschaft vor dem »agrarischen Individualismus« (Marc Bloch) waren nicht die entscheidende, aber doch eine wichtige Stütze für die Existenz der ländlichen Unterschichten. Sie ermöglichten die Haltung einer Kuh, die als »Reichtum des kleinen Mannes« galt.

In regional sehr vielfältiger und unterschiedlicher Weise gewannen die ländlichen Unterschichten daneben ihren Lebensunterhalt aus der (saisonalen) landwirtschaftlichen Lohnarbeit bei Bauern und Gutsherren, teils auch in Wanderarbeit. Abgesehen vom Geldlohn der »freien« Tagelöhner waren die Lohnformen auf dem lokalen »Arbeitsmarkt« vorwiegend natural bestimmt (Lebensmittel, Ertragsanteile) und teils eingebunden in eine Arbeits-Tausch-Wirtschaft (wobei die Pferde besitzenden »Arbeitgeber« Ackerarbeiten und Fuhren für die »Arbeitnehmer« leisteten). Zwischen Besitzlosen und Besitzenden bildeten sich auf diesen Grundlagen auch relativ dauerhafte patriarchalische Beziehungen heraus, wie zwischen Bauern und Heuerlingen in Westfalen sowie zwischen Gutsherren und Insten oder Gärtnern im ostelbischen Preußen. Daneben konnten bzw. mußten ein kleiner Handel oder ein Handwerk Einkommen verschaffen. In solchen »Nebengewerben« gewann schon seit dem frühen 18. Jahrhundert, verstärkt nach 1770 das »proto-industrielle« Textilgewerbe eine immer größere Bedeutung, so daß dieses um 1800 für nicht wenige ländliche Leinengarnspinner und Weber z. B. in Teilen Westfalens und Schlesiens schon ein »Hauptgewerbe« darstellte.[5]

Nicht in diese mehr oder weniger ausgeprägten Typen agrarisch-gewerblicher Mischexistenz einordnen läßt sich eine weitere Teilgruppe der ländlichen Unterschichten, das Gesinde, das sich sozial jedoch wahrscheinlich zum überwiegenden Teil aus den geschilderten Familien rekrutierte. Die unverheirateten, zumeist jungen Mägde und Knechte arbeiteten ganzjährig im Dienste bei Bauern, Gutsherren oder Bürgern auf dem Lande und lebten im Haushalt ihrer Dienstherrschaft. Aufgrund dieser Merkmale bildete das Gesinde eher eine spezifische Altersgruppe unter starker hausherrlicher Abhängigkeit denn eine soziale Schicht eigener Prägung.

Dies läßt sich nur noch mit Einschränkungen für das städtische Gesinde behaupten. Infolge einer zumindest in den mittleren und größeren Städten stärker ausgeprägten Arbeitsteilung, beruflichen

Spezialisierung und vollberuflichen Tätigkeit als auf dem Lande war das Gesinde in den Städten nicht nur relativ zahlreicher (auf dem Lande machte es 8 bis 12%, in den mittleren bis größeren Städten 16 bis 20% der Bevölkerung aus[6]); es war hier auch beruflich deutlicher differenziert, und die höheren Ränge des Dienstpersonals rekrutierten sich auch aus bürgerlichen Schichten. Ebenso zeichnete die Handwerksgesellen eine auf dem Lande unbekannte berufliche Spezialisierung aus, deren Rechte sie auf dem Arbeitsmarkt gegen unzünftische »Pfuscher« hartnäckig verteidigten. Nicht so sicher scheint angesichts der Konjunkturanfälligkeit dieses Merkmal für die außerzünftischen Handwerker (»Bönhasen«), vermutlich auch nicht für die Kleinmeister in den übersetzten Massenhandwerken wie Schuster und Schneider, die Manufaktur- und Verlagsarbeiter sowie die städtischen Tagelöhner. Die ungesicherte Beschäftigung erforderte zum wenigstens notdürftigen Unterhalt der Familie auch die Nutzung eines kleinen Grundstücks.[7]

Obwohl der Lebenszuschnitt dieser städtischen Unterschichten in der Regel gewiß armselig war, sind sie nicht zu verwechseln mit den »anerkannten Armen«, den aus öffentlichen und privaten Mitteln unterstützten Hilfsbedürftigen, so sehr jene auch z.B. bei Teuerungen in diese Gruppe abrutschten. »Anerkannte Arme« waren zum größten Teil ledige Frauen und Witwen mit Kindern sowie arbeitsunfähige Alte bzw. Invaliden. Weil diese Gruppe infolge der Unterstützung auch mit Zwangsarbeit belegt werden konnte, findet man Frauen und Kinder häufig in den städtischen Manufakturen und den frühen Fabriken, wo sie zwei Drittel der Arbeitskräfte ausmachten.[8]

Städtische Unterschichten erlebten wahrscheinlich die sozialen Kontraste stärker, zumindest unmittelbarer als die ländlichen. Oft schon zusammengedrängt in Armenvierteln wohnend, erfuhren sie die Gegensätze zwischen sicherer und unsicherer Existenz auch als Gegensätze zwischen Reichtum und Armut sowie zwischen Muße und körperlicher Arbeit, die auf dem Lande auch noch der wohlhabende Bauer leistete. Überwiegend ohne Bürgerrecht und Zunftmitgliedschaft, konnten sie gerade in kritischen Zeiten als Bettler oder »schwarz« arbeitende Bönhasen von der Obrigkeit aus der Stadt getrieben werden, die auf diese Weise ihre selbst knappen Ressourcen mit unnachsichtiger Härte verteidigte.

Nicht nur um der soziographischen Vollständigkeit willen sind daher die Vagierenden, die »Menschen auf der Straße«[9], zu erwähnen. Zu diesen Frauen und Männern (zu einem geringen Anteil auch mit Kindern) stießen außer entlassenen oder desertierten Soldaten immer wieder aus individuellen oder konjunkturellen Gründen ruinierte, arbeitslose Dienstboten, Tagelöhner und Handwerker. Sie füllten das zersplitterte Heer der Landstreicher, Bettler, Gelegenheitsarbeiter, kleinen Händler, Musikanten sowie der kleinen oder auch großen Diebe, das in Süddeutschland bis zu 10% der Gesamtbevölkerung umfaßte. Etwa die Hälfte davon stellten Personen, die nur zeitweise vagierten und Gelegenheiten zur Reintegration in die seßhafte Bevölkerung nutzten. Umgekehrt konnten sich jedoch auch seßhafte Angehörige der Unterschichten mit dem kriminellen Milieu der permanent Vagierenden verbinden, wie in der 1803 in Mainz vor Gericht stehenden Räuberbande des Schinderhannes. Von den 64 Angeklagten waren nur 14 Landstreicher; 50 hatten einen festen Wohnsitz, und ihre »Berufe« repräsentierten das gesamte Spektrum der ländlichen Unterschichten.[10] Eine solche Fluktuation und Verflechtung verweist auf die marginalen Existenzformen der Unterschichten insgesamt und darauf, daß viele[11] davon zumindest phasenweise außerhalb der respektablen Gesellschaft der Seßhaften ihr Leben fristen mußten, auf Distanz gehalten von einer mißtrauischen Bevölkerung und verfolgt von einer zwar schwerfälligen, aber wenn, dann mit Prügel, Brandmal, Zuchthaus oder der Hinrichtung von Dieben äußerst hart zuschlagenden Obrigkeit.

Die Vielfalt der Existenzformen zeigt Aspekte der immer wieder betonten sozialen Heterogenität der Unterschichten. Gleichwohl lassen sich auch einige übergreifende Elemente in ihrer sozialen Lage und Bewältigung der Existenz ausmachen. Die oben zitierte Definition der unterbäuerlichen und unterbürgerlichen Schichten als Gruppe ohne »selbständige mittelständische Familienexistenz« darf nicht dahingehend mißverstanden werden, daß sie ohne Familie überhaupt lebten. Dies war vielmehr der Normalfall, wenn man vom Gesinde, den Gesellen, einem Teil der Inwohner und den meist alleinstehenden »anerkannten Armen« absieht. Für die beiden ersten Gruppen stellte die Familienlosigkeit in der Regel jedoch eine altersbedingte Übergangsphase dar, und dort, wo sich – wie in den größeren Städten und im Maurerhandwerk – den Gesellen der Zugang zu einer Meisterstelle verengte, findet man auch die »beweibten Gesellen«. Selbst unter den Vagierenden waren eheliche Lebensgemeinschaften und wandernde Familien nicht selten. Die familiale Existenz der Unterschichten impliziert einen fundamentalen und weitreichenden sozialgeschichtlichen Tatbestand: die demographische und soziale Selbstreproduktion. Wohl die meisten wurden in die Unterschichten »hineingeboren« und heirateten wiederum innerhalb dieser Kreise. Sie unterlagen damit in der ständischen Gesellschaft, in der soziales Ansehen (»Ehre«) an Geburt und Herkommen haftete, zeitlebens dem Stigma der »niederen Herkunft«. Daneben rekrutierten sich die Unterschichten allerdings zu einem erheblichen Teil aus kleinbäuerlichen Familien infolge der Zersplitterung der Besitzgrößen unter den Bedingungen des Realerbteilungsrechts oder aus dem sozialen Abstieg von nichterbenden Bauernkindern in Gebieten mit Anerbenrecht. Heiraten konnten in diesem Zusammenhang eine Verbindung zwischen besitzenden und besitzlosen Familien stiften, die soziale Kontrolle und Hilfe einschloß.

Ein wirtschaftlich gemeinsames Merkmal in der Existenz dieser Familien war die Notwendigkeit, Einkommen aus verschiedenen Quellen zu akkumulieren, weil weder die Landnutzung noch die gewerblichen und Lohnarbeitstätigkeiten für sich einen hinreichenden Familienunterhalt gewährten. Für die Masse der ländlichen Unterschichten, aber auch für viele Tagelöhner, Heimgewerbetreibende und Handwerker bedeutete dabei zumindest in den kleinen Städten die Landnutzung eine begehrte, weil einigermaßen sichere und berechenbare Stabilisierung der Existenz, selbst um den Preis einer relativ teuren Pacht. Obwohl schon Namen wie Heuerlinge, Einlieger, Inwohner auf die Besitzlosigkeit hindeuten und ländliche Handwerker oder proto-industrielle Produzenten keineswegs mehr selbstverständlich auch kleine Grundeigentümer waren[12], blieb die Landnutzung insgesamt doch stärker verbreitet als der rechtliche Besitz von Land.

Unbeschadet ihrer vielfältigen nicht-agrarischen Tätigkeiten waren die Unterschichten noch tief »agrarisch« eingebunden. Allerdings muß man sich vor der damit sich leicht einstellenden Assoziation der Bodenständigkeit hüten. Die großen Wanderungsbewegungen des 19. Jahrhunderts hatten ihre (freilich bescheidene) Vorgeschichte im 18. Jahrhundert. Abgesehen vom bekannten Gesellenwandern, bestimmte eine eher kleinräumige horizontale Mobilität auf dem Lande oder zwischen Stadt und Land vor allem das Leben der besitzlosen Unterschichten. Die

Kinder verließen die Familien für den Gesindedienst und tauschten in diesem oft jährlich ihre Stelle. Heuerlinge und Einlieger wechselten ihre Pacht- oder Mietsherren, und städtische Unterschichten rekrutierten sich aus ländlichen Zuwanderern. Aber auch in seßhaften Familien mit kleinem Besitz waren Väter, Söhne und Töchter unterwegs: als Wanderhändler, Saisonarbeiter in der Landwirtschaft (z. B. die »Hollandgänger« aus Westfalen-Lippe) oder im Baugewerbe. Das Berliner Armenviertel »Vogtland« erhielt seinen Namen von den Maurern und Zimmerern aus dem sächsischen Vogtland, die es in den fünfziger Jahren des 18. Jahrhunderts erbauten. Und seit den achtziger Jahren zog der Aufschwung der Textilindustrie in Berlin die auf höhere Löhne hoffenden Weber aus der Oberlausitz an.[13]

Diese Mobilität war mit Ausnahme des letzten Beispiels hauptsächlich eine Erscheinungsform der Kumulation der Einkommen oder eine Folge der ungesicherten Existenz der Familien. In allen ihren Varianten verweist sie auf das grundlegende Merkmal der Unterschichten in Stadt und Land: ihre Abhängigkeit von lokalen und überlokalen Märkten. Diese waren freilich noch zersplittert: in den mehr oder weniger umfangreichen Zukauf von Lebens- und Produktionsmitteln wie Getreide, Brot und Holz oder Flachs und Garn für die Spinner und Weber; in die Pachtung von Land und die Miete der Wohnung; in die verschiedenen Gelegenheiten von Lohnarbeit; in die lokalen bzw. überlokalen Absatzmärkte für die Produkte und Dienstleistungen der Handwerker, Wanderhändler oder proto-industriellen Produzenten. Diese Märkte waren noch nicht alle bzw. nicht durchgehend vom Geldnexus beherrscht, sondern Teile einer lokalen, mehr oder weniger dicht miteinander verflochtenen, geldarmen und von sozialen Abhängigkeiten geprägten Arbeits-Tausch-Wirtschaft, aber gleichzeitig auch schon Teil der überregionalen, ja international wirksamen Handelskonjunkturen. Sie bildeten gleichsam ein unregelmäßig und locker geknüpftes Netz zwischen Dorf und »Welt«, in dem die Unterschichten ihren (Unter-)Halt suchten.

Fragt man nach dem materiellen Niveau des Lebenszuschnitts unter diesen Bedingungen, erhält man aus zeitgenössischen Berichten oder Einkommensschätzungen in der Forschung das immer wieder annähernd gleiche Bild von Knappheit und Dürftigkeit in normalen, von Elend, Hunger und Unterstützungsbedürftigkeit in den kritischen Zeiten der Teuerung von Lebensmitteln. Im allgemeinen verweist darauf die im 18. Jahrhundert sich stärker öffnende Schere zwischen den langen, steigenden Wellen der Bevölkerungsbewegung und Getreidepreise einerseits und der Linie stagnierender Löhne andererseits.[14] Steuerrückstände und Verschuldung von Kleinbauern zeigen die schweren Bürden der grundherrlichen und steuerlichen Belastung. Im einzelnen muß jedoch der Historiker wie ein Beamter im Jahre 1809, der »über 30 Jahre das savoir faire der Heuerlinge« studiert hatte, einräumen, daß er mit »Gewißheit nicht berechnen kann, wie sie durchs Leben kommen«. Die Zahl der Kinder, Krankheiten, der »Abfall einer Kuh (und) die öftere Veränderung des Domizils«, also individuelle Umstände neben den allgemeinen Bedingungen – Ernteergebnisse, Preisbewegungen und der »gänzliche Mangel eines stabilen Fonds« –, machten dem Beamten die Kalkulation des konkreten Budgets einer Heuerlingsfamilie schwer. Was er dennoch unter Ausschluß aller Risikofaktoren errechnete, ergab ein Defizit von 15% der Einnahmen gegenüber den Ausgaben. Angeblich wurde es u. a. durch den Verkauf von Butter und Eiern, die der Heuerling »sehr gerne« selbst konsumiert hätte, ausgeglichen.[15]

Eine solche soziale Lage war am ehesten mit Hilfe der Familie zu bewältigen. Die Kumulation der Einkommen als eine mühselige Strategie des Durch- und Fortkommens erfolgte nicht nur, aber auch innerhalb ihres Rahmens. Die Familienwirtschaft der Unterschichten stellte teils eine Arbeitskooperation der Familienmitglieder (bei Kleinbauern, hausindustriellen Produzenten), teils eine Erwerbsgemeinschaft (z. B. bei verheirateten Gesellen, Tagelöhnern), teils eine Unterstützungsgemeinschaft von Verwandten dar oder – in saisonalen Variationen – eine Mischung aus allem. Weniger in festen sozialen Rollen ausgeprägt und ohne sicheres Fundament wie die bäuerliche Familienwirtschaft, darf man sie auch als eine »Ökonomie des Notbehelfs«[16] begreifen, die den Bettel oder Mundraub einschließen konnte oder mußte. Vermutlich ohne viel Sentimentalität bot die Familie darüber hinaus elementaren Schutz gegen Krankheit, Arbeitsunfähigkeit und Alter, den Alleinstehende, wenn überhaupt, oft nur unter mißtrauisch kontrollierenden Blicken der Dienstherrschaften oder Armenverwaltungen genossen.

So paradox es klingen mag: In den genannten Funktionen und Leistungen ermöglichte die Familie den Unterschichten eine gewisse soziale Selbständigkeit neben den vielfältigen, mehr oder weniger dauerhaften Abhängigkeiten von »Brotherren« in Gestalt von Gutsherren, Bauern, Kaufleuten oder Verlegern. Mit der Familie emanzipierten sie sich aus der unmittelbaren hausrechtlichen Abhängigkeit im Gesinde- oder Gesellenstatus, ohne in vergleichbar enge, neue persönliche Herrschaftsbeziehungen eintreten zu müssen. Die Unterschichten, die arm, den Unsicherheiten der Märkte, dem Willen von anderen ausgesetzt und insofern vielfach Objekt waren, wurden dadurch auch zum Subjekt ihres Lebens. Darüber hinaus gewannen sie mit der Familie eine minimale Anerkennung in einer Gesellschaft, in der Familien vor den Individuen bzw. nur die Selbständigen soziale Achtung genossen.

Die gemeinsamen Züge in der sozialen Lage der Unterschichten waren freilich nicht unbedingt auch verbindende. Zu deutlich machten sich gerade in der »Ökonomie des Notbehelfs« graduelle Unterschiede bemerkbar, etwa im Besitz oder Nichtbesitz von Haus und Land, im weit ausdifferenzierten Niveau der Löhne von Landarbeitern, Handwerksgesellen, Spinnern und Webern oder Tagelöhnern. Daneben zogen ständische Rechte und Pflichten Trennungen nach sich.[17] Kleinbauern mit Teilhaberechten an der kommunalen Verwaltung und dem Gemeindebesitz konnten in der Armenverwaltung oder in der Handhabung des Niederlassungsrechts gegen Bittsteller genauso mißtrauisch-hartherzig sein wie die Vollbauern. Dürftig lebende Kleinmeister mit Zunftrechten wehrten ebenso die unzünftigen Handwerker oder Arbeiter ab wie die Gesellen bei der Verteidigung der ständischen Ehre ihrer Bruderschaften, die auch Gruppen mit exklusiven Rechten auf Arbeit und soziale Sicherung darstellten.[18] Umgekehrt konnte die gutsherrliche Patronage über den ständisch rechtlosen Insten eine soziale Sicherheit bieten, die dem Landhandwerker im benachbarten Dorf oder dem städtischen Gelegenheitsarbeiter fehlte. Ein allgemeines Urteil über die ständischen Bindungen von Unterschichten und ihre Auswirkungen auf deren soziale Lage ist schwer möglich, zumal vieles davon im stummen Alltag verborgen blieb. Deutlicher ist die Funktion dieser Bindungen in den angedeuteten Konflikten, im Kampf um die knappen Ressourcen auch zwischen Gruppen der Unterschicht.

Gerade dieser Zusammenhang verweist erneut auf die in ihren allgemeinen Strukturmerkmalen fragilen Existenzbedingungen der Unterschichten im späten 18. Jahrhundert. Haben sie sich zwischen 1770 und 1820 verändert? Gab es in der wirtschaftlichen

Entwicklung Ansätze für einen Ausweg aus der Welt der Dürftigkeit, oder potenzierte der soziale Wandel die Gefährdungen, so daß die Unterschichten den bürgerlich-liberalen Weg zur Überwindung der Not nicht mitgehen konnten? Es war wohl nicht nur »deutsche Trägheit«, sondern auch eine Folge von wirtschaftlich vorgegebenen Handlungspotentialen, wenn Georg Forster sich im Dezember 1792 über die Indolenz der (kleinbäuerlichen) Landbevölkerung empörte, die angeblich erst dann sich für die »Freiheit« erklären würde, wenn man ihr zuvor »alle Abgaben« erlasse.[19]

Jeglicher soziale Wandel im Zeitalter der Revolution stand im Zeichen einer beschleunigten Bevölkerungsvermehrung von ca. 16 bis 18 Millionen um 1750 auf 23 bis 24 Millionen in den Jahren um 1800. In kleineren regionalen Zentren der agrarischen Intensivierung (wie in der Magdeburger Börde im Vorfeld Berlins) oder der gewerblichen Expansion (wie im Wuppertal oder im ostwestfälischen Minden-Ravensberg) wuchs die Bevölkerung zwischen 1770 und 1820 um zwei Drittel und mehr. Gesellschaftsgeschichtlich entscheidend war die Vergrößerung der Unterschichten vorwiegend auf dem Lande, daneben auch (infolge Zuwanderung) in den Städten, von denen Hamburg und Berlin mit 130000 bzw. 172000 Einwohnern um 1800 zu Großstädten expandierten. Unter dem Eindruck der Teuerungskrisen regten sich seit den neunziger Jahren die ersten Stimmen der Angst vor einer »Übervölkerung«, wobei immer die Überzähligkeit der unteren »nahrungslosen« Schichten gemeint war.

Bildete sich tatsächlich eine malthusianische Lücke zwischen Bevölkerung und Nahrungsspielraum heraus? Ein allgemeines Urteil darüber hängt ab von den im einzelnen in ihrer Reichweite und ihren Wirkungen schwer bestimmbaren wirtschaftlichen Entwicklungen in Landwirtschaft und Gewerbe, die kontroverse Positionen zulassen, nicht zuletzt infolge der großen regionalen Unterschiede.[20]

Der »agrarische Fortschritt«, eines der großen Ziele des aufgeklärten Absolutismus, stieß gewiß auf rechtliche und soziale Hürden der überlieferten Agrarverfassung. Änderungen der Bodennutzung kollidierten z. B. mit Herrschafts- sowie kommunalen Nutzungsrechten, und die Masse der Kleinbauern besaß zuwenig Land und Kapital für betriebswirtschaftliche Reformen. Dennoch sind, zumindest regional, die Ertragssteigerungen auch innerhalb der Grenzen der alten Agrarverfassung nicht zu unterschätzen.

Die Anstrengungen dazu wurden stimuliert durch steigende Preise und Absatzchancen, die die gutsherrliche und bäuerliche Landwirtschaft in den Bannkreis einer kommerziellen, marktorientierten Produktion zogen. Die Mittel – Kultivierung, Einschränkung des Brachlandes, vermehrter Anbau von teils neuen Pflanzen wie Klee, Kartoffeln, Zichorie, Flachs und Gemüse, die eine intensivere Bodenbearbeitung erforderten und damit die Fruchtbarkeit des Bodens insgesamt erhöhten – waren immer verbunden mit einem gesteigerten Arbeitsaufwand. Für die Unterschichten hatte die Arbeitslast jedoch auch die positive Seite einer vermehrten Nachfrage nach Lohnarbeit. Auf den ostelbischen Gutswirtschaften löste die Lohnarbeit in zunehmendem Maße die bäuerliche Fronarbeit ab. Zichorie, Flachs und Gemüsebau, typische Produkte der arbeitsintensiven Spatenkultur, erhöhten daneben unter günstigen Umständen auch die Einkommenschancen des Kleinbetriebes.[21]

Nicht zuletzt mit der vermehrten Flachs- und Wollproduktion wurde die Landwirtschaft zu einem tragenden Element der gewerblichen Entwicklung außerhalb des städtisch-zünftigen Handwerks. Neben der weiteren Diffusion des ländlichen Handwerks mit vorwiegend lokalem Absatz erlebten im späten 18. Jahrhundert nicht wenige Regionen einen stürmischen, teils bis in den Vormärz anhaltenden Aufschwung einer gewerblichen Massenproduktion für überlokale Märkte. Seine vielfältigen Auswirkungen auf das Bevölkerungswachstum, die agrarische Intensivierung und die Veränderung der sozialen Schichtung zugunsten einer vorwiegend gewerblichen Unterschicht, die damit verbundene Ausdehnung oder neue Herausbildung von nicht-handwerklichen, Stadt und Land übergreifenden Betriebssystemen durch die Verbindung von Hausindustrie und Handelskapital in Form des Kauf- oder Verlagssystems sowie die Entstehung von Manufakturen – alles dies erlaubt, die Gesamtwirkung dieser Prozesse als »Proto-Industrialisierung« zu charakterisieren, als Industrialisierung vor dem kapitalistischen Fabriksystem.[22] Obwohl jeweils regional begrenzt, stellten die (nach einer eher konservativen Methode eruierten) insgesamt 39 verdichteten Gewerbelandschaften des Reiches um 1800 wahrscheinlich schon die knappe Mehrheit der überhaupt im gewerblichen Sektor Beschäftigten, die in ihrer Gesamtzahl freilich mit gut 20% noch eine Minderheit in der Agrargesellschaft waren.[23] Berücksichtigt man, daß in der Mehrzahl dieser Regionen das Textilgewerbe dominierte und in den verschiedenen Arbeitsstufen dieser Branche nicht immer Vollarbeitskräfte tätig waren, dann erweitert sich besonders in den ländlichen Standorten der Kreis der von der Proto-Industrialisierung erfaßten Bevölkerung nicht unwesentlich. Das ist deswegen von Bedeutung, weil Proto-Industrialisierung überwiegend, aber nicht ausschließlich ein ländliches Phänomen darstellte, wenn sie nicht – wie z. B. im Wuppertal oder in sächsischen Regionen – die Grenzen zwischen Stadt und Land überhaupt nivellierte. Allein in der Woll-, Baumwoll- und Seidenweberei Berlins konzentrierte sich der proto-industrielle Aufschwung auf eine Großstadt oder besser: beschleunigte erst das Wachstum Berlins zu einer solchen. Nicht zu vergessen ist (angesichts einer häufig produktionsorientierten Wirtschaftsgeschichtsschreibung), daß der Aufschwung der Gewerbe auch den Handel mitzog, der vor allem in den größeren Städten die Arbeitsgelegenheiten für Tagelöhner und unzünftige Handwerker erweiterte.

Innerhalb des breiten, aber technisch gleichsam konservativen proto-industriellen Aufschwungs keimte punktuell schon die Maschinenverwendung und Fabrikarbeit, allerdings beschränkt auf kleine Baumwollmaschinenspinnereien mit zumeist handbetriebenen Jennies. Solche Ansätze zur »industriellen Revolution« im Sächsischen und Linksrheinischen, wesentlich vorangetrieben durch die kriegsbedingte Nachfrage nach Uniformstoffen sowie die Kontinentalsperre, brachen nach 1815 vielfach wieder ab bzw. stagnierten.[24] Ihr positiver oder negativer Beschäftigungseffekt war offenbar nicht sehr bedeutend, so daß sozialgeschichtlich etwas anderes bemerkenswert bleibt. Im Gegensatz zu vergleichbaren Innovationen zwei, drei Jahrzehnte später erregten sie wenig Widerstände, vielleicht, weil sie in regionale Boomphasen eingebettet waren und die sozial schwächsten Arbeitskräfte, Frauen und Kinder, ergriffen.

Bei den Auswirkungen dieser wirtschaftsgeschichtlichen Prozesse auf die soziale Lage der Unterschichten sind strukturelle und konjunkturelle Effekte zu unterscheiden, von denen die ersteren weniger eindeutig festzumachen sind als die letzteren. Ein übergreifendes Strukturmerkmal stellt sicher die Ausdehnung der Märkte und die Intensivierung des Geldnexus dar, zumal die Kommerzialisierung der Landwirtschaft mit der Umwandlung von Natural- in Geldleistungen auch das grundherrschaftliche

Verhältnis erfaßte. Die »Spekulation«, die genau kalkulierende Orientierung an den Preisen, drang in die lokalen Märkte ein und zersetzte die patriarchalischen Beziehungen in der geldarmen Arbeits-Tausch-Wirtschaft.[25] Vor allem in den Städten, in geringerem Maße aber auch auf dem Lande, vermehrte sich die Zahl der Familien ohne Landnutzung, die den Marktmechanismen am schutzlosesten ausgesetzt waren. All dies ist in seinem Ausmaß schwer einzugrenzen, aber die groben Rahmenbedingungen der Stadt-Land-Verteilung und der Produktionsverhältnisse in Landwirtschaft und Gewerbe lassen annehmen, daß diese Tendenzen zur strukturellen Proletarisierung, zur Herausbildung einer vollständig marktbedingten Lohnarbeiterklasse in den Unterschichten noch begrenzt waren, ja nicht einmal den Haupttrend darstellten.

Die Kommerzialisierung war nämlich nicht selbstverständlich mit dem Wandel zu kapitalistischen Produktionsverhältnissen verbunden, sofern man darunter die gewinnorientierte Produktion von Waren in privaten Unternehmen unter Anwendung von rechtlich freier Lohnarbeit versteht. Bis zu den liberalen Agrar- und Gewerbereformen blieben nicht nur Eigentümerdispositionen ständisch gebunden oder staatlich privilegiert; auch die Lohnarbeiter, vor allem in der Landwirtschaft, waren (über 1820 hinaus) im Status des Gesindes oder Insten rechtlich und/oder faktisch hausherrschaftlichen und patrimonialen Herrschaftsrechten unterworfen, die an *freier* Lohnarbeit zweifeln lassen. Andererseits war dort, wo – wie in den proto-industriellen Gewerbezonen – auch schon vor den Reformen faktisch Gewerbefreiheit herrschte, der Charakter der *Lohnarbeit* erst schwach ausgebildet. Die Arbeit ohne Besitz von Produktionsmitteln unter der Direktive eines Unternehmers kennzeichnete am ehesten die Minderheit der ca. 100 000 (zum Teil aber zwangsrekrutierten!) städtischen Manufakturarbeiter[26], aber noch nicht die viel größere Zahl der im Kauf- und Verlagssystem beschäftigten Gewerbetreibenden. Für diese Betriebssysteme war vielmehr die Selbständigkeit des hausindustriellen Produzenten charakteristisch, die die eigenständige Kontrolle über den Arbeitsprozeß, den teilweisen (Verlagssystem) oder vollständigen Besitz von Werkzeugen und Rohstoffen (Kaufsystem) einschloß. Erst in der Verfügung über das Produkt, im Verkauf, fand diese Selbständigkeit ihre Grenze, da Kaufleute und Verleger den Zugang zum Markt gleichsam monopolisierten und insofern die Produzenten in einer starken ökonomischen Abhängigkeit hielten, da diese meist ohne Alternative im Handel waren.

Diese Betriebssysteme der »Hausindustrie« stehen historisch im Schatten des Spinner- und Weberelends im 19. Jahrhundert. In der Perspektive des 18. Jahrhunderts sind jedoch auch weniger dunkle Aspekte zu betonen. Jene Selbständigkeit war nicht (wie häufig zu lesen ist) eine bloß scheinbare, sondern auch ein Stück Emanzipation. Die hausindustrielle Familienwirtschaft stellte eine Alternative zur patrimonial kontrollierten Lohnarbeit dar, die – wie die Klagen über den Gesindemangel zeigen[27] – genutzt wurde. Unter günstigen konjunkturellen Umständen ermöglichte sie eine bescheidene Besitzbildung, und vereinzelt versuchten Weber sogar, durch genossenschaftliche Organisation die Abhängigkeit im Handel einzuschränken oder aufzusprengen.[28] Die Besitzbildung richtete sich dabei weniger auf das gewerblich-unternehmerische Kapital, sondern auf die relative Sicherheit des kleinen Grundbesitzes. In einem gewissen Sinn war das Ziel der Emanzipation »konservativ«, an der Gesellschaft der kleinen, aber selbständigen »Hausväter« orientiert, nicht »progressiv« am individualistischen Unternehmer oder möglichst gut verdienenden Lohnarbeiter. Die persönliche Abhängigkeit des letzteren galt als eine Entwürdigung zum »bloßen Sklaven«, wie z. B. den Elberfelder Webern, die 1781 gegen ihre Verleger protestierten, welche sich als »Brotherren« weigerten, über Streitpunkte im Arbeitsverhältnis mit der (bald unterdrückten) Weberzunft zu verhandeln. Diese Weber, die schon längere Erfahrungen mit dem Marktsystem hatten, wollten nicht diesem selbst entfliehen, sondern innerhalb desselben nicht abhängig sein von – wie sie in einer Petition formulierten – »übermächtigen Leuten, die zu glauben scheinen, daß sie jede Angelegenheit durch die Stärke ihrer Geldbeutel entscheiden können«.[29]

Dieses Selbstbewußtsein der Unterschichten, das nicht leicht und keinesfalls als ein aktives, historisch-politisch gebildetes, konfliktbewußtes »Klassenbewußtsein« zu verstehen ist, war ein *Selbst*bewußtsein, weil es ein Selbstwertgefühl und Bedürfnisse artikulierte, deren Anerkennung in der überlieferten sozialen Schichtung und deren kultureller Symbolik der Unterordnung nicht vorgesehen war. Einen über die proto-industriellen Unterschichten hinaus verbreiteten Ausdruck fand es wahrscheinlich im Konsum. Der vielfach angeprangerte »Luxus«, der ständisch-spezifische Konsumstile auflöste und seinerseits Prestige begründete, erreichte im Gefolge der Handelsexpansion auch die Unterschichten, denen bunte Baumwollkleider, Schmuck, Tee, Kaffee, Tabak usw. zu erwerben möglich wurde, weil sich aufgrund der Kommerzialisierung der landwirtschaftlichen und gewerblichen Produktion die Gelegenheiten vermehrten, über Geld zu verfügen. Eher diese Zugangsmöglichkeit zu Geld bildete nämlich für den »Luxus« der Unterschichten das entscheidende Moment, weniger ein im absoluten Sinne überschüssiges Einkommen. Ihr demonstrativer, der Selbstaufwertung dienender, an Gelegenheiten wie den sonntäglichen Kirchgang oder Feste gebundener Luxuskonsum wurde häufig durch Askese »bezahlt«. Jenem eingangs vorgestellten Bild des »armen, aber stolzen Tagelöhners« fügte der Autor die charakteristische Bemerkung hinzu: Er kenne Menschen, die »lieber sich in Notdurft abdarben, um nur bei öffentlichen Vergnügungen ihr Recht zu behaupten, sich unter die Wohlhabenden mischen zu können«.[30]

Ein »Luxus«, den man sich kaum leisten konnte, der aber doch ein Mittel und Symbol der Emanzipation der Unterschichten darstellte, die sich ihrerseits an konservativen Leitbildern orientierte – dieser scheinbar widersprüchliche Befund verweist auf Eigenarten und Grenzen des sozialen Wandels in den Jahrzehnten zwischen 1770 und 1820. Der wirtschaftliche Wandel war wirkungsvoll genug, soziale Einstellungen und Erwartungen in den Unterschichten zu verändern, jedoch strukturell nicht so weitreichend, daß deren Existenzformen eine grundlegend andere Gestalt angenommen hätten. Ihr Emanzipationsanspruch verharrte daher in traditionellen Normen, während gleichzeitig der Wandel wirtschaftlich nicht tragfähig genug war, ihre (bescheidenen) Ansprüche zu erfüllen. Auf dem Weg der Emanzipation zur kleinen Selbständigkeit lagen nicht nur die gleichsam strukturellen Fallen der vollständigen Lohnarbeit, sondern noch mehr die vielen konjunkturellen Stolpersteine und Bremsen.

Die Quelle dieser konjunkturellen Blockierungen bildeten die steigenden Getreidepreise, die besonders nach 1790 allen anderen Preisen sowie den Löhnen davoneilten, ein Mißverhältnis, das sich infolge der strukturellen Ausweitung der Marktabhängigkeit durchaus als Indikator für die Einkommensentwicklung in den Unterschichten nehmen läßt. Gemessen am Niveau der siebziger Jahre (= 100) fielen in den achtziger Jahren die Preise für das Brotgetreide Roggen leicht (= 92), kletterten in den neunziger Jahren auf 121 Indexpunkte und bewegten sich zwischen 1800 und 1820 im Durchschnitt auf einem Niveau, das um rund 50% höher lag als in den siebziger Jahren.[31] Dieser langfristige Teuerungstrend eskalierte in den Jahren 1795, 1800, 1805, 1812 und 1817 zu extremen Preisniveaus. Sie bereiteten die Bühne für Bettlerheere und Bandenkriminalität, für Gesellenaufstände, städtische Marktunruhen und antijüdische Ausschreitungen (1819); sie erzwangen aber auch massive Armenunterstützungen, die Subventionierung oder Festsetzung der Brotpreise, Handelssperren und Arbeitsbeschaffungsmaßnahmen, so daß besonders 1817 durch die Teuerungspolitik die mit den preußischen und rheinbündischen Reformen eben erst proklamierten Prinzipien des ökonomischen Liberalismus zeitweise wieder aufgegeben werden mußten.[32] Die Teuerungen und noch mehr die beiden, durch schlechte Ernten bedingten katastrophalen Hungerjahre 1771/72 und 1816/17 am Anfang und Ende der Epoche zeigen, daß in diesen Jahrzehnten trotz bedeutender Fortschritte die landwirtschaftliche Produktivität der Bevölkerungsvermehrung hinterherhinkte und den von natürlichen Ernteschwankungen begrenzten Nahrungsspielraum noch nicht zu überwinden vermochte.

Die gewerblichen und Handelskonjunkturen konnten die so konstituierte Knappheitslage der Unterschichten langfristig nicht kompensieren. Abgesehen von kurzfristigen Schwankungen, erlebten diese am ehesten in der Zeit zwischen der Hungerkrise 1771/72 und dem Ausbruch der Revolutionskriege 1792 eine relativ günstige Konstellation zwischen Getreidepreisen und (teils steigenden) Preisen für gewerbliche Produkte bei vermehrter Produktion. In den Jahren der politischen Erschütterungen bis 1815 veränderte sich dieses Verhältnis grundlegend; der Teuerung von Lebensmitteln standen stagnierende oder sinkende Preise im (mit Abstand beschäftigungsintensivsten) Textilgewerbe gegenüber, wobei der Absatz für Spinner und Weber immer wieder von politisch und militärisch bedingten »Handelsstockungen« gefährdet, durcheinandergewirbelt oder durch die napoleonische Kontinentalsperre abgebrochen wurde.[33] Eine eindeutig negative gewerbliche und handelsgeschichtliche Bilanz dieser Jahre wäre zwar übertrieben, da, regional extrem unterschiedlich, neben den Verlierern auch Kriegsgewinnler zu verzeichnen sind. Sie wird man aber wohl am wenigsten in den Unterschichten finden.

Strukturelle und konjunkturelle Effekte der wirtschaftlichen Prozesse zwischen 1770 und 1820 verflochten sich, scheint es, seit den neunziger Jahren zur Herausbildung jenes Zustandes der dauerhaften Armut arbeitender Unterschichten, für die erst im Vormärz der neue Name »Pauperismus« aufkam. Bislang nicht erwähnte Befunde bestärken diesen Eindruck: die in Teuerungsjahren zutage tretende Hilfsbedürftigkeit eines großen Teils der Handwerksmeister; die materiellen Kriegsschäden, Kontributionen und Konskriptionen; die steigenden, infolge der politischen Reformen nun in erhöhtem Maße auch durch die Unterschichten zu tragenden Steuerlasten; der Zusammenbruch örtlicher Armenunterstützungsfonds infolge der Säkularisation der (katholischen) Kirchengüter, aus deren Verkauf die Unterschichten wenig oder nichts gewannen, teils sogar verloren. Die Französische Revolution fegte über Deutschland auch als ein Orkan der Pauperisierung hinweg.[34]

Wenn dennoch der Pauperismus um 1800 die politische Öffentlichkeit viel weniger als nach 1830 beunruhigte, lag das nicht nur an der Vordringlichkeit anderer Probleme; das gesellschaftspolitische Paradigma der Reformen – ökonomischer Liberalismus unter staatlich-bürokratischer Kontrolle, flankiert durch Erziehung und Disziplinierung der »Untertanen« – verhieß noch einen Ausweg aus der Welt der Dürftigkeit, ohne daß schon wie im Vormärz Enttäuschungen dieser Hoffnung erkennbar gewesen wären. Aus der Perspektive »von unten« ist jedoch festzuhalten, daß jene liberalen, antiständischen Gesellschaftsreformen die Hauptfrage, das Subsistenzproblem der Unterschichten, unmittelbar nicht lösten, auch nicht lösen konnten, weil sie für die nahe Zukunft aus fiskalischen Gründen die ökonomisch leistungsfähigeren Wirtschaftssubjekte, die Bauern, Großgrundbesitzer und gewerblichen Unternehmer, fördern sollten. Die Unterschichten wurden auf die fernere Zukunft, die Mobilitäts- und Aufstiegschancen im Marktsystem vertröstet, das ihre Existenzformen nun zunehmend vollständiger erfaßte. Umgekehrt lösten die liberalen Agrar- und Gewerbereformen ehemals residuale ständische Schutzinstitutionen wie gutsherrliche Patronage, Zünfte, Gesellenbruderschaften und die kommunalen Bodennutzungsformen auf.

Der durch die Reformen beschleunigte, aber sich noch Jahrzehnte hinziehende Wandel der Existenzformen der Unterschichten ist hier nicht mehr darzustellen. Trotz neuer Freiheitschancen war für diese die Herausbildung der bürgerlichen Gesellschaft unter den Bedingungen des Pauperismus gewiß ein qualvoller Prozeß. Seit 1789 rumorte darin jedoch auch die revolutionäre Hoffnung auf Emanzipation, allerdings im Widerspruch zum Liberalismus und noch lange den Vorbildern des 18. Jahrhunderts verbunden. Der frühe Liberalismus reichte zwar tief ins städtische Kleinbürgertum hinein, aber nicht mehr in die Unterschichten. Kurz nach dem Hambacher Fest 1832 pflanzten Tagelöhner, die an dem liberal-revolutionären Aufbruch nicht beteiligt waren, dennoch »sog. Freiheitsbäume« und buchstabierten die Freiheit auf ihre Weise: als Herabsetzung der Brotpreise und Öffnung der Wälder für Weide und Brennholz.[35]

Anmerkungen

1 Zit. nach H. Medick, Plebejische Kultur, plebejische Öffentlichkeit, plebejische Ökonomie. Über Erfahrungen und Verhaltensweisen Besitzarmer und Besitzloser in der Übergangsphase zum Kapitalismus, in: R. Berdahl u. a., Klassen und Kultur. Sozialanthropologische Perspektiven in der Geschichtsschreibung, Frankfurt 1982, S. 157–204, hier S. 171.

2 Vgl. W. Conze, Proletariat, Pöbel, Pauperismus, in: O. Brunner u. a. (Hg.), Geschichtliche Grundbegriffe, Bd. 5, Stuttgart 1984, S. 27–68, hier S. 29ff.

3 W. Zorn, Sozialgeschichte 1648–1800, in: H. Aubin u. W. Zorn (Hg.), Handbuch der deutschen Wirtschafts- und Sozialgeschichte, Bd. 1, Stuttgart 1971, S. 574–607, hier S. 599.

4 D. Saalfeld, Die ständische Gliederung der Gesellschaft Deutschlands im Zeitalter des Absolutismus. Ein Quantifizierungsversuch, in: VSWG, Bd. 67, 1980, S. 457–483, hier S. 478ff. Die Literatur zur Geschichte der Unterschichten um 1800 ist weit aufgefächert in vorwiegend regionale Untersuchungen zu fast allen Teilbereichen der Sozial-, Wirtschafts- und Verfassungsgeschichte. Da im folgenden nur die nötigsten bzw. exemplarische Belege angeführt werden können, sei hier auf neuere Gesamtdarstellungen verwiesen, die einen Zugang zur Literatur ermöglichen: S. u. W. Jacobeit, Illustrierte Alltagsgeschichte des deutschen Volkes 1550–1810, Köln 1986; J. Kocka, Lohnarbeit und Klassenbildung. Arbeiter und Arbeiterbewegung in Deutschland

1800–1875, Berlin 1983; H.-U. Wehler, Deutsche Gesellschaftsgeschichte, Bd. 1, München 1987.

5 Diese Konfigurationen von Existenz- und Einkommensformen waren regionaltypisch ausgeprägt. Vgl. exemplarisch zur Lage der Heuerlinge J. Mooser, Ländliche Klassengesellschaft 1770–1848. Bauern und Unterschichten, Landwirtschaft und Gewerbe im östlichen Westfalen, Göttingen 1984.

6 Saalfeld, S. 477.

7 Vgl. E. François, Koblenz im 18. Jahrhundert. Zur Sozial- und Bevölkerungsstruktur einer deutschen Residenzstadt, Göttingen 1982, S. 162f.

8 A. Herzig, Kinderarbeit in Deutschland in Manufaktur und Proto-Fabrik (1750–1850), in: AfS, Bd. 23, 1983, S. 311–376, hier S. 328ff.

9 C. Küther, Menschen auf der Straße. Vagierende Unterschichten in Bayern, Franken und Schwaben in der zweiten Hälfte des 18. Jahrhunderts, Göttingen 1983.

10 B. Becker, Actenmäßige Geschichte der Räuberbanden an beiden Ufern des Rheins, Teil I, Köln 1804, S. 51ff.

11 Das läßt sich naturgemäß nicht quantifizieren. Die Schätzung des Anteils der Vagierenden bis zu 10% an der *Gesamt*bevölkerung ist jedoch insofern unrealistisch niedrig, als die Vagierenden zu 90% Erwachsene waren und aus den Unterschichten stammten. Vgl. Küther, S. 101, 104ff.

12 Vgl. H. Schultz, Landhandwerk und ländliche Sozialstruktur um 1800, in: Jahrbuch für Wirtschaftsgeschichte, 1981/II, S. 11–49.

13 Jacobeit, S. 248; H. Schultz, Land-Stadt-Wanderung im Manufakturzeitalter – das Beispiel Berlins, in: Jahrbuch für die Geschichte des Feudalismus, Bd. 9, 1985, S. 277–292, hier S. 290.

14 Grundlegend dazu W. Abel, Massenarmut und Hungerkrisen im vorindustriellen Europa. Versuch einer Synopsis, Hamburg 1974.

15 H. E. F. Fischer, Denkschrift von 1809 über die Lage der Heuerlinge in Ravensberg, hg. und eingeleitet von G. Angermann, in: Jahresberichte des historischen Vereins für die Grafschaft Ravensberg, Bd. 74, 1982/83, S. 79–103, hier S. 92, 101ff.; vgl. Mooser, S. 487f.

16 O. H. Hufton, The Poor of Eighteenth-Century France 1750–1789, Oxford 1974, S. 11ff.

17 Manche Autoren gehen, andere Faktoren zu leicht gewichtend, so weit, die Teilhabe an ständischen Rechten und Pflichten überhaupt als Abgrenzungskriterium zwischen Unterschichten und anderen Gruppen zu benutzen. Vgl. R. Endres, Sozialer Wandel in Franken und Bayern auf der Grundlage der Dorfordnungen, in: E. Hinrichs u. G. Wiegelmann (Hg.), Sozialer und kultureller Wandel in der ländlichen Welt des 18. Jahrhunderts, Wolfenbüttel 1982, S. 211–228, S. 216.

18 Vgl. A. Grießinger, Das symbolische Kapital der Ehre. Streikbewe-

gungen und kollektives Bewußtsein deutscher Handwerksgesellen im 18. Jahrhundert, Frankfurt 1981; A. Herzig u. a. (Hg.), Arbeiter in Hamburg. Unterschichten, Arbeiter und Arbeiterbewegung seit dem ausgehenden 18. Jahrhundert, Hamburg 1983, bes. S. 95 ff.

19 G. Forster an seine Frau, 8. Dez. 1792, zit. nach C. Träger (Hg.), Mainz zwischen Rot und Schwarz. Die Mainzer Revolution 1792–1793 in Schriften, Reden und Briefen, Berlin 1963, S. 310.

20 Vgl. bezüglich der Landwirtschaft die pessimistische Sicht von C. Dipper, Landwirtschaft und ländliche Gesellschaft um 1800, in: H. Berding u. H.-P. Ullmann (Hg.), Deutschland zwischen Revolution und Restauration, Königstein 1981, S. 281–295; eine optimistische Position: T.C.W. Blanning, The French Revolution in Germany. Occupation and Resistance in the Rhineland 1792–1802, Oxford 1983, S. 20 ff.

21 Vgl. H. Schissler, Preußische Agrargesellschaft im Wandel. Wirtschaftliche, gesellschaftliche und politische Transformationsprozesse von 1763 bis 1847, Göttingen 1978; H. Harnisch, Kapitalistische Agrarreform und industrielle Revolution. Agrarhistorische Untersuchungen über das ostelbische Preußen zwischen Spätfeudalismus und bürgerlich-demokratischer Revolution von 1848/49 unter besonderer Berücksichtigung der Provinz Brandenburg, Weimar 1984; Mooser, S. 52 ff.

22 Zum Begriff vgl. P. Kriedte u. a., Industrialisierung vor der Industrialisierung. Gewerbliche Warenproduktion auf dem Land in der Formationsperiode des Kapitalismus, Göttingen 1977; ohne jenen umstrittenen Begriff, aber zur Sache erhellend: K. H. Kaufhold, Gewerbelandschaften in der Frühen Neuzeit (1650–1800), in: H. Pohl (Hg.), Gewerbe- und Industrielandschaften vom Spätmittelalter bis ins 20. Jahrhundert, Stuttgart 1986, S. 112–202; ferner grundlegend zur Gewerbegeschichte: ders., Das Gewerbe in Preußen um 1800, Göttingen 1978.

23 Nach Kaufhold, Gewerbelandschaften, S. 174 ff.; ders., Gewerbe, S. 299 ff.; F.-W. Henning, Die Industrialisierung in Deutschland 1800 bis 1914, Paderborn 1973, S. 20, 73, 130, 137.

24 Vgl. R. Forberger, Die Manufaktur in Sachsen. Vom Ende des 16. bis zum Anfang des 19. Jahrhunderts, Berlin 1958, 268 ff.; H. Kisch, Die hausindustriellen Textilgewerbe am Niederrhein vor der industriellen Revolution, Göttingen 1981, S. 324 ff.

25 Beispiele bei Mooser, S. 260 f., 273 f.

26 Diese Schätzung bei Wehler, S. 201.

27 Vgl. Mooser, S. 255 ff.

28 Vgl. H. Medick, Privilegiertes Handelskapital und »kleine Industrie«. Produktion und Produktionsverhältnisse im Leinengewerbe des altwürttembergischen Oberamts Urach im 18. Jahrhundert, in: AfS, Bd. 23, 1983, S. 267–310.

29 Zit. nach Kisch, S. 255.
30 Zit. nach Medick, Kultur, S. 171; zur Interpretation des Luxus vgl. ebd., S. 164ff.; Mooser, S. 299ff.
31 W. Abel, Agrarkrisen und Agrarkonjunktur. Eine Geschichte der Land- und Ernährungswirtschaft Mitteleuropas seit dem hohen Mittelalter, Hamburg 1966, S. 288f.
32 Vgl. Abel, Massenarmut, S. 191–266; zu den von Abel nur flüchtig gestreiften Krisen um 1800 Grießinger, S. 347ff.; H. Scheel, Süddeutsche Jakobiner. Klassenkämpfe und republikanische Bestrebungen im deutschen Süden am Ende des 18. Jahrhunderts, Berlin 1971, S. 30f., 61ff., 93; J. Schildhauer, Gesellen- und Tagelöhnererhebungen in den mecklenburgischen Städten von 1790 bis 1800, in: ZfG, Bd. 7, 1959, S. 1256–1282.
33 Vgl. Kaufhold, Gewerbe, S. 452ff.
34 Vgl. Blanning, passim; W. K. Blessing, Umbruchkrise und »Verstörung«. Die napoleonische Erschütterung und ihre sozialpsychologische Bedeutung, in: Zeitschrift für bayerische Landesgeschichte, Bd. 42, 1979, S. 75–106; zur Säkularisation, dem Locus classicus der durch die revolutionären Prinzipien unmittelbar bewirkten Besitzumschichtungen vgl. C. Dipper, Probleme einer Wirtschafts- und Sozialgeschichte der Säkularisation in Deutschland (1803–1813), in: A. von Reden-Dohna (Hg.), Deutschland und Italien im Zeitalter Napoleons, Wiesbaden 1979, S. 123–170.
35 Nach W.Schieder, Der rheinpfälzische Liberalismus von 1832 als politische Protestbewegung, in: H. Berding u. a. (Hg.), Vom Staat des Ancien Régime zum modernen Parteienstaat. Festschrift für Theodor Schieder, München 1978, S. 169–195, hier S. 195.

Gérard Gayot
Die städtischen Unterschichten in Frankreich 1770–1820

> »Man glaubte, mich in ein schreckliches Dilemma zu stürzen, als man mir sagte, daß das Wort ›Volk‹ zwangsläufig zu viel oder zu wenig bedeute... Es trifft sich jedoch überaus glücklich, daß uns unsere Sprache in ihrer Nüchternheit ein Wort zur Verfügung stellt, welches die anderen Sprachen in ihrem Überfluß nicht bieten; ein Wort, das... in seiner wunderbaren Schlichtheit uns unseren Auftraggebern liebenswert macht, ohne diejenigen zu erschrecken, deren Hochmut und deren Ansprüche wir zu bekämpfen haben, *ein Wort, das für alles zu gebrauchen ist,* heute zwar bescheiden klingt, sobald die Umstände es aber erfordern, unserem Leben Größe verleihen kann.«[1]
>
> *Mirabeau*

Mirabeau, der bis zu seinem Tode auch für alles zu gebrauchen war, ging schon zu seinen Lebzeiten der Ruf voraus, er könne meisterlich mit Worten umgehen, die ebenfalls für alles zu gebrauchen seien. »Volk« war eines seiner Lieblingsworte. Durch den Gebrauch verlor der Begriff seine »wunderbare Schlichtheit«. Aber hat er sie je besessen? Folgt man den »Cahiers de doléances« der Bauern von 1789, dann entsteht der Eindruck, als ob es kleine Leute und niederes Volk nur auf dem Land und nicht auch in den Städten gegeben habe. Nur dort arbeiteten die Leute wirklich, rackerten sich ab, kannten Armut, Elend und Unglück. Die Städte hingegen, so hieß es damals, sind voll von Reichen und Mächtigen, von »faulen und müßigen Bürgern«; sie sind Orte des Luxus und verschlingen die Reichtümer der armen Bauern.[2] Eine solche Beschreibung der Städte unterscheidet sich deutlich von der Barnaves, der in ihnen eine »große Manufaktur« sah. Und auch Père Duchesne hatte eine andere Meinung, wenn er über das Schicksal der Sansculotten klagte, jener armen, zerlumpten Kerle, deren schwere Arbeit ihnen noch nicht einmal das tägliche Brot zum Überleben sicherte.[3]

Im Unterschied zum Volk auf dem Land konnte sich jenes in der Stadt bei Abfassung der »Cahiers« zumeist nicht artikulieren und deshalb 1789 auch nichts über seine Lebensbedingungen aussagen. Während der Revolution rächte es sich auf seine Weise, wurde dann aber zur Ordnung gerufen und verschwand wieder von der politischen Bühne. Der Historiker hat die Aufgabe, das Volk anzuhören, wenn es das Wort ergreift; sein Handeln zu beobachten, wenn es zur Masse wird[4], andere Quellen heranzuziehen, wenn die Macht der Dinge das Volk zum Schweigen verurteilt und zur Untätigkeit zwingt.

I. Personen und Bilder aus dem Volk unter dem Ancien Régime

Der Glasermeister Jacques-Louis Ménétra beschrieb seine soziale Identität folgendermaßen: »Ich bin nicht so groß wie die Großen, gehöre aber auch nicht zu den Niedrigsten; ich tue Gutes, und vor mir muß man sich nicht fürchten.«[5] Als Handwerker gehörte Ménétra zu jener Gruppe, die zusammen mit Arbeitern und Unterschichten drei Viertel der städtischen Bevölkerung ausmachte. Am Beispiel seiner Lebensgeschichte soll vom Volk erzählt werden: Wer gehörte in den Städten zum Volk? Bildete dieses Volk wirklich eine Einheit? Wovon lebte es? Wie nahm es sich selbst wahr, und wie sahen es die anderen?

Zusammensetzung und Größe des Volks. Gemessen an der Gesamtbevölkerung hatte das Volk in den Städten quantitativ nur ein geringes Gewicht. Zu ihm zählten im Jahre 1789 etwa 15% der 28 Millionen Franzosen. Innerhalb der Stadtmauern jedoch war sein Anteil außerordentlich hoch. In Paris waren Armut, Arbeitslosigkeit und soziale Unsicherheit im Zentrum genauso groß wie an der Peripherie der Stadt. Da die unterschiedlichen sozialen Gruppen noch eng zusammenlebten, deckte sich die »soziale nicht mit der städtischen Geographie«.[6] Dies hatte zur Folge, daß das Volk in fast jedem Pfarrbezirk von Paris zu finden war. Ähnliches galt für Sedan. In dieser kleinen Manufakturstadt mit 12000 Einwohnern wohnten die Textilarbeiter und die steinreichen Unternehmer in unmittelbarer Nachbarschaft. Anderswo löste sich im Zuge der Urbanisierung dieses Zusammenleben sozial heterogener Gruppen nach und nach auf. Die einfachen Leute wurden aus den guten Wohnvierteln herausgedrängt und in den schlechten zusammengepfercht. Aber unabhängig davon, ob das Volk zerstreut wohnte oder sich in bestimmten Vierteln konzentrierte, war sein Gewicht in der Stadt des Ancien Régime groß.

Der allmähliche soziale Aufstieg Ménétras vom Lehrling über den Gesellen zum Meister läßt die Barrieren erkennen, die ein Mann aus dem einfachen Volk in diesem Prozeß überwinden mußte. Erst mit der Meisterwürde gehörte man zum »Peuple des métiers« und damit zum »premier peuple«, das in der sozialen Hierarchie des einfachen Volks an der Spitze stand.[7] Ménétra gelang dieser Aufstieg im Jahre 1765, als er 27 Jahre alt war. Er ließ den abhängigen Gesellenstatus hinter sich, wurde Meister und gewann einen festen Platz in der Ständegesellschaft. Jetzt verfügte dieser Sohn des Volkes über »einen Teil der Produktionsmittel und damit über die Möglichkeit, unternehmerisch tätig zu werden; jetzt konnte er auf Erfolg hoffen«.[8] Mit dem Aufstieg in den »peuple des métiers«, also in das niedere Bürgertum, überwand Ménétra eine Barriere, die sich quer durch die nichtprivilegierte Gesellschaft der Roturiers zog. Die Schranke trennte, je nach den näheren Umständen mal kaum merklich, mal sehr sichtbar, die qualifizierten Leute, die ein Handwerk ausübten, einen Laden oder einen festen Wohnsitz hatten, von denjenigen, die ihren Beruf und ihre Wohnung oft wechselten. Diese Barriere war nach unten hin durchlässiger als nach oben, und Ménétra konnte hoffen, eines Tages auf der richtigen Seite zu stehen. Seine Voraussetzungen waren überaus günstig. Als Sohn eines Glasermeisters brauchte er nach Lehr- und Wanderzeit nicht lange einen festen Arbeitsplatz zu suchen. Ménétra wußte von Anfang an, daß er später, folgte er nur den ritualisierten Regeln der Zunft, Handwerker werden würde. Seine Wanderung verlief also – anders als die der Vaganten – in vorgezeichneten Bahnen.[9]

Hätte Ménétra kein Geld für die Meisterwürde und den Eintritt in den »peuple des métiers« gehabt, so wäre ihm als Gesellen ein solches Vaganten-Schicksal vielleicht nicht erspart geblieben. Denn während seiner Wanderzeit mußte er vorübergehend in die anonyme Masse des niederen Volkes hinabsteigen, in die Schicht der mehr oder weniger schlecht bezahlten Arbeiter oder, schlimmer noch, in die Gruppe der Tagelöhner, Hilfsarbeiter, Fuhr- und Dienstleute sowie Hausangestellten. Auf dieser untersten Ebene des gesellschaftlichen Gefüges waren die Grenzen fließend zwischen dem »menu peuple« und der »lie du peuple«, jenem Bodensatz an Behinderten, kleinen und großen Kriminellen, Bettlern und Vagabunden. Aus der Sicht der Zeitgenossen bildeten sie alle zusammen den bösartigen und aufrührerischen Pöbel, der am Ende des Ancien Régime für das Klima der Gewalt in den Städten verantwortlich war.[10] Es handelte sich bei dieser Gewalt jedoch nicht um kollektive soziale Unruhen; nur sie wurden damals von der Polizei bekämpft. Daher stießen die Historiker auf ihre Spuren, stellten am Vorabend der Revolution einen Rückgang der sozialen Unruhen fest und priesen die Annehmlichkeiten des Stadtlebens.[11] Was sie nicht genügend berücksichtigten, das waren die vielfältigen Gewaltsamkeiten des Alltags, das unruhige Treiben von Individuen und kleinen Banden, das sich in Faustschlägen, Einschüchterungsversuchen, Diebstählen und oft überstürzter Flucht äußerte. Diese öffentliche Unruhe und diese kleinen Krawalle des alltäglichen Lebens unterschieden den oft arbeitslosen »tiers peuple« vom »second peuple«, den regelmäßige Arbeit und Ruhe auszeichneten. Der »tiers peuple« oder Pöbel, diese unterste Schicht der städtischen Gesellschaft, machte zu allen Zeiten ein Siebtel der städtischen Bevölkerung aus.[12]

Angesichts dieser Unterschiede im Volk wird der Ausspruch von Sébastian Mercier verständlich: »In Paris weiß man nicht, wie man das Volk nennen soll.«[13] Versucht man, die zahlenmäßige Stärke der städtischen Volksschichten des dritten Standes mit Hilfe von Steuerlisten zu bestimmen, zeigt sich, daß diese seriellen Quellen kaum weiterhelfen. Der Pöbel, die 100000 Spitzbuben und Kranken, Armen und Arbeitslosen, die sich unter den 700000 Einwohnern von Paris befanden, tauchen dort gar nicht auf. Man stößt höchstens in den Akten der Polizei auf sie. Dagegen findet man in den Steuerlisten die etwa 40000 Diener aus den vornehmen Stadtvierteln sowie die Dienstmädchen der bürgerlichen Handwerker und Kaufleute. Sie machten etwa 5% der Stadtbevölkerung aus. Dieser Prozentsatz entsprach dem anderer französischer Großstädte.[14] Die Hälfte der Steuerpflichtigen, rund 350000 bis 400000, zählten zum »second peuple«. Etwa doppelt so stark besteuert wie sie wurden Handwerker und Ladenbesitzer, obwohl sie durchaus in ähnlich ärmlichen Verhältnissen lebten. Notariatsakten, etwa Eheverträge und Nachlaßverzeichnisse, bestätigen die Schätzwerte, die sich aus den Steuerlisten ergeben haben: In Paris und in den anderen französischen Städten gehörten 75 bis 80% der Stadtbewohner zum Volk.[15]

Leben mit dem Volk. Will man die Existenzbedingungen des

Volkes kennenlernen, so muß man beschreiben, wie die meisten Stadtbewohner lebten. In Sedan z. B. gab es 400 Weber und 600 Tuchscherer. Obgleich sie verschieden entlohnt wurden – der Weber erhielt 20 Sous pro Tag, der Scherer 30 –, lag ihr Lohn doch am unteren Ende der Verdienstskala. Scherer und Weber, die beide für die königliche Tuchmanufaktur arbeiteten, machten etwa 40% der Berufstätigen in Sedan aus. Ihr Lebensrhythmus wurde durch den 14stündigen Arbeitstag bestimmt. Er begann im Sommer um 5 Uhr und im Winter um 6 Uhr. Im übrigen aber waren die Arbeitsbedingungen von Webern und Scherern recht unterschiedlich. Der Weber arbeitete in seiner Wohnung, wie und wann er wollte. Er kam nur mit seiner Kiepe oder Schubkarre in das Fabrikgebäude, um Garn zu holen, ein Stück Tuch zu bringen und seinen Lohn in Empfang zu nehmen. Die Scherer hingegen übten in einer eigens für sie eingerichteten Werkstatt unter Aufsicht eines Werkmeisters ihr Handwerk aus. In solchen Werkstätten nahmen die Handwerker freiwillig oder zwangsweise an ersten Versuchen zu einer Rationalisierung der Arbeit teil. Um diese Erfahrung wurden sie von den Webern keineswegs beneidet. Diese genossen zwar noch die Freiheiten der Heimarbeit, trugen dafür aber auch ein größeres Risiko. Vor allem mußten sie bei Herstellungsfehlern mit Lohnabzügen rechnen. Die Scherer dagegen hatten den Status von Schwerarbeitern. Sie wurden am besten bezahlt, weil sie für die Manufaktur am unentbehrlichsten waren. Deswegen gehörten die Scherer zum »second peuple« von Sedan und erfreuten sich einer besonderen Wertschätzung unter den Manufakturarbeitern. Daran änderte auch die Niederlage im 45tägigen Streik des Jahres 1750 nichts. Die sozialen Unterschiede zwischen Scherern und Webern kamen nicht zuletzt im Heiratsverhalten zum Ausdruck. Nur ein Viertel der Kinder von Webern und Scherern heiratete untereinander. Söhne und Töchter von Scherern gingen im Alter von 25 oder 26 Jahren lieber eine Ehe mit den Nachkommen eines Handwerksmeisters oder eines tüchtigen und stolzen Scherers ein. Die Weber überließen sie den Kindern von Tagelöhnern oder ihresgleichen. In Sedan, dieser stark industrialisierten Stadt, glichen die Arbeiter schon den späteren Proletariern. Das Volk in der Stadt war ein Volk der Lohnabhängigen mit dem typischen Anteil von Unfallverletzten, alten Frauen und berufsgeschädigten Männern.[16]

In der Kleinstadt Sedan, die von einem einzigen Gewerbezweig geprägt wurde, wohnte das Volk in praktisch allen Stadtteilen. In Paris, das damals teils noch sehr ländlich, teils aber schon erstaunlich urban war, dominierte es nur in einzelnen Stadtvierteln oder Vororten. Ein gutes Beispiel bietet Saint-Marcel. Hier lebten 60 000 Personen. Sie waren durchweg sehr jung, die Hälfte zwischen 26 und 45 Jahren, und stammten zu zwei Dritteln aus der Provinz. Für diesen Vorort läßt sich jedoch nur schwer ein deutliches Bild vom Volk und seinen Arbeitsbedingungen zeichnen. Es gab in Saint-Marcel den einfachen Handwerker, der von überall her aus Frankreich stammen konnte, z. B. den Maurer aus der Normandie, den Bäcker aus Burgund, den Metallarbeiter aus Flandern. Daneben stand die sehr homogene Gruppe von Lohnempfängern, die in Zünften organisiert waren oder in den Gobelin-Manufakturen arbeiteten. Sie konnten lesen und schreiben, verfügten über eine gute Ausbildung, waren organisiert, bildeten eine Einheit und hielten an dem fest, was sie erreicht hatten. Unter ihnen rangierte die große Menge der nichtspezialisierten Arbeitskräfte, die kaum lesen und schreiben konnten. Zwischen diesen und dem »tiers peuple« bestand eine fließende Grenze. Die Gruppe der Hilfsarbeiter, die ein Drittel der Bevölkerung stellten, ergänzte sich durch den ständigen Zustrom von Arbeitslosen aus der Provinz sowie den sozialen Absteigern aus Handwerk und freien Berufen. Sie alle fristeten ihr Dasein an oder unterhalb der Armutsgrenze und mußten lernen, von Prostitution und Taschendiebstahl, von Gelegenheitsarbeiten und öffentlicher Wohltätigkeit zu leben. Dabei praktizierten sie einen Kult der Armut, in dem die Rollen klar verteilt waren. Die Polizei und ihre Helfershelfer verkörperten in ihren Augen das Böse schlechthin. Es läßt sich leicht vorstellen, daß ein explosives Gemisch entstehen konnte, wenn sich diese beiden Gruppen, der »second peuple« auf der einen und der »tiers peuple« auf der anderen Seite, die auf engem Raum beieinander lebten, verbündeten. Genau dies geschah im Jahre II.[17]

Wir haben einen kurzen Blick auf eine kleine Manufakturstadt und ein volkreiches Viertel in Paris geworfen. Was noch fehlt in unserer Sammlung von Bildern aus dem Volk, ist das Individuum. Kehren wir deshalb zur Lebensgeschichte von Jacques-Louis Ménétra zurück. Das erste einschneidende Erlebnis in seinem Leben hatte er zwei Jahre nach seiner Geburt. Ménétra verlor seine Mutter, die im Kindbett starb. Wie viele kleine Kinder aus Paris wurde er von einer Amme aus einem Vorort der Stadt ernährt und wohl mehr schlecht als recht versorgt. Wenn Jacques-Louis dabei nicht den Tod fand wie viele andere Kinder, so vor allem deshalb, weil ihn seine gute und rüstige Großmutter in ihre Obhut nahm. Sie war die Witwe eines Glasermeisters, Mutter von vier wohlbestallten Glasern und Schwiegermutter des Vaters von Jacques-Louis, der ebenfalls als Glasermeister arbeitete. Dieser heiratete wieder und zog die beiden Schwestern von Jacques-Louis auf. Mütterlicher- wie väterlicherseits gab es also enge familiäre Bande. In diesem Umkreis der weiteren und engeren Verwandtschaft wuchs der Junge auf und erfuhr, wie man sich in der Welt zurechtfindet. Jacques-Louis besuchte eine der 500 Pfarrschulen der Stadt. Im Alter von 15 Jahren konnte er lesen, schreiben und singen, wie drei Viertel der Jugendlichen in Paris und der Seidenarbeiter in Lyon.[18] Später vervollständigte Ménétra sein Wissen durch Theaterbesuche sowie die Lektüre von Zeitungen und Büchern. Er las die Bibel, das Zauberbuch *Le petit Albert*, den *Contrat social*, die *Heloïse* und den *Emile*. Mit Jean-Jacques Rousseau traf er sogar zusammen. Kurzum, Ménétra war nicht ohne Bildung. Bevor er sich Dank der Mitgift seiner Frau als Meister niederlassen konnte, ging er auf die übliche Gesellenwanderschaft. Dies bedeutete für ihn sieben an Liebesabenteuern, Freundschaften und Streitigkeiten reiche Jahre, in denen er sich in seinem Beruf weiterbildete. Seine beruflichen Erfahrungen und seine intellektuelle Neugier machten ihn zu einem Mann, der Gott liebte, ohne ihn anzubeten, und der seinen Mitmenschen gern zu einem höheren Lebensstandard verhelfen wollte. Er war der typische Sohn eines Volkes, das im Begriffe stand, sich seiner selbst bewußt zu werden.[19] Ménétra war vielleicht aufgeweckter als viele andere aus dem Volk, aber wie diese mußte auch er während seiner Gesellenjahre mit den beiden ständigen Ängsten des Volkes leben: jeden Tag erneut ein Dach über dem Kopf zu finden und täglich ein Stück Brot zu haben.

Nachdem Ménétra Hausbesitzer geworden war, bekümmerte ihn das ständige Steigen der Mieten in Paris nicht mehr so sehr. Damit war er eine Sorge los, die die kleinen Leute das ganze 18. Jahrhundert hindurch geplagt und die Ärmsten von ihnen aus der Mitte der Stadt an den Rand gedrängt hatte. In einer kleineren Stadt wie Caen mit ihren 40000 Einwohnern im Jahre 1775[20] wirkte sich die Mietverteuerung zwar auch nachhaltig aus, ihre Folgen traten jedoch nicht so sichtbar in Erscheinung wie in Paris. Hier waren es im übrigen weniger die Mieten als vielmehr die städtischen Grundstückspreise sowie die geplante Umgestaltung der Innenstädte, die die Armen zur Übersiedlung in die Vororte zwangen. »Sie wurden aus dem Zentrum verbannt, weil die Besitzenden das Zentrum aufkauften.« Im Jahre 1734 kostete in der Innenstadt ein Quadratmeter Grund und Boden zwölfmal mehr als in den Außenbezirken, 1789 bereits das 22fache. Die Stadtbewohner, vor allem Verwaltungsbeamte, Kaufleute, Ärzte und Ingenieure, gestalteten die Innenstädte nach ihren Vorstellungen um. So wurde die Straße, auf der sich früher das soziale Leben abgespielt hatte, zu einem Verkehrsweg. Auf die sozialen Folgen nahm man dabei keine Rücksicht.[21]

Diese Umgestaltung der Stadt nach wirtschaftlichen und nicht nach sozialen Gesichtspunkten traf das Volk hart. Vom Lohn mußte jetzt mehr für die Miete und konnte weniger für die Nahrung ausgegeben werden. Beim einfachen Mann verschlangen die Lebensmittel 70 bis 80% des Familieneinkommens. Gut die Hälfte mußte allein für Brot aufgewendet werden. Die Sorge um das tägliche Brot, das Gott trotz inständiger Bitten oft nicht gewährte, begann dann alle anderen Probleme zu übersteigen, wenn sich der Kreis der Familie vergrößerte. So lebten die kleinen Leute immer am Rande des Abgrunds. Getreidepreis, Lohn und Arbeitsplatz gaben ihnen Leben oder nahmen es.

»Der Getreidepreis spiegelte die finanziellen Schwierigkeiten der Armen wider. Eine Gegenüberstellung von Getreidepreisen und Löhnen ist also nicht nur vom ökonomischen Standpunkt her interessant, sondern auch für die Analyse der sozialen Verhältnisse wichtig. Jahrhundertelang entwickelten sich Preise und Löhne in etwa parallel. Während dieser ganzen Zeit hing also der Arbeitslohn vom Getreidepreis ab. Das Verhältnis von Natural- und Geldlohn änderte sich damit nicht wesentlich. Das heißt mit anderen Worten: Der reale Getreidepreis tendierte dazu, stabil zu bleiben. In den Städten hatte dies zur Folge, daß für die Lage der unteren Volksschichten die gesamte ausgezahlte Lohnsumme weit größere Bedeutung hatte als der Tages- oder Stundenlohnsatz. Bei konstantem Lohnniveau bestimmte der Arbeitsplatz den Lebensstandard. Um ihn ging es also beim Kampf um die Arbeit. Das Ergebnis dieses Kampfes schlug sich nicht zuletzt in den Wanderungsbewegungen nieder. Sie waren ein deutlicher Spiegel der Arbeitsmarktsituation. Ein fester Arbeitsplatz sicherte das Lebensminimum, aber nicht mehr.

Vergleicht man die Bezahlung eines Tagelöhners mit den Kosten, die für den Bewohner eines Armen- oder Krankenhauses aufgebracht werden mußten, dann zeigt sich die enge Verbindung zwischen beiden Existenzformen. Ein ungelernter Arbeiter verdiente neben der Mittagsmahlzeit täglich ebensoviel, wie die Unterhaltung eines Armen oder Kranken kostete. Und es gab noch eine weitere Ähnlichkeit. Ein Tagelöhner erhielt in etwa so viel, wie für die Unterbringung von zwei Bettlern oder zwei Kindern aufzuwenden war. Unter diesen Bedingungen konnte nur der unverheiratete Tagelöhner überleben. Eine Ehe, vor allem aber eine Familie, gefährdeten dagegen das labile Gleichgewicht und konnten es unter Umständen sogar zerstören. Es wäre deshalb interessant, den Einfluß ökonomischer Faktoren auf das demographische Verhalten zu untersuchen. Soviel jedoch ist sicher: Der am knappsten bemessene Lohn, der des Tagelöhners, reichte gerade aus zum Überleben, also zur Regeneration der Arbeitskraft. Unterhalb dieses Niveaus wurde die Arbeitskraft durch Krankheit und Erschöpfung aufgezehrt.«[22]

Mehr als ein Drittel der Bevölkerung von Caen lebte in der Hoffnung auf dieses Minimum und in der ständigen Angst vor Not. Der in Brotkrumen ausgedrückte Reallohn konnte eine katastrophale Entwicklung nehmen, wenn der Nominallohn hinter dem Getreidepreis zurückblieb, wie es in den beiden Jahrzehnten vor Ausbruch der Revolution geschah.[23]

Trat dieser Fall ein, dann wurde in den volkreichen Vierteln alles möglich, bis hin zum Schlimmsten: ehrliche Handwerker ließen ihre Kinder betteln; stolze Weber nahmen Arbeit in den Wirkereien an; arbeitslose Spinnerinnen gingen der Prostitution nach oder verdingten sich für ein Spottgeld als Spitzenklöpplerinnen. Daneben gab es eine Versuchung, der die Ärmsten und vielleicht gerade diejenigen unter ihnen, die am entschiedensten auf anständige Weise überleben wollten, immer weniger widerstehen konnten: den Diebstahl. Betrügereien und Eigentumsdelikte wurden in den französischen Städten nach 1750 gang und gäbe. In den schwierigen Zeiten unmittelbar vor der Revolution nahmen sie noch weiter zu. Die Strafverfolgung war offenbar außerstande, die durch Verarmung des größten Teils der Bevölkerung entstandene Welle von Verbrechen einzudämmen. Vielleicht trieb aber auch die nachlassende Strafverfolgung seitens der Magistrate die Diebe zu ihren Straftaten, und manchen Richter mögen Zweifel an der Zu-

Abbildung 1: Weizenpreise und Verbrechen 1720–1789

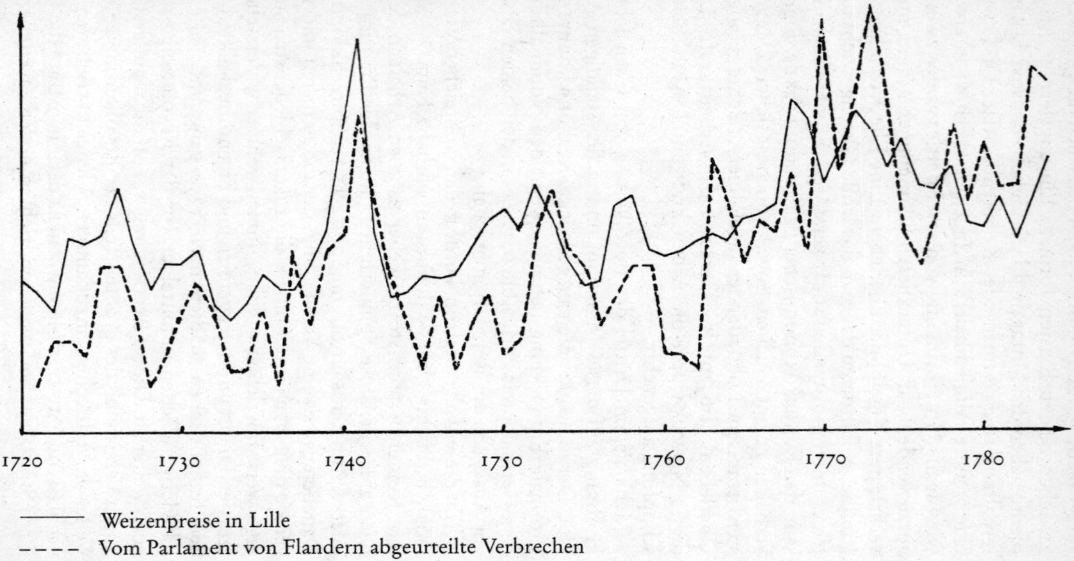

Tabelle 1a: Vom Stadtgericht in Lille abgeurteilte Straftaten 1720–1789 in Prozent

	1	2	3	4	5	6
1720–29	31,5	35,1	19,5	0	14,2	273
1730–39	36,4	23,8	24,5		13,2	151
1740–49	56	18,1	8,6	0	17,2	116
1760–69	66,7	18,3	6,7	0	8,4	60
1770–79	69,1	14,6	8,2	0	8,1	124
1780–89	66,8	22,8	8,2	0	7,7	183

Tabelle 1b: Vom Parlament von Flandern abgeurteilte Straftaten 1721–1789 in Prozent

	1	2	3	4	5	6
1721–30	46,5	15,2	7,6	5,3	25	131
1731–40	49,1	22,8	7,2	1,8	18,6	166
1741–50	56,2	13,1	10,6	0	20	160
1751–60	61,2	12,2	7	1,2	18	155
1761–70	62,1	12,6	5,6	1,8	17,7	214
1771–80	67,8	7,3	4	0,3	19,3	271
1781–89	69	9,8	2,8	0	18,3	284

Tabelle 1c: Vom Kriminalgericht des Departements abgeurteilte Straftaten 1792–1804 in Prozent

	1	2	3	4	5	6
1792–1804	66	10,3	1,6	0	22	1698

(1) Eigentumsdelikte: Diebstahl, Betrug
(2) Straftaten gegen Personen: Tötungs- und Gewaltdelikte, Beleidigung
(3) Verstoß gegen die guten Sitten: Ausschweifung, Prostitution, Inzest, Bigamie, Vergewaltigung, Entführung, Abtreibung
(4) Religionsdelikte: Gotteslästerung, Ketzerei, Hexerei, Selbstmord
(5) Delikte gegen die öffentliche Ordnung: Landstreicherei, Widerstand gegen die Staatsgewalt, Duell, Volksaufhetzung
(6) Zahl der gefällten Urteile

Tabelle 2: Berufungsentscheide des Parlaments von Flandern 1715–1789 in Prozent

	Verschärfung	Bestätigung	Milderung
1715–1750	34,4	49,9	15,7
1769–1779	24,7	39,0	36,3
1779–1789	15,6	40,5	43,9

Tabelle 3: Soziale Zusammensetzung der vom Stadtgericht Lille Verurteilten 1720–1789 in Prozent[24]

	1720–1750	1750–1789
Adlige, Kaufleute, Beamte und Bürger	7,9	6,1
Handwerksmeister und Ladenbesitzer	10,9	10,4
Gesellen und ungelernte Arbeiter	58,6	61,8
Hausangestellte	5,2	7,1
Berufslose (einschließlich Bettler und Vaganten)	9,7	3,6
Soldaten	7,5	11,0

kunft der Gesellschaft befallen und ihn zu nachsichtigen Urteilen veranlaßt haben. »Die tiefe Verwirrung der Justiz sowie das Zögern der für die Aufrechterhaltung von Sicherheit und Ordnung zuständigen Behörden spiegelten die Ungewißheit des politischen Lebens in einer Monarchie wider, die vorsichtig nach neuen Institutionen suchte, es aber nicht wagte, eine andere politische Ordnung zu begründen.«[25] Die Zahlen in den voranstehenden Tabellen verdeutlichen diese Zusammenhänge.

Es besteht kein Zweifel daran, daß die meisten Diebe sich wirklich aus dem Volk und vor allem aus dem »second« und »tiers peuple« rekrutierten. Zuerst war es der hohe Getreidepreis, der einen Anstieg der Kriminalität nach sich zog (Abb. 1). Ab 1760 liefen Kriminalitäts- und Getreidepreiskurve jedoch nicht mehr parallel, so als hätten sich die schlechten Gewohnheiten jetzt eingebürgert. Dem Gesellen aus Lille war das neue Credo von D'Holbach – »Erst Eigentum macht zum Bürger« –, das auf die sich entwickelnde bürgerliche Gesellschaft und ihre politischen Ideen vorauswies, natürlich nicht bekannt; aber er hatte immer mehr Lust und zunehmend weniger Angst, sich das Eigentum anderer anzueignen. Angesichts des Reichtums, der täglich zur Schau gestellt wurde, änderte das Volk in den Städten seine Verhaltensweisen. Tagelöhner, Arbeiter, Hausangestellte und Laufburschen – ein Drittel von ihnen war jünger als 25 Jahre – riskierten Schaufensterdiebstähle und nächtliche Einbrüche, leisteten Widerstand gegen Gerichtsvollzieher und Polizisten. Die Kriminalität von Jugendlichen, Armen und Arbeitslosen wurde zu einer Alltäglichkeit.[26] Schon lange vor Entstehung der großen Ballungsgebiete des 19. Jahrhunderts waren die städtischen Arbeiter eine gefährliche Klasse und wurden als solche angesehen.

Identitäten des Volkes. Das Volk bestand nicht nur aus Gaunern und Dieben. Trotz aller Unsicherheiten der täglichen Existenz blieb es den Prinzipien der christlichen Moral verhaftet und wagte nicht, diese zu umgehen. Die meisten aus dem Volk verschlossen die Augen vor dem Leben der Außenseiter, sei es aus feindseliger Verachtung, sei es in geheimem Einverständnis. Zugleich versuchten sie, durchaus im Einklang mit dem Zeitgeist, aber eben doch der Zeit voraus, sich als eine soziale Gemeinschaft zu begreifen.

»Die Stadt«, schreibt D. Roche zu den Ausführungen Jacques-Louis Ménétras über dessen Identität und die seiner Mitmenschen, »schafft sehr viel Ungleichheit, aber im Verborgenen auch Gleichheit. In dieser Umwelt... hat Ménétra verhältnismäßig freien Spielraum zum Handeln. Er kümmert sich nicht um reiche Adelige und Geistliche, um Gesellen, Meister oder Bürger... Alles funktioniert mehr oder weniger nach dem Prinzip: jedem nach seinem persönlichen Verdienst. Ménétra ist Pariser, für den die unmittelbare Gleichheit zählt und für den es wichtig ist, wie einer handelt, nicht wer er ist... In der Werkstatt und im Wirtshaus, bei der Arbeit und beim Vergnügen herrscht eine Gleichheit, die auch den Bürger einschließt. Wenn Ménétra die Regeln nicht einhält, die das Verhältnis zwischen Meister und Gesellen bestimmen, geht es ihm an den Kragen. Dann muß er sich auf die Intrigen, Ausschweifungen und Späße seiner Arbeiter gefaßt machen... (Die Bauern) sind gute Leute, Opfer von Priestern und Briganten, zu allem Guten und Schlechten fähig, manchmal sanft und freundlich, manchmal böse und streitsüchtig... Gegenüber den privilegierten Ständen schwankt Ménétra zwischen einer respektvollen, abwartenden Haltung und völliger Ablehnung. Die Geistlichen, einerlei ob Priester oder Mönche, werden über einen Kamm geschoren und mit negativen Attributen bedacht... Nonnen dagegen sind, offensichtlich nicht so sehr aus religiösen Gründen, sehr geschätzt... Vom Adel hat Ménétra eine recht verschwommene Vorstellung. Er verwechselt die Titel. Was ihn vor allem beeindruckt, sind die Symbole der Autorität oder die Zurschaustellung von Macht.«

Die Gesellschaft setzt sich in den Augen Ménétras aus guten Menschen zusammen, die durch ihr Verhalten – Lachen, Trinken, Essen, Reden – Gleichheit herstellen, und solchen, die ungesellig sind und ebenso eifersüchtig wie mißgelaunt ihre Schätze, Privilegien und Töchter bewachen. »Er ist ein Anhänger Rousseaus«, der die Polizei nicht mag und ihr gern einen Streich spielt. Ménétra haßt die Armee, weil er den Krieg fürchtet. »Es bedurfte der Revolution, um einen Umschwung in den Gewohnheiten und Auffassungen herbeizuführen.«[27]

Es stellt sich die Frage, ob Jacques-Louis Ménétra der typische Vertreter einer gesellschaftlichen Moral war, die in Mißtrauen und Unabhängigkeit, in Konformismus und Fatalismus gründete; ob er allein stand mit seiner Ablehnung der strengen Zunftregeln, die soweit ging, daß er das Edikt Turgots aus dem Jahr 1776 mit Beifall aufnahm; ob nur er einen Aufstieg ablehnte, der auf Privilegien, Geburt und Reichtum beruhte?[28] Zieht man die »Cahiers de doléances« der Porzellanarbeiter und Glasmaler von Rouen heran, dann tritt eine unterschiedliche Mentalität zutage. Anders als Ménétra forderte man hier, daß das Volk die mit Rang und Würden verbundenen Privilegien zu respektieren habe, weil sie zur Zierde und Sicherheit des Thrones beitrugen.[29] Viele andere Beschwerdehefte äußerten jedoch ähnliche Ideen wie Ménétra. So verlangten, ebenfalls in Rouen, Kaufleute und Manufakturunternehmer aus der Strumpfindustrie eine Reform der Strafjustitz, Pressefreiheit, das »natürliche Recht«, Waffen zu tragen, Gleichheit beim Zugang zu allen öffentlichen Ämtern. Um das Maß voll zu machen, fügten sie hinzu: »Dort, wo es um Wahlen geht, sollten Wissen und Weisheit, nicht der Glanz der Stellung leuchten.«[30] Obgleich Ménétra ähnlich dachte und die geburtsständische Gesellschaft ablehnte, wäre es nicht richtig zu sagen, daß er für die Abschaffung der Zünfte eingetreten wäre. Seine Kritik an den Korporationen richtete sich nur gegen Klerus und Aristokratie. Auch die Autoren des Beschwerdeheftes bekräftigten im Vorwort: »Unter der französischen Monarchie ist jede Zunft Teil eines freien und großherzigen Volkes, das seine Gesetze liebt, aber keine Macht außerhalb der konstitutionellen Gesetze des Landes gutheißt. Die Forderung jeder Gemeinschaft muß daher zum Ziel haben, den König glücklich zu machen, seiner allerhöchsten Autorität Respekt zu verschaffen und zugleich die Nation in ihre Rechte einzusetzen – Rechte, gegen die weder die Feudalanarchie noch der Regierungsdespotismus noch die Barbarei der unwissenden Jahrhunderte etwas ausrichten können.«[31]

An solchen Äußerungen spürt man deutlich, daß wohl die Revolution in der Luft lag, nicht aber die »Lois Le Chapelier«. Diese Gesetze beseitigten 1791 alle Korporationen, die sich zwischen Individuum und Staat schoben, darunter insbesondere die Zünfte. 1789 verstanden die Handwerker das Volk, wobei sie den »tiers peuple«, also den Pöbel, außer acht ließen, nicht als einen Zusammenschluß einzelner Individuen. Sie sahen in ihm vielmehr ein harmonisches Ganzes. Dieses setzte sich aus Korporationen zusammen, die von ihrem ganzen Wesen her das öffentliche Wohl im Auge behielten. Eine solche korporative Gesellschaftsvorstellung verband Meister und Gesellen mit ihren kleinen Privilegien zu einer einheitlichen Gruppe, ob sie in Rouen oder im Vorort Saint-Marcel wohnten, und trennte sie vom niederen Volk, das durch sein Elend an den Rand gedrängt und immer wieder zu individuellen, strafbaren Handlungen verführt wurde. Konnte sich dieses Volk zusammentun, das einerseits aus armen Draufgängern und nächtlich umherschweifenden zerlumpten Individuen bestand und andererseits aus kleinen ehrbaren Leuten und Zünften, die das Dunkel scheuten und es liebten, sich in ihrer Ehrbarkeit offen zur Schau zu stellen?

II. Schicksale und Wege des Volkes nach 1789

»Die Französische Revolution hat die schlummernden Geister plötzlich aufgeweckt. Das so oft wiederholte Wort ›Freiheit‹ hatte eine übernatürliche Wirkung und erhitzte alle Gemüter.«[32] Sprach Ménétra, als er diese Worte niederschrieb, nur für sich selbst? Schaut man auf Saint-Marcel, so stellt man fest, daß es offensichtlich lange dauerte, bis sich im Volk ein revolutionäres politisches Bewußtsein entwickelte. Manche Historiker gehen noch einen

Schritt weiter und sagen, daß in diesem »so wichtigen und so wenig beachteten« Teil des Volkes, der vor 1789 wegen seiner »Gier nach Neuerungen und Revolutionen« (Marat)[33] gefürchtet war, die Revolution gar nicht stattgefunden hätte. Die kleinen Leute, so wird behauptet, hätten auch während der Revolution weitergelebt mit ihren alten Ängsten, mit Not und Hunger, im Rhythmus der Ernten und Lebensmittellieferungen. Sie hätten nur, weil groß angekündigte Lebensmittelversprechungen nicht gehalten wurden, ihrer Entrüstung lauter und stärker als früher Ausdruck verliehen.

»Diese Bewegung«, meint R. Cobb, »die so eng mit den Jahreszeiten zusammenhing und an den Rhythmus der Monate gebunden war, hätte schwerlich das Angesicht Frankreichs verändern können, so wie es ihr auch nicht gelungen wäre, die Autoritäten zu überraschen. Man konnte vielmehr durchaus vorhersehen, wie die kleinen Leute in Notzeiten reagierten, daß sie dasselbe sagen und tun würden, was sie hundertmal zuvor auch schon gesagt und getan hatten. Ein Großteil der kleinen Leute hing diesen tief verwurzelten Verhaltensweisen an. Wer dies nicht berücksichtigt, verweist das Volk in den Bereich des Mythos sowie der Legende und entzieht es damit einer genauen historischen Analyse«.[34]

Cobb übersieht in seiner Interpretation zwar nicht das aufmüpfige und zornige Verhalten des Sansculotten, der als vierzigjähriger Familienvater für den Lebensunterhalt seiner Frau und Kinder sorgen mußte und deshalb streng die Preise überwachte, um sich wie allen Bürgern einen angemessenen Lebensstandard zu sichern. Aber er vernachlässigt so wichtige soziale Gruppen wie z. B. die Scherer von Sedan. Angehörige dieser kleinbürgerlichen Schichten saßen im Sicherheitsausschuß, überwachten die Grenzen und waren bereit, alle unter die Guillotine zu bringen, die sie eines Mangels an Patriotismus verdächtigten. Zudem läßt Cobb jene Aspekte der Sansculotterie außer Betracht, die A. Soboul so eindringlich herausgestellt hat. Danach demonstrierten die Pariser Sansculotten unentwegt für die demokratische und brüderliche Einheit aller Bürger. Sie gingen in ihrem Fraternisierungseifer so weit, daß sie das Tragen einer weniger als dreidaumenbreiten Kokarde oder einen zu langen Haarschnitt als deutliche Zeichen eines laschen oder »aristokratischen« Verhaltens werteten.[35] Es gab also in Sedan wie in Paris diese militanten Revolutionäre aus dem Volk, die nach Brot und nach der Verfassung von 1793 schrien und die

Bürger zum revolutionärem Kampf mit der Waffe aufriefen. Es stellt sich die Frage, wie die Bilanz der revolutionären Taten aussieht, die im Namen des Volkes begangen wurden. Bevor man eine Gewinn- und Verlustrechnung aufmacht, ist es erforderlich, etwas näher das Volk in Aktion zu betrachten.

Das militante Volk. Der Sansculotte verstand sich als ein armer, tugendhafter und unermüdlicher Arbeiter, als wachsamer, einsatzbereiter und patriotischer Kämpfer für Freiheit und Gerechtigkeit. Nach seiner Überzeugung genügte es, mit der Hände Arbeit am Gemeinwohl mitzuwirken, um den ruhmreichen Titel eines Sansculotten zu verdienen. Aus der Tugend der Handarbeit erwuchsen alle anderen Qualitäten gleichsam wie von selbst. Ein solches Selbstverständnis mußte alle Nicht-Sansculotten beunruhigen. Denn Arbeit und nicht Eigentum bildete die Grundlage der sozialen, moralischen und politischen Ordnung. Zwar leugneten oder haßten die Sansculotten das Eigentum nicht, ordneten es aber der Arbeit und dem Gemeinwohl unter. Aus einer solchen Vorstellung konnten blutige Folgen erwachsen. Ein Eigentümer, der nicht arbeitete, nur nach seinem eigenen Gewinn strebte, war allein schon aus diesem Grund ein todgeweihter Feind des Volkes.[36] Die Sansculotten glaubten, von Natur aus Freunde des Volkes zu sein, selber das bewaffnete Volk zu verkörpern und entscheiden zu können, was gut für die Nation sei. So fanden sich in den Städten die drei Gruppen des Volkes in der Sansculotterie vereint: der »premier«, »second« und »tiers peuple« mit Ausnahme lediglich der Bettler, Diebe und Prostituierten, die vom tugendhaften Sansculotten mit besonderer Brutalität gejagt wurden. Konnte es aber, so muß man fragen, eine Einheit des Volkes ohne diese Randgruppen geben?

Es ist nicht leicht, die soziale Zusammensetzung der in Bewegung geratenen Massen zu bestimmen und genaue Angaben über die Zahl der Teilnehmer an einer Kundgebung zu erhalten. Dies gilt um so mehr, als in den Archiven zumeist nur die Rädelsführer und die kleine Zahl der Aktivisten Spuren hinterlassen. Eine Untersuchung der politischen Führungsgruppe der 48 Sektionen von Paris, d. h. der revolutionären Avantgarde der Sansculotterie in der Hauptstadt, macht deutlich, daß sie sich vor allem aus einer »Koalition von kleinen Meistern und den mit ihnen arbeitenden und lebenden Gesellen zusammensetzte«. Fabrikproletariat, Tagelöhner, ungelernte Arbeiter und Dienstboten machten dagegen nur ein Fünftel der Militanten aus dem einfachen Volk aus; eine Frau war nicht unter ihnen.[37] Der Anteil von einfachen Arbeitern an den Entscheidungsorganen der sansculottischen Bewegung war umgekehrt proportional zu ihrer Teilnahme an den revolutionären Massenveranstaltungen. Es gab also eine Einheit an der Basis ohne eine wirkliche Einheit an der Spitze. Die Ärmsten bildeten die Stoßtrupps der Sektionen und übertrugen Handwerkern und Ladenbesitzern die Leitung der Aktionen bis hin zur Unterdrückung der Terreur im Jahre III. Dennoch gab es auf der Straße wie in den Revolutionskomitees ein politisches Bündnis zwischen den mehr aktiven und den eher passiven Bürgern. Es war genau diese Allianz, die die Verfassung von 1791 durch das Zensuswahlrecht verhindern wollte.

Man ist sich darüber einig, daß es bei den Sansculotten eine verwirrende Vielzahl von Parolen gab. Eine jedoch hob sich zumindest am Anfang deutlich heraus: »Brot und ...«. Nichts Neues, so könnte man meinen, entsprach diese Forderung doch der traditionellen »sittlichen Ökonomie« (E. P. Thompson) der Unterschichten. Danach kam dem König als gutem Vater die Pflicht zu, seine Untertanen zu ernähren, und diese wiederum besaßen das Recht, den Vater, wenn er abwesend war, versagte oder schlecht beraten wurde, auf dem Markt, in den Bäckereien und Mühlen zu vertreten. Zweifellos handelten die Pariser Frauen, als sie mit ihren Männern in Versailles »den Bäcker, die Bäckerin und den Bäckerjungen« abholten, in der Tradition dieser Vorstellungs- und Verhaltensweisen. Nach und nach verwandelten die revolutionären Aktivisten das Brot der Armen in das Brot der Sansculotten. Durch seine republikanische Weihe erhielt das Brot einen wichtigen Platz im Wertesystem des neuen Humanismus, der sich auf Gleichheit, Tugend und Würde gründete – die drei Bedingungen zur Erringung des Glücks auf Erden. Würde bedeutete: »Ich habe die gleichen Rechte wie Du; und wie Du habe ich das Recht auf Sicherheit meiner Person und meines Lebens.«[38] Das Brot wurde so zu einem geheiligten Objekt im Kult der Würde. Dieser Gleichheitskult war für die soziale Ordnung besonders gefährlich, wenn ihm alle drei Gruppen des Volks gemeinsam huldigten. Das Direktorium und Napoleon »verstanden, daß die wirksamste Form, dieser Volksagitation entgegenzutreten, ihre Neutralisierung durch Wohltätigkeitspolitik war. Mit ihrer Hilfe gelang es, die wirklich arme Bevölkerung von jenen zu trennen, die einst die Sansculotterie gebildet hatten.«[39] Weil die Julimonarchie diesen elementaren Grundsatz des sozialen und politischen Friedens nicht beachtete, sah sie 1848 zu ihrer Verwunderung die volkstümlichen Gebräuche eines Kults der Würde wieder aufleben.

Von Würde, Tugend und Militanz der Sansculotten übernahm Ménétra je nach Belieben und Gewohnheit mal das eine, mal das andere. Er hielt diesen Werten während seines ganzen revolutionären Werdegangs die Treue. Als die Idee der Freiheit von ihm Besitz ergriff, stellte er sich sogleich auf die Seite der Patrioten, die für das Glück der Franzosen arbeiteten. Stolz trug er die Uniform der Nationalgarde, nahm aktiv an der Erhebung vom 10. August 1789 teil und erschien »in dieser Zeit des Chaos auf den Versammlungen seiner Sektion«. Von da an war er »immer bewaffnet«, ein Bürger-Soldat, zu jeder Zeit bereit und gewillt, die Legalität der Sektionsversammlung und ihrer gewählten Vertreter zu verteidigen. Ménétra engagierte sich ohne Zögern für die demokratische Bewegung und feierte den Kult des Höchsten Wesens. Vielleicht begann er nach der Grande Terreur im Messidor des Jahres II an der Zukunft der Revolution und an seiner eigenen zu zweifeln. Ménétra machte zwar keine Kehrtwendung, war aber über das mißtrauische Schweigen beunruhigt, hinter dem sich der ehrliche Sansculotte immer mehr verschanzen mußte: »Man beobachtete sich; man wagte nicht zu sagen, was man dachte.« Der Glasermeister empfand Schrecken vor der Schreckensherrschaft. Obwohl sich Ménétra nach dem Thermidor ein wenig an die Sprache der Reaktion anpaßte, verfocht er weiter den Kult der Würde: »Ganz Frankreich spürte die Nachwirkungen des Unglücks, das mit der Revolution verbunden war. Der Egoist freute sich seines Lebens, und der Rechtschaffene stöhnte und siechte dahin, da er nicht zu leben vermochte.« Auf seine Weise blieb Ménétra bis zum Ende den sansculottischen Idealen Freiheit, Gleichheit und Vaterland treu.[40]

Aber wie sollte man, fragte sich Ménétra, nach der Revolution leben? Am Ende des Jahrhunderts zog er die Bilanz seines Lebens: »Mein Geschäft möchte ich für meinen Sohn erhalten. Ich selbst bekam nichts von Vater und Mutter, auch meine Frau nicht. Leider ist unser Glück nicht beständig, denn wir haben nur ein recht mittelmäßiges Auskommen.« Den Kindern konnte man nur noch »heilsame Ratschläge geben« und »alle Tage das Höchste Wesen anrufen«.[41] Für Jacques-Louis hat der soziale Wandel nicht stattgefunden. Sein Sohn wird Glaser sein wie Vater und Großvater; er besitzt kein oder fast kein Vermögen. Nur der Gott von einst hat sich verfinstert (D. Roche) und durch die Revolution einen Teil seines Glanzes eingebüßt. Man fragt sich jedoch, ob Ménétra nicht das Bild zu schwarz gemalt hat.

»Man braucht weder Reiche noch Arme«. Dieser schöne, oft variierte Ausspruch von Saint-Just – man denke auch an die »Gleichheit der Freude« oder an die »heilige Gleichheit« bei Gracchus Babeuf – stand im Mittelpunkt des bösen Traums, den die Sansculotten tausendfach träumten. Es war ein Traum, in dem die Freiheit vertrauensvoll und majestätisch voranschritt, um dann nach mehreren Annäherungsversuchen wieder zu verschwinden, da sie ihre Rolle angesichts des schmerzlichen Anblicks von Ungleichheit und Armut nicht zu spielen vermochte. Das beste Bild dieses sozialen Schauspiels läßt sich anhand der Zivilregister entwerfen. Sie erlauben es, die Verteilung von Besitz und Vermögen zum Zeitpunkt der Eheschließung und des Todes zu untersuchen.

Tabelle 4: Vermögensverteilung in Toulouse und Lille 1791–1799 in Prozent[42]

	Toulouse Vermögen bei der Eheschließung	Toulouse Nachlässe	Lille Nachlässe
Adel	19,2	63,1	23,7
Bürgertum	74,1	36,2	74,9
Volk	6,7	0,7	1,2

Die Tabelle zeigt, daß der Anteil des Volks am Vermögen verschwindend gering war. Es besaß weder größere bewegliche Güter noch Grund und Boden oder Häuser und machte auch keine guten Erbschaften. Die kleinen Leute von Lille, die sich für vermögend hielten, »besaßen« 1,5% der beweglichen Güter, 0,5% des Grund und Bodens sowie 1,8% der Häuser; hinzu kamen gewiß ein paar wackelige Stühle, einige winzige Gärten und elende Hütten. Auch nach der Französischen Revolution brauchte das Volk in den Städten nicht darüber nachzudenken, wie es sein Vermögen hätte nutzbringend anlegen oder vergrößern können. Nachdem sein

Anteil am Gesamtvermögen in Lille 1800 mit 1,2% einen Höchststand erreicht hatte, mußte es sich 1850 mit 0,4% und 1910 mit 0,26% begnügen. Es vertraute Gott oder dem Höchsten Wesen oder der Konjunktur seine Hoffnungen auf ein besseres Leben in der Gegenwart an.

Rettung konnte, wie früher auch, allein der Lohn bringen. Wie sich die Löhne entwickelten, ist dank der alten Arbeit von A. Chabert bekannt, der mit großer Ausdauer die Lohnserien von 1797 (Rückkehr zum Münzgeld) bis 1820 zusammengestellt hat. Vor 1789 war der in Konsumgütern bewertete Reallohn stark gesunken, und zwar in einer Größenordnung von 25%. Ganz anders sah es in den ersten Jahren des Konsulats und zu Beginn der Restauration aus: »Im Gegenteil, man konnte eine Freudenhymne anstimmen; der Lohn stieg um etwa 25%.«[43] Die am Ende des 18. Jahrhunderts erlittene Reallohneinbuße wurde wieder aufgeholt. Selbst wenn sich der Lohnanstieg nach 1810 verlangsamte, so lag das 1820 erreichte Niveau doch über dem der vorrevolutionären Zeit. Dies war weniger auf die Revolution mit ihrer Forderung nach mehr Gleichheit zurückzuführen, sondern hing mit der Einberufung von Arbeitskräften zum Militär zusammen. Der Mangel an Arbeitskräften trat in der Stadt besonders deutlich zutage, da die Städter als glühende Patrioten weniger häufig desertierten als die Landbewohner, die zudem sichere Verstecke und Lebensmittel besaßen.[44]

Nicht alle Leute aus dem Volk konnten die günstige Stunde nutzen. Dienstboten, Tagelöhner, Bauarbeiter und vielleicht auch die Söhne Ménétras hatten Glück. Weber und Spinner gehörten dagegen zu den ersten Opfern der fortschreitenden Konzentration und Mechanisierung in der Leinen-, Baumwoll- und Wollindustrie. Alle aber waren auch weiterhin vom zyklischen Anstieg des Getreidepreises betroffen. Nichts hatte sich also an dem Grundmechanismus geändert, von dem die Existenz der einfachen Leute abhing. Dennoch begannen viele, ein besseres Leben zu führen, zumindest schien es so. Man aß weniger Speck, dafür mehr frisches Fleisch und ging von Kohl mit Speck zu Poularde mit Kresse über. Den Winter über wurde geheizt, und man kleidete sich weniger bescheiden. Nie waren die Frauen in Paris »schöner geputzt und weißer geschminkt; Seife wurde unentbehrlich«, staunte Sébastian Mercier. Die Mädchen von Bourg-en-Bresse »wagten nicht in der Öffentlichkeit zu erscheinen, ohne daß man das Werk eines geschickten Perückenmachers gesehen hätte«, berichtete der Präfekt im Jahr 1818. Der Arbeiter besuchte Bälle und Cafés, wo er Billard spielen lernte. Wohlstand verpflichtete eben! Er machte einen blauen Montag, wenn nicht gar auch noch einen Dienstag. Ein deutscher Reisender schockierte seine Landsleute mit dem Bericht, daß 1811 in Paris Bäcker- und Metzgerinnen ein ebenso vornehmes Auftreten hätten wie die Frauen von hohen Beamten in Deutschland. Ein Engländer, der nicht zurückstehen wollte, notierte 1814 in seinem Tagebuch: »Die arbeitende Klasse in Frankreich steht auf einer sehr viel höheren Stufe als bei uns. Mein Eindruck hat sich bestätigt, daß es hier wirklich sehr wenige Arme gibt. In England sind ›armer Mann‹ und ›Arbeiter‹ Synonyme. Wir sprechen gemeinhin von den Armen, wenn wir an die Arbeiterklasse denken: In Frankreich ist es ganz anders.«[45]

Diese Berichte zeichneten ein so idyllisches Bild der städtischen Gesellschaft, daß es Saint-Just getröstet hätte. Aber am Rande dieser Welt von Handwerkern und Lohnempfängern, die durch regelmäßige Arbeit zu größerer Würde und einem bescheidenen Wohlstand gelangt waren, gab es, nicht nur in Hungerzeiten, immer noch die Notleidenden. Die Zahl der Pariser, die von der öffentlichen Wohlfahrt lebten, stieg von 68000 im Jahre 1795 (11%) auf 87000 1804 (15%), 122000 1810 (18%) und 103000 1813, darunter 20000 Witwen und 36000 Kinder.[46] Am höchsten lag die Zahl der Wohlfahrtsempfänger in den Vororten Saint-Antoine und Saint-Marcel, wo es während der Revolution immer wieder gebrodelt hatte. In Saint-Antoine benötigten vor allem Frauen (40%), wenig spezialisierte Arbeiter, Tagelöhner, fliegende Händler, Träger, Hausangestellte und Kinder Unterstützung.[47]

»Arbeit und Brot, Brot oder Tod«. Der Kampf um den Arbeitsplatz, der allein den Lebensunterhalt sicherte, stand auch nach 1789 für jeden im Vordergrund. Als die Sansculotten, die das Recht auf Glück und Arbeit für alle gefordert hatten, von der politischen Bühne verschwunden waren, wurde der Wettbewerb härter. Man kämpfte nun verbissener und war dabei auf sich allein gestellt. Die Vorstellungen der Sansculotten von bürgerlicher Gleichheit gerieten rasch wieder in Vergessenheit, und man kehrte zur alten Gedankenwelt einer zünftischen Ordnung zurück. Zu keiner Zeit wurde über Zünfte und Gesellenschaften so viel geredet wie nach ihrer offiziellen Abschaffung. Die Begriffe änderten

sich – »Korporation« war ein neues Wort –, und in diesem Wandel kam ein Gefühl von Instabilität und Unsicherheit zum Ausdruck.

Die Bestimmungen der revolutionären und kaiserlichen Arbeitsgesetzgebung wiesen, wenn man sie genau betrachtet, keine wirklichen Neuerungen auf. Seit 1749 mußte einem Gesellen, wenn er seinen Meister verließ, ein Entlassungszeugnis ausgehändigt werden. 1781 führte man das Arbeitsbuch ein. Schon vor 1789 waren Gesellenschaften und Streiks verboten gewesen. 1776 hatte Turgot versucht, die Zunftmeister abzuschaffen. Kurzum: Es waren bereits vor der Revolution eine Reihe von Voraussetzungen geschaffen worden, um eine legale Unterordnung der arbeitenden Bevölkerung zu gewährleisten. Die Französische Revolution und vor allem das Kaiserreich errichteten als einzige arbeitsrechtliche Neuerung ein System des Zwangs und der Selbstdisziplin. Mit anderen Worten: Es gab keine wirklich weitergehenden Ansätze zu einer modernen Arbeitsgesetzgebung. Vielmehr schrieb man, als die Sansculotten zum Schweigen gebracht worden waren, die alten Arbeitsverhältnisse nur rechtlich fest, angefangen von der Einführung des Arbeitsbuches von 1803 bis zur Veröffentlichung des Strafgesetzbuches im Jahre 1811. Damit wurde mehr die Rückkehr zur sozialen Ordnung und die Durchsetzung einer tüchtigen Handwerkerpolizei bezweckt als die Entwicklung freien Unternehmertums und die Entfaltung eines kapitalistischen Wirtschaftssystems. Das Arbeitsbuch wurde zu einer Art Reisepaß. Jeder Arbeiter, der sich ohne einen solchen Ausweis auf Wanderschaft begab, wurde als Vagant angesehen und konnte festgenommen und bestraft werden.[48] Die Bestimmung war raffiniert, denn kein Arbeiter, der etwas auf sich hielt, wollte zum fahrenden Volk gerechnet werden. Daher gab es viele, die das Arbeitsbuch als Ausweis ihrer Ehrlichkeit und Geschicklichkeit ansahen und darauf stolz waren. Sie verlangten immer wieder ein Arbeitsbuch von den Meistern, die oft unter Mißachtung des Gesetzes jeden anstellten, wenn er sich nur mit einem geringeren Lohn zufriedengab.[49] Die Berufsehre, die es den Gesellen versagte, auf solche Angebote einzugehen, nützte der Polizei und ärgerte die Meister. Aber der Artikel 1781 des Zivilgesetzbuchs von 1804 ließ den Meistern recht viel Spielraum. Die Erinnerung an die Zunftdisziplin führte 1806 zur Einrichtung der Schlichtungsausschüsse, die sich zum Großteil aus Meistern zusammensetzten. Sie waren klug genug, gerechte Urteile zu fällen, wie die Beispiele Roubaix oder Tourcoing zeigen.[50] Wenngleich die Meister damals aus eigenem Interesse das Gesetz noch nicht zu ihren Gunsten ausnutzten, sanktionierte es doch die Ungleichheit zwischen beiden Parteien. Dieselbe Zurückhaltung oder dasselbe Bedürfnis nach Ausgewogenheit bewies das Strafgesetzbuch von 1811 in den Artikeln 414 und 416. Aber auch hier wurden die Versuche der Meister, »auf ungerechte und ausbeutende Weise« die Löhne zu drücken, weniger streng bestraft als Arbeiterkoalitionen, Streiks und andere Vergehen der Arbeiter. Die Anführer riskierten Gefängnis, jene neue, von der Revolution erfundene Strafe für Leute, die fremdes Eigentum und die Freiheit der Arbeit antasteten.

Der »Klassencharakter dieser Gesetzgebung ist evident«, schreibt A. Soboul. »Man muß ihre Anwendung noch näher untersuchen«[51], vor allem in den Betrieben, bei den Schlichtungsausschüssen und den Friedensgerichten. Kann man aus der relativen Ruhe der Arbeiter schließen, daß sie nicht kämpften und daß sozialer Friede herrschte? In den Manufakturen gab es keine Inspektoren mehr wie im Ancien Régime, die von lokalen Zwischenfällen hätten berichten können. Erfolgte Widerstand, so finden sich spärliche Zeugnisse davon allenfalls in den Akten der Gemeinden oder den Familienpapieren von Meistern. Sie berichten von individuellen Konflikten, seltener jedoch von kollektiven Aktionen oder gar spektakulären Unruhen. Aber es gab immerhin einige: In Sedan z. B. konnte zur Zeit des Konsulats die Tuchindustrie wegen Arbeitermangels die Arbeit nicht wiederaufnehmen. Gerade die Scherer wußten seit langem um ihre starke Stellung auf dem Arbeitsmarkt und nutzten diese ohne Rücksicht aus. Im Jahr 1803 kam ein Unternehmer auf den Gedanken, die Löhne zu senken, was schlimme Folgen für ihn hatte. Nach einem sechstägigen Streik mußte er unter Hohn und Spott nachgeben. Vielleicht gab es in der Kaiserzeit doch mehr Streiks, als man bis jetzt angenommen hat.[52]

Die Handwerker verloren mit den Zünften eine korporative Ordnung, die eine gewisse Sicherheit garantiert und für die berufliche Ausbildung gesorgt hatte. Auf diesem Feld geschah jetzt nichts mehr. Andere Arbeiter litten unter der Mechanisierung, die in der Textilindustrie seit 1800 schnell voranschritt. Sie hatte erhebliche Auswirkungen auf die Löhne und wirkte sich außerdem nachhaltig auf die Arbeitsbedingungen aus. Dies zeigte sich an vielen Orten, vor allem in Elbeuf, Rouen, Tourcoing, Sedan und Paris. Auch die Weber, die vor 1789 noch zu Hause gearbeitet hatten, wurden nun in Werkstätten mit fünf oder zehn Webstühlen unter der Kontrolle eines Werkmeisters zusammengefaßt. Noch gab es keine Großbetriebe, aber schon jetzt verstärkte sich am Arbeitsplatz der Lärm um das Fünf- bis Zehnfache. Hinzu kam, daß die Arbeiter die unangenehme Bekanntschaft mit der Ganztagsarbeit machten, wie dies zuvor schon ihre Kollegen in den großen Spinnereien der Stadt und auf dem Land zwischen Rouen und Mühlhausen getan hatten. In Jouy-en-Josas bei Oberkampf, in Reims bei Ternaux oder in Mouzon (Ardennen) bei Poupart de Neuflize – überall ging die Epoche der Heimarbeit zu Ende, bei der man den ganzen Tag lang Muße und Arbeit auf vielfältige Weise miteinander hatte verbinden können. Von nun an hatte alles seine Zeit. Einige fanden sich damit ab, andere begannen, Widerstand zu leisten: Man behinderte oder verlangsamte die Produktion; trotz aller Verbote wurden die Maschinen während der Arbeitszeit gewartet, um deutlich zu zeigen, daß man zwischen bezahlter und unbezahlter Arbeitszeit wohl zu unterscheiden wußte; man machte eigenmächtig Pausen, in denen gelacht, diskutiert und mit den jungen Arbeitern Spaß getrieben wurde, so als wolle man Raum und Zeit wieder zum Leben erwecken und die Verfügung darüber zurückgewinnen. Nichts von alledem deutet bereits auf die moderne Arbeiterklasse hin, auf ihre großen Streiks und Fabrikbesetzungen. Aber alle die kleinen Zeichen des Ungehorsams, die versteckten Demonstrationen von »Eigensinn« sowie die Abgrenzung eines privaten Bereichs auch am Arbeitsplatz trugen mit dazu bei, Bewußtsein und Verhalten der entstehenden Fabrikarbeiter zu formen.[53]

Widerstand gab es auch bei den Gesellenschaften, deren Stunde nach 1789 geschlagen hatte. Der »Code pénal« verbot Versammlungen von mehr als 20 Personen ebenso wie Arbeitsniederlegungen. Dies galt auch für die sogenannte »Interdiction«, wonach zum einem ein Meister keinen Arbeiter einstellen durfte, der einem Streikaufruf nicht gefolgt war; zum anderen durften Gesellen in einer Werkstatt, die während eines Streiks weitergearbeitet hatte, keine Arbeit aufnehmen. Mit Hilfe dieser »Interdiction« hatten die Gesellenschaften streikunwillige furchtsame Gesellen in »Verruf« gebracht. Die Verfasser des »Code pénal«, die mit der Vorstellungswelt und den Ausdrucksformen der Gesellen wenig vertraut waren, machten sich nicht klar, unter welch starkem sozialen Druck die Gesellen bzw. Arbeiter standen: etwa in der Tuchindustrie, wo der Streikunwillige in Sedan als »dreckig«, in Verviers als »verrottet« und in Monschau als »stinkend« beschimpft wurde. Später zeigte man verächtlich mit dem Finger auf den »Gelben«, dem mangelnde Solidarität mit seinen Arbeitskollegen vorgeworfen wurde.

Das ganze Arsenal von Repressalien, das in den Jahren von Revolution und Kaiserreich zur Verfügung stand, wurde weniger gegen die Arbeiter in den Fabriken als vielmehr gegen die Gesellenschaften eingesetzt, deren Überleben die Regierungen beunruhigte. So wie die Verwaltungs- und Polizeibehörden die Fabrikarbeiter kontrollierten, so überwachte die Gendarmerie den Gesellen aus dem Nahrungsmittel-, Bekleidungs- und Bauhandwerk, der sich auf Wanderschaft befand und dabei Unruhen anstiftete. Politik spielte selten eine Rolle. Wenn Handwerksgesellen von ihr sprachen, dann nur in einem negativen Sinne. Wie später die Anarcho-Syndikalisten verachteten die traditionsorientierten Gesellen damals die Politik. Wären die Präfekten wachsamer gewesen, wenn sie dies geahnt hätten? Nichts spricht dafür, denn die Arbeitskraft der wandernden Gesellen war begehrt. Daher war es einfacher, die hohen Löhne zu zahlen, die sie verlangten, und ihr rauhes Treiben zu dulden, als an ihnen »revolutionäre Jonglierkünste« zu erproben. So genossen die Wandergesellen in den Jahren der Revolution und des Kaiserreichs einen beachtlichen Freiraum. Nach Waterloo konnten sie nur mit Trauer auf diese Zeit zurückblicken, als es die Polizei der Bourbonen noch nicht gab, die ihnen und den auf Halbsold gesetzten Soldaten der napoleonischen Armee nachjagte.[54]

»Wer die Elite der Sansculotten kennenlernen will, sollte die armseligen Behausungen der Arbeiter besuchen.« So äußerte sich Père Duchesne[55] 1793 über das Leben der kleinen Leute in den Städten. Verhielt es sich im Jahre 1820 auch noch so? Die drei Gruppen des Volks lebten noch immer Seite an Seite. Durch die Schaffung der Rechtsgleichheit waren sie sich vielleicht nähergekommen; aber die sozialen Barrieren blieben noch lange bestehen. Für unqualifizierte Arbeiter sowie Kinder und Frauen, die immer nur für kurze Zeit ihr Auskommen in der Heim- und Fabrikarbeit fanden und dort die niedrigsten Löhne erhielten, war alles beim alten geblieben. Industrialisierung und Urbanisierung hatten im

18. Jahrhundert die Grundlagen für ihr Elend im 19. Jahrhundert gelegt. Die Misere der Arbeiterklasse, so meint J. C. Perrot, begann nicht erst mit der Industriellen Revolution. Die kleinen Leute lebten schon im Ancien Régime unter schlechten Bedingungen, die ihre Lebenserwartung verringerten: Mit durchschnittlich 39 Jahren war der Arbeiter am Ende seiner Arbeitskraft und fiel der öffentlichen Wohlfahrt anheim.[56] Demgegenüber konnten nach 1789 viele Handwerker, Gesellen und Facharbeiter ihren Lebensstandard verbessern. Besonders sparsamen und technisch talentierten Kräften gelang es sogar, in den Jahren zunehmender Mechanisierung ihre Betriebe im richtigen Augenblick auszubauen. Freilich war, wie so oft, der soziale Abstieg häufiger als der gesellschaftliche Aufstieg. In Krisenzeiten wuchs auch weiterhin die Zahl der völlig Verarmten rasch an.

Was dem Volk blieb, das waren die kleinen Freuden des Alltags und vor allem die Erinnerung an die Jahre der Revolution und des Empire. Vor allem die napoleonische Zeit »erschien vielen als ein goldenes Zeitalter«. Die Popularität des Kaisers wuchs nicht nur mit der Unbeliebtheit der Bourbonen, sondern auch mit der Depression, die der Konjunkturwende zwischen 1817 und 1820 folgte. Jetzt genoß der relative Wohlstand, in dem das Volk zumindest bis 1810 gelebt hatte, besondere Wertschätzung. An Napoleon jedenfalls, den »Empereur des Faubourgs«[57], erinnerten sich viele kleine Leute. Davon profitierte noch Louis Napoléon Bonaparte bei der für ihn erfolgreichen Wahl vom 10. Dezember 1848. Aber die wirklichen Erben der Sansculotten fielen auf diese »Speichellecker des Volkes« (Proudhon) nicht herein, die immer nur vom Ende des Pauperismus redeten. Eltern und Großeltern hatten ihnen von der Revolution erzählt: von Aufständen und Barrikaden, dem brüderlichen Du und der einheitlichen Kleidung, dem Ende der Privilegien und den republikanischen Festen, der Verfassung des Jahres I und dem allgemeinen Wahlrecht. An dieses Erbe der Sansculotten aus dem Jahr II knüpften die Achtundvierziger bewußt an, als sie in den Straßen von Toulon die Kleidungsgewohnheiten der Vornehmen anprangerten sowie von den Besitzenden Arbeit und Brot verlangten.[58] Neben alten Parolen hörte man neue Begriffe wie »Demokratie, Demokraten, republikanische Solidarität, demokratischer Sozialist, Roter, Kommunist«. Diese Ausdrücke besaßen zwar noch nicht ihre heutige Bedeutung, aber sie bezeichneten schon, wenn auch erst unpräzise, »die

Arbeiterbewegung, die mit der republikanischen Bewegung entstand und zum großen Teil durch sie heranwuchs«.[59]

Das Wort »Volk« kam nicht vor, weil es bei den Achtundvierzigern wenig populär war. Von Anfang an mißtrauten die Revolutionäre von 1848 jedem Redner, der erklärte, das Volk zu lieben. Marat hätte ihr Mißtrauen bestimmt geteilt, nachdem Lamartine Volk als »allumfassende französische Familie, Nation mit all ihren Generationen, Klassen und Berufen« definiert hatte – so, als ob der Dichter von Mirabeau gelernt hätte, daß der Begriff »Volk« sich wegen seiner geringen Präzision vorzüglich zur politischen Manipulation eignet. Um allen Mißverständnissen entgegenzuwirken, schrieben Arbeiterzeitungen 1848: »Wenn man auch sagt, daß es nur ein einziges Volk gibt: unserer Meinung nach ist das Volk nichts anderes als die Arbeiterklasse.«[60]

Die Revolution von 1789 ließ den Sansculotten nicht die Zeit, auf die Republik zu hoffen oder die Träume und den Glauben an die eigenen Kräfte in Worte zu fassen. Alles oder fast alles, was sie vorbrachten, schrieben und erprobten, geschah für das Wohl des einfachen Mannes. Aber daran beharrlich festzuhalten bedeutete, in Reden, Denken und Handeln konsequent bis ans Ende zu gehen, sogar bis zum Bürgerkrieg. Denn die Revolutionäre von 1789 wollten keinen Klassenkampf, und diejenigen, die ihn dann eröffneten, endeten entweder auf dem Schafott oder wurden, beiseite gedrängt und vergessen, auf dem Altar des sozialen Konsenses geopfert.[61] Erst in der Revolution von 1848 politisierte sich der Klassenkampf. Damit wurde eine neue Seite in der Geschichte des Volkes aufgeschlagen.

Anmerkungen

1 Zit. bei R. Robin, La société française en 1789: Semur-en-Auxois, Paris 1970, S. 324f.
2 Ebd., S. 309.
3 Ders., Histoire et linguistique, Paris 1973, S. 151–156.
4 G. Rudé, La foule dans la révolution française, Paris 1982.
5 D. Roche (Hg.), Journal de ma vie. Jacques-Louis Ménétra compagnon vitrier au 18e siècle, Paris 1982, S. 392.

6 Ebd., S. 23.
7 D. Roche, Le peuple de Paris, Paris 1981, S. 35.
8 M. Garden, Lyon et les Lyonnais au XVIIIe siècle, Paris 1975, S. 163.
9 Roche, Journal, S. 380.
10 Garden, S. 159.
11 Ebd., S. 163.
12 J. Meyer, Etudes sur les villes en Europe occidentale. Milieu du XVIIe siècle à la veille de la Révolution, Bd. 1, Paris 1983, S. 178.
13 Garden, S. 162.
14 Roche, Peuple, S. 55.
15 Ebd., S. 69.
16 Ebd., S. 54.
17 Archives Nationales, F[12] 788; G. Gayot, La longue insolence des tondeurs de draps à Sedan au XVIIIe siècle, in: Revue du Nord, Bd. 63, 1981, S. 105–134.
18 H. Burstin, Le faubourg Saint-Marcel à l'époque révolutionnaire. Structure économique et composition sociale, Paris 1983.
19 Garden, S. 239.
20 Roche, Journal, S. 288, 294, 300f.
21 J. C. Perrot, Genèse d'une ville moderne. Caen au XVIIIe siècle, Paris 1975, S. 712.
22 Ders., La pauvreté et les pauvres à Caen au XVIIIe siècle. Etude démographique et économique (unveröffentlichtes Manuskript).
23 Ders., Genèse, S. 793, 789, 790f.
24 P. Deyon, Le temps des prisons. Essai sur l'histoire de la délinquance et les origines du système pénitentiaire, Lille 1975, S. 88, 73f., 86f.
25 Perrot, Genèse, S. 792.
26 Deyon, S. 77–81.
27 Roche, Journal, S. 385–391.
28 Ebd., S. 392.
29 W. H. Sewell, Gens de métier et révolutions. Le langage du travail de l'Ancien Régime à 1848, Paris 1983, S. 134.
30 Ebd., S. 135.
31 Ebd., S. 135f.
32 Zit. bei Robin, S. 220.
33 Ebd.
34 R. Cobb, La protestation populaire en France (1789–1820), Paris 1975, S. 315.
35 Sewell, S. 146, 149.
36 Ebd., S. 156–160.
37 A. Soboul, La civilisation et la Révolution française, 3 Bde., Paris 1970–1983, hier Bd. 2, S. 259–264.
38 M. Vovelle, La Révolution française: mutation ou crise des valeurs, in: E. Schmitt u. R. Reichardt (Hg.), Die französische Revolution – zufäl-

liges oder notwendiges Ereignis. Akten des internationalen Symposiums an der Universität Bamberg vom 4.–7. Juni 1979, Bd. 1, München 1983, S. 63–85.

39 Roche, Journal, S. 260–278.

40 Ebd., S. 279–282.

41 Ebd.

42 J. Sentou, Fortunes et groupes sociaux à Toulouse sous la Révolution 1789–1799. Essai d'histoire statistique, Toulouse 1969, S. 27; R. Thomas, Fortunes et groupes sociaux à Lille sous la Révolution 1791–1799, Lille 1973. Zum Verständnis der Tabelle: In Spalte 2 wurde die Gesamtmasse des von den Eheleuten eingebrachten Vermögens auf die verschiedenen sozialen Kategorien aufgeteilt. Nicht aufgeführt sind also alle, die bei ihrer Heirat kein nennenswertes Vermögen besessen haben. Dies traf für die Hälfte der Bevölkerung von Toulouse und somit für den größten Teil des Volks zu. Bei den Nachlässen (Spalte 3 und 4) wurde ebenfalls das von Bürgern von Toulouse und Lille hinterlassene Gesamtvermögen aufgeteilt. Vgl. Sentou, S. 407.

43 A. Chabert, Essai sur le mouvement des revenus et de l'activité économique en France de 1798 à 1820, Paris 1949, S. 228.

44 Cobb, S. 91 f.

45 Chabert, S. 231, 235.

46 Soboul, Bd. 3, S. 261–263.

47 R. Monnier, Le faubourg Saint-Antoine sous la Révolution et l'Empire, Paris 1981.

48 Soboul, Bd. 3, S. 265.

49 P. Delsalle, La brouette et la navette. Tisserands, paysans et fabricants dans la région de Roubaix et de Tourcoing (Ferrain, Mélantois, Pévèle) 1800–1848, Westhoek 1985, S. 117–125.

50 Ebd., S. 101 ff.

51 Soboul, Bd. 3, S. 266.

52 G. Gayot, Le second empire drapier des Neuflize à Sedan (1800–1830), in: Histoire, Economie et Société, Bd. 5, 1986, S. 103–124.

53 A. Lüdtke, Le domaine réservé: affirmation de l'autonomie ouvrière et politique chez les ouvriers d'usine en Allemagne à la fin du XIXe siècle, in: Le mouvement social, Nr. 126, 1984, S. 29–52.

54 Soboul, Bd. 3, S. 271–274.

55 Ebd., S. 288.

56 Perrot.

57 Soboul, Bd. 3, S. 316.

58 M. Agulhon, Une ville ouvrière au temps du socialisme utopique. Toulon de 1815 à 1851, Paris 1970, S. 279, 293.

59 Ebd., S. 331.

60 M. Tournier, Le mot peuple en 1848: designant social ou instrument politique (unveröffentlichtes Manuskript).

61 J. P. Hirsch, L'imbroglio révolutionnaire: conflits et consensus, erscheint in: A. Burguière u. J. Revel (Hg.), Histoire de la France, Bd. 3, Paris 1989.

III. Kultur und Mentalitäten

Franklin Kopitzsch
Sozialgeschichte der Aufklärung in Deutschland
Eine Skizze

Der Weimarer Schriftsteller und Journalist Christoph Martin Wieland schrieb in der Vorrede zum *Historischen Calender für Damen für das Jahr 1792*, der vom Jenaer Geschichtsprofessor Friedrich Schiller herausgegeben wurde: »Beinahe durch alle Theile des deutschen Reiches verbreitet sich – schneller oder langsamer, aber doch unaufhaltbar – der wohlthätige Geist der Aufklärung über angeerbte Irrthümer und Vorurtheile und ein immer zunehmendes Bestreben nach Verbesserungen, nach Abstellung alter Mißbräuche, Erleichterung der Lasten des Volks, Aufmunterung und Beförderung aller Arten gemeinnütziger Unternehmungen. Nie ist der Zustand der Wissenschaften in Deutschland so blühend, die öffentliche Erziehung nie so gut, die Freiheit zu denken und laut zu sagen, was man für wahr und recht hält (das Palladium der Menschheit), nie in einem so großen Theile von Deutschland respectirt und von den Regenten selbst geschützt und begünstigt worden als in unsern Tagen.«[1]

Dieses Zeugnis ist aus mehreren Gründen bemerkenswert: zunächst durch den Ort der Veröffentlichung, der zeigt, daß Frauen, eine wichtige Zielgruppe des neuen Lesepublikums, in ihrer Lektüre historisch-politische Themen schätzten und nachfragten; dann durch die unverkennbare Freude über den Gang der Aufklärung in Deutschland und schließlich durch das Hohelied der Denk- und Meinungsfreiheit, die den meisten Autoren jener Zeit in der Tat als »Palladium der Menschheit«, als Vehikel für Reform und Fortschritt erschien. Wieland blieb freilich beim Lob der Aufklärung nicht stehen; ihm ging es um den »Mangel deutschen Gemeinsinnes und Nationalgeistes und Mittel zu deren Erwekkung und Belebung«. Bevor er sich diesem Hauptanliegen zuwandte, betonte er die Vorzüge des Heiligen Römischen Reiches Deutscher Nation. »In den meisten andern Ländern giebt es zwischen übermäßigem Reichthum und drückender Armuth, äußerstem Luxus und äußerster Dürftigkeit, höchster üppigster Verfeinerung und thierischer Rohheit wenig Mittelgrade; in Deutschland hingegen ist die Anzahl dieser Stufen, die Menge einzelner Personen und Familien, die sich verhältnismäßig wohl befinden, die Menge der Aussichten, Wege und Hilfsmittel, die den Bürgern des deutschen Reichs allenthalben offenstehen, sich durch Talente, Wissenschaft und Geschicklichkeit und Brauchbarkeit emporzuhelfen oder wenigstens eine Existenz, womit ein Jeder in seiner Classe und Art bei mäßigen Wünschen zufrieden sein kann, zu verschaffen, unleugbar größer als in irgend einem andern Lande. Wenn jene Mittelmäßigkeit, die uns so oft mit mehr übler Laune als Billigkeit vorgeworfen wird, uns in gewissen Künsten, in Sachen des Geschmacks überhaupt und in jenem höchst verfeinerten Lebensgenuß (der ohne eine ungeheure Hauptstadt, worin sich der ganze Nationalreichthum concentrirt, nicht stattfinden und auch in *dieser* nur das Loos weniger glücklicher Müssiggänger sein kann) mehr oder weniger enge Schranken setzt, so ist es hingegen eben diese goldene Mittelmäßigkeit, der wir Vorzüge von unendlich größerm Werth, der wir, im Ganzen genommen, mehr Gesundheit des Leibes und der Seele, unverdorbnere Sitten und, durch die Menge wohl eingerichteter Erziehungsanstalten, Schulen und Universitäten, wodurch sich Deutschland vermöge seiner Verfassung vor allen andern Reichen auszeichnet, eine ungleich weiter und über eine größere Anzahl Menschen ausgebreitete Aufklärung, Ausbildung und Veredlung schuldig sind.«[2] Wielands Bild bietet sich als Ausgangspunkt moderner sozialgeschichtlicher Forschung geradezu an. Zu vermuten ist, daß sein Standpunkt zu sehr von Weimar aus, dem thüringischen Residenzstädtchen an der Ilm, geprägt wurde. Er nahm deshalb die zweifellos auch im Reich vorhandenen sozialen Differenzierungen und das Armenproblem, die drängendste soziale Frage jener Zeit, nur begrenzt wahr.

Wieland räumte zwar ein, daß »diese Art von Organisation des germanischen Körpers« dem Reich »eine gewisse politische Schwere und Unbehilflichkeit in seinen Bewegungen«[3] gebe, doch hoffte er auf Sicherheit von und nach außen. Die Französische Revolution war ihm der beste Garant, daß kein neuer Ludwig XIV. drohe. Außerdem erwartete er, daß die europäischen Großmächte um des politischen Gleichgewichts willen das Reich in seinem Bestand erhalten würden.[4] Nach diesen Überlegungen nahm er sich der Schattenseiten an. Vor allem beklagte er »die große Schwäche oder vielmehr (wenn wir uns selbst nicht zu unserm eignen Schaden täuschen wollen) die gänzliche Abwesenheit jenes *Gemeinsinnes* und *Nationalgeistes,* der sich mehr oder weniger bei allen Völkern äußert«.[5] »Es ist nur zu wahr, was uns so oft von Ausländern, die uns näher kennen lernen, vorgeworfen wird: wer das deutsche Reich aufmerksam durchwandert, lernt zwar nach und nach Östreicher, Brandenburger, Sachsen, Pfälzer, Baiern, Hessen, Württemberger u.s.w. mit etlichen hundert kleinern, durch mancherlei Unterabtheilungen und unter mancherlei Gestalten immer schmächtiger werdende, nach dem Namen des Reichsstandes, dem sie untergeben sind, benannte Völkerschaften, aber keine *Deutschen* kennen und sucht im ganzen deutschen Reiche vergebens dieses *Germanien,* dessen *König* der erwählte Kaiser ist. Jeder von dieser ungeheuern Menge *Staaten im Staate* hat seinen *eigenen* kleinen Gemeingeist, sowie sein eigenes, ihm selbst sehr erhebliches, aber mit den entferntern Theilen gar nicht oder nur sehr unmerklich zusammenhangendes Interesse; was Wunder also, wenn *Gleichgiltigkeit* und *Kälte* gegen *allgemeines Nationalinteresse,* gegen Alles, was das Ansehen und den Glanz der deutschen Nation, Alles, was den *allgemeinen* Wohlstand, den *allgemeinen* Flor befördert oder befördern könnte, den Fremden als ein *Charakterzug der Deutschen* auffällt und uns nach ihrer Schätzung unendlich weit unter den innern Werth herabwürdigen muß, den uns, wenn wir uns selber zu schätzen wüßten, kein anderes Volk der Erde streitig machen könnte!«[6]

Wieland wollte nicht untersuchen, was die Glieder des Reiches zu tun vermöchten, um diesem Mangel entgegenzuwirken; er lenkte die Aufmerksamkeit seiner Leserinnen und Leser vielmehr auf »das einzige Mittel, wozu keine Vereinigung aller Häupter der Nation nöthig ist«[7], ein Mittel, dessen Kraft und Wirkung nur moralisch sei, aber gerade deswegen auf Köpfe und Herzen wirke und seinen Zweck »gewisser, kräftiger und dauerhafter erreichen« werde. »Und dieses Mittel? – ist, mit *einem* Worte, *der Einfluß der Schriftsteller* – derjenigen, nämlich, die durch Genie, Energie der Seele, Imagination, Beredsamkeit und Darstellungskunst auf die Gemüther der Menschen lebhafte Eindrücke zu machen geschickt sind. Sie – sind gewissermaßen die eigentlichen *Männer der Nation,* denn ihr unmittelbarer Wirkungskreis ist ganz Deutschland; sie werden überall gelesen, ihre Schriften dringen nach und nach bis in die kleinsten Städte, und durch sie fängt es bereits in solchen Gegenden an zu tagen, auf welchen vor fünfundzwanzig Jahren noch die dickste Finsterniß lag. Wenn *diese* erst selbst von ächtem Patriotismus begeistert, von aufgeklärter Schätzung der Vortheile unsrer Constitution geleitet und von reinem Eifer für das allgemeine Beste erwärmt sein werden, gewiß, dann wird und muß es ihnen durch anhaltende Bestrebungen endlich gelingen, die heilige Flamme der Vaterlandsliebe in jedem deutschen Herzen anzufachen und diesen Gemeinsinn zu erwecken, der allein vermögend ist, die durch so vielerlei verschiedene Namen, Dialekte, Lebensweisen, religiöse und politische Verfassungen getrennten Einwohner Germaniens in der That in *einen lebendigen Staatskörper* zu vereinigen und diesen gewaltigen Leib mit Gesinnungen zu beseelen, die eines großen, edeln, tapfern und aufgeklärten Volkes würdig sind.«[8]

Wielands Beitrag ist ein klassisches Dokument für das Welt- und Selbstverständnis wie für das politische Denken deutscher Aufklärer. Er spiegelt einen von der Aufklärung nicht zu trennenden fundamentalen historischen Vorgang wider, die Ausbildung der Kulturnation im 18., die der Entstehung der politischen Nation im 19. Jahrhundert vorausging, ja, sie überhaupt erst ermöglichte. Wielands Text führt zur Frage nach der Entwicklung der deutschen Aufklärung bis zu dem von ihm geschilderten Stand, auch zur Frage nach ihrer weiteren Entfaltung und ihren Wirkungen.

Im Jahrhundert zwischen Christian Thomasius und Gottfried Wilhelm Leibniz auf der einen, Immanuel Kant und Georg Forster auf der anderen Seite entfaltete sich die Aufklärung von einer wissenschaftlich-literarischen Richtung über eine literarisch-publizistische Strömung zu einer breiten, nahezu alle Lebensbereiche umfassenden Reformbewegung. Die Aufklärung war im Deutschland des 18. Jahrhunderts nur eine, wenngleich stetig an Bedeutung zunehmende geistige Kraft. Die Orthodoxie in allen Konfessionen war lange Zeit ein ernsthafter Gegner. Zwischen Pietismus und Aufklärung bestanden zwar Gemeinsamkeiten – so in der Rolle des Individuums, auch in manchen Reformzielen –, doch waren die entscheidenden Motive und Ziele ihres Handelns letztlich verschieden, religiös begründet im einen, innerweltlich fundiert und orientiert im andern Falle. Empfindsamkeit, Sturm und Drang wie Klassik und Neuhumanismus waren mit der Aufklärung eng verbunden, wenn sie auch gegen Verkürzungen und Verengungen, die ihr zweifellos eigen waren, auftraten.[9]

Bei aller Vielfalt wurde die Aufklärung bestimmt durch einen

»Basiskonsens moralischer, sozialer und politischer Anschauungen« ihrer Träger. Dazu gehörten das Vertrauen auf den mündigen, selbständig denkenden, der Vernunft folgenden Menschen, die zunehmende Ausbreitung vernunftgeleiteten Denkens und Handelns sowie die auf kritischem Diskurs gründende Tätigkeit für das Gemeinwesen, für die Verbesserung aller Lebensverhältnisse. Aufklärung wurde als Prozeß, als Lernprozeß verstanden und geführt.[10] Kritik war ihr Grundelement.[11] Ernst Cassirer hat ihr unter Würdigung des Einsatzes vor allem Gotthold Ephraim Lessings bescheinigt, daß sie »die Kritik wieder ins Leben zurückzuwenden und sie zum unentbehrlichen Werkzeug für das Leben, für die Entfaltung und die ständige Selbsterneuerung des Geistes zu gestalten und zu gebrauchen vermochte«.[12] Die theologische, philosophische, ästhetische und literarische Kritik Lessings und vieler anderer bekannter und unbekannter Aufklärer schuf das Fundament für die im letzten Drittel des 18. Jahrhunderts zunehmende soziale und politische Kritik, für die Erweiterung der Aufklärung zur Reformbewegung. Neben der Kritik, dem Zweifel an vorgeblichen Autoritäten, war die Verbindung von Theorie und Praxis von Anfang an, seit Thomasius und Leibniz, ein entscheidender Bestandteil der Aufklärung. Sie war, wie Johann Wolfgang von Goethe Wieland nachrühmte, »unmittelbar auf's Leben gerichtet«.[13] Aufklärung als Prozeß rationaler Weltaneignung und Weltgestaltung wurde nicht nur durch Kritik und Praxisbezug geprägt, sondern auch durch historisches und politisches Bewußtsein, durch Interesse an Lebensweisen, Denkformen, Vorgängen und Ereignissen in der ganzen, sich mehr und mehr erschließenden Welt. Miteinander verbundene internationale, nationale, regionale und lokale Kommunikationsnetze dienten den Aufklärern als Grundlage ihrer Arbeit, boten Möglichkeiten der Information, des wechselseitigen Lernens.

Je nach politischen Ordnungen, sozioökonomischen, soziokulturellen und konfessionellen Gegebenheiten entfaltete sich die Aufklärung in mehreren Stufen und Phasen, in unterschiedlicher Intensität. Die Stufenfolge, von der bereits die Rede war, findet sich in nahezu allen regionalen Ausprägungen, im protestantischen wie im katholischen Bereich. Für Bayern konnten drei Phasen ermittelt werden, in denen nacheinander Ordensleute, kurfürstliche Beamte und Weltgeistliche sowie Literaten tonangebend waren und die zuerst einen kirchlich-akademischen, dann einen staatlich-pädagogischen und schließlich einen gesellschaftlich-öffentlichen Charakter trugen.[14] Im Laufe des 18. Jahrhunderts erweiterte sich die Aufklärung überall, in thematischer wie in personeller Hinsicht, wurde von einer Sache der »Gelehrten« zu einem Anliegen der »Gebildeten«. Die Aufklärer waren eine Avantgarde, eine Minderheit, deren soziale Verortung nicht einfach ist. Vor pauschalen Festlegungen kann nur gewarnt werden, war doch die Gesellschaftsstruktur des Alten Reiches im beginnenden Übergang von der ständisch geprägten, in festen Vor- und Nachordnungen denkenden und handelnden Welt zur modernen Gesellschaft überaus kompliziert. Mit der bloßen Dreiteilung in Adel, Bürgertum und Bauern kann sie ebensowenig erfaßt werden wie mit der schlichten Gegenüberstellung zweier antagonistischer Klassen. Gerade das Bürgertum war in sich stark gegliedert, noch längst keine Klasse »für sich«, allenfalls ansatzweise eine »Klasse an sich«. Wenn in einem neuen Beitrag der DDR-Forschung erklärt wird, daß sich in der zweiten Hälfte des 18. Jahrhunderts die Anzeichen verdichteten, »daß neben der Handels- und Manufakturbourgeoisie vor allem die bürgerliche Intelligenz zum Träger einer vielgestaltigen Emanzipationsbewegung wurde«[15], so ist dazu festzustellen, daß die Initiativen zumeist von der Intelligenz ausgingen, die aufgeklärten Beamten, teils adeliger, teils bürgerlicher Herkunft, eine wichtige Gruppe bildeten und die Zusammenfassung der Handel- und Gewerbetreibenden nicht unproblematisch erscheint, da zwischen beiden häufig Gegensätze, unterschiedliche Interessen bestanden. Kaufleute wurden vor allem in der dritten Phase der Aufklärung in Städten wie Hamburg, Bremen, Lübeck, Leipzig, auch Nürnberg zu aktiven Mitträgern der Reformbewegung. Einzelne Handwerker wurden erst um die Jahrhundertwende in aufklärerischen Vereinen tätig. Die stärksten Impulse kamen aus dem Kreise der »neuen Bürgerlichen«, der Beamten in Verwaltung und Justiz, der Lehrer an Lateinschulen und Gymnasien, der Universitätsprofessoren, der Leiter und Pächter staatlicher Betriebe und – sofern der Adel ihnen Raum gewährte – der Offiziere bürgerlicher Herkunft. Diesen »Bürgerlichen« schlossen sich auch Adelige an, die im Staatsdienst, gelegentlich im Militärdienst standen. Einzelne Herrscher wurden zu Trägern oder doch Förderern der Aufklärung, wobei freilich oft politisch-fiskalische Ziele eine wesentliche Rolle spielten. Für die Breitenwirkung der Aufklärung wurden Geistliche wichtig, die sich im Sinne Johann Gottfried Herders oder Joachim Heinrich Campes als Volkslehrer verstanden. Ihnen gesellten sich Volksschullehrer zu, insbesondere solche, die Seminare absolviert hatten und dort zu Anhängern der Aufklärung erzogen worden waren. Auch Ärzte hatten einen großen Anteil an der patriotisch-gemeinnützigen Aufklärung, kannten sie doch die Lebensverhältnisse der von ihnen betreuten Menschen, aus denen sie Reformbestrebungen ableiteten. Für die Vermittlung der Aufklärungsgedanken waren die Gelehrtenschulen und die Universitäten von erheblicher Bedeutung. Nach dem Hallenser und Göttinger Vorbild öffneten sich protestantische, im späten 18. Jahrhundert dann auch katholische Hochschulen der Aufklärung.[16]

Die Aufklärung war »intentional ständetranszendierend«.[17] Manche ihrer Protagonisten waren von Eigeninteressen und sozialen Vorurteilen weitgehend frei und wirkten als Vertreter der »Menschheit«, der sie sich als »Weltbürger« verpflichtet sahen.[18] Andererseits orientierten sich viele Aufklärer an der politischen und gesellschaftlichen Realität ihrer Zeit und Umwelt, plädierten für »verhältnismäßige Aufklärung«, die soziale Grenzen respektierte und mit ihrem Erziehungs- und Bildungsprogramm nicht antasten wollte.[19] Doch darf nicht übersehen werden, daß die »Volksaufklärung« lange unterschätzt worden ist, auch was ihre Weiterwirkung im 19. Jahrhundert betrifft.[20]

Zu den immer wieder diskutierten Themen der Aufklärungsforschung gehört die Verbindung von Absolutismus und Aufklärung. Hatte die Krise des 17. Jahrhunderts in vielen größeren und kleineren deutschen Staaten Entstehen und Durchsetzung des Absolutismus begünstigt, so ist der Aufgeklärte Absolutismus nicht zu denken ohne die Anstöße, die sich aus den durch den großen Bevölkerungsdruck erwachsenen sozialen und wirtschaftlichen Problemen ergaben. Insbesondere waren die Wirtschaftskrise nach dem Siebenjährigen Krieg sowie die Hungerkrise der Jahre 1771 und 1772 für Regenten, Beamte und andere Träger der Aufklärung Impulse zur »Verbesserung«, zur Reform. Der Aufgeklärte Absolutismus läßt sich mit guten Gründen als Modernisierungsversuch begreifen, doch überwand er die Grenzen der traditionellen politisch-sozialen Ordnung, der »alteuropäischen« Gesellschaft, des »Feudalismus« nicht. Seine Basis, der Erfahrungsraum seiner Träger war die vorindustrielle Gesellschaft in ihrer letzten, mehr und mehr an Grenzen, Widersprüche und Konflikte führenden

Etappe. Andererseits steht er am Anfang eines Übergangsprozesses zu neuen politischen, sozialen und wirtschaftlichen Ordnungen, die er teilweise vorbereiten half. Hier sind Kontinuitäten und Varianten insbesondere in der Reformzeit in Preußen und den Rheinbundstaaten, in den direkt und indirekt von Frankreich bestimmten Gebieten Deutschlands zu beachten.[21] Das Reformprogramm des Aufgeklärten Absolutismus erstreckte sich auf Verwaltung und Justiz, Finanzen und Wirtschaft, Erziehung und Bildung, Sozialfürsorge und Armenwesen wie auf die Toleranzfrage. Daß viele »Verbesserungen« gelangen, kann nicht bestritten werden. Fortschritte waren jedoch nur im Rahmen des bestehenden Systems möglich, zumal die traditionell orientierten Kräfte, die sich mitunter der wirtschaftlichen Veränderung nicht widersetzten, durchaus gewichtig und einflußreich blieben, dem neuen Geist der Aufklärung mißtrauten. Forschungen der letzten Jahre haben Möglichkeiten und Grenzen der Reform eindrucksvoll aufzuzeigen vermocht.[22]

Nicht allein, nicht in erster Linie, liegt die Leistung der deutschen Aufklärung darin, den Aufgeklärten Absolutismus ermöglicht und beeinflußt zu haben. Vielmehr schuf sie in engster Wechselwirkung mit den untrennbar mit ihr verbundenen Prozessen der Herausbildung der Öffentlichkeit und der Entstehung der Freizeit Grundlagen der modernen Welt. Zu den wichtigsten Merkmalen der Aufklärung gehört die Vereinsbildung, die Sozietätsbewegung.[23] Der gesellige Umgang, der kritische Diskurs waren für die Aufklärer unverzichtbare Lebenselemente. Der Gedankenaustausch unter Gleichgesinnten gab ihnen in einer ihren Ideen noch häufig mit Unverständnis und Ablehnung, Mißtrauen oder Gleichgültigkeit begegnenden Umwelt Kraft und Rückhalt. Neben der Vereinsbildung standen weiterhin private Freundeskreise, waren das Kaffeehaus, der Konzertsaal, das Theater, Garten und Park wichtige Stätten der Begegnung, der Diskussion. Auch auf Reisen oder im Badeort wurden Kontakte geknüpft, Freundschaften gestiftet und erneuert. Briefwechsel und literarisch-publizistische Zusammenarbeit waren ebenfalls Fundamente der Aufklärungsgesellschaft. Wenn Jürgen Habermas die sich formierende »bürgerliche Öffentlichkeit«, in der das »öffentliche Räsonnement« einsetzte, als die »Sphäre der zum Publikum versammelten Privatleute«[24] charakterisierte, dann darf nicht übersehen werden, daß diese »Privatleute« im Berufsleben überwiegend Staatsdiener,

Amtsinhaber waren. Ihr Engagement in den neuen Formen der Geselligkeit und Aufklärung verband sich oft mit dem Bestreben, in ihrem beruflichen Wirkungsfeld gleichfalls für »Verbesserungen« einzutreten. Außerdem waren viele von ihnen auch noch schriftstellerisch tätig, um so ihre Anliegen auf einer weiteren Ebene, der des Publikums, zu vermitteln. Die vielseitige Aktivität der Aufklärer, die meistens mehreren Vereinigungen angehörten und sich nicht auf eine Organisationsform konzentrierten, ist ein Charakteristikum der Reformbewegung.

Entsprechend der Entfaltung der Aufklärung gestaltete und differenzierte sich das Vereinswesen. Am Anfang standen die Akademien, gelehrt-wissenschaftliche, auch literarische Sozietäten, die »Deutschen Gesellschaften« in den Universitätsstädten. Wissenschaftliche, literarische Kommunikation und gemeinsame Publikationsvorhaben verbanden die Mitglieder. Seit 1737, als in Hamburg die erste deutsche Loge zusammentrat, kam die Freimaurerei als weitere Vereinigung hinzu. Freundschaftliche Gespräche im vertrauten Kreis, Zusammenhalt durch ein gemeinsames Ritual, ihr Geheimnis, Üben von Wohltätigkeit waren für sie prägend. Die Freimaurerei war mit der Aufklärung eng verbunden, doch gab es auch Gegensätze, zu mystisch-irrationalen Unterströmungen, in inneren Wirren und Auseinandersetzungen. Spaltungen und Spannungen bestimmten zeitweise die Freimaurerei, bis sie wieder zu den ursprünglichen Idealen zurückfand. Die Logen können nur bedingt den Geheimgesellschaften zugeordnet werden. Zwar war in ihnen das Geheimnis von Bedeutung, doch traten sie nach außen durchaus in Erscheinung, durch eigene Räume oder Häuser, durch Hinweise auf ihre Zusammenkünfte, durch Feste und wohltätig-gemeinnützige Aktivitäten. Wie die Freimaurerei so sollten auch die Geheimgesellschaften in ihrer Relevanz für den Prozeß der Aufklärung nicht überschätzt werden. Dies gilt für den Illuminatenorden wie für den Versuch der »Deutschen Union«.[25] Mancher Aufklärer lehnte geheime Organisation ab, wollte Öffentlichkeit und Publizität. Andere fanden in Geheimgesellschaften eine Kompensation für sonst fehlende Wirkungsmöglichkeiten.

Wichtige Beförderer der Aufklärung als Reformbewegung waren die patriotisch-gemeinnützigen Gesellschaften. Angehörige verschiedener Stände und Berufe, Professionen und Konfessionen kamen in ihnen zusammen. In den Territorialstaaten begleiteten und unterstützten sie die Reformen »von oben«, vor allem in der Landwirtschaft. In einigen Stadtstaaten wurden die Sozietäten zu den wichtigsten Trägern der Reform und zu einem beachtlichen Faktor der Modernisierung. Ihre Leistungen in der Wirtschaftsförderung, in der Berufsbildung, in der Gesundheitsvor- und -fürsorge, im Armenwesen waren beachtlich. Der von Wieland beobachtete »reine Eifer für das allgemeine Beste« fand sich in diesen Vereinen in besonderem Maße. Er führte dazu, daß »am Anfang der modernen, von humanitären Grundsätzen geprägten Sozialpolitik nicht die Regierungshilfe stand. Städte und Gemeinden, städtische und kirchliche Organisation und die schlichte Bürgerhilfe schritten voran. Sie wiesen den Weg, auf dem die Inhaber der Staatsgewalt nur zögernd und durchaus nicht allein aus humanitären Erwägungen folgten«.[26] Armut erschien nicht mehr als Folge von Sünd- und Lasterhaftigkeit, Faulheit und Müßiggang. Strukturelle und konjunkturelle Ursachen wurden erkannt und zum Ausgangspunkt für Reformen. Hilfe zur Selbsthilfe, Arbeit statt Almosen, Zugang zur Bildung, Selbstverwaltung durch die Bürger waren die Prinzipien der »Verbesserung«. Zwar blieben Disziplinierung und Kontrolle weiterhin wichtig, doch wurde auch den Armen Menschenwürde zuerkannt. Besonders deutlich werden die Zusammenhänge von Aufklärung, Reform und Sozietätsbewegung in der Frühgeschichte der Sparkassen.[27]

Die zahlreichste und am weitesten verbreitete Organisationsform der Aufklärung war die Lesegesellschaft. Sie schloß Lesezirkel, in denen Periodika und Bücher nur umliefen, und Lesekabinette, die über Bibliotheken, oft in eigenen Räumlichkeiten, verfügten, gleichermaßen ein. Neuere Forschungen haben gezeigt, daß wesentlich mehr solcher Vereine bestanden, als lange angenommen wurde, und daß sie auch nach 1800 weiterwirkten.[28] Lektüre und der Diskurs über das Gelesene wurden zu einem entscheidenden Faktor der Vereinsbildung. Abgesehen von einzelnen Vorläufern, wurden patriotisch-gemeinnützige Sozietäten und Lesegesellschaften zunehmend im letzten Drittel des 18. Jahrhunderts gebildet. Im letzten Viertel, verstärkt in den späten achtziger und in den neunziger Jahren, kam es zu einer Weiterentwicklung der Lesegesellschaften, den Klubs, Gesellschaften, in denen Aufklärung und Bildung, Unterhaltung und Vergnügen verbunden waren. Sie besaßen eigene Räume oder Häuser, in denen gemeinsame Essen, Theateraufführungen, Konzerte, Vorträge stattfanden und Lesezimmer wie Bibliotheken eingerichtet wurden. Mit Lesegesellschaften setzte gegen Ende des 18. und zu Beginn des 19. Jahrhunderts oft auch die Bildung von Fachvereinen ein, die von Lehrern und Geistlichen, Ärzten und Apothekern, Juristen und Landwirten errichtet wurden. Standen zunächst Gedankenaustausch und Fortbildung im Vordergrund, so traten später berufliche und politische Interessenvertretung hinzu.

Die Vereinsbildung, die Sozietätsbewegung, war ein Element der Modernisierung, der Erneuerung in der »alteuropäischen Welt«. Viele Vereine hatten Statuten und Satzungen, vergaben Ämter durch Wahlen und auf Zeit. Sie waren Schulen der Demokratie in einer weitgehend noch ständisch geprägten Umgebung, leiteten den Demokratisierungsprozeß ein. Zudem waren sie häufig Stätten praktischer Toleranz, überwanden politische, rechtliche, konfessionelle Schranken, bezogen in Einzelfällen auch Juden ein. In ihnen verbanden sich Aufklärung, Assoziation und Reform, engagierten sich Menschen für das Wohl ihres Gemeinwesens, beanspruchten Mitsprache und Teilhabe. Im übrigen war der Prozeß der Assoziation auch eine große Bildungsbewegung. Neben den Organisationen, sie ergänzend, mitunter auch vorbereitend, standen freundschaftliche Zusammenschlüsse, oft nach dem Wochentag benannt, an dem sich ihre Mitglieder zu versammeln pflegten. Zur Eröffnung einer solchen Vereinigung, der Weimarer Freitagsgesellschaft, äußerte sich Goethe zu den Voraussetzungen und Zielen freier Assoziation: »Wo in mehreren Menschen ein natürlicher unüberwindlicher Trieb zu Bearbeitung gewisser Fächer sich regt, wo dieser Trieb durch die Lage und äußere Verhältnisse immer auf's neue angefeuert wird, wo an dem Platze selbst so viel Gelegenheit, Aufmunterung und Unterstützung statt findet, so daß alles gleichsam von selbst geräth, wo so manche Schätze der echten Kunst aufbewahret, so manche Kenntnisse von Reisenden zusammengebracht werden, wo die Nachbarschaft thätige Männer in allen Fächern versammelt, wo neue Bücher sowohl als Privatcorrespondenz den Gedankenkreis immer in einer frischen Bewegung erhalten, an einem solchen Orte scheint es natürlich, daß man gewisse festliche Tage auszeichne, um sich gemeinschaftlich des Guten zu erfreuen, das man so bequem findet und genießt.«[29]

In Wechselwirkung mit der Entfaltung der Aufklärung und des

Vereinswesens standen Literatur und Publizistik des 18. Jahrhunderts. Den Anfang machten gelehrte, wissenschaftlich-literarisch orientierte Journale, die auch später stets ihre Bedeutung behielten. Über den Kreis der Gelehrten hinaus verkündeten die Moralischen Wochenschriften die »Botschaft der Tugend«, warben für ein vernunftgemäßes Leben, für die Ideale der Aufklärung, bezogen sich neben der Bibel auch auf das Buch der Natur.[30] Kritische literarische Zeitschriften folgten. Seit dem Siebenjährigen Krieg, verstärkt seit dem Amerikanischen Unabhängigkeitskampf und vor allem der Französischen Revolution wuchs das politische Interesse, entstand ein politisches Bewußtsein, zeichneten sich politische Strömungen ab.[31] Überregional verbreitete Aufklärungszeitschriften wurden zu wichtigen Klammern und Medien der Diskussionsprozesse, der beginnenden Politisierung. In den siebziger Jahren erschienen erstmals die Blätter Wielands, Christian Friedrich Daniel Schubarts, Heinrich Christian Boies und Christian Wilhelm Dohms, in den achtziger Jahren kamen die Journale Johann Erich Biesters und Friedrich Gedikes, Siegmund Freiherrn von Bibras und Leopold Friedrich Günther Goeckings hinzu. Regionale Magazine und Provinzialblätter boten sich gleichfalls für Kommunikation und Diskurs an. Zunehmende Bedeutung gewannen im Laufe des 18. Jahrhunderts die Zeitungen, sowohl die »politischen« Gazetten, die Nachrichten aus der Welt der Politik brachten, als auch die Intelligenzblätter, die amtliche Bekanntmachungen, Wirtschaftsinformationen und Anzeigen enthielten. In beiden Typen erschienen belehrend-unterhaltende Artikel; die politischen Zeitungen bildeten das Feuilleton als neue Sparte aus. Dadurch konnten Aufklärungsideen einem großen Publikum nahegebracht werden. Die Pressegeschichte geht derzeit davon aus, daß im Jahrzehnt zwischen Bastillesturm und Napoleon im deutschsprachigen Raum 250 Zeitungsunternehmen bestanden, die eine Gesamtauflage von 300 000 Exemplaren erreichten. Wenn bedacht wird, daß eine Ausgabe damals zehn und mehr Leser fand, so ergibt sich ein Eindruck von der Breitenwirkung der Zeitungen.[32] Die Französische Revolution war, wie der Sekretär der Ostfriesischen Landschaft und Geschichtsschreiber Tilemann Dothias Wiarda berichtete, einer der »Hauptgegenstände der Zeitungs-Blätter und der Gespräche in den Gesellschaften«.[33]

Daß die Gedanken der Aufklärung – Humanität, Menschenrechte, Toleranz – an Resonanz gewannen, ist neben der Publizistik auch ein Verdienst der Literatur und des Theaters. In und mit der Aufklärung begann der Weg zum freien Schriftsteller, entstand, durch Grenzen, Zensur und Nachdruck beeinträchtigt, ein literarischer Markt mit Leipzig als Zentrum, wurde die Schaubühne zum »Nationaltheater« und zur »moralischen Anstalt« (Friedrich Schiller). Literatur wurde in der Zeit der Aufklärung zu einer Kraft der Veränderung, zum Ort neuer Menschenbilder und Zukunftsentwürfe. Viele Biographien und Autobiographien belegen ihre Bedeutung für Bildungsgänge, für Hinwendungen zur Aufklärung.

Diesen Stand der Aufklärung hatte Wieland vor Augen, als er seinen Beitrag schrieb. Wie so viele Aufklärer hatte auch er die Revolution jenseits des Rheins begrüßt, weil ein Gleichklang der Motive und Ziele politischen und gemeinnützigen Handelns erhofft wurde. Im Zuge der Radikalisierung der Revolution, besonders nach der Hinrichtung des Königs, kam es zu Enttäuschungen, zur Abwendung von alten Idealen und jungen Hoffnungen, zur Resignation, auch zum Rückzug in die Innerlichkeit, den kleinen Kreis. Die politischen Auffassungen differenzierten sich. Das Bündnis von Absolutismus und Aufklärung, das längere Zeit möglich schien, wurde durch Eingriffe in die »Publizität« schwer getroffen. Angesichts der politisch-militärischen Auseinandersetzungen und Verwicklungen verlangsamten sich Reformen, wurden aufklärerische Vorstellungen nicht mehr oder nur teilweise berücksichtigt. Gegenaufklärerische Tendenzen verstärkten sich, die bereits beim Verbot des Illuminatenordens in Bayern 1784/85 und bei der Wöllnerschen Religions- und Zensurpolitik in Preußen 1788 sichtbar geworden waren. Mancher Aufklärer reagierte auf den eingetretenen Wandel mit Abwendung von der Politik; andere versuchten, im verbleibenden Maße weiter für ihre Anliegen einzutreten. In einigen Regionen stieß infolge obrigkeitlicher Kontrollen oder Verbote auch die Sozietätsbewegung an Grenzen, während sie sich in anderen Teilen Deutschlands noch weiter entwickeln konnte, ja, ihre reformerische Kraft noch stärker einzusetzen vermochte.

Die Rezeption der Französischen Revolution in Deutschland in allen ihren Aspekten ist erst ansatzweise erforscht worden.[34] Ihre kurz-, mittel- und langfristigen Auswirkungen auf das politische und geistige Leben, auf die verschiedenen Schichten und Generationen, auf Mentalitäten und Alltag bis hin zu den in den neunziger Jahren verstärkt auftretenden Unruhen, Tumulten und Aufständen verdienen weitere Untersuchungen. Deutlich wird bereits, daß sich politische Positionen stärker ausbildeten und voneinander abgrenzten. Erstmals äußerten sich in Deutschland auch revolutionäre Demokraten[35], wurden im Versuch der ersten deutschen Demokratie, der Mainzer Republik, Verbindungen von Aufklärung, Assoziation und Revolution wirksam.[36] Im Rheinland, für zwei Jahrzehnte von Frankreich geprägt, fanden sich revolutionäre demokratische Kräfte weiter zusammen.[37] Innerhalb der Aufklärungsgesellschaft kam es über die Frage der Einstellung zur Französischen Revolution zu Gegensätzen, zu Polarisierungen.[38] In vielen, auch kleineren Orten belebten die Revolution und die Ära Napoleons das politische Interesse, das Bedürfnis, sich umfassend zu informieren und über den rasanten Wandel der Zeitläufte, seine Hintergründe und Folgen zu diskutieren. Für eine brandenburgische Provinz- und Garnisonsstadt, für Neuruppin, hat Theodor Fontane dazu treffend, die Widersprüche jener Jahre einbeziehend, festgestellt: »Ein neuer Geist fing an, sich unter dem Einflusse französischer Ideen und Siege zu regen, aber freilich ragte das Alte vielgestaltig in das Neue hinein und während die Stichwörter der ›Freiheitsära‹ von Mund zu Mund gingen und Humanität und Toleranz den Inhalt jeder Ressourcenrede bildeten, regierte draußen der Zopf und der Stock unverändert weiter und an nicht wenigen Tagen im Jahre tat sich die bekannte Gasse auf und der Delinquent mußte sie durchlaufen.«[39]

Die entscheidenden Anstöße zur grundlegenden Umgestaltung des »Alten« kamen bald darauf von außen. Die Umgestaltung selbst ist ohne die Vorbereitung durch die Aufklärung nicht vorstellbar. Auch auf die Freiheitsbewegungen des 19. und 20. Jahrhunderts hat die Aufklärung nachhaltig eingewirkt. Daß sich die Bildung der Nation nicht immer im Einklang mit dem von Wieland erhofften »Gemeinsinn und Nationalgeist« vollzog, daß sich Deutschlands Weg in die Moderne von den Grundwerten und Grundhaltungen der Aufklärung entfernte, wirkte sich nicht zum Vorteil der Deutschen und ihrer Nachbarn aus. Ohne die Aufklärung ist der Neuanfang der Demokratie, ist unsere demokratische Gesellschaft nicht zu denken. Sie wird ohne ihre kritischen Impulse und ohne ihre stetige Weiterentwicklung keinen Bestand haben. Nach wie vor gilt, was Peter Gay, einer der besten Kenner und Erforscher dieser Bewegung, 1969 formulierte: »It remains as true today as it was in the eighteenth century: the world needs more light than it has, not less; the cure for the shortcomings of enlightened thoughts lies not in obscurantism but in further enlightenment. Our recognition of human irrationality, self-centeredness, stupidity beyond the philosophes' most pessimistic appraisals demands not surrender to such forces, but battle against them.«[40]

Anmerkungen

1 C. M. Wieland, Der allgemeine Mangel deutschen Gemeinsinnes und Nationalgeistes und Mittel zu deren Erweckung und Belebung (1791). Zit. nach H. L. Arnold (Hg.), Deutsche über die Deutschen. Auch ein deutsches Lesebuch, München 1975, S. 118–123, hier S. 118.
2 Ebd., S. 119f.
3 Ebd., S. 120.
4 Ebd., S. 121.
5 Ebd.
6 Ebd., S. 121f.
7 Ebd., S. 122.
8 Ebd., S. 123.
9 In diesem Absatz wie in den folgenden Ausführungen wird – auch in Formulierungen – an einen früheren Beitrag angeknüpft: F. Kopitzsch, Die Aufklärung in Deutschland. Zu ihren Leistungen, Grenzen und Wirkungen, in: AfS, Bd. 23, 1983, S. 1–21. Dort finden sich auch weiterführende Quellen- und Literaturhinweise. Aus der seither erschienenen Literatur sind hervorzuheben: N. Hinske, Art. Aufklärung, in: Staatslexikon. Recht, Wirtschaft, Gesellschaft in 5 Bden., hg. von der Görres-Gesellschaft, Bd. 1, Freiburg 1985[7], Sp. 390–400; H. Möller, Vernunft und Kritik. Deutsche Aufklärung im 17. und 18. Jahrhundert, Frankfurt 1986.
10 R. Vierhaus, Zur historischen Deutung der Aufklärung. Probleme und Perspektiven, in: Wolfenbütteler Studien zur Aufklärung, Bd. 4, 1977, S. 39–54, hier S. 47.
11 Ebd., S. 44.
12 E. Cassirer, Die Philosophie der Aufklärung, Tübingen 1932, S. 482.
13 J. W. von Goethe, Zu brüderlichem Andenken Wielands (1813), in: ders., Werke, hg. im Auftrage der Großherzogin Sophie von Sachsen, Abt. 1, Bd. 36, Weimar 1893, S. 311–346, Lesarten S. 450, hier S. 338.

14 R. van Dülmen, Zum Strukturwandel der Aufklärung in Bayern, in: Zeitschrift für bayerische Landesgeschichte, Bd. 36, 1973, S. 662–679, hier S. 678f.

15 H. Langer, Fortschrittspotenzen in den gesellschaftlichen Wandlungen der Übergangsepoche vom Feudalismus zum Kapitalismus, in: Zeitschrift für Geschichtswissenschaft, Bd. 30, 1982, S. 932–942, hier S. 941.

16 N. Hammerstein, Die deutschen Universitäten im Zeitalter der Aufklärung, in: Zeitschrift für Historische Forschung, Bd. 10, 1983, S. 73–89. Jetzt auch K. Czok (Hg.), Wissenschafts- und Universitätsgeschichte in Sachsen im 18. und 19. Jahrhundert. Nationale und internationale Wechselwirkung und Ausstrahlung. Beiträge des internationalen Kolloquiums zum 575. Jahr der Universitätsgründung am 26. und 27. November 1984 in Leipzig, Berlin 1987.

17 H. Möller, Die Interpretation der Aufklärung in der marxistisch-leninistischen Geschichtsschreibung, in: ZhF, Bd. 4, 1977, S. 438–472, hier S. 467.

18 H.E. Bödeker, Menschheit, Humanität, Humanismus, in: Geschichtliche Grundbegriffe. Historisches Lexikon zur politisch-sozialen Sprache in Deutschland, Bd. 3, Stuttgart 1982, S. 1063–1128, bes. S. 1079f., 1083.

19 G. Sauder, »Verhältnismäßige Aufklärung«. Zur bürgerlichen Ideologie am Ende des 18. Jahrhunderts, in: Jahrbuch der Jean-Paul-Gesellschaft, Bd. 9, 1974, S. 102–126.

20 R. Siegert, Aufklärung und Volkslektüre. Exemplarisch dargestellt an Rudolph Zacharias Becker und seinem ›Noth- und Hülfsbüchlein‹. Mit einer Bibliographie zum Gesamtthema, Frankfurt 1978.

21 Vgl. jetzt R. Vierhaus, Aufklärung und Reformzeit. Kontinuitäten und Neuansätze in der deutschen Politik des späten 18. und beginnenden 19. Jahrhunderts, in: E. Weis (Hg.), Reformen im rheinbündischen Deutschland, München 1984, S. 287–301.

22 Dazu H. Schmitt, Schulreform im aufgeklärten Absolutismus. Leistungen, Widersprüche und Grenzen philanthropischer Reformpraxis im Herzogtum Braunschweig-Wolfenbüttel 1785–1790. Mit einem umfassenden Quellenanhang, Weinheim 1979; W. Neugebauer, Absolutistischer Staat und Schulwirklichkeit in Brandenburg-Preußen, Berlin 1985.

23 U. Im Hof, Das gesellige Jahrhundert. Gesellschaft und Gesellschaften im Zeitalter der Aufklärung, München 1982; R. van Dülmen, Die Gesellschaft der Aufklärer. Zur bürgerlichen Emanzipation und aufklärerischen Kultur in Deutschland, Frankfurt 1986. Für den Vergleich wertvoll O. Dann (Hg.), Lesegesellschaften und bürgerliche Emanzipation. Ein europäischer Vergleich, München 1981.

24 J. Habermas, Strukturwandel der Öffentlichkeit. Untersuchungen zu einer Kategorie der bürgerlichen Gesellschaft, Neuwied 1962, S. 40.

25 R. van Dülmen, Der Geheimbund der Illuminaten. Darstellung. Analyse. Dokumentation, Stuttgart 1975. Dazu E.-O. Fehn, Zur Wiederentdeckung des Illuminatenordens. Ergänzende Bemerkungen zu Richard van Dülmens Buch, in: P.C. Ludz (Hg.), Geheime Gesellschaften, Heidelberg 1979, S. 231–264; G. Mühlpfordt, Ein radikaler Geheimbund vor der Französischen Revolution. Die »Union« K.F. Bahrdts, in: Jahrbuch für Geschichte des Feudalismus, Bd. 5, 1981, S. 379–413.

26 W. Abel, Massenarmut und Hungerkrisen im vorindustriellen Europa. Versuch einer Synopsis, Hamburg 1974, S. 341 f.

27 F. Kopitzsch, Sparkassenrealität und Sozietätsbewegung im Zeitalter der Aufklärung, in: Sparkassen in der Geschichte, Bd. 2, 1984, S. 123–156.

28 F. Kopitzsch, Lesegesellschaften und Aufklärung in Schleswig-Holstein, in: Zeitschrift der Gesellschaft für Schleswig-Holsteinische Geschichte, Bd. 108, 1983, S. 141–170; F. Marwinski, Lesen in Gesellschaft. Gelehrte, literarische und Lesegesellschaften in Thüringen vom Anfang des 18. bis in die dreißiger Jahre des 19. Jahrhunderts, in: Jahrbuch für Regionalgeschichte, Bd. 12, 1985, S. 116–140.

29 J.W. von Goethe, Rede bei Eröffnung der Freitagsgesellschaft (1791), in: ders., Werke, Abt. 1, Bd. 42, 2. Abt., Weimar 1907, S. 13–16, Lesarten S. 268 f., hier S. 15 f.

30 W. Martens, Die Botschaft der Tugend. Die Aufklärung im Spiegel der deutschen Moralischen Wochenschriften, Stuttgart 1968.

31 R. Vierhaus, Politisches Bewußtsein in Deutschland vor 1789, in: Der Staat, Bd. 6, 1967, S. 175–196, wiederabgedruckt in: H. Berding u. H.-P. Ullmann (Hg.), Deutschland zwischen Revolution und Restauration, Königstein 1981, S. 161–183; Z. Batscha u. J. Garber (Hg.), Von der ständischen zur bürgerlichen Gesellschaft. Politisch-soziale Theorien im Deutschland der zweiten Hälfte des 18. Jahrhunderts, Frankfurt 1981.

32 M. Welke, Zeitung und Öffentlichkeit im 18. Jahrhundert. Betrachtungen zur Reichweite und Funktion der periodischen deutschen Tagespublizistik, in: Presse und Geschichte. Beiträge zur historischen Kommunikationsforschung, München 1977, S. 71–99, hier S. 78–82.

33 H. Schmidt, Politische Geschichte Ostfrieslands, Leer 1975, S. 364.

34 J. Voss (Hg.), Deutschland und die Französische Revolution. 17. Deutsch-französisches Historikerkolloquium des Deutschen Historischen Instituts Paris (Bad Homburg 29. September bis 2. Oktober 1981), München 1983, gibt einen sehr guten Überblick über den Forschungsstand.

35 W. Grab, Ein Volk muß seine Freiheit selbst erobern. Zur Geschichte der deutschen Jakobiner, Frankfurt 1984.

36 F. Dumont, Die Mainzer Republik von 1792/93. Studien zur Revolutionierung in Rheinhessen und der Pfalz, Alzey 1982.

37 Vgl. dazu exemplarisch A. Kuhn, Jakobiner im Rheinland. Der Kölner konstitutionelle Zirkel von 1798, Stuttgart 1976.

38 Dies zeigt beispielsweise R. P. Kuhnert, Urbanität auf dem Lande. Badereisen nach Pyrmont im 18. Jahrhundert, Göttingen 1984, S. 258–261.

39 T. Fontane, Wanderungen durch die Mark Brandenburg, Bd. 1: Die Grafschaft Ruppin (= Sämtliche Werke, Bd. 9), München 1960, S. 197. Ressource war ein häufiger Name für Klubs.

40 P. Gay, The Enlightenment. An Interpretation, 2 Bde., New York 1967^2/1969, hier Bd. 2, S. 567 f.

Daniel Roche
Sozialgeschichte der Aufklärung in Frankreich

Bilanz und Perspektiven am Vorabend des Bicentenaire von 1989

Gibt es in Frankreich eine Sozialgeschichte der Aufklärung? Einerseits finden sich, wenn auch vereinzelt und ohne erkennbares System, durchaus Hinweise auf ihre Existenz, ja sogar auf eine gewisse Dynamik. Andererseits mag man zu Recht an ihrem Vorhandensein zweifeln. Zweifel läßt insbesondere die Krise aufkommen, in der sich heute die Ideengeschichte an den französischen Universitäten befindet. Sie schlägt sich deutlich in den neuesten Lexika nieder. So fehlen etwa in der *Nouvelle Histoire*[1] geistesgeschichtliche Schlüsselbegriffe wie »Histoire des idées«, »Histoire intellectuelle« oder »Lumière«. Dafür sind die Stichworte »Histoire sociale« und »Histoire littéraire« vertreten. Immerhin läßt sich an diesen Beiträgen die Bedeutung ablesen, die die Autoren, allesamt Spezialisten des 18. Jahrhunderts, einer Sozialgeschichte der Aufklärung beimessen. Auch A. Burguière hat noch jüngst in seinem *Dictionnaire des Sciences historiques*[2] den zentralen geistesgeschichtlichen Begriffen nur wenig Platz eingeräumt. Dafür findet man Stichworte wie »Histoire sociale«, »Histoire littéraire« und besonders »Histoire intellectuelle«. Gerade der letzte anregende Artikel von R. Chartier deutet eine Wende an. Er läßt, ohne völlig auf biographische Angaben über Montesquieu und Voltaire zu verzichten, Ansätze zu einer Sozialgeschichte der Aufklärung erkennen. Das geringe Interesse an diesem Thema hat verschiedene Ursachen. Es zeigt aber auf jeden Fall, daß die Geschichtswissenschaft in Frankreich anderen Rhythmen folgt als die historische Forschung in den übrigen Ländern. Eine Durchsicht der Zeitschrift *XVIIIe siècle* und des *Bulletin de la Société d'étude du XVIIIe siècle* würde dies deutlich machen. In Frankreich gehört die Aufklärung zum Forschungsgebiet der Literaturwissenschaft oder ist Sache der stark spezialisierten Revolutionshistoriker, während sich die Historiker zunehmend anderen Themen widmen. Die Folge ist, daß sich ihr 18. Jahrhundert nicht mehr in allen

Punkten mit dem der Literaturwissenschaftler und Philosophen deckt. Dies hat schwerwiegende Konsequenzen für die aktuelle Forschung. Um diese Fragen geht es in dem vorliegenden Beitrag, der zugleich die Entwicklung der letzten 20 Jahre verdeutlichen möchte. Eine solche Bestandsaufnahme ist am Vorabend der Zweihundertjahrfeier der Französischen Revolution von großer Bedeutung.[3]

Die Sozialgeschichte der Aufklärung entstand in den fünfziger und sechziger Jahren in der Auseinandersetzung mit zwei großen historiographischen Traditionen. Da war zum einen die neue Form von Literaturgeschichtsschreibung, wie sie G. Lanson und seine Schüler vertraten. Eine Rolle spielte zum anderen die sozial- und wirtschaftsgeschichtliche Interpretation des Ancien Régime durch die Schule der Annales, vor allem durch E. Labrousse, L. Febvre und F. Braudel. Lanson verdanken wir die Begründung der Literaturgeschichte als einer historischen Disziplin.[4] Ihm und vielen seiner Schüler – D. Mornet, J. Pommier und J. Fabre, um nur die wichtigsten zu nennen – ging es darum, über die Biographie des Autors, die Geschichte des Textes, eine philologische wie stilistische Analyse und nicht zuletzt auch über eine soziologische Untersuchung zu einer Gesamtinterpretation des literarischen Werks zu gelangen.[5] Mit ihrem Anspruch, die Gesamtheit der literarischen Produktion in allen ihren Aspekten zu erfassen, prägten die Arbeiten in der Tradition Lansons mehr als ein halbes Jahrhundert lang die französische Literaturwissenschaft und führten ohne Frage zu hervorragenden Ergebnissen. Dennoch konnte diese Schule, nicht zuletzt wegen ihrer Annahmen über die Natur des Textes und die Rolle der Geschichte, oft keine Brücke zu den Forschungsinteressen der neueren französischen Geschichtswissenschaft schlagen. Davon zeugen die jüngsten Reaktionen L. Febvres auf die Arbeiten von Mornet und seinen Schülern.[6] Auch wenn die Untersuchungen von G. Lanson heute mitunter in einem anderen Licht erscheinen als früher, sollte doch nicht vergessen werden, daß er zu seiner Zeit ein großer Neuerer war.[7] Liest man noch einmal die Arbeit *L'Histoire littéraire et la sociologie* von 1904 oder *Le Programme d'étude sur l'Histoire provinciale de la vie littéraire en France,* im Februar 1903 für die »Société d'histoire moderne« verfaßt, dann wird deutlich, warum Febvre zwar Mornet angriff, Lanson aber verschonte.[8]

Im Umfeld Lansons brachte die literaturwissenschaftliche Forschung in Frankreich eine Vielzahl von Studien hervor, die zwar im einzelnen unterschiedlichen Perspektiven folgten, alle aber von einem weitgefaßten Literaturbegriff ausgingen.[9] Sie beurteilten literarische und außerliterarische Texte durchweg nicht nur nach ihrem ästhetischen Wert und ihrer literarischen Qualität, sondern auch nach ihren philosophischen, moralischen, kulturellen und sozialen Gehalten. So führt eine deutliche Verbindungslinie von Lansons *Méthode* und *Voltaire* – ein heute kaum noch gelesenes Meisterwerk – zu Mornets *Les origines intellectuelles de la Révolution française*.[10] Gerade das 18. Jahrhundert mit seinem Charakter als Übergangszeit war also jenes Gebiet, auf dem sich eine für Frankreich typische Geistesgeschichte zu entwickeln begann. Sie vermittelte zwei für die Erforschung der Aufklärung wichtige Einsichten. Zum einen sind die aussagekräftigsten Texte nicht unbedingt die ästhetisch schönsten und literarisch besten. Zum anderen ordnet sich die Literatur in eine allgemeinere und breitere Textproduktion ein, deren Analyse die Kultur einer bestimmten Zeit verstehbar macht.

Die Arbeiten zur Ideengeschichte (Intellectual History, Geistesgeschichte, Storia della filosofia, um nur die wichtigsten Bezeichnungen zu erwähnen) gehen also davon aus, daß die Geschichte der Aufklärung als »Histoire intellectuelle« zu schreiben ist. In dieser »Histoire intellectuelle« geht es darum, philosophische, moralische, wissenschaftliche und politische Gedanken sowie die Art ihrer Produktion, Verbreitung und Rezeption durch Individuen oder soziale Gruppen als Ausdruck einer bestimmten Epoche zu begreifen. Damit wird der Gedanke aufgegeben, daß sich der Sinn literarischer Produktion aus den Absichten der Schriftsteller erklären läßt, daß dieser Sinn allein aus dem Einfallsreichtum eines einzelnen Autors ableitbar ist und daß sich schließlich die verschiedenen Werke über ihr geistiges Umfeld sowie den Zeitgeist erschließen lassen. An die Stelle dieses Ansatzes tritt ein Zugriff, der die Wechselbeziehungen zwischen der Gesellschaft einerseits und den Denk- wie Verhaltensweisen der in ihr lebenden Menschen andererseits zu erfassen sucht.[11] Diesen neuen methodischen Zugang zur Geschichte der Aufklärung stellten die Arbeiten der Schule der Annales und besonders die Forschungen von E. Labrousse auf eine solide geschichtswissenschaftliche Grundlage. Sie öffneten einen Weg, die Wechselbeziehungen zwischen den verschiedenen Ebenen der historischen Realität zu beleuchten und die Gesamtheit aller Elemente zu betrachten, aus denen sich die Gesellschaft zusammensetzte.[12] Das Konzept von Labrousse rückte den Begriff der Struktur in den Mittelpunkt, verband kurz- und langfristige Prozesse miteinander und verknüpfte die politischen Krisen mit den langsameren Veränderungen in Wirtschaft und Gesellschaft. Gerade dieser Ansatz lenkte die Aufmerksamkeit des Historikers auf die Rolle, die Kultur und Ideen in der Geschichte spielten, auf ihre Entstehungsbedingungen und ihre Wirkungen im Frankreich des 18. Jahrhunderts. Im Grunde ging es darum zu begreifen, wie die Französische Revolution mit den tieferliegenden sozio-kulturellen Veränderungen in der französischen Gesellschaft zusammenhing.[13] Im Laufe der sechziger Jahre begann die französische Geschichtswissenschaft verstärkt, die sozio-kulturellen Unterschiede ebenso herauszuarbeiten wie die materiellen und sozialen Differenzierungen und sie gleichberechtigt in eine Sozialgeschichte der französischen Aufklärung einzufügen.

Erstes Ergebnis dieser Forschungen war die Veröffentlichung von zwei Studien, die von der »Ecole pratique des Hautes Etudes« unter der Leitung von F. Furet und der Schirmherrschaft von A. Dupront entstanden waren. In *Livre et société dans la France du XVIIIe siècle*[14] wurde der kulturelle Bereich zum ersten Mal ausführlich thematisiert. Das Werk enthielt Beiträge über die Verbreitung der Aufklärung durch Bücher, Lexika, Zeitschriften, Kolportageliteratur, andere sprachliche Äußerungen sowie kulturelle Institutionen. Die Ergebnisse dieser in Frankreich wie im Ausland nicht ohne Widerspruch aufgenommenen Veröffentlichung machten einen doppelten Bruch und einen zweifachen Anspruch deutlich. Erstens brachen die Autoren mit der literaturwissenschaftlichen Tradition und setzten bei der Interpretation der großen Werke des 18. Jahrhunderts konsequent Aufklärung und Revolution gleich. Zweitens distanzierten sie sich vom ideengeschichtlichen Ansatz, der die Ausbreitung von Ideen über eine vergleichende Analyse einzelner Werke zu fassen versuchte, über eine textimmanente Interpretation aber nicht hinausgelangte. Damit verbunden war ein zweifacher Anspruch. Zum einen überschritten die Studien befreundeter Wissenschaftler aus unterschiedlichen Disziplinen die Barrieren der Einzelwissenschaften und taten so einen Schritt in Richtung auf eine moderne Sozialgeschichte. Für sie entstanden Werke und Ideen in einem spezifischen Milieu, als Folge bestimmter sozialer und wirtschaftlicher Verhältnisse sowie im Einklang mit der mentalen und geistigen Situation ihrer Zeit. Zum anderen wollte diese moderne Sozialgeschichte untersuchen, wie Begriffsvorstellungen und Werthaltungen zwischen den einzelnen sozialen Gruppen ausgetauscht wurden und welche Wege hierbei eine Rolle spielten: das Buch, die Zeitung, die akademische Diskussion oder die Arbeit des Zensors. Dabei erlaubte es die verstärkt eingesetzte quantifizierende Methode, den Einzelfall hinter sich zu lassen und anhand epochenspezifischer Kriterien den sozialen Wandel zu erfassen. Auch wenn diese Methode der Kritik ausgesetzt war und ist[15], so »haben sich doch ihre Möglichkeiten keineswegs erschöpft, selbst wenn sie zur Zeit etwas außer Mode gekommen ist. Gewiß weist die quantifizierende Methode manche Unzulänglichkeiten auf, aber sie bleibt doch unverzichtbar und bildet auch künftig die unersetzbare Grundlage weiterer Forschung.«[16] In der Tat kommt es darauf an, quantifizierende Analysen zur Verbreitung der Aufklärung nicht einem simplifizierenden Soziologismus anheimfallen zu lassen.

Die quantifizierende Geschichtsbetrachtung bringt es mit sich, daß Methoden zur Analyse wirtschaftlicher Phänomene auf den sozialen Bereich und die des sozialen auf den kulturellen Sektor angewandt werden. Nutzt man Bücher, Zeitungsartikel, Begriffsverzeichnisse oder Akademieberichte als serielle Quellen, so läßt sich für eine Geschichte der Verbreitung von Aufklärung zweierlei deutlich machen. Zum einen wird eine Analyse der sozial bedingten kulturellen Verschiedenheiten sowie ihr Nachweis im nationalen Rahmen und im städtischen Umfeld möglich. Diese konsequent vergleichende Betrachtungsweise unterscheidet sich grundlegend von der intuitiven Ideengeschichte z. B. eines P. Hazard.[17] Auf der anderen Seite lassen sich Brüche und Verwerfungen bei der Rezeption der Aufklärung untersuchen. Betrachtet man beispielsweise die Auswirkungen der tridentinischen Reform in ihren verschiedenen Popularisierungsformen, so treten die Verwerfungen zwischen den Beschlüssen des Konzils und ihrer Rezeption als Diskrepanz von Modernität und Tradition in Erscheinung, und man kann, ohne den revolutionären Ausgang des 18. Jahrhunderts zu verkennen, nach den vielschichtigen Gründen für diese Entwicklung fragen.[18] Mit einer solchen Vorgehensweise wird es auch möglich, langfristige kulturelle Wandlungsvorgänge wie etwa die

Einstellung gegenüber Leben und Tod, die Rekrutierung der Mitglieder religiöser Orden oder die Anziehungskraft von Bruderschaften zu untersuchen.[19] Wer meint, mit diesem Zugriff würden nur offene Türen eingerannt, sollte sich den Unterschied vergegenwärtigen, der zwischen einem rein intuitiven und einem vergleichenden Ansatz bei der Analyse kulturellen Wandels besteht. Man braucht sich nur die Arbeiten von H. J. Martin und J. Quéniart oder *Livre et société* anzuschauen.[20]

Die Geschichte des Buches trug entscheidend dazu bei, eine Sozialgeschichte der Aufklärung zu fördern.[21] Dabei ergab sich eine Vielzahl interessanter Probleme. So scheint es schwer verständlich, warum in einer vergleichsweise wenig innovativen Gesellschaft die Buchproduktion so stark ansteigen konnte. Dies bleibt selbst dann erstaunlich, wenn man die zahlreichen kleinen Neuerungen in Rechnung stellt, die den Buchdruck verbessert haben.[22] Nicht so leicht zu begreifen ist außerdem die Veränderung der Buchinhalte, die mit der wachsenden Buchproduktion einherging. Sie erhöhte sich im Laufe des 18. Jahrhunderts von jährlich tausend auf fast viertausend Titel. Man weiß zwar mittlerweile, daß sich in einem Zweihundertjahresrhythmus das Gewicht zwischen religiöser und weltlicher Sicht der Dinge verschiebt. So mußte das religiöse Buch in mehreren Schritten gegenüber dem Vormarsch von Wissenschaft und Kunst das Feld räumen. Diese Entwicklung ist jedoch noch unzureichend erklärt. Denn es reicht nicht aus, jene Veränderung nur mit dem Etikett »Dechristianisierung« oder »Laizisierung« zu versehen. Vielmehr verdeckt der Gebrauch solcher allgemeinen Schlagworte gerade das eigentliche Problem. Es besteht darin, die komplexen Vorgänge zu untersuchen, die dem kulturellen Wandel zugrunde lagen. Ein weiteres Problem besteht darin, daß über eine Analyse der Buchproduktion die Aufklärung nur vom Zeitpunkt ihrer publizistischen Verbreitung an in den Blick kommt. Deshalb muß man auf einer anderen Ebene ansetzen. Hier helfen nur lokale Fallstudien weiter. Im regionalen Rahmen zeigt die Untersuchung von J. Quéniart für die westfranzösischen Städte und die von R. Moulinas für Avignon[23] die Produktionsvielfalt der Aufklärungsliteratur, die grundlegende Spannung zwischen Paris und der Provinz, die regionalen Verschiedenheiten sowie die Unterschiede zwischen dem Umlauf der legal, im Untergrund und durch Raubdruck hergestellten Bücher. Eine Sozialgeschichte der französischen Aufklärung, die auf der Ebene der Regionen ansetzt, wird also gerade dadurch lebendig und interessant, daß sie die zahlreich vorhandenen Differenzen herausstellt. Diese bestanden zum einen zwischen den Buchhandlungen im Königreich und jenen außerhalb der Grenzen Frankreichs von Bouillon bis Neuchâtel, von Holland bis Italien; zum anderen zwischen der Hauptstadt und der Provinz; ferner zwischen den Provinzen, wenn man nur die Städte betrachtet; sowie schließlich und vor allem zwischen Stadt und Land.

Die Sozialgeschichte des Lesens ist erst in Umrissen geschrieben. Vor allen Dingen bemühte man sich darum, die Bedeutung der Lektüre im sozialen Gefüge zu begreifen. Gute Ansatzpunkte für die neuere Forschung boten Privatbibliotheken und die Methoden, die D. Mornet seit 1910 entwickelt hatte.[24] Das Ergebnis der regionalen, monographischen und begriffsgeschichtlichen Studien führte zu neuen Erkenntnissen über die Durchsetzungskraft der Aufklärungsphilosophie. Mit ihrer Verbreitung veränderten sich Lesetraditionen ebenso wie Rezeptions- und Interpretationsformen. Im Klerus ging der Siegeszug des Buches Hand in Hand mit einer Vereinheitlichung des Lesestoffs. Dadurch dehnte sich das Wissen um den Wandel religiöser Gebräuche aus. Dennoch ließ die Exklusivität des Religiösen der laizistischen Kultur nur einen geringen Raum. Rezipiert wurde die Aufklärungsphilosophie lediglich von einer kleinen Minderheit wirklich Überzeugter. Der Pater Meslier zählte dazu und auch der hohe Klerus, wie z. B. die Pariser Domherren oder die Mitglieder des Episkopats. Diese Kleriker waren hin- und hergerissen zwischen Libertinage im Denken und Handeln einerseits sowie Verteidigung der angestammten Lehre andererseits. Strittig war unter den Klerikern nicht zuletzt die Möglichkeit einer katholischen Aufklärung. Dies läßt sich sehr gut an einem Mann wie La Fare verfolgen. Er war Generalvikar von Dijon, wurde dann Bischof von Nancy und hielt bei Eröffnung der Generalstände die Predigt. La Fare beteiligte sich sehr aktiv an der Akademiearbeit und las in seinen Mußestunden die Werke der Philosophen.[25]

Bei den Adeligen nahm die Entwicklung einen anderen Verlauf. Hier trat der traditionelle Lesestoff juristischen, humanistischen und christlich-ethischen Inhalts in den Hintergrund.[26] Das Vordringen von historischen Büchern, Romanen und Zeitschriften ließ den Wandel in der Haltung des Adels zutage treten. Ins Zentrum rückte das Informations- und Unterhaltungsbedürfnis. Gestützt auf Vermögen, Macht und Wissensdurst bildete sich innerhalb des Adels eine neue kulturelle Elite. Als privilegiertes Publikum, als Leser der großen Schriftsteller und Zeitungen entwickelte sie sich zu einem Kreis, der nicht unbedingt zur Aufklärung gehörte, aber – sei es durch aufsehenerregende Polemik oder tatkräftige Unterstützung – stark zu ihrer Verbreitung beitrug. Die Besonderheiten des gebildeten Adeligen in der Provinz müssen noch genauer untersucht werden, und zwar angefangen vom einfachen Edelmann, der auf seinem abgelegenen Landsitz wohnte, bis hin zum viel geschlosseneren Kreis des Kleinstadt- und Garnisonsadels. Dabei stellt sich erneut die Frage, wie sich die Aufklärungsphilosophie im Bewußtsein des Adels niederschlug und was dies für das Grundproblem einer Teilung der Eliten bedeutete. Zu diesem Zweck sollten die Schriften von Adeligen auf ihren staatsbürgerlichen und politischen Gehalt hin untersucht werden.[27] Ebenso müßte man die Verhaltensweisen des Adels im einzelnen analysieren, wie sie sich in seinen Grundeinstellungen, Eigentümlichkeiten, Kenntnissen und typischen Ausdrucksformen niederschlugen.

Eine ähnliche Entwicklung nahm das Bürgertum des Ancien Régime. Ein bürgerliches Milieu aus Staatsdienern, Emporkömmlingen und Rentiers eiferte danach, die Kultur des Amtsadels nachzuahmen. Diesem Bürgertum stand die für Neuerungen offene Welt des Handels gegenüber. Sie strebte nicht nach akademischer Bildung, war eher bereit, sich vom Glauben zu lösen und bildete insofern eine neue Kultur, in der das Buch für rationale unternehmerische Entscheidungen große Bedeutung besaß. Auch der gewinnorientierte Mensch des 18. Jahrhunderts hatte eine besondere Beziehung zur Aufklärung. Deutlich wird dies an den Lesegesellschaften der großen Hafenstädte und den Museen, die in den Städten mit Akademien entstanden.[28] Insgesamt erfolgte mit der Aufklärung nicht nur eine fortschreitende Verweltlichung der gelesenen und gedruckten Buchinhalte; mehr noch wandelte sich das Verhältnis zum Buch selber. Diese Entwicklung läßt sich mit Hilfe serieller Quellen zum Leseverhalten gut nachzeichnen. Zu bedauern ist nur, daß es, und dies sei nebenbei bemerkt, ähnliche Quellen für die Lesegewohnheiten des einfachen Mannes nicht gibt. Bewahrte das Buch früher bestehende Autoritäts- und Machtverhältnisse sowie gesellschaftliche Normen, wurde es nun in seiner ersten großen Expansionsphase zu einem Instrument, das

Wissen vermitteln und Vergnügen bereiten sollte. Mit diesem Funktionswandel verlor das Buch an sakralem Charakter. Hierin liegt das eigentlich Moderne der Aufklärung. Von dieser veränderten Rezeption muß die Forschung künftig ausgehen, um die komplexen Bedingungen zu untersuchen, die das Buch zu einer beliebigen Ware werden ließen. Geht man den Verbreitungswegen von mehr oder weniger verbotenen oder erlaubten Druckerzeugnissen aus der Perspektive Neuenburgs nach oder untersucht die Zirkulation der *Livres philosophiques* und der verschiedenen Neuauflagen der *Encyclopédie*, so wird deutlich, daß die Diffusion der Aufklärung mit dem sozialen Wandel in Zusammenhang stand. Die Gesellschaft differenzierte und fragmentierte sich, und die Aufklärungsphilosophie ebenso.[29]

Eine historische Soziologie des Lesens steckt noch in den Anfängen. In ihr hat zum einen die Aufklärung selber Platz, freilich in einer weiteren Perspektive, die die längerfristigen Zugangsmöglichkeiten zum Gedruckten, was nicht identisch ist mit dem bloßen Besitz eines Buches, untersucht. Zum anderen schließt eine solche historische Soziologie die Sozialgeschichte des Lesens ein, angefangen vom Erwerb eines Buches bis hin zu den Lesegewohnheiten.[30] Die Frage, was die Leser mit der Aufklärung gemacht haben, bleibt ein grundlegendes, aber noch kaum angesprochenes Problem. Hingewiesen sei nur auf die Analyse des schwärmerischen Lesens im 18. Jahrhundert am Beispiel der *Nouvelle Héloïse*[31]. Diese Analyse von C. Labrosse versucht, anhand von Briefwechseln, Zeitungsartikeln, Streitschriften oder Illustrationen und den sich daraus ergebenden Diskussionen der Frage nachzugehen, wie sich in einem komplizierten sozialen Prozeß das Verständnis eines literarischen Werkes herstellt. Aber es ist nicht leicht zu erkennen, wie Lesegewohnheit, soziale Stellung des Lesers und sein Verhalten zusammenhängen.[32] Jedenfalls wirkten sich psychologische Affinitäten, Familienbeziehungen und die jeweilige Situation des Lesers stärker auf die Rezeption des größten Romans des 18. Jahrhunderts aus als soziale Mechanismen. Insgesamt wird man sich deshalb vorstellen müssen, daß die Diffusion der Aufklärung wie durch eine Reihe von Filtern erfolgte: Die Vermittlung geschah durch den einzelnen Leser ebenso wie durch kleine Lesezirkel und die Presse, sie geschah durch gesprochenes oder gedrucktes Wort. Beim Durchgang durch diese verschiedenen Filter verlor die Aufklärung zwar nicht ihren innovatorischen und umstürzenden Charakter, aber sie setzte sich doch auf sehr unterschiedliche Art und Weise durch.

Zu einem ganz ähnlichen Ergebnis kommt man bei einer Untersuchung der kulturellen Soziabilität. Dabei spielt es keine Rolle, ob man qualitativ vorgeht, wie L. Trénard in *Lyon de l'Encyclopédie au préromantisme*[33], oder quantitative Methoden benutzt, wie dies der Verfasser bei seiner Untersuchung von Akademien und Freimaurerlogen im 18. Jahrhundert getan hat.[34] In beiden Fällen stellt sich die Aufklärung am Ende anders dar, als sie vorher in Erscheinung getreten war. Eine quantitative Analyse von Akademien und Logen sowie eine soziale Aufschlüsselung der 6000 Akademiemitglieder und der 40 000 Freimaurer läßt ein klares Bild von der Rezeption der Aufklärung in der französischen Provinz entstehen. Sie zeigt darüber hinaus, welche Rolle neben Paris, das als Vergleichsgröße bedeutsam bleibt, die kulturtragenden Kreise im übrigen Frankreich für die Rezeption der philosophischen Schriften gespielt haben. Eine solche quantitative Analyse wirft zugleich neues Licht auf die Motivation der Gelehrtenrepublik und auf eine neue Geisteshaltung, die sich abzeichnete.[35] Die Neubestimmung der Rezeptionskreise macht deutlich, wie der Konsum die Produktion von Aufklärungsideen veränderte. Der Vergleich von Akademien und Logen erlaubt zugleich, die Unterschiede zwischen zwei Arten von Soziabilität zu erkennen: hier die traditionelle Soziabilität, in der Wissen und Macht als Ausdruck einer holistisch-organischen Gesellschaft eng miteinander verbunden waren; dort eine egalitäre Soziabilität, die anfangs unerlaubt war und sich erst später auf der Grundlage eines stillschweigenden Konsenses durchsetzte. Eine solche Unterscheidung von traditioneller und egalitärer Soziabilität stellt jene Interpretationen in Frage, die in der Tradition von Tocqueville und Cochin eine Trennung von Intelligenz und Macht annehmen und davon ausgehen, daß sich in dem Freiraum zwischen öffentlicher Meinung und Staat die demokratische Soziabilität behauptet. Die Akademien und Logen sozialisierten die Aufklärung und trugen zugleich zu ihrer Auflösung bei. Sie machten von der Ideologie der Macht des Geistes oder der Ideologie der Freimaurerei unterschiedlichen Gebrauch und eigneten sich diese Ideologien je nach sozialer Lage und individueller Lektüre auf verschiedene Art und Weise an. Die Akademie- und die Freimaueraufklärung waren nicht aus sich heraus systemverändernd, neigten vielmehr dazu, das Überlieferte mit neuen Argumenten zu festigen. Gleichzeitig aber trugen sie dazu bei, neuen Gewohnheiten allgemeine Geltung zu verschaffen. Akademien und Logen waren kulturelle und politische Vermittler philosophischer Ideen. Sie entwickelten keine eigene adelige oder bürgerliche Ideologie, sondern förderten das in der Gesellschaft vorherrschende und zugleich über sie hinausweisende Denken. Vergangenheit und Zukunft verbanden sich so auf eine merkwürdig unbestimmte Weise. Wollte man, was freilich nicht sehr sinnvoll ist, ein einheitliches Funktionsprinzip des kulturellen Lebens herausstellen, dann wäre es noch am ehesten diese Unentschiedenheit zwischen Vergangenheit und Zukunft. Eine solche Interpretation mag simpel und hausbacken erscheinen, aber sie bleibt doch die einzige, die im Bereich der Kulturgeschichte möglich ist, will man nicht künstlich Wirklichkeit und Idee voneinander trennen und damit in einen Zirkel von Fragen und Antworten geraten, der nicht auflösbar ist. Für den Historiker, der sich mit den Akademien beschäftigt, ist die Revolution – und zugleich ist sie es auch nicht – Endpunkt einer Entwicklung, in der das Ereignis, nämlich die Revolution, nicht vorprogrammiert war.

Unter diesem Aspekt gewinnt die Aufklärung eine andere Dimension. Das Philosophische an der Aufklärung rückt, jedenfalls nach Ansicht J. M. Goulemot, an den Rand. Bedeutsam war die philosophische Seite der Aufklärung eigentlich nur für die Intelligenz von Paris und für eine intellektuelle Minderheit in der Provinz, die mehr von Voltaire als von den materialistischen Philosophen beeinflußt und politisch eher gemäßigt denn revolutionär eingestellt war.[36] Folgt man diesen Überlegungen, dann hat das Denken der Akademien die Rezeption der Aufklärung in einer ganz bestimmten Weise beeinflußt. Die Aufklärungsideen wurden von den Akademien bruchstückhaft aufgenommen und zu einer neuen, anderen Einheit wieder zusammengefügt. Dies war um so leichter, als sich das Vokabular der Philosophen unter den Aufklärern nicht von jenem der Philosophiegegner unterschied. »Die einen wie die anderen wollten ihre Ideen öffentlich verbreiten und bezogen sich dabei auf die Aufklärung.« Die Begrifflichkeit des Abbé Bergier glich jener von Voltaire. Dabei waren ihre Denkweisen durchaus unterschiedlich.[37] In den Diskussionen der Akademien scheint ein Gesellschaftsmodell auf, das in kultureller wie politischer Hinsicht absolutistische mit aufklärerischen Elementen verband und damit auf seine besondere Weise das allgemeine Wohl und die Einheit der Eliten zum Ziel hatte. Es läßt sich freilich nur dann erfassen, wenn man die Aufklärung nicht mehr im Lichte der Revolution sieht.[38] Stellt man, abschließend betrachtet, das bisher analysierte Phänomen kultureller Soziabilität in Bezug zur Geschichte des Buches, dann tritt die wichtige Rolle des Staates und seine ambivalente Haltung zur bürgerlichen Gesellschaft sowie den Gruppen, aus denen sie sich zusammensetzte, in Erscheinung.

Diese Sichtweise der Aufklärung öffnet den Blick für ein weites Feld politischer Möglichkeiten. Sie lagen zwischen Privilegienordnung und bürgerlicher Gleichheit, zwischen sozialer Kontrolle und individueller Freiheit, zwischen Öffnung und Blockade gesellschaftlichen Aufstiegs. An welchem Bild der Aufklärung soll man die Arbeit der Akademien und die Diskussionen in den Logen messen? Eine solche Fragestellung bricht mit der deterministischen Geschichtsbetrachtung und unterstreicht noch einmal das ambivalente Verhältnis von Aufklärung und Revolution. Zugleich betont sie die Offenheit der historischen Situation und läßt die Art des Bruchs, den das Revolutionsereignis bedeutete, deutlicher hervortreten. Man mag dieser Interpretation folgen oder nicht, in jedem Falle gibt es verschiedene Sichtweisen des 18. Jahrhunderts. Dieses unter dem Aspekt einer Sozialgeschichte der Aufklärung zu betrachten ist nur einer von mehreren möglichen Ansätzen. Er hat aber immerhin den Vorteil, daß man das Zusammenspiel von Vorstellung und Wirklichkeit, von Ideen und Handeln in der Zeit der Aufklärung in den Blick bekommt. So gesehen brach die Revolution genau zu dem Zeitpunkt aus, als die Kommunikation zwischen Andersdenkenden, die lange funktioniert hatte, nicht mehr stattfand. Verantwortlich dafür waren zwei Entwicklungen, die parallel verliefen. Einmal veränderten sich im Zuge einer hundertjährigen Beschäftigung mit der Aufklärung unmerklich die Maßstäbe des Denkens und das Verhältnis zur Aufklärung selber. Zum anderen wandelten sich die politischen und sozialen Verhältnisse. Man muß jedoch zugestehen, daß vieles davon im unklaren blieb. Zu dieser Unklarheit trugen zum einen die Unsicherheiten der Gesellschaft über sich selber bei; zum anderen die lückenhaften und befangenen Versuche der Zeitgenossen, die Probleme ihrer Zeit zu erfassen; ferner die sich daraus ergebende Meinungsvielfalt; außerdem die Probleme, die dem heutigen Betrachter aus diesen Unklarheiten und dieser Meinungsvielfalt erwachsen; und schließlich das Problem, daraus eine zusammenhängende Darstellung zu entwickeln.

Insgesamt wird man sagen können, daß die Sozialgeschichte der Aufklärung aus einer fruchtbaren Zusammenarbeit von Vertretern unterschiedlicher Disziplinen hervorgegangen ist. Es trafen sich Ideen- und Philosophiehistoriker, die nach den geistigen Ursprüngen der Revolution fragten, sowie Wirtschafts- und Sozialhistoriker, die sich mit dem Problem befaßten, wie in der sozialen Wirklichkeit die Welt der materiellen Dinge und die Welt der Ideen aufeinander wirkten. Nicht alle Arbeitsfelder, die die Sozialgeschichte der Aufklärung eröffnete, konnten hier berücksichtigt werden. Zwei Beispiele seien genannt: zum einen die Geschichte der Autoren[39], zu der die Sozialgeschichte der Aufklärung wichtige Fragen aufwarf, zum anderen die Geschichte der religiösen und edukativen Praxis, wo sie fruchtbare Dialoge anregte. Bei der Zusammenarbeit von Wissenschaftlern unterschiedlicher Disziplinen, die ihre Methoden verfeinerten und ihre Vorgehensweisen genauer bestimmten, entstanden wissenschaftliche Kontroversen.[40] Soviel ist sicher: Das Bemühen, die sozialen Unterschiede bei der Diffusion von Kultur herauszuarbeiten, hat dazu geführt, das Buch, die Akademie und die Schule wieder als wichtige Elemente eines zusammenhängenden Kultursystems zu begreifen. Nimmt man diesen kulturellen Gesamtzusammenhang als Ausgangspunkt der Deutung, so läßt sich die traditionelle Interpretation überwinden, die auf dem Gegensatz von bürgerlicher Aufklärung einerseits und aristokratischem Archaismus andererseits beruht hat. Eine solche einfache Gegenüberstellung ist weder für Frankreich noch für andere Länder sinnvoll. Die in der Sozialgeschichte der Aufklärung benutzten quantitativen Methoden haben nicht, wie vorschnell argumentiert wurde, zu einem Neopositivismus geführt, sondern im Gegenteil zu einem besseren Verständnis der Aufklärung beigetragen. Schreitet die Forschung vom Studium der Rezeption zur Analyse der Appropriation von Aufklärung fort, so besteht eine gute Chance, die Französische Revolution nicht nur von ihren geistigen Ursprüngen, sondern darüber hinaus auch von ihren kulturellen Bedingungen her zu erfassen. Mit anderen Worten: Die Sozialgeschichte der Aufklärung bringt die ganze Komplexität von Verhaltensweisen sowohl des einfachen Volkes als auch der Eliten ins Spiel. Damit trägt sie dazu bei, den

Zirkel aufzubrechen, in dem sich die Aufklärungsideen durch sich selber ständig interpretierten und dabei unentwegt wiederholten.[41] In Zukunft steht die Sozialgeschichte der Aufklärung vor anderen Problemen. Es geht um die Frage, wie Texte in den unterschiedlichen sozialen Schichten gelesen wurden, wie sich politische Einstellungen in Auseinandersetzung mit Kultur formten, wie sich auf vielschichtige Art und Weise die sozio-kulturellen Appropriationsformen wandelten. Damit wollen wir den Ansprüchen treu bleiben, die uns, zusammen mit anderen, veranlaßten, die Aufklärung zu erforschen. Es geht darum, wie G. Benrékassa es treffend formulierte, für sie zu streiten, ohne ihre Illusionen zu übernehmen.

Anmerkungen

1 La Nouvelle Histoire. Hg. J. Le Goff, Paris 1978.
2 Dictionnaire des Sciences historiques. Hg. A. Burguière, Paris 1986.
3 Vgl. z. B. in der Zeitschrift XVIIIe siècle, Bd. 18, 1986, S. 4, die Ausschreibung für die Sondernummer 1989.
4 A. Compagnon, La troisième République des Lettres. De Flaubert à Proust, Paris 1981.
5 G. Lanson, Essais de méthode, de critique et d'histoire littéraire. Hg. H. Peyre, Paris 1963.
6 L. Febvre, Combats pour l'Histoire, Paris 1953; ders., Pour une Histoire à part entière, Paris 1962.
7 Lanson, S. 14f.
8 Ebd., S. 61–87.
9 Ich führe hier nur die Werke auf, die mir am wichtigsten waren und deren Autoren in einen konkreten Dialog mit den Historikern eingetreten sind.
10 Paris 1933.
11 R. Chartier, Art. Histoire intellectuelle, in: Dictionnaire, S. 373f.
12 R. Chartier u. D. Roche, Art. Histoire sociale, in: Histoire, S. 515–520.
13 Histoire Economique et Sociale de la France. Hg. F. Braudel u. E. Labrousse, Bd. 2, Paris 1970.
14 2 Bde., Paris 1965–1970.
15 F. Venturi, Utopia e riforma nell'Illuminismo, Turin 1970; F. Diaz, Metodo quantitativo e storia delle idee, in: Rivista Storica italiana,

Bd. 78, 1966, S. 932–947; R. Chartier, Intellectuel History or Sociocultural History? The French Trajectories, in: D. La Capra u. S. Kaplan (Hg.), Reappraisals in Modern European Intellectual History, Cornell 1982, S. 13–46; R. Darnton, The Great Cats Massacre, New York 1984, S. 257–264.

16 Y. Lequin, Art. Histoire sociale, in: Dictionnaire, S. 639.

17 La crise de la conscience européenne, Paris 1935; La pensée européenne au XVIIIe. De Montesquieu à Lessing, Paris 1963.

18 C. Ginzburg, Le fromage et les vers, Paris 1980, S. 17, 27; Livre, Bd. 1, S. 21–25; Bd. 2, S. 11–15.

19 M. Vovelle, La Mentalité Révolutionnaire, Paris 1985, S. 31–54.

20 H. J. Martin, Livre, pouvoirs et société à Paris au XVIIe siècle, 2 Bde., Paris 1969; J. Quéniart, Culture et Société urbaines dans la France de l'ouest au XVIIIe siècle, Paris 1978.

21 R. Chartier u. D. Roche, Le Livre, un changement de perspective, in: P. Nora u. J. Le Goff (Hg.), Faire de l'Histoire, Paris 1974, S. 115–137; L'Histoire quantitative du Livre, in: Revue française d'Histoire du Livre, Bd. 46, 1977, S. 3–27.

22 H. J. Martin u. R. Chartier (Hg.), Histoire de l'Edition Française, Bd. 2, Paris 1983.

23 Quéniart, S. 163–309; R. Moulinas, L'Imprimerie, la Librairie et la Presse en Avignon au XVIIIe siècle, Grenoble 1974.

24 D. Mornet, Les enseignements des bibliothèques privées, 1750–1780, in: Revue d'Histoire Littéraire de la France, Bd. 17, 1910, S. 449–496.

25 B. de Brye, Un évèque d'Ancien Régime à l'épreuve de la Révolution. Le cardinal A. L. H. de la Fare (1752–1829), Paris 1985, S. 54–58, 284f.; B. Plongeron, Théologie et Politique au siècle des Lumières, Paris 1973.

26 D. Roche, Noblesses et culture dans la France du XVIIIe siècle, in: Buch und Sammler, private und öffentliche Bibliotheken im 18. Jahrhundert. Colloquium der Arbeitsstelle 18. Jahrhundert, Heidelberg 1979, S. 9–27.

27 Vgl. M. P. Dion, Itinéraire intellectuel et réussite nobiliaire au siècle des Lumières. Emmanuel de Croy, Brüssel 1987.

28 Quéniart, S. 414–434; D. Roche, Le siècle des Lumières en province. Académies et Académiciens provinciaux, 1600–1789, 2 Bde., Paris 1978, hier Bd. 1, S. 60–68.

29 Wir verweisen auf die Arbeiten von Darnton, die zusammengenommen eine Sozialgeschichte der französischen Aufklärung bieten. R. Darnton, Bohème littéraire et révolution. Le monde des livres au XVIIIe siècle, Paris 1983; ders., L'aventure de l'Encyclopédie 1775–1800. Un bestseller au siècle des Lumières, Paris 1982; ders., Massacre.

30 R. Chartier (Hg.), Pratiques de la Lecture, Marseille 1985 (besonders die Beiträge von R. Chartier und J. M. Goulemot).

31 C. Labrosse, Lire au XVIIIe siècle. La Nouvelle Héloïse et ses Lecteurs, Lyon 1985. Man kann den Vergleich zu einer traditionelleren, aber nützlichen Arbeit ziehen: R. Barny, Prélude idéologique à la Révolution française, Paris 1985.

32 Labrosse, S. 241–273.

33 L. Trénard, Histoire sociale des idées. Lyon de l'Encyclopédie au préromantisme, 2 Bde., Paris 1958.

34 Roche, Siècle, Bd. 1; G. Gayot, La Franc Maçonnerie française, Paris 1980; R. Halévy, Les loges maçonniques dans la France d'Ancien Régime. Aux origines de la sociabilité démocratique, Paris 1984; M. Taillefer, La Franc Maçonnerie toulousine, Paris 1984.

35 Vgl. R. Chartier, Histoire des mentalités et Histoire intellectuelle. Trajectoires et questions, in: Revue de synthèse, Bd. 104, 1983, S. 277–307, hier bes. S. 292–295; C. Ginzburg, Prefazione a R. Chartier, Figure della furfanteria, Rom 1986, S. 4–10.

36 J. M. Goulemot, Pouvoirs et savoirs provinciaux au XVIIIe siècle, in: Critique, Bd. 36, 1980, S. 603–613.

37 Ebd., S. 611.

38 Roche, Siècle, Bd. 1, S. 391–394.

39 E. Walter, Sur l'intelligentsia des Lumières, in: Revue du XVIIIe siècle, Bd. 5, 1973, S. 173–201; ders., Les auteurs et le champ littéraire, in: Martin/Chartier, S. 383–399; Darnton, Bohème, S. 7–69.

40 D. Julia u. W. Frijhoff, Ecole et Société dans la France d'Ancien Régime, Paris 1975; R. Chartier u. a., L'éducation en France du XVIe au XVIIIe siècle, Paris 1976.

41 G. Benrékassa, Le concentrique et l'excentrique, marge des Lumières, Paris 1980, S. 11–27.

Etienne François
Alphabetisierung und Lesefähigkeit in Frankreich und Deutschland um 1800

Die fortschreitende Alphabetisierung während der Neuzeit gilt den Historikern als eine der wichtigsten Strukturveränderungen in der europäischen Geschichte. Durch die Zunahme der Lese- und mehr noch der Schreibfähigkeit wurde die mündliche schrittweise durch eine schriftliche Kultur abgelöst. Dieser Wandel hat eine kulturelle und eine soziale Seite. »Das Vordringen einer auf die Schrift sich stützenden, die Individuen aus ihren traditionellen kollektiven Solidaritäten herauslösenden Kultur«[1] spiegelt die Emanzipations-, Individualisierungs- und Modernisierungs-Dynamik wider, die für das moderne Europa charakteristisch ist.

Obwohl dieser Wandel, dessen Anfänge bis ins ausgehende Mittelalter zurückreichen, alle europäischen Staaten erfaßte, prägte er sich doch nicht überall in der gleichen Weise aus. Zahlreiche Untersuchungen zeigen vielmehr von einem Land zum anderen deutliche Unterschiede in Entwicklung, Rhythmus und Intensität der Alphabetisierung. Diesen Verschiedenheiten kann nur ein Vergleich gerecht werden. Besonders interessant ist eine Gegenüberstellung von Deutschland und Frankreich, denn viele Zeitgenossen der revolutionären Ereignisse waren mit Chénier der Überzeugung, daß »wir die Französische Revolution dem Buch verdanken«. Und manche Historiker nach ihnen haben aus der Tatsache, daß die Revolution in Frankreich und nicht in Deutschland stattgefunden hat, auf eine kulturelle Überlegenheit Frankreichs geschlossen.

So sinnvoll ein solcher Vergleich erscheinen mag, er ist nicht ohne Problematik. Erstens benötigt man für beide Länder genügend gleichförmige Daten. Doch trotz mancher Fortschritte in der letzten Zeit besteht ein deutliches Forschungsgefälle zwischen Frankreich und Deutschland, wie folgendes Beispiel belegt. Der übliche Indikator, um den Stand der Alphabetisierung zu messen, ist die Fähigkeit, selber mit seinem Namen zu unterschreiben, z. B. bei der Eheschließung. Zahlreiche Untersuchungen haben deutlich gemacht, daß dieser zwar indirekte, dafür aber weit verbreitete und leicht zu quantifizierende Indikator auf eine sehr allgemeine Weise die Vertrautheit einer Gesellschaft mit der Schrift anzeigt.[2] Im Gegensatz zu Frankreich, wo es zahlreiche genaue und das ganze Land erfassende Statistiken gibt, verfügt man für Deutschland nur über Statistiken, die wenige Regionen betreffen und obendrein erst gegen Ende des 18. Jahrhunderts einsetzen.[3] Dieser offenkundige Unterschied hängt teils damit zusammen, daß in deutschen Kirchenbüchern häufig die Unterschriften fehlen, teils aber auch mit den differierenden geschichtswissenschaftlichen Ansätzen und historiographischen Traditionen. Damit wird die Möglichkeit des Vergleichs empfindlich eingeschränkt. Oft stellen sich mehr Fragen, als Antworten vorhanden sind. Doppelte Vorsicht ist darum geboten.

Doch ist dies nicht die einzige Schwierigkeit. Eine zweite hängt damit zusammen, daß die zu vergleichenden Einheiten nicht allzu verschieden sein, sondern vielmehr ein Minimum an interner Kohärenz und Homogenität aufweisen sollten. Doch scheint sich bei einer ersten Gegenüberstellung von Frankreich und Deutschland genau das Gegenteil zu zeigen: Alle bisher vorliegenden Untersuchungen zur Alphabetisierung haben die fehlende Einheitlichkeit und außerordentlich große Heterogenität beider Länder und damit die Problematik nationaler Mittelwerte deutlich gemacht. Innerhalb der beiden Länder heben sie vor allem die starken Unterschiede in der Lese- und Schreibfähigkeit hervor, die durch Geschlecht, Beruf, soziale Zugehörigkeit, Stadt-Land-Gegensatz, Konfession und Region bedingt sind.

Der erste und größte Unterschied in bezug auf die Signierfähigkeit besteht zweifellos zwischen den Geschlechtern. Er ist struktureller Natur, also unabhängig von nationalen Verschiedenheiten und politischen Grenzen. Die unterschiedliche Signierfähigkeit von Männern und Frauen prägt sich dort besonders aus, wo die Alphabetisierung noch in ihren Anfängen steckt; sie schwächt sich da ab, wo diese bereits weiter vorangekommen ist. Im südlichen, weniger alphabetisierten Teil Frankreichs lag die Unterschriftenrate nach der Erhebung Maggiolos in den Jahren von 1786 bis 1790 bei 44% für die Ehemänner und 17% für die Ehefrauen. Dies entsprach einem Verhältnis von 1 zu 2,6. Im stärker alphabetisierten Norden Frankreichs betrugen dagegen die entsprechenden Werte 71 und 44%. Hier bestand also eine Relation von 1 zu 1,6. Ähnlich lagen die Verhältnisse im Herzogtum Oldenburg, das damals zum Grand Empire gehörte. Bei einer Untersuchung der Gemeindeämter (»Mairies«) hat E. Hinrichs herausgefunden, daß in dem am wenigsten alphabetisierten Teil des Herzogtums 80% der Ehemänner und 46% der Ehefrauen selber unterschrieben, während in den alphabetisierteren Gegenden die entsprechenden Werte auf 93% und 84% stiegen. Die Relationen lagen damit bei 1 zu 1,7 bzw. 1 zu 1,1.[4]

Der zweite Unterschied ist sozio-ökonomischer Art. Überall hängt die Signierfähigkeit mit dem Vermögen und vor allem bei den Männern mit der beruflichen Qualifikation sowie der mehr oder minder starken Einbindung in überlokale Märkte zusammen. Von daher erklären sich drei Phänomene, die sowohl in Frankreich als auch in Deutschland zu beobachten sind. Auffällig ist erstens die unterschiedliche Signierfähigkeit in Stadt und Land. Sie liegt in den Städten genau in dem Maße höher, in dem diese reicher und in den Markt eingebunden sind. So unterschrieben 1786/89 in Lyon 64% der Männer und 39% der Frauen ihre Heiratsurkunde, während es in der ländlichen Umgebung nur 40 bzw. 21% waren.[5] Eine Parallele findet sich in Deutschland. So unterzeichneten in Koblenz während der Jahre 1789 bis 1802 86% der Männer und 58% der Frauen, im Nachbarort Neuendorf dagegen nur 80 bzw. 42%.[6] Auffällig ist zweitens die weitgehende Übereinstimmung von Signierfähigkeit und sozialer Hierarchie sowohl auf dem Land als auch, stärker noch, in den Städten, wo die gesellschaftlichen Gegensätze deutlicher ausgeprägt sind. Im Dorf Sailly-Labourse im Artois signierten 1761/91 95% der Großbauern und 80% der -bäuerinnen die Heiratsurkunde. Bei den Tagelöhnern waren es demgegenüber nur 54 bzw. 19%.[7] Diese Werte sind fast identisch mit jenen, die E. Norden für die Oldenburgische Küstenmarsch um 1750 errechnet hat. Bei den Großbauern konnten 98% der Männer und 85% der Frauen lesen und schreiben, beim Gesinde lediglich 53 bzw. 14%.[8] In den Städten Lyon und Koblenz waren die Oberschichten vollständig alphabetisiert, und zwar sowohl Männer als auch Frauen. Unter den armen und beruflich nicht qualifizierten Teilen der Bevölkerung war die Analphabetenrate dagegen hoch. Von den Tagelöhnern in Koblenz konnten nur 47% der Männer und 28% der Frauen mit ihrem Namen unterzeichnen, in Lyon 37 bzw. 19%. Bemerkenswert ist drittens, und dies betrifft besonders die Städte, eine hohe Alphabetisierung von Handwerkern und Kleinhändlern, die für den Markt arbeiteten.

Ihr Vermögensniveau spielte dabei keine Rolle. Bei den Frauen dagegen hing der Alphabetisierungsgrad eng mit den Vermögensverhältnissen zusammen. 75% der Bäcker und 70% der Schuhmacher in Lyon unterschrieben gegen Ende des 18. Jahrhunderts ihre Heiratsurkunde, während die Ehefrauen zu 76 bzw. 19% signierten. In Koblenz unterzeichneten 93% der Männer bei den Bäkkern, Metzgern und Wirten, 86% bei den Textil- und Bauhandwerkern. Demgegenüber belief sich die Signierrate der Frauen für die erste Gruppe (die wohlhabenderen) auf 89%, für die zweite (die ärmeren) auf 46%.

Der dritte Unterschied ist geographischer Natur. Hier stehen sich auf der einen Seite die von altersher weitgehend alphabetisierten Gegenden und auf der anderen Seite jene Regionen gegenüber, in denen der Analphabetismus lange vorherrschte und sich die Lese- und Schreibfähigkeit erst allmählich durchsetzte. Die Forschung hat vor allen Dingen die tiefe Zweiteilung Frankreichs herausgestellt und die strukturellen Gegensätze deutlich gemacht, die die Gebiete nördlich der Linie Saint-Malo–Genf von den südlich gelegenen trennte. Nach der Erhebung Maggiolos lagen in allen nördlichen Departements, von einem abgesehen, zwischen 1786 und 1790 die Signierraten von Männern wie Frauen über dem nationalen Durchschnitt von 37%. In der Normandie und in Lothringen betrug der relative Anteil der Frauen, die signierten, sogar mehr als die Hälfte, und jener der Männer erreichte mehr als vier Fünftel. Nach einer Zusammenstellung von 1810 lag die Zahl der Druckereien und Buchhandlungen in den nördlichen Departements über dem Durchschnitt des Grand Empire. Jedes der 29 Departements im Nordosten Frankreichs ohne Paris verfügte über 10,6 Druckereien und 20 Buchhandlungen. Im Gegensatz dazu wiesen alle südlichen Departements, von drei Ausnahmen abgesehen, Signierraten auf, die sich unter 40% bewegten. Am weitesten war jener Teil Frankreichs zurückgeblieben, der durch die Linien Saint-Malo–Genf und Genf–Bayonne begrenzt wurde. 15 Departements in diesem Dreieck wiesen Signierraten von unter 15% auf. Die 56 Departements im Süden Frankreichs waren nach der Erhebung von 1810 obendrein um die Hälfte schlechter mit Drukkereien und Buchhandlungen versorgt (6,6 bzw. 10,2 je Departement) als die im Norden.[9]

Die Differenzen zwischen den »beiden Frankreich« waren nicht nur typisch für das ausgehende 18. Jahrhundert, sondern zogen sich als struktureller Gegensatz durch alle Epochen. Diese Linie Saint-Malo–Genf läßt sich auf der Karte nachweisen, die Baron Dupin im Jahre 1826 anfertigte, als er die Häufigkeit des Schulbesuchs je Departement untersuchte. Mit derselben Deutlichkeit tritt sie in den regionalen Schwankungen von Ehe-Unterschriften hervor, die aufgrund der Maggiolo-Erhebung für die Jahre von 1686 bis 1690 ermittelt wurden. Ein ganzes Bündel von Faktoren erklärt die bemerkenswerte Dauerhaftigkeit dieser Grenzlinie. Sie bringt die »strukturelle Mannigfaltigkeit« Frankreichs zum Ausdruck, auf die F. Braudel in seinem letzten Buch so nachdrücklich aufmerksam gemacht hat. Das alphabetisierte Frankreich war das Frankreich der geschlossenen Siedlungen und der offenen Felder, das dicht besiedelte, gut erschlossene Frankreich, das wohlhabende Frankreich mit seinen vielfältigen wirtschaftlichen Aktivitäten und seinem starken Wachstum, das frankophone Frankreich und nicht zuletzt das Frankreich, dessen regionale Sprachen sich auf eine Schriftsprache stützten wie auf Deutsch oder, in einem geringeren Maß, auf Flämisch. Demgegenüber entsprach das analphabetische Frankreich dem Frankreich mit Streusiedlung und Heckenlandschaft, geringerer Bevölkerungsdichte und weniger Straßen, dem agrarischen Frankreich mit schwächeren wirtschaftlicher Dynamik und schließlich dem nicht-frankophonen Frankreich, dessen Dialekte und Regionalsprachen sich nicht auf eine Schriftsprache stützten, wie das Bretonische, die verschiedenen Formen des Okzitanischen und das Baskische.[10]

Wenn die Forschungslage auch zu besonderer Vorsicht zwingt, spricht doch alles für die Vermutung, daß es in Deutschland eine ähnliche strukturelle Vielgestaltigkeit gab. Da statistische Daten fehlen, die Deutschland als Ganzes erfassen, bietet Preußen das beste Beispiel, obwohl für diesen Staat verläßliches Zahlenmaterial erst ab 1871 zur Verfügung steht. Die Ergebnisse der damaligen Volkszählung machen deutlich, daß es auch in Preußen (das zu dieser Zeit so gut wie ganz Norddeutschland und zwei Drittel der Reichsbevölkerung umfaßte) eine Grenzlinie gab, die das Land ebenso in zwei Hälften teilte, wie dies in Frankreich der Fall war. Der Linie Saint-Malo–Genf entsprach eine Linie, die von Stralsund nach Dresden führte. Östlich von ihr lagen alle Regierungsbezirke, in denen der Prozentsatz Lese- und Schreibunkundiger ab 10 Jahren höher war als im preußischen Durchschnitt. In sieben der 13 östlich der Linie Stralsund–Dresden gelegenen Regierungsbezirke erreichte die Analphabetenrate mehr als 25%. Sie bewegte sich damit klar über dem preußischen Durchschnitt von 13,7%. Im Gegensatz dazu wiesen alle 23 Regierungsbezirke westlich der Linie Stralsund–Dresden unterdurchschnittliche Analphabetenraten auf. In 13 von ihnen blieb sie mit 6,8% sogar unter der Hälfte des preußischen Mittelwerts. Für weiter zurückliegende Zeiträume fehlt es an vergleichbarem Material. Jedoch weisen zwei Erhebungen, die eine von 1838 und die andere von 1805, ein ähnlich markantes Ost-West-Gefälle auf wie die Zusammenstellung von 1871. Die Statistik von 1838 erfaßt den Besuch von Elementarschulen in den 25 Regierungsbezirken, die Preußen zu dieser Zeit zählte. Von den zwölf Bezirken westlich der Linie Stralsund–Dresden hatten neun überdurchschnittlich viele Schulbesucher, und die vier Regierungsbezirke mit den höchsten Besuchsraten überhaupt lagen ebenfalls in dieser Gegend. Demgegenüber verzeichneten neun der 13 Regierungsbezirke östlich der Linie Stralsund–Dresden einen unterdurchschnittlichen Schulbesuch, und hier fanden sich auch die vier Bezirke mit den niedrigsten Besuchsraten.[11] Die Statistik von 1805 über den Prozentsatz jener Landgemeinden, die über eine eigene Schule verfügten, zeigt eine überdurchschnittliche Schuldichte in den mittleren und westlichen Provinzen des vorreformerischen Preußens. Alle Dörfer im Bezirk Halberstadt hatten eine Schule. In Magdeburg sowie in der Neu- und Kurmark waren es 96 bzw. 84%. Wesentlich schlechter sah die Situation in den Ostprovinzen aus: In Pommern besaßen 65% der Dörfer, in Westpreußen 30% und in Ostpreußen 28% eine Schule.[12].

Obwohl diese Statistiken nicht sehr genau sind, beweisen sie doch übereinstimmend die strukturelle Vielgestaltigkeit Deutschlands. Ebenso läßt sich aus ihnen ablesen, daß es eine jahrhundertealte Kulturgrenze und ein ausgeprägtes Ost-West-Gefälle gab. Die Verhältnisse glichen also sehr denen in Frankreich nördlich bzw. südlich der Linie Saint-Malo–Genf. Genauso, wie es zwei Frankreich gab, existierten nicht ein, sondern zwei Preußen und wahrscheinlich auch zwei Deutschland. Man kann annehmen, daß diese Gegensätze ähnliche Wurzeln hatten wie in Frankreich. Erste Analysen der Erhebung von 1871 zeigen in der Tat, daß der Analphabetismus in Preußen nicht die Folge einer einzigen Ursache, sondern das Ergebnis eines Zusammenspiels mehrerer Faktoren ungleichen Gewichts war, die sich von Fall zu Fall gegenseitig verstärkten oder wechselseitig neutralisierten. Zu den wichtigsten Momenten zählten siedlungs- und bevölkerungsstrukturelle Gegebenheiten. So bestand z. B. ein enger Zusammenhang zwischen Alphabetisierungsrate auf der einen sowie Bevölkerungsdichte und Urbanisierungsgrad auf der anderen Seite. Auch wirtschaftliche und soziale Gesichtspunkte spielten eine wichtige Rolle. So existierte etwa eine enge Korrelation zwischen Analphabetismus und Gutsherrschaft. Dagegen war die Alphabetisierung in den Regionen weiter fortgeschritten, die für den Markt produzierten und in denen die Bevölkerung weniger in der Landwirtschaft, mehr dagegen im Handwerk und Gewerbe arbeitete. Schließlich gab es sprachstrukturelle Faktoren. Überdurchschnittlich hoch war der Analphabetismus dort, wo Deutsch nicht die Muttersprache war, vor allem in den Ostprovinzen mit slawischer Bevölkerung und Sprache. Die Konfession, die häufig als Hauptursache für die regionalen Unterschiede in der Alphabetisierung genannt wird, war dagegen in Frankreich wie Deutschland während des 18. und 19. Jahrhunderts nur von sekundärer Bedeutung.

Die Spaltung Frankreichs und Deutschlands in zwei Teile, die sich in vielerlei Hinsicht voneinander unterschieden, verdient deswegen hervorgehoben zu werden, weil sie eine Geographie von Kulturräumen deutlich macht, die mit der politischen Gliederung kontrastierten. Vergleicht man die Alphabetisierungskarten Frankreichs wie Deutschlands um 1800 und betrachtet sie im europäischen Kontext, ergibt sich folgender Befund: Frankreich nördlich der Linie Saint-Malo–Genf und Deutschland westlich der Linie Stralsund–Dresden waren Teil eines großen nordwesteuropäischen Raums mit deutlichem Vorsprung in der Lese- und Schreibfähigkeit, zu dem auch die österreichischen Niederlande, die Vereinigten Niederlande sowie England und Schottland zu rechnen sind. Die östliche Hälfte Deutschlands und die südliche Frankreichs gehörten im Gegensatz dazu dem »peripheren Europa« an, in dem noch traditionale Strukturen vorherrschten. Was die Alphabetisierung angeht, war die politische Grenze zwischen Deutschland und Frankreich nur von geringer Bedeutung. Wichtiger war vielmehr jene Grenze, die jedes der beiden Länder in zwei Hälften teilte. Sie bewirkte, daß sich Nordostfrankreich (Lothringen, Elsaß, Normandie, die Pariser Region) und die westlichen wie mittleren Teile Deutschlands (vom Nordwesten über Sachsen und Thüringen bis ins Schwäbische) näher standen als die westliche und östliche Hälfte Deutschlands oder der nordöstliche und südwestliche Teil Frankreichs.[13]

Ruft man sich noch einmal die schon angesprochenen Unterschiede zwischen Männern und Frauen, Stadt und Land, den sozialen Schichten sowie den Berufen in Erinnerung und bedenkt obendrein die strukturelle Heterogenität Frankreichs wie Deutschlands, dann verstärkt sich der Eindruck, daß allgemeine Vergleiche in die Irre führen. Es gab nämlich nicht ein Frankreich und ein Deutschland, sondern in jeder Hinsicht mehrere Frankreich und mehrere Deutschland. Keines der beiden Länder war in sich einheitlich. Wenn globale Vergleiche auch problematisch sind, bedeutet dies noch nicht, daß jeder komparatistische Ansatz auf Schwierigkeiten stößt. Denn trotz aller innerer Vielgestaltigkeit bestanden doch zwischen beiden Ländern deutliche Unterschiede.

Viel spricht dafür, daß Deutschland, heterogen wie es war, seit Ende des 18. Jahrhunderts in der Lese- und Schreibfähigkeit einen Vorsprung besaß. Diese Sonderstellung kann mit Sicherheit jedoch nur für die zweite Hälfte des 19. Jahrhunderts nachgewiesen werden, z. B. durch einen Vergleich der preußischen Erhebung von 1871 mit der französischen Statistik von 1866. Damals lag in den zehn am wenigsten alphabetisierten Departements der Anteil jener Personen, die mindestens lesen konnten, zwischen 44 und 33%. In den vier preußischen Regierungsbezirken am Ende der Alphabetisierungsskala belief sich hingegen der Prozentsatz der Personen, die lesen und schreiben konnten, auf 57 bis 64%. Das heißt, im Unterschied zu Frankreich stellten die Analphabeten in keinem preußischen Regierungsbezirk eine Mehrheit. Dies galt sowohl für Männer als auch für Frauen.[14] Für das Ende des 18. und den Beginn des 19. Jahrhunderts ist das statistische Material für Deutschland viel lückenhafter und bezieht sich im übrigen nur auf die westlichen Provinzen, d.h. auf die am meisten alphabetisierten Gebiete. Nun ist nicht einzusehen, wieso die Provinzen, die in der Mitte des 19. Jahrhunderts vergleichsweise stark alphabetisiert waren, dies nicht auch ein halbes Jahrhundert vorher gewesen sein sollten.[15] In der Tat ist es beeindruckend, welch hohes Niveau an Signierfähigkeit die Standesamts-Register in den von Frankreich annektierten deutschen Gebieten (Herzogtum Oldenburg, mittelrheinische Gebiete) aufwiesen. Ähnliches gilt für die Schulbesuchsziffern in den Herzogtümern Berg oder Württemberg. In beiden Fällen lagen die Werte gleich hoch oder sogar höher als die entsprechenden Zahlen zur selben Zeit in Nordostfrankreich. Dieser Befund läßt den Schluß zu, daß der unbestreitbare Vorsprung Deutschlands auch in der Revolutionszeit schon bestanden haben muß. Dies gilt jedenfalls für den westlichen Teil Deutschlands.[16]

Vom Ende des 18. Jahrhunderts an weisen für viele deutsche Gegenden auch andere und überzeugende Indizien auf eine Vertrautheit mit Geschriebenem und Gedrucktem hin, die größer war als in Frankreich zur gleichen Zeit. Nach der napoleonischen Buchhandelsstatistik von 1810/12 lagen die Durchschnittszahlen in den neun von Frankreich annektierten deutschen Departements vom linken Rheinufer bis nach Hamburg deutlich höher als das französische Mittel. In dieser Region gab es je Departement in 14 Städten Buchhändler, in 28 Buchbinder und in zehn Lesegesellschaften. In Frankreich dagegen verzeichnete die Statistik Buchhändler, Buchbinder und Lesegesellschaften nur in jeweils fünf Städten pro Departement. Dies beweist, daß damals in Deutschland mehr Bücher verkauft und gehandelt wurden als in Frankreich. Obendrein läßt die Statistik auf ein breiteres Publikum und eine größere Nachfrage nach Büchern schließen.[17] Eine in Deutschland wie Frankreich durchgeführte Untersuchung über den Buchbesitz kommt zu dem gleichen Ergebnis. In der zweiten Hälfte des 18. Jahrhunderts enthielt nur jedes zweite Nachlaßinventar Hinweise auf den Besitz von Büchern. Dabei sind die Städte eingeschlossen, die in den am meisten alphabetisierten Regionen lagen. Im Paris der Jahrhundertmitte führten nur 22% aller Inventare Bücher auf. In Lyon waren es in der zweiten Jahrhunderthälfte 35% und in neun von J. Quéniart untersuchten westfranzösischen Städten 38%. Lediglich Rouen bildete in den Jahren zwischen 1785 und 1789 mit 63% eine Ausnahme.[18] Anders sah die Situation in Deutschland aus, wie die folgenden Beispiele belegen: In Tübingen, Speyer und Frankfurt erreichten die entsprechenden Werte in der Mitte des 18. Jahrhunderts 89%, 88% und 77%. Diese Zahlen, die an sich schon sehr hoch sind und deutlich über denen anderer europäischer Städte lagen, wurden noch von jenen übertroffen, die man für den proto-industriellen Ort Laichingen auf der Schwäbischen Alb errechnet hat. Nur 2% der »Inventuren und Teilungen« verzeichneten zwischen 1794 und 1798 keine Bücher. Und mit einem Durchschnitt von elf Büchern pro Haushalt hält Laichingen in diesem Zeitraum eine Art Weltrekord.[19]

Obwohl unsere Kenntnisse noch immer sehr lückenhaft sind, weisen doch zu viele Anzeichen auf den kulturellen Vorsprung Deutschlands hin, als daß man ihn als bloße optische Täuschung abtun könnte. Dieser Befund wirft deshalb Probleme auf, weil er die These von der Rückständigkeit Deutschlands in Frage stellt, mit der manche Historiker den Sonderweg der deutschen Geschichte im 19. und 20. Jahrhundert erklären wollen. Welche Gründe gibt es für den Vorsprung Deutschlands?

Immer wieder haben Historiker auf die Wirksamkeit der Schulpolitik vieler Territorialstaaten in der zweiten Hälfte des 18. Jahrhunderts hingewiesen. In der Tat ist man vom pädagogischen Eifer gerade der Lokalbehörden beeindruckt. Ihre Bemühungen verstärkten in einem Prozeß der »Aufklärung von unten« die Anstrengungen und Reformen zugunsten der Elementarschulerziehung. Freilich muß man sich klar machen, daß diese Reformbewegung eher qualitativer denn quantitativer Art war. Sie verstärkte zwar die öffentliche Kontrolle der Schulen, setzte die Schulpflicht durch und verbesserte Ausbildung wie Besoldung der Lehrer. Alle diese Maßnahmen zielten jedoch in erster Linie darauf ab, die Leistungsfähigkeit des vorhandenen Schulnetzes zu erhöhen. Sie zeigten deshalb nur in den Gegenden Wirkungen, wo es bereits ein altes und ausgebautes Schulsystem gab. Dort hingegen, wo eine solche pädagogische Tradition fehlte oder die staatliche Politik nicht auf eine starke gesellschaftliche Nachfrage traf, blieben die konkreten Ergebnisse begrenzt. Das Beispiel der ostelbischen Provinzen Preußens zeigt dies deutlich.[20]

Spielte hierbei die Dynamik der protestantischen Konfession eine wichtige Rolle? Man braucht nur daran zu erinnern, wie sehr das Luthertum eine Buchreligion ist und welchen Wert die protestantischen Kirchen einer Erziehung der Gläubigen zu religiösem Leben beimaßen. In der Sprache der Zeit wurden Kirche und Schule immer in einem Atemzug genannt, so als wäre das eine die Fortsetzung des anderen. In der Tat stammen die angeführten deutschen Beispiele fast alle aus protestantischen Gegenden, und die überwältigende Mehrzahl der Bücher hatte einen religiösen Inhalt. Gesangbuch, Bibel und vor allem Erbauungsliteratur machten in Speyer und Tübingen 80%, in Laichingen 98% aller in den Inventaren verzeichneten Bücher aus. Die laufenden Untersuchungen über die Benutzung religiöser Bücher im protestantischen Deutschland unterstreichen alle deren starke sakrale Bedeutung sowie ihren affektiven und symbolischen Wert vor allem für das einfache Volk. Als täglicher Gefährte, Beschützer und Talisman in den entscheidenden Augenblicken des Lebens, als Familienreliquie, die einen Teil göttlicher Macht in sich trägt, war das religiöse Buch ein wichtiger Teil des immateriellen Besitzes der einfachen Leute.[21] Wenn man jedoch die Perspektive wechselt und weniger auf die allgemeinen Zusammenhänge sowie die besondere Beziehung zum Buch blickt, sondern statt dessen die Dinge mehr im Detail analysiert, dann finden sich zu viele Ausnahmen von der angeblichen protestantischen Überlegenheit, als daß man dem Faktor Konfession wie bisher eine so große Bedeutung beimessen kann. In vielen Fällen, besonders in gemischtkonfessionellen Gegenden, gewinnt man vielmehr den Eindruck, daß die Rivalität der Kirchen und ihre Bemühungen, die Gläubigen religiös zu unterweisen und so gegen die Lehren der jeweils anderen Konfession zu immunisieren, ein größeres Gewicht hatten als die eigentliche konfessionelle Zugehörigkeit. Mit Hilfe dieser These ließe sich erklären, warum die an protestantische Gebiete angrenzenden katholischen Gegenden wie etwa das Kurfürstentum Trier oder das Bistum Würzburg stärker alphabetisiert waren als Provinzen wie Pommern und Brandenburg, die zum durch und durch lutherisch geprägten Deutschland zu rechnen sind.

Man kann sich schließlich fragen, ob nicht die starke regionale Vielfalt Deutschlands, zusätzlich verstärkt noch durch konfessionelle Spaltung und politische Zersplitterung, einer der Gründe für die behauptete kulturelle Überlegenheit gewesen ist. Um diese These, die einer genaueren Untersuchung wert wäre, zu untermauern, sollen hier nur zwei Überlegungen vorgetragen werden. Die erste bezieht sich auf die extreme Dezentralisierung des deutschen Geisteslebens, wie sie sich in der »Geographie des Buches« gegen Ende des 18. Jahrhunderts niederschlug. Im Gegensatz zu Frankreich, wo Paris bereits damals ein drückendes Übergewicht hatte und Vorbild für das französische Kulturleben war, gab es in Deutschland verschiedene kulturelle Zentren. Unter den Verlagsorten nahmen die sächsischen Städte mit Leipzig an der Spitze zweifellos den ersten Rang ein. Dies unterstreicht den spektakulären Vorsprung dieser lutherischen Bastion und Führungsregion im Prozeß der Alphabetisierung. Madame de Staël sah in Sachsen »das gebildetste Land der Erde«.[22] Die Dynamik Sachsens, das selbst polyzentrisch strukturiert war und in dem neben Leipzig so wichtige Städte wie Halle, Dresden oder Jena lagen, wirkte sich jedoch keineswegs zum Nachteil anderer Regionen aus. Denn die Verlagstätigkeit in Sachsen und Thüringen machte nur ein Drittel der gesamten deutschen Produktion aus.[23] Die zweite Überlegung läuft darauf hinaus, daß in Deutschland die Rolle des geschriebenen und gedruckten Wortes bei Entstehung und Festigung der Aufklärungsgesellschaft vergleichsweise wichtiger war als in Frankreich. Hierfür spricht die explosionsartige Zunahme der Zeitschriften, deren Zahl sich in der zweiten Jahrhunderthälfte versiebenfachte, ebenso wie das rasche Anwachsen der Lesegesellschaften. Sie waren damals mit Abstand die verbreitetste Form bürgerlicher Kommunikation. Dies bezeugt wiederum Madame de Staël. Sie schrieb, daß »die hervorragenden Persönlichkeiten Deutschlands nicht in derselben Stadt versammelt sind, sich fast nie sehen und nur auf schriftlichem Wege miteinander in Verbindung stehen«.[24]

In mancher Hinsicht muß man sich mit Teilergebnissen begnügen oder gelangt über einfache Hypothesen nicht hinaus. Vieles bedarf noch der Präzisierung, Ergänzung oder Nuancierung. Gleichwohl bleibt als vorherrschender Eindruck, daß Deutschland vom Ende des 18. Jahrhunderts an in der Lese- und Schreibfähigkeit einen deutlichen Vorsprung gegenüber Frankreich besaß. Er weist auf zwei »Kulturmodelle« hin, die beide Länder voneinander unterschieden.[25] Diese These ist um so einleuchtender, als sie es ermöglicht, mehrere Phänomene und ansonsten schwer erklärbare Entwicklungen zu deuten. Überdies erscheinen manche Verhaltensweisen der deutschen Gesellschaft gegenüber der Revolution in einem neuen Licht.

Die These erklärt erstens besser, warum das Elsaß, kulturell noch mehr dem deutschen Einflußbereich zugehörig, in den französischen Schulstatistiken des 19. Jahrhunderts immer an der Spitze stand. Sie macht auch die Faszination verständlicher, die Deutschland zu Beginn des 19. Jahrhunderts auf große Teile der französischen Öffentlichkeit ausübte. Für Madame de Staël hatte »Deutschland einen Vorsprung von drei Jahrhunderten«. »Niemand«, so fuhr sie fort, »kann sich in Frankreich vorstellen, wie weit die Aufklärung dort verbreitet ist«.[26] Ebenso läßt sich von daher das Interesse besser begreifen, das dem deutschen Bildungssystem von den Reformern des französischen Erziehungswesens entgegengebracht wurde. So unterschiedliche Köpfe wie Charles de Villiers, Victor Cousin oder Eugène Rendu führten in Deutschland Erhebungen durch. Schließlich wird verständlich, warum sich die ersten Lehrerseminare, die zu Beginn des 19. Jahrhunderts in Frankreich eingerichtet wurden, in Benennung wie Funktion am Vorbild der protestantischen Lehrerseminare oder der katholischen Normalschulen orientierten, die im 18. Jahrhundert in zahlreichen deutschen Territorien entstanden waren.[27]

Die These erklärt zweitens besser die ambivalente Haltung der deutschen Gebildeten gegenüber den Anfängen der Französischen Revolution. Sie wurde einerseits wegen ihrer Ideale und Ziele mit Sympathie verfolgt, andererseits aber als Ausdruck einer relativen Rückständigkeit der französischen Gesellschaft angesehen und daher als Vorbild für Deutschland abgelehnt. Typisch für diese Haltung war etwa die Reaktion von Christian Wilhelm Dohm, der in einer 1796 veröffentlichten Schrift feststellte: Wenn in Frankreich der gemeine Mann »nur um eine Stufe mehr gebildet gewesen« wäre, dann »hätte wahrscheinlich die Revolution einen anderen und besseren Gang genommen«. Seiner Ansicht nach konnte ein Volk, das die Fähigkeit des Lesens und Schreibens »in einem erträglichen Grade« besitze, nicht so leicht durch Demagogie und Schreckensnachrichten zu weitreichenden Handlungen verführt werden.[28]

Die These erklärt schließlich besser, warum sich Deutschland in Bildungsenthusiasmus flüchtete und seine Selbstbestätigung als »Kulturnation« suchte, nachdem es vom revolutionären und napoleonischen Frankreich militärisch erobert und politisch erschüttert worden war. Nicht minder verständlich wird auch, warum es das ganze 19. Jahrhundert hindurch für das deutsche Selbstverständnis so wichtig war, die kulturelle Überlegenheit gegenüber Frankreich herauszustellen. Und schließlich begreift man besser, warum mit dem Argument kultureller und politischer Überlegenheit das deutsche dem französischen Modell vorgezogen wurde. Für den Verfasser des Artikels »Deutschlands Bevölkerungsverhältnisse«, der 1849 in *Die Gegenwart, eine enzyklopädische Darstellung der neuesten Zeitgeschichte für alle Stände* veröffentlicht wurde, war »der Grad der geistigen Ausbildung eines Volkes ... am besten durch das Unterrichtswesen charakterisirt ... und hierin möchte Deutschland allen übrigen Ländern als Vorbild dastehen ... Dafür spricht unter Anderm das Resultat eines Vergleichs der nach dem Alter schulpflichtigen zu den schulbesuchenden Kindern in den Elementarvolkschulen. In Preußen besuchen nicht die Schule 7%, in Baiern 20%, in Östreich 23%, dagegen bleiben in Frankreich ohne allen Unterricht 44% der in schulpflichtigem Alter stehenden Bewohner... Mit vollem Rechte können wir die Behauptung aussprechen, daß wir in keinem Lande, in keinem Staate der Erde so vielen Centralpunkten der geistigen Cultur begegnen als in unserem Vaterlande. Diese äußerste Durchbildung der Deutschen ist ohne Zweifel die Folge unserer bisherigen historischen und politischen Geteiltheit, oder daß wir es tiefer aussprechen, unsers Sinns für die selbständige Ausbildung der einzelnen Landschaft und unserer Abneigung gegen die mechanische Centralisation... Der Maßstab für die Würdigung unserer nationalen Kräfte und Bildungszustände liegt im Verfolg unserer ganzen neuern Entwicklungsgeschichte, wie in der vergleichenden Betrachtung der Geschichte und Zustände der anderen epochemachenden Culturvölker. Gerade daß Deutschland die harte und schwere Arbeit seiner politischen Wiedergeburt begonnen, ist uns ein Zeichen mehr von der Kraft und Energie seines Volks, und eine sichere Bürgschaft, daß es innere und äußere Gefahren überwinden, und eine neue Rolle in dem Drama der Weltgeschichte übernehmen wird.«[29]

Anmerkungen

1 E. Hinrichs, Einführung in die Geschichte der Frühen Neuzeit, München 1980, S. 103.

2 In seinem jüngst erschienenen Überblick über die Entwicklung der Lesefähigkeit und Lesegewohnheiten im frühneuzeitlichen Europa beurteilt R. Chartier den Indikator der Signierfähigkeit mit folgenden Worten: »Die Raten der Signierfähigkeit sind kulturelle Indikatoren, die leicht zu erheben, aber schwer zu interpretieren sind. Denn sie messen weder die Schreibfähigkeit, die niedriger, noch die Lesefähigkeit, die höher liegt.« R. Chartier, Les pratiques de l'écrit, in: Histoire de la privée. Hg. P. Ariès u. G. Duby, Bd. 3, Paris 1986, S. 113–161, hier S. 114. Ein gutes Beispiel für die relative Entsprechung von Signier- und Lesefähigkeit geben die Bemerkungen des Lehrers im Dorf Schönhausen, in dem Bismarck Gutsherr war. Er schrieb über die Schul- und Bildungsverhältnisse in den vierziger Jahren des 19. Jahr-

hunderts: »Bei weitem die Mehrzahl der aus der Schule entlassenen Kinder lernte ziemlich gut lesen, schreiben und rechnen; nur diejenigen Kinder, deren Eltern zu gleichgültig gegen allen Unterricht waren, blieben darin zurück; doch lernte wohl jedes Kind notwendig seinen Namen schreiben und notdürftig lesen.« E. Engelberg, Bismarck, Urpreuße und Reichsgründer, Berlin 1985, S. 223.

3 R. Chartier u. a., L'Education en France du XVIe au XVIIIe siècle, Paris 1976; F. Furet u. J. Ozouf, Lire et écrire. L'alphabétisation des Français de Calvin à Jules Ferry, 2 Bde., Paris 1977. Einen guten Überblick über den Stand der Forschung gibt in deutscher Sprache der Beitrag von J. Quéniart, Alphabetisierung und Leseverhalten der Unterschichten in Frankreich im 18. Jahrhundert, in: H.-U. Gumbrecht u. a., Sozialgeschichte der Aufklärung in Frankreich, Bd. 2, München 1981, S. 113–146.

4 E. Hinrichs, Zum Alphabetisierungsstand in Norddeutschland um 1800. Erhebungen zur Signierfähigkeit in zwölf oldenburgischen ländlichen Gemeinden, in: ders. u. G. Wiegelmann, Sozialer und kultureller Wandel in der ländlichen Welt des 18. Jahrhunderts, Wolfenbüttel 1982, S. 21–42.

5 M. Garden, Lyon et les Lyonnais au XVIIIe siècle, Paris 1970, S. 450.

6 E. François, Die Volksbildung am Mittelrhein im ausgehenden 18. Jahrhundert. Eine Untersuchung über den vermeintlichen »Bildungsrückstand« der katholischen Bevölkerung Deutschlands im Ancien Régime, in: Jahrbuch für westdeutsche Landesgeschichte, Bd. 3, 1977, S. 277–304.

7 Chartier, L'éducation, S. 101.

8 W. Norden, Die Alphabetisierung in der oldenburgischen Küstenmarsch im 17. und 18. Jahrhundert, in: E. Hinrichs u. ders., Regionalgeschichte. Probleme und Beispiele, Hildesheim 1980, S. 103–164. Die Fallstudie von W. Norden beruht auf Hausvisitationen durch lutherische Pastoren im 17. und 18. Jahrhundert. Sie ist um so wertvoller, als sie es erlaubt, detailliert und differenziert die Entwicklung der Lese-, Schreib- und Rechenfähigkeit zu verfolgen. Im Jahre 1750 konnten bei den Großbauern alle Männer und Frauen wenigstens lesen, 74% der Männer und 26% der Frauen im übrigen schreiben und rechnen. Beim Gesinde verfügten 98% der Männer und Frauen über Lesefähigkeit. Keine der Frauen konnte jedoch schreiben und rechnen. Bei den Männern waren es nur 9%.

9 Über die Verbreitung von Druckereien und Buchhandlungen in Frankreich im Jahre 1810 vgl. den Artikel von J. Popkin, The Book Trades in Western Europe during the Revolutionary Era, in: The Papers of the Bibliographical Society of America, Bd. 78, 1984, S. 403–445.

10 Für ein genaueres Studium der regionalen Unterschiede bei der Alpha-

betisierung in Frankreich und ihrer Entwicklung vom 17. bis 19. Jahrhundert vgl. Furet/Ozouf. Zur Gesamtproblematik der regionalen Unterschiede vgl. den Aufsatz von B. Lepetit, La ligne St. Malo/Genève: sur les dénivellations de l'espace économique en France dans les années 1830, in: Annales, Bd. 41, 1986, S. 1243–1272.

11 E. François, Alphabetisierung in Frankreich und Deutschland während des 19. Jahrhunderts: erste Überlegungen zu einer vergleichenden Analyse, in: Zeitschrift für Pädagogik, Bd. 30, 1983, S. 755–768.

12 W. Neugebauer, Absolutistischer Staat und Schulwirklichkeit in Brandenburg-Preußen, Berlin 1985, S. 277f. Der Autor spricht von einer »grundsätzlich von West nach Ost abnehmenden Schuldichte«.

13 Über die Geographie der Alphabetisierung im europäischen Rahmen sowie den Unterschied zwischen Nordwesteuropa und dem »peripheren Europa« vgl. außer der bereits zitierten Zusammenfassung von Chartier, Pratiques, den Artikel von R. Houston, Literacy and society in the west, 1500–1800, in: Social History, Bd. 8, 1983, S. 269–293. Der Beitrag enthält leider kaum Hinweise auf den deutschen Raum.

14 Nach den Daten der preußischen Volkszählung von 1871 konnten damals nur 11% der männlichen und 16% der weiblichen Bevölkerung im Alter von mindestens zehn Jahren weder lesen noch schreiben. In Frankreich dagegen konnten 1872 27% der männlichen und 34% der weiblichen Bevölkerung über sechs Jahre nicht einmal lesen.

15 Zwei weitere Anzeichen sprechen für einen deutschen Alphabetisierungsvorsprung in der ersten Hälfte des 19. Jahrhunderts: Zum einen die Tatsache, daß vom Beginn des Jahrhunderts an der Schulbesuch in Preußen verbreiteter war als in Frankreich. Der Anteil der Kinder, die eine Elementarschule besuchten, an der Gesamtheit aller schulpflichtigen Kinder betrug in Preußen 1816 54%, 1846 78% und 1864 85%. In Frankreich dagegen lag er in der ersten Hälfte des Jahrhunderts deutlich unter 50%. 1850 betrug er 47,5% und 1867 70,4%. Zum anderen die Tatsache, daß 1844 die Hälfte der Rekruten, die aus der am wenigsten alphabetisierten Provinz Preußens, aus Ostpreußen, kamen, lesen und schreiben konnten, während demgegenüber der Prozentsatz von Analphabeten bei den französischen Rekruten, die aus den rückständigsten Gebieten stammten (Bretagne, Loire, Mittelfrankreich, Limousin und Aquitanien) in den Jahren von 1827 bis 1830 bei rund 70% lag. A. Leschinski u. P.-M. Röder, Schule im historischen Prozeß. Zum Wechselverhältnis von institutioneller Erziehung und gesellschaftlicher Entwicklung, Stuttgart 1976, S. 159; J.-P. Aron u.a., Anthropologie du conscrit français (1819–1826), Paris 1972, Karten 53 und 54.

16 Im Herzogtum Berg lag die Schulbesuchsrate bei 64%, in Württemberg bei etwa 100%. Die Signierraten im Herzogtum Oldenburg während der napoleonischen Zeit (88% bei den Männern, 68% bei den Frauen) entsprachen denen der vier lothringischen Departements am Vorabend

der Revolution (88% bei den Männern, 65% bei den Frauen). In Koblenz war die Signierrate ähnlich hoch (74% in den Jahren 1789 bis 1802) wie in vergleichbaren Städten, die in den alphabetisiertesten Gegenden Frankreichs lagen (64% in Reims, 70% in Honfleur, 79% in Caen, 82% in Meulan usw.).

17 Der Departements-Durchschnitt für die 86 französischen und neun deutschen Departements von 1810 bis 1812 stellt sich folgendermaßen dar:

	Buchdrucker	Buchhändler	Bouquinisten	Buchbinder
Frankreich	9,7	18,4	5,1	5,4
Deutschland	11,4	18,4	4,6	27,9

	Kolporteure	Lesekabinette	Städte mit Buchhandel
Frankreich	2,1	5,3	4,8
Deutschland	4,8	10,1	13,8

Angesichts dieser Zahlen meint Popkin (S. 413, 431 und 433): »there is evidence of a demand for reading material greater (in Germany) then that found in most of France« und »the German book-trade network was considerably more elaborated then the French system of the same period«. Vgl. auch J. Popkin, Buchhandel und Presse im napoleonischen Deutschland, in: Archiv für Geschichte des Buchwesens, Bd. 26, 1986, S. 285–296.

18 Vgl. für die Städte im Westen Frankreichs die Studie von J. Quéniart, Culture et société urbaine dans la France de l'Ouest au XVIIIe siècle, Rennes 1979. Einen Gesamtüberblick über Frankreich geben R. Chartier u. D. Roche, Les pratiques urbaines de l'imprimé, in: H.-J. Martin u. R. Chartier (Hg.), Histoire de l'édition française, Bd. 2, Paris 1984, S. 402–429.

19 E. François, Buch, Konfession und Gesellschaft im 18. Jahrhundert: das Beispiel Speyers, in: Mentalitäten und Lebensverhältnisse. Beispiele aus der Sozialgeschichte der Neuzeit. Rudolf Vierhaus zum 60. Geburtstag, Göttingen 1982, S. 34–54; H. Medick, Buchkultur auf dem Lande: Laichingen 1748–1820, in: Glaube, Welt und Kirche im evangelischen Württemberg, Stuttgart 1984, S. 46–68. In Tübingen wie Speyer belief sich gegen Ende des 18. Jahrhunderts der Buchdurchschnitt pro Inventar auf acht Bände.

20 Vgl. hierzu die exemplarische Studie von Neugebauer. Sie legt besonders überzeugend dar, daß die Modernisierung des preußischen Schulsystems im 18. Jahrhundert vor allem das Resultat einer »Schulreform

von unten« war: »Die Entstehung eines flächendeckenden Landschulwesens ließ sich gerade in Brandenburg unter dem Primat dezentraler, lokaler Obrigkeiten und geistlicher Amtsträger verfolgen, es fehlen gänzlich die Beweise, die die landesherrliche Gewalt nur als ein Stimulans dieser Entwicklung erscheinen lassen könnten.« (S. 632)

21 E. François, Les protestants allemands et la Bible. Diffusion et pratiques, in: Le siècle des Lumières et la Bible. Hg. Y. Belaval u. D. Bourel, Paris 1986, S. 47–58.

22 Madame de Staël, De l'Allemagne, Paris 1814^2, S. 124 (dt.: Über Deutschland, Frankfurt 1985).

23 E. François, Géographie du livre et réseau urbain dans l'Allemagne moderne, in: La ville et l'innovation en Europe, 14e–19e siècles. Hg. B. Lepetit u. J. Hook, Paris 1987, S. 59–74.

24 Lesegesellschaften und bürgerliche Emanzipation. Hg. O. Dann, München 1981; R. van Dülmen, Die Gesellschaft der Aufklärer, Frankfurt 1986. Zitat: Staël, S. 125.

25 Die Verdeutlichung der beiden Kulturmodelle von Frankreich und Deutschland ist der wichtigste Beitrag der noch unveröffentlichten Thèse von F. Barbier, Livre, économie et société industrielles en Allemagne et en France au XIXe siècle, 1840–1914, Paris 1986.

26 Staël, S. 125.

27 Interessant ist, daß die erste französische »Ecole normale d'instituteurs«, die 1810 in Straßburg eingerichtet wurde, auf die Initiative des Präfekten Lezay-Marnésia zurückging. Er wollte in Frankreich den Typ einer pädagogischen Anstalt einführen, die er während seiner Amtszeit als Präfekt des Rhein-Mosel-Departements in Koblenz kennengelernt hatte. Diese Schule war 1784 entstanden. E. Graf Westerholt, Lezay-Marnésia, Sohn der Aufklärung und Präfekt Napoleons 1769–1814, Meisenheim 1958.

28 Die Schrift, aus der die Zitate stammen, trägt den Titel: »Über Volkskalender und Volksschriften überhaupt«; sie wurde von R. Vierhaus, Aufklärung et monde populaire, in: Histoire sociale, sensibilités collectives et mentalités. Mélanges Robert Mandrou, Paris 1985, S. 494–505, untersucht. In dieselbe Richtung weist die folgende Bemerkung des Redakteurs des »Kaiserlich privilegierten Reichs-Anzeigers« in einem Artikel vom 30. Juni 1789. »Eine ganz zahlreiche Nation von so vorzüglichen Geistesgaben, wie die Franzosen, so wenig unterrichtet zu sehen, daß oft unter tausend gemeinen Soldaten kaum 10 gefunden werden, welche lesen und schreiben können, und dagegen die Armeen von Mönchen und Weltgeistlichen zu denken, welche von dem Schweiße eben dieses Volks ernährt wurden, ohne sich um die geistigen Bedürfnisse ihrer Mitbürger zu bekümmern, rechtfertigt ihre Unterdrückung vor dem Richterstuhl der Menschheit. Ja wenn man diese unverantwortliche Vernachlässigung denkender Mitgeschöpfe in ihren

Folgen erwägt, so werden nicht nur alle Gräuel der Revolution und des Kriegs, über welche so unmäßig geklagt wird, entschuldigt, sondern man kann es nicht begreifen, warum diese Abscheulichkeiten nicht auf einen weit höhern Grad gestiegen sind.« Diesen Hinweis verdanke ich M. Welke, Bremen.

29 Die Gegenwart, eine enzyklopädische Darstellung der neuesten Zeitgeschichte für alle Stände, Bd. 3, Leipzig 1849, S. 38–40. Als kritischer Kontrapunkt zum stärksten stereotypen Argument der deutschen öffentlichen Meinung im 19. Jahrhundert sei folgende Bemerkung Fontanes aus seinem Tagebuch der Gefangenschaft während des Krieges von 1870 zitiert: »Auch ihr (der mitgefangenen Franzosen, E. F.) Bildungsgrad hatte mindestens, bei sonst gleichen Voraussetzungen, das Niveau des unsrigen, wie ich denn überhaupt glaube, daß wir uns nach dieser Seite hin, allzu selbstgefälligen Vorstellungen hingeben. Wir glauben, eine Art Schulmonopol zu besitzen und es gibt Leute unter uns, die, einen alten ›Dieterici‹ in der Hand, wo möglich den Beweis führen möchten, daß jenseits der deutschen Grenze alles Lesen und Schreiben aufhöre, wie etwa 20000 Fuß hoch das Atmen aufhört. Ich meinerseits habe indessen immer nur gefunden, daß die Bewohner anderer Kulturländer, besonders der westlichen, nicht schlechter lesen, wohl aber erheblich besser schreiben können, als die Menschen bei uns. So in England, Schottland, Dänemark; so auch wieder in Frankreich. Die statistischen Zahlen um deshalb zu befehden, fällt mir nicht ein; sie werden schon richtig sein. Es wird unzweifelhaft, namentlich in England und Frankreich, ganze Volksschichten geben, die ich nicht kennen lernte, unterste Schichten, die von der Schule unberührt, mithin auch unerobert blieben; die Zahlen sollen also bestehen bleiben. Aber gestützt auf eben diese Zahlen wächst für viele unter uns ein falsches Gesamtbild empor, ein Bild, das von vornherein verschoben und immer ins Dunkle retouchiert, schließlich einfach zu einem Zerrbild wird. Hinterm Berge wohnen auch Leute.« T. Fontane, Kriegsgefangen, Frankfurt 1980, S. 48f.

Werner K. Blessing

Gedrängte Evolution: Bemerkungen zum Erfahrungsund Verhaltenswandel in Deutschland um 1800

Das halbe Jahrhundert zwischen 1770 und 1820 gilt auch für Deutschland, obwohl von keinem zentralen Ereignis wie der Französischen Revolution beherrscht, als »Sattelzeit« außerordentlicher Veränderungen.[1] In ihr sieht man den entscheidenden Schritt zur Auflösung alteuropäischer bzw. frühneuzeitlicher Zustände, zur Ermöglichung der »Moderne«. Im folgenden wird versucht, einige Züge dieses Wandels zu skizzieren, wie ihn sowohl langfristige, zum Teil schon im 17. Jahrhundert ausgelöste, nun beschleunigte Entwicklungen als auch einschneidende, zu Beginn des 19. Jahrhunderts konzentrierte Ereignisse bedingt haben. Die knappen, zwangsläufig sehr vereinfachten Bemerkungen werden von der Frage geleitet, inwieweit in der Spannung zwischen den Herausforderungen des Wandels und dem Gewohnten, das sich anpassen, weichen oder widerstehen mußte, Verhalten verändert wurde. Unter Verhalten seien Einstellungen und Handlungen verstanden, inneres wie äußeres Agieren und Reagieren infolge von Autoritäten, sozialen Beziehungen, materiellen Spielräumen. Das setzt die Annahme einer Wechselwirkung von Realität und Mentalität voraus: keine bloß einseitige Prägung durch äußere Umstände, sondern auch die gestaltende Rückwirkung auf diese.

Typisches Verhalten decken seit Jahren vor allem französische Historiker mit einem präzisen Mentalitätsbegriff und methodisch subtiler Auswertung vorwiegend serieller Quellen meist in begrenzten Elementen auf. Vergleichbare deutsche Forschungen liegen wenige vor. Wenn deshalb Belegdichte und Schärfe des Blicks fehlen, mag ein breiterer, stärker lebensweltlich eingebetteter Umriß immerhin eine andere Annäherung bieten.

I. Lageveränderungen

Auffällig veränderten sich in der Gesellschaft des späten 18. Jahrhunderts erstens die Proportionen. Diese wurden, bevor ab Mitte des 19. Jahrhunderts die Medizin zunehmend eingriff, bei langfristig relativ stabilen Lebenserwartungsbedingungen weitgehend durch generative Verhaltensweisen, teils auch durch Wanderung bestimmt. Nun wuchs die Bevölkerung vor allem in den preußischen Ostprovinzen im Zuge ihres Landesausbaus, in den Realerbteilungsgebieten des Südwestens sowie in Heimgewerberegionen stark an. Auch wenn die Komponenten strittig sind – in erster Linie die Veränderung der zentralen Variable Heiratsziffer –, scheint doch eine Bündelung neuer wirtschaftlicher, rechtlicher und moralischer Möglichkeiten der Hauptgrund gewesen zu sein. Zwar verschoben sich Lebens- und Familienzyklus vor dem »demographischen Übergang« zu industriellen Relationen (rasch steigende Lebenserwartung, dann sinkende Fertilität), der Mitte des 19. Jahrhunderts einsetzte, noch kaum. Doch es beeinflußte die soziale Lage, wenn entweder eine Zunahme Arbeit und Subsistenz verknappte, zu Abwanderung führte, eventuell auch andere Erwerbszweige anzog, oder wenn solche, neu verfügbar, ihrerseits generativen und Wanderungszuwachs auslösten. Psychisch bedeutete die Überfüllung des gewohnten, oft zugeschriebenen Berufes Versagung, im günstigen Fall Umlernzwang; andererseits erschlossen neue Berufsrollen zum Teil bisher ledigen Gruppen mit der Familiengründung eine zentrale Lebensdimension. In welchem Maß das Bevölkerungswachstum gewohnte Zustände auflöste, kann nicht geschätzt werden. Doch offensichtlich waren die unteren Schichten überdurchschnittlich betroffen, da sich die von Privilegien umhegten Gruppen in ihrem alten Umfang abzuschließen suchten. So verschärfte der demographische Schub, der am meisten die Besitz- und Rechtsschwachen auf dem Land erfaßte, vielerorts die Ungleichheit.[2]

Auf ökonomischer Ebene lieferte die Landwirtschaft, von der mehr als zwei Drittel ganz oder teilweise lebten, die wichtigsten Verhaltensfaktoren. Aus ihren Verhältnissen ergaben sich je nach Agrarverfassung, Grundverteilung und der Art der Herrschaft im 18. Jahrhundert unterschiedliche, durch eine Gemengelage nicht selten direkt miteinander konfrontierte Erfahrungen: gesicherte oder unsichere Besitzfolge, eine in Renten fixierte oder eine von erneut gesteigerten Adelsansprüchen angespannte Feudalquote, beginnende Grundablösung auf landesherrlichen Domänen. Die Bevölkerungszunahme trug durch den Landhunger der Unterbäuerlichen, der gegen die Bestandswahrung der Bauerngemeinde andrängte, Verteilungskonflikte in viele Dörfer – zumal, wenn sich allgemein die agrarische Einkommenslage verschlechterte. Wo sich Heimgewerbe ausbreitete, kam zum Gegensatz der Besitzklassen noch der zwischen Produzenten und (zumindest vorwiegend) Konsumenten. Eine weitere Interessenspaltung brachten steigende Getreidepreise, vor allem nach den guten Ernten der neunziger Jahre des 18. Jahrhunderts: Sie nutzten Gutsbesitzern und größeren Bauern mit Marktabsatz, schadeten kleinen, auf Zukauf angewiesenen sowie insbesondere Gewerbetreibenden ohne zureichende Selbstversorgung. Außerdem erhöhten die einsetzenden Produktionsreformen das Ertragsgefälle, da sie in der Regel einen überdurchschnittlichen Besitz- und Bildungsstand erforderten.

Gewiß gab es demographisch und ökonomisch stabile Dörfer, vorherrschend bäuerlich, mäßig belastet, in weitreichender grundherrschaftlicher – besonders geistlicher – Fürsorge. Doch mehrten sich die Fälle, in denen Bevölkerungsdruck, Subsistenzverknappung, verschärfte lokale Gegensätze, zum Teil noch steigende Feudallasten das eingespielte, wenn auch stets gefährdete Verhältnis von Bedarf und Ertrag gründlich störten, Umweltvertrautheit untergruben und das Lagebewußtsein schärfen konnten. Man reagierte zwar auf derart veränderte Umstände vorwiegend pragmatisch, selten mit grundsätzlicher Verweigerung. Dörfliche Wirklichkeit, verfestigt durch Recht und Brauch, wandelte sich nicht dramatisch. Aber ihre Gewohnheiten verloren doch aus dorfinternen wie exogenen Ursachen – bis zu den Ansprüchen eines physiokratisch oder philanthropisch veränderten Bauernbildes der gebildeten Stände – vielerorts an Konsistenz. Der vom Staat seit der Jahrhundertwende forcierte Wandel traf denn auch nicht nur auf zähes Widerstreben, sondern auf ein rasches Erkennen der Vorteile und auf manche allmähliche Neuerungsbereitschaft.[3]

Gebietsweise griff in das ländliche Leben die Ausbreitung verlegter, vorwiegend textiler Heimgewerbe ein. Die Lohnarbeiter hingen in ihrer Tätigkeit und im Ertrag statt von der Natur von der im Verlegerdiktat vermittelten Konjunktur eines überregionalen Marktes ab. Solche in den Geldnexus gefügte Existenz war besonders unsicher und ausgeliefert, oft noch zusätzlich durch das Wohnen als Einlieger. Zugleich hielt jedoch die häusliche Familienproduktion, ohne wesentlichen Einsatz von Kapital bzw. Boden für Bargeld betrieben, im Hinblick auf Arbeitseinteilung, Konsum und Sozialkontakte – sichtbar besonders an der Heirat – relativ frei, band auch weniger als bäuerliche Wirtschaft an Hausehre, Gemeindesitte, Herrschaft. Das machte einerseits unruhiger, auch, etwa in religiösen Formen, eher protestbereit, andererseits bei häufiger Kümmerexistenz fügsamer, zumindest aber labiler. Viele der Arbeitgeber, der Verleger, stiegen dagegen ökonomisch und kulturell so über das Niveau der ländlichen Zentralorte, daß sie, nach dem Vorbild handelsstädtischer Kaufmannschaft, mit bürgerlicher Unternehmerhaltung auch eine gewisse Teilhabe an aufgeklärter Öffentlichkeit und urbaner Sachkultur einbrachten. Als »Protoindustrialisierung« zwar für die Wirtschaftsentwicklung unterschiedlich eingeschätzt, gab dieses ländliche Gewerbe doch beiden beteiligten Gruppen eindeutig Verhaltensbedingungen, die nicht nur in der Arbeit von den herkömmlichen Erfahrungen und Interessen ihrer Umwelt abwichen.[4]

Mehr wog in der Gesellschaft allerdings das überall verbreitete alte Gewerbe: Das Handwerk war, im 18. Jahrhundert verstärkt »territorialisiert«, in Grundversorgungsbranchen auch auf dem Land vorhanden, differenziert und genossenschaftlich entfaltet freilich hauptsächlich in der Stadt. »Nahrung« und »Ehre« leiteten eine korporativ verfaßte, zugleich technisch und symbolisch geregelte, ökonomische wie kulturelle Existenz. Um sie zu sichern, wehrte man sich gegen überschießenden Nachwuchs und individuelle Überleistung mit Zunftabschließung, Beharren auf der »Kunst« und verstärktem Wanderzwang, der auch die Gesellenzahl reduzierte. Die Meister ergriff ein Bewußtsein der Bedrängung, Gesellen erfuhren die Versagung der berufstypischen Aufstiegserwartung in lebenslang gewordenem Durchgangsstatus. Beide gerieten über die gewohnten Rollengegensätze hinaus in Konflikt, doch weiterhin mit den Werten und Mitteln der Zunft, die freilich in wachsender Diskrepanz zur Lage nicht mehr hinreichend leiteten, ohne daß jedoch schon wirksame Alternativen geübt worden wären. Das entwertete eine Kernzone ständisch-korporativer Ordnung bei der Obrigkeit, maßgeblichen sozialen Kräften sowie denjenigen Betroffenen, die bereits die Chancen eines neuartigen Gewerbes sahen.[5]

Dieses wuchs als ein konzessioniertes, qualitäts- und modebewußtes (Kunst-)Handwerk hauptsächlich durch den Bedarf der Höfe und der hoforientierten höheren Stände rasch. In ihm konnte sich mit fortschrittlicher Erzeugung und erfindungsreicher Werbung, gelöst von Korporationssitten und Produktionsquoten, aber auch von Einkommensgarantien, ein marktbewußter, risikofreudiger Gewerbegeist entfalten; expansiv drängte er auf Reformen der Wirtschaftsverfassung. In die gleiche Richtung wirkten die Manufakturen, die teils für Spitzentechniken, teils für rationelle Massenfertigung Impulse gaben: Unternehmer waren zu schärferem Kalkül, Arbeiter zu mehr Präzision und/oder Disziplin gezwungen.[6]

Besonders zukunftsträchtig beeinflußten die Wirtschaftshaltung die Kaufleute, die als etablierte, nun kräftig aufsteigende Gruppe eine ökonomische Schlüsselrolle hatten. Fernhandel, lokaler Verkauf, Geldgeschäfte nahmen im 18. Jahrhundert in einem Maße zu, daß die Geschäftsführung mit ihrer Ausweitung und Differenzierung rationeller werden mußte; eine Lehrzeit in den Handelszentren Westeuropas wurde für viele Vorbild. So unterhöhlten in erster Linie Erfordernisse wie Möglichkeiten der Praxis mit tendenziell kapitalistischen Usancen die ständische Wirtschaftsmoral einer je angemessenen Lebensführung, die in der frühen Aufklärungsethik noch galt, und sie lockerten die Arbeit von einer privater werdenden Religion ab. Kaufmannsehre als traditionsbewußte Gesinnung begann hinter Zweckrationalität zurückzutreten; deren Regeln wirkten auch auf Untergebene und einen ausgedehnten Umgangskreis. Mit der regen Rezeption der Spätaufklärung im letzten Jahrhundertdrittel wurden die Arbeitserfahrungen eingebettet in eine umfassende geistige Anleitung zu vernünftigem Handeln, die nun auch rationelle Wirtschaftsmaximen aufnahm.[7]

Zentrale Bedeutung gewann die Aufklärung für das Bildungsbürgertum. Sie wirkte am stärksten in den und durch die Gruppen, die als geistig qualifiziert und tätig definiert waren; in erster Linie waren sie es, die professionell Ideen entwarfen, vermittelten, verwalteten. Sie stiegen auf, als gleichzeitig Staatsausbau und kultureller Aufbruch ungewöhnlichen Bedarf an institutioneller und ideeller Regelung weckten, dem feudalständische Kräfte nicht mehr entsprachen. Sie waren so Verursacher und Nutznießer zugleich. In hohem Kompetenzbewußtsein als »allgemeiner« Stand aufgeklärter Patrioten beanspruchte ihre Elite eine sozial umfassende Reformverantwortung und erlangte tatsächlich gesellschaftlich entscheidenden Einfluß. Denn diese Bürger, großenteils in staatlichen oder kirchlichen Instanzen beschäftigt, wirkten mit Autorität auf Wissen, Glauben, Handeln ein, zumal nicht wenige ihrer adeligen Vorgesetzten dies teilten. Ideen bürgerlicher Provenienz, doch mit weiterem Anhang stifteten bei Beamten, Geistlichen, Literaten, Kaufleuten, Gutsherrn, Männern am Hof eine fortschrittsgläubige Identität, die sich als Reformferment ausbreitete.[8]

Wo allerdings eine Obrigkeit aus Prinzip oder Machtbedenken solche Affinität zu Staatsräson und Kirchenzielen unmöglich machte, blieb nur, wenn ein Dienst band, das Reservat privater Überzeugung oder das, auch materielle, Wagnis öffentlicher Opposition. Dieser floß auch viel an Enttäuschung derer zu, die ein durch übertriebene Hoffnungen auf die Staatsausweitung überfüllter Akademikermarkt lebenslang auf dürftige Durchgangspositionen, etwa als Hofmeister, verwies. Doch drängte diese Versagung, in den neunziger Jahren des 18. Jahrhunderts geradezu eine Generationserfahrung, nicht nur zu Reformbegehren, sondern führte auch zu einer Abkehr von jedem Reformrationalismus und nährte die Vision unbegrenzter Selbstverwirklichung – die Romantik. Einerseits trug also das Bildungsbürgertum vorwiegend die herrschende Ordnung zugleich angepaßt und reformaktiv mit. Andererseits entfernten sich Minderheiten von ihr, die jedoch teilweise dann vom Reformschub des neuen Jahrhunderts oder der folgenden Restauration wieder angezogen wurden und ihnen Elan gaben. Langfristig blieb die große Mehrheit auf die Ordnungsmächte ausgerichtet, mit denen man die eigenen Ziele am wirksamsten verfolgen konnte, weil man gegen sie, bei aller kulturellen Potenz, zu schwach war.[9]

Stärker, doch vom Zeitgeist besonders bedrängt war die Lage des Adels. Zwar genoß er, nirgends unmittelbar bedroht, Herkunft, Privilegien und Fürstennähe gemäß traditionaler Legitimität und gegenwärtiger Verfassung. Aber er wurde enger an die rationale Staatsräson gebunden und von der aufgeklärten Öffentlichkeit, die Bildung und Leistung dem Geblüt entgegenstellte, relativiert. Seine Geltung litt, was sein Selbstbewußtsein teilweise scharf anspannte, aber auch schon lähmte. Versuchen einer politischen Ständebelebung, der Abwehr bürgerlicher Konkurrenz im

Staatsdienst, einer Verschärfung von Feudallasten, rigider standes- und familieninterner Besitz- und Statuswahrung, demonstrativer Exklusivität stand die Übernahme »bürgerlicher« Aufklärungsziele durch eine Minderheit – vom Briefadel bis zum Hochadel – gegenüber. Während diese maßgeblich verändernd wirkte, manche in standesfremdem Privatismus resignierten, wehrte sich die Mehrheit gegen die Erosion der historischen Rolle durch entschiedene Prätention. Nirgends sonst forderte der Wandel der Ideen, Kräfte und Regeln so zwingend und zugleich widersprüchlich Reaktionen heraus wie hier, wo Identität und Bedeutung vornehmlich in historischer Kontinuität gründeten, jedoch auch der stärkste soziale Einfluß auf die Gegenwart bestand.[10]

Stände und Lebenswelten übergreifend wirkte als zweiter Faktor des Wandels der Staat, soweit er dazu institutionell fähig und politisch bereit war; seine innere Expansion und die Gesellschaftsgestaltung bedingten sich dabei gegenseitig. Die sozialen Spannungen mit ihrer Versagung und Gewohnheitsentwertung bedurften über die sichernde und ordnende »Polizey« hinaus einer Regulierung. Dem kamen im späten 18. Jahrhundert in den meisten Territorien eine gewisse absolutistische Machtkonzentration und ein Reformwille bei Fürst und Beamten entgegen, wenn auch abgestuft von rationalem Rigorismus bis zu patrimonialer Vorsicht und selbst bei gleicher Absicht je nach Durchsetzungskraft und sozial-kulturellem Entwicklungsstand verschieden wirksam. Doch übereinstimmend sollten kraft des neuen Glaubens an die Bildsamkeit des Menschen durch Rechtssetzung, Verwaltung, Unterricht Zustände auch, ja gerade über Verhaltensweisen geändert werden: Gesellschaftsreform durch Erziehung der Untertanen nach überlegener Einsicht. Vor der Steigerung der Staatlichkeit Anfang des 19. Jahrhunderts konnte dies allerdings mit noch unzureichenden Exekutivmitteln oft nur eingeleitet werden.[11]

Damit erhielten die Kirchen, die organisatorisch wesentlich dichter und traditionell mit ihrer Autorität Verhalten prägten, eine wichtige Vertretungsfunktion: Über die Verfügung des frühneuzeitlichen Fürstenstaates hinaus wurden sie nachdrücklich für jene Beeinflussung eingesetzt. Daß die Kanzel in diesem Sinn überzeugend anleiten konnte, war durch gleichgerichtete pastorale Reformen möglich. Obwohl das für den Protestantismus, der dem Zeitgeist entgegenkam, früher und weitgehender, vor allem gleichmäßiger galt als für den Katholizismus, gewann die Absicht, religiös für allgemeine Reformen zu wirken, insgesamt große Bedeutung. Selbst in der katholischen Kirche trat die Traditionsposition stark zurück.[12]

Antrieb und Richtschnur gab den Reformkräften die kulturelle Umwälzung durch die Aufklärung. Deren Wortführer konnten die vernunftgeleitete Traditionskritik aus dem 17. Jahrhundert nun so zum herrschenden Zeitgeist popularisieren, daß – auch wenn sich die Wirkung nicht messen läßt – die direkte oder mittelbare Abhängigkeit entscheidender Veränderungsvorgänge für diese Entwicklungsführung spricht. Der ständeübergreifende Grundsatz der »Beförderung« von individuellem Glück und gemeinsamer Wohlfahrt wurde jedoch sozial gespalten verwirklicht durch vorwiegend freie Selbstbildung geistig Mündiger oder durch bloße Anleitung. Die Aufklärung, von der kulturell privilegierten Minderheit Gebildeter – durch Herkunft, aber zunehmend auch durch Aufstieg – und von den einfachen Leuten unterschiedlich erfahren, gab diesem gesellschaftlichen Unterschied, den meist die Schwelle des Lateins markierte, ein neues, entscheidendes Gewicht. Wer durch Journale und Briefe in weiträumigem Diskurs stand, Humanität und Geschmack in Loge und Theater übte, ein Amt vernünftig führte, setzte sich mit geistigen Mitteln für eine rechte Ordnung ein, zum Teil auch politisch bewußt. Dabei bot die Faszination des als Macht- und Bindemittel einer Wissenselite von Anfang an kultivierten Geheimnisses im ausgehenden Jahrhundert auch eine Brücke über rationale Grundsätze hinaus zur Romantik. »Volksaufklärung« hingegen war Belehrung, um den jeweiligen Alltag in Haus und Beruf nach vernünftig-sittlichen Regeln zu verbessern. Am meisten leisteten das, wie erwähnt, die Kirchen mittels einer weltzugewandten Religiosität, die in Deutschland, wo Kirchenfeindschaft unbedeutend blieb, bei allen Ständen für den Höhepunkt der Aufklärungsrezeption Ende des 18., Anfang des 19. Jahrhunderts so wesentlich war. Weiter hing die »Volksaufklärung« sehr davon ab, wie nachdrücklich der Territorialstaat sie verordnete und wie aktiv man sie lokal durchführte. Ihr Niederschlag blieb ungleichmäßig und insgesamt erheblich schwächer als unter Gebildeten.[13]

Veränderungen aller Art hemmte die von Privilegienwahrung, Traditionswürde und Symbolbindung gestützte Rechtsordnung des Alten Reiches. Das galt – von der Konfessionskultur bis zum

Zunftbrauch – für die Reichsverfassung selbst mit Feudalwesen und Reichskirche, ungeschlossener Territorialität und territorialer Konfessionalität, einer mehrschichtigen Herrschaft durch den Kaiser (dessen teilweise noch wirksames Schiedsrecht meist konservierte), die im Kompromißzwang kaum bewegliche Gesamtheit der Reichsstände und die auf den Status quo gestellte Kooperation in den noch aktiven »vorderen« Reichskreisen. Aber auch innerhalb der größeren frühmodernen Territorialstaaten stand ein Geflecht zählebiger Regeln »eigen-artiger« Gemeinschaften dem Reformimpetus entgegen.[14]

Die gegen den strukturellen und ideellen Veränderungsdruck gesellschaftlich breit eingelagerte Beharrung aus Recht, Gewohnheit, auch bereits konservativer Absicht wurde, drittens, erst durch den äußeren Einbruch der Französischen Revolution und Napoleons rasch erschüttert. Er griff tief in Herrschaft und Recht ein, gab den Reformern in Bürokratie, Klerus, Öffentlichkeit Auftrieb – ob unter französischem Oktroi, präventiv gegen Revolutionsgefahr bzw. Ansprüche der fremden Diktatur oder für die eigene Wiedererstarkung – und erschütterte die Lebensumstände großer Bevölkerungsteile durch Krieg, Herrschaftswechsel, Not (einschließlich der Hungerkrise 1816/17). Das konnte die Reformresonanz, eine Umstellungsbereitschaft ungemein fördern, zumal unter Gebildeten. Andererseits drängten sich jedoch vor allem einfache, nicht selten bis zur Verstörung verunsicherte Menschen nach herkömmlichem Bewältigungsmuster gerade zu dem Vertrauten, um es möglichst für sich zu retten, und festigten seine Geltung zunächst sogar. Wie von der mentalen Beweglichkeit hing die Reaktion auf die neue Situation natürlich von Vorteil oder Nachteil wesentlich ab. Widrig betroffen waren in erster Linie die Gruppen, die mit der bisherigen Verfassung Verfügungsgewalt, Einkünfte oder Fürsorge sowie soziale Bindungen einbüßten. Der Adel sah sich generell um Privilegien gebracht, der mediatisierte und der die Reichskirche tragende katholische herrschaftlich und materiell besonders geschädigt, der linksrheinische depossediert. Die Säkularisierung traf – neben den Orden – die von Klöstern und geistlichen Höfen Abhängigen vieler Berufe schwer, die Gewerbeöffnung benachteiligte nicht wenige, selbst die Bauernbefreiung entzog zugleich Schutz und erlegte teilweise wirtschaftliche Lasten auf. Die Verlusterfahrung konnte je nach Selbstbehauptungswillen alltägliche Renitenz, Standesopposition, vereinzelt offene

Aggression wecken. Ob die Vorgänge nun Anpassung oder Verweigerung herausforderten, als Einschnitt wurden sie weithin bewußt. Mehr als die großen Ereignisse bewegte dabei – trotz aller Sensationen um die Revolution und um Napoleon – die Mehrheit offenbar ihr Niederschlag in der eigenen Lebenssphäre, ohne daß diese jenen unmittelbar mit politischem Interessenbewußtsein zugeordnet worden wären.[15]

Für eine breite, Alltagswelten übergreifende Mobilisierung fehlte die »vorrevolutionäre Sensibilität«. So weit hatten sich eine zunehmende Widerständigkeit einfacher Leute und die Fortschrittsforderungen unter den Gebildeten im Deutschland des späten 18. Jahrhunderts nicht verdichtet. Auch die anfängliche Faszination von Bürgern durch die Französische Revolution mündete vorwiegend in rheinbündischem oder preußischem Reformengagement. Außerdem wertete die bewegte Zeit Stabilität und Sicherheit auf, die man in Staatsloyalität und biedermeierlichem Quietismus wie in romantischer Glaubenssuche, aber auch in frühliberalem Konstitutionsbegehren anstrebte. Lediglich eine kleine Minderheit wagte sich in der Erschütterung alter Autoritäten zu radikaler Opposition vor. Der Kreis der Jakobiner, der geistigen Revolutionsanhänger, war klein und meist nur von kurzer Dauer. Häufiger scheint eine Art Sansculotten-Protest aufgeflammt zu sein, zumal in klein- und unterbürgerlicher Stadtbevölkerung, bei deren vorrangig ökonomisch-sozialer Orientierung alltägliche Versagung revolutionäre Parolen anziehen konnte, die gebietsweise auch auf herkömmliche bäuerliche Renitenz erregend ausstrahlten. Stärker als das Beispiel der fernen Revolution reizte die sehr gegenwärtige Belastung unter Napoleon – zur Auflehnung freilich nur punktuell. Ganz überwiegend fügte man sich, ob als linksrheinischer Administré, Untertan der Rheinbund-Staaten oder im Reform-Preußen, dem in Napoleon personifizierten, häufiger schicksalhaft empfundenen als in seinen Zusammenhängen erkannten Einbruch der »großen Welt«. Spektakulär erfaßte er die vielen Soldaten, deren Eindrücke aus halb Europa auch in ihren heimischen Umkreis eingingen.[16]

Der Staat, nun in kurzer Frist starker Beschränkungen ledig, durchdrang – sozial und räumlich – so weit wie noch nie die Gesellschaft, indem er allenthalben »eigenwüchsige« Bereiche als partikular erklärte und unter seine Regie zog. Ein zunächst vom Hegemonialinteresse Frankreichs bzw. dessen Abwehr mitbestimmter, ab 1813/15 in Friedensruhe nahezu souverän wirkender Staatsabsolutismus konnte durch Integration der eben zusammengesetzten Länder und eine dezidierte Politik des Gemeininteresses bald eine zureichende Akzeptanz, eine gleichsinnige Loyalität als innere Staatsbildung aufbauen. Die monarchisch-bürokratische Staatsräson zielte auf eine Staatsgesellschaft von zwar noch unbestritten ständischer Gliederung, aber *einer* Identität. Ihrer Verdichtung standen allerdings – beim Adel nur am mächtigsten – historische Eigenarten entgegen, die sich seit dem Ende der kräftekonzentrierenden Kriegsanspannung und durch eine allgemeine Traditionsaufwertung wieder belebten. Gleichzeitig wurden die Mängel des Reformabsolutismus deutlicher, die Reglementierung drückender empfunden, weil er einerseits die Anpassungsbereitschaft oft überforderte, andererseits staatsbürgerlicher Verselbständigung mancher Reformen entschieden entgegentrat. So schwächten seine Verfügung über gesellschaftliches Verhalten die im Schwung der Romantik vordringenden kulturellen Alternativen, in geringerem Maß auch ein frühliberales Emanzipationsstreben bereits um 1820 wieder. Auch intern lenkten eine neue, aufklärungsskeptische Beamtengeneration, die Einwirkung von Adelsrestauration und kirchlicher Regeneration sowie die Abwehr bürgerlicher Opposition die Staatsmacht mehr und mehr in konservative Bahnen. Deutlich wurde das am Beispiel des im Zeichen des Fortschritts entstandenen Hauptinstruments direkter Prägung, der Volksschule.[17]

Um 1820 drängte also eine kulturelle und politische Tendenzwende die Reformeinflüsse zurück – ohne doch bestimmte Grundwirkungen revidieren, sie als langfristige Erfahrungen beseitigen zu können. Diese Bedeutung, auch unter einem veränderten Zeitgeist, wurde schon dadurch aufrechterhalten, daß die im 18. Jahrhundert entstandenen gesellschaftlichen Verwerfungen und Versagungen zwar zum Teil entspannt, ja gelöst waren, andere jedoch – oft bei gesteigerten Erwartungen aufgrund solcher Erfolge – wuchsen und alle zur Verfügung stehenden Einstellungen, restaurative wie reformbestrebte, zur Bewältigung herausforderten. Diese wurde freilich in wesentlichen Problemen erst mit der Industrialisierung möglich.

II. »Anthropologische« Verschiebungen

Erstens: Den engsten Umgang in der Familie, der zugleich elementare Verhaltenseinübung durch »Modellernen« war, regelte in der frühneuzeitlichen Gesellschaft das »ganze Haus«. Trotz aller Unterschiede hinsichtlich Umfang und patriarchalischer Intensität in der Spanne zwischen personalreichem, stark funktionsdifferenziertem Adelshaushalt und kleinbäuerlicher Kümmerform glichen sich die Zwecke: Versorgung, soziale Reproduktion, geregelte physische und psychische Befriedigung. Die Rollen der Hausgenossen waren primär wirtschaftliche; auch Ehepraxis, Erziehung, teilweise auch die Kinderzahl wurden vom Besitz- und Versorgungsinteresse geleitet. Dies ließ – abgesehen von festen Nischen Privilegierter wie dem Mätressenwesen des Adels – keine freien Emotionen der uns gewohnten Art zu. Die Gefühlszuwendung von Gatten, Eltern und Kindern, »Herrschaft« und Gesinde blieb in Riten ständischer Sitte, in zugeschriebene Geschlechts-, Alters-, Statussymbolik eingeschlossen; auch die scheinbar ungehemmte körperliche Vitalität unterlag solch verbindlicher Begrenzung. Auf brauchhaften sozialen Beistand von außen, den das nie autarke »Haus« in regulären wie in Notfällen benötigte, richtete sich der nächste, noch sehr enge Umkreis, die Nachbarschaft.[18]

Bis zu einem Drittel der Bevölkerung lebte jedoch ledig, sozial meist durch Arbeit in einem »Haus«, auch durch Kirchenpositionen u. ä. verortet. Nach dem Prinzip einer standesgemäß gesicherten »Nahrung« waren Ehebeschränkungen in den unteren Schichten von der Obrigkeit, in den höheren familiär so weitgehend auferlegt, daß Ehelosigkeit als normal und Emotions- und Triebentsagung unter kirchlicher Überwachung als selbstverständlich galten, wenn sie auch nicht selten durch halb geduldete illegale Verbindungen umgangen wurden. In einer weder permissiven noch mit den Mitteln des Monopolstaates disziplinierten Gesellschaft waren strenge Norm und tolerierte Abweichung zugleich möglich. Außerhalb der ständischen lebte mit eigenen Umgangsregeln etwa ein Zehntel Unbehauster; ihr »unordentlicher« Zustand wurde, soweit nicht schädlich, lange de facto anerkannt, weil auch religiös akzeptabel. Erst der absolutistische Staat bekämpfte ihn als irregulär – mit schwachem Erfolg.[19]

Seit dem späten 18. Jahrhundert trafen zwei Veränderungen Familie und »Haus«. Zum einen gerieten sie in die mit der demographischen Disproportionierung verbundenen Versagungen und Konflikte – empfindlich etwa im Handwerk –, in die äußeren, oft auch sozial eingreifenden (Zer-)Störungen um 1800, in eine Liberalisierung der Ehegesetze, die hauptsächlich die Kleinfamilien vermehrte. Das »Haus« verlor an Konsistenz und Verhaltenssicherheit. Vor allem aber zog – zweitens – zunächst im Bürgertum mit aufgeklärt-empfindsamem Menschenbild und vordringender Trennung von Wohnung und Arbeitsplatz eine neue Familiarität in die patriarchalische Versorgungsgemeinschaft ein. Die physischen und psychischen Beziehungen der Kernfamilie wurden nun, sublim miteinander verwoben, solche »unbedingt« geäußerter individueller Gefühle, die im größeren »Haus« deutlicher abgrenzten und sich nach außen, von Nachbarschaft und Straße, abschirmten. Dem kam entgegen, daß mit der außerhäuslichen Berufsarbeit des Mannes und der Aufwertung von Kindheit und Jugend als Ausbildungsphase die Rollen geschlechts- und altersspezifischer, d. h. auch sensibler wurden. Unter der – unbestrittenen – Väter-Autorität entwickelte sich Individualität. Da dieses emotionale und pädagogische Familien-Leitbild des aufsteigenden Bürgertums ins Kleinbürgertum übergriff, in den Adel strahlte und für die industriellen Unterschichten bereitstand, wurde seine Art von Liebe, Ehe, Kinderwelt dann im 19. Jahrhundert maßgeblich; nur die bäuerliche Wirtschaft widerstand. Das Ziel, Glück und Wohlfahrt allgemein zu machen, schloß gerade auch sozial nützliches Familienglück ein. Ledige und Nichtseßhafte erschienen deshalb als Opfer oder als weniger nützlich, was die rechtlich-administrative Förderung der bürgerlichen Familie verstärkte. Dadurch, daß im späten 18. und frühen 19. Jahrhundert Funktionseinbußen des »Hauses«, ein neues Leitbild und das sozialpolitische Interesse des Reformstaates zusammentrafen, begannen Ehe und Familie als Lebensform allgemeingültig und im Grundzug »intim« zu werden.[20]

Eine individuell sehr freie, doch des Partners bedürftige Emotionalität entfaltete sich seit der Jahrhundertmitte im Freundschaftskult. Er löste zunächst recht elitär die Vereinzelung junger Intellektueller in der Phase zwischen Elternhaus und Ehe, aber zeigte doch komprimiert eine neue, ständeübergreifend gefühlvolle Zuwendung unter Gebildeten. Im frühen 19. Jahrhundert breitete er sich dann, biedermeierlich trivialisiert, zum bürgerlichen Brauch aus, zum wichtigen Element »korrespondierender«

Innerlichkeit in einer Zeit erschwerter, weil politisch verdächtigter Gemeinschaftsorganisation. Gleichzeitig werteten jedoch eine Abkehr von »modischem« Gefühlskult, der Einfluß organischer Gemeinschaftsideen, die religiöse Restauration sozial strengere, patriarchalische Beziehungen wieder auf, welche real ja weiterhin in der Bevölkerung Gewicht hatten. Das neue Familien- und Freundschaftsleitbild wurde von der Wirklichkeit und einem veränderten Zeitgeist noch einmal gehemmt.[21]

Außerhalb des engsten Kreises gegenseitiger materieller und emotionaler Abhängigkeit erstreckte sich Umgang hauptsächlich im Zirkel eines regen »Wir-Gefühls« aufgrund unmittelbar gemeinsamer Erfahrungen, Bedürfnisse, Handlungen. Den wichtigsten Rahmen gab in der frühneuzeitlichen Gesellschaft die Korporation, eine in der Regel mit dem sozialen Status lebenslang zugeschriebene, rechtsbedeutsame und brauchverfestigte Gemeinschaft. Indem sie zugleich Stand, Berufsposition, religiöse Mitgliedschaft, lokalen oder regionalen Rang betraf, erfaßte sie polyvalent die außerhäusliche Existenz. Sie bündelte die Werte der Einrichtungen, auf die sich diese Rollen bezogen, und beteiligte sich an der jeweiligen Symbolik. Die Korporation zielte umfassend auf sinnvolle Lebensführung, die sie, um ihrer Kohäsion und der Repräsentation willen, in wesentlichen Zügen zeremoniell faßte, »einsichtig« in doppeltem Sinn, überzeugend und sichtbar, auf einen Kranz von Autoritäten ausgerichtet. Ein zentraler Mittler zwischen Institutionen und Personen, setzten in erster Linie die Korporationen als jeweils »zukommende« Arena die Stellung in Verhalten um, das sie zugleich standestypisch und in gesamtgesellschaftlicher Hinsicht regelten. Vom reichsweit verbundenen, durch Herrschaft und Dienst regional in Territorium oder Reichskreis verdichteten, in sich gestuften Adel reichten sie über die städtische Exklusivität des Patriziats und die Genossenschaften der Zünfte, beide lokal, aber in weiterer Vernetzung, bis herab zur quasi-korporativen Dorfkommunität der Bauern. Natürlich brachten auch außerhalb dieser Arenen Pflichten, Neigung, räumliche Nähe in Wirtshaus und Kirche, bei Arbeit, Dienst und Geschäften die Menschen mit ihren Gewohnheiten in Kontakt und zum Teil auch zwischen den Rangebenen zu gewisser Anpassung. Aber den korporativen Beziehungen kam, im Anschluß an die häusliche Grundlegung und verschränkt mit den Arbeitserfahrungen, eine herausragende Verhaltensbestimmung zu. So folgte auch die ritualisierte Austragung sozialer Konflikte weitgehend einem Korporationsmuster oder Regeln interkorporativer Symbiose.

Daß die Konfliktlösung – ob in Zunft, Dorf oder Grundherrn-Bauern-Verhältnis – im späten 18. Jahrhundert schwieriger wurde, wies auf einen Schwund korporativer Binde- und Prägekraft. Das Vordringen von Verlagsgewerbe, zunftfreiem Handwerk, kapitalistischem Unternehmertum, aber auch innere Disproportionierung zehrten an ihr, der Reformabsolutismus begann ihre sozial-ökonomischen Voraussetzungen zu schwächen. Der Verlust der Rechtsstützen des Alten Reiches traf sie dann schwer. Zwar bestanden viele Korporationen im 19. Jahrhundert mit reduzierter Kompetenz weiter oder wurden, etwa als gewerbliche Wirtschaftsverbände, bald wieder belebt. Doch ihre jeweils umfassende Existenzbedeutung schwand.[22]

Von außen verlor korporatives Verhalten an Stellenwert, als sich die Aufklärung in Vereinigungen eines nach Zielrichtung, Form und Zusammensetzung neuen Typs quer zum ständischen Kosmos formierte. Ein spezieller Zweck verband unabhängig von der sozialen Stellung des einzelnen, von seinen Autoritäten und Symbolbezügen zu gleichsam gesellschaftlich abgehobenen Assoziationen eigenen Sinns und Rituals. Auch wenn sie tatsächlich oft enger, lebensweltverhafteter waren, entstand doch im Diskurs Gebildeter über soziale und konfessionelle Schranken, räumliche Distanz, Staatsgrenzen hinweg eine neuartige Umgangsarena mit durchgehend gleichen Grundregeln; im Zuge der Popularisierung der Aufklärung verdichtete sie sich rasch. Das Vereinswesen im weitesten Sinn leitete noch im 18. Jahrhundert eine Selbstorganisierung zur bürgerlichen Gesellschaft ein, die dann im 19. Jahrhundert schrittweise bis in die unteren Schichten einen Großteil der Bevölkerung in frei nach einem Zweck gewählte Gemeinschaft brachte und ihr wichtige Identität verlieh. Allerdings wurde sein Vordringen in der Restaurationszeit noch einmal erheblich verzögert, zum Teil auch umgelenkt in Formen, die korporative Bindung wiederherstellen sollten.[23]

Zweitens: Mit der Szenerie des Umgangs sowie durch Schulung wandelten sich die Bewußtseinshorizonte: Erfahrung und Wissen bestimmten den Gesichtskreis. Herkömmlich reichte er beim Adel aufgrund von Herrschaft, Dienst, Verwandtschaft weit – so unterschiedlich das je nach Rang und Familientradition zu verstehen ist –, war er nach städtischen Kontaktkreisen durch Fernhandel, regionalen Radius oder eine auf die Stadt, das Stadtviertel begrenzte Tätigkeit abgestuft, beschränkte er sich auf Arbeitsfeld und Heiratskreis des Dorfes. Quantitativ hatte, da die Bevölkerung ganz überwiegend sich im engen Rahmen von Landwirtschaft und kleinem Gewerbe bewegte, der Lokalismus, die Konzentration der wesentlichen Erfahrungen auf den Ort höchstes Gewicht. Sehr häufig war er durch den in der vorindustriellen Wirtschaft verbreiteten Grund- und/oder Hausbesitz bereits von der Geburt bestimmt. Freilich lockerte er sich bei vielen Besitzlosen im Wechsel der Arbeitsorte, blieb relativ gering bei Berufsmobilen und Unbehausten, wurde auf Zeit durchbrochen vom Gesellenwandern als »Welt-Erfahrung«.

Daß solche Mobilität im späten 18. Jahrhundert häufiger, zumal häufiger lebenslang wurde, nahm dem Lokalismus offenbar manches an Identifikationswirkung; dominierend aber blieb er jedenfalls in den unteren und mittleren Schichten. Wo er zurücktrat, konnte man flexibler, erfahrungsoffener werden, andererseits – das scheint gerade für einfache Leute zu gelten – an einem Schwund sicherer Verortung leiden. Gravierender wurde die Umweltvertrautheit jedoch durch den äußeren Gewalteinbruch und den Durchbruch des Reformstaates um 1800 betroffen, die ungewöhnlich viele Menschen in Bewegung setzten, zum Teil ungewohnt plazierten. Aber auch bei lokaler Kontinuität konnte durch veränderte soziale Qualität, durch Bauernbefreiung und den Übergang von der Real- zur Personalgemeinde etwa, Umlernen nötig werden.[24]

Selbst in entlegene Dörfer war stets die Kunde über ferne Ereignisse und Zustände gedrungen, hatte sich eine Vorstellung von der »großen Welt« gefügt – um so zufälliger allerdings, je enger die Lebenswelt, je einfacher der Stand. Gleichmäßiger, vor allem verpflichtender überwölbte ihn das Gemeinsamkeitsbewußtsein der Untertanen. Freilich sank die Intensität des Landespatriotismus mit der sozialen Entfernung vom Herrscher, zumal sich für viele vor ihn die Zugehörigkeit zu einem adeligen oder geistlichen Mediatherrn schob. Weiter griff ein Reichsbewußtsein, das hauptsächlich in den Gebieten kleiner, reichsabhängiger Territorialherrschaft bis zu Handwerkern und Bauern herab lebhaft blieb. Sehr eng verbunden wußte man sich jeweils in der Konfession, aber auch übergreifend vereint in der »christianitas« gegenüber den

Heiden. Nur die religiöse Identität war, seit Reformation und katholischer Reform, von einer allgegenwärtigen Anstalt stetig vermittelt worden. Lokaler Alltagsraum und Glaubensgemeinschaft gaben offenbar in erster Linie Daseinsumriß.[25]

Im späten 18. Jahrhundert begannen Öffentlichkeit und Staatsinstanzen durch Belehrung oder kollektive Übung systematisch neue Horizonte zu ziehen. Die aufgeklärte Kommunikation stiftete eine geistige Verbundenheit über Ständen und Staaten. Da diese in der Vielfalt der sie konstituierenden Ideen doch wieder auf eine allgemein vorhandene Eigenschaft, auf die Sprache rekurrierte, trat die Kulturnation dem historischen Rahmen von Gemeinsamkeit gegenüber. Sie bildete dann, politisch erstmals gegen Napoleon aktiviert, im 19. Jahrhundert die mächtigste Identität aus – in Auseinandersetzung mit den Identitäten der in seinen ersten Jahrzehnten energisch gegen ältere herrschaftliche und soziale Zugehörigkeiten integrierten Einzelstaaten. Unterhalb beider belebten sich jedoch mit dem gesellschaftlichen Erfolg traditionaler oder reformkritischer Kräfte auch ältere, kleinere, vertrautere Horizonte wieder mehr, zogen Zugehörigkeitsgefühl an sich. In den unteren Schichten galten sie ohnehin meist noch mit zäher Kontinuität, die jenen Identitäten lange hinderlich war.[26]

Drittens: Wichtige Faktoren der Bildung von Identitätsräumen sind Motive gemeinsamen Nutzens, sind Interessen, welche Wahrnehmung, Verkehr, Solidarität lenken. Sie wurden in einer in Privilegienränge gestuften Gesellschaft weitgehend durch rechtlich und symbolisch fixierte Verfügung über Menschen und Güter bestimmt. Konflikte entsprangen den Gegensätzen zwischen Privilegierten und Nichtprivilegierten aller Bereiche – wobei eine Gruppe beide Rollen spielen konnte – und regelten sich nach Ritualen von »zeitloser« Autorität. Auf einem Bündel von Privilegien beruhte, trotz eigenen historischen Rechts, de facto die eminente Stellung des Adels. Sein Interesse galt – von einer standesskeptischen Minderheit abgesehen – der Sicherung von Herrschaft und Einfluß, Einkünften und Ämtern, Pracht und Genuß. Status und Stil zu wahren wurde zugleich als legitime Führungs- und Repräsentationsleistung für die Gesellschaft verstanden. Familien-, Standes- und Gemeininteresse fielen zusammen im Anspruch auf feudale Kontinuität. Der Briefadel allerdings, durch Ämter avanciert und auch vorwiegend unterhalten, sah hauptsächlich auf deren Nutzung. Ihn verband, weit mehr als den alten

Adel, der sich primär zwischen Eigenherrschaft und Hofstellung einordnete, bereits viel mit der Entwicklung des Staates. Die Interessen des Bürgertums in Handel und Handwerk, das von seiner Arbeit lebte, waren im Kern materielle, doch durch korporative Regeln mehr oder weniger eingedämmt, so daß viel Selbstbehauptungsenergie in die Wahrung von Symbolpositionen mit zugleich materieller Bedeutung floß. Das Verhältnis zwischen den Besitz- und Kompetenzgruppen, vor allem Meistern und Gesellen mit ihren gemeinsamen Prinzipien, aber dem Gefälle der Stellungen, stand stark unter solcher Spannung. Freilich sank das Interessengewicht »symbolischen Kapitals«, wie das des realen mit seiner Eigengesetzlichkeit stieg; der große Kaufmann folgte, bei aller »Ehre«, vor allem dem Kalkül. Die bäuerliche Lage doppelter Abhängigkeit von Natur und Grund- bzw. Gutsherr richtete das Interesse auf religiöse Existenzsicherung und auf Milderung der Untertänigkeit. Der Glauben war mit Ertragshoffnung und Versagungsbewältigung hier in besonderem Maß – auch – nützlich. Gegen die Feudallasten gab es, da offener Protest schwierig geworden und »verrechtlichter« mühsam war, in erster Linie mancherlei alltägliche Widerständigkeit mit kleinem Nutzen. Um so wichtiger war, zumal bei verschiedenen Herren, das Solidarinteresse der Bauerngemeinde an Arbeits-, Rechts- und Brauchgemeinschaft. Für die Bedürfnisse der davon ausgeschlossenen Unterbäuerlichen blieb ein noch engerer Spielraum zwischen Anpassung und kleiner List. Auch als Heimarbeiter konnten sie, trotz gewisser sozialer Selbstverfügung aufgrund ihrer wirtschaftlichen Abhängigkeit ohne Solidarisierungskraft, ihre Interessen kaum anders äußern. Immerhin deutete sich bei ihnen, wenn private Ansprüche von beruflichen abhingen, ein neuer Zustand an. Ein ungebundenes Interesse je nach Situation war eigentlich nur denen erlaubt, die ohne Stand und reguläre Ordnung mit allen Mitteln überleben mußten.

Diese Interessenprofile wurden in den Verschiebungen des späten 18. Jahrhunderts häufig unschärfer, die Ansprüche unsicher, aber auch neue wurden gewonnen und mehr als bisher nach Rollen getrennt. Gefährdeter Nutzen mußte zunehmend verteidigt oder ersetzt werden; viele, etwa im Handwerk, versteiften sich dabei gerade auf Ziele und Wege, deren Grundlagen entglitten.[27]

Nicht nur die Lage von Interessenträgern veränderte sich; Staatseinwirkung und gesellschaftliche Vorbilder setzten neue Muster. Die Obrigkeit lenkte, als sie stärker regelnd in alle Stände eingriff, vermehrt Interessen auf sich – in Zustimmung oder Abwehr, je nach dem Verhältnis der jeweiligen Motive zu den Staatsansprüchen, stets aber mit einer Minderung gesellschaftlicher Eigenbestimmung. Gleichzeitig verbreiteten aufgeklärte Gruppen den Typ vernunftbegründeter, auf individuelle Leistung und Bildung je nach Zweckbereich gerichteter Interessen als allgemeingültig, weil der Natur des Menschen gemäß. Sie argumentierten ideell, normativ gegen ständisch-lebensweltliches Gewohnheitsverlangen. Dies und die Forderungen des Staates gingen oft Hand in Hand, wirkungsvoll vor allem bei der forcierten Einbindung von Teilinteressen in ein »überlegenes« Gesamtinteresse Anfang des 19. Jahrhunderts. Ihm kam entgegen, daß die äußeren Störungen der Zeit zu den Hilfsmitteln des Staates drängten, d. h., auch auf seine Absichten zuführten; dies gilt zumal für dafür Disponierte wie Bildungsbürger, Kaufleute, fortschrittliche Gewerbemänner. Dagegen scheinen Adel, altes Handwerk, Bauern, Unterbäuerliche Hilfe und Sicherung mehr im herkömmlichen Zusammenhalt ihrer Lebenswelt gesucht und im Reformstaat eher einen Interessenstörer gesehen zu haben. Dann flossen Restitutionsverlangen, Widerstreben gegen Überforderung, auch manche Enttäuschung in die bald vordringenden restaurativen Interessen ein, speisten konservative Bestrebungen, aber verschärften sich auch zu traditionalem Protest. Die Belebung gesellschaftlichen Eigenwillens machte die Interessenanziehung durch den Staat nicht rückgängig, aber schmälerte seinen rationalen Dirigismus.[28]

Viertens: Die Veränderungen, wie sie aus Gewohnheiten, Leitideen und Staatsansprüchen resultierten, reichten bis in die allgemeinste Orientierung, in der Verhalten und Interessen gründen: in die Vorstellungen von Weltordnung und Lebenssinn. Herkömmlich war die des größten Teils der Bevölkerung religiös: konfessionell in der seit Reformation bzw. katholischer Reform aus populärer Frömmigkeit, Kirchenglauben und Geboten des Fürstenstaates entstandenen Ausprägung, für alle Stände – obwohl jeweils in ihre Lebensformen eingelagert – gleichermaßen gültig als wichtigste kulturelle Gemeinsamkeit. Ungeachtet aller zeitbedingten Elemente von zeitlosem Anspruch, vermittelte sie eine vorgegebene als gottgegebene Ordnung, der man immer besser gerecht werden müsse. Religiöse Welterklärung, Verhaltensanleitung und innere Daseinssicherung geschahen auf drei Ebenen. Die Kirchen, mit der Autorität der weltlichen Obrigkeit verschränkt, gaben institutionell geregelt allgemein Sinn, Heil und Gebot. Sozial spezifischer übte man Erbauung und Devotion, halb kirchlich bestimmt, halb von sozialen Gemeinschaften getragen, im Haus, im lokalen Kreis und an besonderen Gnadenorten; alle Schichten beteiligten sich daran, doch im katholischen Bereich breiter als in dem mehr auf die Kirche konzentrierten protestantischen. Konfessionell hingegen ziemlich gleich, aber sozial vornehmlich von einfachen Leuten wurden zahlreiche alltagstypische, magische Riten der Schadensabwehr und Erfolgsbeschwörung in einer den Kirchen entzogenen Sinnsphäre praktiziert; diese mußten sie weithin dulden. Durchgehend jedoch vollzog sich Religion gewohnheitsgemäß, fraglos und stetig, allerdings rituell-symbolisch seit dem 17. Jahrhundert konfessionell unterschiedlich intensiv: im »barocken« Katholizismus, der die populäre Frömmigkeit erneut kirchlich förderte, formenreicher als im Umfeld der protestantischen Wortreligion. Als Lebenssinn bezogen Kirchen und frommer Brauch alle Erfahrungen und Bestrebungen auf das ewige Heil. Die verordneten Tugenden drangen deshalb in erster Linie auf Gottesverehrung und Glaubensweise, denen die Erfüllung ethischer Gebote als Mittel diente. Mit hoher sozialer Verbindlichkeit durchdrang diese Religiosität Dasein und Umwelt, nahm aber zugleich deren Erfahrungswerte auf und ließ dem Alltag erhebliche Eigengesetzlichkeit.

Dieser Regelfall frühneuzeitlicher Grundorientierung büßte im späten 18. Jahrhundert über gewöhnliche, gesamtgesellschaftlich marginale Abweichungen hinaus Geltung ein. In den sozialen Erosionszonen entglitten offenbar nicht wenige – ob nun Geschädigte oder Nutznießer der Gewohnheitsauflösung – Kirche und frommen Riten, ohne deshalb ungläubig im Sinn einer neuen Weltanschauung zu werden.

Gewichtiger aber als solche Verluste infolge religiösen Autoritätsverfalls wurden die ideellen Veränderungen dieser Autorität selbst, wie sie die Aufklärung auslöste, die sich in Deutschland wesentlich in Auseinandersetzung mit der Theologie entwickelt hatte. Ein Religiositätsmodell der Würde, Moral und Wohlfahrt rückte auf die Lebenspraxis gerichtete Ordnungsbilder und Sinnvorstellungen neben, ja vor die heilswichtigen. Die etablierte Orientierungskraft der Religion wirkte nun für die Verbesserung

…chaft durch besseres Verhalten. Mit den Tugenden eines …n und nützlichen Lebens gewannen diesseitige Ziele … wurde Religiosität vor allem Movens persönlicher Entwicklung zum allgemeinen Besten nach einem harmonischen Weltbild und eudämonistischen Menschenbild. Sie bedurfte in erster Linie der Belehrung, weshalb die Kirche ganz beherrschend wurde, dazu die Schule wichtig, während man populäre Formen beschränkte und magische Praktiken zu unterdrücken suchte. Die Verlagerung auf einen kognitiven Schwerpunkt, gleichsinnig, oft gemeinsam von Kirchen und Staat betrieben, spaltete quer durch die Konfessionen die Religiosität. Da ihr hauptsächlich die Gebildeten folgten, während die einfachen Leute zunächst weitgehend auf ihren frommen Gewohnheiten beharrten, wurde die herkömmliche Religiosität auf eine »Volksfrömmigkeit« reduziert, die zur rückständigen Orientierung abgewertet wurde. Das stärkste mentale Band der ständischen Gesellschaft, ihr gemeinsamer Glaube, löste sich auf in zwei sozial abgestufte Haltungen unterschiedlicher religiöser Absicht und Praxis. Das Streben nach Fortschritt in der Religion und durch sie drang in der protestantischen Bevölkerung, wo die Kirche einheitlicher aufklärungsbestimmt, populärer Brauch schwächer und das Bürgertum kulturell stärker waren, deutlich weiter vor als in der katholischen. Hier blieb sie zwar selbst in den unteren Schichten nicht wirkungslos, aber konnte sie doch keineswegs durchdringen und auch die Gebildeten nur begrenzt erfassen. In der unterschiedlichen Reichweite der überkonfessionellen Neuorientierung, die seit etwa 1770 bis zum Höhepunkt in den beiden Jahrzehnten um 1800 anwuchs, schlug die historische Konfessionalität dennoch durch.[29]

Das gab dann im frühen 19. Jahrhundert der Wiederbelebung kirchlicher Tradition und Wiederaufwertung von »Volksfrömmigkeit« verschiedene Ausgangspunkte. Katholische Sinn- und Wertvorstellungen wandten sich um 1820 breit ritueller Heilsreligion zu, während protestantische entweder dazu erst ansetzten oder die Vernunft- und Moralreligion sich kontinuierlich zum Kulturprotestantismus verfestigte. Zwar von Reformierten über Lutheraner zu Katholiken abnehmend, blieb doch überall trotz religiöser Restauration vor allem in den gebildeten Schichten eine merkliche Säkularisierung von Weltbild und Lebensgefühl zurück; partiell reichte sie bis in die Unterschichten. Der Einschnitt der Aufklärung wirkte vielfältig mit innerweltlich begründeten Vorstellungen weiter, die zur Weltanschauung verdichtet, schließlich zur Ideologie systematisiert sein konnten. In Deutschland war bis zur Industrialisierung die Grundorientierung überwiegend religiös – doch gegenüber dem Zustand vor dem späten 18. Jahrhundert reduziert und weniger lebensweltlich verankert, stärker kirchlich organisiert.[30]

III. Die Art des Wandels

Feudal-ständisch-korporative Erfahrungen und Erwartungen gerieten ab etwa 1770 durch lebensweltliche Veränderungen selbst wie durch veränderte und verstärkte Einwirkungen der gesamtgesellschaftlichen Ordnungsmächte in wachsenden Bereichen unter Druck. Sie wurden von ungewohnten Zwängen und Chancen bedrängt, zum Teil bis in eine krisenhafte Entwertung. Solcher Wandel realer Konstellationen schob die Verhaltensfigurationen entweder in abwehrende Beharrung, die zur Erstarrung in der Defensive werden konnte, oder zog sie zu neuen Mustern. Zwar hatte er bis in den Vormärz weder die Reichweite noch die Intensität, sozial durchgehend diese Alternative zu stellen. Noch galten herkömmliche Lebensformen häufig mit selbstverständlich prägender Vitalität. Wo aber eine Neuorientierung Anlaß und – sei es ideell begründet, sei es durch den Verlust vertrauter Sicherheit – Bereitschaft fand, breiteten sich Verhaltensweisen aus, die aufgrund ihrer Herkunft als – in einem weiten Sinn – bürgerlich zu bezeichnen sind. Ein durch wirtschaftliche und soziale Faktoren bedingter Umstellungsbedarf, eine missionarische kulturelle Bewegung und ein Staatsinteresse, das sich mit ihr verbündete, leisteten Individualisierung, Rationalisierung, Säkularisierung Vorschub und überformten verstärkt lebensweltlichen »Eigen-Sinn« durch die übergreifenden Regeln der herrschenden Kräfte. So wurde mit Hilfe des Staates und auch der Kirchen ein bürgerlicher Habitus innerhalb der spätständischen Gesellschaft vorbildhaft. Die Verbürgerlichung begann in einer Vielfalt von Assimilationen in alle sozialen Räume zu wirken und entscheidend zur Transformation in eine Klassengesellschaft beizutragen. Der skizzierte Gesamtvorgang, in seiner sich selbst tragenden Dynamik ein historischer Prozeß, wurde nach Beginn des 19. Jahrhunderts in einer ersten Ermüdung durch eine Gegenströmung verzögert, aber nicht verdrängt. Er setzte sich, mehrfach modifiziert, als die wohl stärkste Tendenz der Verhaltensentwicklung in diesem Jahrhundert fort.[31] Um 1770 begann eine neue Epoche, um 1820 ein Abschnitt in ihr. Ohne revolutionäre Mutation wurde doch auch in Deutschland ein Erfahrungs- und Verhaltenswandel eingeleitet durch gedrängte Evolution im zweifachen Sinn des beschleunigten und gezielt angetriebenen Verlaufs.

Anmerkungen

1 Zum Begriff vgl. – unter dem Blickwinkel der Sprache als Erfahrungsausdruck – R. Koselleck, in: Geschichtliche Grundbegriffe, hg. von O. Brunner u. a., Bd. 1, Stuttgart 1972, S. XVff.

2 P. Marschalck, Bevölkerungsgeschichte Deutschlands im 19. und 20. Jahrhundert, Frankfurt 1984, S. 14ff.

3 Ch. Dipper, Landwirtschaft und ländliche Gesellschaft um 1800, in: H. Berding u. H.-P. Ullmann (Hg.), Deutschland zwischen Revolution und Restauration, Königstein 1981, S. 281–295; J. Mooser, Ländliche Klassengesellschaft 1770–1848, Göttingen 1984.

4 P. Kriedte u. a., Industrialisierung vor der Industrialisierung, Göttingen 1977; zum Vergleich R. Braun, Das ausgehende Ancien Régime in der Schweiz, Göttingen 1984, S. 110ff.

5 K. H. Kaufhold, Das Gewerbe in Preußen um 1800, Göttingen 1978; A. Grießinger, Das symbolische Kapital der Ehre, Frankfurt 1981; R. S. Elkar (Hg.), Deutsches Handwerk in Spätmittelalter und früher Neuzeit, Göttingen 1983.

6 M. Stürmer, Höfische Kultur und frühmoderne Unternehmer, in: HZ, Bd. 229, 1979, S. 265–297.

7 W. Ruppert, Bürgerlicher Wandel, Frankfurt 1984, S. 57ff. Exemplarisch P. E. Schramm, Neun Generationen. Dreihundert Jahre deutscher ›Kulturgeschichte‹ im Lichte der Schicksale einer Hamburger Bürgerfamilie (1648–1948), Bd. 1, Göttingen 1963, bes. S. 235ff.

8 R. Vierhaus (Hg.), Bürger und Bürgerlichkeit im Zeitalter der Aufklärung, Heidelberg 1981; M. Riedel, ›Bürger, Staatsbürger, Bürgertum‹, in: Grundbegriffe, Bd. 1, S. 672–725; R. van Dülmen, Die Gesellschaft der Aufklärer, Frankfurt 1986; H. H. Gerth, Bürgerliche Intelligenz um 1800 (1935), Göttingen 1976.

9 H. Brunschwig, Gesellschaft und Romantik in Preußen im 18. Jahrhundert (Paris 1973), Frankfurt 1976, S. 187ff.; M. Agethen, Geheimbund und Utopie, München 1984.

10 H. H. Hofmann, Adelige Herrschaft und souveräner Staat, München 1962, S. 41 ff.; H. Reif, Westfälischer Adel 1770–1860, Göttingen 1979; R. Vierhaus, Vom Aufgeklärten Absolutismus zum monarchischen Konstitutionalismus. Der deutsche Adel im Spannungsfeld von Revolution, Reform und Restauration (1789–1848), in: P. U. Hohendahl u. P. M. Lützeler (Hg.), Legitimationskrisen des deutschen Adels 1200–1900, Stuttgart 1979, S. 119–135.

11 K. O. v. Aretin (Hg.), Der Aufgeklärte Absolutismus, Köln 1974; E. Weis, Der Aufgeklärte Absolutismus in den mittleren und kleinen deutschen Staaten, in: Zeitschrift für bayerische Landesgeschichte, Bd. 42, 1979, S. 31–46.

12 K. Scholder, Grundzüge der theologischen Aufklärung in Deutschland, in: F. Kopitzsch (Hg.), Aufklärung, Absolutismus und Bürgertum in Deutschland, München 1976, S. 294–318.

13 H. Möller, Vernunft und Kritik. Deutsche Aufklärung im 17. und 18. Jahrhundert, Frankfurt 1986; van Dülmen; R. Brinckmann (Hg.), Romantik in Deutschland, Stuttgart 1978.

14 K. O. v. Aretin, Heiliges Römisches Reich 1776–1806, 2 Bde., Wiesbaden 1967.

15 J. Voss (Hg.), Deutschland und die Französische Revolution, München 1983; R. Koselleck, Preußen zwischen Reform und Revolution, Stuttgart 1967; B. v. Münchow-Pohl, Zwischen Reform und Krieg. Untersuchungen zur Bewußtseinslage in Preußen 1809–1812, Göttingen 1987; E. Fehrenbach, Traditionale Herrschaft und revolutionäres Recht, Göttingen 1974; K. Möckl, Der moderne bayerische Staat, München 1979; E. Weis (Hg.), Reformen im rheinbündischen Deutschland, München 1984; W. K. Blessing, Umbruchkrise und Verstörung, in: Zeitschrift für bayerische Landesgeschichte, Bd. 42, 1979, S. 75–106.

16 R. Vierhaus, Politisches Bewußtsein in Deutschland vor 1789, in: Der Staat, Bd. 6, 1967, S. 175–196; W. Grab, Ein Volk muß seine Freiheit selbst erobern. Zur Geschichte der deutschen Jakobiner, Frankfurt 1985; F. Dumont, Die Mainzer Republik von 1792/93, Alzey 1982; C. Haase, Obrigkeit und öffentliche Meinung in Kurhannover 1789–1803, in: Niedersächsisches Jahrbuch für Landesgeschichte, Bd. 39, 1967, S. 192–294; H. Molitor, Vom Untertan zum Administré, Wiesbaden 1980. Ein eindringliches Beispiel: J. van der Zande, Bürger und Beamter. Johann Georg Schlosser 1739–1799, Wiesbaden 1986.

17 Vgl. z. B. W. Demel, Der bayerische Staatsabsolutismus 1806/08–1817, München 1983; W. K. Blessing, Staat und Kirche in der Gesellschaft, München 1982, S. 23 ff.

18 R. Sieder, Sozialgeschichte der Familie, Frankfurt 1987; H. Medick u. D. Sabean, Emotionen und materielle Interessen in Familie und Verwandtschaft, in: dies. (Hg.), Emotionen und materielle Interessen, Göttingen 1984, S. 27–54.

19 Vgl. u. a. E. Schubert, Arme Leute, Bettler und Gauner im Franken des 18. Jahrhunderts, Neustadt 1983.
20 Sieder, S. 125 ff.; H. Rosenbaum, Formen der Familie, Frankfurt 1982, S. 251 ff.; J. Schlumbohm, Kinderstuben, München 1983.
21 A. Salomon, Der Freundschaftskult des 18. Jahrhunderts in Deutschland, in: Zeitschrift für Soziologie, Bd. 8, 1979, S. 279–308.
22 Reif, S. 34 ff.; Grießinger, S. 426 ff.; H. U. Thamer, Arbeit und Solidarität. Formen und Entwicklungen der Handwerkermentalität im 18. und 19. Jahrhundert in Frankreich und Deutschland, in: U. Engelhardt (Hg.), Handwerker in der Industrialisierung, Stuttgart 1984, S. 469–496; H. Wunder, Die bäuerliche Gemeinde in Deutschland, Göttingen 1986, S. 80 ff.
23 Möller, S. 213 ff.; van Dülmen; O. Dann (Hg.), Vereinswesen und bürgerliche Gesellschaft in Deutschland, München 1984, bes. S. 11–50.
24 M. Scherner, Art. Horizont, in: J. Ritter (Hg.), Historisches Wörterbuch der Philosophie, Bd. 3, Basel 1974, S. 1187–1206; Reif; Hofmann; M. Walker, German Home Towns, Ithaca 1971; Ruppert, S. 83 ff.; Wunder, S. 114 ff.; R. S. Elkar, Umrisse einer Geschichte der Gesellenwanderung im Übergang von der Frühen Neuzeit zur Neuzeit, in: ders., S. 85–116.
25 Vgl. u. a. W. K. Blessing, Lebensformen und Umgangserziehung, in: K.-E. Jeismann u. P. Lundgreen (Hg.), Handbuch der deutschen Bildungsgeschichte, Bd. 3, München 1987, S. 24–52, hier S. 38 ff.
26 Vgl. u. a. H.-U. Wehler, Deutsche Gesellschaftsgeschichte, Bd. 1, München 1987, S. 506 ff.; O. Dann, Nationalismus und sozialer Wandel in Deutschland 1806–1850, in: ders. (Hg.), Nationalismus und sozialer Wandel, Hamburg 1978, S. 77–128.
27 Reif; Grießinger; Ruppert; C. Zimmermann, Reformen in der bäuerlichen Gesellschaft, Ostfildern 1983, S. 153 ff.; W. Schulze (Hg.), Aufstände, Revolten, Prozesse, Stuttgart 1983, bes. S. 217–232.
28 Möller; Koselleck; Weis, Reformen; H. Berding u. H.-P. Ullmann, Veränderungen in Deutschland an der Wende vom 18. zum 19. Jahrhundert, in: dies., S. 11–40; R. Wirtz, Widersetzlichkeiten, Excesse, Crawalle, Tumulte und Skandale, Frankfurt 1981.
29 F. W. Kantzenbach, Protestantisches Christentum im Zeitalter der Aufklärung, Gütersloh 1965; S. Merkle, Die kirchliche Aufklärung im katholischen Deutschland, Berlin 1910; Möller, S. 71 ff.; Ch. Dipper, Volksreligiosität und Obrigkeit im 18. Jahrhundert, in: W. Schieder (Hg.), Volksreligiosität in der modernen Sozialgeschichte, Göttingen 1986, S. 73–96; W. Brückner u. a., Volksfrömmigkeitsforschung, Würzburg 1986; Schramm; F. M. Hörger, Religion und das gewöhnliche Volk in Bayern in der Zeit von 1750–1850, München 1970; Blessing, Staat, S. 34 ff.; G. Korff, Zwischen Sinnlichkeit und Kirchlichkeit. Notizen zum Wandel populärer Frömmigkeit im 18. und

19. Jahrhundert, in: J. Held (Hg.), Kultur zwischen Bürgertum und Volk, Berlin 1983, S. 136–148.

30 F. Schnabel, Deutsche Geschichte im 19. Jahrhundert, Bd. 4, Freiburg 1955³; Th. Nipperdey, Deutsche Geschichte 1800–1866, München 1984², S. 403 ff.; vgl. u. a. W. Schieder (Hg.), Liberalismus in der Gesellschaft des deutschen Vormärz, Göttingen 1983, S. 95–114, 133–146.

31 Zu ihrem Rahmen zuletzt J. Kocka (Hg.), Bürger und Bürgerlichkeit im 19. Jahrhundert, Göttingen 1987.

Michel Vovelle
Französische Revolution und Wandel der Mentalitäten[1]

Die Zeit der Französischen Revolution unter dem Blickwinkel der Mentalitätsgeschichte zu betrachten ist ein vergleichsweise neues Unterfangen. Gewiß gibt es, wenn man genauer hinsieht, manche Vorarbeiten. So betrieben schon H. Taine und nach ihm eine Reihe von Historikern, die am Ende des 19. Jahrhunderts ein genaueres Studium der revolutionären Massen forderten, auf ihre Weise Mentalitätsgeschichte. In neuerer Zeit beschäftigte sich G. Lefebvre mit dem Problem der Mentalitäten, stellte in seinem Buch *La Grande Peur* die Fruchtbarkeit dieses Forschungsansatzes unter Beweis und ebnete damit weiteren Arbeiten den Weg. R. Cobb unternahm in dem ihm eigenen Stil einen ähnlichen Versuch. Trotz dieser Vorarbeiten muß man sich aber über die Schwierigkeiten mentalitätsgeschichtlicher Arbeit im klaren sein. Hierher rühren auch die Vorbehalte, mit denen der neue Ansatz bislang von der Forschung aufgenommen worden ist. Kollektive Mentalitäten sind der Ort langfristiger Veränderung, wo Traditionsbestände mit großer Kontinuität überliefert werden. Dies betonen sowohl R. Mandrou, der von »temps plus long« spricht, wie auch F. Braudel, von dem der Begriff der »longue durée« stammt. Mentalitäten und Revolution stehen also, so scheint es, in krassem Gegensatz zueinander: hier der allmähliche Wandel, dort der rasche Umbruch.

Aber genau an diesem Punkt wird das Problem interessant. Bei meinen Forschungen stieß ich auf die Dialektik von zwei Entchristianisierungsprozessen: Der eine war von kurzer Dauer; es handelte sich um die brutale, willentliche Dechristianisierung des Jahres II. Der andere war von langer Dauer, schritt mit der Aufklärung unmerklich voran und wurde kaum wahrgenommen. Diese Dialektik der Entchristianisierung spiegelte sich in den Festen wider: auf der einen Seite das Fest der »longue durée«, von alters her überliefert, schon Folklore; auf der anderen Seite die Anfänge des revolutionären Festes. Diese Gleichzeitigkeit von Veränderungen langer wie kurzer Dauer warfen für mich eine Reihe von vielleicht naiven, in jedem Fall aber wesentlichen Fragen auf: Kann man Menschen in zehn Jahren verändern? Gab es in den kollektiven Mentalitäten so etwas wie einen krisenhaften Wandlungsprozeß, der sich unter der Hand zwar vorbereitete, aber erst in den revolutionären Erschütterungen offen hervortrat?

Die Französische Revolution war der erste bewußt unternommene Versuch, die Welt von Grund auf zu verändern. Vor allem ging es ihr darum, einen neuen Menschen zu schaffen. Dies war eine prometheische Illusion, von der die einen sagen, sie habe nur Unheil bewirkt, während die anderen meinen, daß sie eine Hoffnung geweckt habe, die auch die unsere ist. Hat die Revolution die Hoffnung der Aufklärung auf Veredlung des Menschengeschlechts erfüllt oder hat sie diese pervertiert und verraten? Das ist eine Frage von nicht geringer Bedeutung. Über den scheinbaren Umweg der Mentalitätsgeschichte stößt man zum Kern des Problems vor.

I. Ein Gegensatzpaar: Hoffnung und Angst

Seit der bedeutenden Arbeit von G. Lefebvre über die *Grande Peur* und seinem berühmten Aufsatz über die revolutionären Massen wird die Mentalität der Revolutionszeit im Spannungsfeld von Hoffnung und Angst verortet. Eine solche Sichtweise mag vielleicht stark vereinfachend oder gar altmodisch erscheinen. Ich halte das Gegensatzpaar Hoffnung und Angst jedoch für einen guten Ansatzpunkt, um sich unserer Problematik zu nähern. Im großen Schmelztiegel des revolutionären Abenteuers wurden in den Mentalitäten tatsächlich zwei Elemente erkennbar: eines, das der Vergangenheit zugewandt war und das ganze Erbe der alten Weltsicht mobilisierte, und ein anderes, das sich zur Zukunft hin öffnete. Man hat kürzlich bei einer Untersuchung der Französischen Revolution anhand dieser beiden Elemente zwei unterschiedliche Sichtweisen der Revolution ausmachen wollen. Die eine Sichtweise war die der adeligen und bürgerlichen Eliten. Sie fanden sich auf der Basis der Aufklärung, einer Revolution ohne Revolution, eines reformerischen Übergangs zur Moderne zusammen. Die andere Sichtweise war die der ländlichen und städtischen Volksmassen. Sie ließen sich über traditionalistische Forderungen mobilisieren und setzten ihre Hoffnung auf einen jahrtausendealten Traum, dem mit Gewaltgesten und -ritualen Nachdruck verliehen wurde. Das nicht gewünschte Eingreifen der Volksmassen im Jahre 1793 führte dazu, daß die Revolution außer Kontrolle geriet.

In dieser hier kurz referierten Interpretation hätte sich G. Lefebvre mit Sicherheit nicht wiedererkannt, und ich meinerseits glaube, daß man die beiden Begriffe Hoffnung und Angst nur in ihrer Wechselwirkung richtig begreifen kann. Auf der Ebene kollektiver Mentalitäten war die Französische Revolution nicht nur geprägt durch Hoffnung und Angst, sondern auch durch Gewalt und Brüderlichkeit, durch die Zerstörung des Ancien Régime und den Anfang einer neuen Welt, durch den Sieg der Aufklärung und ihre Überwindung. Die Zeitgenossen haben diese Spannungen im Mentalitätsbereich sehr deutlich gespürt. So schrieb Marat 1790: »Die Philosophie hat die jetzige Revolution vorbereitet, ausgelöst und begünstigt, das ist unbestreitbar; aber Schriften genügen nicht, man braucht auch Taten. Wem verdanken wir die Freiheit, wenn nicht der Erhebung des Volkes?« Ganz ähnlich klang es bei Robespierre, wenn er fragte: »Wollen Sie eine Revolution ohne Revolution?«

Es geht gar nicht darum, die Revolution als einen Block zu sehen, den man als Ganzes mit Ehrfurcht akzeptieren müßte, einschließlich der Gewalt als Tochter der Angst und der Terreur mit allen ihren Exzessen im Namen der Notwendigkeit. Dies ist nicht die Vorgehensweise des Historikers. Er darf sich weder auf eine bedingungslose Zustimmung noch auf eine völlige Verurteilung der Revolution einlassen. Es ist vielmehr wichtig, Entwicklungen und Zusammenhänge zu verstehen, ohne etwas zu verschleiern. Aus diesem Grund beginne ich meine Ausführungen mit dem, was uns am meisten schockiert: der Angst und ihrer Begleiterin, der Gewalt.

War die Revolution ein Verteidigungskampf gegen die durchaus realistische Furcht vor den Gegnern der Revolution, den »pacte de famine« und die Verschwörung des Adels? Sicher gehörte die Angst zur Mentalität der Revolutionszeit. Sie trat vom ersten Tag an hervor in den Reaktionen der Pariser Bevölkerung während des Julis 1789 und mehr noch in der »Grande Peur« der zweiten Julihälfte, die als eine Art Echo auf den Bastille-Sturm die Bauern in Unruhe versetzte. Hier zeigte sich unübersehbar – immerhin waren drei Viertel des französischen Territoriums davon betroffen –

die letzte große Panik alten Stils im neuzeitlichen Frankreich. Die Bauern bewaffneten sich aus Furcht vor Räuberbanden und vermeintlichen Invasoren. Nachdem die Erregung abgeklungen war, fanden sie wieder zur Realität zurück und verbrannten auf dem nächstliegenden Schloß alle Unterlagen, in denen ihre Feudal- und Grundabgaben verzeichnet waren. Die Ambivalenz dieser, wie man sagt, aus den Tiefen der Zeit aufgestiegenen Angst gehörte zu den direkten Ursachen der Nacht des 4. August. In ihr wurde durch die Abschaffung des Ancien Régime die Zukunft geschmiedet. Im übrigen war die »Grande Peur« nicht nur die größte, sondern auch die letzte Panik in der französischen Geschichte. Ich weiß, es gibt manches zu nuancieren. Ängste hat es erneut gegeben, in den Jahren 1790/1791, während der Krise von Varenne. Aber sie blieben doch nur punktuell, residual, möchte ich sagen, selbst wenn man hier und da in der Geschichte bis 1848 noch auf panikartige Reaktionen stößt. Bei aller Furcht vor Komplotten – vom »pacte de famine« bis hin zur Verschwörung der Aristokraten und des Auslandes – und später vor dem Anarchismus hat doch die Revolution die Angst ausgetrieben.

Die Revolution vertrieb die Angst durch Gewalt. Dieser Teil der revolutionären Mentalität sollte ebensowenig verschleiert werden wie die Angst selber. Nicht zulässig und historisch vertretbar ist es, zwei Revolutionen zu unterscheiden und sie einander gegenüberzustellen: hier die gemäßigte, eher gewaltlose von 1789; dort die blutige und terroristische von 1793. Eine solche wenig aufrichtige Betrachtungsweise übersieht die gewaltsamen Elemente, die sich schon in der Anfangsphase der Revolution zeigten und im Bastille-Sturm gipfelten. 1789 war die Gewalt in beiden Lagern gegenwärtig. Erinnert sei nur an die gewalttätigen Auseinandersetzungen zwischen der Volksmenge und den Dragonern des Prinzen de Lambesc im Garten der Tuilerien am 12. Juli oder an die mörderische Niederschlagung der Bauernaufstände zwischen Frühling und Sommer desselben Jahres, die das Land zwischen der Normandie und dem Maconnais erschütterten. Aufgewühlt durch die Krise reagierte das Volk mit Gewalt, griff auf uralte Verhaltensweisen zurück und erfand ein neues Feindsymbol, den Aristokraten. Er war zugleich eine wirkliche wie eine eingebildete Figur und wurde im Laufe des Kampfs immer wieder neu definiert. Diese Gewalt der Straße überdauerte die munizipale Revolution, verfestigte sich in den Zentren der Auseinandersetzung von Nancy bis zu den Brennpunkten der meridionalen Revolution in Nîmes, Avignon, Arles, Marseille und gehörte schließlich seit den Auseinandersetzungen auf dem Land im Jahre 1790 sowie den großen Bauernaufständen vom Frühjahr und Herbst 1792 zu den chronischen Begleiterscheinungen der Revolution. Kulminationspunkt wie spektakulärster Ausdruck dieser zunächst spontanen, dann bewußt eingesetzten Gewalt waren die Pariser Massaker vom September 1792. Damals stürmte die Menge die Gefängnisse und brachte Hunderten von eidverweigernden Priestern sowie der Aristokratie verdächtigten Personen den Tod. Geschehnisse dieser Art spiegelten die Angst wider, die aufbrach, als Frankreich von einer Invasion bedroht wurde. Die Angstausbrüche waren nach Ansicht Lefebvres zugleich defensiv wie punitiv. Sie verlangten nach einer direkten Justiz ohne alle Umwege und griffen deshalb auf alte Formen des Tötens zurück.

Diese Gewalt stellt uns vor viele Fragen, vor allem wegen ihrer Maßlosigkeit. Handelt es sich bei ihr um eine aus den Tiefen aufsteigende Brutalität des Volks? Dagegen spricht, daß das revolutionäre Bürgertum ihr in den Worten Antoine Barnaves am Tag nach dem Mord an Bertier de Sauvigny ausdrücklich seine Zustimmung gegeben hat: »Le sang versé était-il donc si pur?« Und auch die gegenrevolutionäre Gewalt der Jeunesse dorée während der termidorianischen Reaktion des Jahres III entstand nicht nur aus Rachegefühlen. Jenseits aller bürgerlichen Unterstützung bleibt aber doch die grundlegende Frage, ob eine solche Gewalt im gnadenlosen Kampf von Revolution und Gegenrevolution notwendig gewesen ist. Diese Frage taucht erneut auf, wenn man über die Schreckensherrschaft nachdenkt. In gewisser Weise war die Terreur seit 1793 der Versuch, die spontane Gewalt der Massen zu bändigen. Hat die revolutionäre Mentalität die Gefahr der gegenrevolutionären Gewalt übertrieben, indem sie so etwas wie ein Phantasiegeschöpf oder einen Papiertiger aufbaute? So sehen es jedenfalls diejenigen, die von einem Ausufern der Revolution sprechen. Oder waren nicht vielmehr die schrecklichen Opfer von den Umständen selber diktiert? Die Härte des Kampfes war zumindest real, und die Revolutionäre träumten nicht bloß von der gegenrevolutionären Gefahr.

Mit der Überwindung der Angst und dem Wechsel zur Gewalt verwirklichte die revolutionäre Mentalität ihren Traum von der völligen Zerstörung des Ancien Régime. Sie machte Tabula rasa.

Dieser Traum gewann zunächst in revolutionären Reden, Liedern und Bildern Gestalt, die sich gegen die Feinde richteten: den Aristokraten, den eidverweigernden Priester oder den Fanatiker. Dann wurde zum Angriff auf die Idole geblasen und der Vater in Gestalt des Königs umgebracht. Schließlich galt der Angriff im Jahre II dem strafenden Gott der christlichen Religion. Die Reden der Konventsmitglieder während des Prozesses gegen Ludwig XVI. machen deutlich, daß es sich hierbei um ein kollektives Abenteuer gehandelt hat. Es nahm in der Sprache und all den Begleiterscheinungen bis hin zur Hinrichtung des Königs Züge einer Befreiungseuphorie an, die an die verkehrte Welt des Karnevals erinnert. Sicher mußte eine solche Phase durchlaufen, mußten die Gewölbe von Sarastros Tempel durchschritten werden, auch auf die Gefahr hin, dem Gefolge der Königin der Nacht zu begegnen. Erst dann konnte die andere Seite der revolutionären Mentalität zum Vorschein kommen: die Hoffnung, die nach neuen Werten strebte.

II. Auf der Suche nach dem neuen Menschen

Sucht man nach dem neuen Menschen, der im Laufe der revolutionären Jahre Gestalt angenommen hat, mag es künstlich erscheinen, vom Begriff der »Familie« auszugehen. Denn eigentlich würde man erwarten, daß das Individuum ins Zentrum tritt, wie es in der Menschenrechtserklärung und im Neuen Recht geschehen ist. Aber der zum Individuum komplementäre Begriff der »Familie«, der sich mit der ganzen Emphase der rousseauistischen Zeit durchgesetzt hat, bietet sich im buchstäblichen wie in einem übertragenen Sinn zusätzlich an. »Es gibt keine Bastille mehr; wir sind eine große Familie«, sang man im Jahre 1790, als Einmütigkeit noch hoch im Kurs stand. Die Familie als elementare Bezugsgröße stellte ein Gegengewicht dar gegen die Verurteilung des Zölibats. Dies zeigte sich im Angriff gegen das Zölibat zunächst der Ordensleute und, ab 1790, dann der Priester bis hin zum Höhepunkt des Kampfes gegen die Geistlichkeit im Jahre II. Die Bedeutung der Familie tritt auch in der schönen Selbstdefinition des Sansculotten hervor. Im Jahre II gab er auf die unverschämte Frage: »Was ist ein Sansculotte?« die Antwort: Er ist ein Held, d. h. ein Familienvater, der den Lebensunterhalt seiner Frau und Kinder sichert.

Ändert sich das Bild des Ehepaares? Indem wir diese scheinbar naive, in Wirklichkeit jedoch wichtige Frage aufwerfen, gewinnen wir einen Eindruck davon, wie schwierig es ist, den Abstand zwischen rechtlicher Norm und gelebter Wirklichkeit zu messen. Die Einführung der Zivilehe und andere Erleichterungen bei der Eheschließung sowie die Einführung der Scheidung müssen die allgemeine Einstellung zur Ehe notwendig verändert haben. Um sich ein sicheres Urteil bilden zu können, müßten jedoch mehr Untersuchungen zur Verfügung stehen, die über die Auswirkungen der Scheidung in Stadt und Land Aufschluß geben. Soviel steht einstweilen fest: In den großen Städten waren die Folgen erheblich, anderswo dagegen geringer.

Näher untersucht werden müßte auch das Bild von der wilden Ehe. In der Einstellung der Sansculotten, und Soboul hat das in seinen Studien über das Pariser Milieu herausgestellt, spiegelte sich einerseits die Beziehung zwischen Jean-Jacques Rousseau und Thérèse Levasseur wider. Andererseits wurzelte sie im Alltagsleben städtischer Unterschichten während der zweiten Hälfte des 18. Jahrhunderts. Handelte es sich hierbei um eine Besonderheit von Paris, oder war das freie Zusammenleben von Mann und Frau in den großen Städten Frankreichs allgemein verbreitet, die damit eine Art sexueller Revolution erlebt hätten?

In den revolutionären Bräuchen und Reden drückte sich die zwiespältige Einstellung der Zeit aus. In den Jahren des Direktoriums wurde der Hochzeitsfeier wieder ein hoher Rang eingeräumt. Freilich ging es dabei nicht um eine direktoriale Neuheit, in der die bürgerliche Sehnsucht nach einer Rückkehr zur Ordnung aufschien. Vielmehr reihte sich die Aufwertung der Ehe in eine breite moralistische Strömung ein, die auch die Jakobiner erfaßte. In ihren Augen waren Sittenverfall und Libertinage aristokratische Erscheinungen. Marie-Antoinette und die Prinzessin Lamballe galten ihnen als Repräsentantinnen einer moralisch verkommenen Welt.

Unter den Jakobinern gab es ein verbreitetes Mißtrauen gegenüber dem revolutionären Engagement von Frauen. Hierin spiegelte sich eine, man könnte sagen kleinbürgerliche, volkstümliche und phallokratische Frauenfeindschaft wider. Sie zeigte sich auch in der tiefen Verachtung, die Aristokratie wie gegenrevolutionäres Bürgertum den von ihnen als »Amazonen« oder »Furien« bezeichneten Frauen entgegenbrachten. Diese militanten Frauen der Revolution, die an den Volksaktionen teilnahmen, verließen die ihnen traditionellerweise zugedachten Rollen.

Die Vorstellung von der Familie, wie sie sich im revolutionären kollektiven Bewußtsein herausbildete, fand auf vielfältige Art und Weise ihren Ausdruck. Dies gilt z. B. für die Alterssymbolik in den revolutionären Festen, auf die M. Ozouf mit Recht hingewiesen hat. Handelte es sich dabei um eine bewußte oder unbewußte Mystifikation, dazu bestimmt, die in der Gesellschaft tatsächlich bestehenden sozialen Gegensätze zu überdecken? Jedenfalls spiegeln sich in dieser Alterssymbolik, wenn auch nur andeutungsweise, die tiefgreifenden Wandlungsprozesse in den Familienbeziehungen der damaligen Zeit wider. Wir können hier nur auf eine Reihe offener Fragen hinweisen, denen nachzugehen wäre. So sollte man das Bild des Vaters genauer untersuchen, wie es auf den verschiedenen Ebenen während der Revolution sichtbar wurde. Auf der symbolischen Ebene schlug sich die Revolution der vierzigjährigen Familienväter im Vatermord nieder, vollzogen am König und, zumindest zeitweise, an Gott selbst.

Vom König als schützendem Vater, an den sich die »Cahiers de doléances« noch mit Ehrerbietung und Unterwürfigkeit richteten, über den verdächtig gewordenen Herrn Veto bis hin zum Feind, dessen Tod durch das eisige Schweigen bei der Rückkehr von Varennes schon vorweggenommen wurde, bevor der Nationalkonvent darüber diskutierte, lassen sich die Etappen einer stufenweisen Emanzipation aufzeigen, die von den Handelnden selbst als tragisch empfunden wurde.

Auch Gott, Gottvater, Verhänger ewiger Strafen, von dem Manon Roland seit ihrer Kindheit ein furchterregendes Bild bewahrt hat, verdunkelte sich. Man muß symbolhafte Bilder nicht allzusehr bemühen, wenn man sich Gedanken darüber macht, warum Gottvater zeitweise hinter der weiblichen Vernunftgöttin zurückgetreten ist. Eine Erklärung für Wandel und Neuschöpfung der kollektiven Vorstellungswelten läßt sich indessen weit schwerer finden. Dies gilt insbesondere, wenn Gottvater wieder als das oberste Wesen eingesetzt wird, als »Vater des Universums, höchster Geist«, nachdem er vorher von einem furchterregenden in einen gerechten Gott verwandelt worden ist, der die Guten belohnt und die Bösen bestraft.

Kehrt man von der symbolischen Ebene wieder auf die des gelebten Alltags zurück, läßt sich, ausgehend auch hier wieder vom

Verlauf revolutionärer Feste, ein Nebeneinander von zwei Menschenbildern beobachten: des Erwachsenen und des Greises. Dabei nimmt der greise Patriarch keineswegs eine herausgehobene Stellung ein. In der Bilderwelt Spartas war er zweifellos ein Weiser. Er gab seine Lebenserfahrungen jungen Leuten und Kriegern weiter, indem er sich auf den Markt tragen ließ. Hier fand er jene Ehrerbietung, an die das Direktorium mit dem Fest des Alters in symbolischer Form anknüpfte. Als lebendiges Symbol von Tradition und Kontinuität sollte der Greis die Fackel weiterreichen und für die Übergabe der Waffen an die Jungen sorgen. Doch wenn man genauer hinschaut, dann treten stärker die Konturen des Kriegers, des Mannes im besten Alter hervor. Auf dem berühmten Bild von Louis David ist es Brutus, dem die Liktoren die Leichen seiner Söhne bringen.

Ob es sich nun um den Aufstieg oder jedenfalls um den momentanen Triumph der Jugend handelte, die Revolution hatte ihre Heldenkinder – Bara oder Viala – und ihre jugendlichen Generäle – Hoche, Marceau, Kléber. Ihre Popularität hielt sich lange Zeit. Die Vornamen, die den Kindern im 19. und sogar noch im frühen 20. Jahrhundert gegeben wurden, machen dies deutlich. Obwohl die jugendlichen Helden sich erst dann einen Namen machen konnten, wenn sie Krieger geworden waren, kümmerte sich die Revolution doch intensiv um die Jugend, die ihr als Trägerin der Hoffnung galt. Besonders seit 1792 nahm die Bedeutung von Jugendlichen und Kindern bei den Festen zu.

III. Ein neuer Mensch in einer neuen Welt

Wenn die Revolution auch die Familie als harten Kern ihres Wertesystems beibehielt, brach sie doch mit anderen herkömmlichen Formen gesellschaftlicher Organisation: horizontal gesehen mit den Korporationen, vertikal betrachtet mit den Abhängigkeiten und Herrschaftsverhältnissen der Ständegesellschaft. Zugleich schuf die Revolution für das Zusammenleben der Individuen einen anderen Rahmen und neue Normen. So sprengte sie den engen Horizont des Dorfes und des Stadtviertels. Es begann die Zeit der großen demographischen Veränderungen, hervorgerufen nicht zuletzt durch die wachsende Mobilität vor allem der Männer, aber auch der Frauen. Diese läßt sich in den Heiratsstatistiken ablesen.

Im Jahre 1788 waren drei Viertel der Eheleute in Chartres, einer mittelgroßen Stadt mit etwa 10000 Einwohnern, dort geboren. Während der Revolution sank dieser Anteil auf 50%. Die Öffnung gegenüber der äußeren Welt war keine vorübergehende Erscheinung, die mit dem Heiratsfieber, bedingt durch die Konskription, kam und ging. Besonders bei Jugendlichen und Männern zwischen 20 und 30 Jahren wurden durch Aushebung und Einberufung alte Mobilitätsschranken niedergerissen. Aber auch hier blieb die Mobilität über diesen konkreten Anlaß hinaus erhalten. Vermischungen und Berührungen in verschiedensten Formen, wie z. B. beim großen Verbrüderungsfest im Sommer 1790 und später bei den Vorstößen der revolutionären Armeen in die Provinz während des Winters 1793, führten zu sozialen Kontakten. Diese gingen weit über die traditionellen Formen hinaus, wenn diese auch durch die Krise reaktiviert wurden, wie etwa das Vagieren und Betteln in den fruchtbaren Gegenden Frankreichs.

Es trafen also zwei Bewegungen zusammen. Auf der einen Seite weitete sich der Raum für immer größere Teile der Bevölkerung aus. Die wachsende Mobilität brachte sie in Kontakt mit der Revolution, und zugleich kam die Revolution zu ihnen in Gestalt der »Grande Peur«, der allgemeinen Wehrpflicht und der Dechristianisierung. Auf der anderen Seite erfolgte gezielt eine Umstrukturierung von Raum und Zeit durch Maßnahmen von oben. Sie setzten 1793 ein. Zu ihnen gehörten z. B. der neue Kalender, die Einführung des metrischen Systems und, noch einschneidender, die Auflösung der alten Verwaltungsbezirke, an deren Stelle Departements mit neuen Namen traten. Es war dies ein gewaltiges Unternehmen, das sich keineswegs auf eine Änderung von Rahmenbedingungen beschränkte. Mit der Einführung des neuen Kalenders sowie der Entsakralisierung und Entfeudalisierung von Ortsnamen wurde dem kollektiven Leben und seinen Ausdrucksformen das tief verwurzelte Erbe entzogen. An seine Stelle trat die Regelmäßigkeit des neuen Kalenders. Mehr noch: Die Revolution bemächtigte sich ihrerseits des Raumes wie der Zeit, besetzte sie mit ihren Symbolen und Werten. Das metrische System war, zumindest mittelfristig gesehen, ein Erfolg. Doch weder der Kalender noch, von Ausnahmen abgesehen, die neuen Verwaltungsbezeichnungen überlebten die Revolution. Dies ändert jedoch nichts an der Tatsache, daß sie in diesem umgeformten geographischen wie sozialen Raum neue Werte schuf und neue Identitäten zu fördern suchte.

IV. Nation und Volk: Neue Bezugspunkte von Identität

Wir sind vom revolutionären »homo novus« ausgegangen und haben seine Verankerung in der Familie betrachtet. Nun geht es darum zu zeigen, wie die Revolution neue Identifikationen entstehen ließ. Der Revolutionär löste sich durch seine Aktionen aus alten Bindungen. So gesehen machte ihn die Revolution zu einem isolierten Individuum. Erinnert sei an Marat, Saint-Just oder Robespierre. Sie alle waren sich der Vergänglichkeit des revolutionären Abenteuers bewußt, auf das sie sich eingelassen hatten: »Die Tugend war auf der Erde immer in der Minderheit.« Dieses Gefühl, das verschiedene Formen annehmen konnte, bemächtigte sich breiterer Bevölkerungskreise erst in der »Rette-sich-wer-kann-Stimmung« des Direktoriums. »Wir sind alle auf die eine oder andere Weise Revolutionäre«, schrieb damals ein Pariser Journalist. Er meinte damit, daß alle mit ihrer sozialen, mentalen und familiären Vergangenheit, ja, mehr noch, mit den gesamten Rahmenbedingungen ihres früheren Lebens gebrochen hatten. Eine solche Äußerung spiegelt einen bestimmten Aspekt der Revolution wider, nämlich den Umbruch in den Sitten und Gebräuchen. Eine solche unter dem Direktorium verbreitete Sicht gab es in der Aufstiegsphase der Revolution noch nicht.

Der Mythos von gelebter Einigkeit und Brüderlichkeit war unter den revolutionären Werten derjenige, an dem am stärksten festgehalten wurde, selbst wenn viele Ereignisse ihm zu widersprechen schienen. Auf diesen Mythos gingen die Verbrüderungen zurück, die bis in die Zeit der Schreckensherrschaft immer wieder stattfanden. Dies gilt besonders für die Verbrüderungsfeste des Frühjahrs II. Der Mythos schuf sich seine Symbole. Im Fest des Direktoriums nahmen sie ihren raffiniertesten Ausdruck an. Vorformen gab es schon früher, wie z. B. das Ritual des Schwures. Den Schwur in der Form des ewigen Gelübdes hatte die Revolution ursprünglich abschaffen wollen, weil er die individuelle Freiheit beschnitt. In der Form des Bürgereides und des Föderationsschwures hielt sie jedoch an ihm fest, um neue Identitäten zu schaffen und zu festigen.

Im Mittelpunkt dieser neuen, mächtigen Identitäten standen Nation und Volk. Ein neues kollektives Bewußtsein setzte sich durch. Es nahm seinen Ausgang von der Föderationsbewegung, einer Reaktion auf die »Grande Peur«. Ganz Frankreich wurde vom Föderationsgedanken erfaßt und erlebte das Gefühl einer neuen Einheit, die das partikularistische Bewußtsein aufbrach. Dieser Prozeß der Herausbildung einer neuen Identität setzte sich im Kriege fort, als die Parole vom »Vaterland in Gefahr« aufkam. Das neue kollektive Bewußtsein widerstand den Stürmen des Föderalismus, der Konskription und den zentrifugalen Kräften. Dabei spielte der nationale Gedanke, den der Krieg wiederbelebte, eine größere Rolle als die Idee des Volkes. Die Vorstellung vom Volk als einer Kollektivperson besaß immerhin so viel Durchschlagskraft, daß sie Könige matt zu setzen vermochte. Im Bild vom Volks-Herkules, der die gekrönten Zwerge zermalmt, spiegelt sich diese Vorstellung wider.

Verfolgt man Entwicklung und Veränderung des Begriffs »Volk« während der Revolution, so läßt sich mit Hilfe historischer Lexika, die uns genauere Aufschlüsse vermitteln, erkennen, wie eine Leitidee entsteht, sich behauptet und schließlich wieder auflöst. Zur Zeit der Generalstände, als Frankreich, wie Mirabeau sagte, noch ein Aggregat uneiniger Völker war, sprach man von den »Völkern« im Plural. Dann, als die bürgerliche Revolution in ihre Phase der Einmütigkeit eintrat, wurde das Volk als monolithische Einheit gesehen, die alle ohne jede Ausnahme umfaßte. Danach nahm der Begriff »Volk« eine andere Bedeutung an. In dem Maße, in dem Feinde auftauchten, die in der Vorstellung von der nationalen Einheit keinen Platz mehr fanden, wie Aristokraten, Verdächtige, eidverweigernde Priester und Föderalisten, verengte sich der Begriff und meinte jetzt nur noch das einfache Volk. Dieser Teil der Bevölkerung, »so wichtig und so wenig beachtet«, wie Marat sagte, schwang sich in der Zeit der Schreckensherrschaft zur Macht auf. Schließlich tauchte der Begriff »Volk« während des Direktoriums in einer letzten Bedeutung auf. Die Rede war jetzt von »Erwachen des Volkes, französischem Volk, Volk von Brüdern«. Solche Formulierungen suggerierten eine Einheit, die es nicht mehr gab. In einem anderen Zusammenhang wurde auch vom »guten Volk« gesprochen.

Unter diesen neuen Rahmenbedingungen erprobte die Revolution, nicht ohne Schwierigkeiten und Widersprüche, Formen eines neuen Humanismus. Wegen ihrer Intensität war die revolutionäre Periode mehr als bloß eine Verlängerung der Aufklärung.

V. Die Proklamationen von Hoffnungen

Gleich in den ersten Wochen der Revolution schrieb Camille Desmoulins: »Fiat, fiat, all dies Gute wird in Erfüllung gehen ... Wir sind unbesiegbar geworden.« Mit diesen Worten formulierte er in seiner Sprache das, was eine an Jahren noch junge, aber schon früh gealterte Bäuerin meinte, die Arthur Young auf seiner Reise durch die Champagne traf, wenn sie ihm von ihrer Hoffnung erzählte, daß sich nun die Welt verändern werde. Die erste Proklamation, in der sich diese neue revolutionäre Mentalität ausdrückte, war ein Vertrauensbeweis für die Revolution selber. Es setzte sich die Überzeugung durch, daß die Entwicklung hin zur Revolution nicht wieder rückgängig gemacht werden konnte. »Wir haben auf der Insel der Freiheit angelegt«, erklärte Joseph Cambon, sonst wenig lyrisch veranlagt, »und wir haben die Schiffe verbrannt, die uns hierher geführt haben.« Bei vielen Wortführern der Revolution ging dieses unerschütterliche Vertrauen paradoxerweise einher mit einem tiefen Pessimismus und dem Gefühl heroischer Einsamkeit. Dies galt etwa für Marat, der immer wieder mahnte, die revolutionäre Dynamik nicht einschlafen zu lassen, aber auch für Saint-Just oder Robespierre, die schon sehr früh sahen, daß sie sich auf ein tödliches Abenteuer eingelassen hatten.

Was erwarteten sie von der Revolution, für die sie alles zu opfern bereit waren? Das Glück, zweifellos, diese »neue Idee in Europa«, wie Saint-Just es formulieren wird. Und ähnliches meinte der Abbé Fauchet, als er wenige Wochen nach dem Bastille-Sturm bei einem Gottesdienst zu Ehren der Opfer in Notre Dame von Paris erklärte: »Brüder, wir sitzen gemeinsam in einem Boot, das der Ewigkeit geweiht ist. Laßt uns schwören: Wir wollen glücklich sein!«

Aber das Glück, letzter Zweck und höchstes Ziel, ist nicht verständlich ohne den Triumph neuer Werte und fundamentaler Errungenschaften, die zusammen ein umfassendes Wertesystem gebildet haben. Die Freiheit stand an der Spitze dieser neuen Hierarchie sozialer Werte. Wie wichtig den Franzosen die Freiheit gewesen ist, zeigt sich an der Bedeutung, den in ihrer Vorstellung der Bastille-Sturm eingenommen hat. Die Bastille, die bei Festen in kleinen Modellen mitgenommen wurde, entwickelte sich zum Freiheitssymbol; dies galt in ähnlicher Weise für die phrygische Mütze, Kopfbedeckung der Sansculotten, die besonders nach dem

Fest zur Befreiung der Schweizer Patrioten von Chateauvieux getragen wurde. Eine schöne Szene von großartiger Einfachheit illustriert den Symbolcharakter der Mütze: Eine in antike Gewänder gekleidete Frau – man sieht sie nur im Dreiviertelprofil und weiß deshalb nicht, ob es sich um die Republik oder um die Freiheit handelt – spricht einen Mann aus dem Volke an, der sich nach vorne beugt: »Heb die Mütze auf, ergreif die Freiheit!« Das Gefühl eigener Würde, die sich das Volk mit der Revolution erobert hatte, trug vielleicht mehr dazu bei, weite Teile des einfachen Volkes in der Stadt und auf dem Lande an die Revolution zu binden als die materiellen Errungenschaften, die sich aus der Abschaffung des Ancien Régime ergaben. Die Freiheit, die man errungen hatte, sollte in den nächsten Generationen fortleben. Diesen Wunsch bringt ein anderes schönes Bild zum Ausdruck. Es stellt eine kräftige Frau aus dem Volk dar, die stehend die Beine spreizt und den Rock ein wenig anhebt, um ein Neugeborenes freizugeben. Es ist ein sehr robustes Kerlchen, und die Unterschrift lautet: »Ein freigeborener Franzose«. Man wollte die Freiheit aber nicht nur vererben, sondern auch an andere weitergeben, z. B. an die Farbigen, die noch Sklaven waren. Eingaben aus dem ganzen Land, selbst aus den abgelegensten Orten an der Yonne und im Calvados, drückten im Jahre II die Freude über die Emanzipation der Schwarzen in Worten aus, die nichts Stereotypes an sich hatten. Man träumte davon, was die Schwarzen mit ihrer Freiheit anfangen würden, und wollte ihnen, so wurde gesagt, Plantagen zuteilen.

Sehr viel konkreter trat die Freiheitsforderung in der politischen Praxis der Sektionen von 1793 hervor, die A. Soboul am Beispiel von Paris untersucht hat. Das anspruchsvolle und letztlich utopische Freiheitsverlangen gipfelte in der Forderung nach direkter Demokratie. Überall, wo sich Sansculotten in ihren Sektionen versammelten, nahmen sie in Anspruch, der Souverän zu sein. Neben der Freiheit war die Gleichheit der zweite zentrale Wert der Revolutionszeit. »Dir gleich im Recht«, schrieb der Sansculotte, und brachte dieses Gleichheitsprinzip auch in seiner Kleidung zum Ausdruck. Doch es blieb nicht bei diesen symbolischen Formen. Seit den Arbeiten von Soboul kennen wir die konkreten Forderungen der kleinen unabhängigen Gewerbetreibenden, die den Kern der Sansculotterie gebildet haben. Sie forderten auf der elementaren Ebene des Überlebens gleiche Brotpreise sowie Recht auf

Leben und Arbeit. Bilder wie Feste unterstrichen diese Gleichheitsforderungen, und auch das Revolutionslied »Ça ira« brachte sie zum Ausdruck. Bei einem Bankett in einem Dorf der Haute Garonne mußten die Reichen den Armen servieren. Und bei einem Fest des Höchsten Wesens in Fontvieille bei Arles stiegen die Dorfbewohner, um das Gleichheitsprinzip nicht zu verletzen, dem Alphabet nach auf den Hügel, von dem aus sie den Sonnenaufgang betrachten wollten. Neben Freiheit und Gleichheit bildete die Brüderlichkeit den dritten zentralen Wert der Revolution. Sie trat zunächst neben den beiden anderen Werten nicht sonderlich in Erscheinung und wurde erst später durch Begriffe wie Eigentum oder Sicherheit ersetzt, in denen sich das Bürgertum besser wiedererkannte. Doch spielte die Brüderlichkeit nicht nur bei den zahlreichen Verbrüderungen anläßlich von Festen und Versammlungen eine Rolle, sondern auch bei den großen Fraternisierungsbanketten wie jenem vom Messidor des Jahres II.

Man könnte anhand allegorischer Darstellungen der wichtigsten republikanischen Werte versuchen, einen Idealtyp des neuen Menschen zu entwerfen, so wie ihn sich die Revolution vorgestellt hat. Ein solches Unterfangen müßte allerdings nicht nur das Leben der großen Revolutionäre berücksichtigen, sondern auch die breite Masse der weniger bekannten Revolutionsanhänger einbeziehen. Diese Leute lebten, wenigstens eine Zeitlang, in einem heroischen Selbstverständnis. Von daher rührte auch ihr Bedürfnis, an die Stelle alter Idole und Heroen neue Vorbilder zu setzen, die sie in herausragenden Revolutionären fanden. Mißtrauisch gegenüber den Lebenden, verehrte die Revolution ihre toten Helden, besonders die drei Märtyrer der Freiheit: Marat, Chalier und Lepeletier. Gerade im Elend und in der Leidenschaft Marats erkannte sich das einfache Volk wieder. Und man hörte an den Straßenecken die Frauen Litaneien singen über das Herz Marats: »O Herz Jesu, O Herz Marat«.

Dieses Verhalten wies Züge einer echten revolutionären Religiosität auf. Auf den ersten Blick mag sie paradox erscheinen, tauchte sie doch gerade in dem Moment auf, als die Entchristianisierungskampagne des Jahres II und ihre Angriffe auf Fanatismus und Aberglauben in vollem Gange waren. Man könnte daher annehmen, es handele sich nur um eine Ersatzreligion. Aber immerhin versteht man dann besser, warum Robespierre den Glauben an die Unsterblichkeit der Seele und an das Höchste Wesen proklamiert hat. Für ihn war dies eine moralische Notwendigkeit. Sie allein konnte der Herrschaft der Tugend Festigkeit geben, und für Robespierre war die Revolution mit der Tugendherrschaft identisch. Man versteht aber auch besser, wieso die Feiern vom 20. Prairial des Jahres II mit sehr viel mehr Beifall und innerem Engagement aufgenommen worden sind, als gemeinhin gesagt wird. Im kollektiven Gedächtnis blieben das Fest des Höchsten Wesens und das Föderationsfest die eindrucksvollsten Erinnerungen an die Zeit der Revolution.

Bei unseren Bemühungen, von den Proklamationen auszugehen und ihre Wirkungen in der täglichen Praxis des Alltags und den Mentalitäten aufzusuchen, laufen wir zweifellos Gefahr, ein zu idealisiertes Bild zu entwerfen. Ihm steht die Realität mit allen ihren Widersprüchen gegenüber. Dies wird deutlich, wenn man sich die außerordentlich unterschiedlichen Bilder vergegenwärtigt, die A. Soboul und R. Cobb vom typischen Sansculotten im Paris des Jahres II gezeichnet haben. Der eine hebt die positiven Aspekte kollektiver Erfahrung hervor; der andere betont die Intoleranz, die wenn auch vor allem nur verbale Gewalt, ein gewisses Aufstiegsstreben sowie eine wirkliche Wankelmütigkeit. An dieser widersprüchlichen Interpretation erkennt man, wie schwierig es ist, in dieser Zeit des revolutionären Umbruchs so etwas wie kollektive Mentalität genauer zu bestimmen.

VI. Wege des Wandels

Inmitten dieser Fülle individueller Abenteuer erkennt man jedoch einen tiefgreifenden Wandel. Er macht die dauerhaften Wirkungen der Revolution aus. Man könnte von einer regelrechten Politisierung sprechen, nur muß man dann im Auge behalten, daß bereits die Männer der Aufklärung und ihre Vorgänger, wenn auch mit den Mitteln und Möglichkeiten ihrer Zeit, einen Politisierungsprozeß eingeleitet haben, so z. B. am Ende der jansenistischen Krise oder beim Aufflammen von Volksemotionen. Mit diesem Vorbehalt schließe ich mich den Überlegungen von M. Agulhon an. Er betont in seinem Beitrag zur französischen Agrargeschichte, daß ein großer Teil der kollektiven Einstellungen, die man vorher aus dem Blickwinkel der Mentalitäten betrachtet hat, nun aus der Perspektive der Politik gesehen werden müsse. Diese

Beobachtung beschränkt sich übrigens nicht auf die ländliche Welt. In einem länger währenden Erziehungsprozeß entwickelte sich der Untertan zum Staatsbürger. An den Pariser Sektionen kann man diesen Vorgang besonders gut beobachten.

Gleichzeitig ließen Klubs und Volksgesellschaften eine neue Form der Soziabilität entstehen, die sich spürbar von der früherer Zeiten unterschied: sowohl von der überlieferten Soziabilität der frommen Bruderschaften des Südens als auch der neuen Soziabilität in Freimaurerlogen, Aufklärungsgesellschaften und Akademien. Zusammenschlüsse dieser Art gab es viele. Nach neuesten Erhebungen, die kurz vor dem Abschluß stehen, sollen in Frankreich zur Zeit der größten Ausdehnung im Jahre II mehr als 5000 Gesellschaften bestanden haben. Die Ausbreitung des Vereinswesens, das bis in das dörfliche Gefüge hinabreichte, war in einigen Regionen, vor allem jenen des südlichen Frankreichs, von einem besonders starken sozialen Wandel begleitet. Die Mitglieder der Vereine rekrutierten sich aus einem Bevölkerungskreis, der bei weitem größer war als die aufgeklärten Eliten. Eine Zeitlang entwickelte sich die Freimaurerei rückläufig. Damit erweist sich die in der damaligen Zeit entstandene und später in verschiedenen Formen immer wieder aufgegriffene Legende als falsch, eine Verschwörung habe am Anfang der Revolution gestanden. Obwohl die Zahl der Freimaurer zurückging, blieb ihr Einfluß doch erheblich. Die Freimaurer nahmen auf allen Ebenen und in vielen Bereichen der Revolution einen herausragenden Platz ein. Viele Leitideen der Aufklärung, die sie verbreiteten, fanden Eingang in die revolutionäre Sprache und Symbolik. Hier verbanden sich Tradition und Wandel. Eine neue Ausdrucksweise entstand. Die Presse und ihre Verbreitung, aber auch Bilder, von der Karikatur bis hin zur Allegorie, trugen dazu bei, Strukturen moderner Öffentlichkeit entstehen zu lassen. Selbst das Fest suchte nach neuen Ausdrucksformen. Seit dem Föderationsfest vom 14. Juli 1790 zeichnete es die Etappen der Revolution nach. Das Fest spiegelte damit einerseits die Geschichte der Revolution wider und wirkte andererseits daran mit, ihr neues Wertesystem durchzusetzen.

Geht man von diesen neuen Ausdrucksformen aus, so läßt sich die Frage leichter beantworten, ob die revolutionäre Mentalität von unten entstanden oder von oben gelenkt worden ist. Denn zum einen hat man sie als lenkbar, dann wieder als unlenkbar und bisweilen sogar als beides zugleich dargestellt. In Wirklichkeit nahm dieser dialektische Prozeß einen viel komplizierteren Verlauf. Einmal verbanden sich spontaner Wille des Volkes mit den Steuerungsbestrebungen von oben, ein anderes Mal standen beide in Gegensatz zueinander. Erfolg oder Mißerfolg hingen von diesem Wechselspiel ab. So vollzog sich z. B. die Entchristianisierung des Jahres II weder spontan, noch war sie ein von oben aufgezwungener Wandel. Vielmehr spielte sie sich in einer Zwischenzone ab, wo die Aktivitäten einer kleinen Minderheit auf eine breite Öffentlichkeit trafen, die sich teils ablehnend verhielt, teils bereit war, die überlieferten Werte abzustreifen. Dabei gingen Autodafé, Vandalismus und Abschaffung der Priester Hand in Hand mit dem Prozeß der »Entfeudalisierung«. Diese bestand sowohl in einer unmittelbar materiellen als auch in einer symbolischen Zerstörung der Alten Welt.

Die verschiedenen Formen des kollektiven Verhaltens machen eine keineswegs einfache Dialektik sichtbar. Auf der einen, destruktiven Seite führte sie von den ersten Scheiterhaufen der »Grande Peur« in den Schloßhöfen zu den Autodafés des Jahres II. Auf der anderen, konstruktiven Seite verbreitete sie das neue Wertsystem und schuf andere Darstellungsformen für eine veränderte Welt. Ergänzte sich also auf eine elementare Weise Destruktives und Konstruktives, die Schließung der Kirche und die Öffnung des Tempels der Vernunft?

Auf der politischen Ebene stellt sich die Frage nach der Wechselbeziehung noch komplizierter. Ließ das jakobinische Bürgertum nolens volens zunächst einmal den aufrührerischen Volkskräften freien Lauf, wie etwa in der karnevalesken Phase der Feste des Jahres II, um dann die Zügel wieder straffer anzuziehen und jenes Wertesystem zu etablieren, das in seinem Interesse lag? Den Mechanismus dieses Umschlages helfen einige neuere Untersuchungen zu verstehen. So zeigt die Arbeit von B. Conein über die Septembermorde, wie der primitive Trieb im Volk, der sich in Gesten und Verhalten äußerte, von den Wortführern der Tumulte gewissermaßen übersetzt wurde. Es waren dieselben Leute, die in den Revolutionstribunalen für den Übergang von der spontanen zur legalen Terrorherrschaft sorgten und dabei gleichzeitig die spätere Kontrolle über das Volk vorbereiteten. Auf diese Weise kehrte das Bürgertum unter revolutionärem Vorzeichen zu einer neuen Form der Legalität zurück.

Das Autodafé war der explosivste und spektakulärste Ausdruck einer Politik, die mit dem Ancien Régime gründlich aufräumte. Dagegen drückte die Entstehung des Museums in der Zeit des Direktoriums den vollzogenen Wandel auf eine sehr viel diskretere Weise aus. Kunstwerke, Manuskripte und andere Ausdrucksformen der vergangenen Epoche wurden wieder zugelassen, freilich jetzt unter radikal veränderten Bedingungen. Die bürgerliche Gesellschaft eignete sich die ungefährlich gewordenen Überreste eines Erbes an, die im Museum ihrer ursprünglichen Funktion völlig enthoben worden waren.

Handelte es sich, wie man bis vor kurzem noch geglaubt hat, bei den kollektiven Verhaltensweisen lediglich um eine von der Revolution beschleunigte Verbreitung neuer, in der Aufklärung entstandener bürgerlicher Werte, die sogar in der Krise der Revolution ihre Überlegenheit behaupteten? Die von uns angeführten Beispiele und Neuerungen, die von den Sprachen der Feste bis zu den Ausdrucksformen der Entchristianisierung reichen, beweisen das Gegenteil. Danach ging es bei den kollektiven Verhaltensweisen des Volkes um ein auf nichts anderes zurückführbares Phänomen. Dieses ist freilich komplexer Natur und zeigt sich sowohl in den Anstößigkeiten der Volkskultur, angefangen vom Autodafé bis hin zu den karnevalesken Festen des Jahres II, als auch in den besonderen Formen der Religiosität wie dem Kult der Märtyrer der Freiheit als Gegengewicht gegen die Verehrung des Höchsten Wesens. Damit kehren wir schließlich zum Ausgangspunkt unserer Überlegungen zurück, zu der zentralen Frage: Kann man Menschen im Verlaufe von zehn Jahren ändern?

VIII. Der Wandel und seine Grenzen

Es fragt sich, auf wen die bisherigen Überlegungen zur revolutionären Mentalität zutreffen. Gelten sie allein für diejenigen, die die Revolution aktiv betrieben, oder auch für jene, die sie lediglich passiv erlebt haben? Man müßte aber nicht nur zwischen den von der Revolution Betroffenen und den Teilnehmern unterscheiden, sondern auch zwischen verschiedenen Graden von Mitwirkung differenzieren. So gab es Personen, die nur gelegentlich an Massenveranstaltungen teilnahmen, während sich andere bis hin zu einem militanten Engagement in Volks- und Sektionsversammlungen betätigten. Geht man von den Untersuchungen Sobouls über Paris und von meinen eigenen Arbeiten über die Provence aus, dann dürften – bei allen verbleibenden Unsicherheiten – etwa 10 bis 15% der erwachsenen Männer in den Städten von Paris bis Marseille zu den mehr oder minder militanten Revolutionären gezählt haben. Nach meiner Ansicht verweist diese Schätzung auf einen politischen Lernprozeß von eindrucksvoller Größenordnung. Er zeigt die Verbreitung neuer Akkulturationsformen, die die Grenzen der alten Eliten bei weitem sprengten.

Neben den aktiven Revolutionären gab es die vielen anderen, die zwar nicht gegen die Revolution waren, sich aber auch nicht aktiv an ihr beteiligten. Ein Beispiel für dieses passive Verhalten bietet Madame Hamel. Ihr Rechnungsbuch zeigt, daß sie scheinbar unberührt von allen revolutionären Ereignissen ihren Haushalt weiterführte, während vor der Stadt der Bürgerkrieg und innerhalb der Stadtmauern die Schreckensherrschaft tobte. Wie viele Männer und Frauen verhielten sich wie Madame Hamel? R. Cobb, der dieser Frage nachgegangen ist, vertritt die Auffassung, daß die Mehrheit der Franzosen nicht an der Revolution beteiligt gewesen ist. Wenn Cobb vielleicht hier übertreibt, so weist er doch auf eine Schwierigkeit hin. Denn es fragt sich, wie man angesichts so vieler offener Probleme schon eine Bilanz ziehen kann.

Soviel zumindest ist sicher: Keinen, der die Revolution miterlebte, ließ sie unverändert. Wenn die Revolution bei ihrem Versuch, einen neuen Menschen zu schaffen, auch gescheitert sein mag, die Menschheit, die aus den revolutionären Ereignissen hervorging, war eine andere. Denn zum einen gab es eine lange Entwicklung, die zum Jahre 1789 führte. Seit 1750 begannen die Menschen unter dem Einfluß der Aufklärung, die Welt mit anderen Augen zu sehen. Ein Prozeß der Bewußtwerdung setzte ein, der sich in der Revolutionszeit mächtig beschleunigte. Zum anderen konnte sich niemand der revolutionären Erschütterung entziehen. Auch diejenigen waren von ihr betroffen, die nichts gelernt und nichts vergessen haben. Selbst die Aristokraten entwickelten sich auf ihre Weise während der Emigration weiter, indem sie in Deutschland oder anderswo neue Horizonte entdeckten. In Frankreich bezeugten die wichtigsten Indikatoren für soziales Verhalten, Einstellung zu Tod, Ehe und Leben, daß sich für viele, die von der Revolution nur indirekt berührt wurden, die Welt ebenfalls gewandelt hatte. Schließlich gab es in den Mentalitäten selber Veränderungen, die entweder ganz verborgen blieben oder sich doch erst viel später zeigten. Kaiserreich und Restauration verschleierten eine ganze Reihe revolutionärer Neuerungen, die sich dennoch unter der Oberfläche fortbildeten. Ein gutes Beispiel hierfür bietet das revolutionäre Fest. Auf der einen Seite verbanden sich mit ihm unerwünschte Erinnerungen an eine fremd gewordene Epoche, die man am liebsten vergessen wollte. Auf der anderen Seite veränderte es die sozialen Verhaltensweisen. Dies wurde freilich erst in der zweiten Hälfte des Jahrhunderts wirklich sichtbar.

Die Revolution gilt einerseits als ein Ereignis, das den in Bewußtsein und Verhaltensweisen angelegten Veränderungen nur noch zum Durchbruch verholfen hat. Andererseits wird sie als ein Geschehnis interpretiert, das den Wandel überhaupt erst in Gang gebracht hat. Beide Sichtweisen sind zu einseitig. Die Revolution besaß ihre eigene Kreativität und stand doch zugleich auch in einer Kontinuität von Veränderungen, die sie beschleunigte, umgestaltete und in sehr unterschiedlichen Formen zum Ausdruck brachte. Unter den von ihr eingeführten Neuerungen, unter den Produkten kollektiver Einbildungskraft, gab es viele Schöpfungen des Augenblicks, welche die revolutionäre Zeit nicht überdauerten. Die karnevalesken Züge der Volkskultur, wie man sie am Revolutionsfest beobachten kann, gehören etwa zu diesen Vergänglichkeiten. Doch nicht alles, was kurzlebig aussieht, ist es auch tatsächlich gewesen. Schaut man auf die Wiederherstellung vorrevolutionärer Verhältnisse, wie sie nach 1800 erfolgte, so erscheint das revolutionäre Fest lediglich als ein unpassendes, zukunftsloses Kuriosum. Längerfristig lag seine historische Bedeutung jedoch darin, daß es zur Entstehung neuer sozialer Werte beitrug, die sich in der bürgerlichen Gesellschaft des 19. Jahrhunderts erst richtig entfalteten. Hoffnung und Angst, die beiden grundlegenden Impulse, von denen zu Beginn die Rede war, hat uns die Revolution als ihr doppeltes Erbe mitgegeben. Den einen hat sie als Vermächtnis die Angst hinterlassen. Sie sehen auch heute noch in der Revolution das absolut Böse, die unerträgliche Zersetzung von bestehender Ordnung und historischer Kontinuität sowie das Ausufern der Gewalt. Den anderen hat sie als Vermächtnis die Hoffnung hinterlassen, daß man die Welt verändern könne. Frédéric Mistral beschreibt in seinen Erinnerungen die Geschichte der alten Riquelle, die am Vorabend der Revolution von 1848 seinen Vater fragte, »wann die Zeit der Jugend zurückkomme«. Der junge Mistral erfährt von seinem Vater, daß Riquelle in der Blüte ihrer 16 Jahre die Göttin der Vernunft auf den Altar der Dorfkirche gehoben hat. Für sie war die Revolution Erinnerung, Traum und Hoffnung. Auf diese Weise prägte sich die Französische Revolution tief ein in die Einstellungen der Bevölkerung.

Anmerkung

1 Der deutsche Leser sei allgemein sowie für weiterführende Literaturangaben verwiesen auf M. Vovelle, Die Französische Revolution. Soziale Bewegungen und Umbruch der Mentalitäten, Frankfurt 1985.

Über die Autoren

Louis Bergeron ist Directeur d'études an der Ecole des Hautes Etudes en Sciences Sociales in Paris.

Werner K. Blessing ist Privatdozent für Neuere Geschichte an der Universität Bamberg.

Roger Dufraisse ist Directeur d'études an der Ecole pratique des Hautes Etudes in Paris.

Jacques Dupâquier ist Directeur d'études an der Ecole des Hautes Etudes en Sciences Sociales in Paris.

Elisabeth Fehrenbach ist Professorin für Neuere Geschichte an der Universität des Saarlandes, Saarbrücken.

Etienne François ist Professor für Moderne Geschichte an der Universität Nancy II.

Ute Frevert ist wissenschaftliche Mitarbeiterin am Zentrum für interdisziplinäre Forschungen an der Universität Bielefeld.

Gérard Gayot ist Maître assistant an der Universität Lille III.

Franklin Kopitzsch lebt als Historiker in Hamburg.

Wolfgang Mager ist Professor für Neuere Geschichte an der Universität Bielefeld.

Josef Mooser ist Professor für Neuere Geschichte an der Universität Bielefeld.

Bernard Plongeron ist Maître de recherche am Centre National de la Recherche Scientifique in Paris.

Walter G. Rödel ist Privatdozent für Neuere Geschichte an der Johannes-Gutenberg-Universität Mainz.

Daniel Roche ist Professor für Moderne Geschichte am Institut universitaire européen in Florenz.

Luise Schorn-Schütte ist Hochschulassistentin an der Justus-Liebig-Universität Gießen.

Michel Vovelle ist Professor für Moderne Geschichte an der Universität Paris I.

Hans-Ulrich Wehler ist Professor für Neuere Geschichte an der Universität Bielefeld.

Bernd Wunder ist Professor für Neuere Geschichte an der Universtiät Konstanz.

Über die Autoren

[illegible]

Neue Historische Bibliothek in der edition suhrkamp

»Hans-Ulrich Wehlers fast aus dem Nichts entstandene ›Neue Historische Bibliothek‹ ist (...) nicht nur ein forschungsinternes, sondern auch ein kulturelles Ereignis.« Frankfurter Allgemeine Zeitung

Abelshauser, Werner: Wirtschaftsgeschichte der Bundesrepublik Deutschland 1945-1980. NHB. es 1241

Alter, Peter: Nationalismus. NHB. es 1250

Becher, Ursula: Geschichte des modernen Lebensstils in Deutschland seit 1750. NHB. es 1253

Berghahn, Volker: Unternehmer und Politik in der Bundesrepublik. NHB. es 1265

Blasius, Dirk: Geschichte der politischen Kriminalität in Deutschland 1800-1980. Eine Studie zu Justiz und Staatsverbrechen. NHB. es 1242

Botzenhart, Manfred: Reform, Restauration, Krise. Deutschland 1789-1847. NHB. es 1252

Carsten, Francis L.: Geschichte der preußischen Junker. NHB. es 1273

Dippel, Horst: Die Amerikanische Revolution 1763-1787. NHB. es 1263

Frevert, Ute: Frauen-Geschichte. Zwischen bürgerlicher Verbesserung und Neuer Weiblichkeit. NHB. es 1284

Geiss, Immanuel: Geschichte des Rassismus. NHB. es 1530

Geyer, Michael: Deutsche Rüstungspolitik 1860-1980. NHB. es 1246

Grimm, Dieter: Deutsche Verfassungsgeschichte 1776-1866. NHB. es 1271

Haupt, Heinz-Gerhard: Sozialgeschichte Frankreichs seit 1789. NHB. es 1535

Hentschel, Volker: Geschichte der deutschen Sozialpolitik 1880-1980. Soziale Sicherung und kollektives Arbeitsrecht. NHB. es 1247

Hildermeier, Manfred: Die russische Revolution. NHB. es 1534

Holl, Karl: Pazifismus in Deutschland. NHB. es 1533

Jaeger, Hans: Geschichte der Wirtschaftsordnung in Deutschland. NHB. es 1529

Jarausch, Konrad H.: Deutsche Studenten 1800-1970. NHB. es 1258

Jasper, Gotthard: Die gescheiterte Zähmung. Wege zur Machtergreifung Hitlers 1930-1934. NHB. es 1270

Kluge, Ulrich: Die deutsche Revolution 1918/1919. Staat, Politik und Gesellschaft zwischen Weltkrieg und Kapp-Putsch. NHB. es 1262

Kluxen, Kurt: Geschichte und Problematik des Parlamentarismus. NHB. es 1243

Kraul, Margret: Das deutsche Gymnasium 1780-1980. NHB. es 1251

314/1/8.88

Neue Historische Bibliothek in der edition suhrkamp

Langewiesche, Dieter: Deutscher Liberalismus. NHB. es 1286
Lehnert, Detlef: Sozialdemokratie zwischen Protestbewegung und Regierungspartei 1848-1983. NHB. es 1248
Lenger, Friedrich: Sozialgeschichte der deutschen Handwerker. NHB. es 1532
Lönne, Karl-Egon: Politischer Katholizismus im 19. und 20. Jahrhundert. NHB. es 1264
Lottes, Günther: Sozialgeschichte Englands seit 1688. NHB. es 1255
Marschalck, Peter: Bevölkerungsgeschichte Deutschlands im 19. und 20. Jahrhundert. NHB. es 1244
Mitterauer, Michael: Sozialgeschichte der Jugend. NHB. es 1278
Möller, Horst: Vernunft und Kritik. Deutsche Aufklärung im 17. und 18. Jahrhundert. NHB. es 1269
Mooser, Josef: Arbeiterleben in Deutschland 1900-1970. Klassenlagen, Kultur und Politik. NHB. es 1259
Peukert, Detlev J. K.: Die Weimarer Republik. NHB. es 1282
Reulecke, Jürgen: Geschichte der Urbanisierung in Deutschland. NHB. es 1249
Schönhoven, Klaus: Die deutschen Gewerkschaften. NHB. es 1287
Schröder, Hans-Christoph: Die Revolutionen Englands im 17. Jahrhundert. NHB. es 1279
Schulze, Winfried: Deutsche Geschichte im 16. Jahrhundert. NHB. es 1268
Sieder, Reinhard: Sozialgeschichte der Familie. NHB. es 1276
Siemann, Wolfram: Die deutsche Revolution von 1848/49. NHB. es 1266
Staritz, Dietrich: Geschichte der DDR 1949-1985. NHB. es 1260
Thränhardt, Dietrich: Geschichte der Bundesrepublik Deutschland. NHB. es 1267
Ullmann, Hans-Peter: Interessenverbände in Deutschland. NHB. es 1283
Wehler, Hans-Ulrich: Grundzüge der amerikanischen Außenpolitik 1750-1900. Von den englischen Küstenkolonien zur amerikanischen Weltmacht. NHB. es 1254
Wippermann, Wolfgang: Europäischer Faschismus im Vergleich 1922-1982. NHB. es 1245
Wirz, Albert: Sklaverei und kapitalistisches Weltsystem. NHB. es 1256
Wunder, Bernd: Geschichte der Bürokratie in Deutschland. NHB. es 1281
Ziebura, Gilbert: Weltwirtschaft und Weltpolitik 1922/24-1931. Zwischen Rekonstruktion und Zusammenbruch. NHB. es 1261

314/2/8.88

Geschichte
in der edition suhrkamp

Wolfgang Abendroth: Ein Leben in der Arbeiterbewegung. Gespräche, aufgezeichnet und herausgegeben von Barbara Dietrich und Joachim Perels. es 820

– Sozialgeschichte der europäischen Arbeiterbewegung. es 106

Wilhelm Alff: Materialien zum Kontinuitätsproblem der deutschen Geschichte. es 714

Perry Anderson: Die Entstehung des absolutistischen Staates. Übersetzt von Gerhard Fehn. es 950

Jean-Paul Aron/Roger Kempf: Der sittliche Verfall. Bourgeoisie und Sexualität in Frankreich. Aus dem Französischen von Agnes Bucaille-Euler, Birgit Spielmann und Gerhard Mahlberg. es 1116

Aus der Zeit der Verzweiflung. Zur Genese und Aktualität des Hexenbildes. Beiträge von Gabriele Becker, Silvia Bovenschen, Helmut Brackert, Sigrid Brauner, Ines Brenner, Gisela Morgenthal, Klaus Schneller, Angelika Tümmler. es 840

Helmut Böhme: Prolegomena zu einer Sozial- und Wirtschaftsgeschichte Deutschlands im 19. und 20. Jahrhundert. es 253

Helmut Brackert: Bauernkrieg und Literatur. es 782

Freya Eisner: Kurt Eisner – Die Politik des libertären Sozialismus. es 422

Kurt Eisner: Sozialismus als Aktion. Ausgewählte Aufsätze und Reden. Herausgegeben von Freya Eisner. es 773

Geburt der bürgerlichen Gesellschaft: 1789. Beiträge von Ernest Labrousse, Georges Lefebvre, Albert Soboul, Maurice Dommanget, Michelle Vovelle. Herausgegeben von Irmgard A. Hartig. Aus dem Französischen übersetzt von Klaus Voigt. es 937

Ute Gerhard: Verhältnisse und Verhinderungen. Frauenarbeit, Familie und Rechte der Frauen im 19. Jahrhundert. Mit Dokumenten. es 933

Gunnar Heinsohn/Rolf Knieper/Otto Steiger: Menschenproduktion. Allgemeine Bevölkerungstheorie der Neuzeit. es 914

Eike Hennig: Bürgerliche Gesellschaft und Faschismus in Deutschland. Ein Forschungsbericht. es 875

– Thesen zur deutschen Sozial- und Wirtschaftsgeschichte 1933 bis 1938. es 662

Die Hexen der Neuzeit. Studien zur Sozialgeschichte eines kulturellen Deutungsmusters. Herausgegeben von Claudia Honegger. es 743

Eric J. Hobsbawm: Industrie und Empire 1. Britische Wirtschaftsgeschichte seit 1750. Aus dem Englischen übersetzt von Ursula Margetts. es 315

312/1/5.88

Geschichte in der edition suhrkamp

Eric J. Hobsbawm: Industrie und Empire 2. Britische Wirtschaftsgeschichte seit 1750. Aus dem Englischen übersetzt von Ursula Margetts. es 316

Ernst-Ulrich Huster/Gerhard Kraiker/Burkhard Scherer: Determinanten der westdeutschen Restauration 1945-1949. Autorenkollektiv: Ernst-Ulrich Huster, Gerhard Kraiker, Burkhard Scherer, Friedrich-Karl Schlotmann, Marianne Welteke. es 575

André Leroi-Gourhan: Die Religionen der Vorgeschichte. Paläolithikum. Aus dem Französischen von Michael Bischoff. es 1073

Christian Meier: Entstehung des Begriffs ›Demokratie‹. Vier Prolegomena zu einer historischen Theorie. es 387

– Die Ohnmacht des allmächtigen Dictators Caesar. Drei biographische Skizzen. es 1038

»Mit uns zieht die neue Zeit«. Der Mythos der Jugend. Herausgegeben von Thomas Koebner, Rolf-Peter Janz und Frank Trommler. es 1229

Die Münchner Räterepublik. Zeugnisse und Kommentar. Herausgegeben von Tankred Dorst. Mit einem Kommentar versehen von Helmut Neubauer. es 178

Ulla Pruss-Kaddatz: Wortergreifung. Zur Entstehung einer Arbeiterkultur in Frankreich. es 1115

Schrift und Materie der Geschichte. Vorschläge zur systematischen Aneignung historischer Prozesse. Herausgegeben von Claudia Honegger. es 814

Albert Soboul: Französische Revolution und Volksbewegung: die Sansculotten. Die Sektionen von Paris im Jahre II. Bearbeitet und herausgegeben von Walter Markov. Die Übersetzung aus dem Französischen besorgte Claus Werner. es 960

Sozialdemokratische Arbeiterbewegung und Weimarer Republik. Materialien zur gesellschaftlichen Entwicklung 1927-1933. Herausgegeben von Wolfgang Luthardt. 1. Band. es 923

Der spanische Bürgerkrieg. Eine Bestandsaufnahme fünfzig Jahre danach. Manuel Tunñón de Lara, Julio Aróstegui, Ángel Vinãs, Gabriel Cardona, Joseph M. Bricall. es 1401

Theorie der modernen Geschichtsschreibung. Herausgegeben von Pietro Rossi. es 1390

Edward Thompson: Die Entstehung der englischen Arbeiterklasse. 2 Bde. Aus dem Englischen von Lotte Eidenbenz, Mathias Eidenbenz, Christoph Groffy, Thomas Lindenberger, Gabriele Mischkowski, Ray Mary Rosdale. es 1170

312/2/5.88

Geschichte
in der edition suhrkamp

Leo Trotzki: Denkzettel. Politische Erfahrungen im Zeitalter der permanenten Revolution. Herausgegeben von Isaac Deutscher, George Novack und Helmut Dahmer. Übersetzungen aus dem Englischen von Harry Maòr. es 896

Umwälzung einer Gesellschaft. Zur Sozialgeschichte der chinesischen Revolution (1911-1949). Herausgegeben von Richard Lorenz. es 870

Paul Veyne: Von der Geschichtsschreibung. Aus dem Französischen von Gustav Roßler. es 1472

Von deutscher Republik 1775-1795. Texte radikaler Demokraten. Herausgegeben von Jost Hermand. es 793

Otto Vossler: Die Revolution von 1848 in Deutschland. es 210

Wahrnehmungsformen und Protestverhalten. Studien zur Lage der Unterschichten im 18. und 19. Jahrhundert. Mit Beiträgen von Edward P. Thompson, Rainer Wirtz, Pierre Caspard, Josef Ehmer, Detlev Puls, Patrick Fridenson, Douglas A. Reid, W. R. Lambert, Gareth Stedman Jones. Herausgegeben von Detlev Puls. es 948

Wissenschaft im Dritten Reich. Herausgegeben von Peter Lundgreen. es 1306

Weitere Bände zum Thema in der Reihe Neue Historische Bibliothek

312/3/5.88